2014 年度国家社科基金重大项目 "全球经济治理结构变化与我国应对战略研究"

批准号 14ZDA081

全球经济治理

结构变化与我国应对战略研究

张宇燕 等著

中国社会科学出版社

图书在版编目（CIP）数据

全球经济治理结构变化与我国应对战略研究／张宇燕等著.—北京：
中国社会科学出版社，2017.12
ISBN 978-7-5203-1926-3

Ⅰ.①全…　Ⅱ.①张…　Ⅲ.①世界经济—经济治理—研究
Ⅳ.①F113

中国版本图书馆 CIP 数据核字（2017）第 323835 号

出　版　人	赵剑英
责任编辑	王　茵
特约编辑	周枕戈
责任校对	石春梅
责任印制	王　超

出　　　版	中国社会科学出版社
社　　　址	北京鼓楼西大街甲 158 号
邮　　　编	100720
网　　　址	http://www.csspw.cn
发　行　部	010-84083685
门　市　部	010-84029450
经　　　销	新华书店及其他书店

印刷装订	北京君升印刷有限公司
版　　　次	2017 年 12 月第 1 版
印　　　次	2017 年 12 月第 1 次印刷

开　　　本	710×1000　1/16
印　　　张	55
字　　　数	845 千字
定　　　价	198.00 元

凡购买中国社会科学出版社图书，如有质量问题请与本社营销中心联系调换
电话：010-84083683
版权所有　侵权必究

目　录

第二篇 国际金融治理与应对战略研究

主持人：高海红

第四篇　国际气候变化与可持续发展治理及应对战略研究

主持人：田慧芳

第五篇　国际宏观经济政策协调演变、发展及应对战略研究

主持人：孙　杰

总论　全球治理与中国

全球治理是近年来在国际问题研究领域内频繁出现的词汇。全球治理出现的宏大背景，首先是全球问题伴随经济全球化的深入日趋凸显。作为全球问题的解决方案与过程的全球治理，其日益受到世人关注的另一个重要背景，是形形色色的全球问题只有通过各国的共同努力才能得到解决或缓解。问题本身的全球性质和问题解决的全球性质，尤其是全球博弈的主要参与方都在力求通过处理全球问题来实现自身利益最大化，业已推动国际问题研究进入了一个新的历史时期。和许多学科的成长历程类似，在成熟的或被广为认可的新研究范式出现之前，全球治理研究的最佳途径便是借助现有的分析框架与概念体系对相关重大领域或议题进行分析，比如全球货币金融治理或国际贸易投资治理等。同时，我们也要看到，随着全球治理这个篮子包含的内容越来越庞杂，对全球治理研究的理论化或形式化的要求便出现了，对其所涵盖范围的界定要求亦会出现。全球治理研究理论化的一个思路，是将全球治理视为各博弈者通过集体行动提供国际公共产品或俱乐部产品的问题，并在此基础上搭建起一套逻辑架构，以期处理种类众多的全球议题。此外，全球治理研究中的案例分析也有很大的挖掘空间。对某个具体议题或领域进行全面深入的描述与剖析，并据此提出真知灼见，同样能够为全球治理研究理论大厦的建设做出杰出贡献。

一　历史回顾

总体上看，人类目前所处的时代是全球化的时代。这里所说的全球化，主要指的是世界各国各地区之间的相互关联性不断提升和细化，以及广泛破除约束要素跨国流动的藩篱，推动或加速相互关联性提升进程。全球化由来已久，于今尤甚。约一个半世纪前，马克思和恩格斯就在《共产党宣言》中指出："在全球的各个角落，充斥着资产阶级对产品市场不断扩张的需求。它必然到处安家筑巢，到处建立联系。"经典作家们在当时不仅看到了今天人们称之为经济全球化的种种现象，还揭示了现象背后的本质，即经济全球化是资本主义生产方式带血腥味的或明火执仗式的对外扩张。丛林法则下的竞争有时会导致两败俱伤，通常的情况是无法实现自身利益的最大化，故约束恶性竞争的贸易与资本流动规则——如帝国主义国家间的一些双边或诸边协定——应运而生。这些国际协定或条约可被视为全球治理的雏形。

第一次世界大战的爆发打断了由帝国主义列强推动的全球化进程，进而也使那些松散的，参与国寥寥、涉及领域有限的全球治理雏形荡然无存。两次世界大战期间，世界主要工业国大都奉行了以邻为壑的贸易政策。支离破碎的世界不需要全球治理，处于战争准备期的欧洲大国更是无暇关注全球治理。第二次世界大战的爆发和其造成的人类浩劫，终于让人们认识到和平的至关重要性，也让人们感受到迅速重建家园恢复正常生活的紧迫性。这便是世界主要国家（除轴心国外）代表于1944年7月在美国新罕布什尔州布雷顿森林举行人类历史上首次国际货币金融会议的大背景。在这次会议上不仅确立了以美元为中心的国际货币体系即布雷顿森林体系，而且还为随后确立的以联合国为核心的世界和平机制做了铺垫。

紧随第二次世界大战结束而来的"冷战"将世界分割成"西方"和"东方"。以美国和苏联为首，在历史征程中刚刚上路的全球治理随即被两个平行且对抗的治理体系所替代。北约和华约，欧共体和经互会，美元区和卢布区，不一而足。尽管冷战期间存在的是一种平行且对立的"分割式全球治理"形态，但在这一历史阶段内全球治理的层次、规模和领域均得到了极大的提升。联合国作为全球治理主要平台的地位得以确认，布雷顿森林体系的功能得以加强，它们的成员数不断扩大，特别是成员国的分量也随即加重（如1971年中国重返联合国），所处理的议题亦日益增多。鉴于此，我们将"冷战"时期称之为全球治理体系的建立阶段：全球治理的整体架构已经搭建起来，尽管其功能的发挥总是或多或少地受到东西两大对抗阵营的掣肘。

"冷战"的结束标志着世界迈入了一个崭新的时代。东西方的区分与对立随着1989年柏林墙倒塌而成为往事，以美国为首的西方世界一时间成为世界政治经济的主导力量，从某种意义上讲，人类第一次有机会顺势构建一个经济更加一体化的世界。对新一次世界大战爆发的担忧消退后，人们开始热衷于谈论如何收获与利用和平红利，尤其是谈论如何通过破除贸易投资壁垒来扩大市场规模并享受随之而来的"得自贸易的收益"。1995年关贸总协定（GATT）升级为世界贸易组织（WTO），以及中国于2001年加入WTO，可被视为全球化进程加速和全球治理加强的典型例证。除了显而易见的经济利益，西方还有一个不那么明显但却是更大的野心，那就是用对自己更为有利的国际规则容纳并整合冷战前后加入由其主导的国际体系的国家，比如中国和俄罗斯及东欧中亚国家。在此，全球治理的"工具性"显现出来。

与其说2008年爆发的金融危机开启了全球治理的一个新时代，不如说它延续抑或强化了全球治理的进程与功能。尽管2004年形成的"巴塞尔协议Ⅱ"与2010年出台的"巴塞尔协议Ⅲ"在银行监管政策倾向上背道而驰，但就应对全球金融风险的制度建设而言，两者毫无二致。因金融危机而升格为首脑会议的二十国集团（G20）例会，是全球治理得以强化的一个重要标志。"冷战"后发生的大国间力量对比持续变化，诸如气候变化与恐怖主义等全球问题日趋严峻，柏林墙倒塌以来全球化进程加速引起的负面后果（如收入差距扩大），近30年来科技进步特别是网络技术跃升与普及导致的各种全球挑战（如网络安全与民众权利意识觉醒），等等，都不同程度地把世人的注意力汇集到全球治理之上。美国特朗普政府因减缩其全球义务而引发的批评与担忧，也从另一个角度折射出世人对全球治理的深切关注。

从一定意义上讲，中国参与全球治理肇始于1971年重返联合国。从新中国成立到20世纪70年代初，中国外交总体受制于"不是东风压倒西风就是西风压倒东风"的"冷战"格局，对美苏主导的两个平行国际体系持怀疑甚至排斥的态度。直至1971年恢复在联合国合法席位，中国才开始正式步入全球舞台。20世纪70年代初到80年代末，随着在联合国恢复合法席位以及国际形势的整体缓和，中国开始有限地参与国际机制。由于刚刚重返国际社会，因此这个时期中国主要以学习和适应国际体系或规则为特点，虽然也参加各类国际机制的会议、谈判、讨论，但是尚未真正融入其中，对于会议所讨论的议题、治理机制的规制等问题既没有多少话语权，也相对缺乏参与意识。20世纪90年代后，随着改革开放的深化和全球情势的变化，中国参与国际事务的广度和深度均大幅提升。在亚洲金融危机期间，中国的作为不仅对亚洲诸国应对困境走出危机起到了积极作用，还展现了中国作为一个地区大国参与区域和全球治理的自信心和责任心。进入21世纪以来，随着经济发展水平和整体实力稳步提高，中国参与全球治理机制的态度变得更加积极主动。2001年成功加入WTO，成为中国经济融入世界经济的一个里程碑。

2008年爆发的金融危机把G20推到了全球治理的风口浪尖上。鉴于G20俨然成为全球治理的最主要的平台，中国自然地成为其最不可或缺也最活跃的成员之一。2013年，中国国家主席习近平提出"一带一路"倡议，从而为推动和优化全球治理提供了新的动能。2014年中国倡议创立亚洲基础设施投资银行（以下简称亚投行），可以被看成是至少与加入WTO具有同等历史意义的里程碑。从相当意义上讲，"一带一路"倡议与亚投行的创立，将中国与外部世界的关系提升到了一个全新的高度。

在2016年G20杭州峰会上，中国成功地向世界传递了中国应对全球经济困境的发展理念和为发展中国家与新兴经济体争取更多话语权和规则制定权的诉求。2017年1月达沃斯世界经济论坛上，习近平主席对全球经济治理存在的问题做出进一步的精辟阐述：过去数十年国际经济力量对比深刻演变，而全球治理体系未能反映新格局，代表性和包容性很不够；贸易和投资规则未能跟上新形势，机制封闭化、规则碎片化十分突出；全球金融市场需要增强抗风险能力，而全球金融治理机制未能适应新需求，难以有效化解国际金融市场频繁动荡、资产泡沫积聚等问题；全球经济治理体系变革的紧迫性越来越突出，国际社会呼声越来越高，全球治理体系只有适应国际经济格局新要求，才能为全球经济提供有力保障。随后，在联合国日内瓦总部的演讲中，习近平主席从伙伴关系、安全格局、经济发展、文明交流、生态建设等方面首次系统阐述的人类命运共同体建设方案，勾勒出全球治理的长远愿景。

二　问题与逻辑

大约半个世纪前，哈佛大学教授托马斯·谢林出版了一本书，题目为《冲突的战略》，其核心观点之一是：潜在博弈者参与博弈以及如何博弈，皆起因于存在共同利益和冲突利益。为了说明共同利益和冲突利益并存，谢林在书中讨论了这样一个例子：两个人分享一百美元，条件是他们各自写下的期望数额之和必须小于或等于一百美元，否则两人分文都得不到。双方只有合作，方可得到特定数额的美元，表明两人之间有共同利益；在具体分配上你多得的便是我少得的，显示出两者之间存在冲突利益。共同利益与冲突利益并存，显示出人类所处的一种普遍境况：即使你是一个自身利益最大化者，兼顾博弈对手的利益往往才是一种明智的选择。

共同利益与冲突利益并存不仅对个人如此，对以利益最大化为目标函数的主权国家而言同样如此。和平共处、气候变化、网络安全、包括恐怖主义和洗钱在内的跨国犯罪、公正且开放的贸易投资体系、国际货币金融体系稳定等全球问题，无一不事关全人类福祉。这些全球问题的解决又远远超出某个或某些国家的能力范围，从而使得广泛的国际合作成为必需。每一个国家都成为利益攸关方，就意味着各国之间存在着共同利益。与此同时，和平的实现、气候变化问题的应对、开放贸易体系的构建、国际货币金融体系稳定的维持，等等，均不是免费午餐，而是要付出成本的。一旦涉及成本分摊，各利益攸关方之间的冲突便开始显现，进而激烈的讨价还价在所难免。

使问题变得更为复杂的是，上述全球问题的解决途径具有典型的公共产品提供之性质。考虑到维持和平环境与遏制气候变化这类全球公共产品所具有的非排他性，也就是说任何国家或个人都可以免费享用，故各国无形中就都受到了一种激励，那就是尽量让别国承担提供公共产品的成本，同时努力让自己成为搭便车者。由此而来的结果之一，就是全球公共产品供应不足，具体可以表现为战争爆发或战争威胁升级，二氧化碳不受限制地大量排放，最终使全人类的福祉受到损害。为了说明这种现象，人们创造了一系列概念或理论，比如说集体行动难题，或曰囚徒困境，或曰市场失灵，或曰公地悲剧，或曰合成谬误。

日益严峻且必须加以解决的问题是全球性的，问题的解决也必须通过各国的合作来实现。解决这些问题的通常办法之一是建立统一且具有权威的世界政府，并使其像主权国家的政府一样，通过强制性税收获取资源并以此为基础为全球提供公共产品。然而在目前的条件下成立世界政府并不可行。为了解决高度复杂的全球问题，人们只好另辟蹊径。作为缺位的世界政府的替代品，全球治理开始登上世界舞台。在此，全球治理指的是国家或非国家行为体为解决各种全球问题而确立的自我实施制度之总和，这些制度建立在各利益攸关方通过谈判而达成的共识之上，而共识就本质而言无非是各行为体权衡共同利益与冲突利益后的均衡解。

全球问题形形色色，可以开列出一个长长的单子来。某一特定的全球问题对不同行为体的利益攸关程度异甚多，典型的事例便是《联合国海洋法公约》对海洋国家和内陆国家之意义迥然不同。各行为体之间在规模或谈判能力上差别巨大，同样会深刻影响它们参与全球治理的深度与广度。各行为体内部的权力结构和决策机制各有特点，社会凝聚力和稳定性亦有高下之分。许多诸如富可敌国的巨型跨国公司或能够一呼百应的宗教团体，其利益诉求或价值取向，在国际舞台上亦扮演着重要角色。这一切大致解释了如下现象：全球治理形式千姿百态，功效参差不齐，空白或不足多见，达成普遍共识并形成集体行动困难重重。

说到集体行动，就不能不提及谢林的学生和后来的同事曼瑟·奥尔森。在《冲突的战略》面世后的第五年，奥尔森出版了经由谢林指导的博士论文《集体行动的逻辑》，并在书中深化且发展了谢林的一些想法，其中颇具见地的命题可概述如下：共同利益只是形成集体行动的必要条件而非充分条件；形成集体行动的充分条件则有二，其一是博弈者数量较少，其二是存在所谓"选择性激励"。这里，选择性激励包含相互关联的两层意思：一是博弈者参与集体行动可获得比不参与更高的预期收益；二是博弈者不参与集体行动可能会面临更高的机会成本甚至惩罚。而参与博弈的人数少则强化了选择性激励，因为这时每个博弈者从集体行动产出中得到的相对份额就会增大；同时每人对集体行动产品所做贡献更容易被识别，从而减少搭便车行为。人数少时达成共识和最终形成集体行动的交易成本也更低。

全球治理的目标在于提供全球公共产品。除了全球公共产品因全球治理市场失灵而导致供应不足之外，我们还看到了某些全球治理产品的充足或过度提供，比如带有偏袒性的国际贸易与投资规则，其发生机理完全可以在奥尔森的"集体行动的逻辑"中得到说明。在激励不足且不存在世界政府的情况下，基于成本与收益的计算，少数有意识、有能力和利益攸关度高的博弈者便会形成小规模集体行动，积极地参与提供那些能够给自己带来净收益或能够最小化自身损失的"公共产品"。一旦受到特定选择性激励驱动而形成的狭隘利益集团取得支配地位，那么由此产生的全球治理便会是非中性的或偏袒性的。通过利用非中性全球公共产品，其主导者们甚至会不惜牺牲大多数利益攸关方的利益来增进自身利益。表现为国际制度或秩序的全球公共产品，在此实际上扮演着实现特定利益集团目标之手段的角色。

考虑到形成全球集体行动极其困难，特别是考虑到世界本质上是一个垄断竞争市场，故绝大多数涉及全球治理的集体行动，都属于"小规模"集体行动。其中，"二十国集团"就是一个颇具代表性的例子，由地区主要博弈者倡导的区域治理层出不穷则是另一类现象的例子。由此引出的问题，便是激励和公正之间的紧张关系，也就是全球治理讨论中人们通常所说的有效性和代表性相互权衡的另一种表述。能否处理好这对紧张关系是对人类的一项挑战。能否成功应对这一挑战，取决于所有博弈者，尤其是主要博弈者的远见、智慧、胸怀和胆识。这里，中国的传统思维方式颇有用武之地。按照中国人的思维方式，最高境界不是非此即彼、你死我活，而是中庸之道，是在确立规则的谈判过程中顾及其他利益攸关方的感受。

思考全球治理过程中少不了评判标准这一环节。当每一个博弈者对全球公共产品提供所做贡献和其从全球公共产品中所得好处在边际上相等时，便可以说此时的全球治理处于一种均衡状态或理想状态，因为在这一点上，每一个博弈者最大化了它们从提供公共产品中可能获得的收益，真正实现了各得其所，皆大欢喜。用经济学中的机制设计理论的概念说，治理均衡等价于激励相容。在这样的国际制度形态下，搭便车行为或道德风险与逆向选择等阻碍有利于增进共同利益的集体行动之问题，便失去了存在基础。尽管在现实中达到治理均衡十分困难，但是理想状态还是为我们辨别全球治理的优劣并探寻改进途径提供了有效工具。原则上讲，使偏离理想状态的全球治理无限趋近理想状态，理应成为所有博弈者的努力目标。

在当今世界，全球主要国家博弈者之间实力对比正在发生深刻变化，一些新兴经济体越来越成为国际问题的解决的不可或缺者，它们与现行国际制度的利益攸关度显著提升，希望通过全球治理来维护和拓展自身利益的意识也不断增强。在此背景下，调整现行国际秩序、使全球制度逐步趋向中性化的诉求不断涌现，也就自然而然了。但与此同时，那些在现行全球治理体系下拥有巨大既得利益的国家则希冀维持现状。如果现行国际制度或全球治理机制的主导者能够与时俱进，顺势而为，在成本分摊和收益分享、权利和责任匹配诸方面，同曾经的全球治理边缘参与者、如今的不可或缺者理性地协商与合作，那么选择性激励便会转化成为激励相容，现行的与未来全球治理体系之合法性和有效性，势必随之大幅度提高。

具体承担全球公共产品的提供者角色的主要是各种由主权国家共同创立的国际组织，譬如联合国、世界贸易组织和国际货币基金组织等。一旦成为国际组织，其功能发挥好坏，其运行效率如何，便会成为人们普遍关注的问题。自最近这次全球金融危机爆发以来，一些国际机构因为预警和善后工作做得不到位而受到批评，反映出全球公共产品提供过程中存在着改进空间。不断完善国际组织议事规则与决策程序，提高其决策执行效率，健全其绩效考核评估机制，防止它们过度官僚化，铲除产生寻租行为的土壤，无论是对作为委托人的各个国家行为者，还是对作为代理人的各个国际组织而言，均是趋近治理均衡的重要途径。

还是在《冲突的战略》这本书中，谢林谈到了被正统经济学忽略的一个重要现象：财富和秩序的创造与摧毁是一个高度不对称的过程，千百万人长年累月积攒起来的财富可以因为一个孩童的疏忽而毁于一旦。据他当时的估算，一个仅拥有高中毕业文凭的工人一年辛辛苦苦创造的价值不过几千美元，但只要他愿意，他就可以毁掉成千上万倍的财富。如果可以通过威胁要破坏便可获得其可能毁掉财富的一小部分，那么这个人便会成为敲诈勒索者。谢林的这一提醒十分必要，毕竟这个世界上确实存在着个别能够以某种方式毁灭世界或给人类带来巨大伤害的博弈者。让这类诸如恐怖主义分子的博弈者在公正且有效的全球治理环境中循规蹈矩、安分守己，对于造福人类而言，无疑是功德无量的事业。如果我们能够把研究全球治理过程中得到的思想增量反过来充实经济理论，同样是意义颇丰的事业。

今天，各国的相互依存已经达到了前所未有的高度。人类面临的问题和问题的解决都是全球性的。尽管各国都有自身的国家利益，但正如"欧洲第一公民"让·莫内在二战结束后积极推动欧洲合作时所说那样：我们并非谈判的对立方，而是处于同一方，因为我们是在共同解决我们面临的问题。形成全球集体行动有时需要做交易，需要通过讨价还价来求得各利益攸关方相互妥协。但我们不能满足于此，而是应该有更高的追求：每一个全球问题的解决都不是通过对另一问题的妥协而实现；任何国家的问题都能够被当作所有国家的问题来对待。做到这一点，个别关键国家博弈者就需要有更为宽广的胸怀、更为负责的担当。

三 强化全球治理、推进全球治理体制变革已是大势所趋

过去数十年中，在国际社会的共同努力下，全球治理体系不断发展完善。与此同时，随着日趋严重或全新的全球性问题不断涌现，全球治理面临的压力与挑战日益加大，并主要表现在以下三个方面。首先是人类全球治理的需求加大与全球治理或全球公共产品供给不足的矛盾日益突出。全球治理的公共产品性质构成了其供给不足的内在逻辑，以至全球治理仍远未实现对全球性问题领域的"全覆盖"。全球

公共产品具有非排他性的特点。维护世界和平、维持全球贸易金融体系稳定、促进人类可持续发展等，都需要付出高额成本，而这些产品的享用却是不分国家的。换言之，即使一国不为这些产品的提供做贡献，它也可以享受这些产品带来的好处。这使各国无形中受到一种激励，那就是尽量让别国承担提供公共产品的成本，同时让自己成为"搭便车者"，其结果就是掣肘了全球公共产品的供应。因此，从一定意义上讲，全球治理要解决的核心问题之一，就是在公共产品供应不足的情况下，如何协调各行为体之间不同的利益互动关系，从而尽可能多地提供全球公共产品。

其次是现行全球治理机制的弊端日益凸显。现行的全球治理机制主要是第二次世界大战后由发达国家主导建立起来的。这些机制建立后，在应对全球性问题上发挥了积极作用，在一定程度上维持了世界的和平、稳定与发展。同时也应该看到，一些热点地区的冲突甚至是战争此起彼伏，各种形式的贸易、投资和金融保护主义依然盛行，气候、环境、网络信息和极地、外空等新兴领域的挑战日趋加大，尤其是2008年国际金融危机的爆发，深刻暴露了现行全球治理机制的诸多弊端。由于缺乏相应的调整和变革，一些传统全球治理机制日益难以适应全球性问题新形势的需要。特别应该指出的是，许多全球规则或机制的"非中性"色彩十分浓重，并业已成为维护和扩大少数既得利益国家或国家集团利益的工具。

最后是全球治理的改革已经启动却步履蹒跚。在困难和危机面前，世界各国都意识到改革和完善全球治理的必要性和重要性。习近平主席曾明确指出，随着全球性挑战增多，加强全球治理、推进全球治理体制变革已是大势所趋。但是，由于以美欧为代表的既得利益国家或国家集团的阻挠，一些全球治理机制的治理结构长期没有变化，即便是已达成的改革共识也常常出于它们对自身利益的考虑难以得到及时、有效的执行。例如，对于国际货币基金组织（IMF）2010年份额和治理改革方案，美国国会直到2015年12月才表决通过，并且还附加了对IMF拥有更大监督权的条件。全球治理改革的难度由此可见一斑，完善全球治理体系任重道远。

纵观当今世界格局，各国对全球治理改革的需求前所未有地强烈。从抽象的意义上说，几乎所有的国家都有推进全球治理，实现一个安全、自由、公正、繁荣之世界的意愿或要求。但是，从具体的目标来看，不同国家的意愿又存在差异甚至冲突。在这些目标的排序乃至理解上，不同国家甚至同一国家在不同时期都有所不同。例如，对于极不发达国家来说，获得外部援助、增加国家能力是其最迫切的要求；对广大的发展中国家来说，实现持续经济增长和国家繁荣是其优先选项；但就美国这样的所谓现状国家而言，保证自身相对领先的优势、维护其治下的安全秩序与和平，是其更看重的目标。这意味着未来五到十年，不同治理模式与治理优先顺序的竞争将进入白热化阶段。这种竞争的主要实现方式就是要争取全球治理改革的话语权，集中表现为对创设国际规则以及对国际规则的掌控、运用和阐释。

经济发展水平和整体实力稳步提高，并且这种提高越来越多地为国际社会所感知和认同，为中国更加积极主动参与全球经济治理机制奠定了物质基础。随着近年来中国的快速崛起，"一超多强"这一后"冷战"时期的国际实力结构开始趋于弱化。中国从多强中脱颖而出，开始向另一个超级大国迈进。从外界对中国的感知来看，中国整体实力的提升越来越得到世界的认可。新兴经济体的群体性崛起（如金砖国家等），也为中国更主动引领全球经济治理的方向提供了伙伴基础。除金砖国家合作外，"一带一路"倡议搭建的是更大规模的伙伴关系网络。借助这一伙伴关系网络，中国关于全球经济治理的许多主张能够被国际社会广泛接受。中国倡导或作为主要参与者提供的国际公共产品，适应了国际社会特别是广大发展中国家的需求，得到国际社会广泛认同并发挥越来越大的作用，为中国更好参与全球经济治理奠定了制度基础。作为全球经济治理的核心，治理机制发挥着不可取代的作用。以2014年创立亚洲基础设施投资银行为例，它不仅是首个由中国倡议设立的多边金融机构，也是由发展中国家倡议成立并吸收发达国家加入的高标准的国际金融机构。此外，美国等发达国家的内顾倾向客观上凸显了中国在世界舞台上的角色。在特朗普奉行的对外政策中所谈的公平贸易中，一国需要承担的国际义务已不见踪影，通过自由贸易造福于全世界的理想或理论基础已荡然无存，甚至把促进经济全球化当幌子的努力也被弃置一旁。这也恰恰是2017年年初习近平主席在达沃斯谈论全球治理、世界前途、人类命运以及中国方案给世人留下深刻印象的原因所在。

四 中国的全球治理观与全球经济治理的中国路径

中国参与全球治理的战略目标除了要维护国家利益，便是实现中华民族的伟大复兴，主要体现在以下五个方面：实现"两个一百年"目标和中华民族伟大复兴中国梦，即国富民强；确保领土及海权等的主权安全，保障国家统一；通过全球治理、区域合作、国际组织决策程序等深度分享全球规则制定权；推行中国元国际化，使中国元成为全球关键货币之一；通过提高软实力，革新发展模式，弘扬中国道路、中国文化，提升中国形象，增加价值感召力。

在参与全球治理的过程中，我们还需考虑到自身的定位问题，即我们是一个怎样的国家。中国的国际定位应具有以下六个维度：与当今仍处在主导地位的资本主义发达国家不同，我们无论是从价值理念，还是政治制度和社会目标上都是社会主义国家；当今的中国亦是一个处在变革过程之中的改革开放的国家；从多种指标看，我们仍旧是具有发展中国家的诸多特征的国家；但同时我们又是一个正处于迅速崛起期的国家；中国还是一个尚未统一且面临着内部分离势力威胁的国家；最后，对世界而言，中国是一个具有悠久历史的不可或缺之大国。

长期以来，特别是中国共产党第十八次全国代表大会以来，中国积极参与和践行全球治理，贡献了完善全球治理的中国方案，为人类社会应对 21 世纪的各种挑战做出了重要贡献。如今，中国领导人更加重视全球治理对中国以及世界发展产生的重要而又深远的影响。2015 年 10 月，习近平总书记主持以全球治理格局和全球治理体制为主题的第二十七次中共中央政治局集体学习，并系统阐述了中国推动全球治理体制更加公正、更加合理的思想体系，进一步深化了中国特色的全球治理观。

坚持发展中大国身份是中国参与全球治理的基本前提。目前，中国的发展中国家地位仍未发生实质性改变，同时中国又是一个举足轻重的全球性大国。这是中国参与全球治理的两个基本身份定位。一方面，作为世界第二大经济体，中国应逐渐承担合理的国际责任。这既是中国主动参与全球经济治理的题中之义，也是中国负责任大国形象的具体展示。另一方面，中国仍是发展中国家的一员，应把维护自身利益同维护广大发展中国家共同利益结合起来，既要看到自身发展对世界的要求，同时也要看到国际社会特别是发展中国家对中国的期待。因此，中国应积极推动全球治理体系反映国际政治经济格局变化，不断提高新兴和发展中国家在全球治理中的发言权与代表性，并保护最不发达国家在全球治理中的利益免受损害。

"共商共建共享"是中国参与全球治理的基本理念。共商、共建和共享是加强全球治理、推进全球治理体系与治理能力现代化不可或缺的系统链条，三者共同构成了中国全球治理理念的有机体系。共商，意即全球治理的基本原则、重点领域、规则机制、发展规划等都由所有参与方共同商议并形成共识；共建，意即发挥各方优势和潜能共同推进全球治理体系的改革与创新；共享，意即各参与方公平分享全球治理的成果和收益。"共商共建共享"理念倡导集思广益、各施所长、各尽所能、成果共享，充分体现了中国参与全球治理的开放性和包容性，顺应了国际关系民主化的发展潮流。践行这一理念，就是要充分发挥所有行为体尤其是广大发展中国家的积极性和能动性，体现各方关切和诉求，更好地维护各方正当权益，让所有参与方对完善全球治理拥有更多获得感。

"一带一路"倡议是中国参与全球治理的顶层设计。2013 年 9 月和 10 月，习近平主席在出访中亚和东南亚国家期间，先后提出共建"丝绸之路经济带"和"21 世纪海上丝绸之路"的重大倡议，得到国际社会高度关注。"一带一路"以政策沟通、设施联通、贸易畅通、资金融通、民心相通为主要内容，不仅致力于全方位推进务实合作，还致力于打造政治互信、经济融合、文化包容的利益共同体、命运共同体和责任共同体。所有这些均与国际规则或机制密切相关，都涉及全球治理的不同维度。从国际层面看，"一带一路"体现了中国对国际合作以及全球治理模式创新的积极贡献，符合国际社会的根本利益。从国内层面看，"一带一路"是统筹国内国际两个大局的重要抓手，是中国参与全球治理的顶层设计。中国与世界其他国家一道共建

"一带一路"不仅为全球治理增添了新的正能量，更是彰显了中国的大国责任。

权利与义务相平衡是中国参与全球治理的基本原则。权利与义务相平衡是一项公认的国际法准则。随着综合国力的不断增强，中国在力所能及的范围内承担了越来越多的国际责任和义务，为促进世界经济增长和完善全球治理做出了自己的贡献。例如，中国提出共建"一带一路"倡议、倡建亚投行和金砖国家新开发银行、设立丝路基金等，正在并将持续满足世界各国尤其是发展中国家经济社会发展与稳定的需要。在承担责任和义务的同时，中国也需要享受与之相匹配的权利。在现行的全球治理体系中，以美国为代表的发达国家是各种规则和机制的主导者，也是当前全球治理体系最主要的受益者，而广大的新兴市场和发展中国家却难以享受公平待遇，也难以发挥与自身实力相符的影响力。坚持正确义利观，逐步提高中国在全球治理中的发言权和决策权，既是中国承担更大责任的基本要求，也是推动全球治理向着更为公正合理方向发展的必由之路。

全球经济治理的中国路径，即以国家利益为支点，以经贸合作为基础，以经济外交为手段，以"一带一路"倡议为抓手，以新议题为引领，以能力建设为保障，以人类大同为愿景。

所谓以国家利益为支点，就是要明确中国参与和引领全球经济治理的目标，归根结底是要为"两个一百年"目标和中华民族伟大复兴中国梦创造良好外部环境，要以增进国家利益为优先选项。促进全球经济治理向更加公正合理的方向发展，从长远看是符合中国国家利益的。这个方向能够得到坚持，也有赖于中国自身的发展不被打断，不被迟滞，坚持国家利益优先、兼顾各国利益的原则。

以经贸合作为基础，就是要准确把握全球经济治理中发展、货币和经贸的辩证关系，看到经贸在三大支柱中的基础性作用，坚持货币及虚拟经济为实体经济贸易发展服务的原则，以经贸合作推动结构性改革和国内产业升级。所谓全球经济治理的三大支柱为发展支柱、货币金融支柱和经贸支柱，对应的国际经济治理机制分别是：（1）世界银行、亚投行等多边开发性金融机构组成的发展融资网络；（2）国际货币基金组织（IMF）、10＋3宏观经济研究办公室（AMRO）及其他多边应急储备安排构成的金融安全网；（3）世界贸易组织（WTO），重要的区域性及双边贸易协定构成的贸易投资便利化、一体化区域。经贸问题主要对应于全球经济治理三大支柱或领域中的贸易投资治理领域。

以经济外交为手段，就是要在全球经济治理进程中，善于把经济实力转变为国际话语权和影响力，以较小的代价获得国际社会对中国主张的全球经济治理改革议题的支持，从全球视野调配资源，以实现中国的全球经济治理战略目标。

以"一带一路"倡议为抓手，就是要通过打造"一带一路"的"朋友圈"，有选择地实施有效的"选择性激励"，调动沿线国家积极性，促进经贸合作基础上的人民币国际化，打造世界范围的经贸—货币网络。

以新议题为引领，就是要抓住美国等发达国家在全球化议题上后退的契机，做好对新议题内涵与价值的阐释，占据道义制高点，推动新议题以符合中国国情及发展潜力的节奏展开协商谈判。更具体来说，统筹规划推进自贸区战略实施及双边投资协定谈判以及加强对多双边经贸谈判的机制化建设的核心，是从中国已有的自贸实践中总结并确立一套反映中国（以及新兴发展中国家）利益及价值观的经贸准则，利用这些准则形成一个标准化、可复制、可推广的范本，基于这个范本来推进自贸区及双边经贸投资谈判。

以能力建设为保障，就是要着重提高中国参与全球治理的能力，着力增强规则制定能力、议程设置能力、舆论宣传能力、统筹协调能力。正如习近平主席所言，参与全球治理需要一大批熟悉党和国家方针政策、了解我国国情、具有全球视野、熟练运用外语、通晓国际规则、精通国际谈判的专业人才。要加强全球治理人才队伍建设，突破人才"瓶颈"，做好人才储备，为中国参与全球治理提供有力人才支撑。

以人类大同为愿景，就是说中国参与和引领全球经济治理，固然要解决现实的、急迫的问题，但还应当以人类命运共同体构建为长远愿景，用符合人类共同价值的愿景来"校准"现实的治理行为，使其不偏离正确的方向。

总之，中国秉持中国特色的全球治理观，更加积极地参与全球治理，推动全球治理不断发展完善，顺应了人类发展的潮流，应和了国际社会对中国的期待。两千多年前的孔子说："己欲立而立人，己欲达而达人"。当今中国的全球治理理念与其思想可谓一脉相承。作为2016年二十国集团领导人峰会的主席国，中国积极引导全球治理议题的讨论，促进达成更多惠及各国人民的成果，以与各国携手共同创造一个更加美好的世界。

五 本书的内容

全球治理涉及许多全球问题的解决之道，但本课题将聚焦于全球经济治理。概言之，全球经济治理指的是国际社会各行为体，其中主要是民族国家，通过协商谈判而建立起一系列国际规则或机制，应对和解决全球性经济问题的过程和未来走势。从一定意义上讲，至少就目前看，全球经济治理构成了全球治理的基础部分。本书一方面旨在为全球经济治理研究搭建一个大致的分析框架，另一方面力求通过讨论全球经济治理中的主要现实问题及其应对手段，进而关注全球治理架构改革。具体而言，本书基于全球经济治理的历史脉络，探究全球经济治理体系的产生及演化，分析在新的全球化背景下全球经济治理面临哪些挑战，未来的发展趋势如何，并在此基础上提出全球经济治理体系的改革方向，最后为中国参与全球经济治理提供理论参考和政策建议。

本项研究由五个部分组成，分别为全球经济治理结构变化与应对战略研究，国际金融治理与应对战略研究，国际贸易和投资治理进展与应对策略研究，国际气候变化与可持续发展治理及应对战略研究，国际宏观经济政策协调演变、发展及应对战略研究。上述五个部分构成了本书的五篇。从篇名就可以看到，第一篇既意在给出一个分析全球经济治理的分析框架或思路，还在一定意义上扮演着全书总论的角色。把对全球治理概念的界定作为整篇的起点，在此基础上引出了全球经济治理，其核心内容包括治理主体、治理对象、治理方式，它们分别解决的是"由谁治理""治理什么""如何治理"三大问题。马克思认为科学研究遵循逻辑与历史相统一的基本原则，由此对全球治理尤其是全球经济治理的历史演变加以描述，就成为必不可少的环节了。治理结构的变迁显示出哪些特点或规律性？其背后的驱动力是什么？推动全球经济治理改革需要依据何种原则？对这些问题的回答，不同国际行为体尤其是不同国家的态度和立场存在很大差异，也正是这些差异决定了不同行为体之间的博弈方式和结果，并最终决定了全球经济治理的形态与绩效。

在众多属于全球经济治理范畴的议题中挑选出后四篇专门讨论的四个研究对象，原因在于它们均对世界经济发展与运行具有重大影响，均为各国密切关注的议题，也都是需要各方通过采取集体行动方能控制或解决的问题。国际货币金融治理和国际贸易投资治理是全球经济治理的传统议题，已具备相应的正式和系统的治理平台与机制安排。这一方面有利于在这些领域实施治理，但另一方面这也意味着利益分配格局已经成型，既有的治理规则或机制的不合理、不适应之处往往根深蒂固，治理体系改革的阻力非常大。气候变化和可持续发展治理、国际宏观经济政策协调可以说是全球经济治理中的较新议题。气候变化和可持续发展在 20 世纪 90 年代之后才引起国际社会一定的重视，而国际宏观经济政策协调更是在 2008 年全球金融危机之后才频繁出现在 G20 等国际会议的倡议和成果之中，并被正式写入全球发展议程。与传统领域或议题不同，围绕这些新的治理议题尚未形成正式的全球治理规则和机构，治理效果在很大程度上取决于参与者与该议题的利益攸关度和博弈者特性，并因此成为世界各国激烈争斗的角力场。

国际金融治理自"二战"至今，都是全球经济治理的核心议题。国际金融治理体系改革是一个缓慢的历史演变过程，2008 年全球金融危机的爆发暴露了原有国际金融治理体系的缺陷，无疑是推进国际金融治理体系改革的一个的历史转折点。国际金融治理主要包括国际货币体系改革和国际金融体系改革两个方面。建立超主权货币、改革特别提款权架构、提升包括人民币在内的非美元货币的作用，是实现储备货币多元化的重要路径选择。国际金融体系改革主要包括国际金融机构改革、危机监管与应对机制改革。历次金融危机显示，单纯依靠IMF无法实现危机预防和应对的目标，存在救援不及时、救援资金不足、救援条件不合理等问题。改善危机监管与应对需要构建多层次、多方面的机制。伴随着经济的快速增长以及金融实力的上升，中国在国际金融治理中的地位得到大幅提升，同时全球金融危机为中国参与国际金融治理打开了机遇窗口，中国参与国际金融治理的目标和利益诉求也日益变得清晰。

国际贸易和投资是世界经济增长的重要引擎，贸易和投资自由化、便利化一直是WTO长期以来致力于实现的目标。受金融危机影响，当前全球贸易、投资增长乏力，保护主义再次抬头，"多哈回合"谈判停滞不前。国际投资领域被3200多个双边协定所分割，呈现严重的"碎片化"发展态势，跨境投资多边合作障碍重重。变革全球贸易和投资治理机制，重建全球贸易和投资新秩序，越来越受到各界的广泛关注。在WTO多边贸易谈判出现困难的情况下，G20在全球贸易治理中开始发挥越来越重大的作用。G20成员国在多次峰会上均承诺反对任何形式的贸易保护主义，建立开放、透明、包容，基于规则、非歧视的以WTO为基础的多边贸易体制。G20也致力于推动国际投资合作与协调，在2016年杭州峰会上通过了全球首份关于多边投资政策制定的纲领性文件——《G20全球投资指导原则》。该文件确立了全球投资规则的总体框架，为弥合国家间投资政策利益分化，加强多边投资政策协调迈出了历史性的一步，将为全球投资治理提供长远的制度性引领。由于国际贸易和投资规则的非中性明显，故各国在此领域的利益争夺始终十分激烈。

气候变化不仅会影响人类的生存环境和健康状况，而且会深刻影响各国的发展道路和发展模式，因而其不仅仅是一个环境问题，更是一个经济问题。发达国家和发展中国家对气候变化问题的产生负有不同程度的责任，气候变化的影响也具有不平衡性。更重要的是，不同发展水平的国家应对气候变化的能力存在很大的异质性，因而各国及各国内部不同利益集团对于气候变化治理的立场和参与度迥异，不难想象，应对气候变化的全球治理将是一个艰难的讨价还价过程。国际气候变化治理的核心目的是希望通过国际协定或公约的制度约束和激励效用，规避各国在应对气候变化中遇到的集体行动困境。整体而言，无论是《联合国气候变化框架公约》，还是其后的《京都议定书》和《巴黎协定》，还是非正式的国际规则，它们都给出了国际气候治理的几大核心要素和机制——减缓、适应、技术和资金。在国际气候治理舞台上，不同利益集团之间的利益博弈处于持续的动态变化之中。对于减排责任界定的差异，直接导致了发达国家和发展中国家对于资金和技术援助的态度存在很大差异。中国是温室气体第一大排放国，又是最易受到气候变化影响的国家之一，同时面临来自发达国家和其他发展中国家两方面的压力。如何在确保中国经济平稳发展基础上，主动承担减排义务，构建"公正、合理、有效、共赢"的国际气候治理框架，是当前中国迫切需要解决的问题。

国际宏观经济政策协调，是指世界各国为解决彼此之间在国际经济利益中的矛盾，消除各自的宏观政策对彼此的负面效应，就财政政策、货币政策、汇率政策等宏观经济政策展开磋商和协调，以维持和促进各国经济稳定增长的过程。在经济全球化大背景下，一国（主要是开放中大国）的宏观经济政策通常具有很强的"溢出效应"与"回荡效应"。因此，通过加强国际间的宏观经济政策协调来尽可能地控制或消除"负效应"就显得十分必要。国际间的宏观经济政策协调由来已久。2008年全球金融危机后，全球各国越来越认识到国际宏观经济政策协调的重要性，并且对国际宏观经济协调达成了一些共识，国际宏观经济政策协调频繁出现在G20历次峰会、全球发展议程以及其他国际议程上。学术界的大量文献足以论证国际宏观经济政策协调的重要性和必要性；全球经济发展和国际合作的历史经验也证实国际经济政策协调在多数条件下具有帕累托改进之效果。然而在现实世界中，国际宏观经济政策协调却困难重重。国家间规模的不对称性、对经济形势和跨国传导效应的不同判断、政策决策者在各种政策目标之间重要性取舍上的误判，等等，都是造成国际宏观经济政策协调困难的重要原因。中国作为日益重要的新兴发展中大国，参与国际宏观经济政策协调的成本和收益仍面临很大的不确定性。在参与国际经济政策协调的过程中，如何确保经济政策的自主权与独立性，始终是一个需要认真对待的问题。

第 一 篇

全球经济治理结构变化及应对战略研究

前　言

　　全球经济治理的实质是治理主体为了解决全球性问题而提供的治理机制或国际规则。本书前两章开宗明义，在文献梳理的基础上，对全球经济治理的内涵进行了界定，并提出了一个全球经济治理的理论分析框架。同时，将对全球经济治理的研究大致分为三个方面：治理行为体、治理机制、治理领域（即全球性问题）。第三章和第四章分别从实践和理论两个方面分析了全球经济治理结构的历史演进及其演进动力。其中，第三章结合历史现实，从 1870 年至 1914 年、1914 年至 1945 年、1945 年至 1975 年、1975 年至今四个阶段分析了全球经济治理结构的历史变迁；第四章从治理的权力结构变化、利益攸关度的变化、全球新问题的出现三个方面在理论层面探究了引起全球经济治理结构变化的主要原因和动力。最后，在前文分析的基础上，本书提出了全球经济治理的改革方向。

　　研究发现：第一，全球经济治理的三个方面（治理主体、治理机制、治理领域）彼此之间并不孤立，而是相互影响、相互联系的。治理机制不仅是利益攸关方相互博弈的结果，而且亦受到需要治理的全球性问题自身特征的影响。全球化过程中存在的三大根本性矛盾——全球公共物品需求上升与供给不足之间的矛盾、国际规则约束与国家自主性之间的矛盾、国际制度非中性与全球治理民主化之间的矛盾，是全球经济治理产生的根本原因。

　　第二，国家之间权力结构的变化和交互作用会引起全球经济治理结构的变化，但权力结构的变化相对滞后于经济结构的变化；利益攸关度决定了各行为体对全球经济治理的支持度和国家间合作程度和方式的差异，进而影响全球经济治理的结构变化；全球性新问题的出现会导致合作的领域更加宽泛、合作方式也更加多样化，这也是全球经济治理结构变化的重要因素之一。

第三，为进一步提高全球经济治理的有效性，应该对全球经济治理做出一定的改革，包括推动全球经济治理的民主化、推动全球经济治理的利益包容性、提升已有治理机制的有效性、设计新的治理机制以应对新问题，等等。

第一章 全球治理的内涵

第一节 全球治理的定义

一 什么是治理

治理一词从 20 世纪 90 年代在全球范围逐步兴起，然而对于治理的概念长期以来并没有一个统一的界定。治理（governance）可以追溯至拉丁文和古希腊语中的"steering"一词，意指操纵、控制或指导，长期以来它与统治（government）一词相交叉使用，被广泛运用于与国家公共事务相关的政治统治和管理活动。Cochrane 等认为三个因素推动了治理的快速兴起。一是治理克服了传统的社会学分析的两分法，例如公共与私人部门，政府、市场和民间团体，政府和非政府等这些主体之间并不是截然对立的，而治理则可以很好地描述以上主体之间协调合作的复杂形式。二是治理反映了社会结构的变迁，即非政府主体的大量出现，这导致了罗西瑙所称的"超越政府的治理"。三是从修辞学上看，相比政府或统治，治理代表的是一种中性、技术性的社会秩序，这更容易被一些国际组织接受，特别是在新自由主义盛行的背景下①。

在这种情况下，大家给出各种不同的治理定义。治理首先被看作是一种过程和制度。联合国亚洲及太平洋经济和社会委员会（UNESCAP）指出，治理的概念与人类文明一样古老，简单来说治理就是决策以及何种决策被执行（或不被执行）的过程（process）。因此，治

---

① Cochrane, F., Duffy, R. and Selby, J., *Global Governance, Conflict and Resistance*, New York: Palgrave Mac Millan, 2003.

理可用于公司治理、国际治理、国家治理、地方治理等多个领域①。
联合国全球契约组织（UN Global Compact）也认为，治理是确保实体
（如企业、政府或多边机构）整体有效性的制度和过程②。

1995 年，联合国"全球治理委员会"发表《天涯成比邻》（Our
Global Neighborhood）报告，从实践层面上定义了治理的内涵："治理
是各种各样的个人、团体——公共的或个人的——处理其共同事务的
总和。这是一个持续的过程，通过这一过程，各种互相冲突和不同的
利益可望得到调和，并采取合作行动。这个过程包括授予公认的团体
或权力机关强制执行的权力，以及达成得到人民或团体同意或者认为
符合他们的利益的协议"③。

联合国教育、科学及文化组织（UNESCO）也认为，治理是指旨
在确保问责制、透明度、反应能力、法治、稳定、公平和包容的基础
上，赋予权力和广泛参与的结构和过程（structures and processes）。治
理也可被表述为通过透明、广泛参与、包容和快速反应的方式管理公
共事务的一种运行规范（norms）、价值观（values）和规则（rules）。
从广义上来看，治理是公民和利益相关者相互交流、参与公共事务的
文化和制度环境④。

治理被视为一种权力关系。1989 年，世界银行首次使用"治理"
一词用于描述撒哈拉以南非洲地区国家需要制度改革和更好更有效的
公共部门。在研究中，世界银行将治理定义为"行使管理国家事务的
政治权力"⑤。1992 年，世界银行进一步发展了治理概念。治理被定
义为管理国家经济和社会资源、促进发展的权力行使方式⑥。联合国

---

① UNESCAP, http：//www. unescap. org/sites/default/files/good - governance. pdf.

② UN Global, Compact, https：//www. unglobalcompact. org/what - is - gc/our - work/governance.

③ ［瑞典］英瓦尔·卡尔松、［圭亚那］什里达特·兰法尔主编：《天涯成比邻——全球治理委员会的报告》，赵仲强、李正凌译，中国对外翻译出版公司 1995 年版，第 2 页。

④ UNESCO, http：//www. unesco. org/new/en/education/themes/strengthening - education - systems/quality - framework/technical - notes/concept - of - governance.

⑤ World Bank, *From Crisis to Sustainable Growth - Sub Saharan Africa：a Long - term Perspective Study*, Washington, D. C. ：The World Bank, 1989.

⑥ World Bank, *Governance and Development*, Washington, D. C. ：The World Bank, 1992.

开发计划署（UNDP）也将治理定义为管理一国各级事务所行使的政治、经济和行政权力。治理包括一系列能够使公民和团体表达利益、调解分歧、行使合法权利和义务等的复杂机制、程序和制度①。

政府成为行使这种权力的主体。Stephen 等指出，在确定了一系列规则之后，我们需要设定一套机制来负责决定这些规则是什么，如何执行、制定和实施决策，以及如何解决争端等，此时就可以创建政府来做这些事情②。福山（Fukuyama）将治理定义为政府制定和实施规则以及提供服务的能力，政府是实施治理的代理组织③。Fasenfest 认为，治理是一种通过管理或政府领导反映社会期望的一系列决策和过程（decisions and processes），政府是具有治理职权或治理功能的机构④。

但根据罗西瑙的说法，治理与统治（government）并非同义词⑤。统治意味着有正式权力和警察力量支持的活动，以保证其适时制定的政策能够得到执行。治理则是由共同的目标所支持的，这个目标未必出自合法的以及正式规定的职责，而且它也不一定需要依靠强制力量克服挑战而使别人服从。因此，治理是一种比统治内涵更为丰富的现象，它既包括政府机制，也包括非正式、非政府的机制，随着治理范围的扩大，各色人等和各类组织得以借助这些机制满足各自的需要并实现各自的愿望。

与此同时，治理与管理也存在着较大的区别。管理（management）主要是通过规划、实施和监督职能，以达到预先确定的结果，是通过动员和改变现有的物力、人力和金融资源以实现具体成果的过

---

① UNDP, *Governance for Sustainable Human Development*, UNDP Policy Document – Foreword . http：//www. pogar. org/publications/other/undp/governance/undppolicydoc97 – e. pdf.

② Stephen, C. , Catherine, C. and Miriam, J. , *The Concept of Governance and Its Implications for First Nations*, NNI/HPAIED Joint Occasional Papers on Native Affairs, No. 2004 – 02, 2004.

③ Fukuyama, F. , "What is Governance?", *Governance：An International Journal of Policy*, *Administration*, *and Institutions*, 2013, Vol. 26, No. 3, pp. 347 – 368.

④ Fasenfest, D. , "Government, Governing, and Governance", *Critical Sociology*, 2010, Vol. 36, No. 6, pp. 771 – 774.

⑤ ［美］詹姆斯·罗西瑙著：《没有政府的治理》，张胜军、刘少林等译，南昌：江西人民出版社 2006 年版。

程、结构和安排。治理则为管理和行政体系运行设置参数，其是指关于如何分配和分享权力，如何制定政策、确定优先事项，并对利益相关者负责。二者的区别见表1－1。

表1－1　　　　　　　　治理与管理的区别

治理	管理
——制定规范、战略愿景和方向，规划高层次的目标和政策 ——监督管理和组织绩效，以确保组织符合公众特别是利益攸关者的最佳利益 ——指导和监督管理层，以确保组织实现预期成果，并确保组织谨慎、道德和合法运行	——按照理事机构规定的广泛目标和方向运行 ——在任务和战略愿景的背景下实施决策 ——制定业务决策和政策，使管理机构得到知情和教育支持 ——对更多信息请求作出响应

资料来源：UNESCO. http：//www. unesco. org/new/en/education/themes/strengthening －education － systems/quality － framework/technical － notes/concept － of － governance。

二　全球治理

简单来说，全球治理是治理活动在全球范围的扩展。这种扩展主要表现在两个方面：一是治理是由全球机构如联合国、国际货币基金组织等实施的，或是由其他覆盖全球范围或在全球范围运转的机制和政策网络实施的；二是治理活动超出一国国界在全球范围内实施，也即全球治理是旨在解决影响不止一个地区的问题的跨国行为者的政治互动。

Thomas G. Weiss 指出全球治理是为识别、理解或解决超出单个国家解决能力的全球性问题的集体努力[①]。Thakur 和 Van Langenhove 认为，全球治理是指在全球范围内合作解决问题的安排，这些安排可能是各种行为者（国家当局、政府间组织、非政府组织、私营部门实体）管理集体事务的规则（法律、规范、行为准则）或是（正式和

---

① United Nations Committee of Experts on Public Administration, Definition of Basic Concepts and Terminologies in Governance and Public Administration. United Nations, E/C. 16/2006/4, 5 January 2006.

非正式的）组织机构和做法①。因此，全球治理指的是国家、市场、公民、政府间和非政府组织之间的复杂的正式或非正式机构、机制、关系和过程，以此用来表达集体利益、确立权利和义务、调解彼此差异或分歧。

但与（国内）治理不同，全球治理缺乏一个世界政府。Finkelstein认为正是由于不存在一个世界政府，所以才采用治理一词来替代政府②。他认为全球治理是在没有主权当局的情况下对跨越国家边界关系的治理，全球治理在国际所做正像一国政府在国内所做一样。但全球治理不等同于全球政府，它不是一个单一的世界秩序，不是一个自上而下的权威层次结构。它是一系列存在于当今世界不同层次上的与治理相关的活动、规则、正式和非正式机制的集合③。罗西瑙认为全球治理实际上是"所有层面的人类活动（从家庭到国际组织）的规则构成的体系，在这些体系中，通过运用控制权来实现具有跨国影响的目标"。全球治理不是世界政府。事实上，全球治理也没必要有一个世界政府④。

尽管不存在一个世界政府，但是全球治理仍需要国际机制建设。以奥兰·扬（Young）为代表的新自由主义国际机制论者进一步强调全球治理"实际上只是各种国际机制，包括政府间机制以及非政府组织参与的国际机制的总和"⑤。罗伯特·基欧汉和约瑟夫·奈（2003）也将治理定义为"正式和非正式的指导并限制一个团体集体行动的程

---

① Thakur, R. and Van Langenhove, L. , "Enhancing Global Governance through Regional Integration", *Global Governance*: *A Review of Multilateralism and International Organizations*, 2006, Vol. 12, No. 3, pp. 233 – 240.

② Finkelstein, L. S. "What is Global Governance?" Global Governance, 1995, Vol. 1, No. 3, pp. 367 – 372.

③ Karns, M. and Karen, M. , *The Politics and Processes of Global Governance* (2nd Edition), Colorado: Lynne Rienner Publishers, 2009.

④ Rosenau, J. N. , "Governance in the Twenty – first Century", *Global Governance*: *A Review of Multilateralism and International Organizations*, 1995, Vol. 1, pp. 13 – 43.

⑤ Young, O. R. , *International Governance*: *Protecting the Environment in a Stateless Society*, Ithaca: Cornell University Press, 1994.

序和机制"①，各国的集体行动受到全球治理机制的约束。McGrew and Held 强调全球治理实际上需要塑造一种新的国际规范与权威②。在全球政府缺位的情况下，各治理行为体（主要指国家③）为克服"治理失灵"现象，通过制度安排"发展普遍性承诺规范、向决策者提供高质量信息"④，实现全球公共产品的有效供给⑤。自由主义者倡导运用罗尔斯的正义观改造自利民族国家，认为全球治理谋求通过全球宪章、法律、规范约束行为体的行动，市场正义性需要制度的监管⑥，市场原教旨主义和单边主义在全球治理中不再行得通。

综上，全面结合行为体、对象、目标和实现形式等特点，可以将全球治理定义为：由国家或经济体构成的多权力中心的国际社会，为处理全球问题而建立的具有自我实施性质的国际制度、规则或机制总和；或在没有世界政府情况下，各国际博弈者通过集体行动克服国际政治市场失灵的努力过程⑦。

------

① 约瑟夫·奈、约翰·唐纳胡主编：《全球化世界的治理》，王勇、门洪华等译，世界知识出版社 2003 年版，第 17 页。

② McGrew, A. and Held, D. , *Governing Globalization: Power, Authority and Global Governance*, Polity Press, 2002.

③ 需要指出的是，本文认为国家是全球公共产品的主要提供者，虽然其他非国家行为体在特定问题领域内，也承担提供全球公共产品的任务，但是它们参与全球治理的主要作用机制是提供信息和智力支持，塑造治理观念、规范和规则，游说国家行为体提供公共产品。治理失灵的原因之一也包括因缺少相应激励机制，不能够说服利己的主要国家行为体提供公共产品。所以，国家仍然是全球治理中的主要参与者。因此，本文主要围绕国家参与全球治理活动、塑造全球治理模式的形态展开论述，在一定程度上也兼顾分析其他行为体的参与机制。

④ Keohane, R. , "The Demand for International Regimes", *International Organization*, 1982, Vol. 36, No. 2, pp. 141 – 171.

⑤ 更准确地说，这里的有效性也有问责制（accountability）的意思，即具有执行力的制度安排。Krisch, N. and Kingsbury, B. , "Introduction: Global Governance and Global Administrative Law in the International Legal Order", *European Journal of International Law*, 2006, Vol. 17, No. 1, pp. 1 – 13.

⑥ Helleiner, E. , "Economic Liberalism and its Critics: the Past as Prologue?" *Review of International Political Economy*, 2003, Vol. 10, No. 4, pp. 686 – 688; Culpeper, R. , Global Economic Governance: in Search of a New Policy Framework, Background paper prepared for Global Economic Governnance Conference, Washington, 7ᵗʰ – 8ᵗʰ Oct. 2010.

⑦ 张宇燕、任琳：《全球治理：一个理论分析框架》，《国际政治科学》2015 年第 3 期，第 1—29 页。

第二节 全球治理的主要内容

根据我们给出的定义，全球治理至少有三个不可或缺的部分，即由谁治理也即全球治理的主体、通过何种形式进行治理也即全球治理的形态、治理谁也即治理对象三个部分。

一 全球治理主体

全球治理主体解决的是"由谁治理"的问题。无论是国内治理还是全球治理，治理的主体都是多元化的。詹姆斯·罗西瑙指出，治理的主体呈现多元化的态势，除了有正式权威的政府外，还包括各种非政府组织、协会、利益集团等第三方组织[1]。吕帅也认为治理意味着一系列来自政府但又不限于政府的社会公共机构和行为者，即治理主体是多元的，包括政府、社会组织、企业以及公民个人[2]。全球治理是治理在全球层面上的延伸，治理的主体也相应地更加多元化了。赫尔德（Held）强调，全球治理是为实现公共目标进行社会协调合作的过程[3]。在这一过程中，国家、国际组织、跨国公司、国际商业机构以及民间社会团体已经形成了一个巨大的全球治理网络。国家依然扮演着重要的角色，但更多的主体共同参与到全球治理的进程中[4]。

民族国家依然是全球治理的主要行为体[5]。因为各个主权国家既是多边机构的成员，也是制定全球治理相关的各项政策与规章制度的主体。国家之间的相互影响和作用更是推动治理的进程和方向的关键

---

① 詹姆斯·罗西瑙著：《没有政府的治理》，张胜军、刘少林等译，南昌：江西人民出版社 2006 年版。

② 吕帅：《试从国家治理视角理解我国国家职能的转变》，《法制博览》2016 年第 4 期，第 289—290 页。

③ Held, D., *Democracy and the Global Order：From the Modern State to Cosmopolitan Governance*, Polity Press and Stanford University Press, 1995.

④ 裴长洪：《全球经济治理、公共品与中国扩大开放》，《经济研究》2014 年第 3 期，第 4—9 页。

⑤ Young, O. R., *Global Governance：Drawing Insights from the Environmental Experience*, Cambridge：The MIT Press, 1997, pp. 283 – 284.

动力①。国家可以对本国公民和领土行使职权，而他们通过向国际机构赋权，使得全球治理可以影响甚至干预各国国内进程。国家创立了政府间组织等国际机制，并为它们确立目标和职责；国家建立国际法和国际规范，并通过遵守与否来决定它们的效力等。

然而，全球治理也强调，各种国际组织、非政府组织、跨国公司等也是全球经济治理重要的参与主体，尤其是全球性的国际组织的角色不容忽视。根据联合国秘书长在 2011 年联大报告中的界定，全球经济治理是"多边机构和进程在塑造全球经济政策、规则、规制方面所发挥的作用"②。这一界定明确地突出了多边机构在全球经济治理中的关键地位，将它们视为治理的实施者和重要主体。西方学者们在全球经济治理中强调"通过一定数量的国家所建立的国际管理机构来规制某一方面的经济行为，比如 WTO 对国际贸易的管理或者某一国际组织对国际直接投资和共同环境标准的管理"③。

全球治理很大一部分是通过基于委托—代理的国际组织来实现的。这些国际组织是实施全球治理的平台和载体，离开了这些组织，全球治理也就无从谈起。全球治理的代理组织主要包括政府间组织和非政府组织等类型，他们可能是全球性组织，也可能是区域性组织。全球性组织涵括了世界上绝大多数的治理平台，它们以协调多边关系为主要目标。其主要代表如联合国（UN）及其下属机构以及国际货币基金组织、世界银行、国际清算银行等。作为对全球性组织区域职能的有益补充，区域性组织则主要侧重于区域内部双边或多边关系的维护与建设，较为典型的包括欧盟、东盟等。这些全球性组织、区域性组织均属于政府直接参与的合作机制，保障了这些机制对于全球事务治理的权威性和约束力。

然而，我们此处所指政府间组织作为全球治理的行为者，主要是指这些组织的官员，作为国际公务员在劝说国家行为、协调不同集团

---

① 孙伊然：《从国际体系到世界体系的全球经济治理特征》，《国际关系研究》2013年第 1 期，第 83—96 页。

② United Nations Document, A/66/506, Global Economic Governance and Development, 10 October 2011, p. 2.

③ Hirst, P. and Grahame, T. , *Globalization in Question*, Blackwell Publishers, 1999.

行动方面发挥着关键但却无形的作用①。这些组织的官员与其他行为体有很大不同，他们的主要利益出发点是促进组织和其所代表成员的利益。他们需要对新的挑战和危机做出反应，为成员国提供政策选择，做出他们所认为好的决策，避免成员国利益受到损害。

非政府组织的参与者主要是民间社会团体和私人（跨国）企业，民间社团多侧重于依靠社会舆论推动全球某一具体领域的问题治理，如世界自然基金会、中国扶贫基金会、乐施会等，也逐渐成为全球经济治理中一股重要的推动力量。非政府组织在全球治理中正发挥越来越大的作用。在很多方面，他们已经成为重要的信息和技术提供者，他们通过间接参加政府间组织的会议，提出新问题，提交文件材料，并传播相关专业技术知识。他们会向个人、政府、政府间组织、商业团体以及其他主体进行游说和劝说，并对相关行动和行为进行监督，从而影响全球治理进程。

除此之外，技术专家、跨国公司等也是全球治理的主体，他们对全球治理有直接产生影响。

二　全球治理的形态

当前并不存在一个世界政府，在国家与其他治理主体之上，没有一个权威机构可以像中央政府一样维持秩序，即使各行为体做出治理决策，也很难保证该决策得到贯彻执行、违约行为受到应有惩罚。各种国际机构至多是在不同问题领域提供不同程度的治理机制。然而，任何国际机构在全球或地区范围内都没有征税权，治理活动面临融资困难。因此，相对国内政治，国际社会呈现出"无政府"的"无序"状态。在世界政府缺位的情况下，每个行为体都以自身利益最大化为目标。一旦无法调和诸多差异性利益，将会导致"合成谬误"，或曰"公地悲剧"，或曰"治理失灵"。只有调和差异性的个体利益，才能将全球治理引向良性发展的轨道②。

---

① Mathiason, J., *Invisible Governance：International Secretariats in Global Politics*, Kumarian Press, 2007.

② 张宇燕和任琳：《全球治理：一个理论分析框架》，《国际政治科学》2015 年第 3 期，第 1—29 页。

　　而这就需要国际制度、规则和机制来确保全球治理的顺利进行。实际上，从定义可以看出，无论是对于治理还是对于全球治理，制度、规则、机制等都是确保治理活动顺利实施并取得预期目标的关键。对于（国内）治理来说，其更多是政府提供的规章制度，但是在缺乏等级体制、强制性权威的国际关系领域，（全球）治理是各国之间尤其是大国之间的协议与惯例的产物，它涵盖政府的规章制度，也包括非政府机制。

　　一些制度经济学家如科斯、诺斯、舒尔茨等将规则等同于一种"制度"，是集体控制或约束个人的一系列行为准则和规范。持这种观点的学者实际上是将治理视为一种制度，即治理的外在表现便是一系列的规则和约定。他们更强调治理作为规则所起到的规范和约束作用。威廉姆斯（Williamson）将制度经济学分为嵌入型制度（非正式的习惯、传统和规范）、正式制度环境、治理、资源配置与应用等四个层次，其中治理活动处在第三层①。在威廉姆斯看来，治理就是通过契约约定制度结构，将治理结构与交易行为联系起来，以此引导并重塑行为体的动机，从而进行资源配置和使用。简言之，治理强调制度的协调、引导和规范作用。斯托克（Stokke）、杨（Young）进一步明确指出，治理就是建立和操作一套行为准则，用于规范行动、分配任务、指导合作，以努力克服集体行动困境②③④。

　　国内治理主要是一国政府机构利用其政治权力施加影响，其所依据的是正式的、强制性的法律法规和制度。而全球治理则不同。全球性问题日趋凸显，说明在全球范围内单纯依靠市场手段自我调节存在严重缺陷。因此，建立一套具有约束力的规则就显得十分必要。全球治理较之国内治理更强调规则的作用，强调国家、非政府组织、私人

---

①　Williamson, O. E., "The New Institutional Economics: Taking Stock, Looking Ahead", *Journal of Economic Literature*, 2000, Vol. 38, No. 3, pp. 595 – 613.

②　Stokke, S. Regimes as Governance System. In *Global Governance: Drawing Insight from the Environmental Experience*, Oran Young (ed.). Cambridge: MIT Press, 1997, pp. 27 – 63.

③　Young, O., *International Governance: Protecting the Environment in a Stateless Society*, Ithaca: Cornell University Press, 1994.

④　Young, O., *Rights Rules and Resources in World Affairs' Experience*, Cambridge: MIT Press, 2004, pp. 2 – 23.

部门等国际治理的参与者通过具有约束力的规则进行合作。这些规则和制度大部分不具有强制性（国家之间经过商议共同确定的一些强制性的国际法律除外），而更多需要国家间的协商与自愿遵守，这与国内治理规则的强制性有所不同。如在全球贸易治理领域，以国际组织为依托的多边机制、以大国俱乐部为核心的诸边机制、以区域贸易协定为主体的区域机制、大国之间的双边机制、以大国为主导的单边机制、以非政府组织为主导的其他机制并存。各类机制的实施难度相互区别、互为补充，形成了例如自愿约束型规则、协商约束型规则、强制约束型规则等不同的规则要求。这也导致不同规则之间的执行难度和效果的显著不同①。

全球治理形态包括以下几个形式②。

1. 政府间组织

政府间国际组织（Inter‐government Organization，IGO）指由若干国家或政府基于一定目的依国际条约建立的国际组织，至少包括三个以上成员国，并在多国开展活动。它们在条约和宗旨规定的范围内，享有参与国际事务活动的独立地位，具有直接承担国际法权利和义务的能力，而不受国家权力的管辖。政府间国际组织既包括单一目标的国际组织（如欧佩克），也包括具有多重目标的国际组织（如联合国），它们成为全球治理最主要的形式。

政府间国际组织具有多种功能，包括信息收集、趋势监测、提供服务和援助、争端解决等，它们通过以上这些活动有助于国家形成稳定的合作习惯。政府间组织通过议程设定来影响成员国，并在相关议题领域制定原则、规范和规则，通过发展特定的决策和执行程序来促进和协调各国的行动，通过国际同行评议甚至是争端解决机制来约束成员国行为。政府间组织有利于提高各国集体行动的效率，通过建立一个具体、固定的中心化机构，有利于减少各国的谈判时间，提高了国际社会应对全球问题的能力。

---

① 张宇燕：《全球化与中国发展》，社会科学文献出版社 2007 年版，第 421—437 页；第 235—270 页。

② Karns, M, and Karen, M. , *The Politics and Processes of Global Governance* (2nd Edition), Colorado: Lynne Rienner Publishers, 2009.

2. 非政府组织

非政府组织（Non-government Organization，NGO）是指由不同国家的社会团体或个人自愿组成并努力实现某一共同目标的组织。它与政府间的国际组织相对。这类组织是其成员根据共同的愿望和要求，为解决某一问题或发展某一事业而组成的。

3. 国际法

国际法指适用主权国家之间以及其他具有国际人格的实体之间的法律规则的总体，其主要有三种形成的方式：条约、国际习惯法和为各国承认的一般法律原则。

条约和其他经一致同意的协议是具有法律拘束力的，国际法主体可以通过它们宣布、修改或发展现行的国际法。它们也可以通过条约将尚未组织起来的国际社会转变为联合的或凌驾于国家之上的全球性或区域性的国际社会。国际习惯法是适用于尚未组织起来的国际社会的国际法。它们常常以早期条约的某些条款为渊源，这些条款后来就被承认为法规。但是也有个别的国际法规则是由世界各国大致相同的实践发展而成的。为各国所承认的一般法律原则只有在国际习惯法或条约法没有相应的规则与之平衡的情况下才起作用。这种原则必须是一般的法律原则，而不是作用范围有限的法律规则；它还必须得到相当多的国家（至少包括世界上所有主要的法律体系）的承认。

从全球治理来看，国际法的最大限制是其只能应用于国家，另一个问题是缺少国际强制执行机制。为了确保各国遵守国际法，一般规定各国可根据各国的情况选择接受还是不接受国际法，这就降低了国际法的治理效果。不过，考虑到遵守法律的国际声誉、来自其他国家的同行评议压力以及互惠原则，一般情形下，大部分国家都会选择遵守国际法。

4. 国际规范或"软法"

国际规范（international norms）是在国际交往中被大多数国家承认并遵守的行为规范，如联合国宪章、许多国际公约中规定的准则等。它们为国家之间行为标准建立了预期，并增加相互了解。大多数的国际规范并不具有约束力，因此又被称为国际"软法"。例如在环境领域，针对臭氧层空洞、生物多样性的消失、全球气候变化等往往首先制定一般的规范和原则，随着对相关问题理解的深入、技术的进步特别是政治环境的变化，上述的规范可能就会从"软法"上升至"硬法"。如1992年联合国政府间气候变化委员会就气候变化问题达成《联合国气候变化框架公约》（软法），在该基础上，1997年《京都议定书》的达成（硬法），使温室气体减排成为发达国家所须履行的法律义务。

5. 国际机制

Keohane和Nye将机制定义为一系列治理安排的总和，是一个规范行为者和控制其影响的规则、规范和程序网络①。在此基础上，Krasner将国际机制（international regimes）定义为促使国际关系中某一特定领域的行为者预期趋同的原则、规范、规则和决策程序②。国际机制既包括类似《控制危险废料越境转移及其处置巴塞尔公约》的国际公约，也包括像布雷顿森林体系这样的货币管理体系。

国际体制包括一系列规则、规范以及行为者的行为惯例。在某一特定问题领域，可能需要建立一个政府间组织，但是一个单独的政府间组织不能构成一个体制。例如针对核武器扩散问题，就包括国际原子能机构（IAEA）、《不扩散核武器条约》与《全面禁止核试验条约》等一系列的国际组织和条约在发挥作用。

6. 临时集团、安排以及全球会议

随着国际事务的日益多边化，一系列的临时集团和安排（Ad Hoc groups and arrangements），政府间举办的全球会议、论坛、委员会等也成为全球治理重要的形式。例如七国集团（G7）、二十国集团（G20）等领导人峰会对全球治理具有深远影响，它们虽然定期召开，但是并不是一个正式的政府间组织。联合国在经济、环境、社会等领域召开了一系列全球会议，较有代表性的是联合国气候变化大会，已成为解决气候问题重要的全球政治进程。

---

① Keohane, R. O. and Nye, J. S., *Power and Interdependence*, Boston: Little, Brown, 1977, p. 19.

② Krasner, S. D., "Structural Causes and Regime Consequences: Regimes as Intervening Variables", *International Organization*, 1982, Vol. 36, No. 2, pp. 185－205.

7. 由私人提供的全球治理

私人部门在某些全球治理领域也发挥着重要的作用。比如在国际会计标准制定、国际信用评级等方面，基本是由私人部门在制定规则。

三　全球治理的对象

全球治理与国家治理对象存在根本差异。全球治理要解决的是全球问题，包括诸如防止战争与化解冲突、应对气候变化、防治"非典"（SARS）和埃博拉等传染性疾病、维护国际金融体系的稳定、保障开放的国际贸易体系等。俞可平指出，全球治理所涉及的对象除了国际关系层面的体系、秩序和结构的安排、机制以外，还包括人类社会所面临的共同性问题和跨国问题，主要包括：（1）全球安全，包括国家间或地区性的武装冲突、核武器的生产与扩散、大规模杀伤性武器的生产与交易等；（2）生态环境，包括资源的合理利用与开发、污染源的控制、稀有动植物保护等；（3）国际经济，包括全球金融市场、贫富两极分化、全球经济安全、公平竞争、债务危机和国际汇率等；（4）跨国犯罪，包括走私、非法移民、毒品交易、贩卖人口、国际恐怖主义等；（5）基本人权，如种族灭绝、屠杀平民、疾病传染、饥饿与贫困以及国际公正等[1]。张宇燕、李增刚、王国兴和成靖认为，全球治理的领域包括全球生态、全球犯罪、全球经济秩序、全球安全、能源利用、消除全球贫困和传染病等问题[2][3]。廖茂林、魏际刚也指出，全球治理体系非常庞大，包括经济、政治、气候、能源、资源、生态、军事，等等，且每一个分支都有自己的一套体系[4]。可以发现，全球治理实际上继承了治理的三条轨迹，即包括对宏观经济的治理、对自然环境的治理和对社会事务的治理。

---

[1]　俞可平：《全球治理引论》，《马克思主义与现实》2002 年第 1 期，第 20—32 页。

[2]　张宇燕、李增刚：《国际经济政治学》，上海人民出版社 2008 年版。

[3]　王国兴、成靖：《G20 机制化与全球经济治理改革》，《国际展望》2010 年第 3 期，第 8—18 页。

[4]　廖茂林、魏际刚：《全球资源治理中的中国角色与愿景》，《人民论坛》2016 年第 27 期，第 96—97 页。

全球经济治理可以理解为全球治理在经济领域的应用和延伸，是全球经济活动与治理关系的反映。陈伟光和申丽娟（2014）指出，全球治理和全球经济治理是不可分割、高度关联的两个概念，全球治理和全球经济治理的理论均源于各行为体通过国际机制的相互协调、合作的实践，前者针对的是全球性综合问题，后者针对的是全球经济领域的问题；全球经济治理是全球治理的主体和核心内容，但除了在经济领域的合作、协调外，还要共同处理和解决传统安全领域以外的诸如环境、能源、疾病、跨国犯罪等非传统安全领域的全球性问题①。

随着经济全球化的深入发展，世界各国在经济、政治、社会、文化等方面的相互渗透、相互依存日益加深，全球性问题日益增多。这些问题或现象涉及到全球所有国家，而解决问题又非一个国家或几个国家力所能及或能够取得成效。全球问题影响着各国政府，这要求各国加强全球治理以进行应对。

第三节　为什么会产生全球治理

一　全球治理的产生

全球治理旨在通过机制或制度设计解决全球问题。因此，全球问题的出现是全球治理产生的最基本原因。全球化带来具有跨境性、外部性和外溢性的诸多全球问题，这包括气候变化、全球贸易金融体系不稳定、资源环境破坏、传染病传播、恐怖主义等，与此同时，运输、传播等技术文明的进步加深了全球相互依赖的程度，加速了全球问题的溢出速度。全球问题可能带来系统性危机，威胁所有系统成员的利益。由此，各行为体对治理全球问题的诉求增强②。

然而，在存在全球问题的情形下，却并不一定会产生全球治理。这是因为存在集体行动难题。集体行动难题（problem of collective ac-

---

① 陈伟光、申丽娟：《全球治理和全球经济治理的边界：一个比较分析框架》，《战略决策研究》2014 年第 1 期，第 24—36 页。

② Keohane, R., Introduction: Realsim, Institutional Theory and Global Governance, *Power and Governance in a Partially Globalized World.* London: Routledge, 2002.

tions），是指在集体行动中存在的合作难题。一般认为，人们之所以形成集体行动以完成某项事业，是因为他们受到共同利益的驱使，但这一理念随后受到挑战，因为在现实中我们很容易发现，许多存在共同利益的地方或场合并未形成集体行动。"三个和尚没水吃"便是一个典型的比喻。出现集体行动难题的关键在于潜在集体行动的受益者都想不劳而获地搭便车，同时不情愿让别人搭自己的便车。既然共同利益并不必然引发集体行动，或者说共同利益仅仅构成集体行动的一个必要条件，那么对实现集体行动的充分条件的讨论便成为集体行动理论的核心内容。

因此，全球治理首先要回答的问题是，是什么因素导致了集体行动的成功或失败。在此我们认为，参与全球治理的主体（我们主要分析国家）将会综合分析其参与全球治理的成本与收益，如果收益大于或等于成本，该国将会考虑进行全球公共产品供给，其他国家也将会从该国的公共产品供给中获益，各国自然会形成集体行动。如果一国参与全球治理的收益小于成本，该国将不会进行全球公共产品供给，如果其他国家的情形与其类似，这将无法形成集体行动。不过，此时仍可对该国进行奥尔森所称的"选择性激励"。奥尔森认为一个集团要想形成有效的集体行动，其中的每一个成员必须能够从作为集体行动成果的公共产品中额外获得一份排他性的私人产品，或者其受制于某种道德劝诫或受到威逼①。为了分析上的方便，奥尔森把这类排他性额外私人产品和利诱与威逼统称为"选择性激励"。对每一个始终追求最大化自身利益的国际行为者而言，其受到的"选择性激励"通常便是能够给它们带来额外好处的非中性制度，或是他国的许诺、劝说或威胁。因此，如果通过建立能够增加该国福利的非中性制度，使得该国参与全球治理的收益超过其成本，而没有任一国家的福利受损（也即帕累托改进），此时仍可形成集体行动（图1-1所示）。

---

① Olson, M.: *The Logic of Collective Actions*, Cambridge: Harvard University Press, 1965.

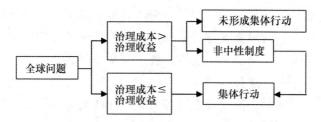

图1-1　治理主体（国家）参与全球治理的逻辑

我们需首先明确全球治理成本与收益的概念。治理成本（governance cost），即全球治理主体为参与治理全球问题所付出成本的总和。可以分为两部分：一是与全球治理相关的交易成本。简言之，经济学中的交易成本概念运用于全球治理分析，便引出了治理交易成本这一概念。在经济学中，交易成本被定义为在两方或多方之间进行交易、达成协议和执行契约过程中所涉及的成本总和。具体而言，交易成本包括：获取和处理信息的成本；确立讨价还价优势地位的成本；相互寻找潜在交易伙伴的成本；签订正式或非正式契约的谈判成本；监督契约执行的成本[1]。比照交易成本概念，在现实世界中，治理交易成本至少由下列成本组成：获取、处理和使用相关信息的成本（包括充分理解各自偏好）；为形成国际谈判立场或策略，各博弈者在寻求国内共识过程中付出的成本（包括对国内一些利益集团的补偿和游说成本）；各国际博弈者之间沟通、结盟或讨价还价的成本（比如时间成本）；签订全球或区域条约（公约或协定）后的监督执行的成本等。二是全球治理的参与成本。除非是采取搭便车战略，否则一国参与全球治理要付出一定的成本，我们将其定义为治理的参与成本。治理的参与成本主要是参与该治理机制所产生或引发的

---

① Stevens, J. B., *The Economics of Collective Choices*, Westview Press, 1993, p. 68；约翰·特伊韦尔等主编：《新帕尔格雷夫经济学大辞典》第一卷，经济科学出版社1992年版，"经济组织和交易成本"条目和第四卷中的"交易成本"条目；Coase, R., "The Problem of Social Cost", *Journal of Law and Economics*, 1960, Vol. 3, pp. 1-44；Coase, R., "The Institutional Structural of Production", *American Economic Review*, 1992, Vol. 82, No. 4, pp. 713-719；Coase, R. The New Institutional Economics. American Economics Review, 1998, Vol. 88, No. 2, pp. 72-74.

成本，例如一国参与某一个国际组织所需缴纳的会费以及维持该国际组织职能所提供的资金支持；为参与全球治理而进行的国际政策和国内政策调整等。从相当意义上讲，各国对全球公共产品提供所做的贡献，可以看作对全球公共产品的自愿付费，这个自愿付费就是各国参与全球治理的成本。治理成本因各国的特性和利益攸关度不同而差异甚大。

由于一国参与全球治理的成本与收益不同，会出现以下两种情形。

1. 当一国参与治理的收益等于或大于成本时，可以形成集体行动。

由于该国可以从参加全球治理的过程中获得净正向收益，将倾向提供全球公共产品并与其他国家（提供公共产品或搭便车）形成集体行动。

2. 当一国参与治理的成本大于收益时，不会自然形成集体行动，但是依然可通过非中性制度设计形成集体行动。

制度可以提供克服集体行动难题的渠道。第一，制度可以界定产权，也可以提供选择性激励（诉求适当的制度非中性），从而提高治理绩效。在经济学里，诺斯（North）把制度的产权界定功能看作改善经济绩效的动因[①]。同样，在世界政府缺失的情况下，全球治理绩效的提高更加有赖于合理且明晰的制度安排。权责明晰可以减少公共产品的筹备难度。第二，制度提供了多次博弈的框架，重视声誉在长期交易中的作用，降低了道德风险，在长期博弈中能够带来更多收益，符合行为体理性诉求。可见，制度是正式和非正式的行为理念的固化，通过改变人们的偏好、预期，它可以影响行为体的行动、选择乃至互动结果。第三，制度还可以通过改变行为体的利益、身份认知，促使行为体主动参与全球治理。基欧汉认为，国际社会上形成制度文化后，国家"（从）道德上的约束而不是从狭隘的自我利益出

---

① North, D. C. , "The Rise of the Western World", Cambridge University Press, 1990.

发，来遵守规范"①。行为体习惯了某种制度文化，②进而遵循道德规范。中国学者将这种治理形态称为"关系治理"，即"将全球治理视为一种对相互之间关系的塑造、协调和管理过程，将塑造关系身份视为治理的要素"③。

为了克服合成困境、寻找共识、达成决策，治理形态呈现出多样性和动态性。第一，治理多样性是指制度形态、成员资格、治理范围等方面的差异。全球问题形形色色，为解决各种全球问题而创立的国际组织功能也是千差万别。这种差异集中表现在治理体制或机制上，比如治理实施者/代理人与国际博弈者/委托人之间的关系，也表现在治理实施者或国际组织内部的治理结构，包括参与者资格、权力配置、决策程序，以及治理所覆盖的范围和强度等。现有的全球治理组织，既有处理安全问题的联合国安理会，也有针对贸易问题的世界贸易组织，还有关注货币金融问题的国际货币基金组织，还包括形式上不是国际组织但对国际组织的行为产生重大影响的各类首脑峰会，如二十国集团峰会和金砖国家首脑峰会。这些国际组织的内部治理结构差异明显，治理效果参差不齐，治理范围大小不一。全球治理理论需要对这些现象给出逻辑解释和经验上的精确描述。

第二，动态性指治理的制度形态并非处于静止而是处于不断变化的过程之中。所谓制度的变迁，是为什么新制度取代次优制度的问题；换言之，是为什么采取此种而非彼种治理模式的问题。在一定历史阶段内，最终形成可以维持相对稳定和有生命力、持续力（sustainability）的制度形态。在经济学中，诺斯长期致力于研究制度变迁，他用稀缺性和竞争性解释制度处于跨时动态之中，将经济绩效与制度

---

① 罗伯特·基欧汉著：《霸权之后：世界政治经济中的合作与纷争》，苏长和等译，上海人民出版社 2006 年版，第 57 页。

② 格雷夫也讨论过文化传统塑造交易模式，并影响互动效率。如果我们习惯于某种传统交易方式，则很难对其他的方式产生信任。正如威尼斯商人以契约作为活动的核心，而马格里布商人则以血缘关系作为活动的纽带。当马格里布商人步入"非马格里布商人"的圈子时，他们无法对对方产生信任，亦缺乏有效维护权利之手段。

③ 秦亚青：《全球治理失灵与秩序理念的重建》，《世界经济与政治》2013 年第 4 期，第 6 页；Qin, Y., "International Society as Process: Institutions, Identities and China's Peaceful Rise", *The Chinese Journal of International Politics*, 2010, Vol. 3, No. 2, pp. 129 – 153。

优劣挂钩①。结合认知科学，诺斯认为对制度的认知也会影响制度的产出②。在契约论中，制度之所以需要不断演化和完善，是因为特定历史时期内人类的理性是有限度的，难以约束参与契约制定者的机会主义/投机行为，不确定性普遍存在。

在全球治理实践中，各成员参与全球治理实质上是一项共同寻找相对稳定的"治理均衡"③的活动。通过多方让步，主要行为体（大国）达成一个"心照不宣"的、能够有效筹集全球公共产品和治理全球化的"妥协方案"。制度的稳定是指"对立变量相等的均衡状态"，亦即"变量均衡"。④在"制度"层面，⑤均衡有赖于协调各方利益，妥协有效提供公共品；"器物"层面，变量均衡是指主要行为体之间形成权力结构的相对均衡状态；在观念层面，既成制度在行为体的理性利益诉求与道德规范诉求之间达成了"均衡"。

二　全球治理的变革与改进

以上我们简要论述了全球治理是如何达成的，但这一过程并不是一成不变的，如果全球治理主体或全球治理对象至少一个因素发生变化，都可能引发全球治理的变革或改进。

1. 治理主体的变化所引发的全球治理变革

治理主体的变化是指由于各国实力（power）的变化所引发的全球公共产品提供者的改变。这可能有两种情形。一是原来提供公共产

---

① North, D. C., "Economic Performance through Time", *American Economic Review*, 1994, Vol. 84, No. 3, pp. 359 – 368.

② North, D. C., "Understanding the Process of Economic Change", Princeton University Press, 2005.

③ 绝对均衡的制度是不存在的。一般而言，呈现为各种形态的制度安排都只是相对稳定、可以暂时被接受的，实质上非绝对均衡的制度安排。

④ 汤因比曾经用器物、制度、观念三个层次来描述处于稳定状态的世界。在一套既有制度主导下的世界要处于稳定状态，也可以通过在这三个层面上达成均衡而获得。参见张宇燕等《全球化与中国发展》，第 225—226 页。

⑤ 需要补充的是，处于文明时代的人类世界是一定制度文明的时代结晶；抛开制度讨论某个历史"节点"的世界是不可能的；用先行制度解释后行制度的稳定并非循环论证。我们并非运用处于"静态"的制度来解释某"节点"的制度。制度是"动态"的。每个历史阶段的制度都具有不可磨灭的时代特征。

品的一国由于实力下降，其提供公共产品的意愿和能力也相应下降，此时该国参与全球治理的成本收益条件发生改变，原有的集体行动被打破。不过，若有另一国实力出现上升，其将面对图 1 - 1 所示进行选择的情形，如果其提供公共产品的收益大于或等于其成本，其将选择提供公共产品，并与其他国家形成新的集体行动；但如果其提供公共产品的收益小于其成本，此时仍可通过制度设计形成新的集体行动，这需要全球治理制度进行重新安排。

二是原有的公共产品提供者其实力并未发生变化（其参与全球治理的成本和收益条件并未发生变化），但有新的国家（由于实力的上升）愿意承担公共产品的责任（对应的其参与全球治理的收益也在提高），此时，从全球层面来看，公共产品的供给增多，全球治理得到极大改善。例如在全球发展领域，在原有全球发展机构（以 WB 为代表）不变的情况下，新的发展机构（如 AIIB）的设立将有利于全球发展进程的推进。

2. 新的全球问题出现所引发的全球治理变革

新的问题需要新的全球治理。当一个（系列）新的全球问题出现时，或原有的全球问题性质发生改变，全球治理主体需要在图 1 - 1 所示情况下进行选择，以决定能否达成集体行动。不过，由于利益攸关度的不同，针对新的全球问题，其治理主体也将发生改变。

利益攸关度（stake - holding intensity）是指全球问题对博弈者的利害关系，与问题属性和博弈者特性紧密相关。不同博弈者基于其博弈者特性对某一具体问题持有区别于他人的敏感度。换句话说，各行为体对参与治理相关议题的偏好强度①不一样。因为对利益攸关度的感知不同，行为体对提供某些全球公共产品更热心，而对另外一些却态度冷淡。因此，新的全球问题的出现可能会导致新的全球治理主体的出现，原有的治理格局也可能发生改变。

---

① 利益攸关度高可以有两种情况：一是国家提供某种公共产品的能力相对大，国内政策协调容易；二是国家专有资产性质决定国家缺少相对优势，具有相对脆弱性。两者会在正反两方面影响国家参与全球治理的偏好强弱，以及非国家行为体游说国家提供全球公共产品的难度。

第二章　全球经济治理的界定

第一节　全球经济治理的行为体

全球经济治理的行为体解决的是"由谁治理"的问题，指的是制定全球经济治理规则的主体。民族国家一直是全球经济治理的重要主体，而非国家行为体如国际组织、非政府组织，甚至跨国公司和个人也发挥着不可替代的作用，这就是罗西瑙所描述的"两枝世界"（bifurcated world）。正如 Held（1995）所强调的，"全球治理是为实现公共目标进行社会协调合作的过程。在这一过程中，国家、国际组织、跨国公司、国际商业机构以及公民社会团体已经形成了一个巨大的全球治理网络"。概括来讲，全球经济治理的行为体主要有三类：第一类是民族国家；第二类是正式和非正式的政府间国际组织，如联合国、世界银行、IMF、WTO，G20、BRICS、APEC 等；第三类是全球公民社会组织（或非政府间国际组织）①。此外，有学者指出，跨国公司有助于理顺全球价值链上各个环节的关系，是全球经济治理中最重要的市场力量。

从成员国/方的分布地区和组织的作用来看，国际组织可以分为全球性的国际组织和区域性的国际组织。全球性的国际组织通常指那些涵括全球诸多主权国家政府（政府间国际组织）或非政府主体（非政府组织）的国际组织，在全球经济治理框架中处于主导地位，

---

① 为分析方便和突出重点，本研究将非政府间国际组织等同于全球公民社会组织。实际上，两者不是等同的，非政府间国际组织是全球公民社会组织中最重要、最活跃的主体，多具有一定的代表性，明确的组织目标、机构等。全球公民社会组织是所有由私人性质的主体成立的公益性的跨国机构、组织、协会等。公民社会中的各类组织有很多，除了非政府组织之外还有各种行业协会、文化娱乐协会、邻里组织以及互助组织等。

以协调国际多边关系为主要目标。区域性的国际组织则主要侧重于区域内部双边或多边关系的维护与建设，是全球性国际组织区域职能的有益补充，较为典型的包括欧盟、北美自由贸易区、东盟等。本研究重点关注全球性经济问题的治理，因此主要分析全球性的国际组织的作用和机制①。

根据是否具有正式的组织架构（如常设秘书处、主席等）、是否具有严格的决策机制（如投票）、成果是否具有严格的法律约束力等标准，政府间国际组织可以分为正式的和非正式的两类。正式的政府间国际组织主要包括联合国（UN）、世界银行（WB）、世界贸易组织（WTO）、国际货币基金组织（IMF）等；非正式的政府间国际组织包括七国集团（G7）、二十国集团（G20）、亚太经济合作组织（APEC）、金砖国家（BRICS）、中等强国合作体（MIKTA）等。

上述政府间国际组织均属于主权国家政府直接参与的合作机制，保障了这些机制对于全球经济事务治理的权威性和约束力。而非政府组织多侧重于依靠社会公民的力量影响全球某一具体领域的问题治理，如世界自然基金会、中国扶贫基金会、乐施会等，是全球经济治理中不可或缺的非政治力量。

一　正式的政府间国际组织

（一）联合国经济治理体系

1945 年 10 月 24 日，《联合国宪章》在美国加州旧金山签订生效，标志着联合国正式成立。联合国是一个由主权国家组成的国际组织，现在共有 193 个成员国，总部设立在美国纽约。联合国在维护世界和平、缓和国际紧张局势、解决地区冲突方面，在协调国际经济关系，促进世界各国经济、科学、文化的合作与交流方面，都发挥着积极的作用。

1. 宗旨

联合国是目前世界上代表性最广泛、最有权威的综合性国际组织。联合国的宗旨是：维持国际和平与安全；发展国际间以尊重人民平等权利及自决权原则为基础的友好关系；促进国际合作，以解决国

---

① 如不特别说明，文中出现的国际组织均是指全球性的国际组织。

际间经济、社会、文化和人道主义性质的问题。作为协调各国行动的中心，以达到上述目的。从联合国的宗旨可以看出，联合国关注全球的政治、经济、文化、安全等方方面面，并非专门性的经济组织。事实上，联合国作为一个综合性的国际多边机构，具有和平、发展和合作三大目标，并不专门关注经济问题。但是，全球经济问题的治理却是联合国的重要职责之一，其为此设立了诸多经济方面的附属机构，致力于解决全球性的经济问题，协调国际经济合作，推动全球尤其是发展中国家的经济发展。

2. 经济治理职能

作为最有代表性的全球性国际组织，联合国拥有普遍的成员构成和广泛的治理领域。这种优势至今仍在。面对全球化程度的提高，联合国也开始从以维护世界和平为首要任务的国际组织转变为承担全球治理使命的世界组织。即转变成能容纳多种政治行为体的世界组织，承担解决全球问题的任务，通过与各行为体的谈判、协商，制订国际行为准则，并监督其执行。联合国的全球经济治理职能包括：一是协调各国政府、正式的国际组织和非正式的全球公民社会之间的关系，促进全球经济治理主体机制网络的建立与完善；二是创立大量对国际社会中各类行为体经济活动进行调整的全球性法律原则、规则和制度等全球经济治理规制；三是推动一系列全球经济问题向解决的方向发展，如 2030 全球发展议程等。联合国主要经济治理机构及职能见表 2-1。

表 2-1　　　　　　　　　**联合国主要经济治理机构及职能**

机构名称	总部地点	主要职能
大会	纽约总部	审议开展合作以维持国际和平与安全包括裁军的一般原则并就此提出建议；讨论有关国际和平与安全的任何问题，并就其提出建议，但安全理事会正在讨论的争端或局势不在此列；讨论《联合国宪章》范畴内或影响联合国任何机关之权力和职能的任何问题并就其提出建议；开展研究并提出建议，以促进开展国际政治合作，拟订和编纂国际法，实现人权和基本自由，以及在经济、社会、人道主义、文化、教育和卫生领域开展国际协作；为和平解决可能损害国家间友好关系的局势提出建议；收取并审议安全理事会和联合国其他机关的报告；审议和核准联合国预算并确定会员国的分摊会费；选举安全理事会非常任理事国和联合国其他理事会及机关的成员，并根据安全理事会的推荐任命秘书长

续表

机构名称	总部地点	主要职能
经社理事会	纽约总部	协调联合国及各专门机构的经济和社会工作；研究有关国际间经济、社会、发展、文化、教育、卫生及有关问题；就其职权范围内的事务召开国际会议，并起草公约草案提交联合国大会审议；其他联合国大会建议执行的职能
托管理事会	纽约总部	审查并讨论管理当局就托管领土人民的政治、经济、社会和教育方面进展提出的报告，会同管理当局审查托管领土的请愿书，并对托管领土进行定期和其他特别的视察
秘书处	纽约总部	为联合国其他主要机关服务，并执行这些机关制定的方案与政策，职责从管理维持和平行动到调停国际争端、从调查经济及社会趋势和问题到编写关于人权和可持续发展问题的研究报告。使世界各通信媒体了解和关心联合国的工作；就全世界所关切的问题组织国际会议；监测联合国各机构所作决定的执行情况；将发言和文件翻译成联合国各正式语文
国际法院	荷兰海牙	依据国际法和正义等原则，和平解决各国向其提交的国家间法律争端，并就有资格的联合国机关和专门机构提交的法律问题提供咨询意见

资料来源：联合国网站。

3. 全球经济治理的成效评估

（1）积极影响

正如前文所述，联合国的全球经济治理职能主要是通过其附属机构和专门机构来实现的，除了最为重要的三大机构（IMF、WB、WTO）之外，联合国自身的附属机构也对全球经济治理和发展发挥了显著的促进作用。联合国对全球经济治理的贡献主要表现在以下几个方面。

其一，提供发展援助，促进发展中国家的经济发展。自 1960 年开始，联合国相继制定了四个"发展十年"规划，旨在推动发展中国家的经济发展，缩小其与发达国家之间的经济差距，改善南北经济发展的严重不平衡。不仅如此，联合国还制定了千年发展目标等多个全球性的发展战略，集中全球力量帮助发展中国家实现经济发展和减贫目标。为了配合其发展战略，联合国还为发展中国家提供了资金和技术援助。在资金上，一方面，联合国号召发达国家承诺提供不低于它们 GNI 的 1% 的资金援助发展中国家；另一方面，其附属机构尤其是 UNDP 也为发展中国家提供了大量的发展资金。在技术援助方面，联合国不仅鼓励发达国家加强对发展中国家的技术转移和技术合作，更重要的是，作为联合国技术援助中心的 UNDP 也通过项目援助、人员培训、能力构建等方式为发展中国家提供所需的发展技术。资金和技术援助一定程度上缓解了发展中国家的资金短缺和技术落后的现实，对其实现自主发展和减贫发挥了积极作用。

其二，加强南北对话，推动建立国际经济新秩序。作为全球最具普遍性和权威性的国际组织，联合国的宗旨之一就是协调成员国尤其是发达国家和发展中国家之间的关系，促进国际合作。而改革国际经济旧秩序，建立国际经济新秩序是从根本上推进国际经济合作的有效措施。从 20 世纪 60 年代开始，发展中国家就提出了建立国际经济新秩序的主张，联合国积极推动南北对话和谈判，帮助解决发展中国家的基本诉求。70 年代中上期，联合国通过了《关于建立新的国际经济秩序的宣言》《行动纲领》和《各国经济权利和义务宪章》，第一次全面系统地提出了改革旧的国际经济关系、建立国际经济新秩序的基本原则，为联合国争取建立国际经济新秩序奠定了政治和法律基础。此后，联合国以此为依据，继续推动南北对话，逐步纠正和扭转发达国家和发展中国家之间的经济不平衡状况，在推动国际经济新秩序构建和全球经济发展方面发挥了不可或缺的作用。

（2）局限性

联合国的机构设置来源于第二次世界大战后期世界经济形势的要求，由于缺乏对国际局势变动的响应，严重制约了其工作效率、决策力和影响力。联合国框架内的多边协作被认为是最复杂、最费时的多边外交形式，协商成本较高，在很多议题上收效并不明显。目前，联合国面临着治理资金不足的窘境。联合国的预算支出主要来自会员国缴纳的会费，还有一部分来自国家、非政府组织、企业甚至个人的捐助，其资金几乎都被用于工作人员的工资和其他行政费用开支，实际用于发展和全球经济治理活动的并不多。不仅如此，由于一些国家拖欠会费，使得联合国自身陷入财政危机，对全球经济治理尤其是发展中国家的援助资金越来越少。

此外，联合国被诟病的另一个主要方面在于其受制于大国决策。

美国等发达国家是联合国的会费缴纳大国，且在联合国主要机构中担任要职，因此它们能够对联合国的决策施加重要影响，甚至会主导联合国的决策过程，使联合国成为大国实现经济利益的工具。虽然近年来发展中国家在国际事务中的影响力和发言权有所提升，但大国主导联合国的局面仍然未能扭转，且短期内无法改变。这就导致联合国对全球经济治理的政策和活动难以客观地体现发展中国家的发展诉求。

（二）国际货币基金组织

为了稳定战后的国际金融货币秩序，根据 1944 年 7 月签订的《国际货币基金协定》，国际货币基金组织于 1945 年 12 月 27 日宣告成立，并于 1947 年成为联合国的一个专门机构。以 IMF 为代表的国际金融机构是国际货币体系和国际金融监管体系的重要载体，其在全球监督汇率、提供临时性的资金融通、危机救助等全球金融治理问题方面发挥了重要作用。

1. 宗旨

IMF 的基本宗旨是：促进国际货币合作；促进国际贸易的扩大和平衡发展；稳定国际汇率；向成员国提供短期贷款，弥补国际收支失衡。进一步而言，IMF 的宗旨是：①通过一个常设机构来促进国际货币合作，为国际货币问题的磋商和协作提供机制；②通过国际贸易的扩大和平衡发展，把促进和保持成员国高水平的就业和实际收入、生产资源的发展作为经济政策的首要目标；③稳定国际汇率，在成员国之间保持有秩序的汇率安排，避免竞争性的汇率贬值；④协助成员国为经常性交易建立一个多边支付和汇兑制度，消除妨碍世界贸易的外汇管制；⑤在有适当保证的条件下，向成员国临时提供融通资金，使其有信心利用此机会纠正国际收支失衡，而不采取危害本国或国际繁荣的措施；⑥按照以上目的，缩短成员国国际收支不平衡的时间，减轻不平衡的程度等。综上可见，IMF 的根本目标是维持国际汇率稳定，基本职能是向成员国提供短期贷款，应对国际收支的暂时性失衡问题。

2. 经济治理职能

IMF 的经济治理职能大致包含三个部分：其一，全球监督汇率，确保全球汇率稳定。监督汇率是 IMF 产生之初就确定的基本任务之一,虽然布雷顿森林体系崩溃之后,该职能已是有名无实,但维持汇率稳定仍然是 IMF 的主要任务之一。IMF 通过监督一国的宏观经济政策和金融政策,包括其中与汇率相关的政策,向各国提出政策建议等方式,帮助各国汇率稳定,避免全球汇率的竞争性贬值及其负面影响。其二,提供临时性的资金融通,缓解会员国的国际收支失衡。国际货币基金组织会向会员国提供基于其份额的外汇,帮助它们解决临时性的国际收支失衡,恢复经济增长动力。其三,提供危机救助,帮助各国应对经济金融危机及危机后的恢复等。危机爆发之后,IMF 可以向危机国提供贷款,并以贷款为前提要求危机国采取结构调整与改革,帮助危机国控制危机的扩散和蔓延,并通过政策变革实现长期增长。

3. 全球经济治理的成效评估

(1)积极影响

IMF 自成立以来,在维护全球汇率稳定、应对全球金融危机、维持全球经济和金融体系稳定方面发挥了核心作用。首先,维护全球汇率稳定。不可否认,IMF 在战后一段时期内通过汇率监督和协调,以及提供短期的资本账户流动性,确实一定程度上有益于维持固定汇率制度和国际金融体系的稳定。即使在布雷顿森林体系崩溃之后,IMF 也通过监督和评估成员国的宏观经济政策,尽可能地维护全球金融和经济稳定。

其次,缓和国际收支逆差。战后,很多发展中国家的初级产品出口急剧减少,国际收支逆差持续扩大,经济发展面临很大阻力,石油危机的爆发更加剧了这种困境;受发展中国家经济衰退和出口缩减的影响,加之石油危机造成的进口成本增加,一些西方工业发达国家也出现了巨额的国际收支逆差。针对这种情况,IMF 为收支逆差国提供了各种形式的贷款,如普通贷款、补充贷款、"石油贷款"、缓冲库存贷款等,一定程度上扭转了逆差国的国际收支逆差情况,为它们恢复国际收支平衡和经济复苏争取了喘息的机会。

最后,帮助危机国应对全球金融危机冲击。在东南亚金融危机和 2008 年全球金融危机期间,IMF 向危机国提供了暂时性的资金援助,一定程度上帮助危机国控制了危机的升级与传染,而且 IMF 还要求危机国开展深度的经济改革和结构调整，这也帮助了一些危机国的经济逐渐回到良性发展轨道。如果没有 IMF 的救助，危机国的损失可能更大，经济衰退可能更为严重，整个世界经济将遭受更大的冲击。

（2）局限性

长期以来 IMF 在治理结构、贷款条件、救助能力等方面遭受了严重的批评和质疑，改革的呼声越来越多。总体来讲，IMF 全球经济治理存在的不足主要包括四个方面：其一，资金不足。与联合国类似，IMF 也存在资金不足问题。由于 IMF 没有货币发行权，因此其资金的充足程度完全取决于成员国的缴纳。由于机构的资金来源具有严重的局限性和依赖性，这就使得其会因为资金无法得到保证而难以有效地履行全球经济治理的职能。

其二，监督职能不足。历次金融危机的爆发显示，由于职能的缺位和错位，IMF 并未有效发挥全球金融监管的作用。例如，IMF 一直将监督重点放在发展中国家的资本流动上，即使在 2008 年全球性金融危机后仍把监管重点集中于资本流入国（新兴市场国家）的应对之上，而继续对短期资本来源国（发达国家）的宽松货币政策不闻不问，这暴露了其宏观监测职能的"跛足"困境。IMF 如何调整监督重点和方式，如何加强对各国宏观经济的监督和预警，如何强化对全球资本流动的监管以及各国金融监管机构的协调，将严重影响其以后全球金融治理的有效性。

其三，危机预警和应对能力不足。无论是东南亚金融危机，还是2008 年的全球金融危机，IMF 不仅没有预测到危机的爆发，而且在危机应对过程中反应迟缓、资金不足、条件苛刻、效果一般，危机预警和应对能力很难令人信服。危机应对机制实际上就是国际机构的"最后贷款人"职能的发挥，而 IMF 显然已经无法胜任这方面的职能。

最后，IMF 成员国份额和投票权的分配不对称。发达国家在 IMF 份额和投票权中占据主导地位，如美国和其他发达国家合计份额在2010 年份额改革之前一直超过 60%（即使是 2010 年份额改革之后仍然高达 57.7%），发达国家对决策有决定性的影响，美国更是拥有绝对的否决权。而发展中国家在 IMF 的代表性严重不足，如即使是占比最高的中国，其投票权在 2010 年增加后也仅为 6.394%，2008 年份额改革（占比为3.996%）之前则长期低于3%。显然，这无法反映发展中国家特别是以金砖国家为代表的新兴经济体的经济实力和国际贡献。更重要的是，决策权的不对称使得发展中国家的话语权严重缺失，导致现行国际金融秩序只是服务于部分国家的利益，而无法反映发展中国家的利益诉求。

（三）世界银行集团

世界银行（WB）是和IMF同时成立、并一起成为联合国专门机构的国际金融机构，其成员国首先必须是IMF的成员国。

1. 宗旨

按照《国际复兴开发银行协定条款》的规定，世界银行的宗旨是：①为成员国的生产性投资提供便利，以协助成员国经济的复兴与建设；②通过担保或参与私人贷款及其他私人投资的方式，促进私人对外投资，当成员国不能在合理条件下获得私人资本时，可运用该行自有资本或筹集的资金来补充私人投资的不足；③鼓励国际投资，协助成员国提高生产能力，促进成员国国际贸易的长期平衡发展和国际收支状况的改善；④在提供贷款保证时，应与其他方面的国际贷款配合。可以看出，世界银行的主要职能是对会员国尤其是发展中国家提供长期开发性贷款，弥补其发展资金不足，促进各国经济的恢复与发展。

2. 经济治理职能

世界银行集团（WBG）与IMF、WTO是国际经济体系中最重要的三大支柱。世界银行（WB）仅指国际复兴开发银行（IBRD）和国际开发协会（IDA），"世界银行集团"则包括IBRD、IDA、国际金融公司（IFC）、多边投资担保机构（MIGA）和投资争端解决国际中心（ICSID）五个机构，它们分别侧重于不同的发展领域。前三个机构的主要任务是向成员国提供贷款，是世行的主要业务，后两者则是为了帮助成员国吸引投资和解决投资争端。

IBRD于1944年成立，是世界银行集团中的主要贷款机构，其侧重于向人均收入较高的发展中国家（会员国）提供长期贷款，且多用于开发性项目，如高速公路、铁路、学校等基础设施建设项目。IDA于1960年成立，是世行的附属机构，也是联合国的专门机构，主要职能是向最贫穷的发展中国家提供比 IBRD 条件优惠的长期贷款（这些国家借不起 IBRD 的贷款）。IFC 成立于 1956 年，是联合国的专门机构，也是世行的附属机构，但具有独立的法人地位。IBRD 和 IDA 主要是对政府部门贷款，而 IFC 则是直接向私人部门提供贷款。其主要职能是帮助增强发展中国家的私人部门，包括：配合世界银行的业务活动，向成员国特别是发展中国家的重点私人企业提供无须政府担保的贷款或投资（期限 5—15 年），鼓励国际私人资本流向发展中国家，以推动发展中国家私人企业的成长，进而促进其经济发展。

MIGA 成立于 1988 年，其主要职能是向国外的私人投资者提供政治风险担保，包括征收风险、货币转移限制、违约、战争和内乱风险担保，并向成员国政府提供投资促进服务，加强成员国吸引外资的能力，从而推动外商直接投资流入发展中国家。作为担保业务的一部分，多边投资担保机构也帮助投资者和政府解决可能对其担保的投资项目造成不利影响的争端，防止潜在索赔要求升级，使项目得以继续。ICSID 成立于 1966 年，是世界上唯一一个专门处理外国投资者与东道国政府之间的投资争端的国际性仲裁机构，其主要职能是促进东道国政府和外国投资者之间的相互信任，增加发达国家投资者向发展中国家进行投资的信心，并通过仲裁和调解方式来解决投资争端，从而促进国际私人资本向发展中国家流动。

3. 全球经济治理的成效评估

（1）积极作用

世界银行一直致力于帮助发展中国家发展经济、削减贫困。为此，世行不仅向发展中国家提供远低于商业贷款利息的贷款，而且还向其提供政策咨询和发展知识（世行因此被称为"知识银行"），在促进发展中国家的经济社会发展、消除全球贫困等方面发挥了相当重要的作用。一方面，世行每年向发展中国家提供上百亿美元的低息优惠贷款，用于援助发展中国家的经济、社会发展项目，推动了发展中国家的经济发展、社会进步和人民生活水平的提高。另一方面，世行会向发展中国家提供知识援助，例如提供发展政策咨询和建议，帮助发展中国家制定发展政策；提供技术援助，帮助改进生产技术、培训技术人员等等，这些都增强了发展中国家的发展能力。不仅如此，世行还注重减轻发展中国家的债务负担，倡导发达国家削减发展中国家的债务，尤其是倡导发达国家签订重债穷国动议和多边减债动议，大幅减免债务国的债务，一定程度上有利于它们保持债务可持续性，进而为经济增长和持续发展创造前提条件。

（2）局限性

由于受到种种因素的制约，世行在全球经济治理中的作用也不可避免地具有一些局限性。其一，贷款存在问题。一方面，债务国缺乏自主权。世行贷款往往会附加结构性调整等条件，即"华盛顿共识"。"华盛顿共识"要求发展中国家必须接受结构性调整、民主法治改革、推行自由化等限制条件，以此作为世行贷款的前提条件。这些条件忽略了债务国的发展自主权，并不一定适合发展中国家，甚至给它们的经济发展带来了很多负面影响。另一方面，贷款分布不合理。世行的贷款对象虽然是广大的发展中国家，但为了确保贷款的顺利偿还，世行往往会选择那些发展潜力好、项目投资回报率高的国家发放贷款，如东亚国家，这就意味着其贷款分布与贫困国家的发展和减贫需求有所背离，导致其贷款的实际效果也大打折扣。其二，大国意识主导决策。与 IMF 一样，发达国家把持着世行的投票权和重要职位，所以世行本质上是由发达国家主导的，其决策体现的是发达国家的意愿和偏好，而发展中国家的声音和诉求常常被忽略。

（四）世界贸易组织

1. 宗旨

WTO 的宗旨是：①促进世界经济和贸易发展，以提高生活水平、保证充分就业、保障实际收入和有效需求的增长；②坚持走可持续发展道路，促进对世界资源的最优利用，保护环境；③扩大货物和服务的生产和贸易；④通过实施切实有效的计划，确保发展中国家尤其是最不发达国家在国际贸易增长中的份额，以适应其经济发展的需要；⑤通过互惠互利安排，大幅度削减关税及其他贸易壁垒，并消除国际贸易中的歧视待遇。由其宗旨可以看出，WTO 的核心目标是确保国际贸易的自由、合理、有序发展，推动建立一个开放、透明、系统、更具活力的、持久的多边贸易体系。为了达成这一目标，WTO 的主要职能集中在三个方面，即制定国际贸易运行规则，协调多边贸易谈判，进行国际贸易仲裁、解决国与国之间的贸易纠纷，并制定了互惠原则、透明度原则、市场准入原则、促进公平竞争原则、经济发展原则、非歧视性原则六大原则规范国际贸易活动。

2. 经济治理职能

为了达成其核心目标，WTO 的经济治理职能主要集中在三个方面，即制定多边贸易运行规则，协调多边贸易谈判，进行国际贸易仲裁、帮助解决国与国之间的贸易争端。进一步而言，其一，制定多边贸易运行规则。为了推进多边贸易的自由化，WTO 制定了互惠原则、透明度原则、市场准入原则、促进公平竞争原则、经济发展原则、非歧视性原则六大原则规范成员国的国际贸易活动。在六大原则的指导下，WTO 还达成了诸多的多边贸易协定，如农产品协定、技术贸易壁垒协定、服务贸易协定、纺织品与服装协定，等等，用于引导和规范具体领域的国际贸易活动。

其二，协调多边贸易谈判。WTO 为成员国开展多边贸易谈判提供了一个平台。自 1947 年成立 GATT 以来，在 GATT 框架下已经开展了 9 轮多边贸易谈判，见表 2 - 2。1995 年 WTO 成立之后，开始启动在 WTO 框架下的"多哈回合谈判"进程。每一轮多边贸易谈判，都会设定不同的贸易议题，达成多项多边贸易协议，推动不同领域的多边贸易发展，以及全球关税和非关税水平的下降和多边贸易自由化进程。

表 2 - 2 GATT/WTO 多边贸易谈判回合

回合名称	时间	地点	参加国	双边减让协议数	关税减让商品数
第 1 轮	1947 年	日内瓦	23	123	45000
第 2 轮	1949 年	安纳西	32	147	5000
第 3 轮	1950—1951 年	托基	34	127	8700
第 4 轮	1956 年	日内瓦	22	59	3000
第 5 轮（狄龙回合）	1960—1961 年	日内瓦	25 + EEC	90	4000

续表

回合名称	时间	地点	参加国	双边减让协议数	关税减让商品数
第6轮 （肯尼迪回合）	1964—1967年	日内瓦	46＋EEC	30300	400
第7轮 （东京回合）	1973—1979年	日内瓦	99＋EC	33000	1550
第8轮 （乌拉圭回合）	1986—1993年	日内瓦	124＋EU	26400	—
第9轮 （多哈回合）	2001—2006年	卡塔尔	147	—	—

资料来源：作者根据WTO相关资料整理。

其三，帮助解决国际贸易争端。WTO建立了较为完善的争端解决机制，通过协商和司法方法有效解决了许多重大的贸易争端，对于确保多边贸易规则的实施和国际贸易的顺利开展发挥了重要作用。据统计，自1995年至2014年12月31日，WTO共受理了449起贸易争端[①]，其在国际贸易争端解决方面的积极作用得到了成员国的信赖。

3. 全球经济治理的成效评估

（1）积极作用

WTO自成立以来，积极承担全球贸易合作的重要平台角色，在全球贸易治理方面发挥了积极作用。WTO积极倡导全球多边贸易自由化，努力推进全球多边贸易谈判，为全球多边贸易规则的构建及全球贸易活动的规范化、便利化做出了突出贡献；与此同时，帮助协调和解决各国之间的贸易争端，推动了全球贸易投资规模的大幅度增长；不仅如此，WTO还通过其贸易政策审查机制，监测各国的贸易政策和实践，在某种程度上抑制了贸易保护主义的发展趋势，减缓了全球金融危机和经济危机给世界经济带来的冲击，促进了世界经济的快速复苏和稳定发展。

（2）局限性

WTO在全球经济治理职能中的局限性主要体现在三个方面。

----

① "WTO Dispute Settlement：One – Page Case Summaries 1995 – 2014"，WTO网站，2015年，https：//www.wto.org/english/res_ e/booksp_ e/dispu_ settl_ 1995_ 2014_ e. pdf。

其一，"多哈回合"谈判停滞不前。"多哈回合"多边贸易谈判确定了 8 个谈判领域，即农业和非农产品市场准入、服务、知识产权、规则、争端解决、贸易与环境以及贸易和发展问题。谈判的关键是农业和非农产品市场准入问题，而这两个领域的问题又是发达国家（特别是美国）和发展中国家分歧最大的议题，亦是导致"多哈回合"谈判多次陷入僵局的主要原因。

其二，贸易保护主义层出不穷，农业领域尤为明显。一直以来，WTO 就反复强调反对贸易保护主义的重要性，并号召成员国承诺削减各种形式的贸易壁垒，反对设置出口新限制或实施有违 WTO 原则的措施刺激出口，历届部长级会议及其他场合都再次重申了这些承诺和原则。但是，不仅各种新形式的贸易保护主义仍然层出不穷，而且农业领域的保护主义一直没有消减。更重要的是，发达国家一方面劝诱甚至强迫发展中国家开放农产品市场，声称这将带来发展中国家资源配置的改善，另一方面他们自己却在千方百计地保护国内农业部门，普遍实施对农业的各种补贴。这种不对称的保护使发展中国家的农业部门遭受重大冲击，WTO 对此却一直无能为力。

最后，多边贸易体系的议题引入方面，即 WTO 的管辖范畴。WTO 本是一个国际贸易的多边组织，但其管辖的范围却越来越宽，不仅涉及贸易与投资方面，而且还涉及服务、知识产权保护、政府采购、环境等多方面。发达国家之所以积极热衷于将很多非贸易议题引入 WTO 的管辖范畴或者多边贸易谈判之中，是因为：一方面发达国家在这些议题上拥有绝对优势和发言权，这些新议题一旦引入，发展中国家就必将进一步失去制定经济政策的自主权，陷入更艰难的境地；另一方面，关注这些问题就会分散发展中国家注意力，使得它们不再集中于关注农业等发达国家不愿割让利益的领域。

二　非正式的政府间国际组织

根据成员构成的不同，非正式的政府间国际组织大致上可以分为三类：第一类是发达国家之间的合作组织，典型的是七国集团（G7）；第二类是发达国家和发展中国家之间的合作组织，如二十国集团（主要是发达国家和新兴经济体）、APEC；第三类是新兴经济体之间的合作组织，典型的是金砖国家合作组织（BRICS）。

（一）七国集团经济治理

20 世纪 70 年代，世界主要资本主义国家的经济形势一度恶化，接连发生的"美元危机"、"石油危机"、布雷顿森林体系瓦解和 1973—1975 年的经济危机把西方国家弄得焦头烂额。1975 年 11 月，为共同研究世界经济形势、协调各国经济政策及重振西方经济，法、美、德、日、英、意六国领导人在法国巴黎郊外的朗布依埃举行了首次最高级经济会议。1976 年 6 月，六国领导人在波多黎各首府圣胡安举行第二次会议，加拿大应邀与会，形成七国集团。七国集团成员国每年一次轮流在各成员国召开会议，被称为"西方七国首脑会议"。七国集团并没有成立常设机构，也没有秘书处管理日常事务，它是一种非正式的会议论坛，其宣言或决议对成员国不具有强制约束力。

1. 宗旨

七国集团作为西方主要发达国家的"富人俱乐部"，旨在应对复杂多变的国际政治经济形势，从整体上协调共同的和各自的政策，缓解内部矛盾，统一政策立场，以维护成员国在世界经济、政治、军事中的既得利益和强势地位。七国集团最初成立的宗旨是希望通过协调各国的经济政策共同解决世界经济问题，恢复经济增长，因此最初的会议也以讨论经济问题为主旨，但自 20 世纪 80 年代以来，由于各国之间的经济矛盾不断加剧，经济协议常常难以取得预期的效果，加之东西方关系的进一步紧张，政治和安全问题逐渐成为七国集团首脑会议的主旨。

2. 经济治理职能

七国集团在成立之初就是为了应对金融危机、石油危机和日益严重的经济危机等经济问题，因此经济治理是七国集团非常重要的职能。具体来讲有以下两方面。

其一，经济政策协调。七国集团的主要任务就是协调成员国之间的宏观经济政策和对外经济关系，帮助各国应对危机、复苏世界经济增长。七国集团的经济政策协调在国内层面主要涉及财政政策、货币政策、贸易政策等国内宏观经济政策的协调，在国际层面主要涉及建立稳定的国际经济体系、联合干预外汇市场、金融危机救援、推动多边贸易体制的建立及平稳运行，以及其他重大国际经济问题的解决（黄梅波，2004）。在成立之后，七国集团通过首脑会议和众多的不同部长级会议，就通货膨胀、失业、能源等问题加强讨论与协调，在化解石油危机、抑制发展中国家崛起、渡过严重的经济危机等方面发挥了很大的作用；七国集团协调推动各成员国采取有益于国际经济稳定与发展的政策，一定程度上缓解了汇率的波动和各成员国经济的不平衡。

其二，推动全球议程的设定和协议的达成，及国际经济规则制定。例如，在国际贸易方面，七国集团一直是 GATT/WTO 多边自由贸易体制的积极领导者和推动者，它们帮助设定多边贸易谈判的议程，推动了东京回合和乌拉圭回合多边贸易协议的达成。在全球经济失衡方面，七国集团推动签订了著名的 1985 年"广场协定"，以迫使日元对美元升值，缓解美国的贸易逆差，解决美日贸易争端；签署了 1987 年卢浮宫协定，以解决美元过度贬值给世界经济带来的不利影响。在国际金融方面，为应对东南亚金融危机，倡导国际金融体制改革，签署了一系列的国际金融体系和国际机构改革的议程，等等。

3. 全球经济治理的成效评估

（1）积极影响

七国集团作为一个重要的国际经济协调的平台，在减少西方发达国家的汇率波动、稳定国际金融市场、抑制通货膨胀、应对经济危机等方面产生了有益影响。进一步而言，自 1985 年"广场协定"之后，七个成员国联合干预外汇市场，调整各自的货币、金融政策等宏观经济政策，一定程度上维持了美元的基本稳定，缓解了国际汇率的过度波动；七国通过协调汇率政策、贸易政策，控制财政赤字，进一步开放市场，调整利率等措施，使得美国的贸易逆差有所缓解，一定程度上减轻了各国经济的不平衡；七国集团通过向 IMF 和世界银行等国际经济组织提供指导意见，推进国际金融稳定和改革；七国集团关注全球性问题，关注和共同面对经济全球化的挑战（如不平等问题），在一定程度上推动了经济全球化的健康发展。

（2）局限性

冷战结束后，美、日、德、法、英、意、加七国领导人为共同研究世界形势、协调立场及重振经济，于 1976 年组建了 G7 这一新平台。并在随后的几十年中，七国通过 G7 平台开展了广泛的协调，如内部的汇率合作、与石油输出国的协商合作、20 世纪末的科索沃战争及相关费用的分摊协商等。但 G7 也存在诸多不足，其主要掣肘在于：（a）建立时确定为主要民主国家俱乐部，强烈的意识形态特点开始淡化；（b）冷战时期原来较为稳固的联盟已转变为相对松散的国际安全合作；（c）G7 倡议由法德开始，代表性严重失衡，7 个成员中 4 个来自欧洲，而中国和巴西等新兴经济和政治协调力量被排除在外；（d）G7 各国的低增长、高债务、高失业等病症高度相似，现有 G7 平台上的协商只能缓解病症但无法解决实质问题，缺乏与不断崛起的新兴经济体开展宏观经济协调的能力。随着全球经济力量格局出现较大变化、零散冲突的逐步蔓延、包含恐怖主义在内的社会意识形态的复杂化，使得过去的全球治理机制已经缺乏应对复杂局面的能力，显得越来越低效。

（二）二十国集团经济治理

二十国集团（G20），是一个国际经济合作论坛，于 1999 年 12 月 16 日在德国柏林成立，属于布雷顿森林体系框架内非正式对话的一种机制，由八国集团（美国、日本、德国、法国、英国、意大利、加拿大和俄罗斯）以及其余十二个重要经济体（欧盟、中国、巴西、印度、澳大利亚、墨西哥、韩国、土耳其、印度尼西亚、沙特阿拉伯、阿根廷和南非）组成。G20 目前并没有提出反映基本主张的明确宪章，或者对意识形态提出要求。这一点与联合国机制和 G7 平台均有一定差异，前者以《联合国宣言》为基石，后者则以民主国家为旗帜。

1. 宗旨

G20 是一个便于成员国开展非正式对话的国际经济合作论坛，由原八国集团以及其余 12 个重要的经济体组成。G20 旨在促进发达国家和新兴市场国家之间就国际经济、货币政策和金融体系等实质性问题进行开放性和富有建设性的讨论和协商，以寻求合作并推动国际金融体系改革和稳定及经济的持续增长。

2. 经济治理职能

拥有发达和新兴经济体两大阵营的 G20，相比 G7 具有更广泛的代表性，相比联合国更具有效力和效率，在解决全球性的经济金融问题方面优势明显。G20 的全球经济治理职能紧紧围绕着全球经济增长与稳定两大主题，大致可以分为四类。

第一类是延续性的全球核心经济治理议程的推进与落实，如保障各国政府为实现持续均衡增长而必须做出的宏观经济政策协调。该职能的确定始于 2009 年 G20 在匹兹堡峰会上的承诺，即携手确保持续复苏，并在中期内实现强劲和可持续的经济增长。随后启动的"强劲、可持续和均衡增长框架"一直延续至今。该框架的核心是一个多边进程，即二十国集团各国通过该框架来确定全球经济的目标和为实现目标所需执行的政策。此外，成员国亦承诺"相互评估"各自在实现这些共同目标方面所取得的进展——即相互评估进程。根据二十国集团的请求，基金组织提供必要的技术分析，以评估各成员国政策如何相互衔接，以及成员国能否在整体上实现二十国集团的目标。

第二类则是 G20 主席国核心关切的全球经济治理优先议程的推进与落实。例如在 2010 年首尔峰会上提出的全球经济再平衡治理，并督促相关的工作组负责落实。2011 年增长框架工作组通过一年的磋商最终形成了治理全球经济失衡的参考性指南。再平衡治理属于专业技术性较强的经济治理职能的体现。增长框架工作组将失衡治理划分为两个阶段，第一阶段为鉴别失衡的指标体系设计，第二阶段则是针对失衡国家的政策协调。

第三类则是监督国际机构的经济治理能力建设。为了顺应现实需求，G20 既引导既有国际机构的改革与转型，如督促 IMF 和失衡的改革、为 WTO 提供政治支持等；同时也致力于新建一批补充性的治理机构，如金融稳定委员会（Financial Stability Board，FSB）和基础设施中心（Global Infrastructure Hub，GIH）等。

第四类是 G20 的国际规则统领职能。G20 已经逐步发展成为国际标准和规则的认可平台。在 G20 平台上提出和通过了"巴塞尔协议 III"、资本流动性管理和建立全球金融机构（SIFI）、巴黎气候协定等一系列国际标准和原则。

通过以各级各类的政府间工作会议和日常交流为主要渠道，G20既拥有全球主要国家领导人峰会所赋予的领导力和影响力，也具备财长与央行行长会以及其他各类部长会议的专业引导能力，还有副手会和各类工作组会议的合作协商与落实能力。同时，G20还拥有自身组建的各类配套机制如商业20（Business 20）、劳工20（Labor 20）、思想20（Think 20）、青年20（Youth 20）、公民社会20（Civil 20）、妇女20（Woman 20）等的信息和政策建议支持，以及IMF、WB、UNCTAD、WTO、ILO、WHO、FAO等联合国框架下各类机构和BIS等其他国际机构的专业信息和咨询服务配套。

G20各成员国发展阶段和情况大相径庭，使得G20在协商经济治理时，尽管差异的存在可能降低达成一致意见的效率，但却可以使得最终意见具备更为广阔的视角和一定的前瞻性。G20还可以解决在G7平台上无法开展的发达与新兴经济体国家两个群体间的多边意见协调。G20平台的协商也加强了国家间政策的透明性、协调性和约束性建设（如宏观互评工作）。这些工作尽管可能在一定程度上约束主权国家，但若跳出狭隘的国家视角，国家间的协同合作将有助于长期维护全球经济健康发展，营造促进发展的良好外部环境。

3. 全球经济治理的成效评估

（1）积极影响

G20成立的初衷是为了应对全球金融和经济危机，阻止全球经济的衰退，促进全球经济复苏。为此，G20峰会达成了很多广泛的共识，例如共同采取了大规模的经济刺激政策（如扩张性的财政、货币政策），对世界银行和IMF增资以帮助受危机重创的国家，加强全球金融监管，改革国际金融体系，等等。这些共识与合作阻止了危机的进一步扩散和全球经济的持续快速下滑，消费、投资等逐渐恢复，经济也出现企稳复苏迹象（曹广伟，2010）。

自G20匹兹堡峰会之后，G20的作用不再仅仅局限于应对金融危机，而是逐渐成为各国讨论全球经济治理的重要平台。前三届G20峰会的议题主要是以应对全球金融危机为导向的临时性领域；匹兹堡峰会之后其议题则开始扩展到一些与危机无关、却事关全球经济治理体系改革方面，如"多哈回合"谈判、能源安全、大宗商品价格波动，等等，且在这些领域取得了一些进展和共识，极大地推进了全球贸易投资、金融等领域的治理。

（2）局限性

G20 没有建议或设定决策机制，而是采用协商一致的议事规则来开展。类似的决策机制在 WTO 中被采用，"一致协商"意味着只有在所有成员不反对的情况下，才能通过决策。尽管这既保证了公平性原则，同时又不像"一致同意"那般严格，但是这种决策机制必然存在效率上的损失。因此在针对短期议题讨论时，可能会导致时机的延误。

G20 存在治理约束力不足的问题。G20 平台上公布的宣言，并不具有约束力。尽管领导人参会，可以提高其谈判的执行效果，但不具有约束力的宣言与行动计划可能较难得以好的落实。而各国间的相互比较较劲，则会进一步拖累合作的有效性。此外，由于各国存在体制差异，即便是行政机构的最高领导人也可能无法推动国内相关领域的立法改革。国内法优先的问题在 G20 治理中难以被克服。这也意味着，任何国家都可能找到拒绝执行 G20 的协议或声明的理由。这将使得 G20 峰会共识的最终执行情况大打折扣。

G20 只是一个联系网络，既没有常设的秘书处、没有长期性的员工，也没有执行或监督的管理实体。峰会的召开完全由主席国操办，并且主席国由各成员国轮换。这使得峰会的议题设定、会议安排、宣传与通信完全取决于主办国的影响力和能力，同时缺乏必要的监督和沟通机制。这种轮流执掌的方式虽然更好地保障了 G20 的弹性，但也会导致某些重大议程缺乏连续的治理，导致治理上投入产出的效率不高。

（三）亚太经合组织经济治理

为了加强亚洲及太平洋区域的经济合作，1989 年 11 月 6 日，在澳大利亚倡议下，澳大利亚、美国、加拿大、日本、韩国和东盟六国（新加坡、马来西亚、菲律宾、泰国、印尼、文莱）的外交、经济部长在堪培拉召开首届部长级会议，APEC 正式成立。1991 年，第三届部长级会议一致同意，中国、中国台北和中国香港加入 APEC。目前，APEC 共有 21 个成员经济体，3 个观察员（东盟秘书处、太平洋经济合作理事会、太平洋岛国论坛）。

APEC 是亚太地区非常重要的经济合作论坛，也是该地区最高级别的政府间经济合作机制。不过，APEC 不同于欧盟、北美自由贸易区等具有明显排外性和协议性的区域贸易或经济组织，而是具有自身独特性的地区合作模式，它对内坚持自愿、灵活、渐进的原则，对外坚持"开放的区域主义"原则，对于推动组织自身的发展以及组织内外的发展合作都起到了积极的促进作用。

1. 宗旨

在 1991 年 APEC 第三届部长级会议上，首次通过了《汉城宣言》①，宣言中明确阐释了 APEC 的宗旨和目标、合作基础、活动范围等重要内容。APEC 的宗旨是："促进地区经济增长与发展；促进成员间经济的相互依存；强化开放的多边贸易体制；减少区域贸易和投资壁垒，维护本地区人民的共同利益。"可见，APEC 最核心的目标就是推动贸易投资自由化和便利化，这也是 APEC 成立的初衷，在此基础上促进地区的经济增长、改善人民福利。

2. 全球经济治理职能

从 APEC 的宗旨可以看出，其主要目的实际上是促进本区域的贸易、投资、经济发展，暗示其经济治理职能主要是构建完善的地区合作机制，推进亚太地区的市场开放，从而为各国的经济发展创造良好的外部环境。然而，正如前文所说，开放性是 APEC 不同于其他区域贸易组织的重要原则之一，即 APEC 强调的贸易和投资自由化并不仅仅限于亚太区域的成员方，其自由化的成果也适用于非成员方。这就意味着，APEC 的经济治理职能也将扩展至全球经济治理层面，具体包括通过区域外溢效应促进全球层面的贸易和投资自由化，加强与其他全球性机制的协调与合作，引领全球经济发展大势。

其一，APEC 通过区域外溢效应促进全球贸易和投资自由化。外溢效应是指 APEC 倡导的区域一体化进展会间接地影响全球一体化进程。APEC 成员的经济规模占全球 GDP 的 60% 左右，贸易额占全球贸易总额的一半左右，尤其是中美两个大国成员，可想而知 APEC 对全

---

① "Seoul APEC Declaration", APEC Third Ministerial Meeting, Seoul, Korea, Nov. 12 - 14, 1991, http://news. xinhuanet. com/APEC2001/chinese/zlzx/zlzx020203a. htm.

球经济治理的示范效应和外溢效应究竟有多大。一方面，由于 APEC 具有开放性，它通过内部协商达成的成果也适用于区域外成员，因此如果 APEC 内部形成了某项贸易投资自由化协议，区域外的国家也可以参与，从而扩大了区域一体化的范围和影响。另一方面，APEC 讨论的很多议题越来越广泛，并不局限于本区域的经济合作，其中的很多议题是全球性的，具有全球性影响。例如，气候变化、反腐败、安全等议题，并不只是会影响亚太地区，而是会威胁到全球所有国家的发展，因此亚太地区相关措施的加强就意味着全球层面面临的压力和威胁会随之缓解。所以，APEC 不是一个封闭的区域性合作组织，而更像是一个全球性的区域合作组织，而且随着 APEC 影响力的逐渐扩大，其全球性角色的作用会越来越大。

其二，加强与其他全球性机制的协调与合作。从成员来看，APEC 成员同时也是很多重要国际组织的成员，如 G20 就包括了 APEC 中 9 个最具影响力的成员，更不用说 APEC 中很多重要成员还是 IMF、WB、WTO 等国际组织的成员。从合作内容上看，APEC 参照了一些国际组织的做法，尤其是贸易和投资自由化内容很多参照了 WTO 的做法。因此，APEC 与其他国际机制的合作不可避免，也很有必要。一方面，APEC 与国际组织加强在全球经济治理方面的互动，尤其是 G20 和 APEC。例如，2014 年中国是 APEC 会议的主席国，而澳大利亚是 G20 峰会的主席国，两国在会议协调特别是议题设定方面开展了密切的合作。两者的最终议题都放在了金融危机之后如何促进基础设施投资及经济均衡、可持续增长上，而且先举行的 APEC 峰会所设置的核心议题显然对之后的 G20 峰会议题设置起到了重要的参考作用，两者之间的互动和对接非常明显。另一方面，APEC 也积极支持其他国际组织的工作。例如，APEC 倡导全球贸易自由化，对 WTO 前身 GATT 的"乌拉圭回合"及之后的 WTO"多哈回合"的作用多次表示高度认可并积极予以配合。

3. 全球经济治理的成效评估

APEC 的全球经济治理职能并未引起足够的重视，各界的关注点仍然是其对亚太区域的治理效果，如推进了亚太地区的贸易和投资的自由化和便利化，大幅削减关税和非关税壁垒，简化海关程序，统一相关标准，推广电子商务，放宽市场准入限制，等等。

（1）积极影响

一方面，有利于巩固其他国际组织的全球经济治理职能。正如前文所述，APEC 与其他国际合作机制的互动比较密切，能够为国际组织的全球性活动提供一定的参考和引领作用，从而使其全球经济治理功能更加符合发展趋势和各国的发展需求。不仅如此，APEC 实际上可以为其他全球性机制的治理提供地区层面的政策支撑，使其治理规则和机制得到更好的落实和推进。

另一方面，推进全球经济治理朝着更加公平和均衡的方向发展。APEC 的 21 个成员方中有 2/3 是发展中国家，这保证了发展中国家充分的发言权。这就意味着，APEC 可以作为发展中国家挑战现有的发达国家主导的全球经济治理格局的平台和工具，推进全球经济治理更加有利于发展中国家的发展。

（2）局限性

其一，技术合作不足。APEC 的核心目标是包括推进贸易投资自由化和加强经济技术合作两个方面，但发达国家一直试图将合作限定在自由化方面，对于技术合作目标却总是回避，因为这一目标实际上涉及 APEC 中的发达国家向发展中国家进行技术转移和扩散的问题。因此，尽管 APEC 推进了亚太地区以及区域外的贸易投资自由化，但区域内外的技术合作却远远滞后于自由化进程。

其二，灵活、自愿的合作方式与无约束力的执行机制之间的平衡问题。APEC 开放、灵活、自愿的合作原则考虑了不同成员方在发展水平、发展阶段、发展需求等方面的差异性，充分尊重了各成员方的自主权，这便于其协调各方利益，促进协议的达成。但是，灵活自愿的合作方式意味着协议的落实缺乏约束力，其执行效果如何不得而知。如何平衡好灵活性与执行力之间的矛盾，是 APEC 未来合作面临的挑战之一。

三 非政府间国际组织

关于公民社会和非政府组织并没有统一、明确的界定。公民社会可以理解为在政府和市场机制（公司）之外，所有由公民个人组成的社会实体（赵黎青，2000），包括民间的各种非政府组织（如劳工组织、宗教组织）、协会（如行业协会）、团体、基金会、联合会，等等，非政府组织是公民社会中最重要、最具社会影响的构成部分。跨国公民社会是公民社会在全球层面的体现，是全球层面的政府机制（国家及其构成的国际组织）和市场机制（跨国公司）之外的跨国实体。跨国公民社会通过多种途径和方法参与和改善着全球经济治理，其在全球经济治理中的地位和作用也得到了各界的认可。

（一）非政府间国际组织在全球经济治理中的作用

从根本上讲，非政府组织的核心作用就是弥补全球化过程中出现的各种被忽略或被回避的问题，推动全球经济治理朝着更加有效、更加公平、更加可持续的方向发展。

1. 非政府组织提高全球经济治理的有效性

全球化的发展和全球性问题的出现是全球治理产生的直接原因。然而，在应对全球性问题、参与全球治理的过程中，独立的国家行为体首先考虑的是追求本国的国家利益，而跨国公司更是只顾片面追逐自身利润，即便能够形成良好的合作关系，也会因各种主观（如治理能力不足）和客观因素产生治理失灵问题，这就导致全球经济治理的无效性。非政府组织是政府和市场之外的"第三种力量"，它们一方面可以通过政策咨询、游说、运动等形式为全球经济治理提供建议和方案，另一方面还会关注政府治理忽略或治理无力的问题，从而提高全球经济治理的有效性。

例如，自20世纪70年代以来，跨国公司的全球生产活动所造成的负面环境和社会影响越来越大，给当地的环境可持续性和劳工权益带来了很大的损害，而各国政府和国际组织出于自身利益，对此不予重视，甚至采取默许态度。针对这一现状，众多非政府组织开展了声势浩大的企业社会责任运动，挖掘和披露各种破坏环境和损害劳工利益的事件，迫使许多国际组织开始制定企业社会责任守则，约束金融机构的贷款行为和企业的生产行为，维护劳工权利和保护环境，国际金融公司（IFC）的赤道原则就是在这一背景下产生的。再如，20世纪80年代中后期，国际上已有的债务减免的处理方案根本无法解决发展中国家的债务问题，发展中国家的债务负担依然沉重，严重制约了其经济社会发展。鉴于此，非政府组织如"新经济基金会"（New Economics Foundation，Nef）、"Jubilee 社团"等掀起了大规模的国际反债运动，并提出了一些极具参考价值的主权借贷规则。迫于这些非政府组织的强大压力，IMF 和世界银行才发起了重债穷国动议（HIPC），并参考了非政府组织的债务规则。

2. 非政府组织提高全球经济治理的公平性

从国家层面来讲，发达国家和发展中国家在全球经济治理中的地位是不对等的，尤其是在国际组织中的话语权是不一样的；从国家内部来讲，不同社会群体参与全球经济治理的程度也是不同的，存在很多无法维护自身权益的弱势群体。一方面，非政府组织会关注发展中国家在国际机构的规则设定中的权利，并通过各种方式影响国际机构的规则。如在 1999 年 WTO 西雅图部长会议上，大量非政府组织认为，WTO 的一些协议是不公平的（如农业补贴方面），发展中国家被排斥在决策之外，WTO 是发达国家欺压发展中国家的工具之一。因此，非政府组织在会场开展了声势浩大的抗议活动，导致西雅图会议最终以失败告终。在此之前，非政府组织还曾通过抗议活动反对 IMF 和世行将通货紧缩和结构调整政策作为贷款的条件。在此之后，跨国非政府组织继续开展抗议活动，意图改善全球治理机构的公平性。

另一方面，非政府组织也会关注全球各国内部的弱势群体，在全球层面传达他们的需求。例如，非政府组织为贫困人群和妇女儿童等缺乏参与渠道和能力的人表达利益诉求。世行是全球反贫困的最主要机构，其于 1984 年成立了非政府组织工作组，与非政府组织加强在反贫困项目方面的对话与合作。1998 年，欧洲非政府组织曾在 WB/IMF 柏林年会上组织了一个国际论坛，穷人、边缘群体和世居群体等易被忽略的群体都在会上发了言。之后，类似的论坛也成为惯例，世行 70% 以上的项目都有非政府组织的参与。

总之，非政府组织作为一个重要主体参与全球经济治理，使得全球经济治理的主体更加多元化，治理更加分散化，从而也更加民主化和公正化。

（二）非政府间国际组织参与全球经济治理的途径

非政府组织参与全球经济治理的途径主要有三个：咨询和建议、

游说、与国际组织合作。首先，咨询和建议。很多非政府组织都在国际组织中享有咨商地位，可以为国家和国际组织提供信息、政策建议，有些非政府组织还可以参加国际组织召开的会议或论坛，并发表意见和建议。例如，2007 年联合国气候变化大会期间，绿色和平组织、世界自然基金会等 3000 多名非政府组织代表参加了此次会议，就气候变化和减排问题发表立场，并呼吁各国尽早达成减排目标。当然，非政府组织参与全球经济治理只是通过咨询和建议职能影响决策，并没有参与决策的权力。

其次，游说。非政府组织会通过引导公众舆论、呼吁、抗议、网络宣传等方式游说政府或国际组织接受其治理理念。例如，正是由于非政府组织长期的倡议、运动或游行，"可持续发展"理念才最终成为国际社会普遍认可的原则。

最后，与国际组织开展项目合作。与政府机构相比，非政府组织在医疗、教育、健康、减贫、环境等领域拥有特殊的专业技能，运作方式灵活且深入基层民众，在项目实施方面具有明显的比较优势。因此，国家或国际组织在项目的规划和实施过程中基本上都会与非政府组织开展合作。政府部门会为非政府组织提供资金支持，帮助其开展具体项目，也会直接与非政府组织共同实施项目。例如，在救灾项目中，非政府组织在提供食品援助、紧急医疗救助、灾后心理抚慰、灾后重建等方面可以与政府部门加强合作，它们的救助行动往往更加及时、更具针对性，可以弥补政府部门行动迟缓、救助不符合需求等方面的问题。

此外，非政府组织还可以监督国家或国际组织的决策、协议或承诺的落实进程，确保全球经济治理的公平、公正、有效。

四　民族国家在全球经济治理中的作用

主权原则是国际关系的根本原则，因此主权国家是全球经济治理最重要的主体。但是，全球经济治理本身是一个跨国协调和合作、共同治理全球性问题的过程，是单个主权国家单纯依靠自身实力无法实现的。换言之，全球化及其相伴随的全球性问题的不断出现和国际无政府状态是全球经济治理产生的前提，但全球经济治理的实现必须依赖于一定的跨国合作机制。这种合作机制可能是正式的国际组织，也可能是松散的、非正式的国际组织形式。这是两种不同的合作机制，主权国家与国际组织的相互关系也有所差异。

（一）国家与正式国际组织的关系：委托—代理

为了实现全球经济治理，主权国家选择让渡部分主权，组建国际组织，并授权国际组织协调主权国家的行动，帮助各国获取更大的发展利益。这一授权—协调的过程就构成了委托—代理关系，即主权国家和正式的国际组织之间是委托—代理关系。

委托—代理理论最初是被运用于现代公司治理之中，是指企业的所有权和经营权相分离，所有者保留企业的所有权和利益索取权，而将经营权让渡给企业管理者，管理者代表所有者行使权力，帮助其获取利益。从更一般的意义上讲，委托代理关系是指一个或多个行为主体根据一种正式或非正式的契约，指定、雇用另一些行为主体为其服务，同时授予后者一定的决策权，并根据后者提供的服务对其支付相应的报酬。授权者就是委托人，被授权者就是代理人。在全球经济治理中，委托—代理关系是指主权国家让渡部分主权，授权给国际组织，委托国际组织协调主权国家之间的多双边合作，帮助他们更好地处理全球性问题，或者争取更多的发展利益，主权国家是委托人，国际组织是代理人。在组建国际组织时，还会制定供成员方遵守的国际条约或协定，规定主权国家和国际组织双方的权利和义务，这些国际条约和协定可以视为主权国家和国际组织之间签订的一种契约。

在委托—代理关系中，委托人（主权国家）和代理人（国际组织）都面临一定的成本和收益。对于委托人主权国家来讲，其主要的成本包括：一是让渡的部分主权，即在行使国家职能时受到的限制，如 WTO 协定要求其成员方必须逐步降低关税，不得采取保护主义措施，这就使得成员方在对外贸易政策方面受到一定的约束，国际组织中诸如此类的约束比比皆是；二是向国际组织缴纳的份额、捐款等。主权国家主要的收益包括：其一，国际组织可以为主权国家提供沟通的平台和渠道，以及合作的具体机制和方法，降低主权国家双边合作的交易成本；其二，很多国际组织拥有发展方面的专业知识和技术，如世行在减贫方面具备丰富的经验，可以为主权国家提供相关的建议和指导；其三，国际组织能够通过其共享机制，便于所有成员方之间共享彼此的发展经验，以及与发展相关的信息（如经济风险状况等），从而帮助成员方规避对外经济风险，更好地实现本国健康、可持续的发展；最后，国际组织还可以为成员方提供危机应对的资金和方案（如 IMF 的最后贷款人职能），帮助成员方更好地应对和摆脱危机冲击。对于代理人国际组织来讲，其面临的成本主要包括：一是行使"主权"导致的成本，如协调成员方的政策和行动，帮助成员方发展所需的成本；二是维持自身运营乃至扩大组织影响力产生的管理成本。国际组织主要的收益包括：一是成员方让渡的"主权"，可以允许国际组织按协议规定约束和影响主权国家的行为，且可以据此获取组织的权威性和合法性；二是来自成员方的各种资金。

从上文可以看出，主权国家和国际组织双方之间的成本和收益是相对立的，换言之，主权国家的收益就是国际组织的成本，而国际组织的收益也构成了主权国家的成本。正因如此，有人提出，主权国家让渡部分主权给国际组织，会使国家主权被削弱甚至丧失，两者之间是完全对立的。这种观点实际上是很不客观的。从表面上来看，主权国家让渡部分主权似乎是主权被弱化了，但这种让渡是主权国家自愿、理性的选择，是为了以较小的成本，获取更大的发展利益。进一步而言，一方面，国际组织参与全球经济治理，只是为了弥补单纯依靠主权国家治理的问题和不足，是为了完善主权国家的全球经济治理职能，而不是取代国家治理；另一方面，主权国家一份主权的让渡可以换来共享其他所有成员方所让渡的主权的机会，使国家主权在共享中得以延伸（张丽华，2009），每个成员方的发展机会和发展空间都扩大了，这实际上是强化和延伸了单个国家的主权。

更重要的是，虽然主权国家让渡了部分主权给国际组织，但是国际组织自身并没有独立的决策权，其背后仍然是主权国家利益和治理意愿的体现。具体而言：第一，主权国家对国际组织的授权，即委托—代理关系的确立是国家自主决定的，是否授权、授权多少乃至授权的终止（即退出国际组织），国家都有自由选择的权力，国际组织是无法强制干预的；第二，国际组织出台的协定、公约、条例等治理规则都是其成员方主权国家制定或通过的，如果没有主权国家的认可，国际组织自身是无法随意发布治理规则的；第三，在国际组织内部，仍然是主权国家之间的权力对比和相互作用决定了国际组织参与全球经济治理的实际状况，国际组织实际上可以视为主权国家参与全球经济治理的一种特殊方式。

总之，主权的让渡并不是对主权的"削弱"，而是对传统的国家主权本位的超越，是对国家利益本位的更高层次上的"回归"（张丽华，2004）。因此，国家在国际体系中仍然占据主体地位，全球经济治理中最重要的治理主体仍然是主权国家（孙伊然，2013）。

（二）国家与非正式国际组织的关系：国际协调

非正式的国际组织多缺乏正式的组织架构，因而没有可以接受授权和行使"主权"的实体，因此，主权国家和非正式的国际组织之间并非委托—代理关系。非正式的国际组织的存在是依赖于成员方之间的自愿协调。进一步而言，主权国家通过峰会、论坛等形式，聚集起来，就共同关心的重大全球议题或挑战进行定期的磋商和交流，协调立场，达成共识，采取集体行动。其成果文件或承诺（如宣言、声明、行动计划等）并非经过正式的投票（正式国际组织）而达成，而完全取决于成员方之间的协调和磋商情况；后续的行动也不具有强制性或类似于正式国际组织中的惩罚机制，而是成员方自觉的共同行动。正如韦宗友（2010）所指出的，这种非正式的国际组织强调的是大国责任和多边平等协商，反对消极无为，也反对咄咄逼人的单边主义。G7 和 G20 是大国协调外交的典型代表，体现了协调外交的一些根本特征：彼此独立、平等的大国为共同应对危机而结成的排他性集团，通过制度化的峰会外交提供国际秩序及体系稳定（John Kirton，2000）。

成员方之间的协调是非正式国际机制/组织存在的基础，一旦协调无法实现或协调无力，即无法解决共同面临的全球性问题，则非正式的国际机制/组织就可能瓦解。这就意味着，主权国家才是全球经济治理最重要的主体，也是非正式国际组织参与全球经济治理的背后支撑。实际上，从 G8 到 "G8 + 5"[①]再到 G20 的过程就反映了国际协调产生、中断、调整的发展过程。G8 一开始是西方大国协调彼此立场

① "G8 + 5" 中的 5 是指中国、印度、巴西、南非以及墨西哥五个发展中大国。

的非正式平台，但由于 G8 的协调已无力应对气候变化、可持续发展等全球性挑战，以及中国、巴西等新兴大国的崛起，西方大国试图拉拢新兴大国共同承担和应对新的全球性问题，于是他们于 2003 年开始提出了"G8 + 5"合作机制，希望以此协调西方大国和新兴大国的立场和行动，承担"共同责任"。然而，"G8 + 5"机制实际上是发达国家试图迫使新兴大国共同承担全球性责任，但却并未赋予发展中大国同等的对话权和治理权。以致后来"G8 + 5"这一协调进程时断时续、怨声载道（来自发展中国家），也未形成具有影响力的成果，最终于 2010 年中断，并被 G20 替代。相对而言，G20 协调机制更具平等性，也更适应全球力量格局变迁的现实和新时期全球经济治理的需求。

　　总而言之，成员方能否更好地实现协调是非正式国际组织能否持续存在的必要条件，而协调成功与否则取决于协调机制本身是否能适应全球经济治理的现实需求，这也决定了主权国家参与全球经济治理的效果。

第二节　全球经济治理的运行机制

　　机制泛指一个工作系统的组织或部分之间相互作用的过程和方式，因此持有这种观点的学者实际上是将治理视为一种指导和限制集体行动的具体方法和程序（罗伯特·基欧汉和约瑟夫·奈，2003；詹姆斯·罗西瑙，2003），包括如何定位治理中各个主体的功能与相互关系、各主体之间的行动协调应遵循怎样的方法与程式、以何种方式实现利益分配和秩序调整等。各主体正是依据这些可操作的方法和程序来实施权力、施加影响、实现管理。全球经济治理依赖相关国际机制的建立和完善，其机制具有多样性，包括治理主体的成员资格、决策机制、争端解决机制、执行机制、监督机制，等等。

一　成员资格机制

　　国际组织的成员资格的获得包括创始成员（original membership）和加入成员（accession membership）两种方式。创始成员一般是国际组织建立之初的缔约国，即签署国际组织的创始文件（如正式的条约或国际协定等），承诺履行相关协定所规定的义务的成员国/方。加入成员则是需要向国际组织提出申请，经过一系列谈判（与已有成员国）和决议，承诺履行相应的义务和协定的成员国/方。从法律上讲，加入成员和创始成员的权利是等同的，但在谈判过程中，加入成员会被提出和附加一些特殊的要求，因而加入成员可能会承担多于创始成员的义务。

大多数国际组织都采取创始会员和加入会员制。例如，关贸总协定（WTO 前身）1947 年成立时只有 23 个创始成员（包括中国香港和中国澳门），1995 年《建立 WTO 协定》指出其创始成员资格为："WTO 协定生效之日已是 1947 年关贸总协定的缔约国，签署和一揽子接受乌拉圭回合的所有协议，在"乌拉圭回合"中做出关税和非关税减让以及 GATS 特别承诺，并在协定后附上减让表和承诺表的谈判方。"加入成员的资格为："任何国家或在对外商业关系中拥有完全自主权的独立关税区，根据其与 WTO 达成的条件，可以加入WTO；部长会议以 WTO 全体成员的 2/3 多数批准加入的协议后方可。"IMF 和世行在成立之初也仅有 29 个创始成员国，但它们规定主权国家可以申请加入，如果有占 85% 以上投票权的成员国投票同意，申请国就可以成为两组织的成员国。亚投行在成立之初有多达 57 个创始国，欧洲投资银行和亚洲开发银行分别仅有 6 个和 31 个创始成员国，这些机构都制定了吸纳更多成员的机制。

二 决策机制

决策机制体现了各主体在全球经济治理活动中的权力分配情况。在解决全球性问题时，通常采用的决策机制有协商一致机制和投票表决机制，后者又分为加权投票机制和投票权均等机制（又分为全体一致通过制和多数通过制），其中"协商一致"是基本的、先导性的原则，只有在无法协商一致时才通过投票表决机制决定。

（一）协商一致机制

协商一致机制就是通过一系列的谈判和协商，不经过投票表决就通过某项（或某些）协议。协商一致机制在 WTO 各回合谈判、环境领域的谈判中应用较为广泛。协商一致机制在谈判中会综合考虑和协调各方的诉求，因而能够反映各方的真实意图和需要，通过该机制达成的议案更容易获得共识，从而有利于事后的有效执行。当然，协商一致机制需要使所有成员国达成较为一致的意见，这一协商过程往往耗时很久，容易陷入僵局甚至以失败告终，正如 WTO "多哈回合"谈判一样。"多哈回合"谈判自 2001 年启动，在进行了 14 年的谈判之后最终陷入僵局，漫长的协商过程始终未能达成共识。

（二）投票表决机制

作为体现民主精神的主要机制，投票机制已经被广泛运用于各种决策活动中。上至联合国扩容问题，下至民间的家庭决策，当代人类的生活中几乎随处可见投票决策方式。投票机制大致可以分为加权投票机制和投票权均等机制两类。

投票权均等机制下各国具有平等的权力分布，实行一国一票，因此投票权均等机制也被称为一国（或人）一票制。这类机制更强调平等原则，即各成员（国）拥有形式上平等的权力义务。这类机制常见于联合国决策、"世界海关组织""国际民航组织""世界旅游组织"等组织以及金砖国家新开发银行等。"国际劳工组织"的组织结构较为特殊，虽然是以国家为单位参加的政府间国际组织，但实行独特的"三方代表"原则，即各成员国代表由政府、雇主组织和工人组织三方代表组成，各方均有平等独立的发言和表决权。就理论而言，投票权均等机制能在形式上保证各成员之间的平等，而且其全体一致投票结果可以实现福利经济学意义上的帕累托最优。但是，由于发达成员在核心技术、经济发展水平、金融体系等方面具有优势，因此仍能够让最终形成的决策对自己更有利。如在"国际标准化组织"之中，发达国家的技术优势就能够让它们主导相关国际标准的制定，推行其技术标准、管理理念和经济规则。

在加权投票机制下，各成员国的表决权大小不一，通常与各国的财力、对组织的贡献度等相挂钩。由于拥有选票的多寡会对选择结果造成不同影响，因此选票数量的多少通常被视为权力大小的代理变量。加权投票制强调效率原则，其特点是把以认缴份额为基础的投票权作为基本决策工具，其根据投票者贡献大小而赋予其数量不同的选票。选票份额既反映了一国的经济实力，也决定了该国在国际组织中的权利和义务。与份额挂钩的投票权直接影响到这些组织的决策及特定规则设置，如总裁、行长选择等从治理结构到技术操作层面的诸多事务。这类机制主要用于联合国下属机构（如 IMF、世界银行、亚洲开发银行等多边金融机构）、"一股一票"的股东大会管理等现代企业制度，等等。其产生可追溯至 1815 年建立的莱茵河国际委员会。该委员会规定表决权的多寡根据成员国境内的河流长度确定。尽管名义上 IMF 采取的是平等（基本投票权，即一国一票制）与效率（加权投票权，即一元一票制）相结合的投票权分配制度，但实际其投票权多寡主要由加权投票权决定。总之，权力与义务相匹配的加权投票机制已经在多边机构的决策活动中占据主导地位。

投票权均等机制反映了国际法所强调的主权平等原则，但由于各国的综合实力不同，对国际组织的贡献也是大小有别，这就出现了贡献或义务与权利不一致的问题。因此，目前的很多国际组织的决策都不再采用投票权均等机制。当然，加权投票机制也存在一定弊端，它赋予个别国家极大的权力，最突出的问题就是发达国家甚至个别国家就可以控制所有的决策，而发展中国家则无法参与国际事务决策。如何平衡加权投票与均等投票机制，兼顾公平和效率，将是未来国际决策机制改革的重点方向。

三　争端解决机制

争端解决机制是国际经济组织建设中必不可少的一环，是对成员国在经贸往来中发生的争议予以及时解决的重要制度保障（马瑞霞，2009），主要存在于国际贸易和投资领域。根据争端主体的不同，国际争端解决机制主要可以分为两类：一是，解决外国的私人投资者和东道国政府之间争端的机制，如世界银行的投资争端解决机制；二是，解决主权国家之间争端的机制，如 WTO 的争端解决机制。此外，OECD 的投资争端解决机制 MAI 草案①和 NAFTA 的争端解决机制则同

---

① 1995 年 5 月 26 日，OECD 部长级会议决定首先在各成员之间就《多边投资协定》（Multilateral Agreement on Investment, MAI）草案开始谈判，可惜该草案一再修改，一直未敲定。

时适用于主权国家之间的投资争端以及外国投资者与东道国政府之间的贸易投资争端。不过，目前国际上应用最广泛的两大全球性争端解决机制是世界银行的投资争端解决机制及 WTO 的争端解决机制，本章此处也主要介绍这两个机制。

（一）世界银行的投资争端解决机制

为了解决外国投资者与东道国政府之间日益增加的投资争端，加快东道国所需的资本流入，1965 年，世界银行执行董事会（在华盛顿举行）正式通过了《解决国家与他国国民投资争端公约》（又称为《华盛顿公约》），该公约于 1966 年 10 月 14 日正式生效，并立即成立了"投资争端解决国际中心"（International Center for the Settlement of Investment Disputes，ICSID），专门处理国家与他国国民之间的投资争议，是目前世界范围内唯一的负责解决外国投资者与东道国政府间投资争端的国际性仲裁机构（辛宪章，2013）。不过，《华盛顿公约》仅适用于公约缔约国（国家）与（另一缔约国的）私人投资者之间的争端，并以仲裁方式解决投资争端。

《华盛顿公约》规定了调解和仲裁这两种解决投资争端的方式，两种程序各自独立，争端方有权只要求调解，也有权先要求调解，待无法达成一致时再要求仲裁解决。在 ICSID 受理的案件中，最终由调解解决的案件非常少，绝大多数都是由 ICSID 仲裁来裁决。因此，这里重点介绍仲裁程序，调解程序与仲裁程序相似①。仲裁需由争端一方向 ICSID 秘书处提交书面申请（包含与争端相关的各项事宜），如果书面申请的争端事项属于 ICSID 的管辖范围，那么秘书长必须将该申请登记在册，并及时告知双方。随后，秘书处必须尽快成立仲裁庭，依照《华盛顿公约》规定的仲裁程序和调解规则进行审理。案件审理后，由仲裁庭作出最终裁决，该裁决必须由仲裁庭全体仲裁员多数赞成票通过，并由投赞成票的仲裁员签字。之后，秘书处把最终裁决副本送达争端双方，裁决具有约束力，争端各方必须严格履行仲裁裁决，不允许对裁决提起上诉或采取《华盛顿公约》规定以外的补救手段。

---

① 《华盛顿公约》第二节和第三节分别规定了调解和仲裁的程序，可供参考。

（二）WTO 的争端解决机制

世界贸易组织的争端解决机制被誉为"WTO 皇冠上的明珠"，是成员方解决政府间贸易争端的强制性、排他性的合法渠道，并且是一种基于法律规则的国际贸易争端解决机制（李卫燕，2007）。WTO 的争端解决机制是建立在《关税与贸易总协定（1947）》第 22 条和 23 条的规定及其后续修正的基础之上的，其中第 22 条规定了缔约方之间进行磋商的权利，第 23 条规定了提出磋商请求的条件、多边解决争端的主要程序及授权报复等。不过，单纯依靠 GATT 的这两条规定远不能解决现实世界已然存在和越来越多的贸易和投资争端，所以在继承 GATT 规定的基础上，1994 年 WTO 乌拉圭回合进一步发展和完善了前者的组织机制、程序、规则等多个方面。具体而言，乌拉圭回合达成了《关于争端解决规则和程序的谅解》（Understanding on Rules and Procedures Governing the Settlement of Disputes，简称 Dispute Settlement Understanding，即 DSU）。DSU 作为 WTO 争端解决机制最基本、最核心的文件，与 GATT 的两条规定一起构成了 WTO 争端解决机制的法律依据。DSU 共有 27 条文件，明确规定了 WTO 争端解决机制的目标、程序、具体方式、监督与实施等。WTO 负责解决相关争端的专门机构是争端解决机构（DSB），由总理事会成员共同组成，有专门的工作程序和主席。

WTO 的争端解决机制的具体程序包括：强制性的磋商，选择性的斡旋、调解和调停，专家组程序，上诉程序，裁决的执行与监督，补救程序等阶段，且每一阶段都应遵循相应的原则和时限规定①。磋商是争端解决必经的第一步，是一种和平解决国际贸易争端的方法，通过 DSB 来进行。在当事方未能通过磋商程序最终解决争端的情况下，在专家组成立前还可以通过 DSB 接受斡旋调解，即在争端各当事方同意的前提下，自愿选择中立的第三方，通过协调各当事方相互冲突的观点，帮助它们达成一致的非正式争端解决程序，斡旋、调解和调停在任何时候都可以开始，也随时可以终止，灵活性很大。在前

---

① 具体程序所需时限可参见《WTO 争端解决机制概述》，《金融发展评论》2011 年第 2 期。

述两个阶段未能解决争端的情况下，投诉方可以向 DSB 提请设立专家组，争端解决便进入专家组审理阶段。专家组应当协助 DSB 履行职责，对争端事项进行客观的评判，做好有关调查报告（叙述部分报告、中期报告和最终报告三份），将最终报告散发给各成员方，之后 DSB 开始考虑是否采纳该报告。如果争端方对专家组的报告不满的话，可以向上诉机构（由 DSB 设立）递交一份上诉通知来提出上诉，上诉机构必须在规定期限内对专家组的报告进行复审，完成案件审理并分发其提出的报告。已经通过的专家组或上诉机构的报告，争端各方应在报告通过的合理期限内，通知 DSB 其履行 DSB 建议或裁决的意愿和改正的具体措施及期限。当败诉方超过合理时间仍不执行裁决，相关各方可通过磋商寻求一致认可的补偿方案①；如果在一定合理期限内未能达成补偿方案，当事方就可请求 DSB 授权对败诉方实行中止减让措施，以此对败诉方进行报复②。

　　需要指出的是，虽然 WTO 的争端解决机制主要用于国际贸易领域的争端解决，但该机制中也纳入了一些与贸易有关的投资争议（并不是纳入所有的国际投资争议），即 1994 年乌拉圭回合通过的《与贸易有关的投资措施协定》（TRIMS 协定）。WTO 的投资争端解决机制与世行的投资争端解决机制存在以下差别：其一，世行的 ICSID 适用于东道国政府与私人投资者之间的争端，WTO 的 DSU 则适用于主权国家之间以投资管制为主的投资争端；其二，世行的 ICSID 主要采用仲裁方式解决投资争端，而 WTO 的 DSU 则主要利用准司法机制解决争端；其三，世行的 ICSID 的仲裁程序没有严格的时间限制，可能导致案件久拖不决，WTO 的 DSU 则对案件审理设置了严格的时间期限和程序，效率更高；其四，世行的 ICSID 缺乏有力的执行机构，而 WTO 的 DSU 则规定了执行决议的期限和相应措施，执行力度加大了。

---

　　① 补偿实际上是败诉方给申诉方更为优惠的待遇，如放宽市场准入或提供更多贸易机会等。

　　② 报复就是强制败诉方做出某些贸易利益上的让步，但中止减让措施应与已造成的损害程度相当。如果当事方对此提出异议，就有权提交仲裁。

四　监督机制

整体来讲，为了确保相关的国际决议、协定、条约等的实施，在全球贸易、金融、安全等领域，国际组织都设定了一定的监督机制，如贸易领域 WTO 的贸易政策审议监督机制，金融领域最典型的 IMF 的汇率监督机制，安全领域联合国对地区安全行动的监督机制，等等。依据监督对象和方式的不同，国际组织的监督机制大体上可以分为双边/国别监督机制、区域监督机制和多边/全球监督机制。

（一）双边监督机制

双边监督也叫国别监督，是国际组织监督的主要方式，通过磋商形式实现，即国际组织与单个成员国就其宏观经济政策或具体领域的问题定期进行全面的磋商和讨论，并据此向成员国提供政策建议。双边监督是所有成员国的义务，监督磋商一般每年针对每个成员国进行至少一次，有时还需要进行中期讨论。

在全球贸易领域，WTO 的贸易政策审议机制（Trade Policy Review Mechanism，TPRM）是最典型的国别监督机制。贸易政策审议机制与贸易谈判机制、争端解决机制一起，成为保障 WTO 顺利运行的三大重要的运行机制。它是一种在国别基础上对 WTO 成员国的贸易政策和实践及其对多边贸易体制运行的影响进行定期、轮流、全面审议的专门程序，其目的是促使 WTO 成员提高贸易政策和措施的透明度，督促其履行所作的承诺，更好地遵守 WTO 规则，从而有助于多边贸易体制的平稳运行。WTO 的贸易审议机制本质上是一个针对各成员贸易政策及其实践的监督机制，是 WTO 全体成员对贸易政策进行审议的唯一场所。需要指出的是，贸易政策审议机制所具有的监督功能是没有法律约束力的"软"监督，对成员国并没有强制约束力，这使得其效力大打折扣。

在全球金融领域，IMF 对成员国汇率稳定的双边监督最为典型，其目的在于保证成员国有秩序的汇兑安排和汇率体系的稳定，消除不利于国际经济贸易发展的外汇管制，避免成员国操纵汇率或采取歧视性的政策，获得不公平的竞争利益（曲红和饶育蕾，2001；龙友香和陈倩，2006）。"外部稳定"是 IMF 双边监督的核心原则，为了实现汇率体系的稳定，各成员国必须确保外部稳定，即不采取导致汇率破坏性变动的政策，包括单纯的汇率政策以及其他政策。这就意味着，IMF 的监督机制的适用范围已经远远超越了单纯的汇率政策监督，成员国的货币政策、财政政策、贸易政策以及其他一切可能会影响外部稳定的内外部政策都在监督范畴内。

IMF 双边汇率监督的主要方式包括：一是定期检查成员国的汇率政策是否遵守国际货币基金组织协定第四条所规定的义务，即"每个成员国承诺与基金和其他成员国合作以确保汇率安排有秩序地进行，以及促进汇率体系的稳定"，并根据这些汇率政策提出具体的指导原则和建议。二是根据其数据公布标准的要求，要求各会员国提供与汇率稳定相关的经济数据，包括宏观部门、金融部门、对外部门，尤其是汇率政策的变动等，便于 IMF 能够及时进行监督和协调。三是与会员国举行定期或不定期的磋商，以使 IMF 能够了解成员国的经济发展状况和政策，提出针对性的建议。需要指出的是，IMF 的监督机制集中于监督发展中国家，尤其是新兴经济体，对发达国家特别是国际货币储备国美国的监督严重不足，这在次贷危机和国际金融危机中表现尤为明显。

（二）区域监督机制

区域监督机制主要是对区域性的国际组织相应的经济政策进行监督和磋商。可以看出，区域性组织实际上面临国际组织在两个层面的监督，即国际组织对区域组织内每个成员国的双边监督和对整个组织层面的区域监督。以 IMF 的区域监督机制为例，区域监督是 IMF 对诸如货币联盟这样的区域性安排下执行的共同经济政策进行监督与磋商，如与欧盟、欧元区、西非经济和货币联盟、中非经济和货币联盟、东加勒比货币联盟等区域性组织或安排的讨论。

（三）全球监督机制

多边或全球监督机制就是对全球层面的经济运行情况进行监督。IMF 的多边监督是对全球经济状况和国际资本市场的发展情形进行监测和评估，主要方式是通过每半年发布一次的《世界经济展望》（WEO）和《全球金融稳定报告》（GFSR）。其中，WEO 公布的是工作人员对全球经济前景、主要区域及不同国家的经济前景进行的分析和预测，

GFSR 侧重分析、评估和发布国际金融市场的各种发展情况及面临的风险。

G20 多边监督机制的主要作用是强化主要的国际机构如 IMF、世行等加强对国际金融体系尤其是储备货币国宏观经济政策的监督，以及对系统重要性金融机构、国际热钱来源的监管等。换言之，在监督全球经济体系方面，G20 一方面督促其他机构监督职能的发挥和完善，并加强与这些机构的监管合作，另一方面还形成了自身的监督机制。2008 年 G20 第一次峰会——华盛顿峰会提出了"加强国际金融监管"议题，包括提高国际金融市场的透明度和问责制、改革国际金融机构等，并设立了金融稳定论坛监管金融体系风险。2009 年伦敦峰会提出，有必要对所有具有系统性影响的金融机构、金融产品和金融市场实施监管，并首次提出把对冲基金置于金融监管之下；决定新建一个金融稳定理事会（Financial Stability Board，FSB）取代金融稳定论坛，并与 IMF 一起对全球金融市场上的风险实施监测。此后的历次 G20 峰会，均不断强调加强全球金融监管以及金融监管体系改革的重要性。尤其是被称作"世界央行"的 FSB，对于协调 G20 成员国的跨国金融监管合作起到了积极作用。

需要强调的是，G20 的监督机制是非正式的，因为 G20 所谓的监管并不像 IMF 或 WTO 的监管机制那样具有程序性和约束力，而更多只是一种会议或论坛式的倡议，其执行也没有任何强制性的要求，完全由各国自主决定。不过，尽管其监督机制都是非正式性的，但对维护全球金融体系稳定，监测、防范和应对全球金融危机发挥了重要作用。

第三节　全球经济治理的重点领域

全球经济治理这一领域涉及十分广泛的议题，包括宏观经济、贸易、投资、金融、大宗商品、能源治理、气候变化等（罗杰英，2013）。Wang 和 French（2014）曾指出全球经济治理的 4 个领域为：国际贸易、FDI、国际金融和国际发展援助；Siebert（2003）认为，全球治理在经济领域的重点应用在于分析"国际贸易规则有哪些必要元素以及如何预测和防范国际金融危机"。明显可见，作为传统的全球经济治理领域，国际贸易和金融一直是各方关注的焦点，具备引导治理的正式机构（分别为 WTO 和 IMF）和一定的规则、机制，而投资和发展援助以及其他的治理领域，则因为各种原因没有引起应有的重视，一直缺乏制度化的治理机构和原则。本研究将重点关注国际宏观经济政策协调、国际贸易和投资、国际金融、气候变化和环境治理、国际发展这五个经济领域，详细阐释各个领域具体的治理议题，以为之后分析治理议题的结构变化奠定基础。

一　国际宏观经济政策协调

国际宏观经济治理从本质上讲就是国际宏观经济政策协调问题。在经济全球化背景下，一国（主要是开放中大国）的宏观经济政策通常具有很强的"传递效应"和"溢出效应"，因此一国的宏观经济政策不可避免地会对其他国家的宏观经济发展产生影响，正如别国的经济政策会影响本国内部的宏观经济一样。由于缺少世界性的政府机构协调各国宏观经济政策，因此国际宏观经济治理的关键就是协调各国的宏观经济政策。

国际宏观经济政策协调，是指世界各国为解决彼此之间在国际经济利益中的矛盾与问题，保障世界经济正常的运行秩序，以各个国家（或地区）的政府或国际经济组织为主体，在承认世界经济相互依存的前提下，就财政政策、货币政策、汇率政策等宏观经济政策展开磋商和协调，或适当调整现行的经济政策，或采取联合干预市场的政策举措，以消除各自政策对彼此的负面效应，维持和促进各国经济稳定增长的过程（Webb，1995；张幼文，1999；湛柏明，2007；和晋予，2008；黄梅波和陈燕鸿，2009）。从其定义可以看出，国际宏观经济政策协调的内容主要包括财政政策协调、货币政策协调、汇率政策协调，具体协调目标包括经济增长率、通货膨胀率、政府财政赤字、货币目标和汇率等。

二　全球金融

全球化使全球性问题凸显，需要进行全球治理、应对全球问题，而当前的全球金融治理机制难以有效地解决金融领域内的各种全球性问题。全球金融治理主要集中在三个重要的议题：国际金融监管、金融危机应对、国际货币体系改革。

经济全球化发展带来金融全球化，以及资本的大规模、无序流动，使世界经济具有很高的投机性和风险性，加剧了全球金融动荡。建立全球有效的监管体系，有效监管全球资本流动，可以有效地防范金融危机。国际金融监管的主要内容包括微观金融机构层面的监管、中观金融市场层面的监管，以及宏观金融系统层面的监管。具体来讲：在微观层面，提升单个金融机构的风险管理能力；建立量化的流动性监管标准，增强单个金融机构应对短期流动性冲击的能力；提高金融机构的透明度，增强市场约束等。在中观层面，确定合理的金融监管范围，尤其是要妥善处理"影子银行体系"如对冲基金、私人股权基金等的监管；管理金融衍生品市场，推动其交易行为的合法化和规范化；强化对信用评级机构的监管；提高不同金融部门监管标准的一致性，缩小不同金融市场之间的套利空间等。在宏观层面，核心目的就是降低系统性风险，尤其是要加强对系统重要性金融机构的监管，包括实施更严格的资本和流动性监管标准，提高监管强度和有效性；建立"自我救助"机制，降低"大而不倒"导致的道德风险；预防全球系统重要性金融机构之间的风险传递，等等。

由于不存在世界性的中央银行，全球范围内仍然缺乏有效的金融危机应对机制。应对全球性的金融危机涉及三个方面的问题：金融危机的预防、应急解决机制以及危机后的复苏。加强国际金融监管是预防金融危机的有效途径，为此必须充分发挥和改进现有监管体系的职能。当金融危机已经不可避免时，就需要国际机构（主要是 IMF）发挥其"最后贷款人"的作用。IMF 的"最后贷款人"职能的发挥并不令人满意，如对危机的危害和影响缺乏合理的评估，导致其危机应对迟缓，错过救援的最佳时机，应急资金严重不足，危机救助力不从心，等等。如何改革 IMF，使其更好地扮演"最后贷款人"的角色，是国际金融治理的一个重要议题。最后，危机后的复苏方案。IMF 在危机应急过程中便会考虑长远的发展问题，因而才提出经济改革和结构性调整等促进长期经济增长的方案，这本身是非常合理的措施。然而，如何确保复苏方案的适用性，如何将危机国的自主发展权与 IMF

的救助方案相协调，如何加强国际合作共同应对危机、避免危机时期"以邻为壑"的对外政策，是金融危机应对需要继续解决的问题。

改革国际货币体系就是要改革以美元作为国际储备货币的体系，这个问题由来已久。由主权国家的货币（即美元）作为国际储备及结算货币，其内在缺陷在于货币发行国需不断发行货币以满足不断增长的国际贸易及投资活动要求，还要保持这种货币币值的稳定。因此，国际货币治理的核心工作是改革以美元为主导的国际货币体系，使之与国际政经格局的变化相适应。国际储备货币体系改革的方案可以分为三大类：一种是保持现行的国际储备货币体系继续运行下去，不需要改革；第二种是建立多元化的储备货币体系；第三种是建立超主权的国际储备货币，进一步改革 SDR 可能是一种很好的选择。

三 全球贸易和投资

反对保护主义，促进经贸往来，推进贸易投资自由化，构建公平、透明、无歧视的多边贸易和投资体系一直是全球贸易和投资治理的主要目标。为了实现这一目标，全球贸易和投资治理集中于关注和解决以下三个问题：多边贸易和投资规则的制定、反对贸易和投资保护主义、推动贸易和投资便利化。

其一，多边贸易和投资规则的制定。多边贸易和投资规则是确保国际贸易和投资持久、有序进行的重要法律基础。制定多边贸易规则就是通过多边贸易谈判和对话，在货物贸易、服务贸易等贸易领域制定一套合理的规则框架，用于规范各国的国际贸易活动，以尽可能地避免各种贸易争端。"二战"后尤其是20世纪90年代后，随着经济全球化的快速发展，国际直接投资（FDI）迅猛发展，全球投资规模持续快速增长，国际社会迫切需要构建一个全球性的、功能齐全的多边投资协定。但是，尽管联合国、GATT/WTO、世界银行等国际组织都曾试图构建多边投资规则体系，但均以失败告终，至今全球投资治理仍然只是以一些双边投资协定（BIT）为依据，存在很大的局限性（王小龙和陈伟光，2016）。

其二，消除贸易和投资壁垒、推进贸易和投资自由化。国际贸易和投资会受到一国政治环境、经济条件、社会文化、环境标准甚至国际关系等多方面因素的影响，因此国际贸易和投资也会遭遇各种客观和主观的障碍。主观方面便是东道国人为设置的贸易和投资政策壁垒，例如，对进出口采取配额和补贴政策，对外资实行歧视性政策，包括禁止外资进入某些行业、限制当地和外国雇员的比例，一些国家采取的国有化政策和没收政策，严格的外汇管制，限制利润流出，等等。反对贸易保护主义就是提倡各国积极降低各种形式的关税和非关税壁垒（如技术壁垒、绿色壁垒等），避免不合理的竞争手段，倡导各国采取自由贸易政策，推进全球的贸易自由化进程。消除投资壁垒主要就是为了消除人为的投资障碍，推动资本在全球范围内的自由流动，实现投资自由化。

其三，推动贸易和投资便利化。在提振贸易和投资增长方面，需要国家间的合作以推进国际贸易和投资便利化。贸易和投资便利化并没有统一的定义，但其基本精神是简化和协调与国际贸易和投资有关的一切程序和障碍，为国际贸易和投资创造良好的内外部环境，从而降低交易成本，加速商品和要素的跨境流通。从内容上讲，贸易和投资便利化主要包括贸易、投资程序和手续的简化（如通关手续、检验检疫程序、支付、保险等），法律和行政体制的健全（如行政审批效率、法律稳定性、腐败问题的处理），基础设施的标准化和改善（如能源供应系统、交通设施和航线、通信设施等）、资本和金融市场服务的提升，等等。

四　气候变化与环境治理

（一）责任分担问题

环境治理领域最重要的问题就是责任分担，即发达国家和发展中国家在全球环境治理中各自应该承担怎样的责任，权责应该如何分配。由于不同发展水平国家的治理能力、历史责任等各不相同，因此国际社会制定了"共同但有区别的责任"原则，要求发达国家和发展中国家对全球环境治理特别是气候变化承担不同的责任。然而，针对这一原则，发达国家和发展中国家的侧重点并不相同，总体而言，前者强调"共同"责任，后者则强调"区别"责任。对该原则的侧重不同，导致两者在两个方面——量化减排任务和资金与技术援助——的责任分担产生较大分歧和争议。

其一，量化减排任务。目前就减排目标的设置问题，一方面，发达国家虽然已经承诺了具体的减排目标，但这种减排目标强调的是减排的绝对量，而没有考虑人均问题，被认为是不公平的。因此，减排目标到底该如何设定并未达成统一的意见。另一方面，发达国家总是试图要求发展中国家尤其是新兴大国承担更多的国际责任，承诺义务性的减排目标，该问题也仍在谈判中。

其二，资金和技术援助问题。全球气候变化协定或公约中都强调发达国家要率先承担减排义务，发达国家必须为发展中国家提供资金和技术援助，发展中国家在此条件下开展自愿性减排。然而，发达国家总是逃避这方面的责任，并试图要求发展中大国承担所谓的"共同"责任。这也是全球气候变化和环境治理中争议较大、悬而未决的问题。

（二）气候变化和环境治理融资

为了落实已经形成的全球环境协议、公约，除了制度和机制方面的保障，巨额的资金投入是根本的保障。据世行估计，为了实现本世纪末将气温升幅控制在2℃以内的目标，仅发展中国家每年可能就需要投资750亿—1000亿美元（世界银行，2010）。这对于广大发展中国家，尤其是尚未摆脱贫困的发展中国家而言，是极大的经济负担。因此，如何制定合理的融资机制，推进融资方式和融资主体的多元化，确保更多的资金来源，是未来环境治理必须解决的问题。进一步，如何吸引广大的私人部门、开发性机构积极加入到全球环境治理中来，如何协调政府部门、私人部门、非政府组织、开发性机构等利益相关方构建多元的全球伙伴关系至关重要。

五 全球发展问题

全球发展治理主要可以概括为两方面的内容：一是全球发展议程的制定和实施，二是实现发展所需的资金来源问题，即发展融资问题。在发展议程制定和实施方面，制定发展议程就是全球各国通过讨论和磋商，制定一段时期内指导全球和各国发展的纲领性文件。制定全球发展议程是联合国的核心任务之一，自20世纪90年代以来，联合国先后制定了三个全球发展议程，即1992年《21世纪议程》提出的环境可持续发展议程、2000 年《千年宣言》确定的千年发展议程，以及 2015 年《2030 年可持续发展议程》所确定的可持续发展议程。环境可持续发展议程以环境和经济协调发展为核心，制定了近 40 项总目标，下设很多子目标，并阐明了相应的行动依据、行动内容和实施手段，涵盖了可持续发展的所有领域。但是，该议程由于种种原因，执行效果并不理想，于是，2000 年，联合国制定了千年发展议程和 MDGs。千年发展议程以削减贫困为核心目标，旨在将全球贫困水平在 2015 年之前降低一半。为此，MDGs 设定了 8 项总目标，下设 21 项具体指标，大部分指标都进行了量化并设定了最后截止时间（2015 年）；而且，MDGs 还设定了 60 个进展监测指标以监督和评估各国 MDGs 的执行情况。2015 年是 MDGs 的截止期，2015 年第 70 届联合国大会一致审议通过了可持续发展目标（Sustainable Development Goals，SDGs），SDGs 于 2016 年 1 月 1 日起正式生效，成为指导全球和各国 2016—2030 年可持续发展的纲领性文件。

SDGs 集中于根除贫困和可持续发展两个核心目标，尤其新增了 MDGs 所忽略的经济可持续发展的重要性，这就同时兼顾了经济、社会、环境三个维度，从而使发展更加全面和均衡。SDGs 包括 17 个大目标及其下的 169 个子目标，几乎囊括了全球发展的所有问题——经济增长、社会发展、环境保护、安全、全球发展伙伴关系构建。进一步而言，在经济增长方面，由于经济增长是社会发展、环境保护等的根本基础，所以如何推动全球各国尤其是最不发达国家的经济健康、稳定、持续增长是未来全球共同面临的问题。促进经济增长，需要解决以下问题：一是，如何推动各国创新和研发体系的构建，培养更多的高素质人才，从而发掘新的经济增长动力，推动工业结构转型升级和经济发展方式转变；二是，如何构建包容、可持续的基础设施，为经济发展营造良好的基本设施和环境。

在社会发展方面，最核心的问题就是如何消除全球贫困。对于广大贫困的发展中国家来讲，实现千年发展目标所要求的减贫目标已被证实不可能，对于 SDGs 提出的消除贫困的目标更是困难重重。因此，从发展中国家内部而言，如何继续推进工业化进程，实现经济平稳增长，对于减贫至关重要。从外部来讲，国际组织和发达国家及新兴经济体要进一步丰富合作方式，加强减贫经验的传播和共享，改进援助有效性，更好地帮助贫困的发展中国家实现消除贫困的目标。与此同时，社会发展方面另一个不可忽略的问题就是国际间和国家内部的不平等问题。

在环境保护方面，核心目标就是实现环境可持续发展，并协调好环境与发展之间的关系。为此，各国应采取措施处理废弃物，应对气候变化，合理利用海洋、森林、土地等自然资源，尽早达成预期的目标。在全球安全方面，如何加强国际合作和内部措施，减少各种国内外暴力事件、组织犯罪、非法财产和武器流动等安全问题，为实现可持续发展提供和平的环境。

全球可持续发展伙伴关系构建实际上是如何加强国际发展合作的问题。具体而言，如何督促发达国家尽快履行相应的国际承诺和责任，包括国际援助、技术转移、债务减免，等等；如何更好地推进南北合作、南南合作、三方合作等多元化的国际发展合作模式；如何进一步推动发展中国家的能力构建；如何推动建立开放、平等的多边贸易体系，显著增加发展中国家的出口；更重要的是，如何吸纳私人部门和民间社会团体加入全球发展进程，构建囊括国际组织、发达国家、新兴经济体、发展中国家、私人部门、民间社会团体等新型的、可持续的发展伙伴关系，等等。

应对全球发展问题，实现全球发展议程，离不开充实的资金支持，因此全球发展永远抛不开发展融资问题。在议程制定之后，如何进行发展融资便成为最重要的问题，例如，如何调动各利益相关方的资源，实现融资主体多元化，如何创新发展融资方式，等等。进一步而言，在发展援助方面，如何督促发达国家尽快履行 GNI 0.7% 的援助承诺，鼓励新兴援助国增加对外援助，积极吸纳私人部门、社会团体等非政府部门加入发展援助队伍，以扩充资金来源渠道。与此同时，要积极探索多元化的融资方式，如采取 PPP 项目合作模式，通过征收碳交易税、货币交易税等方式增加发展资金来源。此外，如何协调新的开发银行与已有开发银行之间的关系，如何确定发挥援助、开发性资金、债务等各种资金方式的进入领域、顺序、条件等，更好地利用有限的资金，也需要受到应有的重视。

第三章　全球经济治理结构的历史演变

第一节　全球经济治理结构

　　全球经济治理是不同主体围绕相关经济问题领域，按照一定的原则（principle）、规范（norm）、规则（rule）和决策程序（decision making procedures）在全球层面进行协调与合作的过程。全球经济治理依靠形态各异的制度，塑造行为体预期，规范和引导行为体互动，从而实现行为体的协调合作。全球经济治理的制度形态具有一定的稳定性，能够稳定持久地对各领域的行为规范和预期产生影响。但是，全球经济治理机制并不会永远"锁定"在初始条件，其会随着现实基础的变化而演变。全球经济治理的制度框架由规则、规范和实施机制构成，能够汇聚行为体的预期，并对行为体的行为提供持续激励。因而，制度框架是全球经济治理结构的内核，会持久地对解决全球性问题的绩效和报偿分配产生影响。

　　全球经济治理结构表现为不同议题领域或不同历史时期差异化的制度形态。全球经济治理的制度形态，既体现为治理实施者/代理人与国际博弈者/委托人之间的关系，也表现在治理实施者或国际组织内部的治理结构，包括参与者资格、权力配置、决策程序，以及治理所覆盖的范围和强度等（张宇燕、任琳，2015）。第二次世界大战后建立的以国际货币基金组织和国际复兴开发银行为代表的多边机构，开创了基于委托—代理的正式国际制度，成为布雷顿森林体系下治理机制的核心特征。七国集团确立的非正式协调机制，为国际宏观经济政策协调提供了缔约成本更低的制度设计。2008 年金融危机爆发之后兴起的二十国集团（G20）进一步发展了七国集团的非正式机制，并将二十国的议程与既有多边机构挂钩，形成一种复合的非正式治理机制。第二次世界大战后嵌套在全球经济治理体系之下的各类国际组织，在成员资格、资金分担、投票权和议事日程以及执行机制方面都各具特色，但同时也表现出一些共同的特征。例如，世界银行和国际货币基金组织作为全球经济治理的最主要的治理平台，在成员资格、主导国家、经济理念、政策框架等方面高度重合。

另外，制度框架所蕴含的规范也是全球经济治理结构的重要内容。全球经济治理的对象是全球经济事务。坚持何种原则、学说或规范进行治理，是全球经济治理首要面对的问题。在人类认识政治和经济规律的历史长河中，形成了不同流派的政治经济学思想。这些思想既是一定时期内人类理性认识的体现，也是特定政治和社会基础的反映。例如战后经历的"内嵌式自由主义"和"新自由主义"经济治理规范，就成为不同历史时期主要国际组织的指导原则，框定了当时全球经济治理的主流政策架构。在战后召开的布雷顿森林会议期间，美英之间就建立一套基于"内嵌式自由主义"理念的规则体系达成了共识，旨在吸取大萧条时期的经验教训，避免完全的自由放任和"以邻为壑"的保护主义。"内嵌式自由主义"强调在推进经济自由开放的过程中，要对国内的损失者进行保护，将自由主义内嵌到国内社会之中。随着布雷顿森林体系的崩溃，新自由主义经济理念逐渐复兴，放松资本管制和金融监管成为国际社会的正统规范。同时，国际货币基金组织、世界银行、经合组织等全球经济治理机构也随之采取以"华盛顿共识"为核心的新自由主义理念和政策框架，大力推动各国采取自由化和市场化的国内改革。2008年爆发的国际金融危机，使得人们又一次反思新自由主义经济理念，开始注意全球化带来的国家之间和各国国内的不平等。国际资本流动管理又一次被国际货币基金组织提上日程。同时，可持续和包容性发展日益成为全球经济治理的核心要义。

全球经济治理的制度框架，会持久地影响全球经济治理绩效和报偿结构。各国能够通过创建国际制度，建立可置信的合作承诺，从而推动各国为应对球性问题展开集体行动，形成国家间的有效协作。评价治理绩效的核心标准应该是最高效地解决国际社会在政治、经济、安全、文化等领域面临的全球性问题，实现安定、福利、自由、公正等目标。各参与方会在治理成本和治理绩效之间权衡，在博弈过程中不断接近理想的治理均衡。各国际博弈方在无限接近治理均衡的过程中，逐渐形成全球经济治理结构。第二次世界大战后，为了尽快恢复全球经济秩序，美英牵头建立了以布雷顿森林体系为基础的全球经济治理机制。各国在国际制度基础上展开广泛的国际合作，构建了第二次世界大战后稳定开放的自由国际秩序。但是，全球经济治理机制不仅长期被发达经济体所主导，而且无法及时做出改变以适应世界经济格局以及全球生产、生活方式的重大变化。国际货币基金组织（IMF）和世界银行长期推行的基于"华盛顿共识"的政策框架，不仅无助于解决广大发展中国家发展和转型中的问题，还在不断制造新的问题。2008 年爆发的国际金融危机，更是暴露当前全球经济治理体制的缺陷。全球经济治理面临较大的供给赤字。在现实世界的冲击下，全球经济治理结构已经逐渐进入调整期。

国际制度具有非中性的特征，这使得全球经济治理在一定时期内会形成稳定的利益分配格局。这种具有稳定性和系统性的利益分配格局是全球经济治理结构的重要表现。在参与全球经济治理过程中，各国际博弈者会不断通过选择性激励的制度安排，来维持全球治理机制的生命力。制度经济学学者认为，制度通过提供博弈规则和激励框架来实现市场的有效性（约翰·德勒巴克、约翰·奈，2003）。"在同一制度下不同的人或人群所获得的往往是各异的东西，而那些已经从既定制度中、或可能从未来某种制度安排中获益的个人或集团，无疑会竭力去维护或争取之"（张宇燕，1994）。国际制度的非中性不仅会通过选择性激励促进集体行动，还会带来不平衡的利益分配，侵蚀全球经济治理的合法性基础。国际政治经济学学者斯特兰奇提出的"结构性权力"概念，对于我们理解全球经济治理过程中的"非中性"现象大有裨益。在国际社会中，存在关系性权力和结构性权力这两种类型的权力。关系性权力指依靠强制或收买等工具，使得某一国家或其他行为体做他本不想做的事情。而结构性权力是影响全球政治经济结构的权力，能够决定办事方法，构造国际社会中行为体之间的关系框架。全球经济治理能够设置国际议程，长期影响行为体的动机形成和报偿分布，是结构性权力的主要来源。全球经济治理结构一旦形成，便能够给予某些行为体在其他条件下很难拥有的机会，扩大其选择范围。当然，它也可能通过对其他行为体施加成本或风险的形式，限制其选择范围。

各个主权国家需要共同协作来解决全球性问题，必然面临全球治理的责任与权力的分配问题。政治领导力和选择性激励有助于解决全球经济治理中的集体行动困境。二战结束后，美国在西方世界建立起了霸权主导式全球经济治理体系。美国的政治领导力在为全球经济体系提供自由开放的贸易体系、稳定的金融体系等方面发挥了重要作用，同时美国作为战后体系的缔造者也获得了诸多特权。为了维护美国作为"体系制造者"的特权，美国不断阻挠全球经济治理改革进程。2008 年爆发的国际金融危机使得更加多元化和包容性的全球经济治理成为未来发展的方向。但是，美国对于国际货币基金组织和世界银行等传统全球经济治理机构改革以及以 G20 为代表的新型全球经济治理机制的发展仍采取拖延和阻碍的态度。

全球经济治理会形成稳定的治理绩效和利益分配格局，但是这种结构并不是固定不变的。随着全球层面的议价权力格局、经济理念发生变化，全球经济治理的制度框架及其结构特征也会随之进行调整。2008 年爆发的国际金融危机，使得全球经济治理结构处于重构和转型的关键时期。中国作为新兴的崛起国，必须在把握全球经济治理结构变化的规律和趋势的基础上，积极提升自身在重塑全球经济治理进程中的作用。

第二节　全球经济治理结构的变迁

全球经济治理结构主要表现为相对稳定和有生命力、持续力（sustainability）的制度形态。全球经济治理结构的变迁实质上是制度替代或制度调整的过程。在实践层面，全球经济治理结构的变迁不仅体现为国际制度形式或治理模式的变化，还表现为同一问题领域内治理机制的相互补充或替代。当代全球经济治理机制的发展和演进面临着重大的政治挑战。正如理查德·库伯指出的那样，"根本问题在于世界经济已经高度相互依存，各国经济广泛交往联系，而对政策体系却没有任何集中的政治控制。当许多国家在高度相互依存的世界上执行独立的经济政策，而不协调它们的宏观经济政策时，这些政策就会彼此冲突，以致每个国家都遭受损失，其损失比它们彼此合作而可能牺牲掉的利益要大得多。在政策协调得到实现以及国际货币体系得到国际控制之前，自由世界经济秩序继续存在的前景是暗淡渺茫的"。（罗伯特·吉尔平，2006）

一　1870—1914 年：自由放任的金本位时代

正如著名政治经济学家波拉尼（Kari Polanyi）指出的，19 世纪文明的重要制度基础就是国际金本位制（卡尔·波拉尼，2006）。在 19 世纪后半期，欧洲进入了经济一体化迅速增长的"黄金时代"，被称为第一次经济全球化时期。虽然关税仍旧是贸易活动的主要障碍，但国际贸易已经发展为全球经济的最重要表现形式，尤其是工业国家和其他国家围绕工业品和原材料、农产品进行的贸易活动非常活跃（Angus Maddison，1989）。此外，资本和人员的跨国流动发展至新的历史水平。从 1820 年到 1913 年，就有 2600 万人从欧洲移民到美国、加拿大、澳大利亚、新西兰、阿根廷等国家。在 1913 年，英国、法国和德国就已经向海外投资超过 330 亿美元，英国当时的海外投资已经占到其 GDP 的 10%（Angus Maddison，1989）。国际金融在这段时期得到迅猛发展，成为连接世界政治和经济组织的纽带（卡尔·波拉尼，2006）。

如此高度的经济一体化并未伴随着政治上政府间协调机制的产生，而是按照市场的自我调节规律运行。在贸易方面，各国的关税水平仍旧很高，政府也偏向于通过双边的方式进行贸易谈判，而不是试图建立国际制度。在国际金融体系方面更是表现为缺乏制度化的政治协调机制。对于金本位的信心，并不是建立在任何国际制度之上，而是依赖于各国政府保证私人可以以固定汇率将本国货币兑换成黄金的承诺。这也就意味着，在经济萧条到来的时候，要求各国政府采取通货紧缩的政策，来实现国际收支的平衡。金本位制的核心特征是，中央银行按固定价格购买黄金和私人可以自由进出口黄金（Benjamin Cohen，1977）。在金本位制下，按照国际国家经济自主性服务于国际货币稳定的目标，不干涉国际市场的自发调节机制。国际贸易和收支不平衡可以通过黄金的流动重新恢复平衡。第一次世界大战前，以金本位制为特征的全球经济治理是建立在当时特殊的政治和社会基础之上。

二 1914—1939 年："以邻为壑"的战争时期

第一次世界大战使得战前高度开放和相互依存的一体化经济暂时终结，一直到 20 世纪 70 年代以后，世界经济的一体化程度才赶上当时的水平。战争重创了经济，经济的恶化又引发了政治不稳定。各国政府统治的不稳定，使得政府官员们在重振全球经济稳定的道路上，更多的是采取以邻为壑的政策来减缓国内的政治压力和经济压力。这一时期的全球经济，缺乏开放的国际贸易体系和稳定有效的国际货币体系，而其根本原因是缺乏各国政策协调的政治基础。国际制度在国际经济事务的治理过程中，并没有起到重要的作用。国际联盟内部建立的经济和金融组织，在 20 世纪 20 年代早期产生了一些作用，例如对澳大利亚采取的 2600 万美元的多国协调金融重组计划，以及召开的各种旨在统一报关程序和经济统计标准的会议。但是，两次世界大战之间政治经济的混乱使得国际联盟有限的资源和合法性无法产生有效的国际经济协调行动（Ravenhill John，2008）。

两次世界大战之间，贸易保护主义大行其道，尤其以 1930 年美国通过的《斯姆特－霍利关税法》为甚。这一法案使得美国的关税达到历史的最高点，关税的平均水平达到 40%。同时，由于缺乏国际协调，国际货币体系经历了不断的波动，这种不稳定严重影响了各国的经济复苏。第一次世界大战中，贵金属成为从国外购买战争机器补给的基本资源，各国政府对黄金输出施加了严格的管制。同时，为了应付发动战争的开支，各国开始发行法偿货币，法偿货币的发行不以黄金或外汇为基础。也就是说，在第一次世界大战期间，之前建立的金本位的国际金融体制遭到了破坏。第一次世界大战结束后，法国、英国等同盟国不再能得到美国的垫款支持，同时面对国内较高的通货膨胀，这些国家如果试图保持对本币的高估，会使得大量黄金面临流失的风险，所以，这时只有美元可以自由兑换黄金。在 1923 至

1927 年期间，金本位制度逐步实现了重建。1926 年法国的稳定化标志着金本位的重建。但是，由于缺乏调整机制，国际收支失衡问题又非常突出，这一恢复的金本位体制运行不到五年就瓦解了。在 1932 年之后，国际货币体系分成了三个货币集团，它们是继续保留金本位的国家（以美国为首）、英镑区（英国和那些将其货币盯住英镑的国家）、中东欧国家（以德国为首，采取外汇管制政策）（巴里·艾肯格林，2009）。三个集团直接采取不同甚至是相冲突的宏观经济政策，英镑区的货币持续贬值和中东欧国家的外汇管制使得保留金本位的国家面临巨大的维持储备的压力，后来迫使黄金集团的各成员国放弃了金本位制。

黄金集团国家纷纷放弃金本位制以后，各国进入了浮动汇率体系。各国开始采取有管理的浮动汇率。各国在没有金本位固定汇率的约束情况下，便有了更大的宏观政策自主性。但是，各国只有通过宏观政策的协调，才能促进全球经济的复苏。可是，英国、美国、法国并不同意通过协调采取一致行动。于是，各国开始采取了单方面的扩张性政策，通过国内的货币扩张和贬值来提升竞争力。各国货币的竞相贬值行为加剧了汇率的波动，带来了各国商业利益的冲突。

两次世界大战之间全球经济的不稳定的根源是国家之间宏观政策协调的缺失，各国采取以邻为壑的政策，无法形成开放的贸易体系和稳定的货币体系。这种宏观政策协调的缺失源于政治基础的深刻变化。

三 1945—1975 年：布雷顿森林体系与内嵌式自由主义

第二次世界大战结束以前，来自 40 多个国家的代表于 1944 年 7 月在新罕布什尔州的布雷顿森林召开会议，决定重新建立战后的国际经济体系。人们在对二三十年代的国际动荡进行反省的基础上制定了战后金融和贸易制度的规则。布雷顿森林会议确立的战后金融体制是以美元为基本储备货币的金汇兑本位制或黄金—美元本位制。它的基本原则是美元同黄金挂钩，各国货币同美元挂钩。该原则包括以下几项规定：①黄金只能作为单纯的国际结算工具，商品属性受到严格的限制，价格维持在固定的 35 美分兑换 1 盎司的水平；②各国政府拥有实现本国经济目标的相当大的自由，但必须建立在维持固定汇率的基础之上（其他国家货币与美元挂钩），当汇率波动超过 1% 时，政府就有义务干预，以此防止货币的竞相贬值现象；③短期资本流动受到限制，通过建立国际货币基金组织来监督货币体系的运行，向面临国际收支逆差的国家提供中短期贷款；④设立世界银行（国家复兴开发银行），为发展中国家的发展计划提供借贷，也可以引导长期投资，纠正资源配置的不合理，避免国际经济发展的不平衡；⑤该体系规定万一汇率发生"根本性的不平衡"，允许一个国家在征得国际社会同意之后改变它的汇率，但是"根本性的不平衡"一词的定义含糊不清（罗伯特·吉尔平，2006）。

布雷顿森林体系包含了对自由国际贸易体系的追求。1947 年，为了阻止经济民族主义和保护主义政策的重新抬头，美国及其西方盟国在日内瓦成立了关税及贸易总协定。协定的目的是降低关税壁垒以促进国际自由贸易，这些贸易活动应该遵循国家法律、自由主义性质的国际规则以及相关贸易法的规定，并应遵循贸易谈判的程序（弗雷德里克·皮尔逊、西蒙·巴亚斯里安，2006）。

布雷顿森林体系的设计，充分体现了美国对于战后国际体系重建的主张，也体现了两个核心原则，即内嵌式自由主义和多边主义承诺。① 这两个核心原则开创了全球经济治理的新时代。内嵌式自由主义体现了使国内经济向国际贸易和投资开放，以此进行资源配置的自由主义原则和维持国内社会福利和充分就业等国内经济目标的妥协。正是在吸取了第一次世界大战之前为了使得国内目标服从国际准则而难以为继，和两次世界大战之间的为了满足国内经济目标而采取单方面政策的教训，开始在保证各国国内达成政治一致的基础上实行经济政策的国际协调，即鲁杰所强调的"内嵌式自由主义，实质上就是要设计出一种符合国内稳定要求的多边主义形式"（Ruggie，1982）。各国只在冒着危及国内稳定的最低风险的情况下，从事自由贸易和维持固定汇率。陷入国际收支逆差困境的国家会得到国际货币基金组织的融通资金，各国不需要通过保护主义和货币贬值的形式来纠正国际收

---

① 关于这一提法参见 J. G. Ruggie，"International Regimes, Transactions, and Change: Embedded Liberalism in the Postwar Economic Order"，*International Organization*，Vol. 36，No. 2，1982，pp. 379 – 415；J. G Ruggie，"Multilateralism: The Anatomy of an Institution"，*International Organization*，Vol. 46，No. 3，1992，pp. 561 – 598。

支不平衡。后来农业部门贸易自由化的谈判就是一个典型的遵守"内嵌式自由主义"原则的体现。

第二次世界大战后国际经济关系的一个重大变化是国际经济合作和协调的制度化，这是布雷顿森林体系多边主义特征的体现。无论是第一次世界大战之前相对稳定的世界经济还是两次世界大战之间动荡的世界经济都缺乏制度化的国际协调平台。布雷顿森林体系创立了国际货币基金组织和世界银行（国际复兴开发银行）这两个主要国际金融机构，并达成了关贸总协定。这些多边国际制度具有一个重要特征，国际协调并不以单方面或者部分国家的排他性的特殊利益为基础，而是以成员共同达成的原则为基础，最惠国待遇就是多边主义原则的体现。作为多边主义承诺的国际制度有力地促进了国家之间的合作和政策协调。

四 1975—2008 年：后布雷顿森林体系与新自由主义的兴起

从 20 世纪 60 年代初至 1971 年尼克松宣布布雷顿森林体系崩溃，布雷顿森林体系持续地遭遇严重的国际收支危机。1958 年，美国的美元债务已经开始超过美元储备的价值，这意味着美国可能无法实现按 35 美元 1 盎司的价格兑换黄金的承诺。在 1960 年 10 月 20 日，伦敦市场上的黄金价格已经达到 40 美元 1 盎司（Michael Bordo、Owen Humpage、Anna Schwartz，2012）。越战和"伟大社会运动"使美国的财政赤字愈发严重，国际收支逆差进一步扩大，美元的信誉受到严重冲击。越来越多的政府希望将持有的美元兑换成黄金，引起了市场对美元的投机性攻击。美国政府为应对资本流出引发的持续性国际收支赤字和美元信心危机，采取利率平衡税（IET）、"自愿对外信贷限制计划"（VFCR）和"对外直接投资计划"（FDIP）限制金融机构和跨国公司的资本输出行为。同时，还考虑撤退美国的海外驻军（Hubert Zimmermann，2002）、与南非的秘密黄金协议以及黄金池安排等措施维系布雷顿森林体系的信心。美国采取的临时性措施的效果并不明显，国际收支危机日趋严重。

1971 年 8 月 15 日，美国总统尼克松不得不宣布关闭美元兑换黄金的窗口，放弃固定汇率体系，标着布雷顿森林体系的终结。1979

年，国际货币基金组织在牙买加会议上，修订了协定第四条款，取消货币平价和中心汇率，允许成员国自行选择汇率制度，正式宣布浮动汇率的合法化。在浮动汇率制度下，政府有更大的自主权配合采取财政政策和货币政策，实现国内外平衡。汇率由国际金融市场、各国货币的供需水平决定，国际货币基金组织条款杜绝成员国操纵汇率，以此谋取不公平的竞争优势，但是这一规定的执行缺乏必要的政策手段。各国可以根据自己的利益调整汇率，使得各国政策往往相互干扰甚至冲突，国际经济政策出现严重的失调。

布雷顿森林体系解体后，主要的发达经济体在 1975 年创立 G7 这一非正式的国际机制，这些发达经济体在 G7 平台上就宏观经济政策进行协调。此后，G7 在国际宏观经济协调中日显重要。在经济领域，其磋商得最频繁、效果最显著的领域主要涉及各国货币政策的协调、外汇市场的联合干预以及金融危机救援等。在 2008 年金融危机中，G7 及其他主要发达国家通过采取同向救市措施、扩大货币互换、政府间紧急贷款等方式进行了广泛的政策协调（黄梅波、陈燕鸿，2009）。同时，从 20 世纪 80 年代开始，全球经济治理开始定位在以新自由主义为基础的华盛顿共识的基础上。以美国为首的发达工业国家，一方面在国家层面大力推动金融去管制化和跨境资本的流动，另一方面通过国际经济组织推动发展中国家进行结构调整，要求他们进行市场化、私有化和民主化改革。

国际货币基金组织以"华盛顿共识"为基础，主张各国通过放松管制推行自由化、私有化和市场化，降低政府在经济中的作用，避免政策对价格的扭曲，同时要求各国执行审慎的财政货币政策，维持预算平衡，克制通胀。各国持有的经济理念会反映到全球经济治理的规范之中。在"华盛顿共识"的影响下，世界银行开始强调发展中国家在接受优惠贷款之前，必须进行相应的结构调整，实现所谓的"善治"。在 20 世纪 90 年代末，世界银行又开始进一步强化对受援国国内社会和治理领域介入的政策。同时，贷款形式则由传统项目投资贷款，更多地转向以支持借款国结构改革和政策调整为目标的调整贷款，基础设施融资贷款大量减少。

在贸易领域，美国领导的"乌拉圭回合"谈判最终促使国际贸易组织（WTO）成立，大大增强了贸易领域的制度化。国际贸易组织相对于"多边临时性"的 GATT 在"非歧视"原则的规则化和争端解决机制的"硬化"方面都得到了发展（王勇，2008）。各国通过贸易干预措施保护本国利益受损者的政策空间受到进一步压缩。

五　2008 年至今：全球经济治理的多元化转型

后布雷顿森林体系继承了布雷顿森林体系时代的重要遗产，沿袭了世界上最重要的国际经济治理制度，包括世界贸易组织（WTO）、国际货币基金组织（IMF）和世界银行等。它们在国际贸易、国际金融、国际发展领域发挥了重要作用。这些国际制度通过提供信息、降低交易成本、加强监督机制等方式促进了国家之间的合作。但是，正如奈瑞·伍茨所言，目前的全球经济治理已落在了快速发展的全球化后面，为更好管理全球经济关系而创建的国际制度日益失去效率和边缘化（奈瑞·伍茨，2008）。一方面，三大国际经济治理机制因其与新自由主义全球化的关联而以不同的方式饱受争议。批评者认为它们加剧了全球不平等并有助于形成一个内在不稳定的金融秩序（安德鲁·海伍德，2014）。另一方面，三大国际经济治理机制的有效性饱受质疑。WTO 多哈回合谈判陷入僵局，多边贸易体制停滞不前。IMF 在金融危机中的作用很难让人信任，无法提供及时充足的国际流动性。世界银行则在减贫和发展议题上乏善可陈，无法弥补发达国家和发展中国家发展差距的扩大和改善贫穷国家基础设施和民生条件。第三方面，三大国际经济治理机制均被少数美欧国家控制，合法性严重不足。发展中国家经济实力的提升并未能反映在当前全球经济治理的主要机制中，代表权与发言权受到严重制约。

2008 年国际金融危机爆发之后，为了共同应对这场 20 世纪 30 年代以来最为严重的经济衰退，促进全球经济复苏，主要国家展开了一系列政策协调与合作的努力。在召开的二十国集团峰会上，都强调了成员国之间在货币、财政、贸易、汇率以及结构政策等方面的协调和合作。2008 年爆发的国际金融危机更使各国意识到宏观经济政策协调的重要性，尤其是新兴国家和发达工业国之间的协调。现存的以主要发达国家之间宏观经济协调为目的的七国集团和经济合作与发展组织框架已经不适应全球经济的新发展。新兴市场和发展中国家并没有被包括在原来国际宏观经济政策的协调框架之内，因此全球经济治理的主要挑战就是如何通过更为有效的制度安排来促进新兴大国和发达国家的合作，以解决全球经济失衡问题（曲博，2010）。欧盟的发展和最近的欧洲债务危机为主权国家如何在超国家的货币一体化组织架构中，通过宏观经济政策协调达到联盟内部政策最优的配置，提出了更多的新的重要课题。尤其是欧盟作为目前最有深度的宏观政策协调地区，如何突破财政政策限制，将社会因素纳入经济一体化的过程中，也是整个国际社会面临的挑战。

新兴力量在全球政治经济中的崛起以及目前全球经济治理面临的困境，使得改革传统的国际经济治理机制成为一种趋势。目前，关于国际经济治理机制改革已经取得了一些成果。

首先，新兴经济体在 IMF 中的代表权得到提升。2008 年，IMF 达成了关于改革基金组织国家代表性的一揽子方案，并开始生效。在 G20 的呼吁下，基金组织成员国又在 2010 年通过了另一个治理改革一揽子方案，该方案生效后，将有总共 9% 的份额比重转移至有活力的新兴市场和发展中国家。根据新的改革方案，IMF 在 2012 年之前向包括新兴国家在内的代表性不足的国家转移超过 6% 的份额，中国的投票权从 3.65% 升至 6.07%，位列美、日之后，印度的投票权从 1.88% 升至 2.63%，巴西的投票权从 1.38% 升至 2.22%，印度和巴西将继中国和俄罗斯之后，也跻身基金组织十大股东之列。其他新兴市场国家的份额也将增加。正如施特劳斯－卡恩所说的："这意味着我们的十大股东将真正的是现今世界上的前十位国家，即美国、日本、欧洲的四个主要国家以及'金砖四国'。"① 同时，欧洲国家将在 IMF 执行董事会让出两个席位，提高新兴市场和发展中国家的代表性。这是 IMF 成立 65 年来最重要的治理改革方案，也是针对新兴市场和发展中国家最大的份额转移方案。

其次，G20 取代 G8 成为国际经济合作和协调的首要平台。2009

---

① 《增强基金组织合法性的重要里程碑事件》，载《基金组织概览》网络版，2011 年 3 月 3 日，http：//www.imf.org/external/chinese/pubs/ft/survey/so/2011/NEW030311Ac.pdf。

年9月25日，二十国集团（G20）领导人在美国匹兹堡联合发表声明，宣布G20将取代G8成为国际经济合作和协调的首要平台。接着，G20又召开了多次财长会议和首脑峰会，对目前全球经济中的重要议题进行了讨论，并逐渐使得G20这一框架机制化。虽然，关于G20的机制化和议题设置仍然存在很多争论，同时在这一过程中受到G8成员国尤其是美国主导作用的影响，但是，G20取代G8，确实扩展了新兴经济体广泛参与全球经济治理的权利，为发达国家同新兴经济体开展宏观政策协调提供了一个平台。金融危机之下不同的经济复苏步伐及经济全球化背景下国家间相互依存关系的深入发展，都使得开展充分的宏观经济政策协调，创造一个更有利于全球经济中多数行为体广泛参与和有效行动的新合作平台变得更加急迫。这些因素相互交织共同作用，使得全球经济治理机制改革成为一种全球共识和必然趋势。但是，无论在改革的具体操作层面还是理念层面，仍旧存在诸多争论，很难达成一致。

第三节　全球经济治理结构的演变模式

全球治理的轮廓雏形出现在19世纪早期，即维也纳体系建立之时便已显露意识萌芽。随后经历体系变迁和制度演进，由国际联盟为治理本体的短暂的凡尔赛－华盛顿体系治理开启了近代全球治理的大门（杨洁勉等，2012）。但严格意义上，现代全球治理起始于1945年以联合国及其专门机构和附属职能部门为中心的雅尔塔体系。因此，当今全球治理承继于"二战"结束时确立的各种制度性建设，以及"冷战"时期补建的一些制度规范，其成形基础是美、苏两超主宰世界及权力集中于少数大国的雅尔塔系列组织机制。从20世纪初国际联盟（国联），到第二次世界大战后政治安全领域雅尔塔体系、经济金融领域布雷顿森林体系、贸易领域关贸总协定，从金本位到美元本位的全球货币体系，从凡尔赛—华盛顿条约到《联合国宪章》和联合国及其专门机构组成的联合国体系，从美国和苏联两极主导到七国集团一统天下，再到后金融危机时期二十国集团探索全球治理领域的"南北方共治"，波澜壮阔的历史画卷充分展示出全球治理实践在大国博弈夹缝中艰难演绎的成长历程。概言之，全球经济治理平台的结构变化大致可以划分为三个阶段。

1945—1975 年为第一阶段，是美国主导的具有正式国际机构和国际规则的"硬治理"时期，以第二次世界大战后建立的布雷顿森林体系为代表，主要任务是实现战后的国际经济秩序重建；1975—2008 年为第二阶段，是美欧共治的松散型非正式协调机制为主的"软治理"时期，以七国集团为主要代表；2008 年迄今为第三阶段，是发达与新兴经济体扩大化的、松散型的"南北软治理"时期，以二十国集团、七国集团、金砖国家等为主要代表（庞中英、王瑞平，2013）。其中前两个阶段尽管治理的形式和内容不完全相同，推动经济治理的主体和平台各异，但总体来说都是西方发达国家扮演核心角色，其内涵和机理都是欧美国家力推的"北方专治"模式。而第三个阶段即 2008 年国际金融危机之后，是以发达与新兴经济体非正式协调机制为主的"南北共治"时期，以二十国集团为主要代表。

当前的全球经济治理主体属于混杂的复合体，即表现为多种不同治理阶段在结构上的重叠，以及由公共产品供需变化引致的边际更替。中国要通过坚持权责适应、包容利益和有区别的共同责任等核心原则积极参与全球经济治理主体的结构转型（何帆、冯维江、徐进，2013）。

一　霸权主导"硬治理"

现代全球经济治理起始于 1945 年以联合国及其专门机构和附属职能部门为中心的雅尔塔体系。该体制形态包括联合国和布雷顿森林体系下的世界银行集团、国际货币基金组织、关税与贸易总协定（世界贸易组织前身）等。以"大国一致"的权力运作模式为核心的联合国机制，在相当长时期内更成为维系战后秩序、实施全球治理的基轴柱石。"二战"结束后，美国领导"二战"战胜国设计、建立的以联合国及其安理会为核心的国际政治治理、集体安全框架；以国际货币基金组织、世界银行、关税和贸易总协定为支柱的布雷顿森林体系；以及以世界卫生组织、联合国难民署、国际劳工组织等联合国专门机构和国际红十字会等非政府组织为基础的全球社会、民生治理架构等一批全球政治、经济治理机制相继建立起来，标志着全球治理体系的轮廓架构基本成形。

联合国是全球规模最大并最具普遍性的国际组织，由大会、安全理事会、经济与社会理事会、托管理事会、秘书处和国际法院六大机构组成（李东燕，2005）。从机构职能上看，它的治理领域涵盖国际政治、安全、经济、社会文化、生态环境甚至是与各国主权内务紧密相关的司法等领域。但政治和安全是联合国发挥作用最多和最大的两个领域，在全球经济治理方面更多是依托名义上联合国下辖的国际货币基金组织和世界银行集团等多边金融机构展开，联合国经社理事会对全球经济治理的发言权和影响力相对较弱。经济治理问题就像是联合国肩膀上的枷锁，让它在行动和做出决议时经常处于捉襟见肘的窘态。但准确来讲，这一阶段也只能说是"国际或国家间治理"，还没有真正意义上的"全球范围的治理"。并且由于此阶段处于以美、苏为首两大阵营分立对峙的"冷战"时期，国际社会关注的治理议题也主要集中于政治和安全层面，经济和社会治理事实上退居次席。

"二战"后的国际秩序是围绕美国为中心来建立，美国一直是西方世界国际治理的核心国家，美元居于世界货币格局的中心。作为"二战"以来国际体系的主导者，美国根据自身及其盟友的利益设立了绝大部分国际机制和规则，这一阶段美国的经济实力在西方世界占据绝对优势，也是西方世界公共产品的主要甚至唯一提供者。20世纪60年代后，由于民族解放运动兴盛和殖民帝国体系崩盘，使主权国家数量激增，极大改变了国际社会组成状况的整体面貌。世界上各种战略力量和国家集团经过"大动荡、大分化、大改组"的格局洗牌，对"二战"后基于彼时战胜国之间实力强弱对比所规制的国际秩序和体系机理造成极大影响与冲击，致使联合国机制在全球经济治理领域力不从心的缺陷更加凸显。

二　北方协商"软治理"

进入70年代后，随着全球性问题的出现以及联合国成员扩容引发效率下降，再加上"冷战"大背景下联合国在一定程度上沦落为美、苏两超角力争霸的政治工具，导致联合国独自应对全球治理问题时日益展现出疲惫、乏力的态势。尽管联合国作为世界最具权威的政府间多边合作组织，继续保有全球治理中心舞台的地位，但日益低下的治理效率还是给很多国家强烈的心理暗示，而七国集团（Group Seven，G7）的应运而生则标志着区别于联合国机制的全球治理新模式出现。这个阶段从1973年以美元为中心的货币体系瓦解，一直到2007年美国次贷危机爆发，都是以七国集团为场所的论坛机制协调欧美国家内部的治理议题。起初，美国资金的流入让西欧、日本对美国产品产生强大的需求，通过输出资金同时输出产品回流美元的方式，美国与西欧、日本之间形成了促进整体经济上行的良性循环。以美国为中心的霸权结构带来了比较稳定的国际经济治理效果。但是随着欧洲和日本经济的恢复，其身份也由美国产品的购买者逐渐转变为美国产品的竞争者。美国也无力独立提供全球经济治理所需的公共产品（杨青，2007）。欧洲一体化进程的不断推进，亚洲以日本为首的"雁行分工体系"乃至后来以中国为组装腹地的东亚生产网络的兴起，标志着有别于美国通过布雷顿森林体系等主导世界治理的区域性治理机制开始崭露头角。尽管如此，欧洲一体化从观念上看，还是试图通过共同的市场、经济政策和治理机构"使地区或国家政府暴露于竞争之下"，其基本意义是实际或潜在竞争的增加，这与美国主张的"新自由主义"的旨趣是一致的。亚洲一体化最初也是对欧洲的模仿。总之，多元化的治理背后还是有一个一致的观念及理论框架作为参照坐标。

七国集团是八国集团（G8）的前身，系西方几个主要工业化"民主"国家会晤和协调政策的论坛，由美国、日本、德国、法国、英国、意大利和加拿大组成，每年召开首脑峰会商讨国际社会面临的主要政治和经济问题。七国集团成立于20世纪70年代，由于主要资本主义国家的经济形势持续恶化，接连发生"美元危机""石油危机"、布雷顿森林体系瓦解，使得西方主要工业化国家经济陷入深度萎靡不振的泥沼。为共同解决世界经济和货币危机，协调经济政策、重振西方经济，在法国的倡议下，1975年7月，美、日、德、英、法5国举行了最高级首脑会议，同年11月意大利受邀加入，以共同应对资本主义世界体系的动荡局势。1976年圣胡安峰会时加拿大应邀出席，并形成每年由七国轮流在各国召开一次首脑会议的机制。自此西方七国集团的称谓最终定型，"七国首脑"会议的运作模式开始定期化、固态化。与联合国、国际货币基金组织、世界银行等正式的国际组织相比，七国集团这种形式的全球治理行为体的一大特征就是其非正式性的"软治理"，即不具有严密的组织章程和行政机关，主要通过定期或不定期地召开领导人峰会就彼此关心的特定议题进行沟通、协商与合作，共同解决地区或全球性问题。

"冷战"时期，七国集团受到两极体系的制约，一直以讨论经济问题、协调西方国家宏观经济政策以及联合对抗苏联为主要目标。它虽也关注全球问题，但影响主要局限于欧美资本主义国家。冷战结束后，苏东国家的解体、转型以及市场经济、民主政治在全球范围的传播推广，全球政治经济版图被重新绘制，七国集团开始重新进行战略定位和职能设计的修正调校。国际体系进程演变速度加快，使体系结构由"两极霸权"转变为"一超多强"（丁工，2015）。七国集团作为一种会议制度形式的国际体系因素，也逐渐从保持和受制于两极霸权结构，转变为推动和塑造国际体系新结构成形的角色。为弥补自身在面对各种国际挑战中的不足，G7 通过成员扩大、议程增设和机制深化的方式进行制度改革，力求向有效的全球治理中心的定位转变。在继续关注经济问题的同时，议题更加多样化，各国内政民主状况、恐怖主义威胁、同发展中国家关系、气候环境变化、粮食安全、应对全球化挑战等都被纳入七国首脑峰会的议程。

1997 年俄罗斯正式被 G7 吸纳组成 G8，扩员后的八国集团推动形成和塑造国际体系新角色的力度更大，朝着构建新权力中心方向迈进的步伐更快。同时，G7/G8[①] 通过邀请联合国、国际货币基金组织、世界银行和世界贸易组织等国际机构的代表参加其峰会，加强同现有国际机制的联系，实现与联合国对话和协调的制度化和普遍性，并借助世界三大经济组织贯彻、实施其决议和政策，以增强机制安排的执行力和正当性，全力确保 G7/G8 在全球治理领域具有普遍性的

---

① 1997 年后俄罗斯虽加入 G7 首脑峰会成为八国集团正式成员，但在一些事关经济、发展等核心问题的财长和央行行长会议讨论中仍被排除在外，因此 G8 机制依然是由西方七国集团起决定性作用。

规范意义。G7/G8 认为自己作为大国合作机制，应当对解决全球化日益深化带来的全球性问题发挥主导作用，以管理全球范围内对现存国际秩序构成最棘手挑战的全球、地区和跨国安全威胁。克林顿总统就曾表示："美国希望西方首脑会议讨论的，不只是具体的经济或政治问题，而更应是这样一个问题，即是否有必要建立一种更有效的机制来处理 21 世纪全球所面临的严峻形势"。（李长久，1994）

随着"冷战"后经济全球化的加速和深入，西方国家倡导的市场经济制度逐渐为大多数国家所认可，加上西方国家同非西方国家的力量对比呈压倒性优势，因此 G7/G8 机制的全球治理平台的作用日益显现。G7/G8 作为主要发达国家协调世界经济与政治问题的"大国俱乐部"，能够长期成为全球治理的主要机构，与国际权力结构的积聚和离散状况基本一致。自 20 世纪 70 年代以来，G7/G8 无论在世界经济领域还是国际政治体系中一直占据绝对优势地位。七国国内生产总值始终占世界经济总量的 70% 以上，贸易总量占全球一半多。超强实力是全球治理长期处于 G7/G8 主导时代的根本原因，同时美欧也正是通过 G7/G8 全球治理的平台，短时间造成一超独霸、欧美主导的局面，把西方的"世界领导权"推向顶峰。

自 20 世纪 90 年代末始，伴随着经济全球化加速和以中国、印度、巴西为代表的部分发展中新兴国家群体性崛起，新兴经济体与发达国家之间力量差距明显缩小。比如，以国内生产总值为例，截至 2010 年，新兴经济体 GDP 总量占全球的比重已从 2000 年的 11% 升至 18.7%，七国集团占全球 GDP 的比重则从 77% 降至 55.8%；从经济拉动力看，发展中国家 2002—2010 年对世界经济增长的贡献率每年都超过 50%，而发达国家对全球经济增长的贡献率则一直低于发展中国家。而 G7/G8 作为一个封闭的发达国家俱乐部独自应对粮食安全、能源安全、恐怖主义、经济稳定、气候变化、金融安全等全球性挑战越来越困难，对管理国际事务显现有心无力的状况。在 G7/G8 治理模式下，虽没有爆发大规模的全球性金融危机，但各种地区性金融危机却接连不断。G7/G8 中全球新兴国家代表性不足遭到多方强烈质疑，降低了其在国际社会设定议程的能力，削弱了该组织的治理合法性和公信力。在全球性问题增多、国际力量对比发生重大变化的情况下，传统上由发达国家主导的全球治理模式越来越缺乏合法性、权威性和有效性。由此，G7/G8 需要把权威延伸至国际体系其他成员，特别是新兴国家，以增强法理依据和民意基础。同时，这一阶段世界多极化和经济全球化发展势头迅猛，也导致拉美、俄罗斯、亚洲等地区接二连三出现金融和经济危机。富国与穷国差距不断拉大，世界绝对贫困人口不降反升，西方新自由主义在全球泛滥成灾。各国进入二十一世纪后痛定思痛，推动全球治理自 20 世纪 90 年代起出现改革势头。

在此背景下，G7/G8 加强了与新兴发展中国家的对话。自 2003 年法国埃维昂峰会起，G7/G8 根据不同议题邀请新兴发展中国家代表进行对话，并逐步形成 "G8＋N" 的南北首脑非正式对话模式，到 2005 年形成较为固定的 "G8＋5" 对话机制。G7/G8 在承认中国、印度、巴西、南非、墨西哥五个新兴发展中大国作为主要经济和外交行为体地位的基础上，邀请五国领导人参与同 G8 的有组织论坛，并进行持续对话。2007 年海利根达姆峰会启动了 "海利根达姆进程"，G7/G8 邀请上述五个发展中大国就知识产权保护、贸易投资自由以及能源利用效率等具有全球意义的结构性难题开展为期两年的尝试性磋商，以促进全球经济可持续发展。2009 年在意大利拉奎拉举办的八国峰会上，这一进程被更名为海利根达姆—拉奎拉进程，并首次发表了南北领导人联合声明。会议决定在平等基础上将伙伴关系再延续两年，以便集中讨论对各方都有重大利益的全球性挑战，增强共同推进全球议程的能力。总的来说，"G8＋5" 机制是发达国家对新兴大国影响力的一种认可，也是发展中国家参与国际事务的新形式。但是客观公正地讲，"G8＋5" 机制并没有从实质上改变 "发达国家为主、发展中国家从属" 的不平等格局。事实上，西方大国在邀请发展中大国参与全球性问题解决的同时，只希望新兴大国承担责任义务，却不愿让渡实质权力给新兴发展中大国，仅仅给予名义表征上的平等身份和地位，但深层决策和顶层设计方面仍旧不愿和发展中国家分享管理世界事务的治理权。

三 南北合作"软治理"

2008 年国际金融危机爆发后，西方传统大国成为重灾区，损失惨重，无力独自维系全球市场体系的稳定，不得不放下身段，主动邀请新兴国家参与收拾残局，以求共同应对金融危机带来的损害和日益增多的全球性问题，进一步整合全球秩序。2008 年金融海啸震惊世界，世界各国认识到在全球政治、经济格局发生深刻复杂变化的今天，现有国际体系和治理机制已无法适应全球化新形势，也无法破解全球化快速发展引发的新挑战和新问题，全球主要经济体需要一个既有代表性、又能迅速协调行动的全球平台来应对危机。在此背景下，美、欧等国家和地区遂提议二十国集团召开峰会，得到了包括许多发展中国家在内的众多国家的普遍赞同（刘友法，2013）。在此背景下，有更多新兴国家参与、更具代表性的 G20 迅速走向前台，承担起危难之际增强全球信心、协调各方立场、共同应对危机的重任。

二十国集团（Group 20）[①] 成立于 1999 年，是由西方七国、作为一个实体的欧盟以及部分新兴国家共 20 个成员组成的国际经济合作论坛，相比 G7/G8 更能体现国际经济格局的整体概貌。二十国集团组织的架构雏形源起于爆发于亚洲、随后波及世界多地的金融危机。1997 年亚洲金融危机后，西方发达国家意识到随着经济全球化的深入发展，金融风险的控制必须由发达国家和发展中国家共同参与，因此必须把新兴国家纳入共同应对全球化所带来的结构性挑战阵营，建立论坛性质的沟通和协调机制，二十国集团机制正是在此背景下应运而生。G20 创立之初是布雷顿森林体系框架内的非正式对话机制，意在推动发达国家和新兴市场国家之间就经济议题进行讨论，寻求合作，并促进国际金融稳定和世界经济的可持续增长。自成立以来，G20 主要以非正式的部长级会议形式运行，不设常设秘书处和组织机构，主席采取轮换制。故此，这一时期 G20 实质上是附属于八国集团

---

① 二十国集团即 G20，其成员包括美国、中国、日本、德国、法国、英国、意大利、巴西、加拿大、俄罗斯、印度、澳大利亚、韩国、墨西哥、土耳其、印度尼西亚、沙特阿拉伯、南非、阿根廷等 19 个主权国家以及作为一个实体的欧盟。

的一个南北对话平台，相比于 G7/G8、国际货币基金组织（IMF）和世界银行（WB）等全球经济治理机制，G20 部长会议的影响力和知名度要小得多，也没有引起国际社会的广泛高度关注。2007 年 9 月，由"两房"泡沫破灭引发美国次贷危机，并迅速蔓延成为国际性金融危机，G20 的命运也随之出现转折。

2008 年国际金融危机的爆发更使得西方传统势力进一步削弱，新兴国家相对快速的复苏与发展备受瞩目，在全球经济治理中的地位大幅提升，开始以平等身份参与到国际体系的决策机制中。国际金融危机对国际机制造成两方面的显著影响，其一是使欧美发达国家主导的国际金融体系遭受重创，另一方面就是促成 G20 的异军突起（丁工，2015）。危机后，由新兴国家和主要发达国家组成的 G20，取代 G8 崛起为全球治理的主导机构，新兴国家加入该机制从一定程度上改变了传统西方大国全面主导国际事务的局面，也使该机制的权力基础更广阔、更深厚、更有地域平衡性和文明多样性。G20 的异军突起不仅是新兴大国群体崛起的集中体现，而且反映出国际秩序正在经历着一次前所未有的深刻变化。2008 年 11 月，G20 峰会首次在美国华盛顿举行，在随后不到一年的时间里又举行了伦敦和匹兹堡两次首脑峰会，并于第三次峰会后确立定期举行首脑峰会的机制。2010 年 6 月召开的 G8 峰会议题转到了和平、发展、安全等问题，而随后在加拿大多伦多召开的 G20 第四次峰会则探讨了世界经济形势、欧洲主权债务危机、国际金融机构改革、国际贸易和金融监管等一系列重大问题。此次峰会完成了 G20 机制从危机应对的临时性机制，到真正意义上的全球经济治理长效机制的过渡，会议确立自 2011 年起 G20 将每年定期举行一次首脑峰会，标志着 G20 主导全球秩序进程的开启。

随着 G20 机制由财长和央行行长会议升级为首脑峰会，会议性质也由国际经济合作论坛上升为解决全球经济和金融问题的政策协调会，G20 机制对世界事务的管理日渐加强，逐步演变为全球治理论坛的中心（秦亚青，2013）。正是在 G20 峰会上，各国决定增加新兴国家在世行、IMF 等机构中的投票和份额权，还决定取消历时半个多世纪的世界银行行长非美国人莫属、国际货币基金组织总干事非欧洲人莫属的惯例。G20 地位的上升是国际权力结构变迁的结果，使世界舞台中央的主要演员大大增加，这既体现全球事务主导权的多边化，也体现多极化的一种可见发展。从"G8＋5"到 G20 实现了国际治理机制的跨越式发展，标志着国际体系由西方大国主导的时代向南北共治的时代过渡，G20 作为世界经济的主要政策协调机制无疑为新兴国家提供了一个维护自身利益、参与世界经济决策的重要平台，非西方力量真正有机会平等参与国际游戏规则的制定。尽管目前的 G20 处于起步阶段，还要面对内部缺乏一致性和凝聚力、影响机制效率，G8 仍在 G20 议题设置和制度安排上发挥主导作用，利益和价值差异较大等难题，但无疑 G20 的诞生是新兴经济体地位与作用大幅上升的政治反映，是国际制度根据变化的力量对比图谱进行调整的起点，其机制化标志着国际体系转型的开始，预示着国际经济新秩序的出现（林利民，2009）。

尽管 G20 机制中大国依然占据着优势地位，新兴国家并未能够完全与其平起平坐地主导制度进程，这其实也是全球机制安排的微缩版体现，但在 G20 框架内新兴发展中国家有机会同大国面对面地进行机制化交流、协商，相对平等地投身全球机制的重构、国际危机的管理和世界权力的分享。金融危机前，在 IMF 中大国尤其是欧美大国享有超过 50% 的投票权，美国一家甚至独占绝对否决权，在 IMF 董事会的 24 个席位中大国占据了接近半数，世行中的权力分配格局也基本雷同。然而借助 G20 机制平台的出现，新兴国家得以直接对这些国际机制提出挑战，促使世行、IMF 的配额比例和投票权及董事会组成向有利于增加中等强国总数的方向改革。此外，全球治理的范式要求国际权力的分布呈现一定扁平化的橄榄型，力量相差悬殊必然导致单边主义和单极霸权，新的范式和秩序需要有相应的力量分布格局作保障。

第四节　二十国集团与全球经济治理的改革趋势

2008 年国际金融危机充分证明，在世界政治、经济、外交、军事等格局发生深刻复杂变化的今天，现有国际体系和治理机制已无法适应全球化新形势，也无法破解全球化快速发展引发的新挑战和新问题。新时代全球治理需要探索新思路、新路径，二十国集团峰会开启了全球治理改革的先河（Global Governance Group，2010）。国际金融危机的爆发引发了全球经济结构的变化，对全球经济治理平台提出了新的要求，在这一背景下，G20 应运而生（崔志楠、邢悦，2011；徐秀军，2012）。当初作为危机应对机制，该组织的宗旨设定为推动发达国家和新兴市场国家之间的合作，筹集更多的全球公共产品，共同抵御国际金融风险和促进经济的持续增长。G20 正是这样一个将南北合作纳入框架、鼓励"跨界合作"的治理平台。总体来看，为了应对全球性的金融危机，二十国成员国家承诺对财政政策做出协调，增加全球多边机构的组织活力与充实治理资源，加大了南北国家全球协调、应对危机的力度。

一 G20 重点议题的演变

全球经济治理涉猎的议题广泛，包括金融、贸易投资、气候变化、大宗商品包括能源治理，各议题领域内的治理都体现出了对更为公平、公正、透明的全球治理机制的诉求。每个议题领域内的治理都具有历史阶段性，相关理论研究随着各类治理实践中的标志性事件的发生而开展。例如，国际货币金融治理是全球经济治理重要的组成部分，而中国学术界的研究跟踪了国际货币金融治理的不同阶段。布雷顿森林体系解体之后，国际货币金融治理处于暂时的"空白期"，发达国家和发展中国家都遇到了一定的问题（余壮东，1981；李述仁，1986）。东南亚金融危机的出现再次说明了当今世界金融监管不足的问题（刘巍中、施军，1998；孙杰，1998）。

2008 年升级为峰会以后，二十国集团的议题不断扩展和深化。几乎所有 G20 涉及的议题均和稳定与增长有关。随着时间的推进，G20 讨论的主要议题逐步从早期以金融为主的危机防范，向着政策协调和体系改革方向演进。议题选择开始从特殊性问题向着普遍性问题延伸，对国际规则和体系的改革以及宏观经济协调上升成为持续、稳定的讨论对象，见表 3-1。

表 3 - 1　　　　　G20 历届峰会主题及外交、财金渠道议题回顾

时间	峰会名称	主题	外交渠道（sherpa）	财金渠道
2008 年 11 月	华盛顿峰会（美国）	全球复苏，金融监管	1. 国际金融危机原因及应对；2. 加强金融监管；3. 推动国际金融体系改革	1. 国际金融危机原因及应对；2. 加强金融监管；3. 推动国际金融体系改革
2009 年 4 月	伦敦峰会（英国）	改革国际金融体系	1. 全球经济形势；2. 贸易；3. 发展	1. 宏观政策协调；2. 国际金融机构改革；3. 金融监管改革
2009 年 9 月	匹兹堡峰会（美国）	国际金融体系改革和全球经济失衡	1. 全球经济形势；2. 贸易；3. 发展；4. 能源；5. 全球经济治理改革	1. 宏观政策协调；2. 国际金融机构改革；3. 金融监管改革
2010 年 6 月	多伦多峰会（加拿大）	推动世界经济全面复苏	1. 全球经济形势；2. 贸易；3. 发展；4. 能源；5. 全球经济治理改革	1. 宏观政策协调；2. 国际金融机构改革；3. 金融监管改革；4. 增长框架
2010 年 11 月	首尔峰会（韩国）	跨越危机，携手成长	1. 全球经济形势；2. 贸易；3. 发展；4. 反腐；5. 全球海洋环境保护	1. 宏观政策协调；2. 国际金融机构改革；3. 金融监管改革；4. 增长框架；5. 全球金融安全网
2011 年 11 月	戛纳峰会（法国）	应对欧债危机促进全球经济增长，加强国际金融监管，促进社会保障和协调发展	1. 全球经济形势；2. 贸易；3. 发展；4. 反腐；5. 全球海洋环境保护；6. 全球治理；7. 能源	1. 宏观政策协调；2. 国际金融机构改革；3. 增长框架；4. 金融监管、改革和普惠金融；5. 能源和大宗商品价格
2012 年 6 月	洛斯卡沃斯峰会（墨西哥）	加强国际金融体系和就业、发展、贸易	1. 全球经济形势；2. 贸易；3. 发展；4. 就业；5. 能源；6. 反腐；7. 全球海洋环境治理	1. 宏观政策协调；2. 国际金融机构改革；3. 增长框架；4. 金融监管改革；5. 能源和大宗商品；6. 自然灾害风险管理
2013 年 9 月	圣彼得堡峰会（俄罗斯）	国债发行和管理体系的现代化	1. 全球经济形势；2. 贸易；3. 发展；4. 就业；5. 能源；6. 反腐；7. 全球海洋环境治理	1. 宏观政策协调；2. 国际金融机构改革；3. 增长框架；4. 金融监管和普惠金融；5. 长期投资融资；6. 国际税收合作；7. 能源和大宗商品；8. 气候变化融资

续表

时间	峰会名称	主题	外交渠道（sherpa）	财金渠道
2014 年 11 月	布里斯班峰会（澳大利亚）	促进私营企业成长，增加全球经济抗冲击性和巩固全球体系	1. 全球经济形势；2. 贸易；3. 发展；4. 就业；5. 能源；6. 反腐	1. 宏观政策协调；2. 国际金融机构改革；3. 增长框架；4. 金融监管改革；5. 长期投资融资；6. 国际税收合作
2015 年 11 月	安塔利亚峰会（土耳其）	共同行动以实现包容和稳健增长	1. 全球经济形势；2. 贸易；3. 发展；4. 就业；5. 能源；6. 反腐	1. 宏观政策协调；2. 国际金融机构改革；3. 增长框架；4. 金融监管改革；5. 投资与基础设施；6. 国际税收合作；7. 气候变化融资
2016 年 9 月	杭州峰会（中国）	构建创新、活力、联动、包容的世界经济	1. 全球经济形势；2. 贸易；3. 发展；4. 就业；5. 能源；6. 反腐；7. 创新	1. 宏观政策协调；2. 国际金融架构改革；3. 增长框架（结构改革）；4. 金融监管改革；5. 投资与基础设施；6. 国际税收合作；7. 气候变化融资；8. 绿色融资

注：作者根据官方峰会材料整理。

　　从 G20 峰会应对的主要问题而言，可以划分为两个阶段、三大时期：第一阶段，以应对短期波动治理为主，包括应对全球金融危机（2008 年至 2010 年）以及应对欧债危机（2010 年至 2012 年）两个时期。这一阶段的热点问题是危机应对、探讨再平衡问题、强化全球金融监管规则以及公共债务管理。2008 年、2009 年 G20 的主要议题为共同应对危机、推动世界经济增长等。随着欧债危机逐渐发酵，2010 年以后 G20 将全球金融危机引发的"国际金融监管"以及公共债务管理作为核心议题。2012 年随着欧洲主权债务危机愈演愈烈，促进经济强健、平衡、可持续增长，修复与改革国际金融体系上升为主要议题。第二阶段，G20 开始向长期增长治理转型（2013 年至今）。2013 年随着全球经济复苏的不平衡性和复杂性加强，刺激性经济政策的退出、长期增长问题成为 G20 平台的主要议题。

　　从议题本身来看，部分议题长期存在，如宏观政策协调、贸易、发展、国际金融机构改革、金融监管改革、能源与反腐等。不过峰会主席国亦常会提出新的核心关切，如 2010 年韩国提出金融安全网、

2011 年法国提出普惠金融、2012 年墨西哥提出自然灾害风险管理、2013 年俄罗斯提出国际税收合作和气候变化融资、2014 年澳大利亚提出加强基础设施投资、2015 年土耳其关注国别投资、2016 年中国提出创新议题，等等。随着部分新议题被长期化，G20 探讨的议题范畴开始不断扩大。这种趋势虽然会带来合作成本上升、外部聚焦困难的问题，但是全方位加强合作有助于成员国政府各个部分更深程度参与全球经济合作。根据罗伯特·阿克塞尔罗德（2007）的研究，建立持久的合作关系是提升合作关系的重要保障之一。

每年的新增议题都各有侧重，体现了主席国的核心关切。2009 年新增 4 个议题，基本围绕经济刺激政策和金融修复与改革问题。2010 年新增汇率市场化机制议题和具体的银行监管议题。法国作为主席国的 2011 年戛纳峰会则使重点重新回到了国际货币体系改革和增长问题，同时增加了农业、气候变化、发展、反腐等议题。墨西哥作为首个担任 G20 峰会主席国的发展中国家，在 2012 年的议题选择中已经显现出其对于发展中国家的诉求。墨西哥主要推动的议题大致分为四个方面：与经济增长相关的结构改革、就业促进议题；与金融改革相关的国际金融机构改革、增强金融包容性改革、改善全球金融架构议题；与粮食与能源安全相关的粮食和大宗商品价格稳定议题；与可持续发展相关的绿色增长与气候变化议题。其中前三个方面是对过去峰会议题的继承和推进，而对于可持续发展的讨论，则充分显示了墨西哥作为主席国的选择偏好。

2013 年，全球经济呈现复苏迹象，但不平衡性和复杂性上升，美国量化宽松政策退出预期导致部分新兴经济体外部环境恶化，出现贬值和资本外逃等现象。俄罗斯作为 G20 主席国在增长和就业的主题下设置了八个优先议题：强劲、可持续、平衡的增长框架，就业，国际金融架构改革，加强金融监管，能源可持续性，发展，促进多边贸易和反腐败。同时，为应对投资乏力、实现长期可持续发展，2013 年 G20 新建了长期投融资工作组，负责研究和探索长期投融资领域的合作。此外，圣彼得堡峰会还做出一个雄心勃勃行动计划：对抗全球逃税。

2014 年全球经济复苏的步伐继续呈现不均衡趋势。2014 年澳大利亚政府为 G20 设置了十大优先议题，包括增长战略、投资与基础设施、反腐、金融规则、国际机构改革、发展、就业、能源、贸易、税收。G20 以构建"强劲、可持续和平衡增长的框架以及相互评估程序"作为重点，并要求成员国提出全面经济增长战略以实现相互协调，产生正的外溢效益，并实现"未来 5 年（2014—2018 年）G20 整体 GDP 经济增长比现有预期提高 2%"的目标。此外，澳大利亚政府还特别在澳大利亚创立了一个提供与公私合营方式相关的全球基础设施项目信息与数据支持中心（Global Infrastructure Hub，GIH）。该中心试运行四年，目的是为各方合作改善基础设施融资环境和融资效率提供知识分享平台，推动各机构在基础设施融资方面的合作。

2015 年全球经济形势更加复杂，大部分地区潜在增速放缓，不确定因素和风险上升。2015 年土耳其将如何实现"强劲、可持续，平衡和包容性增长"作为主题，提出以促进增长的 3 "I" 作为主题：包容性（Inclusiveness）、落实（Implementation）、投资（Investment）。同时为了进一步落实 3 "I"，设计了与 2015 年议题有关的三个基柱：强化全球经济复苏提升增长潜力、增强稳健性、支持的可持续性，以及 10 多项重点议题。G20 框架下的各项议题则通过这些目标和基柱加以呈现。包容性（Inclusiveness）重点关注如何制定包容性政策提高就业、解决中小型企业（SME）的劳动力缺乏和融资难，以及劳动力市场失衡如性别不平等和青年失业等问题。可执行（Implementation）体现为对 2014 年澳大利亚峰会成果的落实，声明将加强对布里斯班行动承诺的 1000 多项具体措施的政策力度和实施效果等进行监督。投资议题近年来被几任轮值国作为议程优先项。土耳其将国别投资战略作为实现这一目标的重要抓手。其投资性增长的重点是敦促各成员国自愿提出富有雄心的国别投资量化目标和投资计划，推进全球基础设施中心（GIH）以及世界银行下的全球基础设施促进机构（GIF）的建设，并探索新的长期投资融资渠道（如伊斯兰金融等）来缩小各国投资差距和解决中小企业融资难等问题。

2016 年 G20 杭州峰会主题下设立了 4 个议题篮子：创新增长方式、更高效的全球经济金融治理、强劲的国际贸易和投资、包容和联动式发展。这些议题篮子中的具体成果则分别由协调轨道和财金轨道负责加以落实。第一个议题篮子"创新增长方式",旨在通过鼓励科技创新、发展理念创新、体制机制创新、商业模式创新等方式打造世界经济新的增长点,涉及强化政策协调机制、推动经济结构改革、全面创新合作等方式来提升中长期增长潜力。第二个议题篮子"更高效的全球经济金融治理"旨在完善国际金融架构以应对未来经济金融领域中的挑战,推进国际金融机构改革、发展绿色金融、加强国际税收合作等。第三个议题篮子"强劲的国际贸易和投资"旨在加强国际贸易和国际投资领域的机制建设,支持多边贸易体制,促进全球贸易增长,促进包容协调的全球价值链发展,加强国际投资政策合作与协调。第四个议题篮子"包容和联动式发展"涉及联合国 2030 可持续发展议程的落实计划、实现可获得且可持续的能源供应、推动基础设施的互联互通建设、增加就业、粮食安全、气候融资、消除贫困以及支持非洲工业化等具体内容。

二　重点议题进展概述

从 2008 年至今,二十国集团领导人峰会议题领域不断扩展。尽管每次峰会所关注议题领域有不同侧重,但大致都包括宏观经济、金融监管改革、国际金融机构改革、贸易、发展、能源等传统经济治理议题。近几年,在主席国的推动下,就业、投融资、反腐与税收合作等新兴议题也在持续的讨论中成为相对成熟的经济治理议题。

（一）强化宏观经济政策协调

如上所述,二十国集团对于全球宏观经济形势的讨论分为两个阶段,前两届峰会主要是如何稳定金融危机之后的世界经济与金融形势,以及通过各国政策刺激拉动全球经济复苏;第三届峰会开始则以"强劲、可持续和平衡增长框架"为基础,探讨如何促进世界经济增长,推动强劲和持久的复苏。

二十国集团首脑峰会的召开基于世界经济遭到重创的背景,因此各国领导人关心的首要问题是采取措施恢复经济增长,避免全球经济持续恶化。华盛顿峰会上,各国领导人承诺采取措施稳定金融体系,并通过实施货币政策和财政政策刺激国内需求,同时强调通过国际货币基金组织、世界银行以及其他多边发展银行等国际机构在克服金融危机过程中发挥重要作用。伦敦峰会上，各国领导人承诺进行一次空前的财政扩张活动，维持扩张性货币政策，维护金融体系稳定。

匹兹堡峰会上，二十国集团提出"强劲、可持续和平衡增长框架"，并在多伦多峰会上进行了细化，这一框架成为后续峰会宏观经济讨论的基础。在这一框架下，各国的货币政策承诺主要集中在以下几个方面：第一，财政政策方面，发达经济体承诺实施财政整固，解决中期财政的可持续性问题，有财政空间的发达经济体和新兴经济体采取必要措施支持增长，各国应将债务占国内生产总值的比例维持在可持续水平。第二，货币政策方面，在维持物价稳定的基础上，推动经济复苏。第三，结构政策方面，促进投资，解决基本面脆弱，提高生产力和竞争力。第四，国际收支方面，经常账户盈余国家增加国内需求，经常账户赤字国家提高储蓄。第五，汇率政策方面，建立市场决定的汇率体系和灵活汇率，避免持续的汇率错配，避免竞争性货币贬值。同时，还需要各国关注自身政策的全球影响，合理管控政策外溢效应。以2016年为例，2月份G20财长会公报提出"汇率的过度波动和无序调整会影响经济和金融稳定，我们将就外汇市场密切讨论沟通"。这对稳定当时的国际金融市场的信心起到了极大的帮助作用，很快改善了全球外汇市场动荡的局面。

（二）国际金融监管建设

加强宏观审慎监管，防范系统性风险，是当前国际金融监管改革领域的最大共识。宏观审慎监管并不将监管目标局限于单体金融机构的经营风险预防上，而是强调整个金融体系的系统性安全，通过制定全面的金融稳定政策来预防危机的发生。早在金融危机爆发之前，宏观审慎监管就已经被纳入到很多国家的监管政策中去。但是本次危机的教训是，宏观审慎监管远没有认识到金融市场存在的系统性风险。二十国集团在危机初期致力于强化金融监管，并在宏观审慎监管方面取得共识：提升央行的宏观审慎监管职能，改变监管的顺周期性。关于中央银行提升自身审慎监管职责工作中，特别加强了对"系统重要性机构"的监管，防止"大到不能倒"。此外，合作强化了对影子银行的监管。金融稳定委员会（Financial Stability Board，FSB）在2011年4月12日发布了报告《影子银行：范围划定》，以期通过适度监管促进影子银行体系的健康发展，引导影子银行体系更好地为实体经济服务。

金融危机之后，制定和实施全球统一的金融监管规则，已成为国际金融监管改革的重要内容。金融的全球化发展已经而且还将进一步打破民族国家的界限，国际金融和国内金融已经融合，一体化的全球金融体系需要有一体化的全球监管框架。在很大程度上《巴塞尔协议》充当了全球统一规则的职能。

（三）国际货币体系改革

二十国集团平台一直将国际货币体系改革列为重要议程。在首尔 G20 峰会上，各国领导人宣布致力建设一个更为稳固、更有活力的国际货币体系。在戛纳 G20 峰会上，国际货币体系被作为一项优先议题进行了深入探讨，内容涉及资本流动管理、国际金融机构改革、特别提款权、全球金融安全网等问题。国际金融机构改革主要为了加强国际金融机构的合法性、可信度和有效性，确保国际金融机构能够适应世界经济的变化和全球化的挑战。

国际金融机构的改革内容主要包括两个方面，一是现有机构的功能改革，二是治理结构的改革。相关讨论与改革涉及三方面。

第一，积极扩充现有国际金融机构的资源规模，更好发挥这些机构在应对危机中的作用。在伦敦峰会上，二十国集团领导人同意向全球金融机构追加 8500 亿美元可用资金，其中将向 IMF 提供最高 7500 亿美元，各多边发展银行增加至少 1000 亿美元贷款。在资源扩充的基础上，各国领导人还督促 IMF 贷款资源应该更为灵活和有效，以支持新兴经济体和发展中国家的经济发展。在二十国集团伦敦峰会上，G20 领导人表示坚决执行 2008 年 4 月和 10 月分别达成的 IMF 份额和投票权改革一揽子方案和 WB 改革方案，匹兹堡峰会、多伦多峰会、首尔峰会对此进行进一步承诺确认。2011 年 3 月，2008 年份额和投票权改革方案获得通过，各国领导人将注意力转移到 2010 年份额和治理改革上。戛纳峰会上，各国领导人承诺将快速落实 IMF 的 2010 年份额和治理结构改革。在洛斯卡沃斯峰会上，各国领导人承诺将在 2012 年 IMF/WB 年度会议之前，完成这项改革。2015 年 12 月 18 日美国国会参众两院批准了 2010 年 IMF 份额和治理改革方案①,这意味着该方案得以正式生效。G20 开始督促 IMF 的下一轮份额审核工作和改革进程。

第二,对 SDR 的改革,相关讨论集中在以下几个方面:(1)扩大 SDR 的数量和规模,以满足对预防性储备的需求,缓解全球安全资产短缺困扰,同时提高 SDR 在国际货币体系中的影响力。(2)增大 SDR 的使用范围、增强其功能,以减少汇率波动的影响。其具体措施包括鼓励使用 SDR 作为全球贸易和金融资产的记账单位,创造官方对 SDR 或者 SDR 标价资产的需求;允许主权财富基金和国际金融机构发行 SDR 标价的资产,促使 SDR 在私人市场的发展;增强 SDR 的计价功能和支付功能(例如对能源和大宗商品)等。(3)明确 SDR 货币篮子的构成和权重。其中最主要的问题是哪些国家的货币应该加入,特别对于新兴市场国家货币而言。2015 年 11 月底 IMF 执行董事会正式宣布自 2016 年 10 月起人民币将作为可自由使用货币加入 SDR 货币篮子。②

第三,进一步提升国际货币基金组织的监督功能和对危机救助机制的改革。在洛斯卡沃斯峰会上,各国领导人强调应加强目前的监督框架,整合双边和多边监督机制,关注全球、国内的金融稳定,关注国家政策的外溢效应。危机救助从性质上可划分为贷款给危机国和提供政策建议与技术援助两方面:(1)给危机国提供援助贷款的机制。2009 年以后,IMF 在原先较为严格的备用安排(1952)和中期贷款(1974)基础上进行了改革,增加了灵活信贷额度(FCL)。在贷款安排的整个期间内,可以先期提用批准的限额,但一年后需完成中期检查。2010 年增加了预防性信贷额度(PCL),但在 2011 年即被更加灵活的预防性和流动性额度(PLL)所代替。(2)政策建议与技术援助

---

① 2010 年 IMF 改革方案的落实意味着 IMF 份额将增加一倍,从 2385 亿 SDR(特别提款权)增至 4770 亿 SDR,而且还将完成向新兴市场和发展中国家转移 6 个百分点的份额比重。

② 国际货币基金组织执行董事会完成特别提款权审议,同意人民币加入特别提款权货币篮子,新闻发布稿第 15/540 号,2015 年 11 月 30 日,http://www.imf.org/external/chinese/np/sec/pr/2015/prl5540c.pdf。

方面，IMF 在进行战略审查之后，于 2012 年初宣布：将"基金学院"和"技术援助管理办公室"两个业务单位合并为一个新设部门，即能力建设学院（2012 年 5 月开始运作），专门负责监督、管理培训和技术援助，帮助成员国开展能力建设和建立关键的经济和金融制度。

（四）维护开放的贸易环境

二十国集团领导人始终坚持认为开放型的全球经济对于促进全球经济增长和长期繁荣至关重要。2016 年二十国集团框架下建立了贸易部长会和贸易投资工作组，进一步增强了在贸易投资领域的治理合作。在 G20 上讨论的贸易议程主要包括以下三个方面。

第一，反对贸易保护主义，促进贸易增长。二十国集团领导人始终承诺反对提高投资、货物及服务贸易新壁垒，反对设置出口新限定或实施违反 WTO 规定的措施来刺激出口，同时承诺将国内政策对贸易和投资的不利影响降至最低。

第二，维持多边贸易体制，维护 WTO 的核心地位。支持加强 WTO，WTO 应该在提高贸易关系和政策的透明度、改进常规业务执行方式、提高争端解决机制效能等方面发挥更积极的作用。积极推动多哈回合发展议程取得进展。华盛顿峰会上，各国领导人表示将努力在 2008 年达成协议，促使多哈回合谈判取得成果。在 2008 年没有取得进展之后，匹兹堡峰会将达成协议的时间进一步延后至 2010 年。戛纳峰会上，各国领导人承认"如果我们继续以过去的方式谈判，我们不会完成多哈发展议程的"，为此，各国领导人决定在 2012 年以新的、可行的方式推进谈判。2013 年 12 月，在世界贸易组织第九届部长级会议达成巴厘一揽子协定之后，各国领导人在布里斯班峰会上承诺落实巴厘一揽子协定所有内容，尽快确定世贸组织解决多哈回合谈判遗留问题的工作计划，以推动谈判重返轨道。

第三，推动贸易包容性建设。如二十国集团承诺继续保持促贸援助的发展特别是向需要帮助的发展中国家提供促贸援助（Aid for Trade，AfT），以支持贸易便利化，推动全球贸易。同时，随着全球价值链的迅速扩展，二十国集团也加强了对全球价值链的关注，洛斯卡沃斯峰会上，二十国集团领导人强调需要加强发展中国家在全球价值链中的参与度。在圣彼得堡峰会上，二十国集团领导人邀请

OECD、WTO 和 UNCTAD 等研究全球价值链对贸易、经济增长、发展、创造就业的促进作用，及其价值增值的分布情况。

（五）促进长期投资

在环境与需求的共同作用下，2013 年 2 月成立的长期投资融资研究组（G20 Study Group on Financing for Investment）上升成为一个独立的 G20 投资与基础设施工作组（G20 Investment and Infrastructure Working Group，以下简称为 IIWG），专门从事与基础设施和投资相关的国际协调。早期该小组关注的议题主要集中在为投资而进行的融资活动方面，即其主要侧重于融资方面。从字面理解，该工作组应该同时讨论投资和基础设施领域的问题。但由于过去该小组长期专注融资问题，讨论的主要议题除了国别投资战略以外，主要集中在融资领域，如多边开发机构资源的开发、公私合营的规范化、金融中介的促进作用（如机构投资者与伊斯兰金融等）、资产证券化、项目管理，等等。

从 2014 年开始，G20 框架下的 IIWG 工作组开始从关注融资问题逐步向着基础设施等生产性投资领域转移。事实上，全球在基础设施投资对于促进经济增长的必要性方面已经基本达成共识，世界银行、国际货币基金组织以及国际清算银行等诸多国际组织纷纷发表相关研究报告。与基础设施相关的投资品的需求上升可以通过直接增加市场需求来拉动经济增长，而投资品的供给上升则会通过增加收入与就业进一步推动经济增长。OECD 的研究报告（Stevens et al.，2006）强调，在下一个十年中，一国基础设施建设状况将决定它的经济发展是否能走得更好、更远。

历史经验已经证实，基础设施投资对于经济发展起着重要的支撑作用。美国在 19 世纪最后 30 年人均 GDP 的年增长接近 4%，其总投资在 GDP 中的贡献比重接近 30%。以英国为首的外国资本对于美国基础设施（如铁路、运河等）的大规模投资对于促进 19 世纪美国经济增长起到了重要作用。中国在 1981—2000 年间，全国基础设施投资增加近 158 倍，投资额由 1981 年的 126 亿元增加到 2009 年的 2 万亿元，极大地推动了中国经济增长。1994 年《世界发展报告：基础设施促进发展》一文指出，东亚经济增长远高于撒哈拉以南非洲地区的一个重要原因就是基础设施投资。在这些研究的支撑下，IIWG 的工作重点会在进一步解决中长期投资的融资困境基础上，逐步向着推动全球基础设施等生产性投资活动转移。

2016 年二十国集团在投资领域的合作走得更远，杭州峰会上公布了《二十国集团全球投资指导原则》。投资指导性原则中针对投资政策环境制定了 9 条非约束性原则。这是全球首次在投资机制建设领域取得的多边投资文本进展。

（六）推动可持续发展

二十国集团下讨论的发展议题涉及的内容非常宽泛，既是对发展中国家特别是低收入国家的援助承诺，同时也认为这是推动全球经济复苏，促进未来经济增长的关键工作。因此，在这一议题下，各国领导人既讨论像千年发展目标的重要性，也探讨像基础设施投资、食品安全、包容性绿色增长等问题。

第一，重申千年发展目标的重要性。各国领导人反复重申实现联合国千年发展目标的历史承诺和各自的官方发展援助承诺，强调发达国家兑现其发展援助承诺的关键作用，新兴经济体扩大其对其他发展中国家的援助水平，推动 2015 年前实现千年发展目标，支持联合国 2015 年后发展议程制定进程，督促各国就 2015 年后发展议程达成共识。

第二，向不发达国家提供发展融资。如在伦敦峰会上，二十国集团领导人决定提供 500 亿美元支持低收入国家的社会保障，促进贸易和安全发展，同时努力确保最贫穷国家获得社会保障所需的资源等。同时，领导人意识到，多边发展银行在促进发展中居于重要地位，因此积极促进世界银行以及其他地区银行在资金融通、项目实施等方面加强协调与合作。

在 2010 年 11 月韩国首尔 G20 峰会上，通过了"首尔发展共识"和《跨年度发展行动计划》，并组建了发展工作组，以在基础设施、人力资源开发、私人部门投资、贸易、粮食安全等领域明确行动计划，促进发展中国家的发展。在这一框架之下的后续峰会中，这些议题也被越来越多地讨论。如在洛斯卡沃斯峰会上，粮食安全、基础设施和包容性绿色增长被作为发展重点议题进行讨论。

（七）促进就业和社会保障

就业是宏观经济政策的核心。G20 峰会关于促进就业的措施主要包括以下几个方面。

第一，通过结构性改革促进就业。结构性改革意在建立更具兼容性的劳动力市场，制定更为积极的劳动力市场政策方案、质量教育以及培训项目等。劳动力市场改革也是"强劲、可持续和平衡增长框架"下结构改革的一项重要内容。

第二，关注重点人群特别是青年人的就业问题。戛纳峰会上各国领导人承诺进一步致力于减少失业，增加就业，特别是要重视青年和受经济危机影响较大的其他人群。洛斯卡沃斯峰会上再次向青年人承诺为其提供更多有治理保证的工作机会，本次峰会还关注了女性就业问题，承诺采取措施削减女性参与经济社会活动的障碍，为女性提供更多的经济机会。圣彼得堡峰会要求各国重点关注解决结构性失业特别是年轻人失业和长期失业问题的战略。布里斯班峰会则承诺降低青年失业率，并确保年轻人接受教育、培训和雇用。同时各国同意在充分考虑各国国情的基础上，缩小男女就业参与率差额，到2025年将差额在目前基础上减少25%，以带动超过1亿女性就业。

第三，加强社会保障。戛纳峰会上各国领导人认识到对基础性社会保障投资的重要性，主要包括医疗卫生保障、老年人和残疾人收入保障、失业人员和低收入工作者的儿童补贴和收入保障等。洛斯卡沃斯峰会上，各国领导人承诺将继续培育国家之间的政策一致性、协调性、合作性和信息共享，以帮助低收入国家提高执行社会保护网的能力。借助普惠金融，为妇女、中小企业和发展中国家参与经济活动创造机会。

（八）能源与气候变化治理

能源安全和气候变化一直被看作是全球性的挑战，最先被放在包容性和可持续发展议题下进行讨论。随着这两个议题的重要性日趋上升，对其讨论也更为深入。

关于能源合作主要体现在以下方面。第一，提高能源市场的透明度和稳定性。各国领导人从匹兹堡峰会开始承诺定期公布完整、准确和及时的石油生产、消费、炼化和库存水平数据，承诺完善"联合机构数据倡议"，并同意将数据收集范围扩展到天然气领域，从而加强能源生产者和消费者之间的对话，改善对于供需趋势、价格波动等市场基本因素的了解。为保持能源市场的稳定性，各国领导人还建议加强和完善对于能源市场的机构性监管。

第二，提高能源使用效率。在历届峰会上，各国领导人一直承诺合理调整并逐步取消鼓励浪费性消费的低效化石燃料补贴。

第三，增加对清洁能源的投资。匹兹堡峰会上，各国领导人承诺推动对清洁能源、可再生能源和能源效率的投资。圣彼得堡峰会上二十国集团领导人表示将在能源基础设施领域进行大规模投资，以支持经济增长和发展，投资将偏向更智能、更低碳的能源基础设施，特别是清洁和可持续电力基础设施。

气候变化承诺主要表现为积极促进各国在气候变化会议上达成协议。伦敦峰会、匹兹堡峰会都表示尽力在 2009 年 12 月哥本哈根联合国气候变化会议上达成协议。哥本哈根会议之后，二十国集团领导人在多伦多峰会上表示，已具名支持《哥本哈根协议》的成员重申支持《哥本哈根协议》及其落实，呼吁其他成员具名支持《哥本哈根协议》。同时承诺以《联合国气候变化框架公约》目标规定及"共同但有区别的责任"和各自能力等原则为基础，参与《联合国气候变化框架公约》下的谈判。各国领导人还决心通过坎昆会议的包容性进程，确保取得成功成果。戛纳峰会上，二十国集团领导人继续致力于推动德班气候变化大会取得成功。洛斯卡沃斯峰会上则致力于全面实施坎昆会议和德班会议的成果。

（九）G20 治理机制改革

根据 1999 年 G20 诞生时发布的首份公报，"G20 是布雷顿森林体系框架内一种非正式对话机制，目标是推动具有'系统重要性'经济体之间就经济、金融核心政策开展对话、扩展合作，以实现有益于全球的世界经济稳定、持续增长"。成立初期，由于其财长与央行行长会的合作方式，G20 被认为将承担重构后布雷顿森林体系（也称布雷顿森林体系 II）的任务，主要侧重国际经济金融治理。

2010 年多伦多峰会确认 G20 为"国际经济合作的首要论坛"，意即表明 G20 是一个居领导地位的非正式的全球经济治理协商平台。从财长会发展起来的 G20，其非正式体现在没有常设的秘书处、没有专属的国际员工，也没有执行或监督的管理实体。G20 不仅依赖其成员国开展协商与合作，而且也借助各种国际机构提供智力支持，其重点在于协商合作。例如，G20 的部分努力在于改进各国际组织或机构，使其对于全球经济的治理更富有成效，如推动国际货币基金组织以及世界银行的治理改革，在原来的商品、金融、发展三大治理支柱基础上增加了一个新的支柱——由国际清算银行、金融稳定理事会和巴塞尔银行监管委员会构成的金融监管支柱。具体的执行工作则由各成员国或者国际组织负责落实。国际货币基金组织、世界银行、国际清算银行、贸发会、世界贸易组织、国际劳工组织、粮农组织、OECD 等国际机构深入参与了 G20 平台上的各层级协商，并利用其专业特点为 G20 合作提供技术支持或建议方案。2010 年 11 月首尔峰会上，联合国秘书长也明确表达了与 G20 加强合作的必要性。

随着合作的持续，G20 框架下已逐步形成了一系列配套辅助合作机制，如 2010 年加拿大创建的青年 20（Youth 20，Y20）、2010 年下半年韩国在任 G20 主席国期间设立的商业 20（Business 20，B20）、2011 年 G20 主席国法国建立的劳工 20（Labour 20，L20）、2012 年墨西哥倡议建立的思想 20（Think 20，T20）、2013 年俄罗斯建立的公民社会 20（Civil Society 20，C20）和 2015 年土耳其创建的妇女 20（Women 20，W20）等多种组织。这些组织独立于 G20（G20 不对其言论负责），但是两者间高度相关，且这些组织的合法性也源于 G20。2015 年，在 B20 下设有 6 个工作组，涵盖经济、金融、贸易、投资等主要议题。而 T20、L20、Y20、C20 等尚未形成工作组形式的机制化，其活动形式更加灵活，并无一定之规。2016 年 G20 框架下的 6 个配套活动均保持活跃。其中，B20 设置了金融促增长、贸易投资、基础设施、中小企业发展、就业等 5 个工作组和 1 个反腐败论坛；T20 则先后在全球各地组织了 10 场次的国际研讨会并开展问卷调查。B20 向 G20 峰会、T20 向 G20 协调人会议分别提交了 G20 政策建议报告。其他各配套活动如 Y20、L20、C20 和 W20 等，则以国际大会的形式召集特定组织、机构、人群展开交流并发布了相应的主席声明。

三　主要国家对全球经济治理的诉求差异

随着中国经济开放度的提升，中国对于外部经济环境以及内外部经济联系的重视程度逐步上升，其关注的经济治理核心问题也在不断拓展。以下仅列举四个方面。首先，是对国际经济政策协调的需求。国家间的政策协调不仅在于减少经济政策冲突带来的影响，而且也有助于通过相互学习来提升经济治理能力。当各国经济发展态势不均衡引致经济政策出现分化时，经济政策协调的重要性更高。其次，是保障全球商品与服务市场的开放性和稳定性。中国经济的发展需要有一个稳定、开放的外部经济环境。根据世界贸易组织秘书处的统计，2013 年中国已经成长为全球第一货物贸易大国。根据联合国贸发会议 2015 年年度报告，2014 年中国与中国香港地区的 FDI 流入位居全球首位，分别为 1290 亿美元和 1030 亿美元，美国位于再次，约为 920 亿美元。再次，是维护国际金融体系的稳健性与公平性。与其他新兴经济体类似，中国的金融市场目前还落后于西方发达国家，更容易受到国际金融危机的影响。在该利益诉求下，中国积极推动各级各类货币互换网、外汇储备库、金融安全网、金融监管等各种金融稳定方式的建设。此外，由于人民币还不是主流国际货币，中国不仅需要加强金融影响力建设，还需要防范由此带来的各种金融风险。最后，是保障大宗商品的可获取性和供应的稳定性。随着中国经济的快速发展，中国对于能源、矿产品、粮食等的需求和消耗快速增加。由于尚处于工业化中期，中国资源消费面临着至少 20 年的高速增长。如何以公平、合理的价格获得国际资源以应对国内需求的巨大缺口，将成为未来 10 年中国需要解决的重要国际经济问题。

　　欧盟在全球治理中特别强调"良治"的概念。《欧洲治理白皮书》明确了支撑良治的五项基本原则，分别是开放性、参与性、责任性、有效性以及一致性。欧盟倾向于把贸易和政治议题以及发展议题联系在一起，通过贸易加援助的方式输出价值观念。不过，2006 年，欧盟出台《全球化欧洲战略》，在一定程度上放弃了其贸易政策中曾一直强调的社会公正、多边主义以及发展等诸多非贸易政策目标，市场准入成为其对外贸易政策重点，并强调即时的经济效果。债务危机之后，面对停滞的经济，欧盟在追求出口以及寻求投资协议方面表现出更具进攻性态势，经济安全已使其他战略关切变得次要。表面上，欧盟仍致力于多边主义贸易自由化，但危机后欧盟出台的新规则明显歧视非欧盟国家和企业，隐性的保护主义例如金融原则和规则标准等明显上升。

美国对全球经济治理的议题关切与主张包括：应对网络威胁，打击恐怖主义及窃取商业机密的行为；为建立全球合作机制削减贫困和遏制疫情蔓延而投资；在亚太地区与盟国一起确保海洋争端解决、防核扩散、救灾、气候变化等方面的规则同样得到遵循；恢复对全球金融体制的信心，避免保护主义对经济的损害；通过高标准的贸易安排创造公平的竞争环境，反对其他国家的政府补贴行为对市场秩序的威胁；等等。在全球经济治理的权力结构方面，美国特别强调自身的领导力，并且强调其领导力的支柱是美国的价值观，为此美国致力于在全球推销其民主和开放市场制度。

日本参与全球治理具有独具一格的日本特色，表现为一般不主动提议或主导如何发展并完善全球经济治理机制，但也不回避承担部分的责任。日本一方面希望借助参与全球经济治理的机制建设，强化其在国际社会政治强国的形象，另一方面对美国主导的全球经济治理体系没有任何僭越，基本依附于美国的全球经济治理政策。但是，随着国内公共债务水平的攀升和经济增长长期停滞后果的显现，日本为世界和地区经济稳定与发展提供公共产品的贡献精神日渐式微。

在全球经济治理方面，俄罗斯加入了世界贸易组织，积极参与世界经济的开放和自由化，支持取消贸易障碍、促进技术和投资流动以及人口自由流动。但是俄罗斯认为，国际社会尚未建立起一套有效的全球贸易和经济危机应对制度，以克服国际经济体制的结构性矛盾，预防世界性经济危机的发生和扩散。2008 年爆发的国际金融危机表明，国际社会已有的金融市场和经济运行监管机制明显不足，应当认真思考建立健全全球经济治理的有效机制。俄罗斯认为，到目前为止，国际经济治理体系正在映射为一个三角形的结构：联合国、G20 和三大国际经济组织（世界贸易组织、国际货币基金组织与世界银行）。俄罗斯主张，随着时间的推移，三角形结构可以演化成为一种全面的更严格的全球经济治理体制，其中联合国拥有最高权威，G20 和三大国际经济组织作为执行机制，它们之间将建立起一种新的功能结构和互动关系，为此国际社会需要制定一套有关经济秩序的新宪章来对此加以界定。

从经济发展的特征上看，印度长期坚持进口替代发展道路，高度警惕世界市场对国内市场的冲击。在全球经济治理领域，印度的理念充分体现了这种特点，强调有限的对外经济开放，以及以满足国内需求为首要前提。有学者指出，印度经济增长备受瞩目，但外交上却颇显沉闷，印度不再像独立初期那样展示出大国外交的风范。原因就在于印度经济发展模式的这种两面性，在开放和封闭之间左右摇摆，在参与全球治理的深度和广度方面，往往举棋不定，在某种程度上影响了印度全球外交的拓展。在全球贸易领域，印度表现出对全球治理既有体系和规则的某些不满，并且试图在融入体系之后改变规则，甚至改变原有格局。在规则修正方面，印度促成了与贸易有关的知识产权规则的重要修改，赢得了更多的"强制许可"的权利，在西方跨国公司垄断的医药生产领域打开了一个缺口。

澳大利亚关注从贸易自由化到气候变化等诸多问题，布里斯班行动计划将为 G20 成员各国就如何共同合作促进更多的基础设施投资、促进贸易、改善竞争环境，以及为更多的女性和年轻人获得就业机会提供指导。澳大利亚还特别关注就业和增长问题，希望 G20 成员通过促进就业，实现到 2018 年达到 2.1% 经济增长这一重要经济目标。此外，能源有效利用和教育问题，也是澳大利亚关注的全球经济治理问题。

四 对未来二十国集团峰会方向的建议

G20 的治理目标与中国对外部经济环境建设的需求基本一致。中国经验证明，稳定的外部经济发展环境、有序的经济活动秩序、有竞争力的国民生产能力是开放型国家经济发展的重要推动力。为了保障未来中国乃至全球经济持续发展、推广中国经济治理理念，2016 年 G20 可在以下三个重点方向推进。

（一）创造新的增量需求，促进全球经济长期增长

全球经济正滑向 IMF 总裁拉加德所谓的"新平庸"，中国经济也面临减速的风险和挑战。2016 年除了领导 G20 进一步推进结构改革之外，还应该寻找新的全球经济增长引擎。国际社会普遍接受对基础设施的投资短期而言有助提升全球总需求，长期而言则有助降低生产

成本、提升全球福利水平。中国近年来在该领域的努力应得到 G20 的支持和推广。尽管 G20 已经拥有投资与基础设施工作组，但需要从对投资与基础设施建设的讨论，逐步转变成行动力。例如，国家内部的基础设施建设通常由该国政府负责，但国家间的基础设施联通则存在诸多建设困难。这种困难对于内陆国家而言更为突出。G20 应鼓励利用好多种融资渠道与投资模式，通过有效推动全球的互联互通建设促进国家间经济联系，以此形成推动全球经济增长的重要动力来源。

（二）保障全球商品与服务市场的开放和有序

长期以来，中国遵循互利共赢的国际经济合作理念，实现了经济的快速发展。然而，全球市场正在被越来越多的贸易投资规则割裂开来，形成碎片化发展趋势。G20 可从贸易、投资、金融、人员、信息等五个方面的合作与开放规则建设着手。全球贸易规则以加强全球性贸易规则建设为核心，同时加强区域贸易规则的沟通与协调。全球投资规则领域以启动和推动对于国际投资规则的研究为发端，引导主要国家重视对于全球投资规则及其原则的建设。全球金融规则在促进短期资本流动效率和国际资本过度波动之间、监管不足与监管过度之间寻求平衡，进一步发挥 FSB 的全球金融稳定作用。全球人员往来规则致力于构建一个更加便捷的全球签证体系，为全球劳动力资源的开放提供一个基础，以平衡部分国家劳动力不足和劳动力过剩的问题。信息技术正在快速重新定义世界经济形态，全球信息规则建设正是为了适应技术变革给全球经济带来的巨大影响。充分发挥 B20 作用，通过启动针对信息经济模式的研究小组，形成对企业友好、便于政府管理和国际协调的未来一系列国际信息技术管理惯例。

（三）推动治理理念和治理结构的变化

建设全球"和谐世界"，既需要加强 G20 自身治理能力建设，也需要通过 G20 推进全球经济治理重点领域的改革。由于人民币还不是主流国际货币，中国不仅需要加强金融影响力建设，还需要防范由此带来的各种金融风险。可以在 G20 平台上进一步整合全球金融稳定机制，积极推动国际货币基金组织、世界银行的改革。由于尚处于工业化中期，中国资源消费面临着至少 20 年的高速增长。为应对国内需求缺口，如何以公平、合理的价格获得国际资源将成为未来 10 年中国需要解决的重要国际经济问题。加强全球能源与大宗商品治理，亦是 G20 各国关注的重点议题。此外还要进一步开展反腐与税收合作等。升级为峰会以来，G20 议题变得更加广泛，会议数量和规模也在不断上升，但是治理效果并没有显著提升。G20 在自身建设方面仍有进一步提升治理能力、改进治理效率的空间。全球经济治理需要适应现阶段的经济格局和现实需求，G20 应积极引导、逐步推进全球经济治理的民主化进程，鼓励多种经济治理理念，支持新兴经济治理机构的发展，重视可持续发展问题等。

第四章　全球经济治理结构
变迁的动力

第一节　全球经济治理面临的三大矛盾

经济全球化使得全球经济治理成为国际事务的核心议程。随着商品、服务、资本、技术、劳动力和知识（信息）的全球流动，民族国家日益生活在紧密联系的世界市场中，相互依存成为国际体系的基本特征。在相互依存的背景下，各国经济政策的外部性加强，全球性问题成为各国面临的共同挑战。因此，国家之间必须通过国际合作，形成有效的全球经济治理机制。在没有世界政府的情况下，全球经济治理成为各民族国家博弈均衡的结果。民族国家体系和全球一体化市场之间的矛盾，成为全球治理问题的根源。在全球经济治理过程中，全球公共物品的搭便车倾向与激励机制之间的矛盾、国际规则约束与国家自主性之间的矛盾以及国际制度非中性与全球治理民主化之间的矛盾，推动全球经济治理不断进行调整。

一　国际公共物品搭便车倾向与集体行动之间的矛盾

解决全球性问题依赖各国的集体行动。全球化时代出现了各式各样的全球性问题（global issue），这些问题具有跨境性、外部性和外溢性等特性。不断兴起的全球性问题已经超越了单个国家自行解决的能力，需要各国共同应对。民族国家之间如何通过协调与合作提供国际公共产品，成为当今国际社会面临的最大挑战。在经济全球化发展过程中，贸易保护、国际金融市场动荡、资源能源价格波动、环境污染扩散等问题日益跨越国界，通过外溢效应威胁到整个国际社会的稳定与发展。治理此类全球性问题，避免潜在的系统性危机，保护各成员的共同利益，成为所有系统成员面临的共同任务（Robert Keohane，2002）。因此，应对各类全球性问题，亟需各国通过国际合作的形式提供全球公共产品。

各国通过提供国际公共物品的形式解决全球性问题，必须克服集体行动的困境。按照竞争性和排他性的属性，公共产品基本可以分为三类（见表4-1）。第一类是纯公共产品，即同时具有非排他性和非竞争性，如环境保护、跨国传染病防治等。第二类公共产品的特点是在消费上具有非竞争性，但是却可以较轻易地做到排他，如发展援助、会员性的国际组织等。有人将这类物品形象地称为俱乐部产品（club goods）。第三类公共产品与俱乐部产品刚好相反，即在消费上具有竞争性，但是却无法有效地排他，如温室气体排放等，有学者将这类物品称为共同资源产品（common resources）。俱乐部产品和共同资源产品通称为准公共物品（quasi - pubic goods），即不同时具备非排他性和非竞争性（刘玮、邱晨曦，2015）。

表4-1　　　　　　　　　　　公共物品的分类

		排他性	
		有	无
竞争性	有	私人产品	公共池塘资源
	无	俱乐部产品	纯公共物品

在国际经济领域，存在大量兼具非竞争性和非排他性属性的纯公共物品，这些公共物品在供给时面临"搭便车"问题。诸如全球金融稳定、环境保护、维和等国际公共产品就具有正外部性，使得提供这些公共产品的国家要承担高额的成本，但其他国家却依然可在不承担成本的情况下享受国际公共物品带来的收益，导致"搭便车"现象产生。当理性的成员国长期倾向于在不承担治理成本的情况下享受"搭便车"的好处时，最终会降低供给国提供国际公共物品的动力。因此，在提供此类纯公共物品的时候，必须妥善解决成本分担问题，

通过消除"搭便车"现象来避免集体行动的困境。

选择性激励机制是促进公共产品供给的重要途径。选择性激励通过为公共物品提供者带来特殊利益的方式，对其承担的成本进行补偿，从而保证公共物品供给的持续性。在全球经济治理过程中，受制于各国实力地位和制度的非中性，责任和权利很难匹配，经常出现权责不一致的现象。虽然在某种意义上，通过适度的制度非中性和选择性激励，激发部分成员分担治理成本的动力，是公共物品持续供给的必要条件。但是，制度非中性和选择性激励的尺度很难把握，很容易成为既得利益者的"保护伞"，例如在国际金融等领域内，发达国家在"非中性制度"的框架下长期把持投票决策权，维护既得利益，造成国际金融治理机制的合法性不足。全球经济治理中的南北关系问题就是这一弊端的显现（张洪贵，2000）。

此外，具有竞争性但不具有排他性的公共池塘资源则会出现消费拥堵现象，需要通过选择性惩罚机制维持消费秩序。例如全球应对气候变化问题，需要各国共同控制碳排放量，因此要对过度排放的国家进行选择性惩罚，才能确保全球减排的公共物品的供给。同时，拒不履约与搭便车一样，都是国家参与全球经济治理时可能遭遇的巨大道德风险。参与全球经济治理的国家可能由于担心其他国家承诺的可信性，从而不愿意承担成本、合作治理，产生信任危机。因此亟需通过公正有效的制度安排让博弈者循规蹈矩地遵守"规则"。

总之，在经济全球化的背景下，国家之间的相互依存加强，应对全球性问题成为各国的共同利益。而为了克服国际公共产品的供给过程中的"搭便车"和履约问题，必须通过建立国际制度、完善全球治理机制，克服集体行动困境，实现国际公共产品持续供给。

二　国际规则约束与国家自主性之间的矛盾

经济全球化在狭义上是指商品、服务、资本、技术、劳工的跨境流动，形成一体化的国际市场（Geoffrey Garrett，2000）。经济全球化伴随着经济相互依存的加强，使得构建自由开放的国际经济体系成为各国的共同利益。作为经济全球化的内核，商品、服务和资本不受歧视的自由流动需要一套制度保障。因此，自由开放的经济体系需要建立在各国协商一致的国际规则之上。在国内层面，市场经济需要一套保护产权和强制实施合同的制度安排和法律保障。在国际层面，自由开放的国际经济需要各国通过协调合作放弃"以邻为壑"的对外经济政策，例如贸易保护、竞争性汇率贬值、金融监管政策的不协调。同时，在全球化背景下，国家间宏观经济政策的相互外溢效应加强，亟需各国加强宏观经济政策协调。

虽然经济学家总是强调全球范围经济开放的好处，认为全球经济一体化能够促进生产要素的最优配置，促进全球总福利和国家福利的增加。但是，对于不同规模和经济结构的国家而言，经济全球化对国家自主性的冲击以及对国内经济调整施加的压力明显不同。在国家层面，各国需要共同维护自由开放的贸易体系和稳定的国际货币与金融体系。但是，每个国家都服务于本国的国家利益和满足国内选民的需求，且具有不被更高权威干预的对外经济政策决策权。因此，国家具有逃避规则而获取更大收益的倾向。例如通过关税和非关税壁垒形式的贸易保护措施以及货币贬值的方式获取更大福利。而且，在国内层面，贸易自由化等政策会带来巨大的国内分配效应，所需进行的国内产业结构调整也会引起受损者的政治抵抗。全球化引起的国内调整过程并不会通过分工结构的转移而自动完成。例如，发达国家的农业、钢铁制造业、纺织等行业就不断通过游说行为，迫使政府采取各种关税和非关税壁垒，来采取贸易保护政策。发展中国家随着日益融入经济全球化进程，面临国内社会—经济结构的转型，收入差距的增大和金融市场的波动很可能引起政治不稳定。因此，在经济自由化过程中，各国都面临巨大的国内压力，希望其他国家开放市场，而本国可以采取一定的保护措施。国家对经济开放的承诺在国内政治优先的背景下很可能无法履行。如果各国竞相采取"搭便车"或"以邻为壑"的政策，最终将使得自由开放的国际经济体系陷入崩溃，各国都从中受损。因此，各国必须通过协商建立一套自我实施的国际规则来管理国际经济体系的运行。

经济全球化在为各国提供更大规模市场和全球分工体系的同时，也在通过市场压力、政策竞争效应和国际组织的强制力量，推动各国采取放松管制的自由化政策。一国若采取不同的政策或隔绝于全球化之外，将会承担极大的成本。因此，全球化向所有国家施加潜在压力，促使国家间政策聚合，通过鼓励贸易政策自由化、去除资本控制、向外国投资者开放金融市场，弱化国家在经济中的作用（Helen Milne，1998）。在经济全球化面前，发展中国家的国际自主性遭受巨大冲击，政治制度、宏观经济政策、文化观念和社会结构受外部力量的影响增大。国家一方面希望享受经济相互依存带来的好处，另一方面希望降低经济全球化对国家自主性施加的限制，希望保持充分的政策工具来隔绝外部力量的消极影响。

经济全球化促使国家的角色和主权的性质发生变化。一方面，经济全球化正在改变国家确保经济发展的战略手段，国家主权对经济生活的控制也受到侵蚀，部分权力在向全球市场、跨国公司和国际组织转移。另一方面，主权国家仍旧是世界政治舞台中占主导地位的行为体，是国内政治的最高权威。在经济全球化的冲击下，反而需要国家扮演更强大的社会保护者角色，以及通过宏观经政策框架进行有效的经济调节。在民族国家认同仍旧是国际体系主导观念的背景下，各国政府首先应向国内支持者和选民负责，实现本国的国家利益。过度的国际合作承诺和权力让渡会带来严重的国内政治阻力。尤其是经济全球化带来国内利益分配和社会结构的转型，会使得各国维持和促进自由开放的国际经济体系的政治动力不足。因此，经济全球化使得各国必须通过参与全球经济治理，来平衡国家自主性和经济相互依存，在开放中寻求发展。

三　国际制度非中性与全球治理民主化之间的矛盾

制度非中性能够保证选择性激励的产生，使得公共产品的提供者能够获得额外的"好处"，从而促进集体行动。国际制度供给往往依赖于大国的政治意愿，因此，当大国实现某种制度安排时，往往会获取不对称性收益。因此，制度非中性能够为国际公共物品供给提供激励机制，促进大国提供公共物品的意愿。

美国对全球经济治理机制的态度就随其利益的变化而调整。美国之所以领导构建国际制度，是为了"锁定其他国家（较弱国家）进入一个未来可预测的政策方向"，即可以"约束"和"限制"其他国家（Jeseph Grieco and John Ikenberry, 2003）。当然，美国同时也受到这些规则的某种程度的约束。一旦美国的实力相对衰落，美国对组织和领导国际经济制度的动力也就下降，以规则为基础的世界经济治理就会出现问题。20 世纪 70 年代，在西欧和日本经济复苏和重新崛起、美元国际收支危机每况愈下的情况下，美国就不再支持布雷顿森林体系关于其他货币"钉住"美元的标准，而是让其转化为浮动汇率制度。美国在战后对国际发展进程态度的转变，也反映了利益分配是霸权国领导全球经济治理的重要动因。当某一问题领域的治理模式不符合其国家利益时，对国际公共物品的支持就难以为继。当提供国际公共物品的收益递减以后，国家可以通过提高成员资格、建立双边合作网络等方式收缩公共物品的惠及范围，将公共物品转化为俱乐部产品，重新进行利益分配。

权力不对称对制度的分配性影响，会引起受损者或被迫调整的国家不满。如果国际制度的分配过度不公，将会引起成员国的抵制、呼吁改革甚至退出。虽然国际货币基金组织（IMF）是全球多数国家授权建立的以维持国际金融体系稳定为目标的国际金融机构，但美国利用其在 IMF 中最大配额股东和享有 17.1% 的投票权的地位，对 IMF 的借贷的流向和条件施加影响（Strom Thacker, 1999；Thmas Oatley and Jason Yackee, 2004；Axel Dreher and Nathan Jensen, 2007）。因此，引起很多发展中国家的不满。IMF 改革也成为全球经济治理改革的重要议程。

全球经济治理机制带来的分配问题还体现在南北关系方面。南方国家和北方国家在主权问题、经济发展阶段等方面的处境不同，因而就不能回避不同类型国家参与全球经济治理的机会和能力差异。如何在国际经济秩序中处理南北国家关系、构建包容性利益，成为一个核心的问题。南北国家在经济新秩序中的地位并不平等，其中包括在国际贸易分工与交换、国际资本流动、技术转让、国际经济与货币组织中地位上存在不平等（张洪贵，2000）。通过南南合作，共同寻找相对稳定的"治理均衡"①，是治理全球化的"妥协方案"。

---

① 绝对均衡的制度是不存在的。一般而言，呈现为各种形态的制度安排都只是相对稳定、可以暂时被接受的，实质上非绝对均衡的制度安排。

此外，全球经济治理机制的分配问题在新兴崛起国与守成国家的权力转移时期将会进一步凸显。当国际体系中的权力结构发生变化时，崛起国会希望改革既有国际制度的分配格局，提升本国在国际制度上的代表性和决策权。总体上看，权力结构的变化会引起国际制度分配格局的变化，但是由于制度具有路径依赖的特性，依靠新的替代性选项推动改革，将会非常困难。尤其在不同的议题领域，制度进入门槛和网络外部性不同，最终会影响崛起国能否利用外部选择权推动制度变革。日本就曾在20世纪80年代末，试图通过建立亚洲开发银行（ADB）和亚洲货币基金（AMF）推动布雷顿森林体系改革，提升日本在国际组织中的影响力（Sadako Ogata，1989；Phillip Lipscy，2015）。中国倡建亚洲基础设施投资银行，就是通过在基础设施融资领域建立新的治理平台，推动世界银行和亚洲开发银行的改革，甚至能够撬动相关的IMF改革。总之，制度非中性带来的利益分配是全球经济治理机制形成和变革的重要动力。全球经济治理机制既要反映强者或公共物品提供者的特殊利益，又要维持一定的利益包容性，为其他行为体提供获益空间。

第二节 权力重组与全球经济治理结构变迁

从威斯特伐利亚体系开始，国际体系大致经历了四次大转型：由威斯特伐利亚体系向维也纳体系的转型，维也纳体系向凡尔赛－华盛顿体系的转型，凡尔赛－华盛顿体系向雅尔塔体系的转型以及冷战结束以来的最近一次转型。纵观历次国际体系转型，每一次转型都意味着权力在体系内部各行为体之间的重新分配、国际机制的重大调整以及体系内行为体数量和性质的改变（唐永胜、李冬伟，2014）。从长时段来看，国际体系转型体现出三个明显趋势：国际体系行为体趋向多元，国际体系覆盖领域不断拓展，国际体系的联系程度不断增强。国际体系的转型越来越复杂，表现为传统权力逻辑的掣肘越来越多，权力结构的扁平化趋势明显，国际体系的规制能力不断增强。

全球经济治理演变与国际权力结构的重组息息相关。任何阶段的全球经济治理都依赖于特定的权力基础。当权力结构发生变化时，支撑既有全球经济治理机制的政治基础不再，原有全球经济治理的理念、规则、决策程序和利益分配都可能发生变化。

一 霸权主导式治理

霸权国家的作用是影响全球经济治理机制的重要因素。全球经济治理的核心目标是提供国际公共物品，解决全球性问题。全球性问题的治理具有外溢性，符合大家的共同利益诉求，但是容易产生"搭便车"问题。解决搭便车问题，需要建立强有力的监督和执行机制，而这依赖于强大的国际领导力和稳固的政治共识。领导国的能力本质上是一种权力不对称性。权力不对称能够通过排除不合作行为体和利用武力威胁迫使其他国家参与合作等方式，促使国家在协调博弈和协作博弈中加强合作①。

第二次世界大战后布雷顿森林体系的建立和运行，依赖于美国霸权地位的确立，以及英美甚至西方阵营的政治共识。霸权稳定论认为，自由稳定的国际经济体系依赖于占主导地位的经济大国有意愿和能力担负起政治领导的角色。金德尔伯格指出，20 世纪 30 年代的大萧条爆发的原因，就是英国没有能力、而美国没有意愿提供世界经济运行所必需的国际公共物品。其中包括提供资本借贷、维持主要货币的汇率稳定、宏观经济政策协调以及保持市场开放和扮演国际最后贷款人的角色（Charles Kindleberger, 1995）。按照金德尔伯格的观点，领导国建立自由开放的世界经济秩序既是出于本国经济利益的考虑，也是为了促进全世界经济利益的责任和担当，因此有很强的自由主义色彩。而吉尔平和克拉斯纳则更强调霸权国在建立自由国际经济体系时促进自身利益，尤其是维护政治和安全利益的动机。但是，霸权稳定论者几乎一致认为，提供自由贸易和货币金融稳定这样的国际公共物品，需要一个占支配地位的大国。这个大国与自由开放的世界经济有着重大攸关利益，愿意花费经济和政治资源来建立和维系自由开放

---

① 协调博弈又称共同规避的困境，是指行为体双方都不希望某种结果的出现，因此在避免该特定结果出现上具有共同利益。协作博弈又称共同利益的困境，是指行为体的独立决策会导致帕累托无效率均衡结果的情况，只有合作才能实现有利于双方的均衡结果。详见曲博：《合作问题、权力结构、治理困境与国际制度》，《世界经济与政治》2010 年第 10 期，第 27—28 页。

的国际经济体系（罗伯特·吉尔平，2006a）。艾肯格林就给出了生动的例证，在历史记载中，多边主义唯一取得成功的例子恰恰是某一大国占支配地位的时期。而当时关贸总协定推动出现困难，恰巧又与美国经济相对衰落发生在同一时期（Barry Eichengreen，1996）。此外，无论是第一次经济全球化时期的非正式治理还是第二次世界大战后基于正式制度的布雷顿森林体系，都是建立在主要大国的政治共识的基础之上。金本位时期，欧洲各国以及美国之间的政策协调和央行合作是确保货币体系稳定的重要条件。布雷顿森林体系的建立，依赖于英美在全球经济治理理念和利益上达成的共识，也有赖于西方阵营的团结支持。

19 世纪末的国际金本位制建立在英国霸权领导的基础之上。虽然自 1872 年开始，英国的 GDP 总额逐渐被美国超出，但是英国仍然维持无与伦比的全球优势。英国于 1816 年最早实行金本位制。凭借雄厚的工业基础和在国际贸易中的绝对优势地位，英镑迅速成为等同于黄金的国际货币，并被各国作为外汇储备，英国因此获得了大量的铸币税。凭借英镑的国际地位，英国开始了大规模的以海外投资为目的的资本流出，并长期作为当时世界上最大的资本输出国。至 1913 年，英国的海外资产相当于本国 GDP 的 1.5 倍左右，这意味着其国民总收入比其GDP 多出 9% 以上。同时，英国积极倡导贸易自由化政策，取消了各种贸易和关税限制，极大地促进了其与殖民地以及全球各国之间的贸易活动。英国成为世界上对外贸易总额最大的国家，其出口年平均增长率在3.9% 左右，几乎是 GDP 增长率的两倍。此外，英国还拓展了殖民地的版图，先后在亚非拉地区控制了诸多殖民地，尤其是印度，拥有了世界上最庞大的殖民地体系。因此，如果考虑到英镑的国际地位、海外资产和殖民地等的作用，英国仍是国际经济体系中不折不扣的霸主。

英国作为当时的霸权国，承担起维持自由开放的国际经济体系运行的责任。为了减轻黄金流通对国内价格和国内经济的影响，中央银行本可以通过一些货币政策做出审慎的反应，从而在该段时期逃避金本位制的惩罚，削弱价格—硬币流动机制的运行（罗伯特·吉尔平，2006b）。但是，英国在 19 世纪末实际上担负起了使该体系运转的领导任务。英国无与伦比的商品和资本市场以及英格兰银行管理国际资本流动的重要作用，使得英国其实在主导各国遵守国际货币体系的规则。同时，各国对英国有实力和意愿维持英镑与黄金比值的信心，也是货币体系稳定运行的关键。此外金本位制也并不是非人格化的、中立的国际货币安排，而是体现了英国的霸权利益。英国作为当时最主要的资本输出国，能够通过资本流量的调节，减少国际收支差额调整过程带来的国内冲击。而资本输入国面临的国际收支调整压力要大得多。并且，英国利用英镑在国际交易中的核心地位，通过英格兰银行信贷供应的变化对黄金流通和国际物价产生影响，使得英国拥有了操纵贸易、资本流动和国民收入的手段（罗伯特·吉尔平，2006a）。19世纪末，随着新兴工业国的兴起和英国霸权的衰落，英国在世界经济中的领导权基础开始动摇，国际经济体系愈发不稳定，直至一战的爆发彻底破坏了金本位时代的政治基础（见图4-1）。

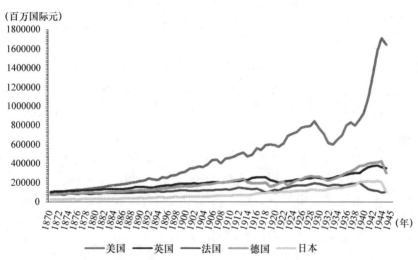

图4-1　主要发达国家的GDP（PPP）估计值：1870—1945年

数据来源：安格斯·麦迪森著：《世界经济千年统计》，伍晓鹰、施发启译，北京大学出版社2009年版。

注：单位是百万国际元，以1990年为基期进行折算。

　　两次世界大战期间，英国的霸权地位开始明显衰落，而美国在国际经济格局中的地位和作用明显突出。由于国际体系中缺乏既有能力又有意愿扮演领导者的霸权国家，全球经济治理进入"以邻为壑"

的混乱时期。当时，英国的国际权势和地位逐渐下降，美国日益取代英国成为商业与金融领域的领导者。随着英国工业的衰落、战争负担加剧和新兴强国的兴起，英国管理国际货币体系变得力不从心。美国1914—1945 年 GDP 总额持续、快速增长，成为国际经济体系中一枝独秀的力量，霸主国英国与美国之间的差距也呈持续扩大态势。不仅如此，自"一战"之后，英国从债权国沦为债务国，英镑的地位严重动摇，大量黄金开始流向美国，纽约取代伦敦成为新的国际金融中心，美元也成为国际储备货币之一。但是，英国地位下降而美国成为霸权国家方面在国内还没达成一致，这使得当时的国际体系缺乏一个霸权领导者来提供稳定的国际借贷、保持国际贸易体系的开放和维持国际金融市场的稳定①。

"二战"后建立了以美元为中心的布雷顿森林体系，美国完全取代英国成为国际货币体系的唯一主导。从"二战"结束直到1975 年，美国的 GDP 占世界 GDP 的比重都在 20% 以上，同一时期，英国、法国、日本、德国、意大利、加拿大等主要发达国家的占比均在 10%甚至 5% 以下，即美国的 GDP 占世界 GDP 的比重几乎相当于其他几个主要发达国家的占比总和。而主要发展中国家如中国、印度等国的GDP 占比更是低于主要的发达国家，根本无法与美国相匹敌（图 4 -2）。美国依靠其强大的国家实力和霸权领导力，号召建立了布雷顿森林体系。美国主持召开了布雷顿森林会议，并在美英谈判协调的基础上达成了利益和观念共识。在布雷顿森林体系下，美国经济必须为世界经济的增长提供引擎，通过美元的输出为各国提供储备资产和清偿手段。美国实施"马歇尔计划"，为经济伙伴提供流动性和出口市场，促进了欧洲、日本的经济复兴，推动了西方世界的经济一体化。美国在布雷顿森林体系享受一系列特权，包括通过印发美元向全世界融资、向盟友提供安全保护承诺、便利美国金融机构和企业开展海外业务以及增加国际市场对美国金融服务业的需求等。

---

① 关于霸权稳定论的解释，参见查尔斯·金德尔伯格：《世界经济霸权 1500—1990》，高祖贵译，商务印书馆 2003 年版；罗伯特·吉尔平：《世界政治中的战争与变革》，宋新宁、杜建平译，上海人民出版社 2007 年版。

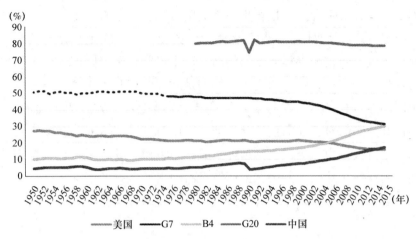

图4-2　主要国家/集团占世界GDP的比重（1945—2015年）

数据来源：作者根据相关数据计算而得，其中1950—1959年的GDP数据来自《世界经济千年统计》，1960—2015年的数据来自世界银行WDI数据库。

二　俱乐部式治理

当霸权实力下降时，霸权国不得不同伙伴国分担治理成本，共享治理收益。这些具有权力优势的国家共同组成一个俱乐部，通过协调集体决策，塑造全球经济治理的议程。俱乐部式治理结构表现出封闭性和排他性。俱乐部成员国往往主导全球经济治理进程，并享有一定的特权，而处于俱乐部之外的国家却被排除在外。布雷顿森林体系解体后，霸权国就进入了以七国集团为核心的俱乐部治理模式。

美国的经济地位实际上从20世纪50年代开始就呈现出下滑态势，1975—2008年仍然延续了上一时期的状况，持续下降。从图4-2、4-3、4-4可以看到，这一时期，美国的GDP占全球GDP的比重从1975年的21.1%下降到了2008年的17.9%，贸易占比从1975年的12.7%下降到了2008年的11.3%，其对全球经济增长的贡献率更是从1976年的22.7%降到了2008年的仅5.3%。除了美国在整个世界经济格局中的地位下降之外，全球市场力量的发展，也大大冲销了美国通过布雷顿森林体系管理和调节世界经济的能力。市场的投机性攻击是美国无法维持黄金—美元固定汇率的导火索。而法国政府拒不配合,·并对美元进行抛售更使得美国国际收支危机雪上加霜。美国总统尼克松在 1971 年不得不选择关闭黄金窗口,实现美元与黄金的脱钩,宣告布雷顿森林体系的终结。这主要归因于当时国际力量结构的变化。一方面,欧洲的复兴,特别是欧洲国家开始用盈余美元兑换美国国库黄金。另一方面,美国外汇市场从全面顺差转为全面逆差,使得其他国家对美元的信心开始动摇。面对日益严重的国际收支赤字和黄金流失压力,美国主动选择了放弃布雷顿森林体系。布雷顿森林体系的崩溃,反映了美国在全球经济治理出现危机的情况下,主动改变全球经济治理模式、继续维护其国家利益的考虑。

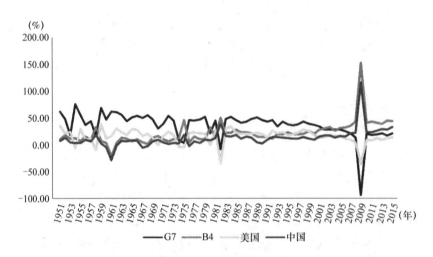

图 4 - 3 主要国家/集团对世界 GDP 的贡献率(1945—2015 年)

数据来源:笔者根据相关数据计算而得,其中 1950—1959 年的 GDP 数据来自《世界经济千年统计》,1960—2015 年的数据来自世界银行 WDI 数据库。

布雷顿森林体系解体之后,美国积极与其他发达国家合作,建立了以七国集团为核心的政策协调网络。七国集团不仅在宏观政策协调领域紧密配合,而且通过在国际货币基金组织、世界银行和经合组织等机构担任大股东,聚合共同政策偏好,主导全球经济治理事务。七国集团组成的政策协调网络反映了全球经济治理从霸权主导模式向俱乐部模式的转变。

三　包容改进式治理

随着全球化的发展，权力和知识的扩散日益成为一种趋势。霸权或俱乐部式全球治理面临的合法性和有效性危机愈发严重，使得包容改进式治理结构日益成为一种趋势。

新兴经济体和发展中国家的发展，重新塑造了世界经济版图。21 世纪初至今，新兴经济体的群体性崛起成为全球经济格局的最重要变化。这种变化可以概括为两个换位：一个是发达经济体和新兴与发展中经济体在 GDP 占比格局中的换位，另一个是两者在 GDP 增量贡献上的换位。

2008 年，新兴经济体与发展中国家在全球 GDP 中的占比开始超过发达国家，两者的占比分别为 51.1% 和 48.9%；此后，发达国家占世界 GDP 的比重持续下降，而新兴经济体和发展中国家的占比则不断上升，至 2015 年两者的占比分别约为 42.4% 和 57.6%。① 换言之，如果不考虑结构因素，与 2008 年相比，发达经济体和新兴与发展中经济体对全球经济总量的贡献在 2015 年发生了对调。在发达国家中，G7 在世界 GDP 中的占比从 2008 年的 36.5% 下降到了 2015 年的 31.5%，下降了 5 个百分点，其中美国的占比从 17.7% 下降为 15.8%；欧盟的占比则从 2008 年的 20.4% 下降到了 2015 年的 16.9%，下降了约 3 个百分点。在新兴经济体中，中国同期的占比从 12% 上升到了 17.1%，印度的占比则从 5.2% 上升到了 7%，分别提高了 5.1 和 1.8 个百分点，中国经济占比的提高是最显著的促进因素（图 4-2）。

与此同时，自 2001 年起，新兴经济体和发展中国家对世界 GDP 增长的贡献率已经超过了发达经济体，并且这种状态一直保持到了 2015 年。在 2008 年金融危机期间，新兴经济体和发展中国家对全球经济增长的贡献达到了顶峰，当年拉动世界经济增长了 1.5 个百分点，而同期发达经济体则拉动世界经济下滑了 1.8 个百分点，两者差距达到了创纪录的 3.3 个百分点。在之后的多年中，这一差距在 2 个百分点附近波动。进一步而言，在发达国家中，G7 的经济衰退作用非常明显，是导致发达国家对世界经济增长的贡献率下滑的主要因

---

① 国家团体的数据来自 IMF 网站。

素，而美国的负面影响最为显著；在新兴经济体中，金砖国家（特别是金砖四国中、印、巴、俄）的拉动作用最为显著，尤其是金融危机期间，中国几乎成为世界经济增长的唯一拉动力。

不仅如此，自2008年金融危机之后，美国和G7的贸易总额在全球中的占比继续承继2000年以来的下滑态势，进一步持续且更加快速地下降，而以中国为代表的金砖国家则继续呈上升趋势，而且到2015年，中国的对外贸易占比已经和美国几乎相当，两者分别为10.7%和12%。总而言之，发展中国家尤其是新兴经济体的经济增长，已经稳定地成为世界经济增长的最主要拉动力量。伴随经济实力的上升，新兴与发展中经济体已经崛起为全球经济重要的利益攸关方，这也使得这些国家参与全球经济治理活动的内外在需求逐步上升（黄薇，2012）。

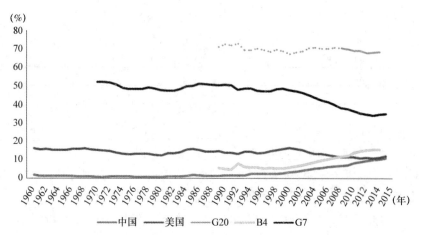

图4-4　主要国家/集团占世界贸易（进出口总额）的比重（1960—2015年）

数据来源：作者根据相关数据计算而得，进口和出口数据来自世界银行 WDI 数据库。

金融危机过后，尽管奥巴马政府一再公开强调美国将再次回到国际合作和多边主义，但美国经济实力的下降和国内政治阻力的加大，使得美国没有也难以重新发挥全球经济治理的领导作用。相反美国采取诸如"量化宽松等明显与其他经济体（如出口大国和新兴经济体）"的政策相互冲突的"非常规"的货币政策，形成了美国与其他国家之间的宏观经济政策冲突（庞中英，2011）。美国对于国际货币基金组织（IMF）增资，加强国际金融危机救助的能力一直犹豫不决。面对金融危机暴露出的全球金融监管问题，美国不仅没有充当国际金融监管改革的领导者，反而成为执行《巴塞尔协议Ⅲ》的阻碍力量。随着美国实力的相对衰落和美国国内反全球化力量的兴起，美国有重新回到"收缩"战略的可能，美国对于其战略资源的运用也将更加精巧，对国际责任的承担也将更加谨慎。全球经济治理已经超越了霸权时代，进入一个多边共商时代。这样的重担更多地落在了中国这样的新兴经济体上，未来将是发展中国家同发达国家一同参与全球经济治理的转型期。正如奥巴马所说，"如果没有中国的参与，美国在国际上能做的事非常有限"。全球经济治理的良性发展将需要更多地依赖不同国家之间达成的政治共识。因此，全球经济治理的国际政治基础，不仅依赖于主导国的国际领导权，也要依靠其他国家的合作共识。

与此同时，新兴经济体大力推动全球经济治理改革，提高发展中国家对于国际经济组织的参与度和发言权，推动全球治理体系向更加公正合理方向发展。一方面，新兴经济体通过联合行动，寻求既有国际经济组织内部的变革；另一方面，通过建立和发展新的替代性国际经济治理平台，摆脱对既有国际经济治理机构的过度依赖，同时也有利于通过制度竞争，倒逼既有国际经济组织改革。既有的正式国金融机构的改革却面临各种障碍，从而削弱了其治理的合法性。正是在这种背景下，在国际贸易、国际货币和金融以及跨国投资等各个领域，各国竞相通过谈判联盟方式建立新的双边和地区协议网络，美国一统天下的国际制度体系开始出现各种"裂纹"。在贸易领域，随着多哈回合迟滞不前，WTO 的权威性不断下降，各种区域性的自由贸易谈判（FTA）不断兴起，大有取全球多边主义而代之之势；在货币领域，金融危机之后各新兴国家加强了本币国际化的进程，美元的主导地位不断遭遇挑战；在金融领域，各种双边的货币互换、区域外汇储备机制和区域开发银行不断成立，对 IMF 和世界银行的金融职能构成了替代效应；在投资领域，各种双边投资协定（BIT）的大量涌现也凸显了缔结全球统一的投资协定更加遥遥无期。这种日益"碎片化"的治理格局使得原来隐藏在多边制度之下的权力政治"冰山"显露出来了。尤其是崛起的中国正在通过积极有为的外交努力，在贸易和金融领域，推动既有的全球性制度改革（简称"改制"）和积极进行大规模的区域性制度建设（简称"建制"），从而在一定程度上重现了国际制度竞争的图景①。新兴经济体的崛起改变了国际权力结构，也推动了全球经济治理版图的重组。G20 取代排他性的 G7 成为全球经济治理的首要平台（崔志楠、邢悦，2011），形成了更具包容性的政策协调网络。金砖国家银行、亚洲基础设施投资银行的成立，也正在改变传统的国际发展治理架构。总之，美国金融危机加剧了既有的全球经济治理机制在包容性、行为能力、权威性和合法性等多方面的不足，大国之间的权力政治在重新加强，尤其是体现在新一轮的规则竞争方面，整个国际经济治理体系再次出现"礼崩乐坏"之后的秩序再造。

第三节　理念变革与全球经济治理结构变迁

全球经济治理需要解决全球化时代政府和市场关系以及社会公正和财富分配等问题，因此深受政治经济学思想的影响。关于经济和政治的基本原则和理念必然会影响全球经济治理的结构。政府在经济体系中的角色、市场是否应当被嵌入到社会之中、经济自由与社会平等的关系等一系列问题，都涉及经济理念的分歧。经济理念随着社会变革、认知因素和政治周期不断发生变化。战后全球经济治理规范经历了从"内嵌式自由主义"到新自由主义理念的变革，深刻地反映了全球经济治理的经济理念基础。

一　自由放任的经济理念

经济理念作为一种具有自身演变周期的社会存在，能够独立地对全球经济治理的变革发挥作用。政治价值和文化的变革、新的知识界的研究和社会思潮都有可能引起既有全球经济治理机制发生革命性的变化，金本位反映了当时所主导的自由放任的资本主义意识形态。按照科恩的理解，金本位制体现了自由放任的思想，即"仅通过国内物价的灵活性和黄金生产的自然限制的结合，实现非人格化、充分自治

---

① 对于中国的"建制"和"改制"努力，参见李巍《人民币崛起的国际制度基础》，《当代亚太》2014 年第 6 期。

并且政治上均衡的国际货币秩序，确保调整过程和储备供应最优化"（Benjamin Cohen，1977）。当时还处于前福利国家时代，国家经济政策的目标是适度的，并不用去满足国内社会对充分就业的预期。当时凯恩斯主义并未开始流行，各国政府奉行自由放任和不干预主义的经济理念。而随后凯恩斯主义的兴起，为国家干预经济提供了理念支持。凯恩斯主义认为政府通过政府开支、利率政策和货币供应等货币调控手段，能够消除失业、经济衰退等市场弊端。政府开始利用货币调控手段调节经济，国内经济增长和充分就业开始超越国际货币稳定，成为政府追求的优先目标。金本位制运行的规则基础遭到破坏。

二　内嵌式自由主义

大萧条和"二战"的痛苦经历，使得各国开始以经济增长和充分就业为国家的优先目标，开始纷纷拥抱凯恩斯主义和福利国家理念。同时，为了避免大萧条时期破坏性的经济民族主义，各国试图建立稳定的世界经济秩序。自由开放的多边主义成为国家追求的国际秩序理念。约翰·鲁杰指出，为了保留凯恩斯主义主张的国家经济自主权和实现多边开放的国际经济规则，布雷顿森林体系的缔造者们达成了"折衷的妥协"，即同时避免金本位制时期国内经济活动服务于外部汇率稳定的目标和战间期为了国内政策自主而牺牲国际稳定的情况（Benjamin Cohen，1977）。这种"妥协的内嵌式自由主义"使得政府在国内执行凯恩斯的刺激经济增长政策的时候，不会破坏国际货币稳定（罗伯特·吉尔平，2006b）。

"二战"结束后建立的布雷顿森林体系确立了"内嵌式自由主义"为基础的规范体系，强调国家在履行多边主义承诺、推动经济一体化进程时，在国内通过构筑社会安全网以使民众免受自由化的负面冲击，或者以再分配等手段对因全球化而受损的群体做出补偿（孙伊然，2011）。除了美国坚定不移的支持外，大萧条"以邻为壑"政策的历史教训以及对自由市场的共同信念，使得美英等国在建立自由开放的国际经济体系方面达成了共识。同时，在"二战"结束时期，凯恩斯主义开始盛行，而且人们对政府追求社会目标的认可和期望，使得政府的职责扩展到追求国内价格稳定、保证充分就业以及提供社会保障等"国内稳定"目标上来。因次，政府需要保留干预国内经济的政策自主性。这体现了大萧条过后各国从社会层面对凯恩斯主义经济理念的拥护，对自由放任的市场经济的怀疑。加强政府对世界经济的监管和调节机制，是当时的主流经济思想。布雷顿森林会议期间，凯恩斯提出的清算同盟方案与怀特提出的基金稳定方案，都寻求通过政府间的合作促进国际收支平衡，折中实现多边主义承诺和国内充分就业的目标（Ruggie，1982）。当时国际货币与金融体系就是在维持固定汇率的同时，允许各国维持资本管制，以确保国内宏观经济政策的自主性。在推动关贸总协定贸易机制谈判的过程中，也通过保留维持国际收支平衡、促进国内社会保障和充分就业的政策手段，引入内嵌式自由主义理念。关贸总协定规定了一揽子的豁免条款和应急措施，以指导各国在关税削减的同时对受损方进行补偿（Ruggie，1982）。加德纳指出："关贸总协定的缔造者们并非市场原教旨主义者，他们寻求的是一种与充分就业、社会公正一致的、开放的贸易体系"（Richard Gardner，2009）。布雷顿森林体系三大国际机构的指导原则和实际运行，都深入地贯彻了内嵌式自由主义的经济理念。

三 新自由主义

经济理念随着社会结构变动和政治思潮变化的影响，呈现出一定的周期性。20世纪60年代末，战后"黄金时代"的长期繁荣开始出现颓势，美国也开始出现滞涨，国际收支危机和国内通胀、失业率上升并发。尤其是国际收支危机伴随的黄金流失和对货币体系稳定的担忧使得美国开始考虑改革布雷顿森林体系。美国在1971年宣布放弃固定汇率体系、关闭黄金窗口，实际上标志着布雷顿森林体系的终结。之后，美国在1975年促成七国集团的成立，联同各主要工业国家实现从固定汇率到浮动汇率的转变。随后，布雷顿森林体系坚持的内嵌式自由主义理念也逐渐被新自由主义理念取代。

"二战"后的全球经济治理在分别经历了内嵌式自由主义、新自由主义主导之后，正处在一个观念竞争的不确定时期（孙伊然，2011）。纵观布雷顿森林体系创建以来全球经济治理的演变，可以看到社会性目标和经济目标兼容仍旧是理念争论与演变的核心。在经济全球化的背景下，不同国家的文化与知识传统、国家地位、经济结构与发展阶段以及国内政治基础不同，使得不同国家对于政府在经济全球化中扮演社会保护者和公正维持者的角色以及多大程度上支持自由放任的经济一体化，仍旧存在理念分歧。尤其是当新自由主义经济理念在此次金融危机之后日益受到批评和挑战的情况下，各主要国家如何通过沟通协作形成新的主流经济理念，仍旧是引领全球经济治理结构变革的重要力量。

新自由主义理念的卷土重来则要部分归功于经济学学术界的变化。强调自由放任的市场经济的新古典经济学和国家干预学说的凯恩斯主义一直存在争论。布雷顿森林体系时期，凯恩斯主义居于主导地位，内嵌式自由主义成为全球经济治理的指导思想。从20世纪70年代开始，新古典经济学关于自由市场的观点逐渐在学术界获得了胜利。尤其是随着货币主义和理性预期理论的发展，凯恩斯经济学开始遭受严重抨击，发展经济学的思想基础开始瓦解，并逐步走向衰落。其次，英美两个领导国国内主导意识形态的变化也是重要原因。新自由主义经济理念在两国国内复兴，政府开始减少市场干预措施，回归自由市场的经济制度。最后，新自由主义经济理念通过跨国公司、企业家、学者的宣扬，逐渐成为国际社会的主流规范。新自由主义经济理念在国际社会中取得了更多的支持，"新自由主义"思想和"结构性调整"学说在国际货币基金组织和世界银行中开始占据统治地位，成为正统的经济理念（罗伯特·吉尔平，2006a）。

四 危机后的观念重构

2008年爆发的国际金融危机使人们开始反思后布雷顿森林体系时期所盛行的新自由主义经济理念。美国金融危机削弱了以"华盛顿共识"为代表的新自由主义经济理念的合法性，使国际社会进入新一轮的经济治理和发展理念的"重构期"。一方面，2008年美国金融危机和2010年欧洲债务危机这两起重大事件，激发了国际社会对盛行的新自由主义经济治理理念的反思①，以"资本自由化"为导向的国

---

① 特定事件是影响经济治理理念结构变化的重要因素。参见吴澄秋《后危机时代的经济治理理念结构》，《国际论坛》2013年第1期，第55页。

际金融监管规范和跨国资本流动管理规范在危机后都经历了逆转。在二十国集团和金融稳定理事会（FSB）的主导下，宏观审慎与微观审慎相结合的"第三版巴塞尔协议"替代了以放松金融管制为核心的安格鲁－撒克逊监管模式①。而作为资本项目自由化的鼓吹者的国际货币基金组织，也开始承认资本管制对资本流动管理的有效性②。

　　另一方面，新兴经济体的崛起也增强了发展型国家模式（developmental state）的合法性与影响力（吴澄秋，2003）。在全球化浪潮下，部分新兴经济体尤其是金砖国家抵制国际经济组织所施加的经济自由化压力，在经济转型中坚决捍卫国家经济政策的自主性，通过不同程度的国家干预，引导了经济的快速发展。金砖国家在金融监管、资本管制③、产业政策、宏观调控、公共部门等政策领域，都强调政府职能的积极作用。特别是中国发展模式在国际竞争中显示出优势，这种国家引导的发展模式的成功也引起了知识界对华盛顿共识所主张的发展模式的疑虑，这使得经济理念的竞争重新回到国际政治经济学的主题之中④。

　　不仅如此，在金融危机和债务危机中，为了开展金融救助和维护国际金融体系稳定，包括美国和欧洲在内的各主要国家政府都对市场

---

　　①　第三版巴塞尔协议还将主要依靠市场纪律和自我监管的对冲基金与金融衍生品交易纳入国际监管框架，参见 Eric Helleiner and Stefano Pagliari，"The End of Self－regulation? Hedge Funds and Derivatives in Global Financial Governance"，in Eric Helleiner，Stefano Pagliari，and Hubert Zimmermann eds. *Global Finance in Crisis*：*The Politics of international regulatory change*，New York：Routledge，2010，p. 74。

　　②　2010 年 2 月，国际货币基金组织发布的关于国际资本流动管理的报告中部分承认了资本账户管理的适当性，并为如何适当使用资本账户管理制定了一套指南。参见 Jonathan D. Ostry，et al.，Capital Inflows：The Role of Controls，IMF Staff Position Note 10/04，2010，D. C.，Washington：International Monetary Fund。

　　③　例如，巴西、印度、韩国等新兴经济体在危机后就通过不同程度的资本管制对资本流动不稳定进行了有效的管理。凯文·P. 加拉赫尔、斯蒂芬尼·格里菲斯－琼斯、何塞·安东尼奥·奥坎波：《促进稳定和发展的资本账户管理：一种新方法》，《国际经济评论》2012 年第 5 期，第 76 页。

　　④　2013 年第 2 期的《国际政治经济学评论》以"金砖国家与华盛顿共识"为主题组稿，对金砖国家是如何选择性地采纳华盛顿共识的政策建议以及对国际发展模式的影响进行了探讨。参见：Cornel Ban and Mark Blyth，"Dreaming with the BRICS? The Washington Consensus and the New Political Economy of Development，" *Review of International Political Economy* Vol. 20，No. 2，2013，pp. 241－420。

进行了大规模干预、救助和刺激，这种行为明显打破了新自由主义经济理念对政府行为的框定。而新兴经济体的政府外汇储备和主权财富基金对于稳定国际金融市场发挥了重大作用，实质上在危机中帮助维持了美元主导的国际货币体系的稳定①，这进一步凸显了国家导向的经济模式在全球化时代仍具有重要意义。

第四节　国内政治转型与全球经济治理结构变迁

　　民族国家体系仍旧是国际体系最核心的特征，各主权国家领导人最重要的目标是要满足国内支持者和选民的利益。因此，国内政治基础是全球经济治理有效运行的保障。随着经济要素的跨国流动的增强，社会个体日益融入全球生产—消费体系中，全球经济治理及其相关的国家对外经济政策与个体的日常生活和收入息息相关。全球经济治理的规则对不同行业的就业不安全感、收入分配、税收以及价值观的实现，都会带来深远影响。这些分配性后果最终会引发国内政治行动。

　　全球经济治理的一个重要任务就是，建立与各国国内政治经济结构相适应的国际经济协调规则，从而保障自由开放的国际经济体系的稳定运行。金本位时期，国际稳定优先的汇率调节机制之所以能够运行，是由于各国的贸易商、国际投资者和市民阶层是国内政治的主导力量，选举权还限制在很小的范围，工人阶层没有兴起，保障就业还未成为政府理所当然的职责。因此，各国能够做出在维持经济平衡需要采取紧缩政策时在国内实施紧缩的政策的可信承诺。"一战"结束以后，工人阶层逐渐登上政治舞台，选举权的扩展使得保证充分就业成为政府的职责，金本位制所奉行的国际稳定优先的自动调节机制就很难再维系了（John Ravenhill，2007）。二战后全球经济治理最根本的变化是，通过引入内嵌式自由主义，建立多边主义的承诺。在鼓励各国遵守自由开放的国际

---

　　①　新兴经济体的主权财富基金在危机中为美国的金融公司提供了 248 亿美元，这比 IMF 任何一个季度对欠发达国家的救助都要多。Herman Schwartz，*Subprime Nation*，Ithaca：Cornell University Press，2009，p. 211。

经济规则的同时，保留各国政府干预国内经济、促进充分就业的政策自主权。政府通过建立社会安全网、保障充分就业等方式对受损者进行补偿，从而建立对多边主义承诺的国内支持。

一 国内再分配与全球经济治理的国内基础

当前的全球经济治理体系，由于未能有效回应不同发展阶段国家的国内政治条件和需求，因此面临巨大的改革调整压力。20 世纪 70 年代以后，全球经济治理规范转向新自由主义，体现了以美国为首的工业化国家服务于符合自身偏好的国际资本力量，而有意地忽略了发展中国在国际经济体系中无法克服的脆弱性，最终导致发展中国家与工业化国家在全球经济领域长期的冲突（Stephen Krasner，1985）。同时，目前的全球经济治理也引起了发达国家兴起的"全球公民社会"的反对。经济全球化放任跨国资本的全球扩张，与国际社会中倡议的人权、劳工权利和环境保护等社会团体的目标产生冲突。2000 年 4 月 15 日至 16 日，数千名抗议者聚集在华盛顿街头，谴责经济全球化带来的弊端，要求国际货币基金组织、世界贸易组织和世界银行为环境、人权、劳工权利和其他人道主义事务承担更多的责任（罗伯特·吉尔平，2006a）。此外，1999 年国际社会中的非政府和社会团体举行了声势浩大的对世界贸易组织的抗议游行活动。抗议者要求以世界贸易组织为代表的国际组织消除"民主赤字"，要求国际组织做到透明、开放，并允许非政府组织和与人权、劳工、环境问题相关的社会团体参与国际组织决策过程（Stephen Krasner，1985）。反对全球化和国际组织的全球公民社会的兴起，说明当前的全球经济治理机制没有有效地回应各国国内和跨国的广泛的社会需求。社会运动和国内政治组织是影响全球经济治理能否有效运作的重要力量。全球经济治理结构在回应国内社会和政治结构变革过程中得到调整。

经济全球化会在国内层面带来受益者和受损者，引起国内收入分配差距的扩大和社会结构的调整。随着国家参与经济全球化的阶段性变化，经济全球化的国内分配效应引起的社会和政治结构变革，最终会影响国家对经济全球化的态度和政策。例如，本国要素富裕部门就会支持贸易自由化，而要素稀缺部门就会反对贸易自由化。在发达国家，农业部门、传统制造业和纺织业以及相关的低技术工人成为经济全球化的反对力量。而金融利益集团、医药、高科技等跨国公司力量成为经济全球化的支持者。而发展中国家在金融服务业开放、知识产权转移等领域面临的国内政治阻力更大。经济全球化引起的全球性财富分配不平等正在销蚀全球经济治理的国内政治基础。尤其是在危机时期，国内公众反对本国承担过多的国际责任，而应将主要资源用于本国的经济发展和充分就业，这使宏观经济政策的协调也变得异常艰难。此外，在缺乏对国内受损者进行补偿的情况下，受损者更容易形成集体行动，游说政府采取贸易保护措施。当全球经济治理机制无法在主要国家国内得到支持，各主权国家在国际层面做出的国际合作承诺将很难兑现，将会导致治理困境。

二　全球经济治理嵌入国内治理的实践

全球经济治理是国内治理的延伸。全球经济治理机制的有效运行，依赖于稳固的国内政治和社会基础。因此，必须将全球经济治理"内嵌"到各国国内政治和社会发展与诉求之中。当国内政治和社会力量基础发生变化，全球经济治理必须相应做出调整，否则很难执行。

19世纪末国际金本位制的运行依赖于当时特殊的国内政治和社会条件。正如鲁杰所言，金本位制处于"社会目标"极少的世界（Ruggie，1982）。福利国家尚未兴起，社会对政府的要求和预期较低，政府可以将货币稳定作为优先目标。国际收支平衡所需进行的国内调整，虽然会提高失业率和降低穷人的福利，但社会下层的工人阶级在当时并没有登上政治舞台，市民中产阶级仍旧是社会的主导力量。选举权也局限在一定的范围之内。政府并没有面临来自底层大众提高就业和改善生活福利的压力，因此，可以采取国内经济自主服务于国际稳定的政策。后来，随着欧洲各国国内的政治变革，普选权的扩展、工人阶层在政治上的代表性增强以及人们对政府保证充分就业的期望变化，这种以国际平衡为目标的承诺越来越面临压力去执行。接踵而来的全球经济危机，使得金本位制面临前所未有的考验。由于选举权的扩展、劳工组织和权力的崛起以及干预主义经济政策理念的流行，使得通过运用货币政策满足国内就业和刺激经济增长的国内目标超越了维护货币稳定和黄金可兑换性的国际目标。国内的政治压力迫使领导人不得不在维持汇率稳定的外部目标上做出让步，转向单方面实现国内政策目标。其中最典型的例子就是，英国在 1925 年试图恢复金本位，但由于英镑面值定价偏高，影响了英国的经济增长，使出口下降，工人失业严重，结果促使英国爆发了 1926 年大罢工。国内福利服务于货币稳定和英镑地位的国内政治基础逐渐瓦解。

"二战"后建立的以"内嵌式自由主义"为核心的布雷顿森林体系，正是为适应各工业国战后经历的国内社会和政治变革的需要。战争的动员使得大众政治逐渐兴起，普选权开始扩展，劳工阶层的政治影响力得到提升。同时，随着凯恩斯主义的兴起，民众对政府有了更高的期望，政府在促进充分就业和经济增长方面负有更大的职责。各国再也不具备金本位制时期牺牲国内政策自主性来遵守国际准则的国内政治基础。国内政治对充分就业和经济增长的要求，使布雷顿森林会议必须设计出一套符合国内稳定要求的多边主义规则（Ruggie，1982）。

布雷顿森林体系运行的头 20 年，美国的长期赤字带来的美元外流，推动着整个世界经济的发展。但是，随着美国的经济优势日渐消失，之前设想的资本环流方式很难再持续。同时，由于国内的"伟大社会运动"和陷入越南战争的泥潭，使得美国采取了扩张性的财政和货币政策，迫使其他国家"进口"美国的通货膨胀。于是，很多国家对美元的信心下降，纷纷要求将美元兑换成黄金。面对这种迅速恶化的局面，尼克松总统于 1971 年 8 月 15 日宣布中止将美元兑换成黄金，将国际货币体系建立在纯美元的基础上。同时，为了改变美元和日元、马克的汇率，宣布对进口货物征收附加税。到 1973 年 3 月，各国决定让汇率浮动，布雷顿森林体系也就瓦解了。

20 世纪 70 年代之后，以"新自由主义"为特征的全球经济治理的兴起，与跨国性生产公司和金融利益集团的兴起息息相关。在布雷顿森林体系时期，"内嵌式自由主义"中的"内嵌"主要体现为对于金融部门的限制（Eric Helleiner，1994）。怀特和凯恩斯在布雷顿森林会议中提出的资本控制方案就曾遭到纽约金融集团的反对，之后经过妥协，改为推动"生产性"国际资本的流动，允许合作性资本控制（Cooperative capital control）。在布雷顿森林体系运行后，纽约金融机构担心在美国施加资本控制会与将纽约打造为国际金融中心的目标矛盾，也有损纽约银行欧洲资本逃离操纵中的收益，便拒绝对来自西欧的大规模资本流入进行限制（Eric Helleiner，1994）。纽约金融界的不合作行为加剧了资金外流对欧洲经济的重创，促使欧洲在 1947 年爆发经济危机，造成了国际货币体系的长期不稳定。20 世纪 60 年代末，随着国际收支危机的加剧，美国开始采取临时性的资本控制政策。于是，美国银行和跨国产业公司为了寻找替代性海外业务渠道，开始通过开辟欧洲美元市场，发展逃避国内严格金融监管的副产品。纽约的银行家将美元国际业务转向伦敦市场，以维系国际金融业务的中心地位，美国的跨国产业公司通过在伦敦美元市场上为海外业务拓展融资，从而逃离美国国内监管，摆脱"强制对外直接投资计划"（FDIP）的约束。美国银行和跨国产业公司迅速成为欧洲美元市场的主体。

截至 1963 年底，伦敦市场中各国银行对非银行部门的负债总额中，美国银行占了 32.3%（马骏、徐剑刚等，2012）。而且，在国内经济部门的游说下，美国政府积极鼓励美国银行和公司将金融业务转移到伦敦离岸市场。20 世纪 60 年代中期，约翰逊政府和美国国会共同积极支持美国银行和跨国公司转向伦敦离岸市场，并将此作为美国国家利益和公司利益调和的方式。欧洲美元市场的发展，使得维系汇率稳定的任务变得更加艰难，最终动摇了布雷顿森林体系的市场基础。此外，当时在美国进行的"越战"和国内兴起的"伟大社会运动"，使得美国的财政赤字愈发严重，国际收支逆差进一步扩大，最终威胁到美元的信誉。美国为了维持国内宽松的宏观经济环境，不得不放弃固定汇率的国际承诺。在后布雷顿森林体系时期，美国以华尔街为代表的国际金融利益集团和跨国性生产公司，积极呼吁美国推动各国放弃政府对市场的干预，采取贸易和投资自由化以及放松金融管制的政策。于是，美国政府积极在国际货币基金组织、世界银行和经合组织等国际经济组织层面，推动各国采取以"华盛顿共识"为核心的政策处方。

三　收入不平等扩大与全球经济治理改革

2008 年国际金融危机的爆发，进一步暴露出全球化深度发展对各国国内带来的冲击效应。经济全球化引起的全球分配不平等成为当前最紧迫的时代问题。危机暴露出国家之间的发展不平衡和国家内部的收入分配不平等正在显著增大。布雷顿森林体系曾大力推动国际发展议程（Eric Helleiner，2014；孙伊然，2015），但是，随后国际发展议程逐渐遭到美国的疏离，布雷顿森林体系包涵的发展理念被搁置一旁，美国开始对欠发达国家推行具有正统经济学色彩、以自由市场和结构调整为基础的发展理念，国家的角色在发展议程中逐渐被淡化。随着经济全球化的深入发展，"南北失衡"并没有得到有效缓解。根据国际货币基金组织（IMF）统计，2013 年世界经济总量达到75.5 万亿美元，其中发达国家为 46.1 万亿美元，发展中国家为 29.4万亿美元，二者占世界经济的比重分别为 61.1% 和 38.9%。而且，2013 年发达国家人均 GDP 达到 40186 美元，相当于发展中国家平均水平的 8.2 倍（赵晋平，2015）。推动全球减贫和经济平衡发展，仍旧是国际社会在 21 世纪面临的重要议程。经济全球化对不同行业的收入、就业不安全感、收入分配都会带来影响，这些分配性后果最终会引发国内政治行动（Mark Kayser，2007）。

国家内部财富分配的不公，成为经济全球化的重要副作用，反过来又会影响各国参与经济全球化的国内支持和对全球经济治理的热情。虽然美国一直是经济全球化的最大受益者，但美国国内财富分配差距却在显著增大。高技术的劳动者、跨国公司、华尔街金融部门都成为参与经济全球化的受益者，而本地低技术工人、传统的制造业、纺织等行业却成为受损者。在参与经济全球化的过程中，美国社会经济中的净收益者和净损失者极端分化。根据美银美林的最新测算，美国占人口 0.1% 的最富有家庭的财富占比自 20 世纪 70 年代起就一直增加，已经升至 22%，当前占总人口 0.1% 的最富有家庭拥有的财富已经和占人口 90% 的家庭的财富不相上下（Emmanuel Saez 和 Gabriel Zucman，2016）。2008 年美国金融危机的爆发，虽然促使人们反思收入差距问题，但是奥巴马政府推动的金融、医疗等方面的改革并不理想，对危机负有主要责任的金融集团反而在危机中得到了更多的救助。2014 年 10 月，美联储主席耶伦曾公开对美国持续扩大的收入和财富差距表示"极其担忧"，担心贫富差距的不断扩大与植根于美国国家历史中的价格观是否兼容。经济全球化带来的财富分配不公不只是美国的特有现象，法国经济学者托马斯·皮凯蒂在《21 世纪资本论》中，通过大量统计数据表明，收入分配不平等现象已经在所有卷入全球化浪潮的经济体中出现，贫富差距、收入不平等持续恶化成为一种全球性现象。经济全球化引发的全球财富分配不平等，正在侵蚀全球经济一体化依赖的国内政治基础，使得自发或"自由放任"的经济开放愈发难以为继。各国必须加强宏观经济政策协调，推动经济全球化与国内社会目标更加兼容，抵制贸易保护主义和经济民族主义抬头，维持自由开放的国际经济秩序。图 4 - 5 为 1913—2012 年美国0.1% 最富有家庭的财富占美国人总财富的比例。

图 4 - 5 美国 0.1% 最富有家庭的财富占美国人总财富的比例（1913—2012 年）

数据来源：Emmanuel Saez and Gabriel Zucman，Wealth Inequality in the United States since 1913：Evidence from Capitalized Income Tax Data，*Quarterly Journal of Economics*，Vol. 131，No. 2，2016，pp. 519 - 578。

注：该图描述了通过资本化所得税申报表估计的美国 0.1% 最富有家庭持有的家庭财富总额，在 2012 年，最富有的 0.1% 包括约 16 万个家庭，拥有的最低财富超过 2060 万美元。

第五章　全球经济治理的变革方向

第一节　推动全球经济治理民主化

一　推动全球治理行为体的多元化

（一）以新型大国关系为指引，共担全球经济治理责任

在未来相当长的时间里，全球治理不大可能出现一个由其中一方主导的绝对中心。事实上，当前基于实力、利益和价值的差异，二十国集团大体上衍生分化出以七国集团和欧盟为代表的西方守成国家利益的板块、金砖国家所代表的新兴发展中崛起国家利益的板块和其余中等强国利益板块三类平行并存的亚团体，其中七国集团和金砖国家是搭建二十国集团平台的两根关键支柱。七国集团曾一度雄心勃勃，力图将自己打造成"冷战"后及 21 世纪的全球治理核心。但"冷战"结束以来的实践、特别是最近的金融危机表明，七国集团无法也无力成为新世纪全球治理的中心，它只能是多个治理集团中的一个。未来七国集团将主要议程调整集中到信息技术和数字鸿沟、世界贫困与非洲发展、全球经济增长、打击恐怖主义、防止核生化武器的扩散、地区冲突的预防与治理、能源与环境问题等领域，并加强与新兴经济体和发展中国家的对话与合作，尽力维持发达国家在全球治理领域中的既得利益。鉴于全球性权力转移将是一个长期的过程，全球治理体系的演变也将是一个长期过程，这种多个非正式治理集团的共处也将长时间存在。

在此背景下，新兴大国如何学会与既有大国共处，并在共处中积累全球治理的经验，成为全球治理的重要参与者和建设者而非体系外的反对者和革命者极为重要（何亚非，2014）。全球治理改革不可能

一蹴而就，新兴大国也不可能马上成为全球治理的主导者，新兴大国需要积累经验、熟悉游戏规则才能有所作为（于洪君，2013）。因此，中国和西方发达国家应在合作共赢基础上建立不同侧重的新型大国关系，并在此原则指导下拓宽合作领域、妥善处理分歧，共同为全球治理提供裨益和助力。

现今，中国同美国的关系仍然维持着总体稳定、局部摩擦，合作中带有竞争、协作中孕育制衡的模式，在对话与合作中扩大共同利益、深化合作基础，两国已逐步构筑起"波折中健康向前发展"的大国外交战略框架（袁鹏，2012）。事实上，在联合国改革和二十国集团等全球治理机制方面，在当下伊核、朝核、叙利亚局势等许多全球热点问题上，中美两国之间有分歧、矛盾，有竞争、冲突，但更有协商、合作，"和而不同、斗而不破"才是概括中美关系主旨特点的核心基调。作为世界上最大的发展中国家和最大的发达国家，中国和美国分别是世界上第二大和第一大经济体，也是世界上最主要的社会主义国家和最强盛的资本主义国家。中美两国对于破解"国强必霸、强国必战"的传统大国权力政治定律具有共同需求，已经初步达成按照"不冲突、不对抗，相互尊重，合作共赢"的新兴大国关系原则来指导两国未来发展走向的战略共识。尽管目前中美两国对"新型大国关系"内涵精神的理解认知存在错位、偏差，但两国政府都高度认同中美作为当今世界最重要、最具代表性的两个大国，建立和发展符合时代要求和国际社会普遍期待的新型大国关系，是一项前无古人、后启来者的事业，具有无可估量的示范和表率意义。

今天的世界正处在大发展、大变革、大调整时期，国际力量对比和利益整合正在向纵深发展。中美两国同处的亚太地区，因发展潜力巨大、各方利益交织而成为大国博弈的主战场，也是中美共建新型大国关系的深水区。中美两个大国在稳妥处理双边关系的同时，可以通过在全球治理中的合作，协调推动构建人类命运共同体，跳出大国力量消长、赶超时出现的"战略冲突陷阱"，走出一条前无古人、后启来者的和平发展之路、大国相处之道，对大国和世界来说其极端重要性均不言而喻。两国共同追求并推进公正、公平、合理的全球治理体系建设，不仅体现了两国立足长远的历史前瞻、兼济天下的宽广胸怀，更体现了双方坚持走和平发展道路的决心和维护大国关系稳定健康发展的自觉。建立新型大国关系的关键不仅仅是运筹好中美关系，更在于一个符合全人类利益的全球治理体系能否顺利建设并向前推进。

欧盟是国际格局中的重要力量，中欧关系是世界上最重要的双边关系之一。中国应将欧洲作为推动和建立新型大国关系的重要进取方向。要抓住欧洲当前既想深化与中国合作、有求于中国，又难以放下身段、有所顾忌的复杂心态，以经济金融合作促政治人文交流，探讨更大规模、更高水平的利益置换，全方位拉近、拉住欧洲，将其塑造成中国新型大国关系框架中的重要一极、建设丝绸之路经济带的重要合作伙伴。未来10年，中国要以建设新型中欧关系为抓手，以平等互利、相互尊重为基础，以和平发展、合作共赢为原则，谋求共同利益和战略共识，发展超越意识形态和社会制度差异的合作模式，建立相互磋商、前瞻规划、运行有效和危机管控的合作机制。

（二）推动金砖国家合作，代言发展中国家全球经济治理诉求

发展中国家是全球治理的生力军，新兴大国是全球治理的排头兵。作为最大的发展中国家，中国永远是发展中国家的可靠朋友和真诚伙伴。中国外交顶层设计的筹谋布阵中历来就有"发展中国家是基础"的传统安排。因此，巩固和发展同发展中国家的关系，不仅是中国对外政策布局的根本出发点，也是中国国际战略实施的最终落脚点。加强与发展中国家的团结合作，坚定维护广大发展中国家的正当权益，是中国参与全球治理的重要基础。金砖国家正是在发展中国家群体性崛起的大背景下成长壮大起来，金砖国家又都是重要的发展中国家和新兴市场国家，因此，金砖各国的社会经济发展目标有很多近似和共通之处，对许多国际议题立场相近、观点相似，对改革现有国际政治经济体制，建立更为公平、均衡的全球治理体系存有共同的愿望和要求。

金融危机之后，全球经济治理步入新阶段，以金砖国家为首的新兴发展中群体成为全球化进程的参与者、全球公共产品的重要提供者、全球治理机制变革的关键推动者。中国将金砖国家合作机制视为开展"南南合作"的成功典范，以及推动国际关系民主化和发展模

式多样化的重要渠道。如果这一合作能够长期持续并进一步取得更为积极的实效，必将为改革全球治理提供巨大的正能量和有效的催化剂，全球治理也将因此取得真正具有划时代意义的突破。金砖国家无论在经济领域还是在政治领域都具有举足轻重的分量，它们作为新兴经济体的中坚力量联合亮相，是对西方发达国家主导的国际格局的一个冲击。总体而言，现阶段金砖合作仍然以经济、金融合作为主要内容，围绕各国国内建设和经济发展做文章，并且更加突出通过金砖国家的整体发展辐射带动诸多相关新兴国家的发展，进而实现整个发展中国家群体的"共同富裕"。然而，金砖合作既不是区域层面合作，也不会仅限于经济领域合作，而是涉及面较广的全方位合作。它们在建立有承载力的全球经济治理体系、为世界气候政策提供相应帮助、消除世界范围内的贫困等方面可以大有作为。

二　促进全球经济治理结构合法性

随着西方与新兴经济体之间的差距逐渐缩小，其主张的经济治理思想已经开始动摇，而在西方主导的国际秩序领域中体现出来的不民主与崇尚民主精神的西方观念则是背道而驰。在霸权思想的长期侵蚀下，美国的全球经济治理成为其解决国内问题的消化剂，其组建国际合作的主要目的是为了实现和维护那些有助于实现内部问题外部化的国际权力，或者运用美元霸权操控他国政策，或利用"华盛顿共识"撬开外部国家的大门。而长期以来，中国更侧重于利用国际经济治理合作提升内省、自建以及共建的能力。通过参与全球经济治理合作，中国一方面期待营造适宜于当代经济发展的开放稳定的外部环境，另一方面则是为了助推国内经济体制改革，使之更加适应当代经济社会的需求。在多元化、多样化、多层级化的全球经济治理时代，缺少核心的全球经济治理理念将会导致治理资源的浪费和治理机会的丧失，这是两条完全不同的对待全球经济治理的态度。

在三十多年的时间里，中国已经逐步从全球经济治理的被动接受者成长为主动建设者。2016 年中国担任 G20 峰会主席国，如何准确理解全球经济的发展脉搏，建立起顺应当代全球经济发展需求的治理结构与话语体系，不仅是中国亟待解决的重要问题，也蕴含着其他国家对于崛起中大国的期待。习近平主席多次在国际场合提出不搞霸权，但是这并不意味着要放弃自身利益。在存在多元化经济治理思想的时代，中国应该以何种目标作为参与全球经济治理的核心追求呢？从全球经济治理角度而言，一个良好的全球经济秩序应该意味着：通过具有合法性的程序确定或承认必要的利益归属和相应的责任，为维护市场的正常运转提供必要的规则和监管，保障不同国家在确定范畴内（如不伤害他国利益）的价值观和自治权不受影响。用产业思维来定义经济利益将会面临一个困境，即不同发展时期的经济利益取向可能是不同的。如果放宽到经济以外的领域，则会面临更大的利益界定上的困境：现实的经济利益可能重要，但某些时刻政治或其他利益可能更加重要。因此，用基本性原则来界定利益虽然意味着在具体实施时需要进一步完善，但却有着明确的指导作用以及更强健的适应力。

中国积极参与全球经济治理规则制定、争取全球经济治理制度性权力的重要平台，善于通过多边自由贸易区和开放型经济体制建设增强中国国际竞争力，在国际规则制定中发出更多中国声音、注入更多中国元素，维护和拓展中国发展利益，以对外开放的主动赢得经济发展的主动。中国作为一个负责任的全球性大国，在全球治理新格局的形成中需要发挥引领和主要成员的作用。中国共产党十八大报告明确指出，要加强参与全球治理能力建设，主动参与全球治理进程，深化新兴国家治理合作，重视发挥区域治理作用。十八届三中全会关于全面深化改革的决定中关键的一条是，到 2020 年完善国家治理体系和能力的建设。在接下来的 5—10 年中，中国如果希望在全球经济治理结构变动中获得先机，需要努力加强在该领域的治理理念建设。这一战略目标为中国提高自身治理能力和深入参与全球治理指明了方向，也提出了更高的要求。具体而言，可以将五大发展理念作为中国参与全球治理的基本原则，打造成国际公共产品。"创新、协调、绿色、开放、共享"是习总书记在党的十八届五中全会上提出的五大发展理念，是为破解发展难题、厚植发展优势、激活发展动力而制定的重大发展方略。五大发展理念是针对中国现实状况和发展阶段提出的，与世界面临的主要问题高度契合，对许多国家有现实推广意义和参考借鉴价值。以中国的实践丰富各种国际规则的制定，又通过走向世界改造和完善自己，弘扬创新发展、平衡发展、联动发展、包容发展主旋律，丰富全球治理合作的发展模式。

第一，以创新发展引领全球治理机制改革。创新是推动各国经济平稳增长的原生动力和第一要务，也是促进全球治理理念更新和制度改革的核心要素。既要认识到创新包括理论创新、思想创新、科技创新、金融服务创新，又要认识到思想解放能够引发理念创新、能够催生机制变革。2015 年 11 月，中国国家主席习近平在介绍中国筹备 G20 峰会时曾表示，中方把 2016 年峰会主题确定为"构建创新、活力、联动、包容的世界经济"，从而首次将"创新增长方式"列为 G20 重点议题。中国首次把创新增长作为重点议题，期待以新工业革命、数字经济等为契机，制定一份世界经济创新增长的新蓝图。

第二，以协调发展促进全球普惠均衡共赢。"协调发展"是"五大发展理念"的道法，以此道实现发展的均衡与和谐。中国是世界上最大的发展中国家，又是第二大经济体，既与新兴市场国家有着相似诉求，又与欧美发达国家面临相似的问题。综合来看，一方面，中国要坚持维护发展中国家的整体利益，继续巩固全球经济治理结构改革取得的进展，继续推动提升发展中国家在全球经济治理结构中的发言权和话语权，巩固新兴国家群体性崛起势头。另一方面，中国又要注重与欧美国家的沟通和协调，寻找共性话题积极回应发达国家关切，努力协调新兴国家与发达国家之间的立场。在主办 G20 时，中方还将推动二十国集团同联合国、77 国集团、亚太经合组织等国际和地区组织加强对话，在世界经济论坛、博鳌亚洲论坛等国际会议上介绍工作设想和进展，让更多的国家和地区参与到二十国集团治理中来，让世界各国在 G20 机制发展中普遍受益，防止非 G20 成员方有被排斥于全球治理之外的边缘感。

第三，加强弘扬和宣传绿色发展理念。绿色发展是发展理念和方式的根本转变，这涉及经济、政治、文化、社会建设等方方面面，并与生产力布局、空间格局、产业结构、生产方式、生活方式以及价值理念、制度体制紧密相关，是一场全方位、系统性的绿色变革。中国发表了二十国集团历史上第一份关于气候变化问题的主席声明，对

《巴黎协定》尽早生效起到推动作用。同时，中国加大投资可再生能源力度，多措并举改善环境、整治污染，低碳环保经济资金支持技术转让顾及中小国家、成果惠及，这些努力也在全球范围内普遍受到欢迎。作为发展中国家，中国为应对气候变化做出最大努力，不仅在过去 10 年大幅降低单位国内生产总值能耗和二氧化碳排放，还宣布设立 200 亿元人民币的气候变化南南合作基金，支持其他发展中国家。在中国的倡议下，G20 成立了绿色金融研究小组。在 2017 年 3 月上海召开的 G20 财长和央行行长会议上，绿色金融也首次作为重点议题写入 G20 公报。

第四，实现开放发展经济形态与全球经济治理的融通对接。开放型经济是指内外统一、没有差别的一种经济形态，它和封闭型经济相对立。开放型经济形态的特征是整个经济内部的资源、要素都和全球经济联系在一起。当前，中国与世界的关系在发生深刻变化，中国同国际社会的互联互动也已变得空前紧密，中国对世界的依靠、对国际事务的参与在不断加深，世界对中国的依靠、影响也在不断加强。中国观察和规划改革发展，必须统筹考虑和综合运用国际国内两个市场、国际国内两种资源、国际国内两类规则，需要树立全球视野和战略思维。

第五，以共享发展为"五大发展理念"的终极目标。"共享"就是通过制度性重新安排而使全球治理更加公正合理，共享发展的目的就是要消除差别、消除差距、消除贫富不均。"共享"是个美好理想，它的实现需要体系、秩序、规则等方面的保障。近些年来，中国秉承发展成果由人民共享的理念，在消除贫困、促进就业、保障和改善民生方面做了大量工作，实施大批精准减贫项目，取得较为突出的成效。中国的扶贫开发模式虽然无法照搬照抄，却能够作为经验向其他国家推广传播，中国在国内建设中所遵循的共享发展理念也仍然适用于全球治理场域。中国和所有国家都要以实力和智慧双管齐下，在经济中高端的规制权、政治安全的决策权、思想文化的话语权方面，增加代表性、提高公正性和推进民主化，以更加公平正义、确保世界各国人民享有发展成果为价值取向。

第二节　推动全球经济治理利益包容

一　推动国家间利益公平公正分配

由于全球经济治理是一项复杂的系统性工程，且中国在不同领域的比较优势也不同，因此中国参与全球经济治理应该选取优先领域，重点从贸易、投资、能源、金融等方面入题着手。第一，秉承自由开放精神推动对内对外开放相互促进。中国是经济全球化的受益国和贡献国，一直站在推动贸易投资自由化、便利化的最前沿。国际贸易战略应促进"开放型经济"深化发展，构建开放型经济体制框架下的国际贸易新战略。开放型经济新体制强调对内与对外开放的结合，以开放促进改革。面对西方的"逆全球化"潮流，中国应继续高举自由贸易旗帜，大力推进国际投资开放流动，完善全球贸易投资治理。这就要求中国努力做到推动对内对外开放相互促进、"引进来"和"走出去"更好结合、促进国际和国内要素有序自由流动、资源高效配置、市场深度整合、加快培育引领国际经济合作竞争新优势，以开放促改革。通过加快自由贸易区谈判，参与国际贸易新规则制定，适应国际贸易规则从边界规则向边界内规则（behind the border barriers）扩展的趋势。边界内规则主要规范对象涉及一国的国内政策，如国有企业行为、知识产权保护、劳工等。借助自由贸易区谈判、双边投资协定谈判，以开放促改革，放松市场准入限制，规范国有企业经营行为，加强环境和劳工保护等条款倒逼国内改革，加快完善现代市场体系建设，促成统一开放、竞争有序的自由市场体系。

第二，以新能源领域为先导，推动能源领域综合治理整体受益。能源对于一国的经济发展、社会生活以及军事国防有决定性的作用，因此各国高度重视能源安全问题，并把能源问题上升到国家安全的战略层面。当今世界，能源问题是全球性、战略性问题，能源领域的新情况可能会对各国际行为体产生很大的影响。目前化石能源领域的趋势是石油价格走低，并可能在未来数年持续。这其中有三个因素比较重要：一是新兴经济体的需求下降，特别是中国原油消费的增长速度正在趋缓；二是美国页岩气等新型化石能源的继续发展；三是最近沙特作为 OPEC 中的"机动国",由于其他 OPEC 国家没有按照约定随着油价的下跌而减产,因此也没有实施减产,这进一步提高了国际石油供给,压低了价格。其中,美国页岩气以及加拿大油砂是带有长期性、全局性的变化,可能带来国际关系的一系列后果。这主要表现在,如果页岩气发展顺利,可能会成为美国加速从中东撤离和重返亚太的推动因素;可能为被俄罗斯威胁"断气"的欧盟和乌克兰提供支持,从而逐步改变俄欧关系的天平,使之更利于欧盟;可能会协助日本(核能发展受阻)改变能源进口结构;在亚太能源方面,对中国的石油航路以及南海问题产生影响。

美国页岩气的发展也面临一些如产量是否稳定之类的变数。目前来看,页岩气和油砂的产量都增势未减。能源出口的管制虽然显现松动迹象,但最终是否会松动仍需观察。另外,伊朗如果继续与西方的和解趋势使出口增加,那么国际石油的供给可能会再度扩大,对油价会产生进一步抑制。同时,随着 2015 年的巴黎气候大会在减排方面有新的进展,那么将有可能继续强化油价走低的趋势。在这种情况下,有若干 G20 议题可能会受到影响,尤其是能源议题、减排议题,以及某些和能源有关的金融议题。因此,中国应将新能源行业作为配套政策扶持和机制优先支持的重点技术创新方向。鉴于该项产业具有与其他技术深度融合,与上、下游产业结合更加紧密的特点,能够形成跨学科、跨领域、跨部门的横向扩散和互相包融的发展态势,有利于促进相关产业呈现资源集聚和系统整合的趋势。通过从财政、税收等方面对上述四个产业板块作为重点培育对象给予制度倾斜和政策关照,积极为上述领域的科技创新构建良好的"软件"环境,鼓励它们率先取得技术创新和行业突破。习近平主席在2014 年国际工程科技大会的主旨演讲中指出:"信息技术、生物技术、新能源技术、新材料技术等交叉融合正在引发新一轮科技革命和产业变革,这将给人类社会发展带来新的机遇。上述任何一个领域的重大工程技术突破,都可能为世界发展注入新的活力,引发新的产业革命和社会变革。"由此可见,新能源领域是攻关科技革命的物质基础,除本身就是一种高新技术外,又是现代高新技术和产业的基础和先导。新能源与现代科学技术深度融合,是现代科学技术的组成部分，也是制约现代科学技术发展的瓶颈。新能源对实现可持续发展的作用非常重要，是可以大有作为的"朝阳产业"和先导领域。

第三，以人民币国际化为抓手，加快国际金融业态良性发展。中国在改革开放的短短三十年中已经发展成为经济大国，但中国不是经济强国，更不是金融强国。人民币在国际货币总量中占比不大，进入SDR篮子不会对现行体系造成大的冲击，因此在国际金融领域，对国际货币体系改革持积极稳妥推进的态度，联合发展中国家和新兴市场国家，拉住欧洲国家，说服美国，继续积极推进人民币国际化进程，加快实现人民币资本项目可兑换。这是实现人民币国际化的必要条件，有利于资本平衡流动，抑制跨境资金套利，促进人民币在岸、离岸市场有效运行。改革美元主导的国际货币体系是各国积极参与全球经济再平衡的重要内容。推动人民币作为大宗商品计价货币，促进大宗商品贸易、投资的人民币业务，这是人民币国际化的重要标志。我国拥有大额外汇储备，受现行国际货币体系影响最大。人民币国际化是提升中国在未来国际货币体系中所处位置的重要途径，但人民币的国际化应遵循渐进、稳步和可控的原则，逐步改变不合理的国际金融秩序，推动建立多元化的国际货币体系。扩大特别提款权的使用范围，推动人民币成为可以直接用于对外支付的交易媒介。推动国际金融机构改革，要求加强对主要储备货币国的监管，敦促发达国家加强自身风险控制。

此外，加快以香港和上海等离岸金融市场建设。香港是国际金融中心、人民币走出去的关键"节点"。要推动香港离岸金融市场制度创新，包括人民币债券市场和汇率市场建设。2010年以来，香港人民币债券发行额逐年增加，这反映出人民币离岸金融市场建设进程在加快。当前，离岸人民币债券的发债主体多元化，除了中国大陆财政部、金融机构和香港企业外，2011年就有28家跨国企业以及海外金融机构相继利用香港平台，成功发行人民币债券。这既有利于香港建设成为离岸人民币汇率主市场，也有利于内地外汇市场机制完善，为金融机构管理汇率风险开辟新渠道。上海离岸市场金融职能与香港大同小异，上海在人民币债券市场和汇率市场建设上可能更具优势。推进香港、上海离岸中心同步快速发展，对人民币区域化、促进区域治理改革将产生重要助推力。

二　通过内外治理相互协调来促进国内利益弥补

国家治理的有效性至关重要，面对纷繁复杂的经济社会事务，政府工作不仅要求效率高，而且要求效果好，这就需要科学周密决策、统筹社会力量、最大限度地优化资源配置、保持国内经济社会的协调和可持续发展。国内治理与全球治理的关系是全球治理研究的中心课题，全球治理并非取代国家治理，而是二者相辅相成、相互促进。中国国内治理本身就具有全球治理的价值和意义，其在全球治理中的角色相当程度上取决于国内治理。一方面，中国作为世界上最大的发展中国家，将占世界五分之一的人口治理好本身就是对全球治理的巨大贡献；另一方面，中国可以把国内治理的成功做法和经验输出给世界，向国际组织与其他面临类似问题的国家提供借鉴与参考。中国共产党的十八大报告指出，全球治理机制正在发生深刻变革，这是中国官方对于全球治理问题的最新理论概括和战略判断，此举表明中国正在成为全球治理的重要参与者和治理机制变革的重要推动者。十八届三中全会关于全面深化改革的决定中关键的一条是，到 2020 年完善国家治理体系和能力的建设。这一战略目标为中国提高自身治理能力和深入参与全球治理指明了方向，也提出了更高的要求。因此，在全球化时代，中国将站在统筹国内国际两个大局的高度，推动国内治理与全球治理的融通互鉴。

党管外交和外事无小事历来是新中国外交的首要原则，随着全球化的发展，中国社会各个领域均在对外开放中建立起了复杂的联系网络，非外交部门的外交职能也在迅速成长。如何统筹国际和国内两个大局，充分调动和释放各方面的积极性和创造力，确立一盘棋的体制机制，确保中央对外战略意图得到贯彻和实现，成为新时期中国外交顶层设计的重要组成部分。新一届中央领导集体成立后，中央加强了外事领导体制和机制，出台了一系列规章制度，着眼于建立内外兼顾、通盘筹划、统一指挥、统筹实施的国家安全委员会，要求中央和地方、政府和民间、涉外各部门牢固树立外交一盘棋意识，各司其职，形成合力，有力改进和加强了中央对外事工作的集中统一领导和统筹协调。2013 年 11 月，由中共中央总书记习近平任主席，中央政治局常委李克强、张德江任副主席，下设常务委员和委员若干名，把公安、武警、司法、国家安全部、解放军总参二部和三部、总政联络部、外交部、外宣办等部门全部糅并在一起的固定常设机构中央国家安全委员会，作为中共中央关于国家安全工作的决策和议事协调机构，向中央政治局、中央政治局常务委员会负责，统筹协调涉及国家安全的重大事项和重要工作。国家安全委员会既有对内职能，也有对外职能，与国家的外部安全休戚相关，具有统筹国内和国际两个大局、整合对内对外事务的内外兼顾特点。

　　参与全球治理需要一大批熟悉党和国家方针政策、了解中国国情、具有全球视野、熟练运用外语、通晓国际规则、精通国际谈判的专业人才。要建立适应国际化、具有全球视野和战略思维又了解中国国情的技术官员和专业人才培养体系。要加强全球治理人才队伍建设，突破人才瓶颈，做好人才储备，为中国参与全球治理提供有力人才支撑。中国当前需要加大步伐改革现行体制，尽快建立全球性人才和领导培养机制，特别是能够作为国际组织领导人的人才。以世界银行与国际货币基金组织为例，作为布雷顿森林体系的两大支柱，这两个重量级国际组织领导层构成依然有不成文的惯例规定，美国人垄断世界银行行长职位，欧洲人世袭国际货币基金组织总裁一职。近年来，随着新兴经济体和发展中大国的崛起，欧美国家的"世袭制"开始受到挑战。2011 年，国际货币基金组织总裁的选举见证了有史以来第一次发展中国家挑战欧美国家对该组织领导人职位的垄断。同样，最近世行行长虽然还是由美国人接任，但选举期间新兴经济体的动作也备受关注。这其中中国的立场尤为引人注目。作为世界第二大经济体，中国已经是国际货币基金组织和世界银行的第三大股东。近年来尽管已有中国人先后任职两大机构，如林毅夫任世行副行长、朱民任国际货币基金组织副总裁，但中国人距离亲自掌舵两大机构还有较长一段路。这里有历史和客观的原因，本身人才的缺乏也是个重要的因素。

第三节　应对全球问题的有效措施

一　提升已有治理机制的有效性

（一）充分利用联合国、二十国集团两大全球多边治理平台

中国应充分利用自身在联合国及二十国集团中的核心地位，努力发挥中国在两个机制中的双核心作用。联合国和二十国集团分别代表了全球多边治理中两种不同类型的国际机制。联合国是当今世界上最具广泛代表性和正当权威性的政府间国际组织，在全球治理中具有不可替代的核心作用和无法比拟的权威优势，这种合法性优势来源于会员国的普遍性和《联合国宪章》的广泛接受性，但联合国在应对当前涌现的全球性问题时存在严重的有效性缺陷，被称为"全球治理的能力赤字"。而二十国集团这种建立在无须履行条约义务基础上的非正式多边峰会机制，可以在一定程度上弥补联合国全球治理的有效性不足，成为联合国体系的有力补充。二十国集团囊括了世界上三分之二的人口，经济总量约占全球的百分之九十，几乎包括世界上所有系统的重要性发达和新兴国家，反映了更加广泛的全球构成，具有承载多极化格局的能力和效力。"平等参与、协商决策、合作共赢"的精神和原则，体现了世界所有国家的共同愿望与利益诉求，代表多极化格局下国际形势和国际关系的发展方向。因此，当前的全球经济治理，自国际金融危机后已经进入以 G20 为首要平台的全新时代，中国参与全球经济治理的战略体制必然需要进行调整修正，以适应国际国内同时不断变动的形势。基于此，中国应从 G7 挑头的发达国家群体、由 BRICS 领衔的发展中国家群体、以 MIKAT（墨西哥、印度尼西亚、韩国、澳大利亚、土耳其五国英文第一个字母的缩写组合）为代表的中等强国群体三大板块切入，携手各方共同治理，同时协调好联合国和 G20 两大多边治理平台之间以及国内治理与国际治理之间的相互关系（丁工，2015）。

另一方面，尽管二十国集团代表着全球国内生产总值中非常大的部分，但仍有 174 个国家不是它的成员，如果不能照顾到其他国家利益，二十国集团机制将失去合法性和行动力。因此，二十国集团不可

能取代联合国，但作为未来世界经济的主要决策机制，再加上多功能、专业化的趋势，其职能和权力有可能与联合国重叠。二十国集团峰会机制将与联合国安理会相互作用、相互促进，形成中国在全球经济金融与政治安全领域"两个轮子"一起转动的有利局面，不断巩固和提升中国在国际事务中的影响和地位。中国应加强相关当事方和成员国的合作，在维护联合国权威的同时，兼顾好二十国集团这个平台，统筹协调两大机制，做到既分工又合作，各司其职、各安其位，形成联合国主管全局、二十国集团偏重经济的格局（黄薇，2015）。

（二）夯实、筑牢中国周边区域合作依托

周边地区一直是中国外交战略的重要组成部分，也是中国有所作为的力量积聚区域。与此相应，以周边中等强国外交为切入点既是中国稳定周边战略的重要组成部分，又是维护地区和平、促进地区繁荣的柱石力量（习近平，2013）。现今，中国正处于由区域局部大国迈向世界政经强国的高速推进阶段，面临迫切的发展任务，亟需和平稳定的周边环境。然而，中国又堪称是当今大国群体中周边安全状况最复杂、矛盾争端最多发、摩擦冲突最易发的一员，特别是东边南海和西部三股势力更是成为引发周边安全的主要因素（阮宗泽，2014）。因此，周边地界已成为直接影响中国发展轨迹和战略意向的基础动因和关键要素，也是事关战略机遇期能否存续的重要条件和前提保障（钟飞腾，2010）。

中国作为海陆复合型大国，需要打破东西两部、海陆两域的地理分割和壁垒限制，更加注重协调、平衡地缘布局的东西两翼和海陆两面，形成海陆事务兼顾、东部沿海与西部边疆统分结合、全盘互动的战略格局（丁工，2014）。有鉴于此，2013年，习近平主席在访问中亚和东南亚国家时，高瞻远瞩地提出建设"海上丝绸之路"和"丝绸之路经济带"的战略构想，此两大设想合称"一带一路"倡议。"一带一路"不是一个实体和机制，而是合作发展的理念和倡议，是依靠中国与有关国家既有的双多边机制，借助既有的、行之有效的区域合作平台，旨在借用古代"丝绸之路"的历史符号，高举和平发展的旗帜，主动地发展与沿线国家的经济合作伙伴关系，共同打造政治互信、经济融合、文化包容的利益共同体、命运共同体和责任共同体。

按照"一带一路"倡议的布局规划，西北方向"丝绸之路经济带"主要针对中亚、西亚以及欧洲地区，意在挖潜陆地；东南方向"21世纪海上丝绸之路"则基本瞄向东南亚和环印度洋的南亚、阿拉伯半岛甚至东非等地，旨在拓展海洋。因此，"一带一路"的二维共架方略既是承袭历史上丝绸之路"睦邻富邻"的传统情谊，又有"立足亚太、稳定周边"的现实考虑。对角相倚、相向而行的"一带一路"方略将南亚、亚太、中东等各个次区域串联起来，从东西两翼发展中国与周边国家经济、文化合作，实现区域经济融合，进而与太平洋沿岸国家和欧洲经济相衔接。这一亚洲共同发展战略，不仅有助于中国周边"海上东突"与"陆上西进"攻略的双向推进，还有利于中国周边与欧亚地域的联通对接，从而编织起更加紧密交错的利益共同体网络，实为区域乃至全球治理顶层设计创新之举，符合各方长远利益。

一方面，当前南海区域局势呈现纷繁复杂、热点遍布的特点，中国与东南亚国家既有陆境接壤，也有海界毗邻，目前中国与东盟国家的陆境相对稳定、海疆摩擦增加，中国与菲律宾、越南的海洋争端不见停歇，由明里叫板转为暗地较劲。中国在南海海洋划界和岛礁争端问题上应注意双边与多边相结合的解决方式，掌握维权与维稳的权衡尺度，以"21世纪海上丝绸之路"建设为抓手，按照双边与多边并行的"双轨思路"，与直接当事国进行协商谈判解决有关争议是最为有效和可行的方式（何亚非，2015）。双边层面分歧，由直接当事国和南海沿岸国通过协商谈判解决；多边层面，南海的和平与稳定则由中国与东盟国家共同维护。注重用好中国—东盟外交平台破题南海困局，深化中国和东盟的全面合作，争取大多数东盟国家的支持理解，妥善应对个别国家的挑衅，努力将南海转化为友谊之海、合作之海、安全之海（李向阳，2012）。

另一方面，"丝绸之路经济带"倡议覆盖地区广阔、国家众多，是世界上地缘政治最复杂的地区，中东地区长期冲突不断，最近出现的乌克兰危机，特别是伊斯兰国（IS）突起以及叙利亚危机引发区域矛盾升级等，一些相邻国家长期处于争端与敌对状态。这一区域地缘政治的复杂性，不仅表现为区内相关国家之间的利益冲突，更深层的原因还在于这一区域中的不少地区是大国角力的热点。比如，大中东地区一直是美国、俄罗斯、欧盟极力发挥影响力的地区，区内大国也纷纷将周边地区视为自己的"传统后院"（隆国强，2016）。随着激进伊斯兰势力再度抬头、重趋活跃，国际恐怖主义呈现回潮之势，该地区与中国西部唇齿相依，中国西部受"三股势力"渗透的危害不断升级。上述问题如若无法妥善解决，不仅会严重侵害中国领土主权，还将对国土安全构成巨大威胁，从而拖累中国整体发展战略的推进实施，严重影响民族复兴的崛起进度。"丝绸之路经济带"有利于区域内有关各方就贸易和投资便利化问题进行探讨并做出适当安排，消除贸易壁垒，降低贸易和投资成本，提高区域经济循环速度和质量，扬长避短互利共赢，形成区域合作的大格局。

（三）加强金砖国家自身的机制化建设

第一，内顾机制挖潜还是外向推展扩员。金砖合作机制既不是针对特定国家的"俱乐部"，更不是追求封闭排外的"小集团"，而是始终秉持自愿协商、开放包容的合作主义精神的多边协调机制。因此，从扩大组织受众群体和维持机构高位运行的角度看，金砖国家合作机制有必要分步扩充规模，以进一步增强该组织的地域代表性和涵盖面。对于今后金砖组织的增员扩编问题，一种思路是金砖国家应先维持现有规模，一段时期内不再吸收新成员，有意加入者可以按照对话伙伴国或者观察员的方式，与金砖组织建立先期的某种定向联系。在制定完善相应规章制度、条件成熟的基础上，再按既定标准吸纳新成员的观点，就认为贸然扩员可能带来难以估量的麻烦。尽管这一方式更为简便且成功可能性大，但也存在对话伙伴的代表持续性差、意见波动较大的困扰。另一种则要适时扩大规模，理由是只有把小团体做大、拉入更多的发展中国家，才能在国际舞台上发出更强有力的声音。正因如此，有专家建议可以考虑尽快吸收墨西哥、印度尼西亚等少数几个中等强国加入金砖国家组织，未来则可以把 G20 内所有发展中国家都囊括进来。

当前，阿根廷、土耳其、印度尼西亚、墨西哥、尼日利亚等是重点考察的热门"人选"，埃及、哈萨克斯坦表达强烈的"入伙"愿望。虽然有许多国家表达加入金砖的意愿和想法，部分国家也获得金砖成员的认可和支持，并且金砖国家还一致认为"扩员"能够促进金砖机制的多样性和包容性，应该是金砖合作必不可少的发展步骤和主攻方向。但总的看，大家更倾向于将内顾挖潜强化内部职能建设，理顺五国借力用力、协力助力的体制机制和路径渠道，而非把外向扩编作为优先事项和首要急务。正如俄罗斯金砖事务联络人所说，目前时机尚未成熟，金砖组织没有"扩容"的打算，金砖成员国数量的增减根据该机制"自然发展"过程而定。

从金砖成员来说，除中国外其他各方对扩员既有支持赞成的一面，也都存在保留反对的成分。一方面，大家都认识和理解到金砖机制要保持活力，成员扩大是必然选择的路径之一。另一方面，各国对于如何进行成员扩编、先期吸收哪些成员等问题持谨慎纠结态度。俄罗斯由于被七国集团"开除出局"，特别注重增进金砖国家团结合作，希望以金砖机制弥补冲淡离开七国集团的负面损失。但俄罗斯在金砖组织中的经济分量偏低，因而担心成员扩大后本国在金砖机制中的经济影响力被进一步稀释。对印度来说，有意向参加金砖组织的国家大多同印度保持着较为良好的双边关系，也没有掺杂现实利益纠葛和地缘政治矛盾，因此印度原则上支持金砖扩充规模。只是印度担心金砖组织潜在候选国，基本上都与中国建立良好的经贸合作和双边关系，从而担心金砖扩容后会进一步壮大中国在机制内的驾驭操控能力，导致自己在同中国的地位竞争中更加不利。巴西和南非看待扩员问题更多是从地缘因素出发，由于两国实力在金砖组织中相比其他三国更弱，作为唯一的非洲或拉美国家，两国优势很多时候体现在地缘政治因素领域。而金砖组织的优先候选者中，墨西哥、阿根廷、尼日利亚、埃及等来自非洲和拉美的国家是潜在主体。因此，巴西和南非担心与本国同处一个地区的地缘竞争者加入，会减弱两国在金砖机制中的地位特殊性和政策决断力。总之，金砖国家在吸纳新成员问题上应当慎重，如果继续快速扩编，虽然整体上可壮大一些力量，但是也会出现成员间共同性下降、"公约数"缩小、决策力萎缩的可能性，可以通过设立联系国或观察员国的方式，有步骤、分阶段来完成接纳新成员的扩展工作。

第二，是否需要常设秘书处问题。是否应该设有金砖秘书处一直是伴随金砖国家机制发展历程的传统话题，也是关乎金砖合作"进化"成为工作组织还是继续保持论坛形式的未来命运问题。对于这一问题目前有两种解答思路，一种方法是使金砖国家演变成一个"松而不散"的经济合作机制或经济利益共同体。依据是它已经形成了以领导人峰会为核心，以部长级会晤和专门高官会为支撑，智库年会等二轨渠道为辅助的制度性合作框架。初步机制化既有利于它的发展壮大，也有利于防止西方国家的"分化"。另一种思路则认为金砖组织的主要特色之一即非正式性，以论坛为存在形式，主席国实行"轮流坐庄"的机制，在实际的议程设置中发挥引导作用。相反，强行推进机制化无实质意义，短期内继续保持论坛形式，视未来合作进程需要再决定机制化程度。理由是现有的合作框架可以满足金砖国家在各个层级上的对话与协商，目前重点任务应该是凝心聚力找准利益契合点、拉近战略共同点来推进务实合作。

客观来说，专设秘书处作为处理一般性事务的具体职能部门和日常办事机构，是为了综合协调各工作组的上传下达、会议文书的记录和档案资料保管。如果能够设有一个金砖国家秘书处，显然是金砖合作机制深化的体现，能够克服缺少强制力和协同性这项无法回避的传统"难点"和"痛点"。但秘书处的筹组设立不是单独的机构改制问题，其运转程序、人员编制、驻地选址、预算开支、组织结构等内容是一项涉及面广、综合性强的复杂系统工程。此外，金砖国家似乎也没有急于设立秘书处的必要。以七国集团为例，七国集团非正常论坛模式已经运行40多年，并没有因为缺少常设秘书处而影响共同发力和彼此合作。相比七国集团，金砖国家内部政治制度、经济体制和意识形态方面的相似性与协同性都更低，因而进行内设机构整合的操作难度也相应更大。因此，是否设立秘书处问题将会是历届金砖峰会讨论商议的核心内容之一。

总体来讲，中国不宜推动金砖设立联盟秘书处。首先，金砖组织这种论坛式运作方式更有利于中国参与全球治理。尽管中国与金砖成员存在共同利益，但也蕴涵许多矛盾分歧，按照金砖灵活、非正式性运作方式加强与相关国家合作，既能够实质促进中国与相关方双边关系，推动金砖国家以整体声音说话，还可以有效避免因部分历史和现实因素引发直接对立的风险。其次，建议考虑金砖财金秘书处设有一名负责处理各种日常事务的执行主任，由金砖组织成员方的财政部长和央行行长的副手作为秘书处执行副主任，秘书处的执行主任和副主任组成秘书处执行委员会，共同领导和管理机构的文稿起草、外事行政、要报整理等工作。

第三，金砖国家如何处理与其他组织的关系。近年来，部分金砖国家经济出现低水平或者负增长的减速情况，导致质疑金砖成色的论点甚嚣尘上。尽管当前关于金砖成色消退的评判有失偏颇，简单地理解以金砖合作组织为核心的新兴国家时代已经结束更是无稽之谈，而实际上，金砖国家作为助益全球经济复苏的最大动力源和实效增长点，其崛起仍将成为促进国际格局和世界秩序演变的最大因素。但由此应该看到，出现上述现象的原因除了部分国家别有用心外，也是因为金砖组织与机制外国家的联络沟通不足所致。如何处理协调与国际性多边机构或区域组织以及特定功能性机制的关系，成为影响金砖机制深化前进方向的紧要命题。对比七国集团可见，七国集团非常注重强化与国际多边机构的联络，善于借助国际机制的特殊身份和影响，将七国峰会达成的政策意志和决策共识转变成全球治理的指导原则和行动方案。换言之，如果希望进一步扩大金砖国家治理的合法性和影响力，可以考虑在不影响现有合作效率和效力的基础上，加强金砖国家与相关机构"二轨"对话平台和沟通渠道的建设，构建同其他国际组织的互动关系是提高集团影响力的重要途径和有效手段。

虽然在此之前峰会当值主席国，曾有邀请相关区域国家或组织代表参与金砖国家峰会的先例，例如，自2013年南非德班峰会起，金砖国家开创了"金砖+非洲"、巴西福塔莱萨峰会上"金砖+拉美"、俄罗斯乌法峰会上"金砖+欧亚经济联盟和上合组织"，以及印度果阿峰会上"金砖+环孟加拉湾经济技术合作组织"的合作模式，但这种方式尚未完全落到实处，更未形成连贯性和稳定性的通则共识和制度规范。因此，中国可以推动建立"金砖+X"的对话合作机制，参会代表为金砖国家首脑以及各区域性组织的年度主席国或秘书处负责人，年会所要讨论的文本材料、决议草案以及细则条例等送交金砖事务协调人联席会议审阅，年会由金砖国家峰会轮值主席国委派相关机构承办，未来在适当时机可逐步扩大受邀范围。同时，随着金砖国家合作各层级工作的日益完善，亦可以委派金砖智库理事会或其他下设机构作为永久观察员，参与相应区域性多边组织的学术网络研讨会、技术转让和知识共享促进会之类的部分交流活动。

此外，由于全球治理具体议题需要多边组织落实，金砖机制要增强治理实效，加强与有全球影响力的国际机构联系。G20 杭州峰会期间，中国李克强总理同世界银行行长、国际货币基金组织总裁、世界贸易组织总干事、国际劳工组织总干事、经济合作与发展组织秘书长、金融稳定理事会主席六大国际金融机构负责人举行"1 + 6"圆桌对话会。此次对话形式新颖、效果明显，对金砖国家合作与相关国际开发机构联系有很强借鉴意义和参考价值。因此，建议考虑仿照"1 + 6"圆桌对话会的形式，以金砖国家、上述联合国专门单位以及经济与发展合作组织等六大经济金融机构作为独立参与方，建立一个政治和经济领域的"5 + 6"高官年度定期对话机制。由金砖峰会年度当值主席国作为负责联络国际机构的专职协调员，在每年金砖峰会期间邀请上述 6 大机构"掌门人"，齐聚一堂共同就如何调整现有全球治理体制中存在的一些不公正不合理安排，改变全球经济治理格局转换滞后于"二战"以来全球经济格局变化的状况进行全面深入探讨。

二　创新思路开辟治理新渠道

（一）引导金砖国家加强与中等强国的全球治理合作

中等强国一般是指实力介于大国和小国之间、具有中等力量或块头的国家。它们不具有大国的国力条件和影响力，但在国际社会又发挥着不同于小国的作用。中等强国主要包括韩国、加拿大、澳大利亚、墨西哥、西班牙、土耳其、伊朗、印度尼西亚、南非、阿根廷、埃及、沙特阿拉伯等。中等强国因不具备媲美大国的超众实力，无法拥有压倒性的国际影响和制度优势，故此长期处于被忽略的边缘状态。但是，这些国家能够在所参加的国际活动领域采取相对独立自主的外交政策，能够为自己开辟出符合本国国情特点的专长领域和折冲空间（宋效峰，2013）。21世纪以来，依托新兴国家群体性崛起的有利态势，中等强国日益成为影响全球治理体系的一支重要力量（何亚非，2015）。如在联合国安理会改革问题上，由韩国、墨西哥、巴基斯坦、阿根廷等中等强国挑头的"团结谋共识"运动，成为打破"四国联盟"（日本、德国、印度、巴西）以抱团捆绑方式，单方面强行获取安理会常任理事国席位图谋的先驱力量。2010年11月，韩国作为轮值主席国就大力推动二十国集团里中等强国联合起来进行再集团化，试图通过相互抱团、组建"中强集团"的方式推动彼此间横向联合，以便与七国集团（G7）和金砖国家（BRICS）在G20内形成某种必要的均势平衡，从而构成三足鼎立之势（庞中英、王瑞平，2013）。2013年9月，在联合国大会期间，由韩国牵头联合墨西哥、印度尼西亚、土耳其、澳大利亚四国组成的五国外长定期会晤机制MIKAT，宣告"中等强国合作体"这一全新机制的诞生。

中国已从改革开放初期努力融入西方国际体系的"追随者"，到如今迈向多极格局中重大国际议题的"引领者"。中国作为后起的发展中大国，如果要想引领和推动全球治理秩序朝着更加公正合理的方向演进，在全球治理改革场域中发挥更大、更负责任的作用，不仅需要促成与既有大国的同心协力，还要加强与中等强国的密切配合（李东燕，2014）。综合来看，中国和中等强国皆非现存所处体系的"当权派"和利益既成者，双方原则上都追求公正、合理的非歧视性国际制度规则，强调渐进而连贯地改革现有制度体系和国际规范安排，基本上都主张将经济发展和社会稳定列为G20的优先议题，都赞成将促进国际社会公平公正、增进各国人民利益福祉作为全球治理改革的出发点和落脚点，也都倾向于将G20的治理范畴限定于经济事务和财政金融领域。因此，中国与中等强国在一定程度上存在结成利益紧密相连、命运休戚与共的合作伙伴的潜力，中国可以考虑在立足金砖组织的基础上，将中等强国视作可以团结和争取的"统战"力量，进而增强中国在全球治理改革中赢得更加宽裕的回旋梯度和腾挪空间（丁工，2015）。中国可以通过支持韩国参与建立中等强国网络，在二十国集团内形成与金砖国家合作对话机制，将有效应对七国集团的战略压力，有助于推动国际秩序朝向更有利于新兴国家和中等强国的方向发展。

（二）以"一带一路"开启全球治理新模式

"一带一路"建设是一项综合性的系统工程，在遵照和秉持共商、共建、共享的原则基础上，积极推动和扎实促进与沿途各国发展规划、制度标准的相融对接，将以牵引带动沿线国和相关国经济更加紧密地结合起来为目标导向，力图使之真正成为推进国际社会共商发展、同谋合作的平台场所。截至目前，"一带一路"沿线拥有65个国家，包括近半数以上发展中成员方参与其中，人口总计达44亿，约占世界人口总数的56%，GDP总规模达到22.8万亿美元，在全球经济活动中具有举足轻重的地位，分别占据世界经济总量的29%和对外贸易总额的27%，并日渐形成以成员国的广泛性、规则标准的高端性为主要特点的机制引领和形塑效应。中国提出的"一带一路"倡议有别于历史上的"马歇尔计划"，不以意识形态划线，不搞集团阵营对抗，无论是提倡的政治理念、行事风格还是实行的项目流转模式、多边合作机制都符合国际关系民主化的宗旨和本意，因而是面向全球的新型发展议案和规划理念。"一带一路"倡议以增强沿线国家的产业结构水平和永续发展能力为归宿，包含着中国对内坚定自主发展信念和优化外部环境联动的主张，应天时、接地气、顺民意，不仅体现了对外维权和对内维稳双管齐下、内外兼修的"双轨思路"，而且兼具现实针对性和长远方向性的两重特征。"一带一路"所涉及的领域和需要解决的议题，远不是中国单个国家的发展问题，更是全球性的共同合作问题，比如缩小贫富鸿沟、应对跨国性难/移民和有组织犯罪、解决资源短缺和气候环境恶化等，是妥善化解全球性挑战的创新方式和有效渠道，也是助推实现联合国2030年可持续发展目标的重要途径（王义桅，2016）。因此，从这个意义上说，"一带一路"是一条通往人类命运共同体之路，承载着中国对建设美好世界的崇高理想与不懈追求，凝聚着世界人民对过上幸福生活的远大目标和心愿渴求。

"一带一路"建设是近年来中国提出的对外经济发展的重要合作倡议，该倡议既是进一步促进中国构建对外开放新格局的发展战略，也是中国重在通过差异竞争、错位发展、产能合作提升对象国的工业技术水平，帮助沿途相关国家的制造业生产能力和服务业综合保障体系从"输血"到"造血"质变升级的实效举措。因而，该倡议一经提出便得到国际社会和多数国家的一致拥护和坚定支持。中国经过30 多年的改革开放，已经完成产业结构和发展模式从学习赶超向创新引领的转型升级，已经积累起助力"一带一路"沿线和相关国家实现自主可持续发展的技术、装备、资金、管理经验等物质资源和比较优势，更拥有支持更多国家发展强大的体制机制保障和治国理政经验。中国提出共建"一带一路"的合作倡议，就是希望通过加强国际合作，对接彼此发展战略，实现要素资源优势互补，进而促进各方的共同发展。"一带一路"倡议不仅是促进中国从南到北扩大开放、由东向西梯度合作的机制载体，也是实现中国与沿途国家错位发展、协同推进的创新平台。

（三）以人类命运共同体指导全球治理改革方向

"人类命运共同体"是指在追求本国利益时兼顾他国合理关切，在谋求本国发展中促进各国共同发展。人类只有一个地球，各国共处一个世界，随着各国之间利益交融的空前紧密，国际社会越来越成为你中有我、我中有你的命运共同体，每个国家都是休戚相关、荣辱与共的地球村里一分子（习近平，2015）。2012 年 11 月，党的十八大政治文件中则明确提到"人类命运共同体"词汇，文中指出"合作共赢，就是要倡导人类命运共同体意识，同舟共济、权责共担，建立更加平等均衡的新型全球发展伙伴关系"。2017 年 2 月，联合国社会发展委员会第 55 届会议协商一致通过"非洲发展新伙伴关系的社会层面"决议，首次将"构建人类命运共同体"理念写入联合国正式决议之中，成为得到国际社会高度关注和众多国家积极响应的共识。3 月 17 日，联合国安理会又在第 2344 号决议中，敦促各国加快推进"一带一路"建设以构建"人类命运共同体"，充分表明了"人类命运共同体"这一重要理念在国际社会已形成共识，并开始朝着构建系统完整、逻辑严密的科学理论体系的方向发展，未来必将在推动国际社会实现持久和平与共同繁荣方面发挥更加重要的作用。当今世界，各国有着愈益紧密、深度交融的互动联系，没有一个国家能够实现脱离人类社会而独立存在，也没有建立在其他国家不发展基础上的本国发展。为此，中国围绕 21 世纪世界秩序和整体利益，提出构建"人类命运共同体"的全新理论，这个"共同体"是 21 世纪诸业态、各要素的集大成者，为国际关系格局和全球治理体系改革提供了一种新思路、一个新指向，为处于困惑和选择中的世界秩序发展道路开辟了一片新愿景、做出了一份新贡献，体现了中国政府对人类社会未来发展方向的理性思考和勇敢创新。

一方面，实践"人类命运共同体"需要中国的加持与助益，需要中国以自身发展带动人类社会的共同进步（李向阳，2017）。中国发展得益于良好的外部世界和国际社会环境，中国也要为全球发展做出力所能及的贡献。顺承和借用战略机遇期的有利契机，中国施政措施得力、成效显著，不仅引导内政完善程度的持续提高，促成国家综合实力和国际整体地位日益增强，还逐步积累起推动国际体系朝公正合理方向和平转变的物质财富基础。目前，中国已经成为 128 个国家的最大贸易伙伴，还是世界上增长最快的出口市场和外资来源国、最被看好的主要投资目的地，对世界经济增长的贡献率连续多年稳定在 30% 左右。综合比对可以发现，中国实际上已经拥有了相对强大雄厚的政治、经济优势，关键是怎么去做才能将硬实力的增强转化为软实力的提高，如何将日益增长的综合国力"变现"为对国际关系秩序的塑造力和影响力，转化为引导全球局势走向和世界发展动向的操作运用能力，从而促进中国的崛起成就和世界各国的发展进步，达到共同结成彼此烘托、相互映衬的经济社会发展和政治安全利益复合体高度。事实上，中国人民一直以来都有两个梦想，一个是实现中华民族伟大复兴的"中国梦"，另一个就是构筑"共有共享的人类命运共同体"的"世界梦"。"中国梦"的实现离不开"人类命运共同体"建设，而"中国梦"的实现也能为世界发展带来红利、提供中国机遇，对人类发展具有世界意义（阮宗泽，2016）。正是因为在战略机遇期内，中国洞察、捕获并充分利用绝佳时机增强自身国力，具备承担与国家实力相对应国际责任的能力，反过来才能够更好地支撑起人类命运共同体理念的践行与发展，才能更好地为"人类命运共同体"的建成献计出力，在谋求本国发展中促进各国一起成长、共同进步。

另一方面，"人类命运共同体"理念是合作共赢精神的时代产物，它既是全人类的共同理想和价值追求，又是对中国现实外交行动的指导方针，因而对维系使用战略机遇期具有形塑作用和启发意义。发展是第一要务，适用于世界各国。维护一个长期和平稳定的发展环境，不仅符合中国的根本利益和人民物质文化方面的需求，同样也是人心所向、大势所趋的时代潮流。中国以"人类命运共同体"所倡导和秉承的新思路新理念为导向，统筹国际国内两个大局、发展安全两件大事，牢牢把握坚持和平发展、促进民族复兴这条领贯全局的主线总纲，能够巩固和增强中国在国际战略格局中的主动有利地位。中国在"人类命运共同体"这一崭新的发展战略和外交理念指引下，用实力和智慧破解某些国家通过外部威慑围堵、内部腐蚀渗透的企图，让那些希望中国自乱阵脚、自毁前程的妄想破灭，为中国发展机遇营造良好国际环境和有利外部条件。构建人类命运共同体，虽然是由中国文化传统和现实国情，以及中国适应世界发展潮流的迫切需求和执着追求所决定，但它不是中国的"一家之言"和"自个想法"，而是大家共同意志汇聚的体现和个体利益融通的结果。因而，实现"人类命运共同体"是中国营建和确保一段和平发展"战略机遇期"的充分条件和必要保证，承载着中国对建设美好世界的崇高理想和不懈追求。

"人类命运共同体"意识的生成确立是合乎政治伦理规律和当前情势演进的逻辑必然，构成认识论、逻辑学、辨证法"三位一体"机理素养与"有职有责、有位有为"的价值操守有机衔接、和谐统一的格局，因而达到理论和实践兼顾、新意和深度俱佳的层次与高度。"人类命运共同体"理论是一种超越民族国家和意识形态的"世界秩序观""全球价值论"，它强调以人类整体为中心，不是前现代的以血缘和姻亲关系为中心，也不是现代的以地域和民族国家为中心；维护的是现存秩序里符合公理、宣扬正义的部分，改革的是旧有秩序中不公正、不合理的部分，构建的是当代国际秩序没有、21世纪冒现的部分；坚持在维护中发展，在实践中成熟，在变革中改进，在竞争中完善；强调共同体本位，而不是个人本位和国家本位；强调你中有我、我中有你，一荣俱荣、一损俱损的正和关系，既不是赢者通吃、弱肉强食的丛林法则，也不是你赢我输、非此即彼的零和游戏，更不是恣意妄为、穷兵黩武、侵略扩张的强权做派和霸道做法

（赵可金，2016）。"人类命运共同体"倡议还是一种因地制宜、因国施策的大政方针和行动指南，它主张以平等为基础、以开放为导向、以合作为途径、以共享为目标，在尊重、支持各国人民自主选择社会制度和发展道路的前提下，增强各国协调发展的自生推力和内生动力，实现全球包容、联动、可持续的增长。因此，习近平主席关于"人类命运共同体"的重要思想和理念主张一经提出，即得到国际社会各界的积极评价和广泛接受，从普通民众到高端精英纷纷表示，习总书记这一思想不仅站位高、境域深、立意远，是对陈旧过时的僵化观念和错误言论进行的有力辨析、批驳，是对当下人类发展困境和全球治理难题的把脉问诊、点题指路，更重要的是，它充分表达了中国政府全力应对国际社会中思想观念、制度环境、实体器物等各种新要素、新事物、新环境，对中国实现自身发展需求与和平融入国际秩序意愿造成挑战的积极回应和正面心态，显示出中国政府和人民愿与国际社会一道通力合作，共同疗治痼疾、规避风险，共同分享发展机遇、承担社会责任，为人类和平与发展的崇高事业勇于担当、敢于作为的风度和气魄。

随着各国经济之间的互联互动愈发密切，利益交往融合达到前所未有的广度和深度，无论从地理方位还是时空经纬看，地球上已经没有哪个国家可以随心所欲、我行我素，也没有哪个群体可以置身事外、独善其身。世界经济增长乏力，复苏进程艰难曲折，全球地缘政治博弈更趋复杂激烈，国际经济治理规则主导权之争日益强化等多边性、跨国性难题和挑战大量冒起涌现，决定人类社会唯有同舟共济、立己达人，才能行稳致远、持续发展，世界各国只有借力给力、协力助力，才能共渡难关、共克时艰，只有实现"人类命运共同体"的鸿鹄凤愿，才能使我们一起生活的地球家园成为共谋发展的大舞台，而不是相互角力、彼此争斗的竞技场。倡导和构建"人类命运共同体"是中国基于自身发展需要和现实国情作出的明智选择，它源起于中国高深厚重、兼收并蓄的传统文化思想和政治智慧，根植于中国爱好和平、崇尚友善的历史基因，强化了中国与世界相互之间的存在感和获得感，兼顾了"中国战略机遇期"存续的短期现实目标和"人类命运共同体"构建的长远规划蓝图，符合各国人民的美好愿望和共同利益，突出了对人类核心价值和文明体系的尊崇。因此，未来中国应牢牢把握建设"人类命运共同体"这条贯穿始终的主线，努力将延续和维系中国"战略机遇期"同全球人民过上幸福生活的正当诉求与合理关切，同世界的发展前景、精神寄托和安全期待对接起来，进而形成"命运共同体"和"战略机遇期"相辅相成、相得益彰的上佳循环与良性互动关系。

第 二 篇

国际金融治理与应对战略研究

前　　言

2008 年国际金融危机的爆发进一步暴露了原有国际金融治理体系的缺陷。伴随着经济的快速增长以及金融实力的上升，中国在国际金融治理中的地位得到大幅提升。国际金融危机的爆发为中国参与国际金融治理打开机遇窗口。

在这一背景下，加强对现有国际金融治理体系的研究，并针对性地提出改革完善建议，有利于中国政府及早做好准备，争取在新一轮国际金融治理机制改革中取得突破。我们的研究目的是通过梳理国际金融治理体系演变的影响因素，系统分析和判断国际金融治理存在的挑战与缺陷，评估和剖析国际金融体系改革的相关方案，把握国际金融治理演变的趋势与变化，提出中国参与国际金融治理可行的策略选择。目前国内有关国际金融治理体系的文献主要是针对其中的一些问题进行政策阐述，而且涉及中国参与国际金融治理的研究也缺乏系统性。我们的研究是建立在已有的文献基础之上，强调国际金融治理体系是一个历史演变过程，国际经济格局的变化、全球经济治理理念的变化等因素是重要决定性力量，重点分析国际金融治理存在的缺陷，评估各项改革方案。我们的研究数据来源于国际机构、重要智库和主要数据库。分析方法采用理论与对策研究相结合，这其中，采用 SWOT 分析方法分析中国参与国际金融治理的收益、成本，并从国内和国际层面提出对策建议。

本成果的主要结构如下。第一章在梳理国际金融治理概念和国际金融治理历史实践的基础上，提出了国际金融治理改革的宏观框架与基本原则，为后文的分析奠定基础。第二章从一个较为宏观的角度分析了国际金融治理演变的影响因素，这包括国际经济格局的变化、国际金融监管体系的演变等，这些因素虽然一直在缓慢变化，但2008年国际金融危机的爆发却无疑是一个重要节点。在此基础上，第三章和第四章进一步分析了当前国际金融治理存在的缺陷与挑战，并提出针对性改革建议。第五章系统阐述了中国参与国际金融治理的定位与目标，并以SWOT分析方法对中国参与国际金融治理的收益、成本进行总结，提出中国参与国际金融治理改革的应对措施。

我们的重要结论如下。第一，在国际储备货币体系方面，中国以及重要相关国家应积极推动国际货币体系的多元化，并促进特别提款权在国际货币体系中发挥更大的作用。我们认为这一多元货币体系将比美元主导的国际货币体系更有利于提高全球金融体系的稳定性。第二，在汇率制度与国际收支调节机制方面，应注重各国经济与金融市场差异，考虑制定与结构失衡有关的指标来改善国际收支调节机制。第三，在国际金融机构方面，应进一步推动基金组织治理机构改革，强化基金组织的合法性、可信性和有效性，更好地发挥基金组织在国际金融治理中的作用。第四，在国际金融监管方面，应逐步将影子银行纳入监管体系，防止各类金融产品出现交叉感染，国际金融监管体系改革需要协调好国别标准和国际标准之间的平衡，维护全球金融体系的稳定。

中国能否实现参与国际金融治理的目标，在很大程度上取决于国内外的现实基础。从国内层面看，应继续营造良好的国内外政治、外交、经济、社会关系，保持中国经济健康稳定持续发展，为参与国际金融治理夯实国内基础。同时，继续推进利率和汇率市场化改革，发展金融市场并完善金融体系，为参与国际金融治理扫除国内金融环境制约条件。从国际层面看，中国应加强与亚洲国家、金砖国家以及其他新兴和发展中经济体的合作，同时注意改革方案对于相关利益主体的影响，降低改革阻力。应积极利用二十国集团等现有的多边治理平台，积极推动国际金融治理的完善。

第一章 国际金融治理演变与改革总论

战后国际金融治理演变历史见证了国际货币体系重要的理论变迁，也揭示了体系变革的重大趋势。在过去几十年间，发展中国家和新兴经济体的崛起改变了国际经济格局，是国际金融治理改革的重要推动力量。2008年爆发的国际金融危机更为国际金融治理体系改革提供了契机。本章在梳理国际金融治理概念的基础上，识别出现有国际金融治理存在的问题，阐述未来国际金融治理改革的要点。

第一节 国际金融治理的概念和框架

一 全球治理与国际金融治理

伴随着世界经济全球化，全球经济事务日益增多，迫切需要国际社会在全球层面加以应对，在这一背景下，各方相继提出全球治理理论。1992年，28位国际知名人士发起成立"全球治理委员会"（Commission on Global Governance），该委员会于1995年发表了《天涯成比邻》（Our Global Neighborhood）的研究报告，认为治理是各种公共的或私人的个人和机构管理其共同事务的诸多方式的总和。全球治理不是建立"国家政府"或"世界政府"，而是全球范围内国家或组织进行协调与合作，以应对经济全球化和世界一体化背景下的全球性问题及危机。国际关系学者詹姆斯·西瑙（James Rosenau）则认为，无论在草根层面还是在全球层面，治理"涵盖了政府的行为，但也包括许多其他的渠道，通过这些渠道，'命令'可以通过确定目标、发出指示和自动政策等形式传导下去"。当全球治理的范畴为经济领域时，即形成了全球经济治理。Boughton and Bradford（2007）则认为理想的全球治理是一个包括各国政府、多边公共机构、国内不同主体实现某一共同目标的合作过程，其提供了战略方向，并可集结集体力量解决全球问题，为保证有效性，其应该具有包容性、活力性，并可以跨越国家和部门界限与利益。全球治理应该基于软实力而不是硬实力。

国际金融治理（international financial governance）亦被称为全球金融治理（global financial governance）①，它一般被视为全球治理在国际金融领域的延展与应用。在全球治理的基础上，联合国训练研究所（UNITAR）认为国际金融治理应为国际货币体系的可预见性和稳定性提供支持，并对国际经济交易提供便利化支付服务，其也应该对国际金融体系提供监督，以保护世界范围的储蓄者和投资者的利益，同时能够在所有潜在借款人之间实施有限和公平的信贷资源分配②。Held and Young 认为当前的国际金融治理缺乏可预见性、节制性，并导致了某种程度的金融不稳定性，而有效的全球金融治理应该能够在私人金融活动和公共金融治理之间取得平衡。从目前来看，金融市场的全球化正以前所未有的方式促进全球经济的一体化，然而现行的监督和管理全球金融市场活动的规则和制度仍未跟上这一步伐。如何弥补二者差距，从而既促进全球金融市场活动的发展，又可避免其无序发展所带来的风险，这成为各国参与国际金融治理所无法回避的问题③。

Frieden（2016）认为国际金融治理的根本目的是确保全球金融稳定。但由于技术能力不足、政治动力激励不够，国际社会对于国际金融治理的公共产品供给是不足的。Frieden 指出这需要在以下几个方面加强国际金融治理的公共产品供给：一是提供最后贷款人工具，为国际金融体系提供流动性的支持；二是加强国际金融监管协调，避免国际金融监管差异和私人部门监管套利；三是加强宏观审慎监管与国

---

① 本文在此认为国际金融治理的概念与全球金融治理的概念等同，并不做刻意的区分。

② https：//www. unitar. org/event/full－catalog/global－financial－governance－2013 # sthash. sYoCdreU. dpuf.

③ David Held，Kevin Young. Global Financial Governance：Principles of Reform. http：//www. lse. ac. uk/IDEAS/publications/reports/pdf/SR001/SR001＿held. pdf.

际资本流动管理协调；四是加强宏观经济政策协调。

国内学者也对国际金融治理的概念进行了阐述。徐秀军等（2016）认为，全球金融治理是指各国政府部门、国际组织与非政府组织、跨国公司及其他市场主体，通过协调、合作、确立共识等方式，参与全球金融事务的管理，规避和预防系统性金融风险，维护经济金融稳定，以建立或维持良性的国际金融秩序的过程。张礼卿、谭小芬（2016）认为国际金融治理是指通过规则、制度和机制的建立，对全球货币事务和金融活动进行有效的管理，包括在全球、区域和国家层面对各种利益关系进行协调，其宗旨是通过维护全球货币和金融的稳定和公平，进而推动全球经济、贸易和投资等各个领域的健康发展。他们认为全球金融治理领域有八个问题值得研究。第一，什么样的国际货币体系最有助于全球金融体系的稳定；第二，如何进行有效的国际宏观经济政策协调，以便减少重要经济体宏观经济政策的溢出效应；第三，如何建立和健全全球金融安全网，以防范日趋明显的流动性冲击；第四，如何对现行的全球金融治理机构（如 IMF）进行改革；第五，如何对国际资本流动进行有效管理；第六，如何对全球金融业进行监督；第七，如何有效开展区域性和集团性货币金融合作；第八，中国如何参与全球金融治理。翟栋（2014）认为国际金融治理是指在国际金融体系中，多元行为体通过平等对话与协商合作，以共同应对世界经济问题和全球金融变革挑战的一种规则机制、方法和活动。

在梳理学者给出的国际金融治理概念的基础上，需要进一步明确国际金融治理的主体、客体以及如何进行治理等问题，从而为本研究的后续分析提供框架。

国际金融治理的主体。识别国际金融治理的主体即回答谁来进行国际金融治理的问题。学者普遍认为参与全球治理的博弈者种类繁多，包括国家、国际组织、公司、个人等（张宇燕、任琳，2015）。从国际金融治理角度来看，主要的参与主体包括以下几个部分：一是各国政府以及相关政府部门等，这尤以各国财政部门、中央银行部门、金融体系监管部门参与最为广泛和重要。二是正式或非正式的国际组织，这尤以国际货币基金组织（IMF）、国际清算银行（BIS）、金融稳定理事会（FSB）等参与最为广泛和重要。除此之外，其他组织和社会团体，包括跨国公司、跨国社会运动到众多的非政府组织也在追求对国际金融治理施加影响，这些都构成国际金融治理的活动主体，并从不同领域、不同层次推进国际金融治理进程（王浩，2013）。

国际金融治理的客体。识别国际金融治理的客体即回答国际金融治理的主要研究内容或治理对象是什么。学者普遍认为国际金融治理的对象应囊括整个国际金融领域，但是围绕具体议题，各个学者根据自己的研究内容却关注不一。综合来看，学者们认为国际金融治理的主要研究内容包括以下三个部分：一是国际货币体系特别是国际储备货币体系的改革；二是国际金融体系特别是全球金融监管机制的改革，包括金融衍生产品管理、信用评级管理等，特别是金融监管的完善与改革；三是国际金融治理机制的改革，既包括国际货币金融机构的改革，特别是国际货币基金组织的改革，也包括国际金融治理与改革的决策主体的改革，如如何更好发挥 G20 的作用。

在此需要注意几个相关的概念，即国际货币体系和国际金融体系。部分机构和学者认为，并不需要严格区分国际货币体系和国际金融体系之间的区别。BIS（2015）认为国际货币与金融体系（International Monetary and Financial System，IMFS）是一体的，其是在各国间就商品、服务和金融工具交易管理的一系列制度安排，包括货币锚的确定、汇率制度安排、关键货币以及资本流动的情况等。Bush *et. al.* (2011) 认为国际货币与金融体系是一套促进国家间国际贸易和投资分配的一套安排和机制。一个运作良好的国际货币与金融体系应该能够促进资源在不同国家间的分配从而促进经济增长，这需要其能够为国际金融市场创造正常的条件以抑制国际收支问题的积累，在面临破坏性金融冲击时可以获得金融资源支持。

部分学者认为，国际金融体系的概念大于国际货币体系。高海红等（2013）认为国际金融体系有广义和狭义之分。广义的国际金融体系（international financial system）既涵盖了国际货币体系（international monetary system），也包括国际金融市场以及在国际金融市场上活动的金融机构与监管机构。他们认为狭义的国际金融体系与国际货币体系的概念基本相同，是指为促进国际贸易、跨境投资与国际之间资本再配置的一系列在国际范围内得到普遍认同的规则、惯例与支持机构的组合。而国际货币体系主要包括以下几方面内容：一是各国货币兑换比例（汇率）的确定；二是各国货币的可兑换以及国际支付的规则与限制性措施；三是国际收支的调节机制；四是国际储备货币与储备资产的确定；五是资本自由流动是否受到限制等。

本研究认为国际货币体系和国际金融体系是国际金融治理两个最主要的研究对象。按照高海红等（2013）对国际金融体系的广义和狭义之分，本文也认为广义的国际金融体系既包括国际货币体系，也包括国际金融体系（狭义），其概念类似于 Bush *et al.*（2011）、BIS（2015）等的国际货币与金融体系。这需要进一步明确国际货币体系和国际金融体系的概念。

IMF 认为国际货币体系（IMS）是处理国际收支的一套规则和制度，其关键目的之一是提供促进各国之间货物、服务和资本交易，并维持全球金融和经济稳定所需的条件的一个框架，此外，国际货币体系还旨在促进对冲击的有序调整①。国际货币体系的主要内容包括：各国货币的汇率制度安排、国际货币以及国际储备资产的确定、国际收支的调节机制安排、各国货币的可兑换性以及各国对国际支付所采取的措施、国际货币金融的协商机制与协调、监督机制等。这其中，IMF 是国际货币体系最为主要的国际机构。

国际金融体系（狭义）主要是通过国际标准制定机构采取不同措施为全球金融市场制定标准、支持市场准入、促进金融监督和监管协调的体系（Moloney，2016）。因此，国际金融体系主要是与国际金融市场、国际金融监管等活动相关，国际金融市场以及在国际金融市场上活动的金融机构与监管机构等则可归为狭义国际金融体系的范畴。国际金融体系所涉及的国际机构主要包括金融稳定委员会（FSB）、国际清算银行（BIS）、国际证券委员会组织（IOSCO）、国际财务报告准则基金会（IFRS Foundation）和国际保险监管者协会（IAIS）等。

根据以上划分，本研究主要分为以下几个部分（图 1-1）。一是根据本研究所界定的国际金融治理的主要内容，国际货币体系和国际金融体系无疑是本研究最为关注的研究内容。二是与以上治理内容相关的治理主体改革。其中，与国际货币体系相关的治理主体主要为国

---

① http：//www. imsreform. org/about. html.

际货币基金组织，而与国际金融体系相关的治理主体主要为国际清算银行和金融稳定理事会。除此之外，世界银行、经合组织、国际证券委员会等也是重要的治理主体。尽管作为治理主体，这些组织或机制在推动国际金融治理的同时，也是"被治理"的对象。近年来，随着全球经济格局的转变，国际金融治理机制已经越来越难以适应治理形势的需要。治理机制的落后不但未能及时反映全球经济格局的变化，也会影响到其治理效果。

需要指出的是，还有一类治理主体值得关注，那就是以二十国集团（G20）为代表，并可进一步细分为七国集团（G7）、金砖国家集团（BRICS）以及中等强国合作体（MIKTA）① 等的一系列国际非正式协调机制。这些机制往往并不直接关注全球经济治理的具体领域，而是通过国际协调，推动治理的其他主体如国际组织、政府机构等推动相关领域的改革。例如针对国际金融机构（IMF）改革，G20 主要协调各国立场，表明改革的态度与决心，凝聚改革共识，具体的改革则交由 IMF 自己进行。因此这类治理主体我们将其归为治理协调主体。与 IMF、FSB 等一样，他们既是国际金融治理的推动主体，同时也是被治理的对象。

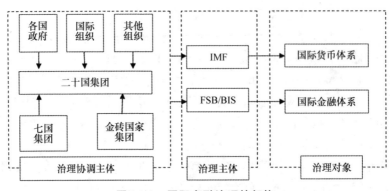

图 1 - 1　国际金融治理的架构

本研究的逻辑分析框架如下。首先，梳理当前全球经济治理理念的演进和全球经济格局转变趋势，为国际金融治理的改革提供现实和

————————
① 中等强国合作体（MIKTA）是在墨西哥、印度尼西亚、韩国、土耳其和澳大利亚之间建立的一种非正式伙伴关系。不过相比 G7 和 BIRCS，MIKTA 的合作机制更为松散。

理论背景。其次，从国际货币体系、国际金融体系、国际治理机制三个方面识别当前国际金融治理的缺陷与不足，为未来国际金融治理改革提供具有针对性的建议和方案。最后，从国际货币体系、国际金融体系、国际金融治理机制三个方面提出改革建议，并根据中国情况提出相应的对策与建议。

第二节 全球经济治理理念的演进

长期以来，全球经济治理理念主要是以自由主义为主。自 17、18 世纪以来，自由主义经历了古典自由主义和现代自由主义两大阶段。到 20 世纪 30 年代初经济危机爆发之前的一段时期，西方社会的主流思想就是崇尚市场的自我组织和自我调节的作用，主张市场机制的自由运行和自由放任的政策，在这个过程中政府不直接介入经济活动。亚当·斯密所著的《国富论》是古典自由主义的理论基础，他强调了限制政治权力的界限，从而保护个人的自由和财产权。在古典自由主义引导下的西方经济得到了大幅的提升，随之而来的工业化革命也使这些国家的物质文明不断提高，但是同时也造成了许多社会问题。

进入 20 世纪后，伴随着资本主义社会矛盾的激化，特别是 1929 年资本主义世界经济危机的爆发促成自由主义分化成了两个学派，一个是主张市场化、私有化和自由化的新自由主义学派，另一个是主张政府宏观调控的凯恩斯主义。由于当时特殊的背景，使经济走向了一个无秩序的混乱状态，最后导致了市场失灵，迫切需要政府干预市场，所以一直到 20 世纪 70 年代，凯恩斯主义始终占据主导地位。

凯恩斯主义也影响了战后国际经济秩序的重建。例如在布雷顿森林体系建立的过程中，为了促进战后货币体系的恢复，凯恩斯强调对资本施加管制。在国际清算联盟的建议书中，凯恩斯曾建议将资本流动管制作为战后货币体系的特征（Moggridge，1980）。今天，基金组织协定第六条依然规定，基金组织成员国在一定条件下仍可实施适当管制。但尽管如此，自由主义在这一时期并未完全消失，如内嵌式自由主义（embedded liberalism）仍在早期影响着国际经济活动，它主要强调多边框架下的国内干预（Ruggie，1982）。这也为布雷顿森林体系时期在多边国际组织下加强资本管制提供了思想指导。

20世纪70年代，资本主义陷入长达十年的"滞胀"，经济低速增长甚至停滞、高通胀和高失业并行，这种现象被认为是政府过度干预的结果，凯恩斯主义受到了质疑甚至是否定，政府与市场的关系的争论又重现历史舞台。在滞胀危机期间，英国首相撒切尔积极采取了哈耶克等人提出的新自由主义，大刀阔斧地进行改革：减少政府福利开支、限制政府对经济的干预，实施紧缩的财政政策；实施全面私有化改革等。之后在1980年底，美国总统里根提出的"里根经济学"也是新自由主义的一个代表，强调了经济自由化特别是金融自由化的改革，缩减政府规模，推动市场化改革。另外在这段时期，之前凯恩斯强调的资本管制开始出现松动。这一时期，新自由主义（neoliberalism）替代内嵌式自由主义成为经济活动的指导法则，各国特别是发达经济体开始逐步降低国家对经济活动的干预。在这一原则的指导下，各国逐步放松资本管制，逐步推行资本账户自由化。资本管制的放松首先从发达经济体推行开来（Bakker and Chapple，2002）。从这一时期开始，美国开始反对资本管制，受其影响，基金组织也开始加大对于资本账户自由化的推动。一些新兴和发展中国家也慢慢放松了对国际资本流动的限制（Tseng and Corker，1991）。1978年基金组织完成第二次基金组织协定修订，在其第四条中指出，国际货币体系的主要目的除了是为商品和服务提供一个便利交易的框架外，促进国家之间的资本流动也被纳入其目标（IMF，2010）。这最终推动了新自由主义的范式化。

在此背景下，"华盛顿共识"产生。20世纪80年代，由于拉美国家进口替代工业化政策的失败，导致拉美地区普遍面临债务危机。在以美国为首的西方国家和拉美国家进行债务问题的谈判时，美国等政府提出十条政策主张：一是加强财政方面自律；二是调整公共支出优先秩序；三是改革税收；四是推动利率自由化；五是实行具有竞争性的汇率制度；六是促进贸易自由化；七是对FDI实行自由化；八是推动国有企业的私有化；九是放松政府管制，消除市场准入和退出障碍；十是保护产权。这十条政策被称作"华盛顿共识"，其核心在于自由化、市场化、私有化和财政及物价的稳定（余东华，2007）。

"华盛顿共识"的推广标志着新自由主义步入了一个新阶段，拉美国家、俄罗斯和东南亚采取该模式发展，结果每一个都没有取得成效。拉美国家发生了严重的金融危机，造成了社会动乱；俄罗斯在采用"休克疗法"之后，经济大幅下滑，政局混乱，经济和社会几近崩溃；东南亚在实行该新自由主义后更是在1997年爆发了席卷全球的亚洲金融危机，损失极为惨重（何秉孟，2014）。

　　同样是经济转型，中国在20世纪80年代进行的改革开放有着与实行新自由主义的国家不同的绩效。西方经济学家将中国改革发展后的繁盛归结于"北京共识"理念，主要包括：第一，艰苦努力、主动创新和大胆试验，如建立经济特区；第二，坚决捍卫国家主权和利益，反对干涉内政，如处理台湾问题；第三，循序渐进，比如"摸着石头过河"，精心积累具有不对称力量的工具，如积累巨大的外汇储备；第四，以人为本，以提高人民的生活质量为目标；第五，和谐发展，处理好经济转型、经济增长与社会全面发展的关系（余东华，2007）。虽然"北京共识"只是一个模糊的概念，是一个不成熟、不完善的模式，并没有像华盛顿共识一样能够向世界提供一套普适性的解决方案，但是"北京共识"是一种经验，使每个国家增加了靠自己成为一个强国的信心。该理念提出后便受到了世界各国的关注，中国经济改革和经验为世界特别是发展中国家提供了一种新的发展经验，得到了国际社会的认可。乔舒亚·库珀·雷默在提出"北京共识"的时候，就指出该理念是适合中国、印度等新兴经济体的发展模式，是它们学习的榜样。2004年，联合国秘书长在接受采访的时候也表示：中国依靠其独特模式得到发展的有益经验是值得其他国家，尤其是发展中国家借鉴的。国际货币基金组织原第一副主席安妮·克鲁格也提到"北京共识"比"华盛顿共识"更适合发展中国家的经济环境。在"华盛顿共识"纷纷受到各国质疑，世界大多数国家经济发展遇到瓶颈的情况下，"北京共识"为世界注入了新鲜的活力。

　　美国金融危机的爆发进一步推动了对原有经济治理理念的反思。这从基金组织对于资本流动的重新审视上可见一斑。2009年12月，IMF原第一副总裁John Lipsky在日本协会（Japan Society）发表演讲指出，面对资本流动的急剧增加，可以考虑施加资本管制（Lipsky，2009）。这成为IMF近几十年来首次对资本管制做出正面回应。随后，IMF在其

《全球金融稳定报告》（GFSR）中对资本管制做出正式表态。在这份报告中，IMF指出新兴市场经济体再次面临资本流入的快速上升，并对这些国家的政策提出挑战。为此，其建议应首先实施宏观经济政策和审慎监督，如果这些政策仍不充分，则可以考虑施加资本管制（IMF，2010）。由于资本管制与新自由主义格格不入，这表明包括基金组织在内的国际社会已经对新自由主义有所警觉。

2016年6月，基金组织《金融与发展》杂志发表了一篇基金组织研究部人员撰写的《新自由主义：超卖?》，从资本账户开放和政府角色两个角度对新自由化进行了反思，其指出，新自由主义的两大基石已被事实证明可能都是错误的。然而，在这篇文章发出后不久，基金组织的首席经济学家奥伯斯·费尔德发表讲话指出，这篇文章被广泛曲解——它并不表示基金组织采用的方法有重大变化。不过这至少说明，各方对于新自由主义的反思在不断深入。

在这个背景下，曾经从强调政府作用变到以"华盛顿共识"为主流、强调市场作用的结构主义得到了新的发展。林毅夫在新结构经济学中提到，在经济发展中，必须发挥市场和政府的协同作用，同时政府的政策还需要考虑不同发展水平的结构性特征。新经济学的要点概括下来有三点。第一，一个经济体的禀赋和结构在一定时间是固定的，但是随着发展水平的变化，随之对应的经济结构也会发生变化。所以，每个特定的产业结构都需要与之对应的基础设施，从而达到降低成本的效果。第二，由于经济发展是一个连续的过程，因此在一个产业升级的过程中，给定产业结构的内生性，处于任何一个发展水平的发展中经济体的产业和基础设施升级的目标，并不是比自己所处水平更高的发达经济体的结构和基础设施水平。第三，不管处在什么发展水平，市场才是资源配置最有效率的机制，但是企业在生产的过程中必然会依赖于政府提供基础设施改进和补偿外部性，以促进产业的升级（林毅夫，2010）。从新结构经济学来看，"华盛顿共识"注定是失败的。一方面，"华盛顿共识"的前提是企业有自生能力，然而很多发展中国家的企业没有自生能力，如果把政府对企业的补贴取消，这些企业就会受到巨大的冲击，甚至是垮掉，社会必然出现动荡，从而阻碍经济的发展。很多国家对"华盛顿共识"只能是阳奉阴违，给予企业隐蔽、扭曲的新的保护补贴。另一方面，"华盛顿共识"片面强调市场的重要性，忽略了政府的作用。当今发达国家的政府，在历史上都发挥了积极作为（林毅夫，2013）。因此，发展中国家要想实现经济发展和结构升级，必须要协调政府和市场的关系。

2008 年国际金融危机不但在一定程度上改变了世界经济格局走向，也在一定程度上冲击了基于新自由主义的全球经济治理理念。与经济增长的"硬实力"相比，治理理念的"软实力"转变可能要更缓慢一些。但是无论如何，目前的情况正在发生变化，这为其他国家参与全球经济治理、发挥更大的作用提供了契机。对于中国来说，如何在保持经济增长"硬实力"基础上，争取治理理念"软实力"的提升，将是参与全球经济治理无法逾越的一道门槛。

第三节　国际金融体系改革的必要性

1971 年布雷顿森林体系濒临崩溃，欧洲跟美国在美元固定平价问题上争执不休。欧洲已经没有办法维持跟美元的可调节比价，希望美国采取措施以保证美元汇率的稳定。在一次双方谈判中，美国时任财政部部长小约翰·包登·康纳利（John Bowden Connally, Jr.）针对欧洲使团要求美国兑现黄金支付的要求，抛出了"美元是我们的货币，但是你们的问题"这句名言，被认为是 20 世纪 70 年代以来货币体系的真实写照（Eichengreen，2011）。在过去几十年间，新兴经济体的快速崛起改变了世界经济格局。然而在金融领域，国际金融秩序仍延续以发达国家为中心、以发展中国家和新兴市场国家为外围的格局。美元仍然是主要的国际储备货币，国际金融机构治理仍然由发达国家来控制。经济格局与金融权力之间形成明显的错配。与此同时，世界各国不得不应对持续的全球失衡，直至 2008 年爆发国际金融危机。美元还是美国的美元，但是当美国不再像布雷顿森林体系时期那样承担稳定汇率义务的时候，问题便成了全球的问题。

一　多极格局与单极货币

新兴经济体的快速崛起打破了原有世界经济力量的格局。主要表现在以下三个方面。一是新兴经济体和发展中国家的经济总规模与发达市场差距缩小。1980 年，新兴经济体以购买力平价计算的 GDP 占世界比重的 36.2%，发达市场占 63.8%。20 世纪 90 年代开始，新兴经济体和发展中国家 GDP 规模呈现上升趋势，而发达国家整体呈现下降趋势。2002 年，新兴经济体和发展中国家 GDP 份额首次超过发达国家中的七国集团（G7）。2008 年，新兴经济体和发展中国家 GDP 份额上升至 51.2%，首次超过发达国家的 48.8%。根据基金组织预测，2019 年，新兴经济体和发展中国家 GDP 份额将达到 60.3%，发达国家份额降至 39.8%（图 1 - 2）。二是新兴经济体和发展中国家以高于世界平均水平的速度增长。从 1980 年到 2014 年，世界经济年均增长 3.5%，新兴经济体和发展中国家平均增速为 4.6%，其中亚洲新兴经济体增长速度高达 7.4%；发达国家增速为 2.5%，其中核心的 G7 国家增速为 2.3%（图 1 - 3）。三是新兴市场在全球贸易的地位上升。随着世界经济一体化的不断发展，新兴市场贸易规模不断扩大。更重要的是，从贸易流向看，新兴市场成为重要的顺差国家（图 1 - 4）。与之相对应，新兴经济体的外汇储备规模日益扩大。外汇储备的累积增强了这些市场对外部冲击的抵抗能力，同时也让新兴市场成为全球重要的债权人，形成"穷国"为"富国"融资的格局。

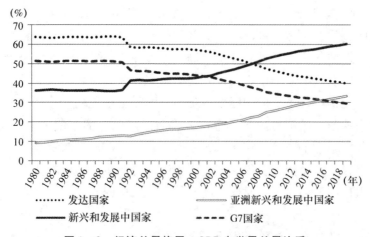

图 1 - 2　经济总量格局：GDP 占世界总量比重

资料来源：国际货币基金组织数据库。

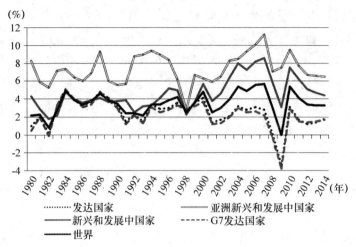

图 1-3　高速与低速增长：GDP 增长率比较

资料来源：国际货币基金组织数据库。

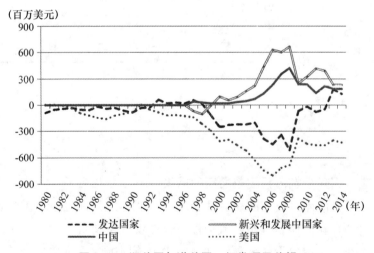

图 1-4　顺差国与逆差国：经常项目差额

资料来源：国际货币基金组织数据库。

　　然而在国际金融领域，美元仍是多数发展中国家和新兴市场国家汇率制度的钉住货币，也是顺差国的主要储备资产。即便是 20 世纪 80 年代马克、日元崛起以及后来欧元建立，美元的核心地位也没有受到根本性的挑战。各种中央银行手中持有的主要是美元资产，在国际金融市场上交易的也主要是以美元计值的产品。由表1-1可见，在全球官方和私人交易中，与欧元和日元相比，美元至今仍占据核心地位。基金组织188个成员国中，61%的外汇储备以美元持有，23.1%的成员国明确将本币钉住美元，接近一半的外汇交易额与美元有关，59%的银行贷款以美元提供，39.1%的国际有价证券市场以美元发行（略低于欧元的41.8%）。

表1-1　　　　　　　　主要货币作为国际货币在全球的份额

	美元	欧元	英镑	日元	人民币
外汇储备占成员国总外汇储备比（2015年三季度）	63.98	20.34	4.72	3.77	1.11*
外汇交易占总交易额比（2013年）	87	33.4	23	23	2.2
贷款占总贷款比（2015年9月）	48	30	—	5	—
有价证券发行未清偿额占总比（2015年6月）	51	22	—	13	1

资料来源：笔者根据国际货币基金组织和国际清算银行数据计算得出。

注：*表示该数据是基金组织进行的调查结果。人民币在成员国外汇储备中的比重于2016年10月1日之后公布。

二 国际金融体系改革滞后的后果

国际货币体系改革的滞后性表现为三个方面：首先，布雷顿森林体系时期存在的储备货币和流动性问题并没有得到有效解决。更进一步说，在美元本位下，全球流动性多少与美国国内政策息息相关，这使美国国内政策的外溢性增强。其次，国际收支调节问题没有得到解决。美国凭借美元的国际货币地位，通过资本流入为其经常项目逆差融资；高储蓄顺差国家为了预防收支危机而不断累积外汇储备，后者又以美元资产形式流向美国。最后，涉及信心问题的特里芬难题仍然没有得到解决（余永定，2010）。

（一）不平等问题

美元本位的表现之一是，作为主权货币发行者，美联储成为全球流动性的最主要创造者。2002—2007 年，境外美元对非金融机构的信贷年均增长为 30%，远高于对国内的美元信贷。美国之所以能向全球大规模提供美元流动性，一是美联储同期的低利率政策，大幅度降低了美元借贷成本；二是美国经常项目逆差严重，需要通过资本项目为其融资；三是发展中国家和新兴经济体快速的经济增长和出口导向政策，造成外汇储备大幅度累积，而这些国家缺乏将国内储蓄转化为国内投资的国内金融市场，在别无选择的情况下不得不将大部分的外汇储备购买美国国债等收益率极低的"安全资产"（safe asset）。

在缺乏国际机构行使监控中央银行流动性创造的职能的情况下，美联储拥有美元流动性创造的绝对权利。这产生了三个结果。第一，美元流动性与美国经常项目逆差挂钩，只要顺差国愿意接受并持有美元，创造的美国流动性总可以以美元债务的形式流回美国。这构成了全球失衡的重要来源。第二，由于美元是世界货币，同时美国又不承担稳定美元汇率的义务，这使得美国在吸纳资本流入的同时不必担心引起国内的通货膨胀，因为美国政策的外部性主要由其伙伴国承担。比如，那些自愿钉住美元的国家货币当局面临两种选择：要么钉住美元保持竞争力，同时紧跟美联储，接受美国货币政策的传递效应；要么对外汇市场持续干预，从而被动累积更多的美元储备。第三，美国巨额的贸易逆差和不断累积的债务负担，再加上美国政府对汇率的"善意忽视态度"，使美元币值从 2002 年 2 月开始步入其长期贬值通道。以美元指数走势来看，除了危机期间美元因发挥避险货币功能以及 2013—2014 年美联储开始退出量宽政策使得美元受到市场青睐之外，美元指数总体呈现为贬值态势。图 1 - 5 表明了发展中国家和新兴经济体美元外汇储备之间的动态关系：发展中国家和新兴经济体美元外汇储备在 1999 年为 2553.22 亿美元，2014 年中期达到 1.69 万亿美元，而美元实际指数在同期贬值了 14.8%。美元长期贬值给那些以美元资产为主要投资对象的外汇储备大国带来了巨额的资本损失。

美国经济学家保罗·克鲁格曼（Paul Krugman）在《纽约时报》撰文称之为"美元陷阱"（Krugman，2009）。

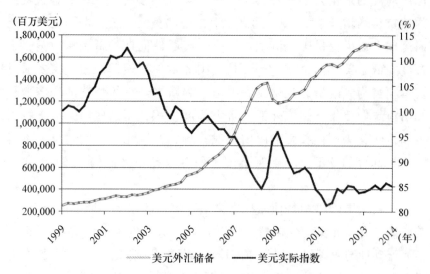

图1-5 发展中国家和新兴经济体外汇储备和美元指数

资料来源：Wind 资讯金融终端 2014；国际货币基金组织 "Currency Composition of Official Foreign Exchange Reserves"（COFER）各期。

（二）不稳定性与信心问题

由于美元是全球最主要的储备、结算和计价货币，美联储便成为全球事实上的最后贷款人。在金融繁荣时期，过度的美元流动性鼓励杠杆性融资和金融泡沫累积，与此同时也为金融危机埋下了隐患；在金融动荡甚至爆发危机之时，美元流动性的瞬间紧缩又需要美联储及时提供美元流动性支持，防止市场解冻和系统性破产。事实上，在2008 年国际金融危机以来，美联储与其他中央银行通过货币互换形式提供流动性支持，成为防止金融危机蔓延的重要手段。然而，由于流动性短缺通常难以量化，特别是在危机时期，市场枯竭有自我强化的心理特征，在美联储资源明显有限的条件下，投资者逃向安全资产的举动会导致更剧烈的市场动荡。

美国耶鲁大学教授罗伯特·特里芬（Robert Triffin）发现，依靠美国的美元负债（外国手中的美元余额）满足世界超额的储备需求，在黄金供给有限的情况下，美元黄金平价的约束力大打折扣。美元币值稳定性因此受到冲击，其结果对国际货币体系的正常运转产生了破坏作用（特里芬，1961）。特里芬难题在浮动汇率时期依然存在。从理论上讲，依靠单一的主权货币行使国际储备货币职能的国际货币体系，其本身就存在着内在缺陷。如前所述，作为美元储备货币的发行国，美国需要不断通过经常项目逆差向世界提供流动性。而伴随美国逆差的累积，美元币值又受到损害，后者危及美元作为储备货币的地位。除了经常项目逆差渠道，近年来资本项目成为美国输出美元流动性的重要渠道。在对储备资产需求增加的情况下，对具有财政清偿力担保的安全资产的需求也随之增长。这就形成了一个悖论：储备资产需求增加，需要具有这种清偿能力的政府债券的发行增加；债券发行得越多，清偿力受到的影响就越大（Obsfeld，2011）。考虑发达国家的债务规模和未来趋势，我们面临的是一个无解状态。

（三）资产安全性问题

2008 年金融危机爆发以来，全球安全资产在供求结构、数量等方面发生了变化。一方面，新兴市场出于预防性的储备资产需求不断上升；在危机期间，那些本来是储备资产的提供者（央行和金融机构）也转变为需求者，对安全资产的需求急剧上升；另一方面，在供给方，主权债级别的降低导致合格的安全资产提供者减少，金融机构的去杠杆化也造成安全资产供给萎缩。

在过去十多年间，作为全球主要安全资产的美国、德国和英国 10年期国债收益率呈现总体下降趋势，这在一定程度上反映出对安全资产较多的需求追逐有限供给（图 1 - 6）。尤其是在危机爆发和动荡期间，投资者风险偏好降低，对安全资产需求激增，美元资产通常是最主要的避险资产，所谓"没有好资产，只有较好的坏资产"的说法正是反映了投资者对储备资产质量的担忧。而在其背后反映的是国际金融体系中安全资产的短缺。

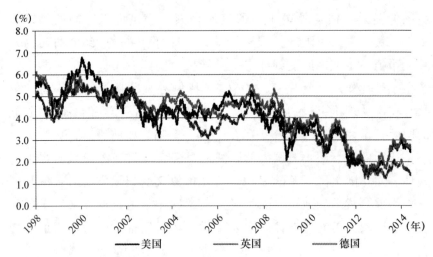

图 1-6 安全资产：美国、德国和英国政府 10 年期国债收益率

资料来源：Wind 资讯。

第四节 国际金融治理改革要点

特里芬当年所担忧的核心问题是世界经济不断扩展与国际清偿力充足性之间的矛盾。半个多世纪之后，上述矛盾仍然存在，而且历经数次危机，对国际货币体系改革的讨论似乎又回到了原点。改革现有的以美元为主导的储备货币体系，重组和增设多层级的国际金融机构以及建立多层次的全球金融安全网，是未来国际金融体系重建的核心内容。

一 储备货币体系多元化

改革以美元为主导的储备货币体系，需要建立一个多元化的储备体系，其中，建立超主权货币、改革特别提款权以及提升包括人民币在内的非美元货币的作用，是实现储备货币多元化的重要路径选择。

（一）建立超主权货币

以超主权货币取代主权国家发行的货币这一主张由来已久。早在"二战"后构建布雷顿森林体系方案之时，约翰·凯恩斯（John Maynard Keynes）就提出建立世界货币班考（Bancor）方案。根据设计，班考作为超主权货币，是成员国之间进行国际贸易和投资的计价单位。凯恩斯同时建议成立国际清算联盟（International Clearing Union）作为超主权货币的执行机构。随后，特里芬在凯恩斯建议的基础上提出在黄金之外建立新的支付手段，这一手段独立于国家通货。根据他的设想，"所有国家不愿以黄金形式持有的储备可以以国际化的、可兑换黄金的储蓄方式存入国际货币基金组织"（特里芬，1961）。这样，成员国对基金组织的缴纳变为存款制度，作为对成员国放贷的基础，其优势是与黄金有在全球同样自由的可兑换性的同时，又不会因债权国提供过多的放贷而影响其清偿力。然而，与凯恩斯方案相似，这一方案的实施需要一个超越国家主权的国际机构，其所遇到的最大障碍"其实是政治的而非经济的"（特里芬，1961）。

2008年金融危机之后，超主权货币概念再度被提起。中国人民银行总行行长周小川在2009年撰文，提出建立超主权储备货币主张的建议（周小川，2009）。在实践中，超主权货币首先要能够行使货币的四大功能：交换媒介、计价单位、价值储藏和价值标准。其次，它要有执行机构作为支撑，这个机构又必须具有超越国家主权的性质，要有高于主权国家的信用。欧元的建立可以说是在欧洲区域建立了局部的超主权货币，但是在机构建设方面，除了欧洲中央银行执行统一的货币政策，欧元区至今也没有建成真正意义的超主权机构。在全球层面，超主权货币作为储备货币体系改革的一个动议，它更主要的是理想目标。这一动议所传递的重要信息，是中国作为最大的新兴经济体，对以美国国家信用为担保的现行美元本位具有不可持续性的不满。

（二）改革特别提款权

特别提款权创立于1969年，其初衷是为了补充美元流动性的不足。在过去的40多年中，特别提款权的使用范围非常有限，主要用于基金组织成员国央行之间的账户往来以及历史上发行过的少量以特别提款权计价的债券。相比建立超主权货币，改革特别提款权是一项更具有可行性的方案。

扩大特别提款权的功能，首先要解决的是其篮子货币的代表性问题。在特别提款权创立初期，其定值标准只考虑货币发行国在世界的贸易份额。根据这一标准，特别提款权从 1969—1980 年一直包括 16 种货币。1981 年基金组织修订了定值标准，除了考虑贸易份额的重要性，还加入了资本市场指标。这样，篮子货币数量减少到 5 种。2000 年，欧元替代马克和法郎，篮子货币则由美元、欧元、英镑和日元这 4 种货币构成。2011 年，基金组织再度修订定值标准。目前，这一标准主要考虑两个因素：一是货币发行国货物和服务贸易额，二是成员国持有该种货币作为储备货币的比重。2015 年，基金组织将再次对特别提款权货币构成进行评估。动态体现成员国在全球贸易和金融中的地位，扩大定值篮子货币种类，并决定将人民币纳入特别提款权篮子。人民币正式成为基金组织认可的国际储备货币。

改革特别提款权，其次需要考虑的是扩大其规模。按照基金组织协议，成员国每 5 年对特别提款权分配规模和结构进行评估，以适应成员国对储备资产的长期需求。然而从设立至今，基金组织针对特别提款权只进行了三次分配，它们分别是：（1）1970—1972 年分配的 93 亿美元特别提款权；（2）1979—1981 年分配的 121 亿美元特别提款权；（3）2009 年分配的 1612 亿美元特别提款权。考虑到 1981 年以后加入基金组织的成员国中有近 1/5 从未获得过配额，基金组织于 2009 年 8 月以特别分配的名义对这些国家提供了 215 亿美元特别提款权的一次性分配。截至 2009 年年底，特别提款权累积分配配额为 2040 亿美元。相对世界经济增长对流动性的需求，增加特别提款权配额也仅仅对美元流动性需求起到部分补充的作用。

值得指出的是，约瑟夫·斯蒂格利茨（Joseph Stiglitz）领导的联合国国际货币与金融体系改革小组在改革特别提款权方面提供了比较系统的方案。根据斯蒂格利茨的报告，基金组织在短期需要按照每年增发 2000 亿美元特别提款权的速度扩大规模，这便在将储备货币供应与美国经常项目逆差分离的同时，满足成员国对储备资产需求的增加；基金组织在长期需要创立全球货币（Global Greenbacks）作为新的储备货币，并成立"全球储备基金"（GRF）。该基金负责管理新的全球货币，成员国每年向其提交一定数额的本国货币，基金向各成员国发放等值全球货币。针对特别提款权改革，另一个值得关注的主张是在基金组织框架下建立特别提款权的替代账户（Kenen，2010）。在这一账户下，有美元储备的国家可以存储部分储备，并换取相应的特别提款权。这种设计有助于各国分散储备资产，然而，特别提款权缺乏流动性，缺乏可交易的二级市场，这些缺陷阻碍了其储备货币功能进一步扩展。

无论如何，特别提款权改革应是国际储备货币改革的突破口之一。由于这项改革是在现有的国际机构框架下进行的，因而需要基金组织成员国积极合作。

（三）提高非美元主权货币的作用

鉴于在全球范围内建立超主权货币缺乏现实操作基础，黄金作为储备货币扩展的可能性又非常有限，提高非美元货币在国际储备体系中的重要性便成为储备货币体系多元化的现实选择。欧元的建立有其历史性意义。作为储备货币，欧元在基金组织成员国储备中的比重仅为24%。但在国际债券市场上，欧元已成为全球最大的债券发行货币。新兴经济体在国际贸易和金融交易中的重要性大幅度提高，为其货币行使更多的国际职能奠定了基础。尽管在储备货币职能方面，新兴经济体货币的作用十分有限，但是在结算和计价方面，新兴经济体货币地位有所上升。在国际清算银行每三年公布的报告中，2013年全球外汇市场交易额排名前20的货币中，新兴经济体的货币已占8席。

得益于政策推动、政府间积极合作以及这一时期的升值预期，人民币在诸多国际货币职能中迅速占领一席之地，人民币的跨境流动也迅猛发展。作为储备货币，人民币已经成为英国、日本、印度、尼日利亚和马来西亚等国家储备货币篮子中的组成部分；作为贸易结算和投资计价货币，人民币贸易结算已经占到中国跨境贸易的25.5%，直接投资中人民币计价比率也占接近10%；在国际支付体系中，人民币从2010年的第35位上升至2016年的第5位，全球大约有三分之一的金融机构在与中国内地和香港进行支付往来时以人民币支付；截至2016年6月，中国人民银行与其他国家中央银行签署的人民币双边互换协议已达34项；人民币也实现了与欧元、英镑、日元和美元等主要发达国家货币间的直接交易；人民币离岸市场迅速发展，香港成为最重要的人民币离岸中心。此外，新加坡、中国台湾、伦敦、卢森堡、巴黎和法兰克福等地的人民币业务也在兴起。中国作为最大的新兴经济体和发展中国家，其货币的国际化速度和规模将在相当程度上决定国际货币体系多元化的进程。

二 国际金融机构治理改革

国际货币体系从单极向多元过渡，很可能伴随着国际金融动荡。比如在从美元本位转向多元化进程中，投资者不断进行储备资产结构重组，这将带来国际资本流动和汇率的剧烈波动。如何有效降低过渡期风险是摆在各国决策者面前的重大挑战。金融稳定性是公共物品，这需要有意愿通过合作提供这一公共物品并且运行有效的机构主体。其可行的途径有两个：一是针对现有金融机构进行存量改革，二是以体现新兴经济体和发展中国家重要性为核心开展增量改革。

（一）国际货币基金组织份额和治理改革进展

2010 年，基金组织开始将中国并同美国、欧元区、英国和日本作为系统性重要国家。其含义是指中国与其他 4 个发达经济体一样，其经济状况和政策调整具有全球溢出性影响。作为系统性重要国家，提高中国在基金组织治理结构中的重要性顺理成章。事实上，如何提高包括中国在内的新兴经济体在基金组织中的份额和投票权一直以来是基金组织改革的重点。它既要顺势反映成员国的经济实力变化，也受制于既有的治理构架。

国际货币基金组织的主要职能是维护全球宏观经济和国际金融稳定、预防危机发生以及对危机进行救助。为了实现上述目标，基金组织需要对成员国实行日常有效的宏观经济监控和金融稳定性检测，对危机国家提供不同类型的救助贷款以及提出政策建议。足够的资金能力，成员国之间适当的份额分配比例，以及合理、有效和公正的投票机制，是上述功能得以顺利运转的重要保障。在世界经济形势不断变化、新兴市场和发展中国家经济力量崛起的大背景下，特别是1997—1998 年亚洲金融危机以来，基金组织在诸多方面进行了改革。比如，基金组织放松了饱受争议的贷款条件，增加了危机贷款的种类，更加重视低收入国家的贷款需求等。2008 年国际金融危机爆发更是将基金组织改革推上了快车道。这其中，份额和治理改革成为各项调整的核心。从根本上讲，份额调整和治理改革的目的是顺应新的国际经济格局。在过去几十年间，新兴市场和发展中国家的 GDP 规模总体呈现上升趋势，这些国家在全球贸易中地位不断提高，是世界重要的顺差国家，也是主要的外汇储备持有国。然而，这些变化并没有及时反映到基金组织份额的调整当中。这一不匹配不仅影响了基金组织总资源规模的扩大，也造成了份额结构的严重扭曲。由于向基金组织缴纳的份额直接决定了投票权的大小，新兴市场和发展中国家投票权总体被严重低估，其结果是弱化了基金组织的危机救助能力，甚至对其存在的合法性产生不利影响（高海红，2016）。

根据协议，基金组织的最高决策层（理事会）每 5 年对基金总额度、成员国缴纳份额比例以及相应的投票权比重进行评估，目的是使之适应成员国在全球经济中重要性的变化。在过去的 70 年间，基金组织对基金份额先后进行了 14 次评估，其中有 9 次评估针对份额进行了调整。2008 年的第 13 次评估并未增加总缴纳份额，但却在事后追加新兴市场国家的份额，其改革方案已经于 2011 年全部落实。2010 年 12 月，基金组织进行了第 14 次份额评估，其结果是批准了一揽子改革计划，这包括将基金总缴纳额度提高一倍，调整成员国缴纳份额比例，执行董事席位选举方式也有所变化（表 1 - 2）。按原计划，这一方案应该在 2014 年执行。然而，由于美国的拖延，这一方案推迟至 2016 年执行。

可用资源是基金组织提供救助贷款的基础，也是其救助能力的体现。其组成有三个部分。一是成员国缴纳的份额，占基金组织全部可用资源的 25%。这是其可用资源的核心部分，是成员国投票权分配的基础，由特别提款权和几个重要的可兑换货币（美元、欧元、英镑和日元等）构成。目前这一核心资源总额为 2384 亿特别提款权（按 2015 年 12 月 31 日的汇率：1SDR = $1.38573，折算约为 3304 亿美元）。二是基金组织成员国之间建立的多边和双边借款安排，是上述核心份额的补充。这类安排有两种，一种是基金组织与部分成员国之间建立的新借款安排（New Arrangements to Borrow，NAB）和一般借款安排（General Arrangements to Borrow，GAB），目前总额度为 3700

亿特别提款权（相当于5200亿美元）。另一种是基金组织部分成员国之间签署的双边信贷或票据购买协议，额度为3797亿特别提款权（相当于4180亿美元）。三是基金组织持有的黄金。在必要的情况下黄金可以作为成员国之间的资金安排，目前基金组织持有黄金总额为9050万盎司。需要指出的是，由于黄金交易对市场有重大的影响，基金组织在其协议中针对黄金交易有严格的限制，要求有85%投票表决通过。

表1-2　　　　　　　　国际货币基金组织份额改革方案

		2008年 （2013年执行）	2010年 （2016执行）
总份额（亿SDR）		2384	4768
调整份额分配 （投票权）（%）	发达国家	60.5（57.9）	57.7（55.3）
	新兴市场和发展中国家	39.5（42.1）	42.3（44.7）
保护低收入国家不变份额（投票权）（%）		3.2（4.5）	3.2（4.5）
治理结构改革	保持24个执行董事席位 发达欧洲国家减少2个执行董事席位 选举产生全部执行董事席位，取消对5个席位的提名制 提高执行董事会成员背景的多样化		

资料来源：笔者根据国际货币基金组织数据整理。

需要指出的是，尽管基金组织可用资源规模有所扩大，但其与世界经济发展动态变化仍存在严重脱节。比如，从基金组织的第11次份额评估的1998年至2013年，成员国缴纳的份额总数与世界GDP总额、世界贸易增长额、官方储备增长以及资本流动规模的相关度大幅度降低（Nelson，2015）。这表明，即便有NAB、GAB和双边协议这样的临时性额度，基金组织的总体救助能力与成员国的潜在需求之间仍存在缺口。2010年12月的第14次评估决定将缴纳额度扩展一倍至4768亿特别提款权（6560亿美元）。至于临时性借款安排，美国没有参加与基金组织的双边贷款协议，美国国会最新通过的2016年预算议案又将美国参与NAB问题作为附加条件，这不仅增加基金组织份额改革后续推进工作的难度，也使得基金组合总资源能力的扩充受到制约。

（二）对国际基金组织份额和投票权改革的评价

根据协议，基金组织成员国所缴纳的份额多少与该国经济规模、贸易规模、资本流入规模以及储备资产份额相关。这意味着成员国的份额贡献需及时反映上述指标的动态变化。具体看，基金组织份额计算公式包括 GDP 规模、经济开放度、经济变量和国际储备这 4 个组成部分。这其中 GDP 的比重为 50%（其中以购买力评价计算的 GDP 占 40%；以汇率计算的 GDP 占 60%），开放度占 30%，经济变量占 15%，国际储备占 5%。成员国缴纳的份额是决定投票权的重要依据。根据协定，基金组织成员国的投票权由基础票和额外票两个部分组成。前者由成员国缴纳的份额决定，后者是每 10 万 SDR 的缴纳份额获得 1 个额外的投票权。

在份额结构和投票权调整方面，2008 年第 13 次份额评估之后，作为事后调整，基金组织提高了包括中国在内的 54 个国家缴纳份额的比重。2010 年 12 月，IMF 第 14 次份额评估决定将超过 6% 的份额从高估国家向低估国家转移，发达国家的总体份额从 60.5% 降到 57.7%，投票权也相应从 57.9% 降至 55.3%；新兴市场和发展中国家份额从 39.5% 提高到 42.3%，投票权也相应从 42.1% 提高到 44.7%。2010 年的改革还特别保持低收入国家 2.3% 的份额不变，这体现基金组织对低收入国家的特殊保护。

原本计划在 2014 年初实施的 2010 年的改革方案延至 2016 年。值得关注的是，美国国会在通过 IMF 改革方案时附加了条件。如前所述，除了份额资金，IMF 还通过 NAB 这类多边临时借款安排对危机国家进行救助。这些安排主要在欧债危机时期针对面临违约风险的希腊等国提供条件宽松、灵活的特殊贷款。美国也是参与这一安排的成员国之一。然而，由于存在潜在损失风险，这类借款一直存在争议。美国国会提出，如果美国决定在 2022 年后继续参与 NAB，则必须获得国会的授权。同时，美国政府在 IMF 的代表有义务将 IMF 超常规贷款（包括临时性的借款协议等）向国会报告。美国国会的这一做法反映其对 IMF 提供更多资金贡献保持了迟疑态度。尽管美国承诺对 IMF 出资额增加一倍，但若美国退出包括 NAB 在内的其他救助安排，其对 IMF 的新贡献将大打折扣。

新份额改革计划并没有改变美国的一票否决权。根据新的份额分布，美国仍将拥有 17.4% 的份额，16.47% 的投票权（表 1 − 3）。这样，针对 IMF 需要有 85% 投票通过的重大事项，美国仍保持了一票否决权。另一方面，对于新兴市场和发展中国家来说这项改革将涉及 54 个国家的份额增加，这将极大改善这一群体整体被低估的状况。中国、印度、俄罗斯和巴西这 4 个新兴经济体将位居前 10 位。目前中国份额占 IMF 总份额的 4%，根据新一轮调整计划，中国将占到 6.39%。然而中国 GDP 占全球比重高达 12.7%，这意味着即使新的调整计划在 2016 年生效，中国仍然属于被低估的国家。

总体看，基金组织的份额调整顺应了成员国经济实力的变化，体现了向新兴市场和发展中国家倾斜的意图，在一定程度上纠正了投票权分布的不合理状况，也同时强化了基金组织在全球金融治理中的能力和地位。

表 1 − 3　　国际货币基金组织第 14 次份额改革计划：份额和投票权排名

	份额（%）	投票权（%）	排名
美国	17.4	16.47	1
日本	6.46	6.14	2
中国	6.39	6.06	3
德国	5.58	5.31	4
法国	4.23	4.02	5
英国	4.23	4.02	
意大利	3.16	3.02	6
印度	2.75	2.63	7
俄罗斯	2.71	2.59	8
巴西	2.32	2.22	9
加拿大	2.31	2.21	10

资料来源：笔者根据国际货币基金组织数据整理。

（三）国际货币基金组织治理结构改革和评价

在 2010 年一揽子改革方案中，除了份额调整，治理结构改革也是其中的重要内容。这包括：取消现有的 5 个执行董事席位的提名制，全部 24 个执行董事席位改为选举制；发达欧洲国家减少 2 个执行董事席位；提高执行董事会的国别成员多样性。上述治理结构改革对改善执行董事选举的公平性，提高新兴市场和发展中国家在治理构架中的地位和代表性十分重要。更关键的是，上述治理改革方案能否落实，决定了份额改革计划能否最终实施。这是因为，从决策程序看，基金组织首先要完成对《国际货币基金组织协议》（以下简称《协议》）相关条款的修订。根据《协议》，改变执行董事的选举方式涉及治理制度的改革，需要五分之三的成员国（188 个中的 113 个成员国）所代表的 85% 的投票表决通过，并对《协议》中关于执行董事会选举规则条款进行相应的修订。只有完成了《协议》的修订，才有可能进入下一个环节，即针对份额调整进行表决。这需要获得70% 的投票表决通过。可见，在修改《协议》环节，美国拥有16.75% 的投票权，这使得美国在基金组织改革方案推进中具有独一无二的决定性作用。

尽管在新的改革方案中，基金组织提及增加执行董事人员国别背景的多样性，但是在最高管理层人选方面，基金组织的欧洲人治理惯例延续至今。治理改革重在改善治理结构的合理性。随着新兴市场和发展中国家在全球金融治理中的重要性提高，未来基金组织若能由一位具有新兴市场和发展中国家背景的人选来执掌，这将是其治理改革与时俱进的最好体现。

（四）国际金融治理的增量改革

在对现有体系进行存量改革的同时，以增量改革建立新的机构，是新兴经济体和发展中国家实现其重建国际金融体系诉求的另一个重要途径。与此同时，健全全球金融安全网，在防范金融危机、救助危机国家、阻止危机传染等方面，增加多层级危机救助网络，形成多机构、多机制共同采取行动的救助模式，以确保全球金融稳定性。

2014 年，中国主要参与的新的合作性金融机构建设有两个突破性进展：一是中国、巴西、俄罗斯、印度和南非五国宣布成立金砖国家开发银行，或称新开发银行（NDB）；另一个是主要由中国倡导筹建的亚洲基础设施投资银行（AIIB）。这两个机构被认为是在现有的世界银行、亚洲开发银行以及基金组织之外，更多体现新兴经济体国际金融治理意志的重要标志。其中，在金砖银行成立的同时设立总额为 1000 亿美元的金砖应急储备基金（CRA），对现有国际金融体系改革具有多重意义。

这是一项增量改革。应急储备基金对基金组织不是竞争，而是互补。从提供短期流动性支持的额度看，基金组织救助能力最大。然而，相比全球的经济规模，基金组织资源仍然有限，需要其他来源补充。新成立的金砖国家应急储备基金将起到这个作用。其次，这是一项温和的改革。其突出标志是，在应急储备安排的条款中，有 70% 的贷款额度仍然与基金组织的贷款条件挂钩，这体现出对布雷顿森林体系重要遗产的继承，而不是推翻。

三　国际金融治理的制度保障和合作机制建设

G20 是全球金融治理的最高机制。在应对本次金融危机中，G20 峰会发挥了重要的作用，成为全球最高层次的合作机制。G20 峰会的核心功能是在全球最具有代表性的 20 个国家之间达成政治共识，然后委托国际金融机构对其决议加以具体实施。目前，在 G20 框架下建立了"国际货币体系改革和流动性管理"工作组，正式将全球流动性管理纳入国际货币体系改革的重要环节。G20 也将系统重要性对冲基金纳入监管范围，在全球层面开始对影子银行监管进行法规建设。

国际金融组织是全球金融治理的核心执行机构、国际货币体系的职能机构，主要行使制定、实施各项全球金融治理规则。这其中，BIS 是全球中央银行的银行，其下属的巴塞尔委员会负责全球银行业监管，特别通过《巴塞尔协议》对银行的核心资本、流动性等提出指标要求。为了应对 2008 年金融危机，2009 年 G20 伦敦峰会决定成立金融稳定局（FSB），负责监测全球金融风险。在监控私人流动性风险方面，BIS 发挥了重要的作用。国际流动性管理的另一个核心机构是 IMF，其主要职能是在 188 个成员国发生危机时作为最后贷款人向危机国家提供资金救助。作为危机监控和救助机构，IMF 依靠整套的金融体系健康状况指标和评估系统，以及训练有素的专家团队，通过对话、互评和提出建议等手段对危机进行防范，并在必要时通过贷款和信贷支持进行危机救助。为了有效应对危机和顺应新兴经济体快速成长这一新的国际经济格局，2009 年 G20 伦敦峰会决定对 IMF 进行一系列改革。其核心是：首先，通过扩充资金增加 IMF 可用资源；其次，改变以往苛刻、僵硬的贷款模式，根据危机新的特点，在贷款条件性、贷款期限、贷款品种等方面最大限度增加灵活性；再次，对单个国家应对资本流动冲击的政策选择进行全面的研讨，改变了长期以来反对发展中国家实行资本管制的强硬立场，首度认可资本管制在一定条件下的合理性；最后，改变治理结构，提高包括中国在内的新兴经济体在基金组织中的份额和投票权。

（一）建立全球金融安全网

建立全球金融安全网是实现全球流动性管理目标的重要手段。2010 年 11 月 G20 首尔峰会，各国就金融监管和流动性救助等多项措施达成共识。目前，全球金融安全网建设多头并进。总体看来，一个有效的全球金融安全网是由多层次应对机制组成。国家层面的措施是应对全球流动性风险的第一道防线。在本国金融机构面临流动性枯竭的情况下，国家的外汇储备是政府救助的最主要资源。然而在通常情况下，国家外汇储备应对流动性危机只是杯水车薪。例如，2008 年秋天，当韩国银行机构出现流动性短缺之后，韩国政府为了救助困难银行，在很短时间内耗尽其外汇储备，不得不寻求外援。

在国家层面，危机防范比危机救助更为根本。首先，健康的金融机构是减缓流动性冲击的首要环节。这要求国家金融监管当局对本国金融机构实施有效的监管，比如对本国银行进行审慎监管。监管措施包括：其一，实施资本与流动性有关的措施，比如制定核心资本比率和限制杠杆率等，这不仅能强健本国银行机构抵挡外部流动性冲击的能力，也能在流动性膨胀时期制约银行无限扩张负债表的冲动，从而减缓流动性周期波动幅度。其二，对银行表外业务实施密切监控，关注影子银行系统性影响，通过提高金融衍生品交易和表外业务的最低资本金和保证金、要求信息披露透明公开等措施强化监管力度，以及制定阻止风险向银行体系传递的风险隔离措施等。2009 年欧盟出台的《另类投资基金经理指令》（AIFMD）草案，以及 2010 年美国颁布的《多德－弗兰克华尔街改革和消费者金融保护法案》，都旨在强化对影子银行的监管。其次，在应对私人流动性中，有必要区分流动性带来的是宏观经济风险，还是金融稳定风险，然后有针对性地加以应对。通常，宏观经济风险是指私人资本大幅度流入形成汇率升值、通货膨胀和经济过热压力等问题；金融稳定风险是指私人资本流入刺激信贷膨胀、资产和房地产泡沫累积，带来金融和非金融机构负债表风险，以及造成外币短期融资、外币贷款非对冲风险。针对宏观经济风险，应对措施包括货币升值、对冲干预、放松货币政策、紧缩财政政策等。针对金融稳定风险，当局可以通过一系列政策选择。比如，可以实施审慎监管政策，如外汇敞口限制、外币资产投资限制、外币贷款限制、外币准备金要求等对国内金融机构的歧视性外汇政策，减少系统性风险。此外，当宏观政策和审慎政策失灵的情况下，为了应对宏观经济风险和金融稳定风险也可以采用资本管制。

跨境合作是应对全球流动性风险的第二道防线。这其中，双边、区域和全球多边合作是三个既彼此独立又相互关联的重要机制。双边机制通常是在评估金融机构发生流动性短缺的严重性和传染性之后，两国货币当局采取互换形式，对其中一方提供一定金额、一定期限的低息、无条件的资助。双边救助具有时效性高的优势。在 2008 年金融危机中，美联储与日本、韩国，以及欧洲危机国家分别采取双边货币互换的方式解救这些国家私人金融机构美元流动性短缺，避免流动性危机演化为清偿性危机，从而造成系统性破产。自本次危机爆发之后，中国人民银行通过与其他货币当局签署人民币货币互换协议，在事实上承担了最后贷款人角色。

在国家层面的应对措施耗尽的情况下，区域救助尤为重要。在亚洲，1997—1998 年亚洲金融危机的爆发催生了区域货币合作机制的建立。2000 年由东盟 10 国和中国、日本、韩国共同建立了清迈倡议（CMI）。本次全球金融危机又促使 CMI 顺利过渡为多边机制（CMIM），拥有 2400 亿美元储备库，以及建立了东盟 10 国、中日韩宏观经济研究办公室（AMRO）。亚洲国家普遍拥有丰裕的外汇储备，未来对 CMIM 的增资不存在太多的障碍。与此同时，区域本币债券市场建设将促进亚洲本土投资，有利于将本地储蓄留在本土，转化为本地投资，这将从根本上减缓全球流动性对亚洲市场的冲击。

欧洲债务危机一方面暴露欧元区治理结构缺欠，另一方面也催生了一系列新的区域性监管和救助机构的建立。在制度上，欧元区建立了欧洲银行局（EBA）、欧洲系统性风险局（ESRB），以及欧洲监管局（ESAs），这些构成新的欧元区金融治理框架。与此同时，2010年建立的欧洲金融稳定基金（EFSF），拥有4400亿欧元救助能力，并计划在主权国家信用担保下，通过杠杆方式筹措至1万亿欧元资金，用以救助出现流动性危机的国家和机构。希腊、爱尔兰和葡萄牙是获得来自EFSF救助项目的第一批国家。2013年，EFSF成功地转换为永久性金融稳定机制，即欧洲稳定机制（ESM），这将成为欧元区常设的流动性支持机制。

（二）增强国际金融机构监管功能

BIS下属的巴塞尔银行监管委员会制定监管框架，通过一系列标准对全球银行业实施监管。2008年以来，巴塞尔银行监管委员会相继发布了《稳健的流动性风险管理与监管原则》和《流动性风险计量标准和监测的国际框架》（第三版巴塞尔协议），设定银行流动性风险管理和监管的全面框架，实现流动性风险管理和监管在全球范围内执行的统一性、可操作性和有效性。巴塞尔委员会在上述框架之下，通过对银行的核心资本比率和流动性监控等提出新的标准，来降低银行的交易对手风险，控制银行杠杆率，建立银行抵抗流动性冲击缓冲带，减缓流动性周期波动幅度。此外，BIS下属的FSB负责监控影子银行，以控制银行负债表无限膨胀，提高对金融衍生业务监管的透明度和有效性。对国际金融机构健康状况的监控不仅防范流动性危机，也强化金融机构自身应对危机的能力。

（三）多重机制联合救助

全球流动性救助是在危机发生之后，特别是出现大规模具有高度传染性的流动性紧缩时，由国际金融机构提供的一定金额的低息和附加条件的金融救助。全球救助具有风险分担和救助金额相对充沛的优势。IMF是全球最主要的危机防范和危机救助的流动性提供者，其针对1995年爆发的墨西哥比索危机、1998年俄罗斯金融危机，以及

2008 年以来联手欧元区对爱尔兰、立陶宛、拉脱维亚等国家流动性提供救助。为了更有效发挥作用，IMF 接受亚洲等发展中国家对其僵硬的贷款模式和苛刻的附加条件的批评，不仅将救助贷款条件放宽，提供灵活性贷款（FCL），更将援助延伸至那些经济基本面良好，但具有高度发生危机可能性的国家，为它们提供预防性贷款（PCL）。

在提高流动性救助的灵活性同时，通过何种手段确保救助的有效性，是各层次救助机制面临的难题。传统手段，即对所提供的基金援助附加苛刻的条件，已经不再适用于新的流动性危机特征。但是，如何避免矫枉过正，避免缺乏约束的救助带来新的道德风险，仍缺乏共识：一方面是危机国家渴望瞬间获得充足的资金，而不附带过多的条件；另一方面是出资国家需要对资金使用进行约束，又不至影响资金的吸引力。

（四）最后贷款人

与上述难题直接关联的具有争议的问题是，当全球流动性出现问题，谁来充当最后贷款人。在全球层次，IMF 通过向危机国家提供救助贷款来充当全球最后贷款人角色。此外，美联储是全球流动性的创造者，也理应在流动性枯竭时负责注入流动性。在美元本位下，美联储应充当全球美元流动性的最后贷款人。事实上，美联储一直充当这一角色。在雷曼兄弟倒闭之后，美联储开始对私人金融机构的一系列救助。在欧元区债务危机深化之时，美联储与欧洲央行降低美元互换利率，以便降低欧洲国家通过货币互换获得美元流动性的成本。值得关注的是，私人流动性从本质上讲是融资意愿，流动性短缺并不能以数量来衡量短缺程度，即便考虑各种风险偏好指标，也难以对短缺程度进行准确量化。在这种情况下，美联储承担最后贷款人的能力十分有限。此时，非储备货币发行国政府的介入，即便为问题国家提供非储备货币援助，也会在稳定市场信心方面发挥重要的作用。中国央行通过人民币双边互换，承担了最后贷款人的角色。这些货币互换以人民币为支付货币，不是以美元为支付货币，而出现流动性问题的经济体主要缺乏美元流动性。尽管如此，这些人民币双边货币互换在稳定市场信心方面也起了重要作用。

在欧元区，欧洲中央银行为单一货币政策的制定者，至今对承担区域最后贷款人犹豫不决。欧央行的担心非常具有代表性。欧央行从来不认为中央银行负有对成员国的财政责任。《马斯特里赫特条约》明确规定，欧央行没有购买和出售成员国政府债券的合法权利。其背后的理念，一是避免道德风险。任何担保和救助都会产生受援者对进一步救助的期望，这可能延缓他们针对危机根源采取整治行动，或者造成搭便车行为。二是避免开错药方。在理论上，流动性危机与清偿性危机有明确的划分，两者有本质的区别，前者通过及时救助可以缓解，而后者的解决方案只有倒闭。问题是，在现实中，两者之间的界限非常模糊。在极端情况下，对流动性危机连续提供援助，甚至会将原本流动性问题变化为清偿性问题。如果对清偿性问题提供流动性救助，这等于对不治之症投进无限财力。

第五节　结论

布雷顿森林体系是战后国际金融秩序最重要的遗产。以黄金－美元本位为核心的国际货币体系为战后世界经济增长发挥了积极的作用。然而，无论是布雷顿森林体系时期还是浮动汇率时代，市场动荡持续，金融危机频发。原本以解决收支问题、确保金融稳定，并以促进国际贸易和投资为目的国际金融体系，却在历次危机中无能为力，甚至为持续性全球失衡深埋隐患。

在过去40多年间，新兴经济体以经济快速增长、贸易规模迅速扩大、外汇储备大规模累积方式实现了经济崛起，改变了世界经济格局。大部分新兴经济体在高储备的推动下，将资本输往美国等逆差市场，成为全球债权人，在全球失衡中形成"穷国"为"富国"融资的格局。与此同时，新兴经济体融入全球市场的程度不断加深，中国作为大型新兴经济体即已成为系统性重要性国家。经济实力的变化要求国际金融秩序进行相应的改变。然而，从历史经验看，新的金融体系的建立往往滞后于经济实力的变化。艾肯·格林（2009）将这种滞后效应称作国际货币的网络外部性。比如19世纪晚期和20世纪早期，英国支配国际货币体系的时间要长于英国在全球经济中具有控制力的时间。美国早在"一战"前就已经取代英国成为世界第一强国，但美国金融实力主要是在"二战"期间形成。作为战后世界最大的债权人，美国在全球金融体系中的决定性地位以布雷顿森林体系为标志，以黄金－美元本位制的确立为核心。

改革现有的以美元为主导的储备货币体系、重组和增设多层级的国际金融机构以及建立多层次的全球金融安全网，是未来国际金融体系重建的核心内容。建立超主权货币、改革特别提款权以及提升包括人民币在内的非美元货币的作用，是实现储备货币多元化的重要路径选择。同时，在针对现有金融机构进行存量改革的基础上，以体现新兴经济体和发展中国家重要性为核心开展增量改革，建立新的金融机构，是全球金融治理改革的重要途径。在国际金融体系重建时期，如何化解全球金融风险是各国政策制定者面临的重大挑战。建立多层级的全球金融安全网，对阻止危机深化、防止危机蔓延有重要的作用。

中国参与国际金融体系重建，扩大人民币作为国际货币的功能，提升中国在基金组织等国际金融机构中的地位，参与创建新的多边金融机构，这体现了中国经济实力，也极大地改善了全球金融治理结构。无论实现路径如何，建立一个更为稳定、平等的国际金融体系既符合以中国为代表的新兴经济体和发展中国家的利益，也顺应新的国际经济格局。

第二章　国际金融治理演变的影响因素

现有的国际金融治理机制起源于 1944 年建立的布雷顿森林体系，1973 年该体系解体之后，国际金融治理机制虽有所变化，但发达经济体依然占据国际金融治理的主导地位，自由主义的治理理念越发强化，在国际货币基金组织的推动下，华盛顿共识被各国奉为圭臬。然而 2007 至 2008 年发源于美国、随即席卷全球的国际金融危机对现有国际金融治理带来巨大冲击，多个因素的变化都要求其做出调整，以满足当前世界经济的发展现实。本部分分析了国际金融危机爆发后影响国际金融治理因素的演变趋势，这既包括全球经济格局的"硬变化"，也包括全球经济治理理念的"软变化"，这些因素的转变共同推动了国际金融治理体系的不断演进与完善。

第一节　国际经济实力和治理格局的变化

自 2008 年国际金融危机爆发以来，世界经济复苏缓慢且不均衡。从全球经济增长率来看，2000—2007 年，经济一直处于高速发展时期，经济增长率最高达到 5.7%，2008 年国际金融危机爆发后，一直到 2009 年，世界经济一直处于下降的趋势，2010—2012 年连续大幅下滑和多次探底的反复趋势得到了改善。全球经济到了 2012 年才慢慢恢复平稳（图 2-1）。根据国际货币基金组织 2016 年 7 月发布的《世界经济展望》，2016 年的经济增长率为 3.1%，与 2015 年持平，比 2014 年低 0.3 个百分点，主要是因为新兴市场的增速和发达经济体经济恢复速度的减缓。相比 2013—2014 年，大宗商品出口国 2015—2017 年的年增长率估计可能会下降 1 个百分点，特别是对于能源出口国，这种不利影响估计更大，平均约为 2.25 个百分点①。在大宗商品价格下跌期间，投资和潜在产出的增长往往也会减缓，未来整体的经济增长也会放缓。总的来说，目前全球经济复苏呈现低速增长的态势。

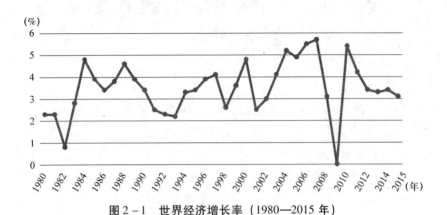

图 2-1　世界经济增长率（1980—2015 年）

数据来源：IMF 2015 World Economic Outlook。

　　在经历了 2008 年美国的金融危机之后，世界经济仍处于后金融危机时代的深度调整时期。虽然世界经济在 2010 年经历了短暂的复苏，但由于严峻的全球形势——国际金融市场动荡加大，大宗商品价格波动上升，恐怖活动愈演愈烈，债务危机扩散和经济增长的不确定性，增加了世界经济下行的风险，世界经济难以迅速恢复到 2008 年之前的增长态势，相反，由于部分发达国家增长动力逐步减弱，世界经济在较长时间内将低速增长。与此同时，全球经济格局出现了新变化，金融危机加速推动了全球经济增长格局和发展路径的变革，正在改变长期积累的全球经济失衡和利益分配不公的局面。

一　发达经济体与新兴经济体在全球经济中的相对重要性发生变化

发达经济体都在不同程度面临高失业率、债务危机以及人口老龄

---

　　①　IMF，World Economic Outlook（WEO）：Adjusting to Lower Commodity Prices，October 2015.

化等一系列问题，导致经济增长乏力。在金融危机爆发后，之前支撑发达经济体增长的因素在不同程度上都有了改变。首先，20世纪初的科技和产业革命已经接近尾声，对经济的拉动作用逐渐减弱；其次，全球化进入了一个新的阶段。近年来，不断增加的区域性贸易组织以及协议，如跨太平洋战略经济伙伴协定（TPP）、跨大西洋贸易与投资伙伴协议（TTIP）等在一定程度上是对全球化的背离，削弱了世界贸易组织（WTO）的地位；另外，之前经济快速增长下积累的结构性问题逐步暴露，如劳动力市场问题、社会福利制度弊病、高赤字、高失业、高负债等问题。

根据IMF的统计数据，作为新兴经济体代表的新七国集团按照购买力平价计算的GDP在2014年超过了旧七国集团。根据IMF最新的按照购买力平价计算的GDP总量世界前十的排序中，新兴经济体占据了5席，分别为中国、印度、俄罗斯、巴西、印度尼西亚，占了世界GDP总量的31.9%。近些年，中国、印度等新兴经济体占世界GDP的比重大都呈现持续上升的趋势，而发达国家无一例外地表现出逐年下降的趋势（胡必亮等，2015）。

另外一方面，新兴经济体慢慢崛起，对未来世界的经济格局有着十分重要的影响。在发展潜力方面，由于其多元性，新兴经济体有着比七国集团还要强劲的增长势头，能够带动周边经济的发展，从彼此的经济发展中获益，充分利用自身优势在全球价值链中发挥作用、获取收益，一定程度上代表了世界未来发展的趋势和方向。

以金砖五国为核心的30多个国家组成的新兴经济体，具有发展速度较快、投资回报较高的特点。在过去的十几年中，新兴经济体持续着崛起的态势，在全球中的贸易地位迅速上升，贸易额所占比重不断提高，成为推动世界经济增长的重要引擎。

金融危机之前的2000年至2007年，新兴和发展中经济体的年平均经济增长率为6.5%，这使得其在全球经济中的份额不断上升。2008年，新兴和发展中经济体占世界经济的份额首次突破30%。金融危机爆发后，新兴经济体经济增长速度开始放缓，例如2010年在经济刺激措施的带动下，新兴经济体经济增速仍高达7.5%，但是此后逐步回落，至2014年已下降至4.6%。尽管金融危机之后，新兴经济体的经济增速出现较大回落，但是其在世界经济中的份额仍在稳步上升。

　　另外，尽管新兴经济体总体同发达经济体的经济地位仍存在一定差距，但是部分新兴经济体（或经济体集团）的经济却得到快速发展，其与发达经济体的经济差距正逐步缩小。金砖国家集团目前已成为发展中大国的代表，2000 年五国 GDP 在世界经济总值中占比仅为8.2%，2010 年已经上升至 18.1%，2020 年则预计上升至 25.8%。而同期七国集团在世界经济中的比重则在不断下降，2000 年其所占世界经济份额为 65.1%，2010 年已经降至 50.0%，2020 年则预计降至 43.6%。金砖国家经济地位的上升来自于新兴大国的快速崛起，特别是中国和印度经济地位的上升。2009 年，中国首次超过日本成为全球第二大经济体，占到全球经济总量的 8.5%，2020 年中国占全球经济总量的比例预计将达到 17.8%，而印度占全球经济总量的比例预计也将达到 3.6%。如果时间进一步拉长，可以预计主要新兴大国的经济实力将会出现较大幅度上升，从而促进世界经济格局发生较大变化。

　　然而，我们也要注意到，伴随着金融危机之后世界经济的深度调整，新兴经济体也普遍出现经济增速放缓的趋势，内源增长动力不足、易受外部冲击、经济结构不合理等问题依然会在较长时间内困扰新兴经济体。当前几乎所有新兴经济体国家都面临经济结构的调整压力，同时，伴随着外部经济和金融条件的变化，各种不确定性因素也不断增加。从近期来看，主要包括三个方面。

　　第一，新兴经济体长期积累的结构性问题逐步显现。长期以来，新兴经济体依靠外向型和粗放的依赖资源与能源高度消耗的经济增长方式，在促进经济高速增长的同时，也为积累了一系列的矛盾，这包括经济增长方式难以持续、产业结构过于单一、经济效率和技术水平低下等。在金融危机爆发之前，得益于发达经济体经济快速增长以及不断攀升的大宗商品价格，新兴经济体的结构性问题被掩盖。但是随着全球经济扩张周期结束，外部需求逐步下降，新兴经济体的结构性问题日益显露，甚至成为制约经济发展的瓶颈。

　　第二，大宗商品价格下行加剧新兴经济体风险。石油和其他大宗商品价格下跌，虽然有利于大宗商品进口国，但由于多数新兴经济体大都依赖大宗商品出口，这为其带来额外风险。国际货币基金组织在2015年10月期的《世界经济展望》中指出，由于全球大宗商品价格大幅下跌，出口大宗商品的新兴市场和发展中经济体的产出增长显著放缓。其估计显示，由于大宗商品价格前景疲软，大宗商品出口国未来三年的年增长率可能下降1个百分点。除此之外，大宗商品价格走低还为新兴经济体带来诸如财政状况恶化、对外债务偿还能力下降等金融风险。

第三，美联储货币政策调整进一步恶化新兴经济体的外部环境。从历史经验来看，美联储货币政策的每一次调整，都将为新兴经济体带来一定的负面溢出影响。而在目前情况下，受全球经济疲弱、跨国贸易增长放缓、大宗商品价格维持低位等多种因素叠加的影响，新兴经济体将面临比以往更加脆弱的境地。2015年10月美国劳动力市场进一步改善，这提升了美联储在今年12月加息的预期。加息预期以及随之而来的加息行动将会引发新兴市场国际资本外流、汇率贬值，同时伴随美元的不断升值，国际大宗商品价格可能会继续承压，从而进一步恶化新兴经济体的经济形势。

尽管面临着一系列的不确定性，但新兴经济体经济增长依然处于较高水平。据国际货币基金组织预计，2015年新兴和发展中经济体的经济增长仍有4.0%，依然远高于发达经济体和全球平均经济增速，此后将会逐步恢复至5%以上。新兴经济体的中远期经济前景依然可期。

长期来看，新兴经济体依然拥有较大的经济增长潜力。新兴经济体人口占世界人口的绝大多数，仍拥有明显的劳动力优势，人口红利是确保经济增长处于较高速度的重要原因之一。此外，大多新兴经济体还拥有丰富的自然资源和能源，这是促进经济发展的重要基础。伴随着后发优势的发挥和"干中学"，新兴经济体将会在技术、知识等各方面逐步缩小与发达经济体的差距，逐步发挥自身的经济发展潜力。

但是经济增长潜力要转化为经济增长现实，新兴经济体仍需付出较大努力。首先，新兴经济体应加快推进结构改革。在当前经济减速的背景下，结构改革的推进难度进一步加大，但仅仅通过货币政策和财政政策等需求政策无法解决这些问题。需进一步加快相关改革，包括增加对教育和基础设施的投资、提高劳动者素质、鼓励技术创新等，逐步完善经济结构，改变增长模式。其次，加强新兴经济体之间的国际合作。通过国际合作，积极推动全球经济治理结构改革，提升新兴经济体整体在全球经济中的话语权，为经济发展创造稳定的国际经济环境。例如敦促发达经济体采取负责任的货币政策，维护全球金融稳定。与此同时，还应加强新兴经济体之间的双边或多边合作，共同消除妨碍经济持续增长的各种障碍，缓解面临的共同风险和挑战。

总的来说，世界经济正步入深度调整期，全球经济增长大幅减速，此后虽会有所回调，但是恢复到金融危机之前的高速增长可能性不大。与此同时，新兴市场经济体的增长速度也出现较大幅度回落，与发达经济体的经济增速差距有所收窄。由于以美国为首的发达国家拥有先进的技术、充足的资金和高素质的劳动力，在危机后的自我调节能力较强，世界格局要发生根本性的变化还是一个长期复杂的过程。因此中短期世界经济的格局不会发生根本性改变，发达经济体将会继续在世界经济中占据主体地位，新兴和发展中国家不会对发达经济体的地位带来根本性冲击；但是也会发生一些微妙变化，新兴大国与发达经济体的差距将会逐步缩小。

二 国际金融治理下的不同国家集团

国家集团在国际金融治理中发挥着重要作用。1973 年布雷顿森林体系解体之后，伴随着西欧和日本的崛起以及美国经济地位的相对下降，美日欧等发达经济体建立七国集团（G7），共同治理全球经济。然而在经过 20 世纪 90 年代的高峰期之后，七国集团在全球经济治理中的作用开始降低。国际金融危机的爆发进一步证明仅靠以发达国家组成的七国集团已无法有效应对危机，全球政策协调和危机救助必须有中国等新兴市场国家的参与，二十国集团（G20）应运而生。

（一）七国集团

七国集团（G7）包括美国、日本、英国、德国、法国、意大利和加拿大，成立于 20 世纪 70 年代后半期。七国集团成立于世界经济动荡之时，国际金融方面，当时布雷顿森林体系刚刚解体，世界金融市场处于混乱的状态；国际贸易方面，关税与贸易总协定的新一轮多边谈判也遇到困难；1973 年中东战争爆发，石油输出国组织大幅提高油价，并对支持以色列的国家如美国实行石油禁运，给西方国家经济造成了巨大冲击。在这一系列的背景下，西方主要发达经济体在 20 世纪 70 年代经历了"二战"后最严重的经济衰退。为避免重蹈 20 世纪 30 年代的经济大危机的覆辙，美欧日等发达国家和地区领导人经过几轮协商，决定成立七国集团。

从成立一直到 20 世纪 90 年代中期，由于七国的 GDP 一直位于世界前列，G7 的地位没有受到挑战，但此后，由于新兴经济体的崛起，G7 的"全球经济中心"地位受到了威胁。根据 IMF 的统计，1992 年一直到 2009 年，150 个新兴及发展中经济体的经济总量一直处于上升趋势，若按汇率计算，其占全球 GDP 的比重由 16.5% 升至 31.1%（李因才，2011）。1992 年，如果按照购买力平价计算，排在前十位的经济体位次已经发生了改变，中国、印度、巴西和俄罗斯已经进入前十；2014 年，按购买力平价（PPP）衡量的世界各国 GDP 总值，中国首超美国，排名第一，印度、俄罗斯、巴西和印尼分别位居 3、6、7 和 9 位，美国则降至第二位，日本、德国、法国和英国各居 4、5、8、10 位。新兴经济体对于世界 GDP 的贡献已经不可小觑。由于新兴经济体的崛起，全球经济结构发生了巨大的转变，G7 不再占据全球 GDP 的绝对优势份额，在这种情况下，已经难以维系其"全球经济治理中心"的称号，在诸多领域当中越来越失去控制主导能力（李因才，2011）。例如，G7 已经无法轻松胜任贸易领域的谈判工作，鉴于当今出现较多的是以"新兴经济体"出现为背景的贸易问题，由于 G7 代表的利益团体比较单一，在发达国家和发展中国家两大阵营陷入对峙僵局时它能发挥的作用就非常有限；另外在救助全球金融危机方面，G7 也没能起到很好的作用。20 世纪 90 年代以来"新兴经济体"发生的一系列全球或区域性的危机，比如墨西哥比索危机、亚洲金融危机等，G7 采取的选择性救助等措施和其倡导的新自由主义的理念都没能解决好危机所带来的冲击，最后新兴经济体各国都加强了自救措施，而不是坐等大国的援助。

当今世界出现的各种新型经济议题，例如金融危机的阻遏、贸易谈判的发展、财政货币政策的协调等，以及对恐怖主义的打击、能源危机的解决、环境问题的治理等非传统的安全议题都需要发达经济体和新兴经济体的合作才能解决。但是由于 G7 本身对于新的变革具有很大的抵触，所以发展一套新的体制的阻力很大。G7 在成立之后，也只有在 1998 年出于政治原因将转型了的俄罗斯纳入，进而发展为八国集团（G8）。但是由于政治文化历史背景不太一样，原 G7 国家也经常单独谈论经济金融问题。在 20 世纪 90 年代，中国等新兴国家慢慢崛起之后，七国集团仍然没有做出相应结构上的变化，其已经越来越无法满足全球经济治理的需要。

（二）二十国集团

二十国集团（G20）诞生于亚洲金融危机之后，其建立的目的是防止类似亚洲金融危机的再次发生，相关国家希望通过国际经济政策协调，促进国际金融和货币体系的稳定。然而，亚洲金融危机只是一个由头，G20 产生的更深层次的原因在于，发达经济体越来越意识到，全球经济治理问题的解决除需要西方发达国家外，还需要有影响的发展中国家参与。

G20 会议最初只是由各国财长和各国中央银行行长参加。在其成立之初，虽然 G20 内部运行机制日趋成熟，得到了成员国的广泛认可，但其所发挥的作用并非十分显著。直到 2008 年国际金融危机爆发之后，包括新兴市场经济国家在内的经济合作才引起欧美等发达国家的重视。此时，二十国集团的部长级会议也随之升级为首脑级会议，在全球经济治理方面取得积极进展。

2008 年 11 月，G20 在华盛顿首次召开领导人峰会，此时的 G20 峰会更多是被作为一个"危机管理会"来使用。之后，由于新兴经济体在 G20 当中的努力，以及在此次危机中的表现得到了原有成员国的认可，在 2009 年的匹兹堡第三次峰会上，G20 正式成为"国际经济合作的主要平台"。

二十国集团成员国在世界经济中举足轻重，这成为其能替代七国集团成为全球主要国际经济协调平台的重要原因。从 20 世纪 90 年代开始，二十国集团中 19 个成员国经济总量占世界经济总量的比例一直相对稳定，大约维持在80%，而如果再将欧盟成员算入二十国集团的话，这一比例至少会达到90%。二十国集团中主要发达经济体经济总量占比不断下降，新兴和发展中成员的经济总量正在稳步上升。二十国集团中非七国集团成员国，2005年之前经济总量占世界经济总量的比一直处于20%以下，从2006年开始特别是美国金融危机之后，这些国家对世界经济的影响力不断增强，2010年其经济总量占世界经济总量的比例已经达到27%。而据Dadush和Stancil（2010）的预测，到2050年，二十国集团的年经济增长率将会达到3.5%，届时经济总量将会从2009年的38.3万亿美元增加到160万亿美元，二十国集团将会在世界经济中发挥更大的作用。同时，新兴和发展中国家在二十国集团中的地位和作用进一步提高，到2050年，超过60%的经济增长将会来自于巴西、俄罗斯、印度、中国、印度尼西亚、墨西哥六个新兴和发展中国家。

第二节 金融危机与全球流动性管理

在2007年金融危机爆发之前，全球流动性充裕，国际借贷成本低廉，这同时也是金融泡沫积累时期。2008年雷曼兄弟倒闭之后，发达市场去杠杆化使得全球流动性出现瞬间枯竭，系统性风险快速累积。为了应对危机，各国纷纷采取宽松货币和刺激财政的政策。在新增流动性的刺激下，发达国家金融市场得以稳定，但新兴市场却因短期资本大量流入过早地步入信贷扩张期。2011年欧债危机进一步恶化，欧洲财政稳固和银行重组带来新一轮的去杠杆化，又将全球流动性带入新的收缩周期。随后，全球经济复苏进入不确定时期。发达国家普遍将利率降至超低水平，同时采取不断加码的量化宽松政策。超宽松的货币环境刺激了全球流动性增加，与实体经济复苏乏力相比，全球信贷却步入上升周期，资产泡沫不断累积。尽管美联储率先推出量宽政策，也最早于2015年底调高利率，但全球低息环境并没有发生逆转，这在相当程度上延缓了摆脱危机的进程。全球流动性变化与金融危机有着密切的关系。如何测量全球流动性，如何把握全球流动性的周期性变化，全球流动性变化如何影响金融稳定性，等等，是国际金融机构以及各国金融管理当局需要回答的问题。

一　全球流动性的衡量

全球流动性概念由来已久，也颇具争议。在"二战"后建立的布雷顿森林体系下，全球流动性指各国政府和国际金融机构手中的黄金和美元储备资产。1961 年设立的特别提款权（SDR），作为美元流动性的补充，是国际货币基金组织（IMF）成员国创造的一种只在成员国之间记账使用的储备资产。随着金融一体化、国际金融市场的发展，以及金融创新的出现，特别是在布雷顿森林体系崩溃之后，各种形态的跨境资本流动出现不断改写全球流动性的含义，这为全球流动性管理带来了挑战。

本次危机的爆发，再度凸显全球流动性管理的重要性。为了应对危机，二十国集团（G20）成立了"国际货币体系改革和流动性管理"工作组，并委托国际清算银行（BIS）对全球流动性问题进行研究。2011 年 5 月，BIS 下属的全球金融体系委员会（CGFS）设立特别小组，对全球流动性测量、动因和政策含义进行研究。随后，BIS（2011）发布研究报告，对全球流动性概念进行了梳理，将全球流动性按主体划分为官方流动性和私人流动性。根据 BIS 的定义，官方流动性是指货币当局创造和提供的流动性。这其中，各国中央银行是唯一能够创造流动性的主体，而国际金融组织，比如 IMF 是动用手中救助性基金和 SDR，在必要时为私人流动性提供补充的主体。私人流动性主要指金融机构进行跨境融资的意愿，主要包括融资流动性、市场流动性、风险承受流动性，分别代表私人机构的融资能力、融资规模和金融杠杆程度。

BIS 的这种划分具有框架性指导意义。但在现实中，各类流动性之间的界限并非清晰，特别是，全球流动性并非各国流动性加总，这大大增加了流动性在全球维度中测量的难度。在实际操作中，BIS 建议同时考虑两个测量标准：数量标准和价格标准。数量标准测量流动性的累积规模，而价格标准能反映流动性条件。比如官方流动性，按数量标准测量，可以观测基础货币、广义货币，或者外汇储备的变化。按价格标准测量，可以观测官方利率和短期货币市场利率的变化。观测私人流动性变化更为复杂，这其中必须将数量尺度和价格尺度结合来判断。可观测的数量指标包括：银行流动性、期限错配、商业票据市场融资额、银行杠杆比率等。可观测的价格指标包括：伦敦同业拆放利率－隔夜指数掉期息差（Libor－OIS spread）、外汇市场互换基点、债券－信贷违约互换基点（Bond－CDS basis）、基金经理调查、买卖差价、风险波动指标（VIX）、金融资产价格和利差、不动产价格以及公司市盈率等。

　　作为全球流动性测量框架，上述各类指标具有参考性。但在现实中，流动性动态变化十分复杂（高海红，2012）。首先，私人流动性表现为私人融资意愿，而意愿本身具有很强的心理特征，难以量化。其次，私人流动性具有内生特点，因为融资必须有交易对手，也就是只有当交易双方都愿意参与市场的时候，才能获得流动性，一方退出市场，就会出现信贷收缩。这一内生特征加大对流动性变化的观测和预测难度。再次，就官方与私人流动性关系而言，官方流动性变化通常改变私人流动性的融资条件，比如基础货币扩张或者政策利率的降低会刺激私人融资意愿，或者在私人流动性严重不足时官方直接向市场注入流动性。但问题是，就规模而言，私人流动性要远远大于官方流动性，是全球金融市场的主体。特别是考虑私人流动性具有意愿特质，官方企图通过改变流动性条件来影响私人流动性，往往力不从心。在更极端的情况下，比如在流动性枯竭、市场融资意愿冻结时，即便是官方能够直接注入大量的流动性，如果不能产生足够的信号效应，瞬间恢复市场信心，官方的反应很可能无效。最后，在各项测量指标中，有一项是基金经理调查。在这里，基金经理的观点，不仅是观点，而是一种市场合力，一旦达成共识，不管基本面如何，市场预期就会有很强的自我实现倾向。这种"市场原教旨"势力，往往是左右流动性的终极因素。纵观欧债危机，始终贯穿着市场与政府的较量。评级机构在关键时刻发出警告，其效应不仅仅是披露真实风险，更重要的是会影响市场情绪，这向各国货币当局和监管者提出严峻的挑战。

　　从2013年10月开始，国际清算银行发布全球流动性指数（global liquidity indicators）的季度数据，用以跟踪全球流动性的动态变化。

二 近年全球流动性变化与金融市场风险

国际金融危机爆发以来，发达国家普遍实施传统的低利率政策，以及非传统的量化宽松政策，以刺激经济，缓解危机。从 2014 年开始，随着个别国家经济形势有所好转，表现为美联储开始退出量宽政策，但是，欧洲和日本等在内的其他主要发达国家经济复苏缓慢，欧洲中央银行和日本中央银行仍继续实施量宽措施，货币政策在主要国家之间有所分化。进入 2015 年，美联储开始释放加息信号，同时国际石油和大宗商品价格大幅度下跌在一定程度上提高了通缩预期，这使得货币政策的分化趋势愈加明显。2015 年底，美联储终于结束多年的低息政策，提高了其基金利率。但是，其他国家和地区的货币政策仍然继续保持宽松状态，在欧元区经济复苏的不确定性，以及日本安倍经济学旨在刺激经济的"三支箭"的货币和财政政策效果有限的情况下，全球央行仍主要保持宽松态度，继续向市场释放流动性。新兴市场国家在 2014 年出现经济增长减速，这在促使这些国家保持较为宽松的货币政策。问题是，大规模的流动性并没有进入实体经济，反而强化了金融周期的形成，刺激了资产泡沫，增加了金融杠杆，进而增大了金融风险。

首先，国际金融市场融资的杠杆率上升。从 2007 年以来，反映未来 30 天市场波动性的芝加哥期权交易所市场波动指数（VIX）在经历了两次高频波动期之后，其走势总体向下，到 2014 年中期基本降至危机前的水平。尽管 VIX 在 2015 年有所抬头，但从中长期看仍处于危机前较低的水平，是流动性充裕的重要心理指标。根据国际清算银行的测量，2007 年国际金融危机爆发初期全球流动性大幅度下降，随后持续低迷直至 2013 年。从 2014 年开始，全球流动性进入上升通道，这一势头持续到 2015 年 6 月（BIS，2015）。杠杆性融资具有高违约率特征，是导致信贷危机的重要引擎。

其次，全球流动性的变化对新兴市场国家溢出效应明显增加。自 2008 年以来，新兴市场资本流动经历了大规模流出、流入以及再流出的变化，特别是私人有价证券组合资产的流动对美联储政策动向敏感。包括亚洲、拉美和欧洲等在内的新兴市场的总体私人有价证券组合资本净流动从 2013 年中期至 2014 年 1 季度表现为净流出态势；但从 2014 年 2 季度开始出现大幅度净流入。然而，美联储前瞻性引导预期 2015 年开始步入加息通道，导致美联储与欧洲、日本等主要国家和地区之间在货币政策方面的分歧加大。进入 2016 年，日本等部分国家纷纷落入负利率状态。在汇差、息差双重诱导下，更多的资本流向美国市场，新兴市场国家资本外流。新兴市场总体信贷增长下降；负债证券发行也低于过去几年的增长；外汇市场上新兴市场货币普遍对美元贬值，这与这些国家已经出现的资本外流之间形成互相强化的关系。新兴市场的金融脆弱性在不断累积。由于新兴市场经济对国际金融市场的负债有一半以上以美元计价，其负债规模对美元汇率敏感度较高，给这些国家的国内金融稳定带来重大挑战。另一方面，在经济全球化的今天，金融风险在发达市场与新兴经济体之间具有双向传递效应。新兴市场经济减速也会使提供贸易信贷的其他国家的银行形成潜在的坏账。

三　全球流动性与金融稳定的关系

全球流动性过度膨胀和严重收缩都会造成金融动荡，甚至导致具有严重金融压抑和广泛传染效应的系统性危机的爆发（IMF，2011）。具体来看，在全球层面，流动性变化对金融稳定性产生如下影响。

首先，全球流动性激增是金融危机爆发的前奏。国家货币政策的松紧和金融市场信贷条件的变化对私人资本流动产生重大影响。比如，宽松货币和宽松信贷条件会激励金融机构配置高风险投资，增加杠杆率，扩张其资产负债表。过去四十年间历次危机，如 1979 第二次石油危机、1987 年美国股市暴跌、1997—1998 年亚洲金融危机、2000 年纳斯达克危机，以及 2008 年国际金融危机都与前期的全球流动性暴增密切相关。而在危机爆发之后，流动性又会瞬间收缩，形成严重的信贷萎缩。信贷萎缩形成金融市场的严重抑制，造成系统性风险，甚至威胁到实体经济。为了防止系统性风险，货币当局需要以向市场直接注入流动性的方式提供救助，并在市场流动性有所恢复之后跟进支持性的货币政策和刺激性财政政策，而后者继续向市场释放流动性。在实体经济增长不确定的情况下，新增的流动性不断在市场、工具之间寻求利差，具有极强的投机性（高海红，2012）。

其次，私人流动性具有很强的传染效应。这种传染性，一是表现为跨境传递。不同市场之间的任何利差、汇差变化都会诱发私人资本的流动。特别是资本管制宽松的市场，跨境传递最为明显。二是表现为市场间传染。流动性困难往往始发于短期信贷市场。银行出现融资困难，通常伴随着货币错配和期限错配，这样，信贷市场流动性变化会对中长期负债证券市场、外汇市场等其他金融市场产生冲击。机构之间互相持有流动性使得问题变得更复杂（高海红，2012）。更重要的是，流动性风险偏好变化会造成国际金融市场剧烈波动。比如，2010 年，投资者风险偏好上升，导致国际资本流动寻求收益（search for yield），资本流向高杠杆、高风险、高收益市场。结果是国际大宗商品、股市等高风险市场价格上涨。2011 年，投资者风险偏好下降，资本流动寻求避险（flight for safety）。信用级别较高的美国、德国政府 10 年期国债是典型的避险资产，这些债券的收益率呈现下降趋势。进入 2016 年，伴随全球经济复苏不稳，地缘政治复杂，英国退欧公投等因素，德国等欧洲国家的长期国债收益率甚至出现负值。

再次，发展中国家和新兴经济体金融脆弱性增强。多数发展中国家国内金融市场狭小，市场深度和广度不足，这使得这些国家即便有较高的国内储蓄也无法在本国市场有效地将其转换为投资。这些国家，特别是在资本管制比较松的国家，普遍存在较低的投资本土化倾向，本国金融体系具有较高的对外部市场的风险暴露，更容易受到国际流动性冲击（高海红，2012）。从危机前后东亚、拉美和东欧新兴市场的资本流动状况看，在各种资本流动形态中，直接投资相对稳定，私人资本波动较大。更重要的是，在一些国家放松资本管制之后，不仅是资本流动性大幅度增加，而且会导致资本的总流动规模激增。值得关注的是，资本总流动规模比净流动更具有易变性和顺周期性。尤其在极端情况下，资本急停（sudden stop）和资本外逃（capital flight）对一国金融稳定性极具有破坏性，这在 1997—1998 年亚洲金融危机期间表现得尤其明显。面对这种被动局面，新兴市场在资本流动管理方面处于被动地位，其政策选择十分有限。除了资本管制具有危机预防功能，其他宏观审慎政策主要属于事后应对措施。

最后，美国是全球流动性最主要的创造者。由于美元是全球最主要的储备、结算和计价货币，美联储是全球美元流动性天然的提供者。在 2002—2007 年间，美联储实施低利率政策，美元借贷成本随之大幅度降低。由于美元是全球最主要的国际货币，美联储可以无限制地将美元输出到世界其他国家。在这期间，对非金融机构美元信贷，在美国境外年均增长 30%，境内增长 23%。2008 年雷曼兄弟倒闭之后，美联储的量化宽松政策大幅度增加了全球流动性。到 2010 年中期，非金融机构持有的美元资产，外国机构持有占全部的 13%。换言之，100 美元中有 13 美元在外国人手里。这还不算外国机融机构和政府手里的美元资产（高海红，2012）。然而，在美元流动性全球持有的状况下，没有哪个国际机构或者超主权实体行使监控中央银行流动性创造的职能。美联储在缺乏财金纪律约束下，拥有美元流动性创造的绝对权利。

第三节 国际金融监管体系演变和影响因素

随着国内金融市场管制的逐渐放松，金融自由化程度在不断加深，与技术进步的力量相结合，促使跨境金融服务与投资组合的发展速度不断提升。全球金融市场结构的变革在创造出高额获利机会的同时，也给金融交易带来了巨大的潜在风险。一方面，金融机构利用创新金融工具规避信用风险的行为，增加了国际银行业活动的增加和多功能综合性银行的兴起。另一方面，银行业的蓬勃发展也加深了金融机构之间的相互依存程度，导致其对国际投资组合波动的敏感性加剧。而随着限制金融流动的国际壁垒逐渐消失，国家监管当局逐渐发现，一国的金融稳定不仅受本国金融市场影响，还会受到其他看似不相干国家的制约。然而，20 世纪 80 年代的拉美债务危机、20 世纪 90 年代的亚洲金融危机以及 2008 年爆发的国际金融危机表明，金融自由化伴有巨大的风险，不仅对全球金融稳定以及各国的宏观经济稳定带来冲击，而且对实体经济产生巨大的负面影响。这一现实迫使各国金融监管机构进行反思和革新，推动了国际金融监管体系的不断演进与完善。

一　微观审慎监管的演进

微观审慎监管的演进趋势，主要是由巴塞尔委员会，历经 1988 年"巴塞尔协议Ⅰ"、2004 年"巴塞尔协议Ⅱ"和 2010 年"巴塞尔协议Ⅲ"一系列改革，主导推动完成。微观审慎监管的主要目的是降低单个银行机构的风险暴露可能，增强银行机构的安全稳定性，其改革的核心是通过不断改进以资本充足率为代表的各类监管指标，完善监管框架。目前，"巴塞尔协议"所提出的监管理念和监管标准，已经逐渐被各国监管部门所采纳，正逐渐成为各国风险监测和调控的主要蓝本。与此同时，伴随着危机发生而逐渐调整的过程，也使得"巴塞尔协议"成为各时期监管理念的集中代表。

（一）巴塞尔银行监管委员会的成立

20 世纪 70 年代，在全球金融自由化浪潮的推动下，各国银行间的不良竞争日益加剧，银行为夺取客户资源而不断降低信贷约束条件，对贷款质量造成了严重的负面影响，银行的不良贷款率大大提升，信用风险不断累积。在此期间，各类局部危机频频发生，原联邦德国的赫斯塔特银行、伦敦的不列颠以色列银行和纽约的富兰克林国民银行相继倒闭，并引发了之后一系列跨国银行的监管问题。此时，各国当局已经逐渐意识到，随着国际金融市场的迅猛发展，各自为政的监管模式已经无法适应市场的新变化。因此，在国际清算银行的发起下，由美国、英国、法国、德国、日本、意大利、比利时、荷兰、瑞典和加拿大十国集团，于 1974 年底正式成立了巴塞尔银行监管委员会（The Basel Committee on Banking Supervision, BCBS）。委员会的主要职责是交流金融监管信息、建立各领域认同的最低监管标准、加强各国监管当局的国际协调合作、维护国际银行体系稳定健康运行。

自巴塞尔银行监管委员会成立以来，制定与出台了一系列资本协议、监管标准与指导原则，将其统称为《关于统一国际银行的资本计算和资本标准的报告》，简称"巴塞尔协议"。协议的实质是为了完善与补充单个国家对商业银行监管制度的不足，降低单个银行机构的倒闭风险，减少银行破产引发的负面效应。

（二）巴塞尔协议

巴塞尔银行监管委员会最初制定巴塞尔协议的目的有两方面，一是通过规定计算方法和计算标准，制定银行最低的"资本充足率"（即资本与风险资产的比率），保障国际银行体系的健康运行；二是制定统一标准，消除国际金融市场上各国银行间的不平等竞争。显然，巴塞尔协议的核心在于"资本充足率"。因此，"资本监管"成为"巴塞尔协议Ⅰ"到"巴塞尔协议Ⅱ"演进过程的首要核心。

1. 技术革新：由"巴塞尔协议Ⅱ"到"巴塞尔协议Ⅲ"

1988 年出台的"巴塞尔协议Ⅰ"根据不同资产信用风险的大小，设定了各项表内资产和表外项目的风险权重，并得到总风险加权资产规模，规定各商业银行的资本充足率不得低于 8%，其中核心资本对风险资产之比不得低于 4%。由于"巴塞尔协议Ⅰ"首次将基于风险调整的资本充足率作为国际银行的监管标准，并将表外业务纳入监管范畴，相对传统利用资产负债之比的监管方法，无疑取得了巨大进步。因此，自"巴塞尔协议Ⅰ"推出之后，"资本充足率"成为被各国监管当局所广泛接受的概念，国际货币基金组织和世界银行在判断各国银行体系稳定性时，也主要采用"巴塞尔协议"对资本充足性进行评估。

随着 20 世纪 90 年代，学术界关于银行风险衡量实现了技术革新，巴塞尔银行监管委员会在此基础上也重新制定了新的资本协议框架，于 2004 年出台了"巴塞尔协议Ⅱ"，对"巴塞尔协议Ⅰ"进行了全面的修改。"巴塞尔协议Ⅱ"依据资本要求与风险管理密切关联的修改初衷，由三大支柱构成了完整的资本充足率监管框架。第一支柱为最低监管资本要求，在保持原规定中 8% 的资本充足率要求基础上，修订了标准法和内部评级法。其中修订后的标准法提高了对各种风险类别的敏感度，修订后的内部评级法则允许大型银行利用先进的内部信用风险模型确定风险权重。第二支柱为监督检查，其目的在于不仅确保银行具备足够的资本以应对各类风险，还鼓励银行在监测和管控风险方面开发使用更完善的技术手段，促进银行内部的风险评估。第三支柱为市场约束，"巴塞尔协议Ⅱ"承认了市场约束在增强资本监管和其他监督工作方面具有良好的潜力，通过提倡信息披露制度，旨在增加商业银行风险状况的透明度。

2．"巴塞尔协议Ⅲ"的危机反思：资本充足率与系统重要性机构的双重监管

2008 年国际金融危机的爆发，促使巴塞尔银行监管委员会再次反思其原有协议的合理性，再经历长达九个月的各方磋商之后，2010年 9 月，巴塞尔银行监管委员会最终就全球银行业监管达成了新的协议，即"巴塞尔协议Ⅲ"。新资本协议在不断强调资本充足率要求的基础上，还加入了对系统重要性金融机构的强化监管，从而降低危机中"大而不能倒"的道德风险。

首先，为防止危机重演，在新的监管框架中，巴塞尔银行监管委员会大幅提升了"巴塞尔协议Ⅲ"监管指标的要求。具体可以总结为三项具体措施。第一，明确了三个最低资本充足率要求，提高了资本充足率要求。依据"巴塞尔协议Ⅲ"的要求，银行的普通股充足率的最低要求为 4.5%，一级资本充足率为 6%，总资本充足率为 8%。各国的系统重要性银行资本充足率应不低于 11.5%，非系统重要性银行应不低于 10.5%。第二，"巴塞尔协议Ⅲ"就杠杆率计算方法与监管标准达成共识，引入了简明的杠杆率监管标准，即按照杠杆率 3% 的标准（一级资本/总资产）对商业银行实施监控。杠杆率过高是金融机构出现风险的根源之一，尤其是对银行表外项目监管的不足，形成了所谓的影子银行（shadow banking）体系，导致金融体系成为 2008 年全球金融危机的直接导火索。第三，"巴塞尔协议Ⅲ"建立了两个量化的流动性风险监管指标。其中包括流动性覆盖率，要求"银行持有的优质资产储备与未来一个月内资金净流出量之比，不得小于 100%"。其二是净稳定融资比率，要求"银行可用的稳定资金与业务发展所需的稳定资金之比，必须大于 100%"。

其次，"巴塞尔协议Ⅲ"加强了对系统重要性金融机构的监管力度，通过让全球系统重要性银行接受更高的资本充足率监管要求，力图降低"大而不能倒"（too big to fail）的道德风险（表 2－1）。对于系统重要性金融机构的"大而不能倒"问题，巴塞尔委员会形成的共识是需要建立起"危机前加强风险预警，危机中降低风险扩散和蔓延的处理措施和危机后处置机制"一整套完整措施。

表2-1 全球系统重要性银行需要接受更高的资本充足率监管要求

总资本要求	系统重要性附加资本	全球系统重要性银行（金融稳定理事会2014年11月公布）	
14%	3.5%	暂无	
13%	2.5%	汇丰银行（HSBC）	摩根大通（JP Morgan Chase）
12.5%	2.0%	巴克莱银行（Barclays）	法国巴黎银行（BNP Paribas）
		德意志银行（Deutsche Bank）	花旗银行（Citigroup）
12%	1.5%	美国银行（Bank of America）	苏格兰皇家银行（Royal Bank of Scotland）
		瑞士信贷集团（Credit Suisse）	高盛集团（Goldman Sachs）
		三菱日联银行（Mitsubishi UFJFG）	摩根斯坦利（Morgan Stanley）
11.5%	1.0%	中国银行（Bank of China）	中国农业银行（ABC）
		中国工商银行（ICBC）	西班牙对外银行（BBVA）
		法国BPCE银行集团（Group BPCE）	法国农业信贷集团（Group Crédit Agricole）
		荷兰国际集团（ING Bank）	日本瑞穗银行（Mizuho FG）
		瑞典北欧联合银行（Nordea）	西班牙桑坦德银行（Santander）
		法国兴业银行（Société Générale）	渣打银行（Standard Chartered）
		美国道富银行（State Street）	日本三井住友银行（Sumitomo Mitsui FG）
		意大利联合信贷集团（UniCredito Italiano）	美国富国银行（Wells Fargo）
		瑞银集团（UBS）	纽约梅隆银行（The Bank of New York Mellon）

资料来源：笔者统计。

二 宏观审慎监管的演进

宏观审慎监管是国际金融监管机构基于对全球金融危机的反思而提出的管理方法。与传统微观审慎监管模式相比，宏观审慎监管将侧重点置于整个金融体系，而非金融机构单体，目标是防范金融系统整体的系统性风险（表2-2）。具体而言，宏观审慎监管通常可以分为两个维度进行分析研究：一是时间维度，而是截面维度。

表 2 - 2　　　　　　　宏观审慎监管与微观审慎监管的比较

	宏观审慎监管	微观审慎监管
直接目的	防范金融系统危机的爆发	防范单个金融机构危机的爆发
最终目标	避免 GDP 的损失	保护消费者（投资者或存款人）
风险模型	（一定程度上）内生	外生
金融机构之间的相关性和共同风险暴露的关系	这种关系是必要的	金融机构间的共同奉献暴露被认为是没有联系的
审慎控制的衡量标准	以整个系统范围为单位实行自上而下的衡量方法	以单个金融机构为单位实行自下而上的衡量方法

资料来源：巴塞尔银行监管委员会。

（一）时间维度的宏观审慎监管

基于时间维度的宏观审慎监管，不仅需要考察整体风险随着时间的推移形成的累积，更重要的是着眼于处理顺周期性问题，即考虑系统性风险是如何通过金融体系内部或金融体系和实体经济间的风险传递作用而扩大的。因此，时间维度的监管措施，需要解决的是如何抑制金融体系固有的顺周期效应。由于时间维度自身所具有的连贯性，基于时间维度的宏观审慎监管干预手段作用将具有明显的可持续性。对此，在国际金融危机之后，国际金融监管机构开始将监管干预的观点重心放在周期上，相继提出了逆周期监管框架，即通过提供资本充足率、杠杆率等一系列监管标准，克服或抑制金融系统自身的顺周期性。

（二）截面维度的宏观审慎监管

基于截面维度的宏观审慎监管，需要考虑的是在特定时间内，风险应当如何在金融体系内进行分布，即金融体系内不同机构之间的风险传染性问题。横截面维度宏观审慎监管措施的核心在于处理特定时间内金融机构共同的且相互关联的风险暴露。这些风险暴露一方面可能是这些机构在相同或相似资产类别下的直接风险暴露，另一方面也可能是它们之间的业务交叉而导致的间接风险暴露。基于这个角度的分析，截面维度的宏观审慎监管政策需要解决的主要是如何制定审慎监管框架，将整个金融体系风险损失控制在局部，从而控制"尾部风险"效应。具体的监管措施路径可包括以下几个方面因素：一是通过逆周期资本监管，增加银行在经济上行阶段内的资本留存，以应对经济下行阶段的损失吸收要求，降低银行破产风险；二是针对系统重要性银行机构，实行更为全面严格的宏观审慎监管措施；三是开始采用诸如拨备率等具有前瞻性含义的宏观审慎监管指标；四是加强和完善银行的压力测试，实行全面覆盖的压力场景，评估银行业或金融业整体的宏观抗风险能力；五是全面大力开展国际监管的合作模式，G7扩充为 G20，增加新兴经济体的话语权，努力实现真正的全球治理新格局。

第四节　结论

2008 年爆发的国际金融危机无疑是国际金融治理转变的一个重要节点，但是在此之前影响国际经济治理的因素已经有一些变化。例如在 1997/1998 年亚洲金融危机之后，无论是全球经济格局还是治理理念都在悄然发生变化。国际金融危机的爆发无疑是一个集聚点和突破口，在此之后，各种影响国际金融治理的因素变化趋势日益明显，有力地推动着国际金融治理向着更为公平、有效的方向发展。

在经历了 2008 年国际金融危机之后，世界经济处于后金融危机时代的深度调整时期，发达经济体与新兴经济体在全球经济中的相对重要性发生变化。一些重要的新兴经济体如中国、印度等占世界 GDP 的比重呈现持续上升的趋势，而发达国家无一例外地表现出逐年下降。新兴经济体凭借其巨大的发展潜力和经济多样性，正改变着原有的以发达经济体占据主导地位的经济格局，这要求国际金融治理格局必须有相应的变化。这从国际金融危机之后，二十国集团发展成为国际经济合作的主要平台以及国际货币基金组织大幅提高新兴和发展中经济体的投票权比重中可以窥见一斑。

作为国际金融治理重要实践的国际金融监管已经对此做出快速反应。国际金融危机表明，金融自由化伴有巨大的风险，不仅对全球金融稳定以及各国的宏观经济稳定带来冲击，而且对实体经济产生巨大的负面影响。这迫使各国金融监管机构不断推动国际金融监管体系的演进与完善。

第三章　美国金融危机对国际金融治理的挑战

　　2008 年国际金融危机进一步暴露出国际货币金融体系的弊端，凸显出加强和完善现行国际金融治理机制的必要性。国际货币金融体系主要包括三个方面，分别是国际货币体系、国际金融监管体系和国际金融治理机制，其中国际货币体系主要是为国际间的各种经济交易、支付服务，国际金融监管体系主要是为国际金融体系稳定运行提供保障，而国际金融治理机制则是维护国际货币体系和国际金融监管体系的重要载体。与此同时，随着国际资本流动规模的日益扩大，也为全球经济带来了新的不稳定因素，并对国际金融治理带来挑战。本章从国际货币体系、国际金融监管体系、国际资本流动管理、国际金融治理机制等四个方面分析了当前国际金融治理面临的挑战，为未来的改革提供基础。

第一节　当前国际货币体系的缺陷与挑战

　　2008 年国际金融危机爆发，对于本就欠缺稳定性的国际货币体系来说，无疑是一次艰难的考验，但也成为改革现有国际货币体系的推动力。然而本轮金融危机之前，尽管伴随国际经济联系的日益紧密与跨境资本流动的迅速增长，国际货币体系的弊端不断显露，新兴经济体危机如拉美债务危机、东亚金融危机使得国际社会改革现行美元主导的国际货币体系的声音不绝于耳，但是其并未触动国际货币体系的根本。只有在本轮金融危机之后，由于危机爆发于国际货币体系的中心——美国，这才使得国际社会意识到国际货币体系已经到了非改不可的地步。

从来不存在完美的国际货币体系，国际社会也从来没有放弃改革完善国际货币体系的努力。国际货币体系经历了国际金本位制、布雷顿森林体系、牙买加体系三个主要阶段。然而，不同体系存在着各自不同的缺陷。国际金本位制受制于黄金的僵化供给而崩溃于通货紧缩，布雷顿森林体系受困于"特里芬难题"而最终使得美元与黄金固定汇价安排无以为继，而在牙买加体系中，由于美元在国际货币中居于中心地位但缺乏应有的监督与管理，致使美元政策外溢性产生严重后果。回顾国际货币体系演变过程，我们可以看到，世界各国一直未停止建立一个运转良好、稳定有序，符合世界各国利益的国际货币体系的努力，正因如此，才产生了一次又一次的改革。后金融危机时代，伴随着现有体系矛盾逐渐凸显和世界经济全球化逐步深入，改革现行货币体系的呼声再一次成为国际社会的主流。

一 现行国际储备货币：不公平与不稳定

目前的国际货币体系仍是一个美元占优的体系。布雷顿森林体系崩溃后，国际货币体系进入"无体系"的牙买加体系，在这一体系下出现了汇率制度选择的多样化、国际收支调节手段的多样化以及储备资产的多元化。但是，现行的国际货币体系在本质上说仍然是美元本位制（McKinnon，2001）。这表现为，在国际贸易中美元仍然是最主要的标价与结算货币，世界大部分国家都不同程度地实行钉住美元的汇率制度，同时美元也是大多数国家进行本币干预的对手货币，在国际储备资产中，美元仍占据着最重要的位置。

美国金融危机暴露了以美元为中心的国际储备货币体系的缺陷，令美元的国际货币地位一度受损，但是从目前的情况来看，美国依然是世界上最发达的国家，尽管其处于金融危机的中心，但是相比其他发达经济体，其受到的影响反而是比较低的。从其主要竞争对手来看，欧元区的经济情况比美国还要糟糕，欧元区统一货币的基础受到一定冲击（熊爱宗、黄梅波，2011）。因此，在短期内，美元的国际货币地位并不会发生根本改变。

现行的国际货币体系已经表现出极大的缺陷。早在 20 世纪 60 年代，美国经济学家罗伯特·特里芬就指出美元作为国际储备货币具有不可克服的内在矛盾，即依靠一国或少数国家货币作为国际储备货币，要么国际储备的增长无法保证，要么人们对储备货币的信心丧失，最终都将导致该体系的崩溃①。从这次国际金融危机的爆发来看，由于缺少必要的约束与限制，现行体系往往造成美元国际供给的无序与泛滥，不受监管的国际流动性将推动资产价格泡沫急剧膨胀，然后在某一点破裂，成为世界经济发展新的不稳定来源。

（一）"特里芬难题"依然存在

从布雷顿森林体系到牙买加体系，美国都面临着向全球提供流动性和保持美元币值稳定的矛盾。布雷顿森林体系实行"双挂钩"制度，使美元承担国内货币与国际货币的双重职能。美国一方面要为世界各国提供足够的美元用以清偿与结算，另一方面还要保证美元与黄金之间的自由兑换，以维持人们对美元国际储备资产的信心。随着世界经济增长，世界各国对于美元储备的需求也将增长，如果美国为了满足国际需求而增加美元供给，将势必导致美元贬值，从而动摇美元币值与黄金挂钩的稳定性；如果美国为维持币值稳定而保持收支顺差，则世界各国缺少必要的清偿手段，美元本位的国际货币体系将难以持续。这被称为"特里芬难题"。

然而牙买加体系仍然是一个以美元为中心的体系。相比布雷顿森林体系，这一体系更具灵活性和自由性，但也更缺乏秩序性。美元不再钉住黄金，各国货币之间的汇率也变得浮动可调；资本流动规模成倍增长，且流动速度越来越快，这一方面来自于经济与金融全球化和自由化的飞速展开，另一方面则来自于像国际货币基金组织这样的国际机构在美国金融危机之前对促进国际资本流动的极力鼓动。

但现行体系并没有从根本上解决"特里芬难题"。在布雷顿森林体系下，美国实体经济的发展（经常项目顺差）是维持美元国际价值的保障，而在现行体系下，美国则通过国际资本流动来增加美元的国际清偿能力，从而为美元的国际流通提供保障。美国的对外投资主

---

① ［美］罗伯特·特里芬：《黄金与美元危机》，陈尚霖、雷达译，商务印书馆1997年版。

要以风险高、期限长、流动性较差的对外直接投资为主，而流入美国的外国投资则主要以风险低、期限短、流动性较好的证券类投资为主，前者的资产收益率要明显高于后者，因此，尽管美国的国际投资净头寸为负，但收益率差异仍有可能保证其国际债务维持在一个可持续水平上。与布雷顿森林体系类似，现行体系也存在一个"特里芬难题"临界点，在这个临界点上，美国持有的外国资产所获收益正好等于美国支付给外国投资者持有美元资产的利息支出，这种动态平衡确保了美国的国际债务不再增长。然而这是一种"刀锋"平衡，资产收益率的变动将会打破这种平衡，但更有可能的变动则是来自于外围经济体对储备资产的需求增长。

相比发达经济体，新兴与发展中经济体对于储备资产的需求更加强烈，成为全球美元储备资产增长重要的拉动力。首先，进入 20 世纪 90 年代，特别是在亚洲金融危机之后，新兴和发展中经济体经济发展速度明显加快，经济发展提升了对安全资产的需求，但是落后的国内金融市场却无法提供有效供给，这最终转化为对国际储备资产的需求，带动了全球国际储备资产的快速增长。其次，面对愈演愈烈的全球金融风险以及资本的大规模流动，新兴经济体迫切需要建立规模足够大的预防性储备以备不时之需。再次，一些新兴和发展中经济体采用本币低估的发展战略拉动经济增长，国际储备资产增长成为经济发展战略的副产品。最后，资源性商品出口国积累了大量的经常项目顺差并转换为国际储备资产。

外围经济体对于美元储备资产的过度需求给国际货币体系造成两重压力。第一，美元资产的过度需求再加上美国无约束的储备资产供给，造成美元对外输出规模不断扩大，美国国际净债务不断增加，这将极大地腐蚀美元作为国际储备资产的信心。1980 年，美国的国际净投资头寸首先由正转负，规模只有 277.59 亿美元，但是到 2000 年负头寸规模已经是 1980 年的 48.2 倍，而到 2008 年负头寸规模则是 1980 年的 117.5 倍。现行国际货币体系早已落入"特里芬难题"链条之中。第二，伴随着美元流动模式的变化，国际货币之间的竞争已经从实体经济竞争转化为金融实力竞争，美国要确保美元的国际货币地位，必须大力发展金融体系，促使国外资本以较低成本源源不断流入美国。这带来两类风险。第一类风险来自于金融体系。以金融创新为特征的金融市场大发展在促进美国经济发展的同时，也使得整个国民经济逐渐向金融部门倾斜，在缺乏有效金融监管的情况下，造成金融过度发展，为美国经济和全球经济埋下隐患。第二类风险来自于消费部门。金融体系的发展，融资成本的降低，提升了美国负债消费能力，由于国内实体经济萎缩，畸形提升的消费只能通过对外贸易部门来满足，这进一步恶化了美国的贸易收支状况。

因此，这就形成一个恶性循环：美元回流增加→金融体系发展→负债消费增加→对外贸易逆差增加→美元输出增加→美元回流增加→……以上循环存在两类潜在风险。一是"特里芬难题"，也即现有体系是否能支撑美元进行如此大规模的对外输出。然而，我们注意到现行体系对"特里芬难题"的容忍度在不断加大。除了美国资产和负债不同的收益率差异这个支撑因素外，还有其他一些原因，比如美元与黄金脱钩，外部失去了一个判断美元价值的明显标准，另外，浮动汇率的实施也成为解决"特里芬难题"的一个渐进方法，美元通过渐进贬值有利于削减美国的国际债务负担，延续了体系的运转。此外，在现行体系下仍无法立即推行一个更优于美元的主权货币或超主权货币，因此，各国在别无选择的情况下只能被动忍受"特里芬难题"的煎熬。另一个风险来自于金融体系的过度发展，这会促成金融泡沫的产生，泡沫破裂将会通过金融渠道向全球传播，美国金融危机即是明证。所以，目前国际货币体系虽存在"特里芬难题"，但是风险并未在此爆发（爆发的结果应该是美元的急剧贬值），而是爆发在美国的金融体系上。

（二）国际货币体系下权利与义务不对等关系日益突出

在现行国际货币体系下，美国等主要国际储备货币发行国独揽国际铸币税收入，却没有完全承担稳定全球经济的责任。美国凭借美元现金的外流、国债的对外发行在全球范围内拥有较低的融资成本，大量国际结算以美元计价，降低了美国企业对外贸易和投资的汇率风险。但美国并没有完全履行维护国际货币体系稳定的义务，李稻葵、尹兴中（2010）认为现行国际货币体系存在激励不兼容，即美国的货币政策主要考虑本国经济情况，但却并没有考虑其对全球经济产生的影响。

　　以美国 21 世纪以来的货币政策为例，自 2000 年互联网泡沫破裂开始至 2014 年年末，美国货币政策经过了几轮周期性调整，但总体趋向于过度宽松，这使得 15 年来美元汇率总体走弱，美元指数由 2001 年的 110 降为 2014 年初的 80（图 3 - 1）。全球金融危机后，以量化宽松（QE）计划为主要特征的美国货币政策，致使美元大幅贬值，从而降低美国政府的利息负担和债务压力。然而，这种政策导致全球流动性泛滥，不断影响国际大宗商品价格和资产价格，同时对拥有巨额美元外汇储备的新兴市场国家造成巨大冲击，导致其外汇储备缩水。美国通过这种减轻债务的方式变相攫取债权国的财富，从而实现向世界各国转嫁危机的目的。

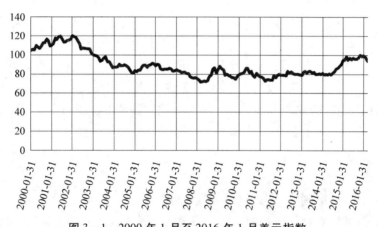

图 3 - 1　2000 年 1 月至 2016 年 1 月美元指数

数据来源：Wind 资讯。

（三）现行体系的不稳定性凸显

　　在当前国际货币体系下，一方面美元兑换黄金的约束不复存在，美国没有维持币值稳定的义务，作为国际货币缺乏必要的约束机制；另一方面，外围国家为美国提供的低成本资金，弱化了美国的财政纪律。两方面的因素导致全球美元流动性过剩，国际资本流动规模迅速扩张。与此同时，由于世界各国可以自由选择汇率制度，因而，储备货币被作为低风险资产，外围货币被作为可投机的风险资产，致使套汇、套利大行其道，国际资本流动的规模和波动性都有所上升。目前，全球外汇交易和资本流动显然已远超出经济基本面的正常需要，这为全球金融风险的爆发埋下了隐患。

美元本位制下的不稳定性在金融危机时体现得更为明显，并加剧了金融危机的持续扩散。以 2008 年国际金融危机为例，主要发达经济体为应对危机普遍采取量化宽松政策，美元流动性泛滥导致美元贬值与通胀风险加剧，世界范围内美元资产价值缩水，美国等发达国家借此减少债务负担，对外转嫁危机。外汇储备丰富的新兴市场国家蒙受损失，对于美元持续贬值的担忧加深。与此同时，由于金融危机遭受巨大损失的美国投资者在全球范围内调整其资产组合，出售资产以追求流动性导致全球金融体系的震荡。

然而，在现行体系下，国际最后贷款人机制建设缺失也导致危机救援与管理效果不力。在当前的国际货币体系下，IMF 主要充当国际最后贷款人角色。然而，由于它本身不具备创设货币的能力，因而，其无法在危机发生时迅速为市场创造流动性。IMF 救援行动迟缓、救援力度不足已经在 1997—1998 年金融危机期间得到证实，本次全球金融危机再次暴露了 IMF 这一作为全球性流动性救援机制的不足。流动性救助安排的缺失导致新兴市场国家外汇储备的预防性需求迅速增长。

二 汇率制度：选择多样，协调困难

布雷顿森林体系瓦解后，浮动汇率制合法化，并逐渐成为发达经济体汇率制度的主流，但世界各国对汇率制度的选择存在较大的差异。浮动汇率制度的好处在于央行不用固守固定汇率目标，在货币政策上拥有更多独立性，且有助于跨境资本流动和金融全球化。但是，浮动汇率制度下，主要国际货币间存在内在不稳定性，这提供了国际间投机获利的巨大机会，也刺激了短期国际投机资本的大规模流动。另外，在当前的制度安排下，国际社会并未就汇率制度建立有效的协调机制，主要国际货币发行国的货币政策大都依据本国经济发展做出，并没有将对其他国家的影响考虑在内，因此，主要国际货币之间的汇率波动也常常对其他国家带来负面溢出效应，这导致作为国际金融市场价格接受者的新兴经济体深受汇率波动的负面影响。

因此，发展中国家不论是选择自由浮动的汇率制度，还是采取钉住汇率制度，都存在潜在矛盾，由此陷入两难境地。部分国家选择了软钉住或弹性浮动的汇率制度，也难以完全避免国际汇率波动风险与投机资本冲击。如表 3 - 1 所示，有近一半的 IMF 成员实行不同程度的有管理浮动汇率安排。金融危机后国际社会曾广泛呼吁建立全球性汇率协调管理体系，但发达国家出于对内政策的考虑，响应寥寥。

表 3 - 1　基金组织在 2014 年对成员国（地区）汇率制度的分类

汇率制度		国家（地区）个数	国家（地区）名称
硬钉住	无单独法定货币	13	巴拿马、津巴布韦、科索沃、黑山共和国等
	货币局安排	12	中国香港、多米尼加、文莱、保加利亚等
软钉住	传统钉住	44	阿联酋、约旦、巴哈马群岛、巴林岛、南苏丹、喀麦隆、沙特阿拉伯等
	稳定化安排	21	新加坡、伊拉克、安哥拉、老挝、马尔代夫、越南、白俄罗斯、伊朗、玻利维亚等
	爬行钉住	2	尼加拉瓜、博茨瓦纳
	准爬行	15	洪都拉斯、牙买加、克罗地亚、中国、埃塞俄比亚、亚美尼亚、埃及、海地、阿根廷等
	水平区间钉住	1	汤加
浮动	自由浮动	29	澳大利亚、加拿大、智利、日本、墨西哥、挪威、波兰、瑞典、英国、德国、法国、意大利、西班牙等
	浮动汇率	36	印度、巴西、韩国、南非、泰国、土耳其、新西兰、蒙古国等
其他有管理汇率		18	伊朗、俄罗斯、苏丹、孟加拉国等

资料来源：IMF, Annual Report on Exchange Arrangements and Exchange Restrictions, 2014。

三　国际收支：长期失衡，难以持续

美元居于国际货币体系中心地位造成了国际收支失衡长期存在。自美元与黄金脱钩后，美国通过失衡的国际收支向全球提供美元流动性。这意味着美国国内投资高于国内储蓄，对外则表现为美国长期存在国际收支逆差。因此，我们可以发现在全球金融危机爆发前，国际收支呈现长期失衡的态势，美国经常账户持续逆差，新兴经济体经常账户持续顺差，欧元区经常账户基本平衡。此外，美国的金融自由化与宽松的货币政策，鼓励了投机性行为，导致房地产泡沫与股市泡沫，资产价格的上涨产生财富效应，家庭消费增加，而美国财政赤字也出现了大幅上升。这种家庭与政府开支的增加扩大了进口，产生巨额贸易逆差，从而进一步加剧了全球经济失衡的程度。

这种失衡的国际收支存在两个内在问题。第一，从贸易顺差国的角度来看，长期的顺差形成了巨额外汇储备，外汇占款过高易导致通胀和资产价格泡沫的风险，也会影响货币政策的独立性，这些负面影响提高了维持长期顺差的成本和代价。另外，巨额外汇储备也会导致美元贬值造成的损失加大，出于分散化投资以避免掉入"美元陷阱"的目的，美国金融资产对于顺差国的吸引力将会明显下降。第二，从美国的角度来看，这种失衡意味着美国通过购买外国商品，直接将美元流动性向外输出，这是一个积累债务的过程。随着联邦政府赤字率上升，美国对外资产负债表的恶化，美元的信用基础产生动摇。国际货币体系的潜在不稳定性上升。

因此，在国际金融危机爆发后，国际社会重塑全球金融体系、改革国际货币体系的呼声再起。由于此次危机爆发于国际货币体系的中心国——美国，因此，相比以往，本次改革的重点直指美元的国际货币地位，例如国际社会开始呼吁进一步重视特别提款权的作用。由于国际本位货币是国际货币体系的关键，这也意味着未来的改革之路必然不会一番坦途。

第二节　国际金融监管体系的缺陷与挑战

国际金融危机暴露出现行国际金融监管框架中的种种弊端和缺陷。20 世纪 70 年代末以来，随着经济全球化和金融自由化浪潮兴起，金融创新日新月异，各种复杂的金融产品不断涌现，放松监管逐渐成为思想和政策主流。然而，金融自由化既促进了金融创新的发展，也催生了新的系统性金融风险隐患。一些未受到有效监管或者监管不足的机构、市场和工具在特定市场环境下，成为系统性风险产生和扩散的重要渠道。

一 宏观审慎监管中存在的问题

2008 年国际金融危机的发生暴露出各监管主体在宏观审慎监管方面存在的一些问题与面临的挑战。

首先，怎样确定宏观审慎工具干预市场的方式与时点。在宏观审慎工具的运用上，监管主体应该以既定制度为指导方针，还是以主体的相机决策为主。制度指导可以提高市场对干预手段的预期、透明度，但同时又存在监管套利和刻意规避的风险；相机决策则灵活性更高，针对性更强，威慑力更大，但又存在容易受到外部压力干扰、对监管主体决策力要求更高、频繁干预不利于市场稳定以及可能损害监管当局公信力等弊端。与此同时，考虑到宏观审慎层面金融市场的系统性风险并非微观层面所有风险的简单加总，无论通过怎样的调控工具来进行调整，都需要选取恰当的"明斯基时刻"，但目前现有的理论和实证研究结果仍然无法对合理的计量系统性风险提供足够支持。

其次，如何避免监管套利的可能性。随着国际金融监管的日趋严格，体系本身日益复杂，不同监管主体、实施部门之间难免存在监管要求的差异性，比如发达国家和发展中国家的宏观审慎监管标准无法简单统一，这样自然会扩大监管套利的空间。因此，必须将国际标准与国别标准的应用相匹配，确定一系列可实施的最低标准，将各监管主体设立监管指标、宏观审慎工具的差异性考虑在内，做到会计准则、信息透明度等监管标准协调统一，最大程度避免监管套利的发生。

最后，如何做好监管成本和监管难度不断攀升的解决方案。随着全球监管措施不断落实和深入，宏观审慎监管框架中，金融机构、金融市场、经济主体等各方面之间的相互协调，以及在监管实施过程中系统性风险的识别、度量、应对等方面均面临着巨大挑战，对监管技术水平、参与部门数量等方面的提升，都会带来监管成本和难度的相应提高。如何在宏观审慎监管的过程中最大限度发挥监管作用，同时减少监管成本，降低监管难度，是各监管主体当前广泛关注的问题。

二 微观审慎监管中存在的问题

与宏观审慎监管相比，微观审慎监管一直以来处于相对较为成熟的层面。在 2008 年国际金融危机爆发后，对于危机中暴露出的关于资本质量、杠杆率指标、风险应对能力等方面的不足，以巴塞尔银行监管委员会为代表的各大监管机构纷纷实施了相应举措，来改善微观审慎监管方面存在的问题。但是，以发达国家为核心的监管主体在设定微观审慎监管标准时，往往会考虑到要兼顾发达国家的利益，应对此方面带来的强大压力，在技术层面会相应暴露出一部分缺点与不足。

一方面，尽管金融市场的风险计提准备已经大幅提升，但以一级资本净额为代表的杠杆率监管指标，作为核心资本监管中的标准之一，偏离了会计核算的基本要求。这样的监管偏颇现象并非个例，如何在国际金融监管时做到避免监管指标"带病运行"的情况，是微观审慎监管方面面临的挑战之一。

另一方面，在现有微观审慎监管模式中，并未对金融消费者和投资者予以足够的重视。目前各监管主体均未设立独立的对金融消费者和投资者权益提供保障的监管机构，也少有对金融消费者和投资者提供权益保障的针对性法律法规，换句话说，微观审慎监管在此方面存在着监管空白。在以中国为代表的发展中国家中，由于金融监管缺失和疏漏所造成的对金融消费者和投资者利益的侵害行为屡见不鲜。为了确保国际金融监管体系的稳定良好运行，也为了更好地应对监管体系现有缺陷和不足所带来的挑战，对微观审慎监管方面的这些疏漏应当予以足够的重视。

（一）金融机构从分业经营向混业经营模式转变过程中的问题

金融市场的发展是从分业经营模式逐步向混业经营模式转变的。以美国为例，1999 年的《金融现代化法案》通过之后，美国的银行、证券得以进行混业经营。监管部门随之也建立起相关的监管架构，将资金和员工合并之后进行统一监管。但这样的模式转变并没有发挥出应有的效果，重新设计的金融监管结构并未起到应有的作用，监管乏力现象明显。再加上美国的证券、保险等金融机构部门众多，管理架构复杂，想要统一对其进行有效监管难度很大，一旦发生问题各部门之间相互推诿现象明显。正因如此，混业监管的低效率最终也导致了在这一监管模式下问题频发。美国监管当局随后进行了监管模型的改革升级，原有金融机构通过控股公司将旗下的银行、证券、保险等业务联系在一起，并将监管职能转移到美国的中央银行，不过这一改革尚未全部完成，便爆发了次贷危机。

此外，在分业经营向混业经营转变的过程中，金融产品的创新也在飞速发展。许多金融机构，诸如商业银行、证券公司、保险公司等，在混业模式下纷纷建立起金融创新部门，大力发展金融衍生品业务，开拓结构化金融产品的业务范围。这一发展趋势也为国际金融监管埋下了很深的隐患。与传统的金融产品相比，结构化的创新型金融衍生品里面包含着大量的数学模型，复杂的期货、期权或违约掉期产品，是多种基础和复杂金融产品混杂形成的复合体。这样的金融创新产品很容易脱离监管部门的视野，为金融体系注入不确定性。因此，虽然这些创新型金融衍生品目前已经成为很多金融机构赖以生存的利润来源，但由于产品设计方面的信息不对称性，再加上监管领域的空白，背后同样蕴藏着巨大的风险。

（二）机构监管模式向功能性监管模式过渡带来的问题

随着金融机构从分业经营向混业经营的逐步转变，监管主体的监管模式也从机构监管模式逐步转向功能监管模式。相比于传统的机构监管模式，功能监管可以通过应用金融市场理论对机构产品性质、业务规律等因素进行预测，预防未来可能因金融市场发展或机构业务创新所引起的不稳定性。同时，监管部门也可以相应地设计更加灵活和有针对性的监管手段，来应对可能的预期状况。混业经营模式之下，金融机构之间的界限日渐模糊，但通过功能监管视角，银行、证券、保险等不同类型的金融机构尽管主体不同，但所提供的金融服务内容却是相似的，为监管部门的有效监管提供了便利性。

但不能忽视的是，在国际金融监管体系从机构监管模式向功能监管模式过渡的过程中，同样存在着一些需要注意的问题。首先，功能监管模式下虽然可以提高混业经营下金融监管的有效性，但不同机构之间市场职能的重叠，或多或少会相应带来监管机构的重复监管，这便会在无形之中提高监管的成本。其次，如果说机构监管模式下可以对金融市场进行有效管理的话，功能监管模式则更偏向于微观审慎层面的监管，对于整个金融体系的系统性风险监管不足。最后，由于功能监管模式下，不再区分银行、证券、保险等金融机构的主体，而是根据业务内容统一监控管理，随之而来的必然会有不同监管主体之间管辖范围重叠的现象发生，这将在一定程度上存在监管主体重复监管或滥用职权以权谋私的隐患，进而影响功能监管的有效性。

（三）金融监管主体之间协调性不足产生的问题

考虑到国际标准和国别标准之间的不一致性，经验证据表明，目前在国际金融监管体系内尚未形成具有普适性的最优监管模式。各监管主体与不同发展程度的金融市场之间如何协调合作，需要考虑到监管体制、政治背景、经济文化等多方面的因素。而目前的国际金融监管体系仍缺乏十分完善的法律保证和健全的制度框架，各监管主体之间的协调合作尚处于原则性框架层面，也并未形成微观层面完善的制度化安排和实施细则，可操作性有待提高。

本次国际金融危机的发生，无疑暴露出美国等典型的发达国家金融体系在监管架构与管理理念方面的缺陷。首先，监管主体各自为战，纷纷采取适合自己的监管手段，而无法实施具有统一国际标准的监管方式。这样的结果就是或者在国际金融监管领域存在监管真空，或者在跨国监管机制方面存在漏洞，造成了监管制度套利的空间。其次，监管主体之间协调机制的缺失，导致了全球金融市场整体监管体系无法有效协调。而且以 IMF、BIS、巴塞尔银行监管委员会为代表的国际标准制定机构，相互之间的沟通机制并不通畅，为全球金融市场系统性风险的发生埋下了隐患。最后，以美国为代表的超级大国，一方面受限于自身的霸权地位，不愿轻易接受国际监管机构的束缚，另一方面，考虑到权衡各方利益团体，美国也在利用自身影响力和话语权，不断对全球金融市场输出以自己国家标准为主导的国际监管标准，这样的做法也给国际金融监管的协调合作增加了阻力。

第三节　国际资本流动管理的缺陷和挑战

1973 年之后，布雷顿森林体系解体，国际货币体系走向浮动汇率制，与此同时，金融全球化与自由化在全球迅速展开，越来越多的国家开始放弃资本项目管制转而支持金融开放，这使得资本的跨境流动日趋活跃。但同时也为宏观经济稳定造成影响，对监管者也提出了挑战。

一　国际资本流动的演变与现状

20 世纪 80 年代，高峰时期发达经济体和新兴市场经济体的资本流动规模都曾达到 GDP 的 5% 以上（IMF，2011a）。然而真正的全球资本流动高潮却始自 20 世纪 90 年代，由此开始共出现过三次全球性的资本流动浪潮（IMF，2011b）：第一次始于 1995 年第 4 季度终于 1998 年第 2 季度，以亚洲金融危机为转折；第二次始于 2006 年第 4 季度终于 2008 年第 2 季度，以美国金融危机为转折；第三次始于 2009 年第 3 季度，目前这一股资本流动浪潮仍在持续。

国际投资头寸的迅速上升是本轮资本流动的一个突出特征，也是国际资本流动分析的现实背景。在国际借贷日渐普遍，投资者持有的资产组合中外国资产比重不断上升的背景下，国际资本流动体现出了如下三个动态特征。

第一，总资本流动规模巨大，增长速度很快。根据 IMF 的测算，1995—2005 年全球总资本流动总额增长了两倍，并在 2007 年前后达到了顶峰，约占当年全球 GDP 的 20%。与之相对，各国经常账户余额总和只占全球 GDP 的 3%—5%。虽然 2008 年国际金融危机期间总资本流动明显减缓，但是近几年其规模又基本恢复到了危机前的水平。Johnson（2009）是较早关注一国总资本流动动态特征的学者，他观察到总资本流动的增长速度不仅快于净资本流动，并且发达国家在特定年份的总资本流动往往数倍于净资本流动。与此同时，发达国家通过国际交易积累起来的对外总资产负债存量又远大于特定年份的总资本流动。进一步地，尽管所有总资本流动的不同类别在金融全球化过程中均有所增加，但是过去 10 年以全球银行总资本流动和储备总资本流动的增加最为显著。

第二，不同类型国家的总资本流动体现出极大异质性。国际金融危机前，发达国家尽管国际贸易份额不断下降，但是总资本流动却占据了全球总量的 75%。危机后亚洲新兴市场的总资本流动增长十分迅速，但是发达国家的总资本流动始终保持着全球总量的 60% 以上。为了研究国家收入水平与总资本流动结构的关系，Lane 和 Milesi-Ferretti（2007，2011）估算了 145 个国家 1970—2011 年总外部资产和外部负债。他们将一国外部头寸分为股权、债务、直接投资、储备、金融衍生品等几大类别并分别做了估计。他们发现，从投资者类型看，发达国家的境外投资者主要为共同基金、保险公司、跨国银行等金融机构，而新兴国家则以中央银行和主权财富基金为主。从资产类型看，发达国家的外部资产以风险较大的股权投资与直接投资为主，而新兴国家则持有更多安全系数较高的储备资产。Butzen et al.（2013）的研究则进一步表明，即使是收入水平相近的不同国家也可能因政府经济政策、资本账户开放度、汇率制度等一系列因素而具有不同的总资本流动模式。德国、法国等欧洲核心国家的总资本流动规模明显大于爱尔兰、希腊等欧洲边缘国家。与之类似，中国、印度等经济增长率较高、政策环境较好的国家比其他新兴国家更能吸引长期总资本流入。

第三，总资本流动波动剧烈，呈现出明显的顺周期趋势。Broner et al.（2013）对总资本流动的周期特性进行了实证分析。相比于净资本流动，一国总资本流入与总资本流出不仅相关系数很高，而且顺周期性也更为明显。当经济繁荣时，跨境贸易与跨国信贷水平高涨，总资本流动随之增长；当经济萧条时，投资者风险厌恶程度上升，金融资产价格走低，总资本流动明显下降。不仅如此，总资本流动不同类别波动性也存在显著差异。银行信贷、公司债务等短期总资本流动的波动性和周期性最为明显；而直接投资、股权投资等长期总资本流动的波动性较弱，并且在相当一段时期之内保持平稳。相比于发达国家，新兴国家储备总资本流动的波动较为剧烈。上述经验事实也为一系列相关研究所证实①。

　　传统文献将总资本流动的驱动因素划分为推动因素和拉动因素。推动因素是影响总资本流动的全球性因素，即影响国际资本供给层面的因素。它常常通过发达国家的金融变量代理。拉动因素是影响资本流动的国别性因素，即影响国际资本需求层面的因素。它常常由特定国家的政策变量、基本面变量代理。在全球金融危机后的 IMF 年会、G20 峰会等国际会议上，经济学家围绕哪类因素对一国总资本流动更重要展开了激烈讨论。以巴西财政部长 Mantega 为代表的新兴国家政策制定者认为，发达国家的货币政策周期是发展中国家总资本流动剧烈波动的主要原因。美联储不负责任的货币政策使得新兴市场存在爆发金融危机的风险。而以美联储前出席 Bernanke 为代表的发达国家政策制定者则坚称，全球投资者风险态度的变动是驱动总资本流动的主要原因。新兴国家可以通过国内宏观经济政策抵消总资本流动波动对经济的不良影响。

　　针对以上两种说法，危机后的一些实证分析给出了评判。Forbes 和 Warnock（2012）考察了极端总资本流动的驱动因素。他们假设 C_t 为特定国家过去四个季度总资本流入（流出）之和，那么可以计算出 C_t 的年度变动：$\Delta C_t = C_t - C_{t-4}$。他们规定，当 ΔC_t 高于或低于其过去五年移动平均值的两个标准差时，极端资本流动就发生了。基于这一标准，他们定义了四种极端总资本流动情形，分别是资本激增、资本中断、资本外逃和资本回撤。这一方法与传统的根据净资本流动定义的资本净流入激增和资本净流入中断存在很大不同。传统方法无法区分极端资本流动出现时主要起作用的是总资本流出还是总资本流入，并且不能识别总资本流出和总资本流入同向大幅变化时的情形。通过对 1980—2009 年全球 58 个国家总资本流动数据的分析，他们发现 2008 年国际金融危机期间全球经历了史无前例的总资本流入中断和总资本回撤。在这一过程中，全球风险因素与极端总资本流动紧密

---

① 见 Milesi - Ferretti 和 Tille（2011）对于全球金融危机中各国总资本回撤的研究，Brunoand Shin（2014）关于银行总资本流动周期性的论述。

相连，甚至成为唯一能持续预测极端总资本流动的因素①。当用 *VIX* 等指标代理的全球风险因素上升时，各国面临的总资本流入中断与总资本回撤可能性显著增加，而总资本流入激增和总资本外逃的可能性则显著下降，并且这种关系对模型设定形式和代理变量的选取具有相当强的稳健性。除此之外，一国宏观经济基本面甚至资本管制对极端资本流动发生可能性的影响都不大。

后续的相关研究认为，上述实证方法存在两点不足。第一，忽视了全球因素与国别因素的相互作用。全球因素对特定国家总资本流动的影响往往是以该国国内金融环境为前提条件的。如果新兴国家政府采取提高利率、资本管制等措施应对总资本流出，那么全球性因素的影响可能就会减弱。第二，仅仅将总资本流动整体作为分析对象，忽视了总资本流动不同组成部分的异质性。以获取一国经济增长带来的长期收益为目标的总资本流动（如 FDI）在动态特征上明显区别于利用汇差、利差赚取短期收益的总资本流动（如证券投资、银行信贷）。为了弥补这两点不足，Nier 等（2014）首先在回归中加入了全球因素和国别因素的交互项。这一交互模型可以表示成如下形式：

$$CF_{it} = \sum_{j=1}^{n} \beta_j X_{it-1}^j + \delta VIX_{it} + \lambda VIX_t \times X_{it-1}^n + others$$

其中 CF_{it} 是 t 期的总资本流动，X_{it-1}^j 是 n 个 $t-1$ 期的国内变量，VIX_t 是全球投资者风险偏好的代理变量，$VIX_t \times X_{it-1}^n$ 是全球因素和第 n 个国内变量的交互项。模型中可选的国内变量有该国与 G4 集团（美、英、日、欧盟）平均经济增长率的差异、该国与 G4 集团平均利率的差异、有效汇率、资本管制指数等。随后他们针对 29 个新兴国家 2002—2012 年除 FDI 和储备资产之外的短期私人总资本流入进行研究。回归结果支持了 Forbesand Warnock（2012）的主要结论，即 *VIX* 的上升对新兴国家私人短期总资本流入的作用显著为负。他们还发现，*VIX* 的影响是非线性的。当 *VIX* 较小时，国别性因素起到主要作用；当 *VIX* 较大时，全球风险水平则成为了主导因素。与之前文献不同的是，他们强调了新兴市场经济基本面和金融市场发展水平的拉

---

① 这里的全球风险因素既包含国际投资者的风险偏好变动，也包含全球经济增长的不确定性。

动作用。在控制住全球风险的前提下，新兴国家的政府债务/GDP 比率和与 G4 集团的经济增长率差异均能有效解释新兴国家私人短期总资本流入差异。

值得一提的是，上述文献中 Nier 等（2014）的样本中只包含了新兴国家，而 Forbesand Warnock（2012）则将不同收入水平的国家一起研究。考虑到不同收入水平的国家总资本流动模式不同，张明等（2014）将发达国家和新兴国家分开进行考察。他们选取了 30 个新兴经济体和 22 个发达经济体在 2000—2012 年的总资本流动数据展开分析。与 Nier 等（2014）一致的是，他们利用 VIX 指数的大小划分了高风险时期和低风险时期。研究结果支持全球推动因素对于短期总资本流动的主导作用，尤其是在高风险时期。但他们同时发现影响发达国家和新兴国家的主要推动因素存在差异。对新兴市场经济体而言，用 VIX 代表的全球风险因素和美国政策利率（影响利差）是最重要的推动因素，两者对短期总资本流动均存在明显负向影响；对于发达经济体而言，美国经济增长率（影响经济增长率差异）是最重要的推动因素，对短期总资本流动的影响为正。在国别性因素方面，他们发现经济增长率、本国利率、本币升值预期均是新兴经济体重要的拉动因素，但是这些因素仅在低风险时期产生影响。而影响发达经济体的拉动因素比较复杂，其中本国利率和经济增长率的影响较为显著。相比于新兴经济体，发达经济体的拉动因素在高风险时期能发挥更多的作用。

从上述的研究我们可以得知，不同驱动因素的相对重要性取决于总资本流动的类型（长期还是短期）、考察的时点（动荡时期还是平静时期）以及一国收入水平（发达国家还是新兴国家）。相比于国别性的拉动因素，全球性的推动因素更能解释特定国家短期总资本流动的大小和方向。事实上，以发达国家经济变量代表的全球性因素反映了全球金融周期的不同阶段。因此，短期总资本流动的波动很大程度上体现了全球性因素的周期变动（Rey，2015）。而不少研究指出，长期总资本流动主要由国别性拉动因素决定。FDI、股权投资等长期总资本流动对 VIX 等因素不敏感，而与一国的经济增长率、投资环境、制度质量显著正相关。这可以理解为短期总资本流动追求避险套利，长期总资本流动则为了分享增长红利。此外，考察的时点也会影响驱动因素的相对重要性。基于 Nier 等（2014）的分析，如果我们考察的时点处于金融动荡时期，如从国际金融危机爆发到危机后全球流动性过剩这段时期，那么总资本流动对投资者风险态度和利差的敏感度大于对经济基本面的敏感度。Cerutti 等（2015）认为，当全球金融市场波动率急剧上升时，国际资本流向"安全港"，新兴市场发生的总资本流入中断往往是无选择性的，即经济体基本面对境外撤资总量影响不大。并且无论新兴市场如何提高利率水平，维持本币币值也不能阻止总资本流入中断。同理，当全球主要经济体实施大规模量化宽松政策时，新兴市场发生的总资本流入规模主要与该国利差、预期汇率变动等因素相关，即使经济基本面下滑的国家也面临总资本流入激增的状况。但这并不意味着政府改善经济基本面的努力是无效的。如果我们考察处于平静时期的国际金融市场，那么国别性拉动因素的重要性上升。Koepke（2015）回顾了新兴市场总资本流入的相关文献。他发现，给定影响总资本流动的周期性因素，新兴国家的经济增长率、资产收益率等结构性因素对各类总资本流入均存在正向影响；而国别风险的上升则抑制了各类总资本流入。这与 Nier 等（2014）的结论一致。Alberto 等（2015）还说明了新兴国家储备资产的差异对总资本流动模式造成的影响。他们发现，储备资产越充足的国家，危机期间总资本回撤越大，越能减轻总资本流入中断形成的融资缺口。经济繁荣时期，充足的储备资本可以提升国家的偿付能力，减少本国总资本流出的同时吸引更多的境外总资本流入。

不同驱动因素的相对重要性还和国家收入水平有关。张明等（2014）的研究强调了这一点。Broner 等（2013）也认为，发达国家以其庞大的资本总量和发达的金融市场主导着全球总资本流动的规模和方向。相比于发达国家，全球因素在决定新兴国家总资本流动模式上起到了更为重要的作用。新兴市场的国别性差异只有在全球金融市场相对平稳的时候才能充分体现。对于发达国家而言，由于投资环境、制度质量等因素的差距不大，因此利差、汇率预期等国别因素对总资本流动起着重要作用。

二 国际资本流动管理的缺陷与挑战

经常账户失衡产生的净资本流动被作为外部脆弱性的衡量标准。大卫·休谟的铸币平价理论认为，经常账户的失衡引起了黄金的跨国流动，拥有黄金储备越多的盈余国家其外部支付能力也越强。为了将这一表述模型化，Obstfeld 和 Rogoff（1995，1996）通过求解一国居民的最优消费路径得出了经常账户失衡对经济体的影响，确立了国际金融的经典分析框架。他们指出，在开放经济条件下，一国可以通过国际借贷实现国内储蓄与国内投资的偏离，两者的差额就等于一国的经常账户余额。国内储蓄大于国内投资的盈余国为赤字国的额外支出融资，赤字国则出售给盈余国未来产出的求偿权，即债券。在不考虑估值效应的情况下，赤字国必须在未来产生足够的经常账户盈余来偿还当期的债务。这一关系可写为：

$$CA_t = S_t - I_t = \Delta B_t \tag{1}$$

根据这一模型，经常账户衡量了国与国之间资金流动的大小和方向。显而易见，赤字国的赤字是否可持续取决于盈余国的经济形势。当全球性的不利外生冲击发生时，赤字国可能因无法找到新的融资对象而面临偿付危机。按照这一逻辑，Bernanke（2005）提出了著名的"储蓄过剩"理论，他认为新兴经济体在东南亚金融危机之后通过经常账户盈余积累起来的巨额外部资产是发达国家实际利率长期走低、信贷膨胀、结构化金融产品价格出现泡沫的主要原因。国际金融危机前，许多经济学家担心美国高企的经常账户赤字成为经济的不稳定因素。他们给出了相似的理由：当来自盈余国家的资本流动突然中断时，美国不得不紧缩开支偿还债务，并造成资产价格泡沫破裂、本币贬值等不良后果。

这一教科书式的经典理论在国际金融危机之后受到了质疑。Borio 和 Disyatat（2011，2015）指出了这一理论存在的两个缺陷。

第一，（1）式混淆了储蓄和融资这两个不同概念。这一等式仅仅记录了国与国之间实际产出的转移情况，以及赤字国为了弥补产出缺口必须进行的最低净融资规模。但是（1）式并没有说明赤字国与盈余国之间是否还存在其他相互抵消的投融资活动。事实上，（1）式包含了一个潜在的假定条件，即一国的产出约束和融资约束完全等同。也就是说，盈余国的超额储蓄决定了盈余国当期所能进行的国外投资。同理，赤字国的产出缺口决定了赤字国当期所能进行的国外融资。在此情况下，资本的运动方式和实际产出一样，都是先从盈余国流向赤字国；当赤字国在未来偿还债务的时候，再从赤字国流回盈余国。由于资本是单向流动的，总资本流动与净资本流动没有任何区别。显然，模型描述的经济环境只有在非常理想的条件下才能成立。在现实的货币经济中，商品的生产与销售都需要相应的融资活动配合，并且融资活动往往先于生产与销售进行。在资本账户开放的条件下，一国居民既可以从本国获得融资，也可以从国外获得融资。而不同的融资模式意味着不同的总资本流动规模和外部风险暴露。此外，在金融全球化背景下，投资者常常为了分散风险或投机套利进行跨国金融资产交易。当一国的投资者从国外金融市场融入资金后再投资于国外金融市场时，该国的资产负债表上就会出现大小相等、方向相反的总资本流入和总资本流出。在计算经常账户余额时，这些双向的总资本流动就相互抵消了。可以看到，由总资本流动代表的融资约束和经常账户余额代表的产出约束是不相关的，相同的经常账户余额可以对应着不同的总资本流动模式。

第二，（1）式没有考虑到多个国家的情形。模型中特定国家只与"世界其余国家"进行交易。本质上这是将"世界其余国家"视为整体的一个两国模型。一国的赤字就是另一国的盈余，两国间产出的转移与净债权的增加总是一一对应。根据这一逻辑，因为中国是全球最大的债权国，美国是全球最大的债务国，所以中国向美国转移净财富。但是如果我们将这一模型拓展至多个国家的贸易往来和资产交易，那么两国之间净资本流动与经常账户余额的关系就变得模糊不清。盈余国不一定向赤字国进行净产出转移，因为两国可能只和经常账户基本平衡的第三国进行交易。同样，即使两国之间存在贸易往来，也不能说明两国之间存在等额的净金融资产交易，因为两国均可以从第三国进行投融资活动。这就是说，双边的经常账户顺逆差与双边的净融资额没有对应关系。

这一方法论的变革在危机后得到了学术界的广泛共鸣。Shin

（2012）以美国的信贷资本流动为例，从实证角度说明了通过经常账户推断总资本流动规模与经济外部脆弱性的做法存在很大漏洞。他指出，国际金融危机前美国的经常账户赤字虽然不断上升，但是总资本流动增长速度却是经常账户赤字增长速度的三倍。总资本流动的扩张很大程度上源于以跨国借贷为主体的银行资本流动的扩张。从2000年开始，全球私人投资者开始关注美国的证券市场，尤其是其中的结构化衍生产品。为了减轻监管压力，欧洲银行从美国银行间市场和票据市场借入大量美元，随后通过欧洲银行在美国的分支机构或美国本土影子银行投资于美国的长期金融资产。然而，这种不受存款保险制度覆盖的"批发借款"存在很大的风险隐患。一旦美国的贷款者出现避险情绪，借短贷长的欧洲银行就会面临美元兑付危机。这一"美元环流"在不影响净资本流动的情况下使得总资本流动急剧扩张。对美国总资本流动的地理分解表明，以英国为代表的欧洲既是美国最主要的资本来源地也是美国国内资本最主要的目的地。经常账户盈余的亚洲新兴国家、日本、石油输出国对美国总资本流入的贡献十分有限。可见，美国资产价格攀升、实际利率走低并非因为盈余国家的"储蓄过剩"造成，而主要是由于欧洲银行信贷资本大量涌入造成。这一现象被学界称为"信贷过剩"。此外，国际金融危机中美国并没有出现资本流入突然中断的情况，这一方面是由于经常账户盈余国家的官方储备资本在危机期间持续流入美国的安全资产市场，另一方面是由于美国危机期间的总资本回撤规模远大于总资本流入中断规模。可以看出，总资本流动分析可以揭示国与国之间因资产负债相互持有产生的金融依存，判断一国在国际金融市场上的地位。

　　基于上述理论逻辑和经验分析，Obstfeld（2012）认为，经常账户在国际金融理论体系中的重要性值得学界反思。在分析经济体外部脆弱性时，过分强调净资本流动是不恰当的，总资本流动对于一国外部脆弱性的影响至关重要。具体而言，这一重要性体现在以下几个方面。

　　第一，总资本流动组成与结构表明了国家遭受的外部兑付风险。Gourinchas（2013）认为，学界在危机前过于强调"外部失衡"问题，忽视了"外部流动性失衡"问题。国际金融危机前各国总资本流动的一个突出特征是以债务和银行信贷为代表的短期总资本流动占比上升。这增大了一国外部资产负债出现货币、期限错配的可能性，并显著影响一国金融机构的清偿能力。当持有长期资产的金融机构缺少足够的流动性资产应对短期偿还义务时，"外部流动性失衡"问题就产生了。在此情形下，金融机构只有通过贱卖资产、债务重组、寻求新融资等方式应对流动性危机，但相应造成资产价格下跌、本币贬值、利率上升等不利影响。值得注意的是，经常账户盈余的国家同样存在上述风险，因为一国的外部风险暴露由一国对外资产负债表的结构决定。

第二，总资本流动能揭示系统性风险在各国的分布情况。根据Borio 和 Disyatat（2015）的分析，国与国之间可以通过金融资产交易建立起复杂的风险传导关系。因此不能从经常账户推断一国在全球金融体系中的系统重要性，而应关注各国的总资本流动模式。如果经常账户盈余国 A 与赤字国 B 进行贸易往来的同时进行金融资产的交易，那么金融风险被限制在 A、B 两国之间。但如果 A 国和 B 国通过金融中心 C 国为贸易活动进行融资，那么 C 国同时充当了 A 国和 B 国的交易对手，因此三个国家作为一个整体的外部脆弱性主要由经常账户平衡的 C 国来决定。如果 C 国还与系统里的 D 国、E 国等多个国家进行相关的金融资产交易，那么 C 国的清偿能力与金融市场状况的好坏就会对多个国家产生连锁影响。国际金融危机前的欧洲中心国家就扮演了 C 国的角色。

第三，顺周期总资本流动提高了国内金融市场的波动性。当国际金融市场流动性宽松时，大量境外短期资本涌入利差较高的国家，推动该国实际汇率升值，金融资产和不动产价格上涨。与此同时，政府往往利用廉价的信贷资金实施顺周期财政政策。当国际投资者风险态度改变，短期总资本流动发生逆转时，市场流动性会在短期内迅速蒸发，一国又面临本币币值走贬、股票指数大幅下跌、主权债务违约率上升等问题。金融市场的波动会造成高昂的经济成本。值得注意的是，短期总资本流入引起的繁荣—萧条周期既发生于经常账户盈余国（如中国、瑞典），也发生于经常账户赤字国（如拉美国家）。比较典型的例子是美联储实施的量化宽松政策以及在 2013 年 5 月发生的削减恐慌。Eichengreen 和 Gupta（2015）研究了全球 53 个新兴市场在削减恐慌之后经济体受到的冲击。他们根据一国货币贬值比率、储备资产下降比率、股指下跌比率构建资本市场承压指数，随后观察美联储量化宽松退出预期对这一指数的影响。研究发现，量化宽松时期短期总资本流入规模越大的国家，短期总资本流出对加息预期就越敏感，削减恐慌发生时市场承压指数变动越大，实体经济受到的影响越深。

第四，国际银行在媒介总资本流动过程中跨国传导信贷状况与国别风险，成为金融传染的重要渠道。银行本身的高杠杆经营特性使得银行在面临存贷利差收窄、储户挤兑等不利外生冲击时格外脆弱。但是银行在一国金融体系中又具有系统重要性，特别是与不同金融机构进行资产负债交叉持有的国际银行。因此，国际银行经营的稳健与否直接关系到所在国经济的外部脆弱性。假设国际银行位于 A 国的母行在批发美元市场以 $1+i$ 的利率借入美元，随后以 $1+f$ 的利率出借给位于 B 国、C 国的子行，子行再以 $1+r_B$ 和 $1+r_C$ 的利率分别借给 B 国、C 国的借款人。在这一信贷链条中，B 国的信贷供给状况与贷款利率 $1+r_B$ 不仅取决于 B 国的经济状况以及借款人的偿还能力，还取决于以下几个因素：（1）全球的流动性状况或全球银行杠杆周期；（2）A 国的经济情况；（3）母行的经营状况；（4）C 国经济状况与违约风险。这些因素都会通过融资成本 $1+i$ 而间接影响 B 国的信贷供给与贷款利率 $1+r_B$。更为重要的是，上述因素不仅影响 B 国信贷可获得性，还会通过改变 B 国子行的清偿能力对 B 国的其他金融机构发挥作用。可见，跨国银行在媒介总信贷资本流动过程中增加了一国对外部因素的敏感程度。除此之外，在本次国际金融危机中，美国的影子银行在欧洲证券总资本回流中起到了关键作用。相比于大型国际银行，影子银行游离于银行业监管体系之外，往往不能正确识别和有效抵御境外总资本流动包含的风险。当参与资产证券化业务的投资者与投资标的扩展至全球范围时，特定国家的违约风险就通过由影子银行作为媒介的证券总资本流动传递至多个国家。这进一步削弱了一国金融体系稳定（Stein，2010）。

第四节　国际金融治理机制的缺陷

国际货币基金组织（IMF）是当前最为重要的国际金融治理机制，是战后国际货币体系的核心，与世界银行和世界贸易组织并称为战后国际经济秩序的三大支柱。布雷顿森林体系解体后，加上近年来金融危机频发，作为国际金融危机的防范者和管理者，基金组织的作用受到越来越多的关注。不过，由于基金组织在历次危机中差强人意的表现，各国逐渐意识到基金组织在治理和功能上仍存在诸多缺陷，有碍于世界经济和金融秩序的发展。

一　基金组织的治理结构缺陷

布雷顿森林体系建立以来，世界政治与经济环境发生了巨大变化，此过程中，基金组织的治理结构虽也有调整，但总体仍落后于世界经济发展现实，其突出表现为，发达经济体仍在基金组织治理结构中占据主导地位，其份额比例被严重高估，新兴经济体在基金组织的发言权和投票权没有得到合理反映。

（一）基金组织的治理结构

IMF 的治理结构是"理事会—执董会—总裁"。其中，理事会是最高权力机构，由各国派驻的一名理事和一名副理事组成，理事通常是各国的财政部长或者中央银行行长。理事会职责包括批准增加份额、分配特别提款权、决定成员国资格、选举执董以及修订《基金组织协定》和《附则》，也会在必要的时候进行远程投票。理事大会每年召开一次，类似于公司的股东大会，而平时权力主要掌握在执董会的手中。执董会主要负责基金组织的日常活动，目前由 24 名成员组成。在 2010 年改革方案生效之前执董分别由任命（份额较大的五个成员国）和选举（其他成员国）产生，2016 年 10 月之后所有执董将都由选举产生。执董会行使《基金组织协定》所授予的权力，可以召开非正式会议，讨论基金组织工作的方方面面。通常依据协商一致原则做出决定，有时也会正式投票。

总裁是基金组织的最高领导人，也是基金组织执行董事会主席。

总裁的产生更多是依照某种惯例，其特征是总裁候选人的决定主要依赖于基金组织几个份额较大国家间的协商与谈判，并且总裁往往来自欧洲国家，相应的第一副总裁则来自美国。这种惯例的形成有各方面的原因。从历史上看，在布雷顿森林体系建立之初，美国认为应该由其来领导世界银行，把基金组织的领导职位留给了欧洲，美欧分享两个机构的领导权是由当时其主导建立的布雷顿森林体系的国际政治经济格局决定的（黄梅波、熊爱宗，2011）。

与WTO"一国一票"的投票机制有所差别，基金组织的决策机制主要包括"投票表决"制度和"协商一致"原则（黄梅波、陈燕鸿，2014），其中又以投票表决最为常见，特别是在一些重大问题上。根据《国际货币基金协定》，基金组织表决有"简单多数"通过和"特别多数"通过两种。其中，"简单多数"（simple majorities）通过是指超过总票数的50%通过，"特别多数"（special majorities）通过则是指需超过总投票权的70%或者85%通过。此外，在一些情况下，"特别多数"原则还涉及"双重多数"机制，除了对投票权重进行规定外，还在投票成员数量上进行规定。例如基金组织2010年改革方案中的治理结构改革规定，只有基金组织188个成员国的3/5（即113个成员国）以及总投票权的85%同意才能正式生效。基金组织的投票制度规定投票权由基本票和份额票两部分组成，目的是为了反映成员国在经济实力和为基金组织做出贡献大小方面的差异，更好地实现权责对等。份额决定着成员国向基金组织出资的最大规模和投票权，也决定着该国可以从基金组织获得贷款的限额。

（二）基金组织的治理结构缺陷

在国际金融危机爆发后，发达国家的经济实力有所减弱，新兴经济体和发展中国家迅速崛起。这些国家虽然经济实力有所增强，但毕竟无法和发达国家相比。在基金组织决策投票表决时难以发出自己的声音，决定权仍然掌握在发达国家手里，新兴经济体的发言权和代表性长期得不到合理体现。

虽然2010年改革方案在一定程度上提高了新兴国家的份额，但情况并未得到显著改善。IMF的数据显示，2016年金砖五国家的份额之和仅为15.09%，而美国一家的份额就达到17.74%，其他发达经济体如日本为 6. 59% ，德国为 5. 69% ，英国和法国都为 4. 31%①。发展中国家在基金组织中的话语权仍不能与发达国家相抗衡。作为全球性的国际金融机构，IMF 应切实考虑发展中国家的情况，增加其份额投票权以及在 IMF 管理层中的比重，逐步提高新兴市场国家在全球经济治理中的地位。

（三）决策机制缺乏公平性

第一，IMF 在投票制度方面缺乏公平性合理性。首先，IMF 的投票制度表面看是权责对等，实则从创立之初就极大的争议。一国经济实力决定成员的份额，从而决定投票权以及可以获得贷款的规模，但这也就增强了经济大国在 IMF 决策中的支配地位，降低了新兴经济体的发言权、获得贷款的可能及规模，因此，其并没有实现真正的平等。其次，由于各国出资额的多少和其需要救助的程度之间并没有必然的联系，一些经济实力较弱的国家因为份额少，所获得的金融救助就少，对于解决该国的金融困境可谓是杯水车薪。而发达国家经济实力较强，本身需要资金救助的可能不大，造成了资源的浪费，进一步体现了决策机制缺乏公平性。

第二，IMF 多采用谈判磋商的形式，磋商进程和内容多不公开，很容易导致暗箱操作。在成员国经济政策评估、危机状况考察等方面缺少一个权威公开的机制，而且很多决策或决议的内容涉及成员国的国内经济政治情况，多不愿公开，这就导致基金组织的公开透明的程度不够，降低了其决策的公平性和公信力。危机爆发之后信息不对称也是导致基金组织难以采取迅速有效反应的重要原因。

二 基金组织的功能缺陷

此次国际金融危机的爆发表明，基金组织仍需在危机救援与危机管理上进一步完善功能建设。

（一）基金组织危机总体救援力量不足

基金组织的根本宗旨和职能就是在各国发生国际收支失衡时提供临时性资金支持，但由于基金组织本身没有货币发行权，并不能创造

---

① http：//www. imf. org/external/np/sec/memdir/members. aspx.

流动性，这就决定了基金组织可能无法充当国际最后贷款人的角色。目前，基金组织的资金来源主要包括成员国向基金组织的份额缴纳、多边和双边的借款安排、特别提款权的分配、基金组织持有的黄金以及经营收入、捐款等。其中前两部分构成了基金组织可用金融资源的大部分。2010 年治理和份额改革批准生效后，基金组织的份额资源增加了一倍，约达到 6600 亿美元。这使得基金组织的全球金融安全网角色得到进一步增强。

　　然而，全球经济金融风险也在增加①。首先，伴随新兴经济体金融一体化程度加深，造成各国国内脆弱性进一步提高，金融稳定风险增加。截至 2014 年底，新兴经济体跨境资金流动总额约为 20 亿美元。这种跨境借贷虽然成为很多新兴经济体融资的重要资金来源，但同时也带来了资产负债表错配、流动性压力增大等问题，原有的金融安全网已无法将所有国家纳入羽翼之下。其次，随着新兴经济体的崛起，跨境资本流动迅速增长，为各国带来严峻考验。再次，金融全球化程度的提高，使各国之间的溢出效应或连锁反应加剧。短时间的经济波动也可能造成巨大的损失，这在股票市场表现得尤为明显。除了原本的储备货币发行国和发达经济体产生溢出效应限制国内政策以外，现如今的新兴经济体对其他国家也产生了不可忽视的金融溢出效应，影响不断扩大。

　　国际金融危机爆发之后，各国对于资金的需求不断增长，向基金组织申请的贷款项目众多。总体看来，面对经济危机的频繁发生，基金组织的总体救援力量仍显不足，仍需要进一步对其金融资源进行充实。然而金融资源规模的扩大是有成本的，也受到诸多条件的限制。一般情况下，基金组织可用资源规模的扩大（例如份额增资、特别提款权分配等）视世界经济发展的实际情况而定，但在实际执行中由于这一概念过于宽泛而缺乏操作性，因此在大部分情况下，基金组织倾向于保守估计而拒绝进行资源扩大（掌握基金组织大部分决策权的国家对基金组织金融资源的依赖程度较低，这也是令基金组织放弃资源扩大的原因之一）。与此同时，即使基金组织做出增加资源的决定，

---

① Christine Lagarde, Accelerating Reforms to Establish a Risk Prevention System – A View from the IMF, http：//www. imf. org/external/np/speeches/2016/032016a. htm, March 20, 2016.

也需要各国政府的国内批准，国内的司法程序也对基金组织的资源扩大起到了制约甚至是阻碍作用。

（二）基金组织救援条件的不合理

现行体制让发达国家对于基金组织的很多决策都拥有支配权，同时由于发达经济体特别是美国奉行的是自由主义的经济政策，因此基金组织在给予危机国经济援助的时候带有很多有利于发达国家的附加条件。比如救援方案要求受援国开放本国的金融领域，促进私有化进程，采取自由贸易政策，降低关税，取消进出口限制，限制政府的干预行为，为外国产品能顺利进入本国侵蚀国内市场创造条件。而这些条件都是平时发达国家与受援国在平等的双边贸易中难以达到的。除此之外，受援国能否得到援助以及得到数量的大小还与其和发达国家之间利益关系的紧密程度有关。比如若受援国是美国的邻国或者出口大国，其经济形势直接关系着美国的经济状况，那么美国和基金组织就会为其提供援助。因此，很多国家都不愿意在面对经济危机的情况下再被发达国家苛刻的条件约束。

（三）基金组织的危机预警能力亟待加强

由于自身的体制结构存在缺陷，基金组织在危机爆发前缺少足够的及时预警和监管与信息获取的能力，对于成员国国内经济状况的评估以及危机情况的调查机制都不够完善，而且对国际游资的监管也不到位，导致很多危机在发生前没有任何预警，发生后无法得到迅速有效的遏制和解决。基金组织独立评估办公室（IEO）2011 年 2 月发布的一份报告中评估了 IMF 在 2004 年至 2007 年发挥监管作用的情况。报告显示，基金组织在 2008 年危机爆发以前并没有发现什么迹象。直至 2007 年 10 月 IMF 对于各国的经济情况还比较乐观，在金融市场发生混乱后论调才转变为"更为审慎"。由此看来，在危机爆发之前，IMF 并没有发挥应有的监管预警作用，延误了经济调整的时机。

（四）基金组织金融资源使用和分配的结构性问题

份额是基金组织架构的核心，其既决定了该成员国向基金组织出资的最大规模和投票权，也决定了该成员国在必要情况下可从基金组织获得贷款的限额，因此，其在各国出资和资源使用之间建立了联系，这符合基本的"权利—义务"关系。然而，在实际情况中，一国的出资额和在金融危机时所需要的救助额之间并没有必然的联系。可以想象，虽然美国对基金组织出资最多，但是其对基金组织救助资源的依赖程度可能是最低的，而对于一些小国来说，基金组织的救助可能是其在金融动荡或危机时最为倚重的资源，但由于其出资额较少，其获得的金融救助规模往往面临不足的困境。

与之相关的另一个问题是，为了满足某些经济体的贷款需求，基金有时也会破坏上述原则。比如由于近些年来危机频发，很多欧洲国家向基金组织提出了借款的请求，而欧洲在 IMF 的决策中有很大的影响力，美国也未表现出要与 IMF 达成双边贷款协定来资助欧洲的倾向，因此欧洲只能寄希望于 IMF 能够给予欧元区国家足够的资助。但很多美国的分析家认为，对于欧元区危机欧洲自身的金融资源就可以解决，IMF 施以援手是没有效率的，还可能增加道德风险。

基金组织非常规贷款框架的演进体现了基金组织对于欧洲国家不同寻常的关系。基金组织在 2003 年推出非常规贷款框架（exceptional access framework）①，其主要目的是为基金组织在对债务问题国家进行救助时设置一些合理规则和限制，通过设置标准评估，只有那些债务具有较大可能是可持续性的国家才能获得救助，以此降低受援国债务负担，减少道德风险，鼓励受援国采取负责任的政策，从而确保这些国家的经济稳定。这一政策曾在 2009 年进行了进一步的修改。2010年希腊主权债务危机爆发后，基金组织对此框架进行了进一步修订，认为希腊危机具有高度国际系统性溢出风险，因而对其采取了"系统性风险免除"政策，批准给予希腊非常规大额贷款 300 亿欧元（再加上欧元区成员国通过双边贷款向希腊提供的 800 亿欧元，希腊获得的贷款规模为 1100 亿欧元）。

第五节　结论

国际金融治理主要集中在三个重要的议题，包括国际货币体系、

---

① IMF, Access Policy in Capital Account Crises—Modifications to the Supplemental Reserve Facility (SRF) and Follow-up Issues Related to Exceptional Access Policy, January 14, 2003.

国际金融监管体系和国际金融治理机制。国际金融危机进一步暴露了当前国际金融治理体系的缺陷，对其改革的呼声愈发强烈。

现行的国际货币体系由主权国家货币充当国际储备、结算和标价货币，其内在缺陷在于，货币发行国要不断发行货币以满足不断增长的国际贸易及投资活动要求，还要保持这种货币币值的稳定，二者是存在冲突的。与此同时，现行国际货币体系下权利与义务不对等关系日益突出，美国等主要国际储备货币发行国独揽国际铸币税收入，却没有完全承担稳定全球经济的责任。由于缺乏必要的约束和监督机制，美元政策带有极大的外溢效应，不但加剧了国际货币体系的不稳定性，还加剧了金融危机的持续扩散。

国际金融监管是确保国际金融体系稳定运行的保障。20世纪80年代以来的金融自由化潮流、金融衍生品的不断创新、信息技术的飞速发展以及新兴市场的迅速崛起，使得国际资本流动的速度和规模都达到了前所未有的程度。然而，2008年国际金融危机的爆发，表明当前的国际金融监管体系仍未能有效抑制全球金融风险的发生。国际金融仍存在诸多缺陷，如缺乏对国际金融市场异常波动的有效监管和对投机资本的有效约束、各国金融监管当局在国际金融监管方面缺乏协调沟通、存在监管套利等。

以国际货币基金组织为代表的国际金融机构是国际金融治理体系的重要载体，其职能的发挥也直接影响着国际金融体系的运作和效果，因此国际金融机构的治理机制和运作机制改革成为国际金融治理最重要的议题和突破口。总体来讲，基金组织的治理结构缺陷首当其冲的是其份额和投票权分配的不合理。发达国家在基金组织份额和投票权中占据主导地位，而新兴经济体的地位长期无法得到合理体现。这无法反映发展中国家特别是以金砖国家为代表的新兴经济体的经济实力和国际贡献。更重要的是，决策权的不对称使得发展中国家的话语权严重缺失，导致现行国际金融秩序只是服务于部分国家的利益，而无法反映发展中国家的利益诉求。因此，增强发展中国家的代表权和话语权是改进IMF治理结构和运作机制的重要方面，也是未来全球金融体系治理最重要的议题。此外，基金组织的资金不足问题依然存在。由于基金组织没有货币发行权，因此其资金的充足程度完全取决于成员国的缴纳，这就使得其因资金无法得到保证而难以有效地履行职能。同时，基金组织还需在危机救援条件、金融资源使用和分配等方面进一步加强改革，以更好地发挥基金组织在国际金融治理中的作用。

第四章 国际金融治理演变趋势

一个有效率、运转良好的国际货币体系应包括：合理的规则、有序的运转机制与有力的支持机构，能够有效抑制全球经济失衡，以及维持世界经济与金融稳定。在改革现有机制中应更多考虑经济领域的多极化趋势——新兴经济体和发展中国家在全球经济中影响力的提升。但同时也应该注意到，当前国际货币体系改革的问题在于进展缓慢，世界各国间难以达成有效共识，改革实际成效不足。

第一节 国际货币体系的改革方向

国际货币体系（international monetary system）是指支配各国货币关系的规则和机构，以及国际间进行各种交易、支付所依据的一套安排和惯例。布雷顿森林体系崩溃后，以美元为本位的国际货币体系存续至今，为全球商品贸易繁荣和国际资本流动迅速增长做出了重要贡献。与此同时，国际货币体系也显现出许多不稳定的征兆——频繁发生的危机、经常项目的持续失衡和汇率失调、资本流动和货币的高波动性以及空前巨大的储备累积。自 2008 年爆发危机以来，这些征兆将国际货币体系中存在的固有缺陷暴露得更加明显，为各国推动改革国际货币体系带来了新的国际动力。

一 现行体系框架下的改进

随着全球金融危机带来的冲击逐渐减少，发达国家经济渐渐走出低谷，其对于改革现行国际货币体系的动力也开始减弱。要彻底改革现有国际货币体系，意见难以统一，难度较大，一个值得考虑的问题是如何在现行框架下约束美元的政策行为。考虑到世界各国经济体量与结构存在较大差异，各国在经济全球化中的角色与分工不同，必须承认美元背后的强大经济与政治实力支撑，也必须认可美元在全球货币体系中的独特地位。但是，通过改革来改变现有框架下的失序状况仍是十分必要的。

（一）IMF 改革

IMF 改革的方向应是更具有包容性。在 IMF 治理结构的改革过程中，应综合考虑和均衡不同国家和地区的利益诉求，特别是新兴经济体日益增长的呼声，提高新兴经济体的投票权、将人民币等新兴经济体货币纳入 SDR 等举措都是包容性的体现。在改革 IMF 救援机制方面，应扩大贷款资金来源、简化贷款条件，增加救援方案设计的透明度，在救援方案设计过程中应更多咨询受援国相关专家的意见。

（二）汇率制度改革

要形成合理的汇率协调与稳定机制。没有一个汇率制度对于一个国家在任何时候都是适用的，一国的汇率制度选择应与本国国情和政策相匹配，因此，既要形成全球统一协调的汇率制度，又要照顾到不同经济体的经济与金融市场情况。Magud（2010）提出建立参考汇率的设想，即政府可以围绕参考汇率水平进行市场干预，但不能让市场名义汇率偏离参考汇率太远。还有学者认为回归固定汇率制度是较好的选择（Klein et al.，2008）。

（三）国际收支调节机制改革

国际收支调节机制改革应与汇率制度改革共同考虑，以调节全球经济失衡。G20 可以考虑制定与结构失衡有关的指标；Stiglitz 等学者认为逆差国应加强自律，顺差国家应扩大浮动汇率幅度；IMF 报告认为，浮动汇率制有助于改善一国的外部失衡状况。

二　超主权货币方案

单一本位信用货币难以解决"特里芬难题"，为解决这一问题，周小川（2009）等曾提出超主权货币的设想，在国际上引起较大反响。超主权货币应是与主权国家脱钩、能长期保持币值稳定的国际储备货币，使用超主权货币将使国际货币的发行不受单个国家货币政策的控制，铸币收入也可在各国间合理分配，具备显而易见的优点。多数文献（周小川，2009；李稻葵等，2010；李永宁等，2010）都提到，现行条件下，SDR 最有可能成为国际超主权货币的载体。为走向国际超主权货币，SDR 的改革方向包括：扩大自身交易范围与规模，成为国际结算和金融交易中的支付手段；扩大 SDR 计价篮子，考虑世界主要经济体的货币与经济体量；改革 IMF 投票机制，使其走向公正、高效、透明。

从当前 SDR 改革和 IMF 改革的缓慢进程中，我们可以发现，通过改革将 SDR 转变为超主权货币短期内难以实现。即便以上改革方向都能够完成，也只是走出了将 SDR 转变为超主权货币的第一步，真正实现超主权货币还需要对各国货币政策、汇率制度与全球流动性管理等一系列制度重新制定，成本较大，短期内难以达成。

三 多元化国际货币体系

相比于短期难以实现的超主权货币，一个包括美元、欧元和人民币的多元化国际货币体系是更为现实也更容易达到的选择。这里的多元化，具体指的是美元、欧元、人民币三足鼎立，均作为基准货币。在承认美元国际货币地位的同时，这种体系也避免了超主权储备货币在国际协调方面的低效。这种体系具有的优势包括：更强的包容性、不依赖于单一主权国家信用、脱离单一国家货币政策的影响。基于现有欧元的影响力、中国日益增强的经济实力以及人民币国际化进程的稳步推进，这种改革方向无疑更有希望达成共识。中国现已成为世界第一大贸易国、第一大外汇储备国、第二大经济体，资本项目正逐步放开，基本实现人民币可自由兑换，这些成就将为人民币成为国际储备货币奠定基础。

相比单一的国际货币体系，多元化的国际货币体系将具有更高的稳定性。这种稳定性的提升来自两个方面（熊爱宗、黄梅波，2011）。第一，国际货币多元化将会分担美国的国际储备资产供应压力。国际货币多元化格局的形成，必然会促使新兴货币代替部分美元以满足国际储备资产的需求，从而减轻世界储备需求对美元资产的输出压力。同时，二元或多元国际货币格局的形成，可以使世界储备资产在二者之间进行调整，从而避免单一储备货币压力过大而带来的整个系统崩溃。第二，国际货币多元化将为美国带来国际储备竞争压力。国际货币多元化将使得国际货币体系形成一个相互竞争、相互抗衡的二元或多元国际储备货币结构，国际货币之间的竞争必然在一定程度上对货币发行国形成约束与制约，这将促使国际货币发行各方实行更加稳健、更加负责的国际货币政策，从而促进国际货币体系的稳定。

然而，多元化并不是完全没有缺陷的。首先，多元化的国际货币体系可能会加剧汇率波动。在一个资本自由流动的世界上，在主要国际货币之间维持固定汇率将是一个艰巨的任务①，这将为全球经济运行带来新的不稳定因素。其次，多元化的国际储备货币体系可能会造成储备货币之间的无序竞争，除了会带来主要货币之间的汇率波动外，还可能造成各国国际储备资产频繁转换，加剧各国货币当局国际储备管理的难度，加剧国际金融市场的动荡。因此，这迫切需要国际货币发行国加强国际经济政策协调。

与其他改革方案相比，货币多元化也是一个更为符合现实、推进难度较小的改革方案。研究表明，国际货币地位与一国经济实力密切相关，当前的世界经济格局多元化与国际货币多元化正好相吻合。从基金组织的数据来看，20 世纪 80 年代中期，美国经济总量最高占到世界经济总量的 35%，而此后出现震荡下降，目前下落至不足 25%。欧元区建立之后，其经济总量曾占到世界经济总量的 20% 左右，此后受欧债危机影响有所下降。新兴经济体经济实力迅速成长，一些新兴经济体货币开始在国际货币领域崭露头角。随着新兴经济体货币国际化的不断推进，未来有望形成美元、欧元、新兴经济体货币相辅相成的多元国际货币体系。

人民币国际化进程自 2010 年启动，目前已经取得极大进展。2010 年以来的一系列改革主要有三个重点：一是逐步实现资本项目可兑换；二是逐步完成利率市场化改革；三是逐步改革人民币汇率形成机制。实际效果可以从广度和深度两个方面来看。从人民币国际使

---

① 约瑟夫·E. 斯蒂格利茨：《斯蒂格利茨报告——后危机时代的国际货币与金融体系改革》，江舒译，新华出版社 2011 年版。

用的规模上看，2014 年经常项目人民币结算金额 6.55 万亿元，同比增长 41.6%；对外直接投资人民币结算金额 1865.6 亿元，同比增长 117.9%；外商来华直接投资（FDI）人民币结算金额 8620.2 亿元，同比增长 92.4%。从人民币国际使用的范围来看，截至 2015 年 5 月末，中国人民银行与 32 个国家和地区的中央银行或货币当局签署了双边本币互换协议；在 15 个国家和地区建立了人民币清算安排，覆盖欧洲、北美、东南亚等主要货币市场。[①]

作为新兴经济体的中国，要想在国际货币体系改革与 IMF 等国际金融治理机构的改革中发挥更大的建设性作用，为多元国际货币体系的形成做出贡献，最好的选择就是不断提升人民币国际化水平，增强人民币在世界的影响力，具体包括：不断增强中国经济综合竞争力，推进"一带一路"建设，推进离岸人民币市场建设等。客观上说，这也是为多元国际货币体系的形成贡献力量。

第二节 国际金融监管体系的改革方向

自 2008 年次贷危机后，国际金融监管体系改革在政治主体与监管主体的博弈中艰难前行。但不可否认的是，欧美国家等发达经济体对金融危机反思的决心并未改变，国际金融监管和国际资本流动管理体系改革的基调也不会逆转，发生变化的只有改革的步伐和手段。

一 国际金融监管体系的改革方向

从 2007 年次贷危机以来，国际金融监管改革问题成为全球治理最重要的议题之一。目前对宏观审慎监管、影子银行体系监管，国内外监管的平衡的改革是各方关注的焦点。未来国际金融监管体系的改革方向也主要围绕三个方面展开。

（一）宏观审慎和微观审慎之间的平衡

一方面来看，回顾本次国际金融危机所暴露出的监管方面的问题，不可否认的是，宏观审慎监管缺失是此次金融危机发生的重要原

---

① 中国人民银行：人民币国际化报告（2015）。

因之一。为了防范类似危机的再次爆发，加强宏观审慎监管无疑是当务之急。

宏观审慎监管的主要目的在于防范系统性风险，弥补微观审慎监管机制的缺点与不足，通过逆周期资本监管、调整动态拨备等宏观审慎工具对全球金融体系整体实施监管，相比于关注单一金融机构而言，更加关注整个金融市场之间的交互性、各金融机构之间的协调性以及各金融产品之间的关联性。

另一方面，资本监管一直以来都是微观审慎监管的核心要素。自"巴塞尔协议Ⅰ"开始，资本充足率监管就成为微观审慎监管（尤其是银行业监管）的核心指标。通过引入杠杆率监管标准，实现简单、透明、基于风险总量衡量的指标，作为资本监管的补充，同时也可以从微观审慎监管的角度明确银行体系内的杠杆率底线，缓释去杠杆为金融体系和实体经济带来的风险和负面影响。为了解决大型银行过度依赖资本市场所暴露出的内在脆弱性，巴塞尔银行监管委员会颁布了关于流动性监管的量化指标，即用于衡量短期单个银行流动性状况的流动性覆盖率（LCR），以及用于度量中长期银行可使用资金稳定性的净稳定融资比率（NSFR）。不难想象，国际金融体系监管在微观审慎监管方面的标准将会在此基础上逐步提升。

此次金融危机证明，无论微观审慎监管如何完善，如果没有宏观审慎监管的补充和加强，金融体系的整体稳定性仍堪忧。以"巴塞尔协议Ⅲ"协议为代表的国际金融监管改革也都表明，微观审慎监管离不开宏观审慎工具的支持。微观审慎监管标准可以为实体经济提供稳定而可持续的金融中介服务，宏观审慎工具和政策的配合，则是建立在现有的微观审慎基础之上的。宏观审慎和微观审慎之间的平衡可以相互促进并增强彼此的监管效果。

不难预见的是，宏观审慎工具和微观审慎监管的有机结合，能够促进各监管主体之间的协调和不同监管技术和工具的创新进步。各监管主体应在现有微观监管主体基础之上，逐步开始构建以预防和控制系统性风险、维护整个金融体系稳定为目标的宏观审慎监管工具，通过逆周期动态调控机制、会计方法改革等手段的相互配合，进一步降低国际金融体系的风险隐患。在提高宏观审慎监管工具有效性和微观审慎监管政策多样化的同时，做好两者之间的相互补充、契合和协调，加强对系统重要性金融机构等市场主体的风险监管。通过构建宏观审慎与微观审慎相平衡的国际金融监管框架，不断提高全球金融体系运行的有效性与安全性。

（二）银行与非银行金融机构之间的平衡

本次金融危机的教训表明，"太大而不能倒"的道德风险会使整个金融体系暴露于风险之下，政府救助这些巨型金融机构的举措将会侵蚀公共福利与纳税人的利益。而银行类金融机构和非银行类金融机构的业务内容联系紧密，相互渗透，非银行类金融机构一旦发生风险，很容易传导到银行体系之内。监管主体如果只对银行实施监管，恐难以实现金融稳定的目标。因此，国际金融监管改革不能仅着眼于银行体系，还要对非银行金融机构的风险予以足够的重视，这其中尤以影子银行机构为甚。

影子银行并不是银行，业务却与银行有千丝万缕的联系，如按揭贷款公司、对冲基金、私募基金等金融机构，以及一些表外金融工具、金融产品。由于针对影子银行的监管手段并不完善，多数影子银行机构存在信息透明度差、杠杆率偏高、流动性风险较高、缺乏稳定可靠的资金来源等问题，再加上由于监管制度的不完善，这些机构往往被监管程度较低甚至完全不受监管，因此整个影子银行体系内蕴藏着较大的风险隐患。本次金融危机之后，各国政府和金融监管机构纷纷将影子银行纳入监管体系之内，加强监管力度，对资本比率、所投资产品性质等进行了相应限制，防止风险交叉感染。

为了更有针对性地解决这一问题，全球主要金融监管主体纷纷达成共识，甄选出影响较大的全球系统重要性银行，提高对其进行监管的强度。针对这些系统重要性银行的风险治理结构、审慎监管指标等提出比一般银行更高的要求，预防系统性金融风险的发生和蔓延。由于系统重要性银行承担着金融体系的核心功能，有必要做到一旦风险发生能够及时处置，有效解决，并提升风险的透明度和可预见性。并在此基础上，为这些银行可能的经营失败制定恢复和处置计划，做到在风险发生后能够迅速助其或恢复正常经营，或平稳、有序退出市场。

（三）国别标准和国际标准之间的平衡

自 2009 年 G20 伦敦峰会将 IMF 金融稳定论坛（FSF）升格为金融稳定委员会（FSB）之后，该机构在评估国际金融体系运行风险、敦促各国监管机构进行合作交流、协调国际标准制定及预防国际性危机等方面取得了显著成果。但不可否认的是，即使美、欧、英、日等主要发达经济体都将国际金融监管合作作为一个重要议题加以强调，全球各主要经济体在金融市场发展和金融体系改革等问题上仍然面临诸多内忧外患，致使其对于国际监管合作的态度参差不齐。在强调全球监管合作的主流声音背后，由于各方利益冲突的存在，对国际金融监管合作的质疑依然存在。反对者指出，如果不考虑国别情况，一味地照搬照抄国际监管标准，则可能导致原有监管架构偏离本国金融体系的情况发生，而如果国际通行的监管标准在各国的执行情况不一，又可能会因监管套利行为的存在，发生金融市场的逐利和冒险行为向监管手段偏松国家迁移的状况，威胁整个金融体系的稳定。因此，整个金融监管改革之路仍然漫长而修远。

鉴于此，未来的国际金融监管改革一方面要兼顾各国的法律、政治、文化、国情等因素，考虑到各监管主体标准与国际标准之间的让步空间；另一方面，也要考虑到特殊时期、特殊条件下的特殊情境，如发展中国家与发达国家在实行标准方面的差异、危机期间与正常时期在标准高低方面的差异等。只有协调好国别标准和国际标准之间的平衡，才能在国际金融监管改革当中提高监管的有效性，进而促进整个金融体系的稳定。

二　国际资本流动管理的改革方向

过去十余年中，新兴国家总资本流动的构成发生了显著变化。根据 IMF（2011）的研究，国际金融危机过后，证券总资本流动成为新兴国家总资本流动的主要形式。新兴国家总资本流入在短期内迅速上升或下降的异常现象越发普遍。由于新兴国家金融市场容量小，居民对外投资渠道不畅，境外总资本流入激增时新兴国家主要通过经常账户赤字的恶化进行吸收，当外生冲击引起境外总资本流入中断时，实体经济就会经历紧缩性的反向调整，加之在国际借贷中无法使用本国货币，新兴国家对外资产负债往往存在着期限、货币错配等问题。在此情况下，新兴国家对总资本流动进行管理就变得必不可少。

（一）资本流动管理与宏观审慎监管措施相配合

国际金融危机后，IMF 提出了资本流动管理（CFM）这一概念，旨在减弱新兴国家短期总资本流入波动，增加长期总资本流入占比。根据 IMF（2012）的定义，资本流动管理是为了限制一国居民与非居民之间的金融资产交易而制定的政策。常用的措施有限制本国居民境外借款、限制非居民境内证券投资、征收总资本流入税收等。它与传统的资本管制政策的区别在于，资本流动管理包含了一部分用于防范系统性金融风险、维护金融体系稳定的宏观审慎措施（MPM）。不仅如此，资本流动管理是针对一段时期内类特定资本流动风险制定的，在工具选择、政策有效期上比资本管制更具灵活性与针对性，能够降低资本管制带来的资金配置效率损失①。此外，IMF（2012）进一步建议新兴国家详细记录总资本流动及其构成的变动情况，把监测重点放在对外资产负债的总量与结构上。

许多新兴国家都按照 IMF 的建议制定了相应的资本流动管理措施。然而资本流动管理的最优使用时机和有效性始终是学界争论的焦点问题。以 Ostry *et al.*（2010，2011）为代表的学者认为，当新兴国家的总资本流入在短期内迅速上升时，政府应首先使用货币政策和财政政策对经济的基本面进行调整。简而言之，如果资产价格不存在过热情况，那么政府应调低利率，降低与发达国家之间的利差；如果汇率不存在被高估的情况，那么政府应允许本币即期升值，抑制套汇交易；如果外汇储备尚有不足，那么政府应将一部分总资本流入转化为外汇储备，增强经济体对外偿付能力。只有在上述宏观经济条件都不具备，或者国内因素作用存在时滞的情况下，采取资本流动管理才是最合理的。资本流动管理的目的是为经济基本面的调整赢得时间。Ostry et al.（2012）进一步指出，资本流动管理不利于国别金融风险

---

① 事实上，资本流动管理和宏观审慎政策存在许多共同点。一些学者依据金融风险来源主体位于国内还是国外这一标准将宏观审慎政策划分为对内和对外两个部分，其中对外部分就是资本流动管理和宏观审慎政策的交集。对本国银行的外币负债计提准备金、限制本国银行对外资产的杠杆率水平等措施既属于资本流动管理，又属于宏观审慎政策。

的分散，还会抑制本国居民总资本流出与总资本回撤这一金融调节渠道，因此新兴国家不应频繁或长期地使用资本流动管理。极端总资本流动的产生是经济基本面需要调整的信号。新兴国家应改善投资环境，建立相关产权保护措施，吸引长期稳定的直接投资。

（二）资本流动管理应该考虑经济的顺周期性

资本流动管理应该斟酌使用的看法并没有得到学界的一致赞同。Jeanne et al.（2010，2012）和 Korinek（2010，2015）提出了不同观点。他们认为，宏观经济政策调整对于降低新兴国家外部脆弱性是不够的，新兴国家必须时常保持适度的总资本流动限制。Jeanne 等从总资本流入顺周期性的角度入手，指出新兴国家在经济繁荣时期具有过度借贷倾向，对借贷行为与系统性风险之间的关系考虑不足。在国内金融监管缺位的情况下，新兴国家开放资本账户容易造成信贷规模与资产价格的相互放大机制，为金融危机爆发埋下隐患。因此，他们主张对总资本流入征收逆周期性质的税收，并且对债务、银行信贷等短期总资本流入的税率要高于对股权、直接投资等长期总资本流入的税率。Korinek 则主要从总资本流出产生的"货币外部性"（pecuniary externality）出发解释了资本流动管理的必要性。他认为，本国居民进行投融资决策时将汇率和资产价格视为给定，忽视了个体行为对汇率和资产价格的影响。当外生不利冲击引起总资本流出时，面临外债偿还压力的本国居民在外汇市场上抛售本币标值的资产，引起汇率和资产价格下跌。而汇率和资产价格下跌又通过资产负债表渠道抑制了本国居民的借款能力，从而降低了本国商品与资产的需求，进一步抑制了汇率和资产价格。为了避免汇率与资产价格下跌的恶性循环，新兴国家必须对总资本流出进行限制。

在资本流动管理有效性这一问题上，学界也并未达成一致结论。样本期间的选取、资本流动管理定义的差异可能导致最终结论的不同。Ostry et al.（2012）构造了 51 个新兴国家 1995—2008 年反映资本管制和宏观审慎政策强弱的指标，考察两项政策对新兴国家外债结构和抵御金融危机能力的影响。他们发现，与外汇相关的宏观审慎措施和资本管制政策的增强明显减少了新兴国家银行的外币贷款，降低了债券、银行信贷等短期总资本流入比重，增强了新兴国家抵抗国际金融危机的韧性。这一关系不仅在统计意义上显著，而且实际产生的经济效果也十分明显。然而后续研究并不完全支持这一结论。Forbes等（2015）搜集了全球 60 个国家 2009—2011 年资本流动管理的变动情况，研究资本流动管理是否如理论所言显著影响一国的宏观经济变量。与 Ostry 等（2012）不同的是，他们在样本中加入了发达国家，并且对资本流动管理的衡量使用了一种"事实上的"（de facto）方法，而 Ostry 等（2012）则选择了一种"理论上的"（de jure）衡量方法。Forbes 等（2015）发现，资本流动管理对一国短期总资本流动规模、经常账户余额、名义和实际汇率等关键变量均没有显著影响。单纯的资本流动限制只能在一段时间内降低境外信贷、证券等短期总资本流入，但是这一关系不够稳健。从短期和中期来看，一国股票的收益、通胀率、利差等变量对资本流动管理的变动也不敏感。与此同时，资本流动管理中的宏观审慎措施则有效地降低了本国银行杠杆率与信贷增速，改善了居民的通胀预期和负债结构。基于这一结论，他们认为，监管当局不应过分关注汇率和资本流动状况，而应将注意力放在衡量经济体抵御外生冲击能力的金融脆弱性指标上。

（三）资本流动管理应注重与其他宏观经济政策配合

除资本流动管理之外，一些学者还提出了新兴国家应对总资本流动波动的其他政策选择。Simon 等（2013）认为，为了避免总资本流入波动引起的金融市场动荡，新兴国家还可以通过调节本国居民总资本流出来抵消境外总资本流入的影响。当境外总资本流入激增时，本国居民可以通过积累境外资产输出一部分多余资本，防止可能出现的信贷与资产价格膨胀；当境外总资本流动中断时，本国居民可以回撤一部分境外资金弥补国内融资缺口，避免因偿付能力不足引起的经济衰退。他们将这种通过资本账户变化平抑总资本流动波动的方式称为"金融调整渠道"。为了使私人部门的"金融调整渠道"充分发挥作用，新兴国家应提升制度质量，增强逆周期财政与货币政策的可信度，采用更加具有弹性的汇率制度，在改进国内监管体系的前提下有序提升资本账户开放度。与此同时，Alberola 等（2015）认为，新兴国家还可以积极运用官方储备管理总资本流动。这一"储备调整渠道"与"金融调整渠道"的主要区别是前者由政府主导，而后者由私人部门主导。两者的调整机制本质上相同。上述两种应对方案都是资本流动管理的有益补充，其有效性也为一些新兴国家（如智利、马来西亚）的实践经验所证实。

事实上，国际金融危机过后学界已经意识到新兴经济体总资本流动管理的必要性。由于资本自由流动既提高了资金使用效率，又削弱了一国的金融稳定，因此监管当局需要在这两者之间找到最优的政策平衡点。围绕资本流动管理使用时机的争论，实质上是探讨影响总资本流动大小和方向的各种手段之间的相对重要性。一方面应该关注国别因素，应对总资本流动波动应该以经济基本面调整为主，直接管理是第二选择；另一方面也应该关注资本流动本身，在总资本流动过程中增加一些摩擦，从来源上减弱资本流动波动。

国际金融市场处于动荡时期，总资本流动对全球性因素较为敏感，资本流动管理的作用有限，而对国内金融机构进行的审慎监管仍然有效；当国际金融市场处于平静时期，两种措施均能有效影响新兴国家对外资产负债表，维护金融体系稳定。这表明，新兴国家监管当局应积极将具有逆周期特性的宏观审慎政策包含进资本流动管理框架，通过宏观审慎措施间接影响总资本流动规模与构成。

第三节　国际金融治理机制的改革方向

自20世纪90年代以来，国际经济交往越来越密切，各国之间联系越来越紧密，世界经济已经成为一张密不可分的网络，牵一发而动全身，即使是一个小小的危机也可能导致很严重的后果。不仅是发展中国家，发达国家也可能因为经济总量巨大、过于依赖全球市场而受到很大打击。而基金组织作为国际经济秩序的重要支柱，承担着维护国际金融稳定的重任，在国际上影响深远，受到国际社会的广泛关注。但由于近些年来经济危机频发，IMF的表现差强人意，暴露出它在多方面存在缺陷，改革不可避免。

一　基金组织改革治理结构

2005年9月，基金组织公布了《总裁关于基金组织中期战略的报告》，拉开了基金组织近期改革的序幕。治理结构改革的主要目的是提升新兴市场和发展中国家在基金组织中的发言权和代表性，进一步强化基金组织的合法性、可信性和有效性。从 2005 年开始，基金组织治理结构改革主要包括两个阶段。

（一）2006—2008 年份额与投票权改革

在 2006 年基金组织和世界银行新加坡年会上，基金组织各成员同意实施一个对基金组织份额和投票权为期两年的一揽子改革方案。改革方案主要包括以下内容：①对中国、韩国、墨西哥、土耳其四个份额严重低估的国家进行首轮特别增资；②构建一个更加透明与简单的份额计算公式；③根据新公式进行第二轮份额增持；④增加基本票以保护低收入国家（LICs）在 IMF 中的地位；⑤为多国家选区（constituency）增加人员配备，并为超过一定国家数量的选区增加一名副执行董事（Alternate Executive Director）。其中，首轮特别增资在新加坡年会期间即获得基金组织成员国投票通过。中国、韩国、墨西哥和土耳其四国的增资总额为 38.1 亿特别提款权（约合 56.6 亿美元），占增资前份额的 1.8%，首轮增资使 IMF 份额总额达到 2167.5 亿特别提款权（约合 3219.2 亿美元）。首轮增资后，中国在 IMF 的份额从 2.98% 比升至 3.72%，位居第六位；韩国从 0.77% 升至 1.35%；墨西哥从 1.21% 升至 1.45%；土耳其从 0.45% 升至 0.55%。但是对于其他方面的改革在当年未取得进展。

在此基础上，2008 年 3 月，基金组织执董会向理事会提交了进一步的份额与投票权改革方案，新的改革方案对 2006 年计划进行了补充和细化，主要包括以下几点。①启用新的份额公式。新份额公式设计更加简单和透明，并能反映不同成员在世界经济中的地位。②进行第二轮特别份额增持。根据新公式计算的结果，执董会建议理事会进行第二轮特别增持，在第一轮增持的基础上，将 IMF 份额再提高 9.55%。③增加基本票。执董会建议基本票增加 2 倍，也就是由原来的每个国家 250 票增加到 750 票，以此来增加低收入国家在 IMF 中的投票权。基本票达到 3 倍以后，其在总投票权中的比例将由目前的约 2% 上升到 5.5%。执董会还建议通过修改基金组织协定以确保基本票占总投票权的比重不再下降。④副执行董事（非洲选区）的任命。

执董会建议修改基金组织协定，使理事会能够授权超过一定国家数量的选区的执行董事可以任命两名副执行董事。执董会认为只要一个选区的国家超过 19 个就可以任命两名副执行董事，这将增加两个非洲选区执行董事办公的能力，并减轻他们的工作负担。

按照此次改革方案，54 个成员国份额将得以增加，增资总额达 208 亿特别提款权（约 327 亿美元），份额和基本投票权的增加将使 135 个成员国的投票权共增加 5.4%。两轮增资后，中国成为份额和投票权增加最多的国家，份额上升 1.02 个百分点至 4.00%，投票权上升 0.88 个百分点至 3.81%。发达国家在 IMF 的投票权比例从 59.5% 降为 57.9%，新兴市场与发展中国家的投票权比例则从 40.5% 上升为 42.1%[①]。

2008 年 4 月 29 日，基金组织理事会以大多数赞成票批准了对基金组织治理结构的改革，并达成《决议》（resolution）。但《决议》仍需由拥有 85% 总投票权的理事投票赞成才能生效。2011 年 3 月 3 日，2008 年份额和投票权改革方案获得占总投票权 85% 的 117 个成员国批准后正式生效。

（二）2010 年改革方案

在 2008 年份额和投票权改革的基础上，基金组织在 2010 年又出台了进一步的改革措施。该方案被认为是基金组织六十五年以来最根本性的治理改革，也是针对新兴市场和发展中国家规模最大的一次份额和投票权转移方案[②]。改革的主要内容有以下七个方面。

（1）完成第 14 次份额总检查，将基金组织份额总额从 2384 亿特别提款权增加一倍至 4768 亿特别提款权，同时相应减少新借款安排（New Arrangements to Borrow，NAB）下各国向基金组织的借款承诺，也即将各国在新借款安排下的部分借款承诺转移为各国份额出资比例。根据安排，新借款安排将从 3700 亿特别提款权缩小到 1820 亿特别提款权。因此，实际上 2010 年改革方案使得基金的资源（份额和

---

① IMF：发展中国家投票权比例从 40.5% 升为 42.1%。中国广播网，http：//www. chinanews. com/cj/2011/03－04/2883445. shtml，2011 年 3 月 4 月。

② 熊爱宗："推进基金组织 2010 改革方案仍需各方努力"，中国社科院世经政所全球发展展望研究系列（GDP）讨论稿，Policy Brief No. 15. 019，2015 年 6 月 4 日。

新借款安排）规模增加了 504 亿特别提款权。

（2）从代表性过高的成员国向代表性不足的成员国转移大于 6%的份额，向有活力的新兴市场和发展中国家转移大于 6%的份额，金砖四国（巴西、俄罗斯、印度和中国）将会成为基金组织前十大股东。

（3）维持最贫穷国家的投票权比重，以保护这些国家的投票权不受到损害。

（4）执董会 24 个席位中拥有 9 个席位的欧洲国家让出 2 个席位给新兴市场和发展中国家。

（5）承诺维持 24 个成员的执董会规模，每 8 年对执董会构成进行一次检查。

（6）执董会将完全经由选举产生，结束美国、日本、英国、德国、法国"指定董事"的做法。

（7）放宽第二副执董的任命条件，增强多国选区的代表性。

其中，前三项改革为份额和投票权改革，后四项改革为治理结构改革，需要对基金组织协定进行修改。

2010 年改革方案生效将分两部分进行。对于治理结构改革，改革方案规定只有基金组织 188 个成员国的 3/5（即 113 个成员国）以及总投票权的 85%同意才能正式生效。而对于份额和投票权改革，改革方案规定须以治理结构改革决议生效为前提，并且须经总份额（以 2010 年 11 月 5 日时点份额为计算基础）不低于 70%的成员国同意，才能生效。2015 年 12 月，美国国会最终通过基金组织 2010 年份额和治理改革方案，为方案生效扫除了最后障碍。2010 年改革方案在拖延多年后于 2016 年 1 月正式生效。

未来，应在此前基金组织改革方案的基础上，进一步提高新兴和发展中经济体在全球金融治理体系中的发言权，以和世界经济格局相一致。当前新兴和发展中国家参与全球金融治理的代表性依然不足，随着新兴和发展中经济体经济总量占比不断上升，其在全球治理过程中的地位应该得到反映。应推动在 2017 年年会前完成基金组织第 15 次份额总检查，同时应该进一步向新兴和发展中国家进行份额转移。

二　加强自身资源

在金融危机爆发之后，全球金融安全网的建设被提上日程，这是一系列金融资源和机制安排的组合，目的是为各国在金融危机期间提供各种金融帮助，而该安全网的主力军就是基金组织，最重要的就是基金组织的金融资源。而且在全球金融危机和欧债危机发生之后，越来越多的成员国向基金组织要求了金融支持。因此 IMF 被迫在最近几年不断扩大可用金融资源。

在份额缴纳方面，截至 2015 年 8 月，基金组织的总份额约为2381.8 亿特别提款权，如果第十四轮份额总检查完成，总份额将会增加至 4770 亿特别提款权。特别提款权是 1969 年 IMF 设置的一种储备资产，类似于最后贷款人，只是一种记账单位，不能直接用于贸易或支付，可以根据需要创造出来对成员国进行救助。经过几轮特别提款权普遍分配和特别分配，共使得特别提款权分配累计总额达到2040 亿。

在借款安排方面，IMF 主要有两种方式，总借款和新借款安排，允许参与国在特定环境下向 IMF 提供贷款，新借款安排也是为了补充前者的贷款能力。为了更好地应对经济危机，IMF 还提出了临时性借款安排，截至 2015 年 4 月 30 日，已经签署并生效的双边安排承诺资金达到 2710 亿特别提款权。目前基金组织还持有约 9050 万盎司（2814.1 吨）的黄金，是全球第三大黄金官方持有者，这成为基金组织可资动用的一大笔资金规模（按照每盎司黄金 1000 美元的保守价格计算，总价为 9050 亿美元）。2010 年 12 月，基金组织完成了403.3 公吨黄金（约占其持有量的 1/8）的有限出售计划。这部分收入主要用于保证 IMF 的可持续运作及发展融资。根据基金组织的统计，目前基金组织的总资源为 5415 亿特别提款权，可使用的资源规模为 4331 亿特别提款权。

在面对金融危机时，IMF 的救援力度很大程度上会影响最终的救援效果。在如今金融风险频发的背景下，应进一步提高基金组织的危机救援能力。为进一步强化基金组织在全球金融安全网中的作用，提出以下建议。

第一，完善基金组织可用金融资源的供给机制。份额缴纳是基金组织重要的资金来源。基金组织协定规定，理事会每隔一定时期（不超过五年）对成员国的份额进行一次总检查，并在必要时提出调整。然而，伴随着世界经济的不断发展，在每五年的份额检查中，总份额并不必然随着世界经济情况的变化而增长。建议可参考现有基金组织份额的计算公式，建立一个包括经济增长、国际贸易、国际资本流动等变量在内的一个基金组织总份额增长机制，以某一年（或某一周期）为基期，根据增长机制测算出每一周期内份额的增长。

第二，改革当前的份额决定公式，更为清晰地界定份额公式的作用。当前的份额公式兼顾到各国出资实力和资金需求两项功能，反而使其很难发挥应有的作用。一方面，份额公式中的 GDP、官方储备等显示了一国的出资能力，另一方面经常性收入和净资本流量的波动性可能反映了一国的融资需求。将出资能力和融资需求混合在一起既无法全面反映一国的出资能力，也无法反映该国实际的融资需求。实际上，出资能力强的国家可能不需要与此对应的融资需求而出现"浪费"，另一方面，融资需求高的国家由于出资能力较弱而出现融资需求不足。建议对份额公式进行改革并对份额的功能进行重组，一方面份额应该成为各国出资大小和投票权大小的依据，相应的份额公式只反映一国出资能力的大小；另一方面，重新设计一国资金需求机制，改革甚至剥离份额的融资权利功能。

第三，对于份额的融资权利功能的改革与剥离可以从两个方面入手。一是参考清迈倡议、金砖应急储备库的做法，给予不同国家不同的融资系数。对于出资较少但又对外部金融资源较为依赖的小国分配较大的借款乘数，从而确保这些小国在面对金融危机时可以得到充足的金融资源支持。二是具体情况具体分析，根据一国申请救援项目的情况进行相应的融资安排。对一国的救援首先应该考虑的是该国面临冲击（危机）的严重程度、性质、持续时间等，而不应该是该国在基金组织中的份额大小。这一点实际上在基金组织对欧洲国家的救助中体现得非常明显，由于考虑到希腊危机可能带来的国际系统性溢出风险，因而对其采取了"系统性风险免除"政策，批准给予希腊非常规大额贷款，远超出其按份额规定的比例。对于大的救援项目，可考虑成立以基金组织为牵头单位的综合项目救援组，吸引地区金融安排、主权国家甚至私人部门共同参与，甚至可以发行债券。

第四，将融资需求与份额公式进行剥离，可能会出现基金组织可用资源不足的情形。为进一步补充基金组织可用资源，可考虑成立一个独立于普通账户（份额）和特别提款权账户（特别提款权）的新账户。可参考欧洲区域金融安排的运作方式，该账户资金一部分来自各国的初始资本金，一部分则可以以基金组织名义对外发行债券募集资金，该债券将以特别提款权进行标价。这不但可以补充基金组织的金融资源，还可以进一步发挥特别提款权在国际金融体系中的作用。

为提高救援效果，在救援方案上，IMF 也应该改进一味追求受援助国的经济自由化，压迫其接受一些不公平贷款条件的现状，这只会增加这些国家的反抗情绪，不利于基金组织的可持续发展，因此 IMF 应该采取渐进的方式督促受援国进行经济方面的改革，帮助他们增加经济自由化的程度，稳定国内政府和民众的情绪，同时给予受援国一定的独立性。与此同时，基金组织应不断完善其贷款工具，包括优化条件，增加项目及扩大规模。扩展对成员国的金融支持，应尽可能满足成员国的需求，适当增加贷款项目和援助规模，帮助更多的成员国渡过危机，维持国际金融体系的稳定与发展。危机国家可以适当地根据国内实际情况，采取合适有效的措施进行改革，而不是一味地听从基金组织的方案。

虽然国际经济格局发生巨大变革，世界经济遭到极大冲击，IMF 承受极大的非议，但这样的大背景也为 IMF 的改革提供了机会与压力，迫使基金组织尽快找到改革方法。在 2010 年的改革方案实施的基础上，为基金组织找到更合理的方式，更好地帮助世界金融体系朝着稳定、合理、均衡的方向发展，引导各国经济体制健康持续发展，还有待于长期的探索，也需要各成员国和 IMF 坚持不懈的合作与努力。

第四节　结论

国际金融治理改革主要集中在以下三个重要的议题：国际货币体

系改革、国际金融监管体系改革和国际金融治理机制改革。国际金融危机进一步推动了国际金融治理改革的步伐，全球经济逐步走向更加稳定均衡的方向。但是，全球治理的问题复杂易变，未来世界各国间还有待进一步深化共识，共同推动全球经济健康持续发展。

国际货币体系改革在 IMF 改革、汇率制度改革、国际收支调节机制改革等国际货币体系结构问题上有了实质性进展，同时也探讨了超主权货币安排、多元化国际货币体系等问题。IMF 改革主要包括，提高新兴经济体的投票权、将人民币纳入 SDR，扩大贷款资金来源、简化贷款条件等。在汇率协调与稳定机制改革方面开始注重各国经济与金融市场差异，未来可以考虑制定与结构失衡有关的指标来改善国际收支调节机制。相比美元主导的国际货币体系，建立 SDR 超主权国际货币体系或者多元化国际货币体系会提高全球金融体系的稳定性。

国际金融监管体系的改革方向主要围绕宏观审慎监管、影子银行体系监管、国内外监管的平衡。与传统的微观审慎监管相比，宏观审慎监管更加注重防范系统性风险，主要通过运用逆周期资本监管、调整动态拨备等宏观审慎工具监管金融体系。宏观审慎和微观审慎之间的平衡可以相互促进彼此的监管效果。国际金融监管改革则主要侧重非银行金融机构风险，尤其是影子银行机构。各国政府和金融监管机构逐步将影子银行纳入监管体系之内，防止各类金融产品出现交叉感染。国际金融监管体系改革需要协调好国别标准和国际标准之间的平衡，维护全球金融体系的稳定。

近年来经济危机频发促使 IMF 开始反思其在维护全球金融稳定中发挥的作用。自 2005 年 9 月以来，IMF 一直在努力推动其自身的治理机制改革，致力于提升新兴市场和发展中国家在基金组织中的发言权和代表性，强化基金组织的合法性、可信性和有效性，更好地发挥基金组织在国际金融治理中的作用。

第五章　中国参与国际金融治理的应对策略

2008 年国际金融危机爆发后，国际金融治理体系发生了巨大改变。原有的治理机制被证明不但未能克服金融体系运转中所产生的风险，甚至本身的制度设计缺陷也成为风险爆发的原因之一。国际社会也意识到必须对现行的国际金融治理机制进行改革。凭借经济的快速增长以及在此次金融危机中的良好表现，中国在国际金融治理中的地位得到大幅提升。世界经济格局的转变为中国参与国际金融治理打开了新的窗口，中国参与国际金融治理的目标和利益诉求也日益变得清晰。本章系统阐述中国参与国际金融治理的定位与目标，并以 SWOT 分析方法对中国参与国际金融治理的收益、成本进行总结，提出中国参与国际金融治理改革的应对措施。

第一节　中国参与国际金融治理的定位与目标

国际金融危机之后，中国遵循立足本国、定位大国和循序渐进的原则，以积极姿态参与全球经济治理。

一　中国参与国际金融治理的背景

2012 年 11 月，中国共产党第十八次全国代表大会报告指出，"中国坚持权利和义务相平衡，积极参与全球经济治理""将积极参与多边事务，支持联合国、二十国集团、上海合作组织、金砖国家等发挥积极作用，推动国际秩序和国际体系朝着公正合理的方向发展"。中国新一届领导人上任之后进一步提出应积极参与全球经济治理。

2013 年 3 月 27 日，在金砖国家领导人第五次峰会上，中国国家主席习近平指出，"不管全球治理体系如何变革，我们都要积极参与，发挥建设性作用，推动国际秩序朝着更加公正合理的方向发展，为世界和平稳定提供制度保障"。① 2013 年 4 月 7 日，习近平在博鳌亚洲论坛 2013 年年会上强调，要稳步推进国际经济金融体系改革，完善全球治理机制，为世界经济健康稳定增长提供保障。在第二天会见第 67 届联合国大会主席耶雷米奇时，习近平指出，"中国支持联合国帮助发展中国家发展，完善和创新全球经济治理机制，增加新兴市场国家和发展中国家的代表性和发言权"。② 2013 年 9 月 5 日，国家主席习近平在俄罗斯圣彼得堡举行的二十国集团领导人第八次峰会上作了题为《共同维护和发展开放型世界经济》的发言，指出"完善全球经济治理，使之更加公平公正"。③ 在 2014 年 11 月的中央外事工作会议上，习近平指出应推动国际体系和全球治理改革，增加中国和广大发展中国家的代表性和话语权。

2015 年 10 月 12 日，中共中央政治局专门就全球治理格局和全球治理体制进行第二十七次集体学习。中共中央总书记习近平在主持学习时强调，我们参与全球治理的根本目的，就是服从服务于实现"两个一百年"奋斗目标、实现中华民族伟大复兴的中国梦。要审时度势，努力抓住机遇，妥善应对挑战，统筹国内国际两个大局，推动全球治理体制向着更加公正合理方向发展，为中国发展和世界和平创造更加有利的条件。要推动全球治理理念创新发展，积极发掘中华文化中积极的处世之道和治理理念同当今时代的共鸣点，继续丰富打造人类命运共同体等主张，弘扬共商共建共享的全球治理理念。在 2015 年 10 月伦敦金融城市长晚宴上，习近平演讲时再次提出应为促进世界经济增长和完善全球治理贡献中国智慧、中国力量。中国一直是国际合作的倡导者和国际多边主义的积极参与者，将坚定不移奉行互利共赢的开放战略。随着中国实力上升，我们将逐步承担更多力所能及

---

① http：//www. people. com. cn/24hour/n/2013/0328/c25408 – 20944325. html.

② http：//news. sina. com. cn/o/2013 – 04 – 09/065926768900. shtml.

③ http：//news. xinhuanet. com/world/2013 – 09/06/c_ 117249618. html.

的责任，努力为促进世界经济增长和完善全球治理贡献中国智慧、中国力量。国家领导人关于中国参与全球经济治理的论述也为中国参与国际金融治理提供了思路和指导。

二　中国参与国际金融治理的总体目标

根据国际经济发展环境以及中国经济情况，现阶段中国参与国际金融治理的总体目标应为：积极推动旧有国际金融治理机制的改革和完善，加快建立公平、公正、包容、有序的国际经济金融秩序。新的国际金融治理机制应该具有广泛的代表性、公平性和有效性。代表性，是指无论国家经济实力大小，都能参与到国际金融治理中来，应该建有能够反映各国利益诉求并为之实现以及解决各国利益冲突的渠道与机制。公平性，既包括过程的公平性也包括结果的公平性，应确保各国在全球经济事务处理过程中都能平等参与，并确保最终结果被各国接受。有效性，包括决策的有效性和政策效果的有效性，提高国际金融治理的效率，加强国际金融治理解决全球金融问题的针对性与有效性。

自中国改革开放三十多年以来，中国自发地与国际体系接轨，并积极加入各种国际金融机制、组织或机构，目的在于主动融入国际金融格局的进程，在促进国内经济发展的同时，为国际金融秩序的稳定与全球经济的良性发展提供坚实的基础支持。

三　中国参与国际金融治理基本立足点在国内

习近平指出，我们参与全球治理的根本目的，就是服从服务于实现"两个一百年"奋斗目标、实现中华民族伟大复兴的中国梦。参与国际金融治理的目的更是如此。

首先，积极参与国际金融治理机制建设，使中国的声音和诉求正当合理地反映到全球规则制定中，为中国经济发展创造良好的外部环境。改革开放以来，中国经济取得了长足的发展，这在很大程度上与中国参与经济全球化的程度不断加深有关。经济全球化的趋势不可扭转。在这种情况下，唯有积极主动参与国际金融规则的制定与改革，合理利用规则，趋利避害，为中国经济发展建立有利的国际金融规则和机制安排。

其次，积极参与国际金融治理，进一步深化对外开放水平，以对外开放促进国内改革。党的十八届三中全会指出，"适应经济全球化新形势，必须推动对内对外开放相互促进、引进来和走出去更好结合，促进国际国内要素有序自由流动、资源高效配置、市场深度融合，加快培育参与和引领国际经济合作竞争新优势，以开放促改革"。因此，为配合中国参与国际金融治理，必须相应地进行国内政策的调整。如应继续坚定不移地推进全面深化改革的战略部署，积极推动金融改革和对外开放，有序实现人民币资本项目可兑换，推动人民币成为可兑换、可自由使用货币，推动人民币国际化进程。然而需要注意的是，这种以开放促改革的"倒逼"机制，应该是一种有管理的"开放倒逼"，这需要中国积极主动参与国际金融治理，建立公平有序、松紧有度的开放环境。

金融体系的稳定对于全球经济增长和社会稳定至关重要。在参与国际金融治理的过程中，应阐释中国的立场和意见，努力推动确保各项改革动议和相关国际标准符合中国国家利益，在解决国际金融体系中存在的系统性、根源性问题的同时，积极维护国内金融稳定，并充分发挥金融对经济增长和社会发展的促进作用。

四 中国应坚持发展中大国的定位

在参与国际金融治理的过程中，中国应坚持发展中大国的定位。一方面作为发展中国家，应把维护中国利益同维护广大发展中国家共同利益结合起来，既要看到中国发展对世界的要求，同时也要看到国际社会特别是发展中国家对中国的期待。因此，应积极推动国际金融治理体系反映全球政治经济格局变化，提高新兴市场国家在国际金融治理中的发言权和代表性，并保护最不发达国家在国际经济治理中的发言权。

另一方面，作为发展中大国应合理承担国际责任，体现负责任大国形象。随着经济实力的上升，中国应逐渐承担起合理的国际责任，这也是参与全球经济治理的重要体现。积极承担合理的国际责任有助于中国逐步积累全球经济治理经验，提升中国参与全球经济治理的

"软实力"，同时也有利于缓解美国对中国积极参与全球经济治理的疑虑，获得其他国家的认同。

在这一过程中，我们需要注意权利和义务相平衡原则，这体现在两个方面。一方面中国应根据自己的实力大小来确定参与国际金融治理的程度，例如中国为满足国际经济与金融稳定发展提供公共物品，积极提出"一带一路"倡议、倡建亚洲基础设施投资银行、出资设立丝路基金、签署协议成立金砖国家开发银行等，为完善国际金融治理做出自己的贡献。另一方面中国要在国际金融治理中承担更大的责任，需要给予中国同等的权利相匹配。

五　中国应循序渐进完善国际金融治理

在参与完善国际金融治理的过程中，中国始终是一个合格的合作者，中国并不谋求推翻现有的国际金融治理格局，而是希望以一个建设者的身份通过自己的努力促进现有体系的不断完善。

一方面，既有的全球经济治理机制虽然存在诸多缺陷，但是改革应以增量推进为主，尽量避免"大破大立"式推进。中国是现行国际秩序和国际体系的受益者[1]，现行的国际分工格局、国际贸易格局、国际投资格局等总体上有利于中国经济发展。在中国全球经济治理理论和实践准备尚不充足的情况下贸然推进，不但会导致世界经济秩序的紊乱，同时也会造成中国经济利益受损。因此，中国应该是现行全球经济治理机制的维护者和修复者，改革应以"帕累托式"循序推进，这既有利于现有经济治理机制的传承发展，同时又可以降低各方的改革阻力。

另一方面，中国对全球经济治理机制改革的诉求不应谋求挑战美国在全球经济治理中的主导地位。从目前来看，无论是从经济总量的"硬"实力来看，还是从全球经济治理理念与实践的"软"实力来看，中国仍同美国存在较大的差距。更为重要的是，中国目前全球经济治理影响力的提升是在美国主导的体系之内实现的（何帆等，

---

① 李克强：《跨越喜马拉雅山的握手》，央视网，http://news.cntv.cn/2013/05/20/ARTI1369035296705203.shtml，2013 年 5 月 20 日。

2013）。如果盲目追求领导地位，反而会导致美国在现有体系下的极力回应与打压。由于目前中国全球经济治理的立足点主要在国内，因此争夺领导权既不现实，也无必要。

第二节 中国参与国际金融治理的 SWOT 分析

中国一直是国际金融治理的重要参与者。伴随着经济实力的不断上升，以及对外开放的不断深入，中国通过各种渠道积极参与国际货币基金组织、世界银行的活动，推动这两个组织不断完善治理结构和功能提升，促进全球金融稳定。为准确评估中国在国际金融治理中的角色与地位，我们应用 SWOT 方法来分析影响中国参与国际金融治理的各种因素，希望通过各种因素分析，综合出中国在国际金融治理中的优势与劣势、机会与威胁，从而为未来中国参与国际金融治理提供分析思路。

一 中国参与国际金融治理的努力

中国倡导推进基金组织加快治理结构改革，不断提升新兴和发展中国家的发言权和投票权。中国一直努力推动基金组织在 2010 年达成的治理和投票权改革，但是该方案由于美国国会的阻挠迟迟未能获得通过。一直持续到 2015 年 12 月，美国国会参众两院才通过联邦政府《2016 财年综合拨款法案》，使得改革方案在拖延多年后正式生效。改革方案生效后，基金组织资金份额将增加一倍，从 2385 亿特别提款权增至 4770 亿特别提款权，并向新兴市场和发展中国家整体转移份额 6 个百分点。其中，中国份额占比将从 3.996% 升至 6.394%，排名从第六位跃居第三位。中国在基金组织中的发言权和投票权进一步得到提升。

中国努力推动特别提款权在国际货币体系中发挥更大的作用。2009 年 3 月，中国人民银行行长周小川发表署名文章，称国际货币体系改革的理想目标是创造一种与主权国家脱钩、并能保持币值长期稳定的国际储备货币，认为特别提款权为未来达成这一目标提供了希望。然而提升特别提款权的作用并非一日一时之功，需要持续发力。

2015 年 11 月 30 日，国际货币基金组织宣布人民币将在 2016 年 10 月 1 日加入特别提款权，特别提款权的价值将由美元、欧元、人民币、日元、英镑这五种货币所构成的一篮子货币确定，从而打破特别提款权仅由发达经济体货币主导的局面。这既是人民币国际化取得的新进展，也是努力提升特别提款权作用与地位的新的尝试。

中国在世界银行中的影响力也在不断提升。中国在 1980 年加入世界银行，并一度成为其最大的借款国和技术援助接受国。但是随着经济实力的增长，中国在世界银行中的角色也正在发生变化。2007 年 12 月，在世界银行第 15 次国际开发协会（IDA）增资中，中国政府首次以捐资人身份向世界银行贡献资金 3000 万美元，同时以创始捐资国身份向世行南南知识合作基金捐款 30 万美元。在 2010 年 12 月第 16 次国际开发协会（IDA）增资中，中国再次捐资 5000 万美元。2015 年 7 月，中国财政部还与世界银行集团签署协议，设立一笔 5000 万美元的信托基金，以助力减少贫困、促进发展。目前，中国已成为国际开发协会和全球基础设施基金的重要捐助国之一。

中国在世界银行中的投票权和发言权不断增加。2010 年，世界银行发展委员会春季会议上通过了发达国家向发展中国家转移投票权的改革方案，这次改革使中国在世行的投票权从 2.77% 提高到 4.42%。目前，中国在国际复兴银行中的投票权为 4.65%，在国际金融公司中的投票权为 2.30%，在国际开发协会中的投票权为 2.10%，在多边投资担保机构中的投票权为 2.64%。中国目前已成为仅次于美国和日本的世界银行第三大股东国。伴随着地位的上升，中国籍员工进入世界银行高级管理层的数量也有所增多。2008 年 5 月，林毅夫被正式任命为世行首席经济学家，这是世行自 1945 年成立以来第一次任命来自发展中国家的人士担任首席经济学家。2016 年 1 月，中国财政部国际财金合作司原司长杨少林被任命为世界银行常务副行长兼首席行政官。分析指出这是中国人在国际金融机构高层担任职务的最新进展，有助于在这一领域发出更多的"中国声音"，反映了中国在国际金融机构中的重要性在不断提升。

2016 年中国担任二十国集团轮值主席，开始进一步推动国际金融治理的改革。中国重启了国际金融架构工作组，主要讨论资本流动、主权债务重组和债务可持续性、全球金融安全网、基金组织份额和治理改革以及扩大特别提款权的使用等五个议题。这充分显示出中国完善国际金融治理的努力。

除了积极推动已有国际金融治理机制的改革外，中国还通过积极筹建新的多边国际金融机构，从增量上来促进国际金融治理机制的完善。2015 年 7 月 21 日，金砖国家开发银行在上海正式开业。金砖国家开发银行主要资助金砖国家以及其他发展中国家的基础设施建设，这不仅有利于推动金砖国家基础设施建设，也将极大推动金砖国家间的互联互通与金融合作。中国发起设立金砖开发银行，开创了发展中国家组建多边开发机构的先河，为全球治理改革贡献了中国智慧。2016 年 1 月 16 日，亚洲基础设施投资银行（AIIB）在北京正式开业，这是全球首个由中国倡议设立的多边金融机构。目前，亚投行创始成员国共 57 个，其中域内国家 37 个，域外国家 20 个，成功吸引英国、德国、法国、澳大利亚等发达国家加入，不仅扩大了亚投行作为多边金融机构的影响力，也为全球金融治理与改革注入了新活力。

二　对中国在国际金融治理中的角色与地位的评估

对中国在国际金融治理中的角色与地位的评估，可以采用 SWOT 方法来进行。这其中，SWOT 分别表示优势（Strength）、劣势（Weakness）、机会（Opportunity）和威胁（Threats）。通过对上述因素分析，总结中国在国际金融治理中所处的地位。

（一）优势（S）

中国参与国际金融治理的优势主要得益于过去多年间中国经济的快速增长和金融实力的不断提升。

首先，实行改革开放政策后，中国经济取得了令人瞩目的成就。从 1980 年到 2015 年，中国 GDP 年增长率接近 10%，远远高于同期的美国与日本。GDP 的绝对量从 1980 年到 2015 年增加了 35 倍多，2015 年中国经济总量达到 10.98 万亿美元，成为仅次于美国的世界第二大经济体。如果按购买力平价（PPP）计算，中国经济总量则从 1980 年到 2015 年增加了 63 倍，占世界经济总量（PPP）的比例也从 1980 年的 2.3% 左右上升到 17.1%，成为世界第一经济大国（IMF，

2016）。

其次，中国金融实力不断上升。具体表现为如下三点。

第一，金融资产规模不断增长。据中国银行业监督管理委员会统计，截至 2015 年底，中国银行业金融机构金融资产规模接近 200 万亿元，这相比 2004 年的 31.6 万亿元增长了 6 倍多。据预计，中国金融资产还有很大的增长空间，未来五年可能会达到 400 万亿元。① 据英国《银行家》杂志公布的 2015 年全球 1000 家大银行排行榜显示，共有 117 家中资银行入围榜单，较 2014 年增加 7 家，其中跻身前 100 名的中资银行有 16 家，比 2014 年增加 1 家。这从微观层面显示出中国金融实力在不断提高。

第二，金融市场规模不断扩大。在股票市场方面，据世界交易所联合会（WFE）统计，截至 2015 年 5 月底中国 A 股股市市值达到 10.27 万亿美元，占同期全球股市总市值的 14.7%。其中，上海证券交易所成为全球第二大股市，仅次于美国纽约证券交易所，而深圳证券交易所也成为全球第四大股票交易市场。债券市场有了长足发展。2015 年债券市场全年发行各类债券规模达 22.3 万亿元，较 2014 年同期增长 87.5%，而在 2000 年全国总共发行债券规模只有 6385 亿元，15 年间中国债券市场规模增加超过 33 倍。除此之外，外汇市场、黄金市场、期货市场交易等也获得飞速发展。

第三，中国的外汇储备迅速累积。2003 年中国成为净债权国，此后其对外净金融资产不断累积，至 2007 年美国金融危机爆发时期对外金融净资产已经增长到 1.2 万亿美元。中国净债权地位的上升很大程度上来自于外汇储备的急剧增长。进入 2000 年，中国的外汇储备还只有 1600 亿美元左右，但是到 2008 年已经接近 2 万亿美元，随后在 2011 年即突破 3 万亿美元，在 2014 年年底接近 4 万亿美元，在 2015 年才稍微出现回落态势（表 5-1）。尽管有学者批评中国的净债权国地位"质量"还不高，但是这却为中国在国际金融治理中更加有所作为提供了真实的基础。

---

① http://money.163.com/16/0112/06/BD40E83300253B0H.html.

表5-1　　　　　　　　　中国国际投资头寸　　　　　　单位：十亿美元

	2005 年	2007 年	2009 年	2011 年	2013 年	2015 年
资产	1223.3	2416.2	3436.9	4734.5	5986.1	6218.9
储备资产	825.7	1547.3	2453.2	3255.8	3880.4	3406.1
负债	815.6	1228.1	1946.4	3046.1	3990.1	4622.5
净头寸	407.7	1188.1	1490.5	1688.4	1996.0	1596.5

资料来源：国家外汇管理局。

中国金融实力的不断上升为中国参与国际金融治理提供了坚实基础。也正是在这基础上，中国在国际金融组织中的作用悄然改变。如在2009年的二十国集团领导人峰会上，中国与其他二十国集团领导人一道呼吁国际社会进一步扩充国际货币基金组织（IMF）的可用金融资源。为此，2009年9月，中国和基金组织签订债券购买协议，认购价值500亿美元的由基金组织发行的特别提款权债券，这是基金组织有史以来第一次发行债券，中国也是第一个签署债券认购协议的基金组织成员国。

（二）劣势（W）

中国金融体制改革滞后，在金融体系、金融市场发育等方面还不健全，银行体系还十分脆弱。同时金融发展环境还有待改善，政府对金融体系的监督与管理水平还有待提高。

首先，中国利率市场化基本完成，但后续还有很多任务。

1996年，中国人民银行开始启动利率市场化改革，先后放开了中国的货币市场和债券市场利率、境内外币存贷款利率以及人民币贷款利率。国际金融危机爆发后，为配合推进人民币国际化，利率市场化进程进一步加速。2012年6月，中国人民银行宣布下调金融机构人民币存贷款基准利率，并调整金融机构利率浮动区间，首次允许存款利率上浮，上限为基准利率的1.1倍，同时放宽贷款利率浮动区间，下限调整为基准利率的0.8倍。同年7月，再次将金融机构贷款利率浮动区间的下限扩大至基准利率的0.7倍。央行首次双向扩大存贷款利率浮动区间，被认为是中国加快利率市场化改革的关键性一步。

时隔一年之后，2013 年 7 月，央行再次宣布，取消金融机构贷款利率 0.7 倍的下限，全面放开金融机构贷款利率管制。当年 10 月，央行又宣布，贷款基础利率集中报价和发布机制正式运行。利率市场化正呈加速推进态势，下一步的工作重点集中在存款利率市场化上。

2014 年 11 月，央行在下调金融机构人民币贷款和存款基准利率的同时，决定将金融机构存款利率浮动区间的上限由存款基准利率的 1.1 倍调整为 1.2 倍。进入 2015 年，存款利率市场进一步提速。2 月，央行决定将金融机构存款利率浮动区间上限由存款基准利率的 1.2 倍调整为 1.3 倍；5 月，央行决定将金融机构存款利率浮动区间的上限由存款基准利率的 1.3 倍调整为 1.5 倍。8 月，央行决定放开一年期以上（不含一年期）定期存款的利率浮动上限，标志着中国利率市场化改革又向前迈出了重要一步；10 月，央行决定对商业银行和农村合作金融机构等不再设置存款利率浮动上限，这标志着利率管制基本放开，中国的利率市场化基本完成。

中国的利率市场化虽说基本完成，改革已经取得决定性进展，但后续仍还有很多任务（周小川，2016）。如中央银行对利率指导的传导机制尚待健全。当前中央银行运用公开市场业务操作和存贷款的便利引导短期市场的利率，正探索构建一个"利率走廊"机制，但现在中国还不能够完全实行真正意义上的"利率走廊"，正处在探索"利率走廊"的比较初级阶段。同时随着利率市场化的推进，下一步是做好央行控制短期利率向中长期传导的机制，但是这个机制需要市场的建设，也需要金融机构的定价能力（易纲，2016）。再比如，市场基准利率还需进一步完善。目前央行利率管制虽已基本放开，但由于基于市场供求的利率形成机制并未完全建立，仍需由央行公布的存贷款基准利率作为金融机构利率定价的重要参考，因此短时期内央行将继续公布存贷款基准利率。这需要进一步完善利率市场风险定价的机制，如财政部需加快完善国债收益率曲线，为形成符合市场规律的利率，尤其是中长期的利率创造条件，各种信用债等其他债的风险定价要做好，这样就能够健全中国利率收益率曲线的体系，以及对各类风险溢价都能够充分反映，此外还需要其他部门如银行监管部门加强监管等予以配合。

其次，汇率市场化改革仍未完全完成。

1994年1月1日，中国对外汇体制进行了重大改革，取消外汇留成制度，实行银行结售汇制度，实行以市场供求为基础，单一、有管理的浮动汇率制度，建立统一规范的外汇市场。同年4月4日中国外汇交易中心在上海正式运营。中国外汇体制从此进入了一个以单一汇率和市场配置为特征的发展阶段。

从2005年开始，中国外汇市场进入了向市场化、自由化方向发展的新阶段。2005年7月21日，中国开始实行以市场供求为基础，参考一篮子货币进行调节的有管理的浮动汇率制度，这一改革不仅使人民币汇率形成机制更富弹性，也为外汇市场的快速发展拉开了序幕。人民币汇率不再钉住单一美元，将形成更富弹性的人民币汇率机制，并一次性将人民币对美元汇率升值2%，同时规定每日银行间外汇市场美元对人民币的交易价仍在人民银行公布的美元交易中间价上下3‰的幅度内浮动，非美元货币对人民币的交易价在人民银行公布的该货币交易中间价上下一定幅度内浮动。

此后，人民币兑美元汇率波动幅度不断扩大。2007年5月，人民币兑美元交易价浮动幅度由此前的3‰提高至5‰。2010年6月19日，央行宣布将进一步推进人民币汇率形成机制改革，增强人民币汇率弹性。2012年4月16日，央行进一步宣布人民币兑美元汇率波动区间增加到1%，标志着人民币汇率弹性进一步增强。2014年3月17日，央行时隔两年再次决定扩大人民币兑美元即期汇率浮动波幅，银行间即期外汇市场人民币兑美元交易价浮动幅度由此前的1%扩大至2%，即每日银行间即期外汇市场人民币兑美元的交易价可在中国外汇交易中心对外公布的当日人民币兑美元中间价上下2%的幅度内浮动。此举再次表明央行在推进汇率市场化改革进程上的坚定和谨慎态度。

2015年8月11日，中国人民银行宣布完善人民币兑美元汇率中间价报价机制，以进一步增强人民币汇率中间价的市场化程度和基准性。按照这一机制，做市商在每日银行间外汇市场开盘前，参考上日银行间外汇市场收盘汇率，综合考虑外汇供求情况以及国际主要货币汇率变化向中国外汇交易中心提供中间价报价。中间价报价机制的完善使得人民币兑美元汇率中间价更能反映外汇市场供求力量变化，参照一篮子货币进行调节，提高了中间价报价的合理性。然而，这一消息公布后，人民币汇率连续三日贬值，幅度接近3%，创20年来最大跌幅。随后，人民币汇率贬值预期逐渐开始发酵。针对市场陡然增加的人民币贬值压力，央行加强了对汇市的干预，并且在2015年12月推出了CFETS人民币汇率指数，强调人民币汇率形成机制会更重视一篮子货币。

　　然而，央行持续干预外汇市场引发了人民币汇率的进一步波动。央行改革中间价报价机制时定的规则，是参考市场供求和一篮子货币汇率。市场在给人民币汇率定价时，除了考虑市场供求外，还会根据央行制定的规则来判断央行干预的时点和数量。因此，规则的透明度很重要，央行是否遵守规则也很重要。在2015年8月，根据当时的情况，人民币应该对美元贬值。然而，央行却加强了外汇市场干预，这显然既不符合市场供求，又和一篮子货币汇率规则不一致。强行抑制境内外金融机构对美元的需求，只会导致贬值预期高企。央行宣布推出CFETS汇率指数，却又没有明确指出货币篮子与中间价形成机制的关系，市场对央行的汇率政策的理解再度陷入混乱。直到2016年1月，央行首席经济学家马骏发文明确指出中间价报价机制会更多参考一篮子货币，市场情绪才逐渐稳定。

　　"8.11"汇改的出发点是完善人民币汇率形成机制，触及了汇率改革的核心内容，是政府向市场转让汇率定价权的重要举措。但是，我们发现现在又恢复了过去的汇率维稳政策。这表明我们的汇率市场化改革仍有很长的一段路要走。

　　再次，中国的金融环境仍有待完善。

　　中国金融体系、金融市场发育还不健全，银行体系还比较脆弱。中国的法律环境、社会信用环境等金融发展环境还有待改善。有些亟需的法律法规尚未建立，法律法规之间还存在抵触和矛盾，现有的法律法规没有充分体现经济金融全球化的发展趋势，有些法律规定过于原则，缺乏可操作性，法律法规的执行有待加强。社会信用体系不完善，特别是企业信用意识仍然淡漠、社会信用风险评价体系不够健全、国家信用建设管理体系滞后，金融业的发展面临社会环境风险。

同时，金融监管部门对金融体系的监督与管理水平有待提高，金融监管需要不断加强。一方面，既要防止金融监管落后于金融业务超前发展，从而出现被动跟进、监管真空的情况。另一方面，也要避免监管过度抑制金融创新的发展。因此亟需处理好金融创新与风险防范之间的关系。另外，金融创新和全面风险管理还不适应形势发展的要求，金融监管各主体之间的关系需要理顺。不过，受2015 年股市动荡影响，中国政府也逐步意识到金融监管机构改革的重要性。"十三五"规划明确提出"加强金融宏观审慎管理制度建设，改革并完善适应现代金融市场发展的金融监管框架，实现金融风险监管全覆盖"。

最后，中国的资本账户还存在一定的管制。

人民币还不是完全可自由兑换货币，中国仍实行着一定程度的资本管制，这使得中国的资本市场与世界还不能很好地融合在一起。国际金融危机爆发后，随着人民币国际化的推进，中国在资本账户开放方面取得极大进展（张明，2016）。第一，放松对人民币结算的跨境贸易与投资管理。第二，对境外央行、境外人民币清算行等机构开放国内债券市场，同时通过人民币合格境外机构投资者（R - QFII）制度，允许境外机构投资者利用在境外获得的人民币资金投资中国境内金融市场。第三，鼓励各类境内构离岸人民币市场发行以人民币计价的债券，逐步放开境外机构在在岸人民币市场发行人民币债券。第四，除了传统的 QDII 之外，中国还准备推出允许境内个人直接投资境外金融市场的 QDII2 制度。

但即使如此，中国仍未达到资本账户的完全开放。根据中国央行调统司在 2012 年发布的一份报告，在 IMF 规定的资本账户管制的 40 个子项中，中国已经有 14 项为基本可兑换、22 项为部分可兑换，仅有 4 项为不可兑换（中国人民银行调查统计司课题组，2012）。另据报道，2014 年中国还有近三成的资本项目没有实现人民币自由兑换目标，这包括股票和债券市场直接融资仍有较多限制；境外主体在境内发行股票、债券和货币市场工具的渠道尚未放开；个人不能直接投资境外证券市场等。① 随着全球经济和金融风险的上升，中国资本账户开放进程有所放缓，尽管其对于防范国际金融风险向国内传导具有隔离作用，但是在客观上对于中国金融市场与国际市场接轨、提升中国参与国际金融治理的能力构成一定的限制。

（三）机会（O）

国际社会对当前国际金融治理体系表现不满，人民币国际化进程的不断推进，基于新自由主义的全球金融治理理念开始发生动摇，这些为中国参与国际金融治理改革提供了机遇。

首先，对当前国际金融治理体系进行改革已经在主要国家之间形成共识。

当前的国际金融治理体系始于第二次世界大战之后的布雷顿森林体系，1973 年布雷顿森林体系解体，国际货币体系进入"无体系"的牙买加体系。在牙买加体系下，虽然国际储备呈现多元化局面，但是美元仍然是主导的国际货币。与此同时，由于缺少了布雷顿森林体系下黄金平价的限制，美元的外在约束更低，导致美联储美元政策的外溢效应越来越大。牙买加体系实施汇率安排多样化，浮动汇率与固定汇率并存，尽管不同的汇率制度考虑到了各国不同的情况，但是多样化的汇率制度安排也进一步加剧了国际经济与金融波动。以国际货币基金组织为主要平台的国际协商与磋商开始在全球金融治理中发挥更大的作用，但是其功能日益落后和治理结构不平等，也限制了全球金融治理的效果。

国际金融危机的爆发，进一步凸显了当前全球金融治理机制的缺陷，国际社会对现有体制日益不满，这为改革全球金融治理机制提供了重要的突破口。在现行体系下，美国凭借美元本位，垄断全球货币发行收益，但是却让全球各国共同承担美元责任，美元这种不受外在纪律约束和国际监管的行为模式正日益受到各国批评。中国人民银行行长周小川于危机爆发初期提出的观点曾得到各国的认同即反映出这一点。周小川指出，"此次金融危机的爆发并在全球范围内迅速蔓延，反映出当前国际货币体系的内在缺陷和系统性风险""此次国际金融

---

① http：//www.eeo.com.cn/2014/0504/260080.shtml.

危机的爆发与蔓延使我们再次面对一个古老而悬而未决的问题，那就是什么样的国际储备货币才能保持全球金融稳定、促进世界经济发展，此次金融危机表明，这一问题不仅远未解决，由于现行国际货币体系的内在缺陷反而愈演愈烈"。

随着全球经济多极化的发展，目前的全球金融治理机制已经无法适应当前世界经济发展的需求，这尤其表现在两个方面。首先，当前全球金融治理体系功能仍需进一步完善，以确保国际金融稳定。如对于国际货币基金组织来说，近期爆发的几次危机特别是 2008 年国际金融危机显示出其危机预防和危机救助都存在一定的缺陷。其次，现有的全球金融治理结构仍不合理，当前新兴和发展中国家参与全球金融治理的代表性依然不足，随着新兴和发展中经济体经济总量占比不断上升，其在全球治理过程中的地位仍未得到充分反映。国际金融危机爆发后，国际社会也纷纷通过各种努力来改善全球金融治理，例如在全球层面推动基金组织达成 2010 年份额和投票权改革，积极提升特别提款权的作用等，在区域层面，如金砖国家推动建立应急储备库、新发展银行等，倒逼全球金融治理改革等。

其次，人民币国际化快速发展为国际金融体系改革提供了助力。

国际金融危机爆发之后，人民币国际化进程明显加快，重点在跨境贸易人民币结算、人民币双边互换协议以及人民币计价债券这三个方面取得显著进展。

一是人民币跨境结算业务获得飞速发展。2009 年 4 月 8 日，国务院决定在上海市和广东省的广州市、深圳市、珠海市、东莞市开展跨境贸易人民币结算试点。2010 年 6 月 22 日，国务院六部委联合发布《关于扩大跨境贸易人民币结算试点有关问题的通知》，将跨境贸易人民币结算试点地区由上海市和广东省的 4 个城市扩大到北京、天津、上海、江苏、浙江、福建等 20 个省市（熊爱宗、戴金平，2012）。据中国人民银行统计，2010 年跨境贸易人民币结算业务即达到 5063 亿元，随后 2011 年迅速增长到 2.08 万亿元，2015 年已达 7.23 万亿元，与此同时，直接投资人民币结算业务也取得了快速发展。

二是人民币互换协议快速推进。从 2008 年年底开始，中国人民银行先后与韩国、中国香港、马来西亚、白俄罗斯、印度尼西亚、阿根廷、冰岛等国家或地区的货币当局建立了双边本币互换安排。截至2015 年 11 月，中国人民银行与伙伴央行所签署的双边互换协议共 33项（含续签），金额 3.3122 万亿元人民币。通过签署双边货币互换协议，在银行出现流动性困难时可以提供资金援助；同时出口企业也可以在双边贸易中以本币进行结算，从而有效规避汇率风险、降低汇兑费用。对中国来说，则有利于增加人民币的对外使用。

三是人民币债券的境外发行增长迅速。2007 年 6 月，中国国家开发银行在香港发行首支人民币债券，首开人民币债券海外发行历史。2010 年总计有 16 家发行主体在香港发行了 360 亿元人民币债券，而到了 2011 年则迅速扩展到 1000 亿元规模（HKMA，2012）。经过几年的发展，人民币债券发行主体也从最初的来自大陆的金融性机构和公司，扩展到国际金融机构、海外金融机构和公司等。2009 年 10 月和 2011 年 8 月，中国财政部两次在香港共计发行 260 亿元的人民币国债，成为人民币国际化的重要里程碑。2014 年 12 月，国务院总理李克强主持召开国务院常务会议，宣布取消境内企业、商业银行在境外发行人民币债券的地域限制。2016 年 6 月，中国财政部宣布在伦敦发行的 30 亿元人民币国债上市交易，这是中国首次在香港以外的离岸市场发行人民币国债，这成为人民币国际化的另一重要里程碑。

总体来看，金融危机之后，人民币国际地位不断提升，这一方面来自于中国政府对于人民币国际化的积极推动，另一方面则来自于国际社会对当前国际货币体系改革进展的失望，美元作为主要国际货币的缺陷在金融危机之后暴露无遗，而欧元受欧债危机影响则一直停滞不前。在这种情况下，人民币逐渐得到国际社会的认同，在中国周边的国家和地区，甚至在北美和欧洲地区，一些国家已将人民币列入储备货币（胡晓炼，2012）。

人民币将是未来国际货币体系多元化格局中重要的一极。世界经济论坛根据美元、欧元、人民币的发展趋势预测了 2030 年国际货币体系的情景（WEF，2012）。但是无论哪一种情形，人民币都将成为国际货币体系中的重要一极。人民币国际化有利于国际货币体系的均衡与稳定发展，因此人民币国际化不单事关中国核心利益，也是中国维护世界经济稳定发展的历史责任。

第三，基于新自由主义的全球金融治理理念开始发生动摇。

从布雷顿森林体系建立以来，全球金融治理理念不断发生变化，但是基本延续自由主义的脉络。最先，布雷顿森林体系遵循内嵌式自由主义（embedded liberalism）思想，其与 20 世纪 30 年代经济国家主义和金本位时期自由主义的不同之处在于，内嵌式自由主义更强调多边框架下的国内干预（Ruggie，1982）。不过，从 20 世纪 70 年代开始，内嵌式自由主义逐渐被新自由主义（neoliberalism）替代，各国特别是发达经济体开始逐步降低国家对经济活动的干预，此时全球经济治理的"目的就是促进贸易自由、资本流动和跨国公司进入世界市场的自由""全球经济应当按照新古典经济学的政策建议加以管理，而管理的规章要以市场原则为基础"（吉尔平，2006）。新自由主义发展到顶峰即是"华盛顿共识"的产生。"华盛顿共识"（Washington Consensus）是美国彼得森国际经济研究所的约翰·威廉姆森（John Williamson）在 20 世纪 80 年代末根据拉美国家的国内经济改革总结出来的一系列新自由主义政策措施，共包括十个方面，如实施利率市场化、开放市场、放松政策管制等，其本质的特征是追求自由化和市场化。

然而随着 2008 年国际金融危机的爆发，国际社会开始对新自由主义开始反思。2016 年 6 月，基金组织《金融与发展》杂志发表了一篇基金组织研究人员撰写的《新自由主义：超卖?》，从资本账户开放和政府角色两个角度对新自由化进行了反思。论文指出，新自由主义的两大基石已被事实证明可能都是错误的。从资本账户开放来看，新自由主义认为金融自由化有助于经济发展，但实际情况是资本账户开放却会导致经济波动加剧，令金融危机更加频繁。从政府和市场的关系看，新自由主义强调应淡化政府角色，在财政政策上应推动紧缩性政策降低政府债务，但是论文认为这不能对所有国家一刀切，例如有良好记录的国家，缩减债务规模的好处其实很小。与此同时，资本账户开放和实施紧缩性政策也会导致社会收入不平等问题加剧等。考虑到对新自由主义的批评来自基金组织内部，这标志着国际社会对新自由主义的反思已经达到一个新的层次。

在这种情况下，需要对全球金融治理的理念进行重建，但是并不容易。不过，中国的做法以及一些想法正得到越来越多国家的认同，如"北京共识"的提出。"北京共识"是由美国《时代》周刊高级编辑、美国著名投资银行高盛公司资深顾问乔舒亚·库珀提出的，其甫一提出便成为与"华盛顿共识"并列的两种不同的治理理念。与"华盛顿共识"相比，"北京共识"至少在以下几个方面有所不同（关丽洁等，2015）。第一，在政府与市场的关系上，强调市场和政府调节手段的相互配合，在改革中逐渐减少政府对经济的行政干预。第二，在改革方式上，采取渐进式改革而非全面的激进改革。第三，重视本国国情，改革可以借鉴他国发展经验，但需结合本国实际情况，在理论和改革实施的路径上探索符合本国国情的发展道路。随着中国理念被越来越多的国家接受和认可，中国对于全球金融治理的软实力影响将会越来越大。

（四）威胁（T）

中国参与全球金融治理最大的阻力主要来自于美国。

从国际货币体系演进看，人民币国际化的上升必然会对美元的国际地位造成冲击。像欧元的出现一样，人民币国际化必然会对美元的霸权地位构成巨大的挑战。这可以从一个例子看出美国的态度。为推进人民币的国际化，2009年中国在香港建立第一个人民币离岸中心，随后在境外建立多个离岸中心，各国际金融中心如伦敦、法兰克福等地也竞相争取成为人民币离岸中心。然而作为全球最大金融枢纽的纽约却一直按兵不动，美国一直缺席人民币迈向全球的这一进程。直到2015年，中国国家主席习近平访美，两国发表声明指出将会进一步讨论便利人民币在美交易和清算。在2016年第八轮中美战略与经济对话中，关于人民币在美交易和清算终于取得进展，中国同意加强在美国的人民币交易与清算，给予美国2500亿元人民币合格境外投资者的额度，并制定中美各一家符合条件的银行作为人民币清算行。这将使美国成为继香港之后最大的离岸人民币清算中心。

中国在推进全球金融治理完善的过程中，不断遭到美国的阻挠与反对。美国是"二战"后国际金融秩序的主要建立者，也是主要的获益者，因此，任何的改革建议都必然遭到美国政府的反对。例如长期以来，美国一直保持着对国际货币基金组织的支配性影响，即使在国际金融危机爆发后，美国政府曾支持推动达成基金组织 2010 年份额和治理结构改革，但是美国国会却一直阻碍，直到 2015 年年底，美国国会才通过相关法案批准了对基金组织的改革决议。当前，美国推进国际货币基金组织的动力渐渐消退，而且还有意通过发展双边货币互换来削弱基金组织在全球金融治理中的地位与作用。这可以说是美国针对中国等新兴经济体试图谋求在全球金融治理话语权的反制措施。

中国试图推动新建国际金融机构以倒逼全球金融治理完善的努力也遭到美国的抵制，这从亚洲基础设施投资银行（AIIB）的例子中可以看出。自中国倡议建立亚投行以来，美国不断动用其影响力，阻挠韩国、日本、澳大利亚等盟友加入。2015 年 3 月，英国向中方提交了作为意向创始成员国加入亚投行的确认函，正式申请加入亚投行，成为了亚投行成员国中首个 G7 国家。随即美国白宫国家安全委员会发言人表示，对英国加入亚投行的决定表示质疑，并表示"我们对于那种不断迁就中国的倾向十分警觉，这不是同一个崛起中的强国打交道的最佳方式"，指责英国"不断迁就中国"。

亚投行成立后，美国也通过各种理由对其提出批评，如治理机制不明，新银行将不符合世界银行和亚洲开发银行采用的环保标准、采购需求，以及其他保障措施标准，包括防止弱势群体被从自己的土地上排挤出去的保护措施。美国担心亚投行成为中国撬动国际金融秩序、挑战美国金融霸权的一个杠杆。在美国看来，亚投行及金砖国家开发银行等，显示了以中国为代表的新兴国家试图另起炉灶。美国必然会通过各种政策削弱亚投行的影响力。

（五）SWOT 总结

表 5 - 2 针对中国参与国际金融治理的 SWOT 各个变量的结论进行了总结。随着中国经济的快速增长和金融实力的不断上升，决定了中国要在全球金融治理中发挥更大的作用。但与此同时，中国参与全球金融治理还存在一些劣势，这包括中国的利率和汇率市场改革还未完全完成，中国的资本账户还还存在一定的管制，金融环境还有待完善，这些都对于中国未来参与全球金融治理形成一定的制约。在

2008 年国际金融危机爆发的背景下，中国参与全球金融治理也面临前所未有的机会，如国际社会对全球金融治理的现状普遍存在不满，都在呼吁对其进行改革，各国也开始对原来基于新自由主义的全球金融治理理念进行反思，中国经验与中国模式正日益得到各国认可，人民币国际化快速推进，为中国参与全球金融治理提供了有效抓手。当然我们也面临着守成大国美国的干扰和阻挠，成为中国参与全球金融治理的一大威胁。

表 5 - 2　　　　　　中国参与国际金融治理的 SWOT 分析

优势	劣势
中国经济的快速增长	利率市场化还未完全完成
	汇率市场化还未完全完成
中国金融实力不断上升	金融环境还有待完善
	资本账户还存在一定管制
机会	威胁
国际社会对当前国际金融治理存在不满	美国因素
人民币国际化取得快速发展	
全球金融治理理念有所变化	

资料来源：作者统计。

第三节　中国参与国际金融治理的应对策略

通过 SWOT 分析，我们发现，随着经济实力的增长，中国参与国际金融治理的优势不断上升，与此同时中国也面临阻力与挑战，这决定着中国参与国际金融治理须遵循循序渐进的原则。我们试图从国内和国际两个层面上提出中国参与国际金融治理的策略。

一　国内层面

首先，中国应继续营造良好的国内外政治、外交、经济、社会环境，保持中国经济健康稳定持续发展。改革开放以来，中国经济取得了前所未有的高速增长，1978—2015 年，中国年均经济增长率达到9.72%。这种经济的快速增长，几乎是中国所有优势的一个基础。因此要在国际金融治理中发挥重要的作用，必须建立雄厚的经济基础。

与此同时，中国应积极营造良好的国内外关系，对内应继续深化改革和扩大对外开放，完善社会主义市场经济体制。转变经济增长战略，从过于依赖工业和投资转向鼓励发展服务业，降低阻碍劳动力流动的壁垒。在经济增长中更好地平衡工业与服务业、资本积累与城镇就业和生产率增长的关系。对外则营造一个和平稳定的周边环境与国际环境，坚持走独立自主的和平外交政策，走和平发展的道路。要积极发展同亚洲近邻国家的关系，促进亚洲地区的发展与繁荣。积极展开对话与合作，本着互谅互让、公平合理的原则，积极妥善地处理同亚洲国家的各种争议，维护亚洲地区的稳定；同时，继续加强与发展中国的团结与合作，并稳定与发展同发达国家的关系。

其次，继续推进利率和汇率市场化改革。

当前的利率市场化改革已经取得关键性进展，未来至少有两个方面应进一步推进。第一，进一步完善引导市场定价的基准利率参考体系，包括短期货币市场政策利率和中长期国债收益率，从而形成完整、平滑的收益率曲线。目前这条曲线仍然存在很多缺陷，例如国债的期限分布不均匀等。第二，完善利率传导机制，打通货币市场、信贷市场、资本市场之间的关系，进一步促进国内金融市场开放。

为进一步推进人民币汇率市场化改革，我们提出以下三点建议。第一，在当前的国内外经济形势下，货币当局应该继续参考一篮子汇率，退出常规性外汇市场干预。现在虽然已经确定稳定一篮子汇率是央行制定中间价的主要原则，但是，究竟是窄幅稳定还是宽幅稳定仍然有待进一步说明。如果是窄幅稳定，央行可以很快获得市场信任，代价是牺牲一部分货币政策独立性。如果是宽幅稳定，则还需要和市场做进一步的试探和沟通。从短期稳定金融市场的角度出发，窄幅波动是相对保守但是风险较低的选择，配合资本管制，央行也能够保持一定的货币政策独立性。从中长期的视角出发，还是需要实施宽幅波动，逐渐过渡到清洁浮动汇率制度。第二，同时实施资本管制措施，避免跨境资本流动造成汇率过度波动。从"8.11"汇改也可以发现，尽管人民币并没有持续贬值的基础，但是由于跨境资本流动波动越来越剧烈，人民币汇率出现超调的概率也越来越高。而且，由于离岸市场外汇交易更活跃，在遇到重大事件冲击时，离岸市场的力量反而比在岸市场更强。建议央行加强对跨境资本流动的管制措施，降低短期资本流动对汇率的冲击，增强货币政策独立性，为汇率形成机制改革提供缓冲垫。第三，做好详细的危机预案和市场保持畅通的沟通渠道，引导市场预期。央行过去推出汇改措施时，事前都会让市场形成较长时间的预期，例如将汇率日波幅从 0.05% 逐步扩大至 2% 的过程。而此次汇改完全出乎市场意料之外，这也是引发超出央行预期波动幅度的原因。建议央行在推出新的汇改措施之前，形成完备的预案措施，并充分咨询市场各界的意见，做好政策铺垫。

再次，发展金融市场并完善金融体系。

发展金融市场、完善金融体系是中国国内金融改革的重要步骤。为此，中国需要进一步发展资本市场，培育多元化市场投资主体，提高直接融资比例，促进国有企业的资产证券化；需要进一步改革、发展和建立统一、灵活、高效、大容量的货币市场；需要促进债券市场扩大发行主体与债券品种，加强债券评级、担保、清算等基础设施建设，大力发展国债市场。此外，中国需要加强商业银行特别是国有商业银行自身建设，积极推进商业银行现代化建设，努力与国际惯例接轨，完善商业银行管理机制，增加抗风险能力。在政府层面上，要继续加强和完善政府金融监管体系，进一步完善中国人民银行、银监会、证监会、保监会的监督制度与法律框架，保持监督机构的独立性，树立监督机构的权威性，提高监督水平（黄梅波、熊爱宗，2009）。

二　国际层面

首先，中国需要联合其他力量，采取集体行动。

在这方面，中国与其他金砖国家一道共同推进全球金融治理的完善是较为成功的经验。经过多年的发展，金砖国家已成为推动国际金融合作、重塑国际金融秩序的新生力量。例如，金砖国家一直主张推动国际货币基金组织的改革，以更好地反映新兴经济体的重要性。同时，中国还与其他国家一道通过建立新的机制和机构，以切实行动倒逼全球金融治理完善。一是建立金砖国家应急储备库。2012 年 6 月，金砖国家领导人在二十国集团洛斯卡沃斯峰会期间启动金砖国家应急储备安排的磋商。2013 年 3 月，在金砖国家德班财长和央行行长会议上，各国财长和行长讨论了建立金砖国家应急储备安排的可行性。2013 年 9 月，在二十国集团圣彼得堡峰会期间，金砖国家领导人就应急储备安排做出进一步讨论并汇集共识，各国领导人决定金砖国家设立 1000 亿美元应急储备库。2014 年 7 月，巴西、俄罗斯、印度、中国、南非在巴西福塔莱萨签署了《关于建立金砖国家应急储备安排的条约》，应急储备安排将在所有成员国完成国内审批程序后正式生效。金砖国家应急储备库是一个自我管理的应急储备安排，旨在应对各国短期国际收支压力，提供相互支持，并进一步加强金融稳定，其是新兴经济体为应对共同全球挑战创建集体金融安全网的重大尝试，将对由国际货币基金组织、区域金融安排、中央银行间双边货币互换协议及各国自有的国际储备构成的全球金融安全网形成补充和强化，使全球金融安全网增加新的层次，有助于提振市场信心，对促进金砖国家和全球的金融稳定发挥重要作用。二是建立新开发银行。2013 年 3 月，在第五次金砖国家领导人峰会上，金砖国家决定建立金砖国家新开发银行，该银行主要资助金砖国家以及其他发展中国家的基础设施建设，将更多发挥类似世界银行的职能。2014 年 7 月，金砖国家发表《福塔莱萨宣言》宣布，金砖国家新开发银行初始资本为1000 亿美元，由 5 个创始成员平均出资，总部设在中国上海。2015 年 7 月，金砖国家新开发银行正式开业。新开发银行是对现行国际金融体系的有益补充，也将进行治理模式探索创新。

通过将具有共同利益导向的国家联合起来，有利于进一步壮大推动和完善全球金融治理的力量，在此中间，中国可以通过引导、推动，或发挥"四两拨千斤"的作用，或充当"主心骨"的角色，借力使力。同时，联合其他国家，也有利于降低中国在推动全球金融治理过程中所承担的压力与责任。

其次，采用温和方案，避免与美国展开直接对抗。

历史经验表明，改革方案不能过激，否则必然招致守成大国的强烈反对。例如，东亚货币合作中，较为激进的方案——建立亚洲货币基金（AMF）就造成美国的强烈反对，较为温和的方案如清迈倡议（CMI）则较为顺利。清迈倡议最初的目标只是扩大东盟货币互换安排，并将货币互换安排扩展到整个东亚地区，以初级的信息交换与金融监督等为合作形式。货币互换下的资金安排也与 IMF 的贷款条件相挂钩，这一切保证了清迈倡议的顺利推进，最终建成多边机制（CMIM），并建立"东盟＋3"宏观经济研究办公室（AMRO）这一区域金融监控实体。在"东盟＋3"财会上，各国财长也反复强调：CMIM 的核心目标之一是为地区的短期流动性困难提供支持，是现有国际金融安排的补充而不是替代。可见，中国在推进国际金融治理的过程中，也应该吸收亚洲货币合作的经验教训，既要维护中国参与全球金融治理的利益，同时应尽量避免与美国产生直接的冲突。

再次，通过多边平台推动全球金融治理。

中国应积极通过参与多边国际合作平台，通过在基金组织、二十国集团（G20）等平台中发挥更大作用，以此来推动完善全球金融治理。

二十国集团正成为全球金融治理的重要推动者。例如二十国集团一直努力推动国际货币基金组织治理结构改革。2005 年，在北京举行的第七届二十国集团（G20）财长和央行行长会议上通过《二十国关于改革布雷顿森林体系的声明》。G20 财长和央行行长认为，布雷顿森林体系成立以来，世界经济发生了巨大变化，因此，布雷顿森林体系应加快份额和代表权改革，以反映各国经济比重的变化。为此，二十国集团将寻求为份额改革确定原则，为 2008 年 1 月前完成基金组织第十三次份额审查做出贡献。

二十国集团首脑峰会为推动国际货币基金组织改革提供了新的动力。在华盛顿首脑峰会上，二十国集团强调，必须对布雷顿森林体系进行全面改革，使它能够更充分地反映世界经济格局的变化，新兴经济体和发展中国家应在这些机构中具有更大的发言权和代表性。此后几届峰会，各国领导人都呼吁二十国集团成员国批准 2008 年基金组织份额和发言权改革决议。在督促各国批准 2008 年改革方案的同时，二十国集团开始考虑基金组织进一步的改革行动。在二十国集团的直接推动下，基金组织达成了相比 2008 年方案更进一步的 2010 年份额和治理结构改革方案。虽然这一方案直到 2015 年才获得美国国会的批准，但是这一方案的达成，二十国集团却功不可没。

2016 年，中国成为二十国集团轮值主席国，在推动全球金融治理完善上不断向前推进。2015 年 10 月，在国际货币基金组织（IMF）和世界银行（WB）秘鲁利马年会期间，中国财政部部长楼继伟和中国人民银行副行长易纲分别介绍了 2016 年 G20 财金渠道议题的初步考虑。其中，继续推动国际金融治理改革、完善国际货币体系成为明年财金渠道六大重点议题之一，同时中方还宣布在接任 G20 主席国后恢复 G20 国际金融架构工作组，专门就完善国际金融架构进行讨论。这显示出中国对于完善全球金融治理的重视与期待。

第四节　中国参与国际金融治理的应对建议

中国需要在国际金融机构改革、国际资本流动管理、全球金融安全网建设以及全球主权债监控方面，积极参与改革，提高中国在各个领域的规则制定能力，实现责任和权利共享。

一　国际金融机构改革

以 IMF 为代表的国际金融机构是国际货币体系和国际金融监管体系的重要载体，其职能的发挥也直接影响货币体系和监管体系的运作和效果，因此，国际金融机构的治理机制和运作机制改革自然成为全球金融治理最重要的议题和突破口。

长期以来，IMF 发挥的实际作用非常有限且每况愈下，一个重要的原因就在于其治理结构和运作机制存在着严重的缺陷。1997 年东南亚金融危机后，IMF 在贷款条件、救助能力和救助的及时性等方面遭受了严重的批评和质疑，IMF 改革的呼声一时间高涨起来。但是，当时的改革主要涉及 IMF 增资和贷款条件方面（Buira，2003），并未深入到内部治理结构改革层面。2008 年国际金融危机爆发后，改进 IMF 和世界银行内部治理结构才被提上国际社会的重要议事日程，特别是从 2009 年 G20 伦敦峰会后，才开始逐步涉及对国际主要金融机构改革的具体建议。

总体来讲，IMF 的治理结构改革中首当其冲的就是 IMF 成员国份额和投票权的分配不对称。发达国家在 IMF 份额和投票权中占据主导地位，如美国和其他发达国家合计份额在 2010 年份额改革之前一直超过 60%（即使是 2010 年份额改革之后仍然高达 57.7%），发达国家对决策有决定性的影响，美国更是拥有绝对的否决权，分别拥有世界银行和国际货币基金组织 15.85% 和 16.74% 的投票权。而发展中国家在 IMF 的代表性严重不足，如即使是占比最高的中国，其投票权在 2010 年增加后也仅为 6.394%，2008 年份额改革（占比为 3.996%）之前则长期低于 3%。显然，这无法反映发展中国家特别是以金砖国家为代表的新兴经济体的经济实力和国际贡献。更重要的是，决策权的不对称使得发展中国家的话语权严重缺失，导致现行国际金融秩序只是服务于部分国家的利益，而无法反映发展中国家的利益诉求。因此，增强发展中国家的代表权和话语权是改进 IMF 治理结构和运作机制的重要方面，也是未来全球金融体系治理最重要的议题。

此外，IMF 的资金不足问题依然存在，由于 IMF 没有货币发行权，因此其资金的充足程度完全取决于成员国的缴纳。由于机构的资金来源具有严重的局限性和依赖性，这就使得其会因为资金无法得到保证而难以有效地履行职能。如何拓展多元化的资金来源，创新融资方式，增加资金基础也是 IMF 改革的议题之一。

因此，对于中国来说，改革国际金融机构，应进一步提高新兴和发展中经济体在全球金融治理体系中的发言权，以和世界经济格局相一致。

当前新兴和发展中国家参与全球金融治理的代表性依然不足，随着新兴和发展中经济体经济总量占比不断上升，其在全球治理过程中的地位应该得到反映。希望在 2017 年年会前完成基金组织第 15 次份额总检查，同时应该进一步向新兴和发展中国家进行份额转移。与此同时，应对世界银行的份额进行审议评估，使其份额结构与世界经济格局相吻合。

2016 年，G20 和国际货币金融委员会（IMFC）的谈判人员将注意力放在 IMF 下一轮的份额和治理改革上。IMF 的治理是一个长期的过程，如果基金组织还想要继续发挥它在国际货币体系中的基石作用，就需要持续关注改革，减少欧洲的代表性，增加新兴市场的份额，特别是中国。中国也需要推动 G20 和 IMFC 帮助 IMF 配额及相关改革，确保基金组织的资源足以满足短期融资需求，为全球经济治理注入新的活力，为 G20 优先发展做出巨大贡献。IMF 的份额在多大程度上可以反映不断更新的经济数据；份额计算公式应该进行怎样的修正；IMF 在短期以及未来十年需要多大规模的资源；如何确保 IMF 中的核心员工及管理层任命是在业绩的基础上进行的；以及如何追求新兴经济体份额增长与 IMF 中最贫穷国家的代表性和发言权保护之间的平衡。这些都是我们需要在新的历史时期进行思考和探索的。

二　国际资本流动管理

国际金融危机爆发后，国际货币基金组织对待国际资本流动的态度有所改变。这主要表现在其开始肯定资本管制的作用，并逐步建立起关于资本流入管理、资本流出管理、国际资本流动政策协调等一系列管理框架。在此基础上，基金组织开始重新考虑其在 2005 年提出的统一的资本自由流动框架。

总体上，各国对于基金组织的资本流动管理框架表示欢迎与支持，但是对于基金组织提出的资本流动管理措施的启用条件、实施次序以及资本来源国的政策溢出管理等仍有所保留。这要求基金组织进一步完善其政策管理框架，从而使得各国最大程度享受资本流动带来的好处，降低其负面影响。

从中国角度看，基金组织的资本流动管理框架在以下几个方面仍有待完善。第一，关于资本流动管理措施的启用条件。基金组织指出虽然各国可以根据一定的情况实施资本流动管理措施，但是对于相关工具的启动条件却没有明确界定或很难确定。例如对于资本流入管理措施，基金组织认为只有当出现大规模资本流入时才可以使用，但是如何界定大规模流入，不同情形下可能完全不同。再比如对于资本流出管理措施，基金组织认为只有在危机或接近危机爆发的条件下才可以使用，而对于危机的界定或预警一直是一个难点。因此，考虑到对于本国经济情况的了解，对于相关工具的使用，各国政府应具有较大的自主性和灵活性。

第二，对于资本流动管理工具的实施次序。各国大都原则同意基金组织资本流动管理的三个政策工具：宏观经济政策、宏观审慎监管政策和资本管制。但基金组织强调宏观经济政策应该是首位或基础性的，资本流动管理措施应该是暂时性和过渡性的。但是在何种情况下使用何种工具以及使用次序可能引发不同争议。例如宏观经济政策的三个状态变量分别是汇率状态（低估还是高估）、国际储备状态（充足还是匮乏）、经济运行状态（过热还是过冷），可根据不同的状况实施不同的政策组合以及决定是否可以实施资本流动管理措施，然而均衡汇率水平和合意储备水平历来是国际经济学的两个难题，基金组织以这两个难以达成一致的状态变量作为判断依据，无疑是加大了政策操作的难度，也为各国未来无休止的政策争吵埋下了隐患。

第三，对资本来源国的政策溢出效应管理仍有待加强。从2005年试图建立资本流动自由化统一框架开始，基金组织一直强调对资本来源国的政策溢出加强管理。在本轮资本流动管理框架改革中，基金组织也一直强调发达经济体的货币政策和金融监管政策对国际资本流动正造成越来越大的影响。与此同时，基金组织也通过多边监督产品《溢出报告》等来加强对资本推动因素的监督。但是总体上，基金组织在这方面并没有提出具体的建议，因此大部分成员国都要求基金组织应该实施更为平衡和公平的资本流动管理框架，尤其应加强对于重要国际货币发行国和重要国际金融中心的监督。

第四，进一步加强国际资本流动管理的国际协调。在当前经济金融全球化不断深化的背景下，无论是国际资本流动本身还是相应的国际资本流动管理政策都具有极大的国际溢出影响。目前，存在着一系列的双边、地区和国际安排对国际资本流动进行监管，但是在全球层面并无一个统一规则。未来，如何加强资本流动（包括管理政策）的溢出管理、如何加强资本流出国与流入国之间的协调，从而使得各国最大程度享受资本流动带来的好处、最小化其负面影响，这是各国都需要考虑的问题。

三 促进全球金融安全网的协调与合作

当前全球金融风险有所上升，这要求进一步完善全球金融治理体系功能，以确保国际金融稳定。完善全球金融安全网是应对当前全球经济与金融风险显著上升的有效手段。应进一步扩充全球金融安全网的可用金融资源，并加强不同层次安全网之间的协调与合作。考虑在基金组织第 15 次份额总检查时进一步扩充基金组织份额的可能性，进一步完善基金组织的贷款工具，使其更好地满足各国需要。在2011 年合作原则的基础上，进一步深化国际货币基金组织和区域金融安排之间的协调与合作，探讨中央银行双边货币互换（网络）与其他金融安全网之间的协调与合作。

全球金融安全网之间存在着广泛的合作空间，特别是在基金组织与地区金融安排（RFAs）之间。Volz（2012）认为，RFAs 与基金组织的合作具体包括以下四个领域：①RFAs 与基金组织的机构间关系构建；②危机贷款中的分工；③联合金融救援任务的条件；④监督和分析。其中，RFAs 与基金组织的机构间关系主要是指 RFAs 和基金组织如何在对方机构中获得代表地位，特别是 RFAs 如何在基金组织中获得代表地位，这将视区域金融一体化的推进情况并需要修改基金组织协定来完成。危机救援贷款的分工和联合金融救援任务条件的界定则是在金融危机情形下的合作，而监督和分析主要是关于宏观经济和金融市场的监督与分析合作，这既有危机情形下的合作，但更多是一种日常合作。

不同金融安全网之间具有各自的比较优势，这成为彼此合作的基础。例如在监督方面，区域金融安排可能更容易获取本地区的数据和信息，因此在地区监督和金融救援项目设计上能提供更符合本地区特征的建议。然而，由于地区外信息获取受限，其对区域外和全球风险评估能力不足，这种情况下，区域金融安排就不得不依赖基金组织对全球形势的分析与判断。

区域金融安排与基金组织的合作也得到国际社会的重视。为进一步促进 RFAs 与基金组织的协调与合作，2011 年 10 月二十国集团达

成《国际货币基金组织与区域金融安排合作的二十国集团原则》
(《G20 Principles for Cooperation between the IMF and Regional Financing
Arrangements》)。① 在此基础上，应从以下两个方面进一步深化基金
组织与 RFAs 的合作。

一方面，加强区域金融安排与基金组织的危机救援合作。

加强区域金融安排（以及双边货币互换、一国国际储备）与基金
组织关于危机救援的合作，应该考虑不同金融安全网之间的分工与各
自优势。何时应该由某一金融安全网单独救援，何时应组织联合救
援，应视不同的情形而定。国际社会应该根据不同的风险冲击达成一
个基本的救援次序，即如果风险冲击只限定在一国内部时，首先由一
国国内金融安全网（即一国国际储备）进行应对，区域金融安排与
双边货币互换为第二层安全网；而如果风险冲击为区域性冲击时，首
先应动用国内金融安全网与区域金融安排、双边货币互换，基金组织
则为第三层安全网保障；而如果发生全球性冲击，则应该集体动用所
有层次的金融安全网，并时刻准备对现有全球金融安全网进行升级以
作为第四层次保障。

与此同时，面临不同的冲击，区域金融安排与基金组织合作的重
点也不尽相同。第一，在面对国别冲击和区域冲击时，区域金融安排
与基金组织的合作应该是"全方位"的合作。具体来看，在监督方
面，区域金融安排应重点监督冲击所带来的区域内影响，同时在救援
项目设计上应该考虑到本地区特有的情况；而基金组织的监督则应考
虑该冲击给全球经济带来的潜在影响。区域金融安排应在监督方面发
挥主要作用。在救援资金安排方面，应以地区金融安排救援为主，考
虑到救援计划谈判、执行可能会持续较长时间，地区金融安排应该首
先快速反应（例如首先动用其无条件贷款或条件性相对灵活的贷
款），及时稳定市场，为后续救援资金安排争取时间。在本地区救援
资金不足的情况下，基金组织贷款应积极响应介入。第二，在全球层
面，基金组织应该在救援中发挥核心作用，主要负责救援项目的设

---

① http：//www. g20. utoronto. ca/2011/2011 – finance – principles – 111015 – en. pdf，Oct
15，2011.

计、执行和后期评估工作。地区金融安排除了积极贡献金融资源外，在事关本地区的监督事项上积极向基金组织提供建议，共同维护全球金融稳定。

另一方面，加强基金组织与区域金融安排的日常监督合作。

现有的区域金融安排虽然大都建有自己独立的监督机制，但是大部分依然与基金组织存在联系。这种"联系"分为不同层次，有的与基金组织联系较为紧密，如金砖国家应急储备安排（CRA）和清迈倡议多边化（CMIM）下的资金使用如果超过30%，则需与基金组织项目挂钩，而有的则与基金组织联系较为松散，如欧洲的各种区域金融安排，但即使如此其依然同基金组织存在紧密的合作。未来应该继续加强区域金融安排与基金组织在监督上的合作，这一方面有利于提高地区金融安排的监督能力，另一方面可以发挥不同监督机制的比较优势，有利于危机预防和危机解决。

第一，积极推动地区金融安排与基金组织的双边监督合作。首先，可推动地区金融安排加入基金组织本地区成员国第四条款磋商进程。多数学者指出，通过参与基金组织第四条款磋商，有利于地区金融安排学习基金组织的监督技术，加深对于本地区成员国经济的了解，从而提高自身的监督和报告水平。然而，根据基金组织的规定，信息和文件共享是受到基金组织政策和程序严格控制的，特别是提供给基金组织管理层和员工的机密信息在没有相关成员国同意的情况下是不能对外公开的。因此，第四条款磋商可能会涉及到一些成员国的关键经济信息，从而使得相关国家不愿意向第三方机构开放磋商进程。考虑到这一情况，应在基金组织、地区金融安排等不同框架内就第四条款磋商进程达成共识，在与基金组织的政策和程序保持一致的基础上，促使各成员对其开放第四条款磋商，允许地区监督团队与基金组织团队共同参与第四条款磋商。更进一步，未来可考虑共享甚至合并地区金融安排的国家磋商与基金组织的第四条款磋商，避免出现监督套利。其次，积极推动地区金融安排国家监督小组与基金组织的国家团队举行相关形势的讨论与磋商。双方可围绕共同成员的宏观经济和金融形势展开讨论，互换看法，以及在可允许的条件下进行信息和文件交换。

第二，加强地区金融安排与基金组织在区域和多边监督中的合作。除第四条款磋商的双边监督外，基金组织还通过《世界经济展望》《全球金融稳定报告》以及《地区经济展望》等开展区域和多边监督。地区金融安排应积极利用在本地区信息收集和经济分析优势，加强对于本地区整体的监督能力。在必要时地区金融安排可通过签署备忘录建立同基金组织的定期地区磋商机制，弥补基金组织在地区层面磋商机制上的不足。目前基金组织已经与货币联盟（如欧元区）展开了固定磋商，因此可考虑在自愿情况下将这种磋商扩展至非货币联盟。此外，地区金融安排还可与基金组织在一些事关地区的专题问题上展开磋商，如欧洲机构与基金组织就在欧债危机相关问题上展开了多次磋商讨论。

四　加强全球主权债务的监测与管理

美国金融危机以及随后的欧洲主权债务危机的爆发突显了加强公共债务管理的必要性，完善现行公共债务管理规则成为全球经济治理当务之急。在国际层面，由国际货币基金组织和世界银行共同制定的《公共债务管理指南》为各国进行公共债务管理提供了参考，但是此次危机也显示出其仍存在诸多需要改进的地方。

除了 IMF 和世界银行自身推动之外，二十国集团也在其中发挥着重要作用。作为 2013 年二十国集团轮值主席国，俄罗斯将国家借贷和公共债务管理设为 2013 年度二十国集团会议的重要议题之一。2013 年 4 月 2 日和 3 日，二十国集团在莫斯科召开"债务市场非常规条件下的公共债务管理"高级别研讨会，以评估公共债务管理领域的多边标准、指导方针和建议的有效性。在 2013 年 4 月 18 日—19 日召开的二十国集团财长和央行行长会议上，各国财长和央行行长呼吁国际货币基金组织和世界银行对《公共债务管理指南》的执行和可能审查方面同成员国进行沟通咨询。作为 2016 年 G20 主席国，中国也提出应加强公共债务的管理。

未来公共债务管理改革应该侧重如下几个方面。首先，根据美国金融危机爆发的具体情况，加强对于公共债务的技术性管理。如在金融危机期间，面对融资需求增加和融资成本上升的压力，多个国家通过改变发行债券期限结构、开发非核心市场和融资工具等，扩展融资来源，降低融资成本。此外，针对市场动荡所引发的融资困难，多个国家通过修改债券发行机制、灵活使用债务工具、加强同市场的沟通等，以此来恢复市场信心，修复市场融资功能。通过实施这些政策措施，有效地维护了公共债务市场的运作，部分缓解了公共债务市场的压力。但是这些措施也使得政府的公共债务结构风险增大，只是金融危机这种极端事件之下的权宜之计。其次，继续推进完善公共债务管理原则。除国际货币基金组织和世界银行制定的《公共债务管理指南》之外，其他国际组织和机构也建立起类似的公共债务管理原则。然而，欧洲主权债务危机的爆发说明现有债务管理原则仍存在较大缺陷。未来需要改进的方向至少包括以下几个方面。

第一，加强风险管理框架建设。原有指南对风险的管理只是强调成本—风险分析，未能对风险进行全面的识别与监控，导致政府对债务风险估计不足。应进一步扩大公共债务管理所关注的风险范围，"斯德哥尔摩原则"对此已经有所强调。

第二，加强公共债务管理应对宏观经济冲击的能力。欧洲主权债务危机爆发的原因之一，是美国金融危机冲击下欧洲政府债务的急剧增长，这显示出既有债务管理原则未能充分考虑到宏观经济冲击对公共债务带来的影响，这一方面要求公共债务管理应建立充足的流动性缓冲以应对不时之需，另一方面应加大压力测试力度，提早做好应对准备。

第三，推动采用整合的资产负债管理框架。采用资产负债综合管理框架而不是仅仅从负债角度对公共债务进行管理，有利于对政府部门的金融资产和负债有较为全面的分析，例如一国政府虽然拥有较高的债务负担，但是如果其拥有期限、质量正好与之匹配的资产，则较高的公共债务水平并不会造成太大的风险。

第四，提高公共债务管理的信息披露力度。这主要表现在以下几个方面：一是应加大对各国公共债务的监测力度，保证各国政府举债的透明度；二是应及时公开发布各国公共债务管理规则的形成与变化，加强内部问责与外部监督；三是加强同市场各方（国内投资者、外国投资者、评级公司等）的信息沟通，合理引导市场预期发展。

第五，加强对公共债务风险国际溢出效应的管理。美国金融危机以及随后的欧洲主权债务危机都是以发达经济体为中心的危机，同时目前存在较大债务风险的国家仍然主要集中在欧美日等发达经济体。这一方面暴露了发达经济体公共债务管理仍存在进一步完善的地方，国际货币基金组织、世界银行等国际组织在公共债务管理原则的完善上应加大对发达经济体的关注力度。另一方面，鉴于发达经济体在世界经济和全球金融中的重要地位，发达经济体的债务风险将会对其他国家带来明显的国际溢出效应，这也需要在公共债务管理原则的完善中提起注意。

最后，加强公共债务管理与其他宏观经济政策的协调。原有指南也提及应加强公共债务管理与财政政策、货币政策之间的协调，但是美国金融危机的爆发也揭示出公共债务管理政策与金融稳定政策之间协调的必要。前文提到，公共债务部门与国内金融部门联系日益紧密，主权信用风险的恶化不但会对金融部门稳定性造成损害，反过来，金融部门动荡也将进一步恶化主权债务风险，并产生国际溢出风险。加强政策协调主要包括以下三个方面：第一，进一步加强公共债务管理与其他宏观经济部门的信息沟通；第二，密切关注公共债务管理政策与其他宏观经济政策的相互影响；第三，最为重要的是，加强对公共债务管理与其他宏观政策目标的协调。例如，是否可考虑对公共债务管理目标做出修改，在市场动荡期，公共债务管理在最低成本下满足融资需求的目标可让位于金融稳定，因为这个时候，金融稳定也许比公共债务管理更为重要。

此外，除应继续建立和完善量化指标，加强对于全球债务的监测外，应完善主权债务重组框架，积极推动集体行动条款（CACs）和同等位次条款（Pari Passu Clause）在主权债务重组中的应用。

第五节　结论

伴随着经济的快速增长以及金融实力的上升，中国在国际金融治理中的地位得到大幅提升。国际金融危机的爆发也为中国参与国际金融治理打开了新的机遇窗口，中国参与国际金融治理的目标和利益诉求也日益变得清晰。现阶段中国参与国际金融治理的总体目标和利益诉求为，通过推动旧有国际金融治理机制的改革和完善，加快建立公平、公正、包容、有序的国际经济金融秩序。一方面通过参与国际金融治理机制建设，使中国的利益诉求反映到全球规则制定中，为中国经济发展创造良好的外部环境。另一方面通过积极参与国际金融治理，进一步深化对外开放水平，以对外开放促进国内改革，其最根本的目的是服务于实现"两个一百年"奋斗目标，实现中华民族伟大复兴的中国梦。根据这一目标和当前的经济金融现实条件，在参与国际金融治理的过程中，中国应坚持发展中大国定位，同时改革应循序渐进，避免"大破大立"式推进，处理好与守成大国美国的关系。

通过 SWOT 分析，我们认识到中国参与国际金融治理的优势、劣势、机会与威胁。中国经济的快速增长以及由此带来的金融实力的上升正为中国参与国际金融治理积累起越来越大的优势，这也是中国参与国际金融治理的重要基础和支撑。但是金融改革不到位也为中国参与金融治理带来一些掣肘，例如利率和汇率市场改革还未完全完成，中国的资本账户还还存在一定的管制，金融环境还有待完善，等等。当前，中国参与全球金融治理也面临前所未有的机会，如国际社会对国际金融治理的现状普遍存在不满，改革存在着极大的现实需求，而中国经验与中国模式正日益得到各国认可，各方对中国在国际金融治理中发挥更大作用普遍存在期待，这都为中国参与国际金融治理提供了机会窗口。但在这一过程中，应妥善处理同美国的关系，避免其对中国进行干扰和阻挠。

中国参与国际金融治理应遵循循序渐进的原则。从国内层面看，应继续营造良好的国内外政治、外交、经济、社会环境，保持中国经济健康稳定持续发展，为参与国际金融治理夯实国内基础。同时，继续推进利率和汇率市场化改革，发展金融市场并完善金融体系，为参与国际金融治理扫除国内金融环境制约条件。从国际层面看，中国应加强对亚洲国家、金砖国家以及其他新兴和发展中经济体的合作，采取共同行动推动国际金融治理，同时注意改革方案对于相关利益主体的影响，避免对美国等形成刺激，形成较大的改革阻力。应积极利用二十国集团等现有的多边治理平台，积极推动国际金融治理的完善。在各具体改革领域，中国应坚持以上原则，同时注重责任与权利对等共享，逐步提高在各个领域的规则制定能力。

第 三 篇

国际贸易和投资治理进展与应对策略研究

前　言

　　世界正处在一个迷茫的十字路口，全球化何去何从仍难以抉择。作为世界经济增长重要引擎的贸易与投资，增长乏力。全球贸易下滑趋势严重，连续五年低于世界经济增速。与之对应，全球贸易与世界经济总量的比例自 20 世纪 90 年代以来大幅下降。全球贸易预计在 2017 年增长 2.7%，而在 2018 年增长 3.3%①，其增长率在未来几年不可能大幅超过世界经济增长率。贸易低迷，一方面是周期性因素，例如全球需求构成改变和全球环境不确定性加剧；另一方面，一些在 20 世纪 90 年代和 21 世纪初有利于全球贸易迅速扩张的结构性转变的影响开始减弱，导致贸易自由化进展缓慢。全球投资增长也相对疲软，仍然保持在较低水平。由于经济增长前景不乐观、大宗商品价格低迷、主要经济体政策和政治不确定性及私人债务攀升等原因共同作用，2016 年全年全球外商直接投资总额下降了 13%。

　　"二战"之后，国际贸易的全球治理经历了从 1947 年的关税与贸易总协定，到 1994 年世界贸易组织的演变，然而当前的多边贸易谈判步履维艰、一直停滞不前。另外，国际投资治理领域被 3200 多个双边协定所分割，也不利于开展跨境投资合作。因此，各国开始探索建立全球贸易投资新秩序，并且积极参与到新的国际贸易投资规则的谈判与制定中来。

　　全球贸易和投资治理机制是协调世界各国间经济关系的制度和规则，一般而言，包括全球贸易和投资治理平台（或机构）、治理内容两个层次。其中，代表性的全球贸易和投资治理平台包括七国集团

---

　　① UNCTAD，《2017 年世界经济形势与展望》。

（G7）、二十国集团（G20）、金砖国家合作机制、亚太经济合作组织（APEC），代表性的全球贸易和投资治理机构则有世界贸易组织（WTO）、联合国贸发会（UNCTAD）、国际货币基金组织（IMF）和世界银行等。现行的全球贸易和投资治理制度主要是第二次世界大战后由发达经济体主导建立的，随着新兴经济体的崛起以及全球贸易和投资格局的调整，全球贸易和投资治理机制变革的方向，以及中国如何参与全球贸易和投资治理等问题，越来越受到各界广泛关注。

正如习近平主席在世界经济论坛 2017 年年会开幕式主旨演讲中所指出的："过去数十年，国际经济力量对比深刻演变，而全球治理体系未能反映新格局，代表性和包容性很不够。全球产业布局在不断调整，新的产业链、价值链、供应链日益形成，而贸易和投资规则未能跟上新形势，机制封闭化、规则碎片化十分突出。全球金融市场需要增强抗风险能力，而全球金融治理机制未能适应新需求，难以有效化解国际金融市场频繁动荡、资产泡沫积聚等问题。"从这个角度出发，为对中国更好参与全球贸易和投资规则谈判提供更为科学的参考，我们开展了本课题的研究。

按照总课题的研究计划，本部分包括：国际贸易和投资治理的演变与发展、国际贸易和投资治理新趋势、国际贸易和投资治理结构变化、存在的问题和挑战以及未来的方向与应对战略五个方面，课题后续的研究严格按照上述框架展开，但是在顺序的编排上，考虑到研究的内容，我们将贸易和投资做了区分，并分别以治理平台（或机构）的发展和变化、治理内容的发展和变化、治理存在的问题、中国的应对展开。具体而言包括如下方面。

首先，从全球贸易和投资治理的角度，条分缕析地阐释了全球贸易和投资发展的历史，以及与之对应的贸易、投资治理的沿革；并在此基础上指出，美国在 2016 年总统大选之前所积极倡导的 TPP、TTIP 和 TISA 谈判，通过高标准的谈判方式追求高水平的贸易投资自由化，是全球贸易投资规则发展的重要趋势。

其次，着重分析了现行国际贸易投资治理机制存在的问题。随着新兴经济体的经济实力持续快速增长，以及世界经济重心从大西洋地区转向亚太地区，现行的全球贸易和投资治理机制在协调、效力等方面存在诸多争议，包括主导权过于集中导致全球贸易治理机制缺失的问题、全球贸易治理平台和机构缺乏协调和问责的问题、国际投资体系碎片化发展的问题、国际投资争端解决机制合法性的问题、发达国家和发展中国家的利益差异问题、发展中国家的特殊和差别待遇问题等。

再次，考虑到今后一个时期进一步推进全球贸易和投资治理，要更加注重秉持互利共赢的时代理念，在实现自身发展的同时尊重其他国家发展关切，要更加自觉地把互利共赢的共生理念贯彻到新时期贸易投资治理变革的始终。我们强调合理有效的全球贸易投资治理机制应该切实反映国际经济格局的变化，实现代表性、决策效率和实施效力的有机统一。在此基础上我们提出，采取积极有效的措施增强参与全球贸易投资治理机制的自身实力，重视金砖国家峰会、G20 等治理机制建设，稳步推动全球贸易投资治理平台改革，强化区域治理并将之作为参与全球贸易投资治理机制的重要路径，重视国际贸易、投资创新性议题的谋划，加强培养经济外交人才并增强中国对全球贸易投资治理机制日常运行方面的影响力，等等有针对性的举措，为完善全球贸易投资治理机制、推动全球贸易投资强劲增长等提供了参考。

在全球贸易和投资治理体系面临严峻考验之际，中国能够也应当"兼济天下"。随着中国综合国力和国际地位持续上升，积极参与全球经济治理、推动形成世界经济新秩序成为中国以更加积极主动的姿态走向世界这一课题的应有之义。目前，中国经济增速已经稳定在中高速水平，在世界主要经济体中位居前列，对全球经济增长的贡献率超过 25%。中国民众旺盛的购买力为世界各国提供了广阔的出口市场，中国企业持续猛增的对外投资成为当地就业和税收的重要来源。中国作为开放理念的实践者、担负起大国责任的倡导者，应顺势而为，希望而且有能力用自身的经验和意志，在困局中改变大家的理念、促进共同的发展、建立共赢的秩序。

第一章　国际贸易与投资的发展历程

国际贸易是国家之间①的产品（或劳务）的交换活动。国际投资，在本文中主要是指国际直接投资，即本国投资者以在境外取得长期收益或赢得企业控制权为主要目的而进行的以直接创立境外企业或兼并收购已有企业为主要方式的跨国投资活动。

第一节　国际贸易的发展历程

国际贸易作为各经济体间产品和劳务的交换过程以及重新配置资源的基本渠道，既是各国实现分工与合作的重要方式，也是经济全球化和一体化的重要内容。各经济体的国民经济之所以能构成有机的世界经济，国际贸易发挥的作用举足轻重，其既体现着全球经济的运转情况，也推动着全球经济的持续发展。本节就按照时间顺序，对国际分工和国际贸易的发展作一简要回顾。

一　国际分工的发展

（一）国际分工的变化过程

国际分工，是指各经济体间的劳动分工，是跨越国界的专业分工，是社会分工向世界范围的延伸和扩展。一般认为，国际分工的发展经历了以下几个时期。

---

① 就字面意义理解，国际即国家之间。但更为严格地讲，只有在关税制度出现以前，国际贸易才特指跨国境的产品（或劳务）交换；而现代的国际贸易更多的是跨境的产品（或劳务）交换。尽管被称为国际贸易，但交换的主体并不仅限于国家，特殊地区、企业或是个人都可以以主体的身份参与到国际贸易中来。

1. 前资本主义时期

在此时期，生产力水平很低，自给自足的自然经济占主要地位，商品经济的规模和范围始终非常有限，即便存在部分邻国间的分工，也基本上是因为地理上的巧合。

2. 萌芽时期

地理大发现促进了生产力的发展，手工业进一步同农业分离，商品经济加速发展，资本原始积累开始。在此时期，部分欧洲国家开始实施殖民政策，这就形成了殖民地和宗主国之间的分工，不过，此时的国际分工还处在萌芽时期。

3. 发展时期

工业革命是国际分工发展的重要动力。机器的使用令社会协作日益广泛，生产逐渐由个人活动转变为社会活动。机器大工业使生产更加专业化、分工更为科学化，新的生产部门不断涌现，国际分工得到了新的发展。一方面，受到地理条件和资源禀赋的约束，机器大生产所需的日渐增多的原料已经不是一国生产可以满足，这就使发达国家对外寻求原料产地；另一方面，由于发达国家的生产率水平大为提高，其所能提供的产品已经不是一国市场可以容纳。在此时期，国际分工的一个特点是，当时的世界工厂以英国为中心，构成了其与众多亚、非、拉国家间的宗主国与殖民地间的分工。

4. 形成时期

第二次工业革命最终导致了国际分工体系的形成。在此时期，国际分工又有了新的特点：第一，国际生产专业化有了进一步的提高。随着新的机器设备和生产方法的广泛使用，涌现出许多新的工业部门。在以往的工业国家，重工业逐渐居于主要地位；在以往的农业国家，采掘业有所发展，在全球范围内形成了门类齐全的分工体系。第二，工业生产主要集中在欧美发达国家，原料生产主要集中在亚、非、拉国家。发达国家凭借资本输出等方式，对很多欠发达国家实行殖民统治，限制殖民地培育民族工业，且不允许其与宗主国之外的国家发生经济联系，这就使很多欠发达国家逐渐成为畸形的、发展单一产业的国家，其经济在很大程度上依赖于发达国家。

5. 变革时期

"二战"结束后,传统的国际分工体系发生了重大变革。在政治上获得独立的发展中国家逐渐崛起,旧有的以殖民地和宗主国之间经济联系为纽带的国际分工体系被打破;与此同时,社会主义国家的建立并参加国际经济活动,同样对各国经济联系的内容形成了重要影响,这就使"二战"后的国际分工有了新的特点:第一,工业国家间的分工是国际分工的主流。随着科技和经济不断发展,以各类资源为基础的分工逐渐让位于以工艺技术为基础的分工,发达国家相似的经济结构推动了产业内分工和产品专业化的发展,即发达国家(及一些新兴工业化国家)间交易的产品是相同或相似的,而非像过去那样交易不同类别的产品。第二,发达国家与发展中国家工业部门间的分工逐渐发展。随着第三次工业革命发生和跨国公司的兴起,部分工业产品的生产开始由发达国家向发展中国家转移,这就形成了高、精、尖工业与普通工业的分工,资本和技术密集型产业和劳动密集型产业的分工。第三,社会主义国家更深入地参与到国际分工体系中,终结了资本主义生产关系一统国际分工的局面。为发展经济、全面实现工业化,社会主义国家开始根据自身情况有计划地参与到国际分工体系中来。在此时期,国际分工的内容和形式日益多元化,分工逐渐从有形产品向服务拓展。

(二)国际分工的新变化:国际生产网络的发展

20世纪80年代以来,国际分工的一个重要变化就是国际生产网络的产生和发展。国际生产网络,是指跨国公司通过整合全球资源,凭借绿地投资或业务外包的方式,构建起全球范围的工厂。在这个国际分工体系中,各个生产环节间出现了大规模的中间品贸易,其中大量贸易体现为国际贸易。

国际生产网络最早出现在制造业,此后逐步向其他行业拓展。由于生产技术的进步,制造业在发展中产生了一些新变化,推动了国际生产网络的建立,生产模块化就是其中之一。生产模块化,是指把整个生产过程拆分成各个相对独立的标准模块,进而根据生产要求对其进行组合以完成产品生产。这种生产方式令一国企业能够专注于其有竞争力的模块,而把其余模块置于其他国家有竞争力的企业。生产模块化的出现，一个直接的结果就是对生产的价值链产生了重要影响，推动了全球价值链的产生和发展，价值创造和收益分配已不再是一国或几国的事情，而是成为一种全球现象。此时，知识和技术成为获得价值的决定性因素，一国在全球价值链里取得价值的多少，在很大程度上取决于是否可以建立自己的国际生产网络或进入国际生产网络时有跨越门槛的能力。这就使更多的跨国公司把资源集中在价值链的高端环节（研发和销售等），而把价值链的低端环节（加工和装配等）转移至发展中经济体的企业，因而更多的发展中国家参与到了国际生产中来。不难发现，国际生产网络的形成实质上是跨国公司利用全球范围的规模经济，通过高度专业化分工，实现一体化国际生产，以最大限度地整合全球资源。

国际生产网络的产生和发展，以及价值链在世界范围的重构，对国际分工体系造成了重要影响现阶段的国际分工，已不再是简单以资源禀赋为基础的分工。与旧的分工模式相比，新的分工模式的重要特征是产品内分工，即各国并非在不同的产业间合作，也非在相同的产业内就不同的产品合作，而是在单一产品内按照价值链的分割合作。尽管国际上产业间分工和产业内分工仍然存在，但一个不争的事实是，越来越多的经济体参与到单一产品的生产过程中，并在其中建立了相对稳定的分工关系。可以预计，在今后一个时期，新的分工模式将会与旧的分工模式同时存在，但新的分工模式将逐渐发挥主导作用。

二 "二战"后国际贸易的发展

（一）20 世纪 90 年代前的国际贸易

"二战"后，国际政治经济环境产生了一系列深刻变化，给现代国际贸易的发展带来了重要影响。20 世纪 40 年代末至 70 年代，在民族解放运动的影响下，大批殖民地国家获得独立，加之社会主义阵营的发展壮大，极大地改变了国际格局。从 20 世纪 40 年代末开始，第三次工业革命逐渐兴起，极大地提高了社会生产力水平，在全球范围内出现了一批新兴产业，促进了全球产业结构的升级调整。与"二战"前少数垄断公司控制全球市场不同，跨国公司在此时期取得了很大的发展，导致企业内贸易不断扩大。在凯恩斯理论的指导下，欧美发达国家政府加大了对宏观经济的干预程度，全球经济的协调能力显著提高，关贸总协定（GATT）在其中发挥了巨大作用。在这一时期，经济全球化和一体化进程加速，区域性经济组织纷纷建立，并且职能得到强化。这些因素综合起来，使二战后的国际贸易呈现出新的特点。

1. 国际贸易规模迅速扩张

"二战"后，随着全球经济的迅速恢复，并在 20 世纪 50 至 70 年代迎来高速发展时期，国际贸易同样得到了迅速发展。1948 年到 1973 年，是国际贸易高速增长的时期。与同期全球经济增长相适应，国际贸易的规模也迅速扩大。在这一时期，全球货物出口额年均增长率达到 9.6%，远高于 1913 年至 1948 年年均 0.5% 的增长率，也高于同期全球工业产出的增长速度。不过，"二战"后国际贸易的发展也并非一帆风顺。1973 年以后，各主要资本主义国家进入了滞胀时期，国际贸易的增长步伐放缓，到 20 世纪 80 年代初，受国际经济危机的冲击，国际贸易甚至出现了零增长和负增长的情况。不过在危机之后，国际贸易额的反弹非常明显，从 1983 年到 1989 年，全球出口额的年均增长率提升到 9.4%。

2. 国际贸易商品结构变化

在国际贸易高速增长的同时，由于全球产业结构的升级调整，国际贸易商品结构也出现了重大的变化。初级产品和原材料在国际贸易产品中的比重逐渐下降，工业制成品的份额快速上升，在 1950 年到 1990 年间，初级产品和原材料的比重由 59% 下降至 29.4%，而工业制成品的份额则由 41% 上升至 70.6%[①]。在初级产品贸易中，燃料类产品特别是石油产品的贸易份额增长很快，由 1952 年的 22.2% 提高到 1987 年的 39.9%；在工业制成品贸易中，机械类产品的贸易增速最高，1978 年已经占到全球出口总额的 52.7%。

3. 国际贸易地域板块形成

"二战"后，国际贸易的地理结构呈现多极化趋势。一方面，发

---

① 1953 年，国际贸易产品中工业制成品的比重已超过初级产品，占据主导地位。

达国家仍然是国际贸易的主体，其在全球货物出口额中的份额，1948年是65.5%，1973年是75.4%，1990年是72.5%。另一方面，在经济全球化和区域经济一体化加快发展的背景下，北美、欧盟和东亚三足鼎立的国际贸易格局逐渐形成。在北美，美国通过其在全球经济中的绝对优势继续扮演北美自由贸易区的领导角色，并推动该地区国家经济的发展，从而进一步加强北美自由贸易区在国际贸易中的地位。欧洲共同体作为制度完备、一体化程度很高的经济组织，其对国际贸易发展的影响不容低估。在东亚，伴随着中国的崛起和韩、日的发展，其作为一个整体也成为全球经济中最具活力的地区。

4. 国际贸易形式逐渐多样

"二战"后，随着跨国公司的发展、发展中经济体坚持招商引资和维护主权并重与科技全球化的增强，产生了一些新的国际贸易形式，如租赁贸易、补偿贸易、加工贸易、许可证贸易等。这类国际贸易形式的主要特征是将要素流动、生产技术和国际贸易紧密结合在一起。

（二）20世纪90年代以来的国际贸易

20世纪90年代以来，随着生产技术的进步和国际分工的深化，各经济体间的融合程度显著提高。第三次工业革命促进了交通运输、信息通信和自动化技术的发展，这就使产品的生产和流通出现了新的突破。在贸易自由化的背景下，国际贸易不断突破民族国家的约束和限制，从而使各国经济呈现出相互联系、相互依赖的发展趋势。经济全球化对国际贸易造成了重要的影响，使此时期的国际贸易表现出以下特点。

1. 国际贸易成为全球经济增长的重要动力

随着经济全球化的进展，各经济体相互联系、相互促进的关系日益加深。经济全球化促进了国际贸易的增长，这一增长又反过来促进了全球生产的发展。很多国家生产的扩张是以提升全球市场份额为目的，国际贸易的发展已不限于少数国家，多数国家都为国际贸易的发展做出了不同程度的贡献。国际贸易这条联结各国经济的纽带所起的作用越发重要，成为全球经济增长的重要动力。国际贸易增速高于全球经济增速的情况，是这个时期的一个特点。20世纪90年代以来，国际贸易的规模总体上呈现上升趋势，从 1990 年到此次国际金融危机前的 2007 年，全球出口额的年均增长率达到 8.6%，除 1993 年、1998 年和 2001 年外，国际贸易的增长速度均高于同期全球经济的增速。

2. 国际贸易结构进一步升级

20 世纪 90 年代以来，国际贸易的一个重要特征是国际服务贸易的蓬勃兴起。科技进步使传统服务贸易的领域大为拓展，使服务的可贸易性大为改善，全球范围内出现了一批新型的服务贸易项目。国际贸易的交易过程也因科技进步而被极大简化，这降低了交易成本，增加了服务贸易的总量。在此时期，跨国公司作为货物贸易、服务贸易和技术转让的主体之一，所起的作用日益重要；国际直接投资更多地流向服务行业，使得国际服务市场的交易更加活跃。从 1990 年到此次国际金融危机前的 2007 年，全球服务出口额由 8313.5 亿美元增加到 34902.4 亿美元，年均增长率为 8.8%，高于同期全球货物出口额的年均增长率。2015 年，全球服务出口额为 4.8 万亿美元，大约占全球出口额的 22.4%。与货物贸易类似，发达国家是国际服务贸易的主体，2015 年，发达国家的服务出口额占全球服务出口额的 66.7%。不过，发展中经济体服务贸易的增速远高于发达经济体。2005—2015 年，发展中经济体服务出口额的年均增长率为 9.2%，远高于发达经济体的 5%，发展中经济体服务出口额占全球服务出口额的比重也由 23.4% 提高到了 31%。从国际服务贸易结构看，除部分传统服务业外，新兴服务业（金融、电信等）也越来越多地进入全球市场。

在国际服务贸易蓬勃兴起的同时，全球工业制成品出口继续保持稳定增长的态势，其在全球货物出口额中的比重由 1996 年的 72.8% 提高到 2000 年的 73.3%。进入 21 世纪，全球工业制成品出口额由 2001 年的 4.5 万亿美元增加到 2015 年的 11.6 万亿美元，年均增长率 7%。到 2015 年，工业制成品出口额在国际贸易额中的比重为 54.2%，相较于 21 世纪初的水平有所下降，但仍居主导地位。此外，工业制成品贸易的内部结构也出现了明显变化，资本品及高技术产品的占比增加，轻工业品的占比减小。

3. 新兴市场经济体对外贸易规模迅速扩大

受益于经济全球化和贸易自由化，20 世纪 90 年代以来，新兴市场经济体对外贸易规模迅速扩大，缩小了与发达国家的差距。1991年，新兴市场经济体和金砖国家的货物出口额分别为 0.86 万亿美元和 0.14 万亿美元，分别相当于 G7 货物出口额的 46.8% 和 7.9%。到了 2015 年，新兴市场经济体和金砖国家的货物出口额分别已经达到7.6 万亿美元和 3.2 万亿美元，分别增长了 7.8 倍和 21.9 倍，分别相当于 G7 货物出口额的 143.9% 和 59.6%。尽管此次国际金融危机使新兴市场经济体和发达经济体的贸易额出现下滑，但新兴市场经济体的降幅明显低于发达经济体。2010 年，新兴市场经济体的货物出口额就超过了 2008 年的水平，并在 2011 年和 2012 年快速增长。但是，发达经济体的货物出口额 2011 年才恢复到危机前的水平，并在 2012年又一次下滑。

尽管新兴市场经济体的服务出口额与发达经济体相比还有不小的差距，但在不断缩小。2005 年，新兴市场经济体和金砖国家的服务出口额分别为 0.6 万亿美元和 0.19 万亿美元，分别相当于 G7 服务出口额的 51.7% 和 15.9%。到了 2015 年，新兴市场经济体和金砖国家的服务出口额分别已经达到 1.4 万亿美元和 0.5 万亿美元，分别增长了 1.3 倍和 1.6 倍，分别相当于 G7 货物出口额的 75.9% 和 28.7%。

4. 国际直接投资推动国际贸易的发展

20 世纪 90 年代以来，跨国公司的直接投资与发展极大地改变了国际贸易的面貌。国际直接投资提高了生产要素的流动性，造成了原材料、中间品在全球范围的流动，并给销售体系带来工业制成品出口的市场进入权。在此时期，跨国公司的内部贸易逐渐增多，这类内部贸易包含了产业内贸易和产品内贸易，但更多的是产品内贸易，即中间产品贸易。根据 UNCTAD 的估算，跨国公司的内部贸易大约占国际贸易总量的 1/3；而根据 OECD 的估算，其成员国间的贸易有近 50% 是跨国公司的内部贸易。随着分工的细化，不仅中间产品的生产可以分工，研发、设计、销售等环节以及金融、会计、测试等服务也可以分离，这就使国际贸易产生了多种新模式：把生产业务外包的 OEM 模式、把生产和物流业务外包的 OLM 模式、把设计和生产业务外包的 ODM 模式和把设计、生产和物流业务全部外包的 EMS 模式。

5. 电子商务带来交易方式的变革

以互联网和信息技术的突破为基础，20 世纪 90 年代后期电子商务一出现，就迅速为国际贸易构建起高效运转的平台，迎合了国际贸易规模扩张的需要。尤其是在发达国家的推动下，电子商务已逐渐成为 21 世纪最具活力的领域之一。电子商务不但使产品在全球范围进行交易，而且降低了传统交易方式中时间和空间的约束，每个交易对象不论规模大小、位于何处，都可以通过互联网获得全球的商品信息、进行谈判和结算，从而参与到国际贸易中来。在发展电子商务的同时，各经济体也把传统国际贸易领域内开展的制度建设向电子商务平台建设推广。

（三）国际贸易的最新发展趋势

此次国际金融危机对国际贸易产生了严重冲击。1990—2007 年，全球出口额的年均增长率达到 8.9%，但在 2009 年，全球出口额大幅降低，负增长达到 19.6%，是 20 世纪 80 年代以来的最大降幅。之后两年，国际贸易看似重新焕发活力，但事实上依然低迷。2010 年和 2011 年，全球出口额的年均增长率都超过 18%，远高于 1990—2007 年的平均水平。不过，国际贸易增速的反弹与各国政府应对危机的政策密切相关，刺激政策在短期内抑制了需求的下降。2012—2015 年，国际贸易进入了低速增长时期，年增长率分别为 1.3%、3%、1.7% 和 –11.9%，在国际金融危机 7 年后，国际贸易依然没有摆脱颓势。在 20 世纪，也仅有在大萧条时期，国际贸易才经历了长期的低迷。此外，与 20 世纪 50 年代以来国际贸易的收入弹性大于 1 的情况不同，近几年国际贸易的收入弹性小于 1，这表明国际贸易的增速低于全球经济的增速，这不同于"二战"以来国际贸易增速与全球经济增速的关系。

之所以出现这一情况，可能是由于以下几点原因。第一，国际金融危机后全球经济持续低迷导致需求不足，这就使国际贸易增长乏力。第二，由于受到国际金融危机的冲击，部分经济体在一定程度上实施了贸易保护措施，这就限制了国际贸易的恢复。第三，随着中国生产要素价格的提高，过去的成本优势逐渐弱化，但新的优势还未出现，因而中国对外贸易对国际贸易发展的带动作用逐渐减弱。第四，全球价值链分工演进的放缓使得国际贸易的增速低于全球经济的增速，即价值链分工演进至特定时期时，巨大的基数效应和微小的边际效应必然导致国际贸易增速的减缓。

第二节　国际直接投资的发展历程

国际直接投资是资本国际化的重要实现方式。通过对外直接投资，本国的生产要素以资本的形态输出境外，直接控制和指挥境外的生产经营过程，这就使本国的生产经营范围得以拓展。国际直接投资的发展也反映出全球经济体系的微观基础和运行机制出现了新的变化，其对全球经济的运行和发展具有广泛而深远的影响。鉴于国际直接投资在全球经济中的重要作用，有必要对其发展脉络做一梳理。本节按照时间顺序，对国际直接投资的发展作了简要的回顾①。

一　"一战"前的国际直接投资

（一）殖民地时代前期的国际直接投资

在殖民地时代前期，欧洲主要国家通过对内聚集资源、对外殖民掠夺等方式，积聚了巨额的资本，初步具备了对外直接投资的物质基础，因此这时的国际直接投资表现为欧洲国家对外资本输出。不过，此时对外直接投资的整体规模和在宗主国输出资本中的比重都还很小，输出的资本主要来自于私人部门。在此时期，中国、印度、日本、美国和加拿大是主要的资本输入国。在对外投资的产业分布方面，欧洲国家对亚洲国家的投资以商业投资居多，主要是为其向殖民地输出工业制成品和向本国输入原材料服务；而欧洲国家对美国和加拿大的投资方式很多，早期投资以金融资本居多，后期投资则以资源开采和商业贸易等为主。

---

① 在"二战"前，对国际直接投资的严格的认定标准还不存在，对其规模进行精确估计也很困难。因此在本文的叙述中，有时会出现以国际投资代替国际直接投资的情况。

（二）殖民地时代后期的国际直接投资

到了殖民地时代后期，美国进入了对外直接投资国的队伍并表现得非常突出①，这就使国际直接投资的资本来源呈现出多元化的特点。在"一战"前的半个多世纪里，欧洲国家的资本可以相对自由地流入美国、澳大利亚等国，处于全盛时期的英国对外投资的规模相当于其本国增加值的10%。不过在这一时期，欧洲国家的资本主要流向了东道国的基础设施建设，而流向工业的比重并不是很高。截止到1914年，各国对外直接投资的存量之和是145亿美元，其中欧洲国家的主要投资目的地是美国，而美国的主要投资目的地是拉丁美洲国家及加拿大。在此时期，日本的对外直接投资存量约达到了全球的2%，其投资目的地是全球各主要沿海城市。

二　两次世界大战之间的国际直接投资

在"一战"前，美国是全球最大的债务国，各国对美国的投资存量是79亿美元，而美国对全球其他国家的投资存量是35亿美元。"一战"结束后，美国开始对欧洲国家开展大规模的间接投资，而欧洲国家对美国的投资则出现下滑，这使美国逐渐从资本流入国转变为流出国，但也降低了美国对外直接投资在投资总量中的比重，到1919年，这一比重已由一战前的75%减小至25%。进入20世纪20年代，欧洲主要国家因重建本国基础设施消耗了大量资本，其对外投资规模都出现大幅下滑。一直到1929年，德国才首先恢复了对外投资活动，并且在投资形式上更加注重使用新技术，积极开拓销售网络。然而，全球性的经济大萧条又一次使国际投资的规模出现下滑，并使投资形式出现了改变。20世纪20年代至30年代，美国在国际直接投资中的位置迅速上升，而日本对外直接投资的规模也较"一战"前有显著提高，其中美国的主要投资目的地是欧洲国家及加拿大，而日本的主要投资目的地则是其周边国家。在此时期，国际直接投资的规模有所扩大，各国对外直接投资的存量之和达到264亿美元，但欧

---

① 有研究估算，1897年，美国的对外直接投资大约占其投资总量的90%，一直到1914年，这一比重仍约达到75%。

洲国家对外直接投资的规模却迅速下降，特别是英国失去了全球第一大债权国的地位，美国则成为了新的资本输出国。到1938年，主要资本主义国家（即英、美、德、法）对外投资规模为423亿美元。"二战"爆发后，国际直接投资的发展处于停滞状态。在此期间，仅有加拿大对美国的直接投资有所增加。到1945年"二战"结束时，主要资本主义国家的对外投资规模已降至330亿美元。

三　"二战"后的国际直接投资

从20世纪40年代后期开始，第三次工业革命逐渐兴起，以美国为首的欧美发达国家经济实力又一次增强，对外直接投资迅速扩张，以跨国公司为依托的直接投资开始取代间接投资成为跨境资本流动的主要形式。到了20世纪80年代后期，国际直接投资的规模急剧增加，投资范围覆盖全球，跨国公司步入全球经营时期。"二战"后国际直接投资的发展根据其特点可以划分为三个时期。

（一）20世纪70年代前的国际直接投资

从"二战"结束到20世纪70年代初，是国际直接投资加速发展并逐步走向成熟的时期。1945年，国际直接投资的存量是200亿美元，而到1972年，这一指标已上涨到1469亿美元。在这一年，国际直接投资在投资总量中的比重提高至42.6%，已经变成与国际间接投资并驾齐驱的国际投资形式。在此时期，国际直接投资也呈现出以下几个新的特点：第一，美国在国际直接投资中的核心地位进一步强化。由于战争的破坏，传统的资本输出国经济实力骤降，其中英、法的对外直接投资能力大为减弱，而德、日则失去了对外直接投资的能力。相比之下，美国则具有足够的资本和技术开展对外直接投资，这就使其在全球资本市场中的核心地位更加稳固。1960年，美国的对外直接投资占到了各主要资本主义国家对外直接投资的71.7%，远超其他发达国家，并且与"二战"前欧洲国家的对外投资不同，美国的对外投资同时包含了资本、技术和管理的输出。第二，主要资本主义国家间的相互投资开始增多。1947年，美国政府宣布实施以帮助欧洲国家战后重建为目的的马歇尔计划，仅在1948年到1953年间，美国就向欧洲国家提供了136亿美元的资金。到了20世纪50年代后期，欧洲国家的经济复兴，其对美国的直接投资重新恢复，发达国家间的相互投资成为常态。

（二）20 世纪 70 年代至 90 年代的国际直接投资

20 世纪 70 年代中期，国际直接投资的规模超过了国际间接投资，以此为标志，国际直接投资步入了大规模扩展的新时期，其间出现过三次投资高潮。在这一时期，国际直接投资的重要特征是欧洲国家和日本对外直接投资的兴起。20 世纪 70 年代初，美国的对外直接投资流量还占到发达国家的一半以上，而到 20 世纪 70 年代后期，欧洲国家的对外直接投资流量就已经反超了美国。到了 20 世纪 90 年代末，美国的对外直接投资流量占国际直接投资流量的约 20%，同一时期欧洲国家的对外直接投资流量是美国的 3.7 倍。

第一次国际直接投资的高潮出现在 1979 年至 1985 年。此次高潮产生的原因是第二次石油危机导致发达国家的跨国公司纷纷对主要石油出口国直接投资，并借此争夺石油资源。在此时期，开展对外直接投资的国家主要有美国、英国及荷兰，发达国家的对外直接投资流量之和超过了全球对外直接投资流量的 90%。

第二次国际直接投资的高潮出现在 1986 年至 1990 年。进入 20 世纪 80 年代，国际贸易保护主义日益抬头，为避开各种贸易壁垒，跨国公司纷纷开展新一轮的对外直接投资。在这一时期，全球范围内产生了国际投资自由化的政策倾向，这也为国际直接投资的蓬勃发展创造了条件。值得一提的是，日本作为对外直接投资国和中国作为直接投资接受国在此时期都有引人注目的发展。

第三次国际直接投资的高潮出现在 1995 年至 2000 年。此次高潮产生的原因是受到发达国家企业跨国并购的有力推动。此外，发展中国家对外直接投资的兴起也对国际直接投资的发展起到了一定的促进作用。

（三）21 世纪的国际直接投资

进入 21 世纪，国际直接投资的规模存在很强的波动性。全球对外直接投资流量从 2002 年起呈上升态势，并于 2007 年达到 2.17 万亿美元的历史最高水平。但在 2008 年，受国际金融危机的冲击，全球对外直接投资流量锐减，减小幅度超过 20%。在当前全球贸易和工业产出已恢复到危机前水平的情况下，2015 年全球对外直接投资流量仅为 1.47 万亿美元，比 2007 年的峰值低 32%。

从投资流向上看，有大量国际直接投资流入发展中国家和转型国家。尽管美国依然是其他国家对外直接投资的首选，但中国、巴西、印度等国对外资的吸引力也在不断上升。2012 年，发展中国家和转型国家接受的对外直接投资流量首次超过了发达国家，并且流向发展中国家和转型国家的资本也不单单进入劳动密集型产业，其在技术密集型产业的投资强度也在不断增大。而到 2016 年，在吸收直接投资规模排在前 10 位的国家（或地区）里，有一半是发展中经济体，见表 1 - 1。

表 1 - 1　　　2016 年吸收直接投资流量前 10 位的国家（或地区）

排名	国家（或地区）	流量（10 亿美元）
1	美国	385
2	英国	179
3	中国	139
4	中国香港	92
5	新加坡	50
6	巴西	50
7	法国	46
8	荷兰	46
9	澳大利亚	44
10	印度	42

资料来源：UNCTAD。

从投资主体上看，发达国家仍然是主要的投资者，但发展中国家（特别是新兴市场国家）正逐渐成为对外直接投资中一股不容忽视的力量。2001 年，发展中国家对外直接投资流量在国际总量中的比重约为 10%，但在 2008 年金融危机爆发以后，这一比重迅速攀升，仅 5 年时间就增长了一倍，到 2015 年，发展中国家的对外直接投资流量已经占到了全球的 1/4。可以看到，不论是作为直接投资的接受国，还是作为对外直接投资国，发展中国家的重要性都在提高。

从投资行业上看，服务业成为国际直接投资的热点。进入 21 世纪，国际直接投资流向服务业（特别是金融业）的资本持续增多。近年来，受国际金融危机的冲击，各国对金融业和商务服务业的直接投资规模有所波动，但整体上仍表现出上升态势。流向服务业的直接投资大幅增加，主要是由于两个原因：第一，对资本输出国来讲，服务业投资覆盖面广，相比制造业和初级产业直接投资灵活性更高，更容易获得可观的利润；第二，对东道国来讲，在第一、第二产业发展到一定程度后，就会对服务业的发展提出更高的要求，引进外资正是提高服务业发展水平的有效方式，这就在一定程度上促进了服务业直接投资的更快增长。

从投资方式上看，国际直接投资越来越多地以跨国并购的方式开展，其逐渐成为直接投资的主导。实际上，从 20 世纪 90 年代起，跨国并购在国际直接投资中的比重就基本上保持在一半以上，把跨国并购的趋势和国际直接投资的趋势进行对比就会发现，二者的波动具有很高的相似性。

（四）国际直接投资的最新发展趋势

此次国际金融危机对国际直接投资造成了巨大冲击。从各经济体吸收的直接投资流量看，继 2015 年有所反弹后，2016 年降低了 13%，预计达到 1.52 万亿美元，大致相当于 2012 年的水平。与国际直接投资的再次下降不同，2016 年全球经济的增速达到 3.1%，国际直接投资在一定程度上与全球生产发生背离。事实上，对跨国公司增加直接投资的阻碍，更多地源于宏观和政策层面。由于全球经济形势的不确定性和部分地区地缘政治风险的增大，使跨国公司在开展直接投资时有所顾虑。欧盟经济形势的持续不稳和部分新兴市场国家经济下行压力的增大，也增加了国际直接投资增长的不确定性。针对这些不确定性，跨国公司进一步调整了全球布局，部分跨国公司还剥离了境外的非核心业务，这在一定程度上使得发达经济体吸收的直接投资又一次高于发展中经济体。随着全球经济增长预期的回升，国际直接投资有望在 2017 年恢复增长。

从各经济体对外直接投资流量看，在经历了近几年的下降后，发达国家的对外直接投资流量在2015年达到1.07亿美元，年增长率达到33%。发达经济体对外直接投资在国际总量中的比重也由60.7%提高到72.3%，其中，欧洲是2015年对外直接投资流量最高的地区，投资总额为0.58万亿美元。跨国并购是国际直接投资向发达国家倾斜的重要原因，2015年，跨国并购的交易额达0.72万亿美元，年增长率达67%。在大部分发展中经济体对外直接投资下滑的情况下，中国的对外直接投资仍然维持在很高的水平，由2014年的1231.2亿美元增加到2015年的1275.6亿美元，是仅次于美国和日本的第三大对外直接投资国。

从国际直接投资的行业分布看，2015年，制造业跨国并购的交易额达到0.39万亿美元，占跨国并购交易额的一半以上，超过历史最高水平。受大宗商品价格下降的影响，流入农业的直接投资大规模缩减，不但计划中的资本开支降低，利润再投资也显著下降。

第二章 主要的国际贸易治理
平台和机构

GATT 是 WTO 的前身，WTO 是当前国际贸易治理的最主要平台，各种区域性贸易制度安排是随之不断发展而来的辅助形式。推进贸易自由化是长期以来全球贸易治理和 WTO 的基本使命与核心目标。规范和消除贸易保护主义是其最为重要的内容和始终不变的基本原则。当前的国际贸易体系是以 WTO 协议的基本条款为基础构建而成的，促进贸易和投资自由化长期以来都是全球贸易治理的最主要目标。但是，在利用多边贸易谈判实现这一目标出现困难的当下，G20 在国际贸易治理中发挥了越来越重大的作用。

第一节 GATT 与贸易治理

一 关税与贸易总协定的发展

作为世界贸易组织的前身，关税与贸易总协定（General Agreement on Tariffs and Trade，GATT），简称关贸总协定，是第二次世界大战结束后随着世界银行及国际货币基金组织的建立而临时设立的，旨在调整各缔约方对外贸易政策和国际贸易关系方面的相互权利、义务的国际多边协定。从 1948 年 1 月 1 日临时适用起始，至 1995 年 12 月 31 日完全并入世界贸易组织终止。

1946 年 2 月联合国在伦敦召开贸易就业会议，旨在制定各国在贸易关系中需共同遵守的原则，以及通过国际谈判，降低关税和废除数量限制等贸易壁垒。美国在此次会议上提出成立国际贸易组织的建议及起草该组织的宪章草案。当时预计，待该宪章草案经过 20 个国家正式接受后，国际贸易组织即行成立。但是，由于美国国会拒绝批准该宪章，因此，国际贸易组织始终未能成立。而与此同时，围绕关税减让的多边贸易谈判已近尾声，各参加国共达成123项有关关税减让的双边协议。为了尽快实施关税减让协议，1947年10月，参加国把国际贸易组织宪章中有关关税及贸易的内容与已达成的关税减让协议合并成为一项单独的多边协定，称为《关税与贸易总协定》。

从关贸总协定签订到1994底过渡到世界贸易组织的四十多年中，已由23个创始缔约方发展到128个，当时缔约方之间的贸易已占世界贸易总额的90%。关贸总协定为促进世界贸易的发展，协调世界各国的经贸关系，促进世界和平，提高人民生活水平做出了巨大的努力和卓越的贡献。

在关贸总协定的框架内共进行了8轮多边贸易谈判。这些多边贸易谈判对推动战后贸易自由化，促进国际贸易发展起到了非常重要的作用。从战后初期到20世纪60年代完成的前6轮多边贸易谈判主要是针对当时阻碍世界贸易发展最主要的障碍关税壁垒，谈判的议题主要是以关税减让为主，通过大幅度削减关税，促进世界贸易自由化的发展。在第6轮多边贸易谈判"肯尼迪回合"结束时，关贸总协定缔约方的平均关税水平已由关贸总协定签订时的45%以上降至10%左右。关税的不断削减，使世界贸易在20世纪50—60年代保持年均大约8%的增长率。从而，在整个总协定时代，推动世界贸易的增长始终如一地超过了同期全球生产的增长。

20世纪70年代初爆发的石油危机以及随后在主要发达国家发生的深重的经济滞胀引发了新贸易保护主义浪潮，世界各国更多地采取了非关税壁垒的办法限制进口，阻碍了贸易自由化的进程。因此，关贸总协定主持的第7轮多边贸易谈判中，除继续讨论关税的削减问题外，降低直至拆除非关税壁垒开始成为主要的谈判议题，并相继通过了《进口许可证程序协议》《补贴与反补贴协议》《政府采购协议》《反倾销守则》《技术性贸易壁垒协议》《海关估价协议》《国际牛肉协议》《关于民用航空器贸易协议》《国际奶制品协议》9个与限制非关税壁垒有关的新协议。另外，此轮多边贸易谈判还达成了给予发展中国家优惠待遇的"授权条款"（程大为，2014）。

从 1986 年 9 月到 1993 年 12 月进行的关贸总协定第 8 轮多边贸易谈判（"乌拉圭回合"）是自关贸总协定签订以来，规模最大、议题最多、时间最长、争吵最为激烈的一轮多边贸易谈判。谈判的内容，在货物谈判中，涉及到非常棘手的农产品和纺织品贸易问题。除货物贸易问题外，还增加了服务贸易、知识产权、与贸易有关的投资问题等。此轮多边贸易谈判达成了一系列重要的新协议，包括：《纺织品和服装协议》《保障措施协议》《农产品协议》《服务贸易总协定》《与贸易有关的知识产权协定》《与贸易有关的投资协议》等。此轮多边贸易谈判最大的成果就是缔约方一致通过了《建立世界贸易组织协定》，通过建立新的世界贸易组织来取代 1947 年的关贸总协定，进一步完善和加强多边贸易体系，推动世界范围内贸易投资自由化的进程。

二 关税与贸易总协定关于贸易治理的基本原则

纵观关贸总协定的原文及其若干附件和一份暂时适用议定书，可以将关贸总协定的基本原则概括为以下 8 个方面（韩德培，1993）。

（一）非歧视原则

非歧视原则是关贸总协定中最为重要的原则，这个原则是通过关贸总协定中的最惠国待遇条款和国民待遇条款体现的。关贸总协定的最惠国待遇条款是无条件的，它要求每一个缔约方应该在进出口方面以相等的方式对待所有其他缔约方，而不应采取歧视待遇。根据总协定第 1 条的规定："一缔约方对来自或运往其他国家的产品所给予的利益、优待、特权或豁免，应当立即无条件地给予来自或运往所有其他缔约方的相同产品。"但这一条款也有若干例外。例如，最惠国待遇条款不适用于总协定签订时已经存在的特惠关税、关税同盟、自由贸易区以及毗邻国家之间对边境贸易所给予的优惠待遇。关贸总协定的国民待遇条款要求每一缔约方对任何缔约方的产品进入本国国内市场时，在国内税或其他国内商业规章等方面应享有与本国产品同等待遇，不应受到歧视。

（二）关税保护和关税减让原则

关贸总协定规定一缔约方只能通过关税来保护本国产品，而不应采取其他限制进口的措施，并承诺逐步削减关税。但是，对于关税减让，关贸总协定又有一些灵活规定。如规定如果有关产品进口激增，使缔约方的同类产品受到重大损害或重大威胁时，该进口国可与有关的缔约方重新谈判，给予对方适当的补偿，即可修改或撤销其原来的关税减让。同时关贸总协定还规定，发展中国家为了保护其国内工业和农业，如果上述"固定"税率不利于它们的国际收支平衡时，可在关税保护方面免除上述原则的适用。但是，这些都只能暂时为之，如有滥用，其他缔约方可以采取报复措施。

（三）一般取消数量限制原则

关贸总协定规定原则上应取消或禁止采用进出口数量限制。总协定的第 11 条规定："任何缔约方除征收税捐或其他费用外，不得设立或维持配额、进出口许可证或其他措施以限制或禁止其他缔约方领土的产品输入，或向其他缔约国领土输出或销售出口产品。"但以下三种情况可以例外：（1）为了稳定农产品市场；（2）为了改善国际收支；（3）为促进发展中国家的经济发展的需要，可在非歧视的基础上实施或维持数量限制。

（四）公平贸易原则

关贸总协定认为，各缔约方和出口贸易经营者不应采取不公平的贸易手段进行国际贸易竞争和扭曲国际贸易竞争。为创立和维持公平竞争的国际贸易环境，关贸总协定特别强调在国际贸易中禁止倾销和限制出口补贴。如果倾销或补贴的商品对某一进口成员的国内产业造成重大损害或存在损害威胁，该进口国可根据受损国国内产业的指控，采取反倾销或反补贴措施进行报复。

（五）豁免与实施保障措施的原则

关贸总协定有豁免承担总协定某项义务和争取保障措施的规定。关贸总协定第 19 条规定："如因意外情况的发生或因一缔约方承担本协定义务（包括关税减让在内）而产生的影响，使某一产品输入到这一缔约方领土的数量大为增加，对这一领土内相同产品或与它直接竞争产品的国内生产造成重大损害或产生重大威胁时，这一缔约方在防止或纠正这种损害所必需的程度和时间内，可以对上述产品全部或部分暂停实施其所承担的义务，或者撤销或修改减让。"

（六）磋商调解原则

为了维护缔约方在关贸总协定中获得的正当权益，缓和和解决缔约方之间的贸易矛盾和争端，关贸总协定规定了磋商调解和解决贸易争端的程序和办法。磋商调解是关贸总协定解决缔约方之间争端的重要原则。这项原则的目的在于求得当事人各方均能接受的解决争端的办法。因此，解决贸易争端并不是对一国违反关贸总协定的行为进行法律制裁，而是通过解决争端保持缔约方之间权利和义务的平衡。

（七）对发展中国家特殊优惠待遇原则

从20世纪60年代以来，发展中国家纷纷加入关贸总协定。在发展中缔约方的共同努力下，除保留关贸总协定原第18条外，1965年又在关贸总协定中增加了第四部分，规定了对发展中国家的贸易与经济发展方面尽量给予关税和其他方面的特殊优惠待遇。"东京回合"做出了对发展中国家，特别是最不发达国家更为优惠、方便的法律待遇。这些规定主要有以下几点：第18条关于政府对经济发展的援助；关贸总协定第四部分关于贸易和发展的规定（包括非互惠原则、发达缔约方尽量承担义务的规定、建立贸易和发展委员会）；授权条款（Enabling Clause）。授权条款是在"东京回合"谈判中缔约方通过的一项决议。这项条款规定，缔约方可给予发展中国家差别的和更为优惠的待遇，而无须按照最惠国待遇原则将这种待遇给予其他缔约方，也无须得到关贸总协定批准。该条款规定的授权范围有：①普遍优惠制；②多边贸易谈判达成的有关非关税措施的协议；③发展中国家之间区域性或全球性的优惠关税安排；④对最不发达国家的特殊待遇。

（八）贸易政策法规在全国统一实施和透明原则

关贸总协定规定缔约方的所有政策法规原则上都应提前公布，具有透明度，使缔约方有一定的时间熟悉它，然后才开始实施。其目的在于接受其他缔约方对其政策法规进行检查、监督和纠正，以保证缔约方有关法规真正符合关贸总协定的规定。但关贸总协定不要求公开那些会妨碍法令的贯彻执行，会违反公共利益，或会损害某一公、私企业的正当商业利益的机密资料。

GATT自1948年正式成立到1995年最后终结，共存四十七年，在这40多年里，缔约国不断增加，由最初23个发展到遍及各大洲

117 个国家，缔约国的贸易额占世界贸易总额的 90% 以上，活动范围不断扩大，谈判内容愈加深入，涉及问题从商品贸易到服务贸易到技术贸易，从商品流通到资本流动等，尽管存在缺陷，但对世界贸易和经济的发展，甚至对世界稳定和和平都起到了重要作用。

1. 为国际贸易制定了一系列基本原则和法规

为稳定国际贸易秩序起了重要作用。关贸总协定基本原则包括最惠国待遇原则和国民待遇原则，明确了国家不分大小、强弱、经济体制，无差别地对待和平等竞争。透明度原则，要求缔约国只能用关税作为唯一的保护手段，禁止使用非关税壁垒阻碍贸易的发展等。这些原则为国际贸易提供了共同遵守的准则，促进了贸易自由化，并成为国际贸易规范及缔约国解决贸易摩擦的依据。

2. 促进了世界贸易和经济的发展

进行 8 轮谈判，在关税减让和取消非关税壁垒上有了很明显的成果，到 1995 年，发达工业国平均关税税率，由之前的 40% 下降到 3.5%，发展中国家也下降到 11%，在东京回合和乌拉圭回合中，签订了减少和消除非关税壁垒措施。正是由于 GATT 的努力，20 世纪后 50 年世界贸易在扣除各种因素后净增长 17 倍。

3. 成为缔约国解决贸易争端的场所

为稳定国际局势起了重要作用。经济发展不平衡是普遍的规律，"二战"后，有的国家经济大大发展，有的国家相对发展缓慢，经济实力的变化必然导致世界市场甚至国内市场占有份额的变化。例如，20 世纪 60 年代以前美国一些主要产品不但丢失大量的国际市场，而且丢失相当份额的国内市场，必然影响国内产业发展及就业和国际收支的平衡等。因此，经济与贸易发展的不平衡容易引起矛盾和冲突，GATT 为其解决提供了一个谈判的平台，双方可以经过长期协调磋商最终相互让步，达成暂时妥协的协议来解决争端。

但是，除贸易政策环境恶化外，到 20 世纪 80 年代初期，关贸总协定已被认为不再像 20 世纪 40 年代那样与世界贸易现实密切相关。首先，世界贸易比 20 世纪 40 年代的情形远为复杂和重要：世界经济全球化正在形成；国际投资正在不断扩展；关贸总协定之外的服务贸易日益成为各国关注的重点，并与商品贸易的联系不断加强。另一方面，关贸总协定本身已被认为落伍了：农产品贸易的自由化几乎毫无进展，纺织品和服装部门由于多种纤维协定的生效而成为关贸总协定的重大例外，甚至关贸总协定组织机构及争端解决制度已成为关注的对象（余敏友，2003）。

第二节　WTO 与贸易治理

世界贸易组织（World Trade Organization, WTO）于 1995 年正式成立，战后运行了 47 年的关贸总协定同时终止。从此，世界贸易组织作为一个正式的国际组织，负责管理成员方的贸易行为以及成员方之间的贸易关系。世界贸易组织保留和继承了关贸总协定的主要规则，但要求成员方不仅奉行关贸总协定的规则，还要遵守几十年来关贸总协定谈判得到的各项贸易条约。世界贸易组织是一个独立于联合国且由全体成员方共同运行的国际组织，号称经济联合国。与其前身关贸总协定相比，世界贸易组织的管辖范围除传统的货物贸易外，还包括长期游离于关贸总协定之外的知识产权、投资措施和服务贸易领域。世界贸易组织具有法人地位，在调解成员方之间的贸易争端方面具有更高的权威性和有效性（李仁真和庞永三，2006）。

一　世界贸易组织的产生

1986 年关贸总协定乌拉圭回合谈判开始时所提出的 15 个议题中，并不包含关于建立世界贸易组织这一议题。建立世界贸易组织的建议，最初是在 1990 年初由意大利提出，同年 7 月由当时的欧共体 12 国正式提议建立"多边贸易组织"，并得到了美国、加拿大等国的支持。1990 年 12 月，在布鲁塞尔举行的部长级会议上各成员同意就建立多边贸易组织进行协商。1991 年 12 月，形成了一份关于建立多边贸易组织协定的草案，并成立筹备委员会。1993 年 12 月根据美国的动议把"多边贸易组织"改名为"世界贸易组织"。1994 年 4 月 15日，在摩洛哥的马拉喀什部长级会议上 104 个成员正式通过《建立世界贸易组织协定》，该协议于 1995 年 1 月 1 日正式生效，世界贸易组织宣告成立。

在乌拉圭回合关于建立世界贸易组织的提议能够得到普遍赞同并顺利通过，主要的原因是长期以来，关贸总协定的法律基础比较薄弱。作为一个临时性、过渡性的多边协定，而非一个世界性的正式经济组织，关贸总协定不具备足够的法律效力，组织结构也不够健全。此外关贸总协定条款中的漏洞也比较多。随着世界经济贸易的发展，国际贸易在世界经济关系中起着越来越重要的作用。同时由于关贸总协定的缔约方也越来越多，客观上需要有一个正式的、有足够法律效力的国际贸易组织来协调世界经济贸易发展中的各种问题。

另外，由于国际贸易的发展，贸易的范围迅速扩大，在新的贸易领域中的问题也越来越多。传统上只管辖货物贸易的关贸总协定的组织机构已难以适应国际贸易新形势发展的需要。在乌拉圭回合，除传统的货物贸易谈判外，服务贸易、与贸易有关的知识产权及与贸易有关的投资等内容也被纳入了谈判的范畴，并签订了一系列的新协议。这在客观上需要有一个与之相适应的组织机构来进行协调、监督、执行和管理。世界贸易组织应运而生。

二　《建立世界贸易组织协定》的主要内容

《建立世界贸易组织协定》也称《马拉喀什建立世界贸易组织协定》或《WTO 协定》。该协定由协定本身案文 16 条和 4 个附件所构成。协定案文本身并未涉及规范和管理多边贸易关系的实质性原则，只是就世界贸易组织的结构、决策过程、成员资格及接受、加入和生效等程序性问题作了原则规定。而有关协调多边贸易关系和解决贸易争端以及规范国际贸易竞争规则的实质性规定均体现在 4 个附件中。附件 1 由 3 个次附件构成，包括了附件 1A《货物多边贸易协定》、附件 1B《服务贸易总协定》、附件 1C《与贸易有关的知识产权协定》；附件 2《关于争端解决规则与程序的谅解》；附件 3《贸易政策审议机制》；附件 4《诸边贸易协议》。附件 1A 由包括关贸总协定 1994 在内的 13 个附属协议构成，附件 4 则由 4 个附属协议所构成（其中《国际奶制品协议》和《国际牛肉协议》已于 1997 年年底终止）。

《WTO 协定》及其 4 个附件的主要内容归纳起来包括以下几个方面（钟兴国、林忠和单文华，1997；杜厚文，1999；增益，2003）。

（一）世界贸易组织的宗旨与目标

《WTO 协定》在前言中指出："本协定各参加方认识到在处理它们在贸易和经济领域的关系时，应以提高生活水平、保证充分就业、保证实际收入和有效需求的大幅稳定增长以及扩大货物和服务的生产和贸易为目的，同时应依照可持续发展的目标，考虑对世界资源的最佳利用，寻求既保护和维护环境，又以与它们各自在不同经济发展水平的需要和关注相一致的方式，加强为此采取的措施。进一步认识到需要做出积极努力，以保证发展中国家、特别是其中的最不发达国家，在国际贸易增长中获得与其经济发展需要相当的份额。期望通过达成互惠互利安排，实质性削减关税和其他贸易壁垒，消除国际贸易关系中的歧视待遇，从而为实现这些目标做出贡献。因此决定建立一个完整的、更可行的和持久的多边贸易体制，包含《关税与贸易总协定》、以往贸易自由化努力的结果以及乌拉圭回合多边贸易谈判的全部结果。决心维护多边贸易体制的基本原则，并促进该体制目标的实现。"

（二）世界贸易组织的职能

世界贸易组织应便利世界贸易组织协定及其各附属多边贸易协定的实施、管理和运用，并促进其目标的实现，还应为诸边贸易协定提供实施、管理和运用的体制。

世界贸易组织在根据世界贸易组织协定附件所列处理事项方面，应为其成员间就多边贸易关系进行的谈判提供场所。世界贸易组织还可按部长级会议可能做出的决定，为其成员间就它们多边贸易关系的进一步谈判提供场所，并提供实施此类谈判结果的体制。

世界贸易组织应管理世界贸易组织协定附件 2 所列《关于争端解决规则与程序的谅解》。

世界贸易组织应管理世界贸易组织协定附件 3 规定的《贸易政策审议机制》。

为实现全球经济决策的更大一致性，世界贸易组织应酌情与国际货币基金组织和国际复兴开发银行及其附属机构进行合作。

（三）世界贸易组织的结构

设立由所有成员的代表组成的部长级会议。部长级会议是世界贸易组织的最高权力机构和决策机构，应至少每 2 年召开一次会议，有权对世界贸易组织管辖的重大问题做出决定。

设立由所有成员的代表组成的总理事会，酌情召开会议。在部长级会议休会期间，行使部长级会议的职权和世界贸易组织赋予的其他权力。总理事会还应行使世界贸易组织协定指定的职能。总理事会应制定自己的议事规则，并批准第 7 款规定的各委员会的议事规则。总理事会应酌情召开会议，履行《争端解决谅解》规定的争端解决机构的职责。争端解决机构可有自己的主席，并制定其认为履行这些职责所必需的议事规则。总理事会应酌情召开会议，履行《贸易政策审议机制》中规定的贸易政策审议机构的职责。贸易政策审议机构可有自己的主席，并应制定其认为履行这些职责所必需的议事规则。

设立货物贸易理事会、服务贸易理事会和与贸易有关的知识产权理事会，各理事会应根据总理事会的总体指导运作。货物贸易理事会应监督附件 lA 所列多边贸易协定的实施情况。服务贸易理事会应监督《服务贸易总协定》的实施情况。与贸易有关的知识产权理事会应监督《与贸易有关的知识产权协定》的实施情况。各理事会应履行各自协定和总理事会指定的职能。它们应自行制定各自的议事规则，但需经总理事会批准。各理事会的成员资格应对所有成员的代表开放。各理事会应在必要时召开会议，以行使其职能。

货物贸易理事会、服务贸易理事会和与贸易有关的知识产权理事会应按要求设立附属机构。各附属机构自行制定各自的议事规则，但需经各自的理事会批准。

部长级会议应设立贸易与发展委员会、国际收支限制委员会和预算、财务与行政委员会，各委员会应行使本协定和多边贸易协定指定的职能，以及总理事会指定的任何附加职能。部长级会议还可设立具有其认为适当的职能的其他委员会。作为其职能的一部分，贸易与发展委员会应定期审议多边贸易协定中有利于最不发达国家成员的特殊规定，并向总理事会报告以采取适当行动。各委员会的成员资格应对所有成员的代表开放。

诸边贸易协定项下规定的机构履行这些协定指定的职责，并在WTO 的组织机构内运作。各机构应定期向总理事会报告其活动。

（四）世界贸易组织的决策机制

世界贸易组织承袭关贸总协定"协商一致同意"的决策方式，只有当无法达成共识时，才以投票方式进行表决。世界贸易组织对不同的问题，规定具体的通过票数。

解释和决议。对任何多边贸易协议的解释和决议，须经部长级会议和总理事会成员的 3/4 以上多数通过。

修订。对有关条款的修订，须经 2/3 以上多数票通过。

豁免。豁免某一成员所应承担的义务，须经 3/4 以上多数通过。

（五）关于 WTO 的创始成员资格，WTO 的加入和退出

《WTO 协议》第 11 条就创始成员资格作了如下规定。

本协定生效之日的 GATT1947 缔约方和欧洲共同体，如接受本协定和多边贸易协定，并将减让和承诺表附在 GATT1994 之后，将具体承诺减让表附在 GATS 之后，则应成为 WTO 创始成员。

联合国承认的最不发达国家只需承担与其各自发展、财政和贸易需要或其管理和机构能力相符的承诺和减让。

《WTO 协议》第 12、第 15 条对加入和退出做出了相应规定。关于加入规定如下。

任何国家或在处理其对外贸易关系及本协定和多边贸易协定规定的其他事项方面拥有完全自主权的单独关税区，可按它与 WTO 议定的条件加入本协定。此加入适用于本协定及所附多边贸易协定。

有关加入的决定应由部长级会议作出。部长级会议应以 WTO 成员的 2/3 以上多数批准关于加入条件的协议。

诸边贸易协定的加入应按该协定的规定执行。

关于退出规定如下。

任何成员均可退出本协定。此退出适用于本协定和多边贸易协定，并在 WTO 总干事收到书面退出通知之日起 6 个月期满后生效。

一诸边贸易协定的退出应按该协定的规定执行。

三　WTO 贸易治理的基本原则

世界贸易组织继承了关贸总协定的基本原则，但因其管辖的范围比关贸总协定广得多，因此，世界贸易组织基本原则运用的范围也涵

盖了传统的货物贸易领域以及服务贸易、与贸易有关的知识产权和与贸易有关的投资措施等新领域。

（一）非歧视原则

作为关贸总协定最为重要的原则，非歧视原则为世界贸易组织所继承，并将之扩展到《与贸易有关的投资措施协议》《服务贸易总协定》《与贸易有关的知识产权协议》等相关的新协议中。

（二）关税保护和关税减让原则

关贸总协定规定，各缔约方应以关税为唯一保护手段，并承诺逐步削减关税。世界贸易组织坚持这一精神，并把它扩展到农产品、纺织品和服装贸易等领域。

（三）一般取消数量限制原则

关贸总协定规定原则上应取消或禁止采用进出口数量限制，世界贸易组织在一般取消数量限制方面取得更大进展。主要体现在：第一，采取"逐步回退"办法逐步减少配额和许可证；第二，从取消数量限制向取消其他非关税壁垒延伸，并对实施非关税壁垒的标准和手段予以更加严格、明确和详尽的规定，提高透明度；第三，把一般取消数量限制原则扩大到其他有关协定；第四，不应采用数量配额方式要求限制服务的总量等。

（四）公平贸易原则

世界贸易组织坚持和扩大了关贸总协定关于公平贸易的原则。主要体现在：第一，根据乌拉圭回合达成的有关协议，在反倾销和反补贴方面建立了更为系统和具体的制度；第二，在纺织品服装和农产品贸易方面逐步实现公平竞争，逐步推行纺织品服装贸易的自由化和减少农产品出口补贴等；第三，在知识产权方面制定了具体保护措施和实施程序，以保护其公平的正当竞争；第四，约束成员方的政府采购额，以保证公平贸易。

（五）豁免与实施保障措施的原则

关贸总协定曾经做出有关豁免承担总协定某项义务和争取保护措施的规定。世贸组织继续贯彻这项原则，但加强了保障措施的约束条件。如保障措施协议规定，实施保障措施的期限一般不超过4年，因特殊原因可以延长，但也不能超过8年。再如任何成员不得寻求、采

取或保持任何自愿出口限制、有秩序的出口销售安排及其他类似的
"灰色区域"措施等。

（六）磋商调解争端的原则

磋商调解是关贸总协定解决缔约方之间争端的重要原则。世界贸
易组织在原有基础上，实施了一套较完整的解决争端的原则、规则和
程序的体制，它适用于世界贸易组织所包括的全部多边贸易协定或协
议，与关贸总协定原来的争端解决机制相比，更具有可操作性和有
效性。

（七）对发展中国家特殊优惠待遇原则

关贸总协定关于对发展中国家的特殊优惠待遇原则，在世界贸易
组织中得到了进一步加强。除了继续实行"非互惠原则"和体现
"授权条款"的精神外，还在以下几方面给予一定的优惠待遇：第
一，允许发展中国家用较长时间履行义务，或有较长的过渡期。如
《农产品协议》规定，农产品进口数量限制等措施应以等量关税来取
代，并实行关税下降，发达国家在6年内关税下降幅度36%，而发展
中国家在10年内下降幅度24%。再如与贸易有关的投资措施协议规
定，对外资企业不可采用"当地成分""外汇平衡"措施，发达国家
应在2年后取消，而发展中国家则可有5年过渡期，最不发达国家可
有7年过渡期；第二，允许发展中国家在履行义务时有较大的灵活
性。如《农产品协议》规定，原则上对农产品必须取消并禁止采用
进口数量限制，但对发展中国家给予"特殊待遇"，即仍可采用进口
数量限制措施，通常可长达10年之久。再如《保障措施协议》规定，
成员方对某项进口产品过去已用过保障措施，为实行进口数量限制，
必须相隔"一定时期"才能再度采用。对发达国家来说，"一定时
期"是指与上次采用过的相隔时间相等，而对发展中国家，则给予一
定的灵活性，即相隔时间等于上次采用过的时间的一半，但至少须相
隔2年；第三，规定发达国家对发展中国家提供技术援助，以便发展
中国家更好地履行义务。如《服务贸易总协定》规定，发达国家要
在技术获得、销售渠道、信息沟通等方面帮助发展中国家，并主动向
发展中国家更多地开放自己的服务市场。

此外，世界贸易组织充分考虑到经济转型国家复杂的内部、外部

条件，对它们加入该组织给予鼓励并承诺灵活处理。

（八）透明度原则

世界贸易组织继承和保留关贸总协定关于透明度的原则，并通过建立"贸易政策审议机制"，定期对成员方贸易政策与措施进行评审，使透明度原则得以贯彻与加强，以避免和防止缔约方之间进行不公平贸易。

四　WTO 全球贸易治理机制的问题

现行全球贸易治理模式是"二战"后在美、欧等发达国家主导下形成的，是一种以多边贸易体制和国际货币金融体制为核心，通过经济、贸易、金融协定等国际条约体系调整国际经济关系的经济治理模式。近些年，经过各方的共同努力，全球贸易治理改革虽然迈出了崭新步伐，取得了前所未有的进展，但是，GATT/WTO 作为一种贸易领域的国际体制并不是完美无缺的（高凌云、苏庆义，2015）。

（一）主导权过于集中导致全球贸易治理机制缺失的问题

以关税及贸易总协定法律制度、国际货币基金组织法律制度《国际货币基金协定》和世界银行法律制度《国际复兴开发银行协定》为核心的法律规则体系，以及以上述三大法律支柱为基础发展起来的国际货物贸易、国际服务贸易、国际人员流动、国际资本流动及国际支付结算等方面的法律规则，多被发达国家强势主导，本质上维护的是发达国家的利益，广大发展中国家长期处于被动接受的境地。这导致在集体行动过程中，影响力越大的国家，通常具有更大的国内政策空间，受到的外部压力相对小，或者对外部压力的关注程度很低，更可能奉行单边主义，用国家主权、国内政治和国内法抵制国际经济规则，从而导致全球贸易治理机制在一些关键经济问题应对上的缺失。这也表明，"国际经济组织不是中立的、非政治性的。它们被创造出来履行特定的社会目标，它们的章程和决策过程反映了互相冲突的利益方之间斗争的结果"。贸易大国操纵多边贸易体制决策过程，是因为"世界银行、国际货币基金组织和关贸总协定所体现的开放的国际经济秩序，对国际体系中最大最先进的国家来说是有利可图的。霸权国可以在一个开放体系内更有效地竞争"。

（二）全球贸易治理平台和机构缺乏协调和问责的问题

首先，是因治理机构和平台的业务职能缺乏协调而导致的交叉与政策冲突问题。IMF 的职能重点是国家金融危机的防范和救助，包括为它们提供中长期贷款，而 WB 的重点是以结构性调整为目标的软性基础设施建设，这里面存在一定的职能交叉和冲突。又如，G20 主旨在解决全球经济问题，但随着机制化和制度化的发展，G20 不可避免地将会向其他议题拓展，从而与联合国效能重叠。其次，IMF 和 WB 通过执行贷款条件推行的自由化改革虽然推动了 WTO 的工作，但亦使 WTO 的职能边缘化。另一方面，固定汇率制瓦解后汇率波动剧烈，助长了美国国会的贸易与投资保护主义，对 WTO 的工作构成很大的障碍。再次，不同性质的机制之间，缺乏有效的问责机制，这主要是指 IMF、WB 及 WTO 等与 UN 之间的关系问题。在全球层面，由于不存在类似于国家政府的"世界政府"，因此执行机构缺乏统一的管理。《联合国宪章》只是规定经济、社会、文化、卫生等各领域的专门机构应与 UN 签署协议，作为后者协调前者工作的基础；而经社理事会作为具体协调机构，有权与各专门机构"会商并向其提出建议"，并"取得专门机关之经常报告"，因此 UN 对其专门机构工作享有的只是建议与知情权，谈不上真正的问责权力，各机构可以自行其是（理查德·巴德温和杨盼盼，2013）。

（三）发达国家和发展中国家的利益差异

首先，发达国家在国际贸易规则制定中，大力推动的是那些与其利益攸关的协议的执行，利于发展中国家的政策往往难以实施。其次，与发展中国家有关的一些特殊和差别条款往往存在较多的不可执行性。再次，近些年 WTO 讨论的内容远远超出了贸易的范畴，而这些领域达成的协议多对发展中国家不利。

（四）发展中国家的特殊和差别待遇

GATT/WTO 实行无歧视待遇原则、关税保护和关税减让原则、取消数量限制原则、禁止倾销和限制出口补贴等原则，其重要功能就是保证缔约各方能够实现互利。但在事实上，同一体制和规则应用于不同发展水平的国家本身就是不平等，开放的贸易体制总是对发达国家和新兴工业化国家更为有利一些，这种互利实质上是一种非均衡的互利。而且，发展中国家的"特殊和差别待遇"不是法律上具有约束性的义务，就整个情况来看，发达国家在为发展中国家提供优惠方面的践诺程度是极差的。一大批发展中国家在这个所谓自由贸易体制中并没有得到具有实质区别的特别优待（苏庆义，2016）。

第三节 区域一体化与贸易治理

区域经济一体化是指地缘或经济发展水平临近的两个或两个以上的国家或地区之间，为谋求共同利益，在平等互利以及彼此自愿地约束各自部分经济主权、甚至相互对等地分享或让渡部分国家主权的条件下，通过建立的共同协调机构，打破行政区划界限，制定统一的经济贸易政策，按区域经济原则统一规划布局、统一组织专业化生产和分工协作，消除相互之间的贸易壁垒，逐步实现区域内共同的协调发展和各种资源的优化配置，以促进经济贸易发展、实现产业互补和共同经济繁荣的过程。"十三五"时期，将会出现更多的、具有更多新特征的区域贸易一体化安排（钟楹，2015）。

一 区域贸易协定数量持续快速增长

"十三五"时期，区域贸易协定数量仍将持续快速增长。首先，以 WTO 为主导的全球多边贸易谈判举步维艰。随着 WTO 成员的不断增多，发展中国家队伍的不断壮大，不仅发达国家和发展中国家之间存在严重的利益冲突，即便是发达国家和发展中国家内部也存在较多矛盾和分歧，协调和达成共识的难度极大，导致"多哈回合"全球多边贸易谈判屡次陷入困境，无果而终。很多国家和地区逐渐对 WTO 框架下的多边贸易谈判丧失信心，把注意力转向建立区域性或双边 FTA。其次，FTA 自身的优越性和灵活性被越来越多地认可和接受。FTA 参与成员少，谈判更加灵活和自愿，比较容易达成共识。FTA 还可以根据不同的对象，按照不同的时间表自由签订协定，贸易利益可以在短期内实现。另外，FTA 协议超越了以往只降低关税、降低数量限制的范围，向服务业、投资等领域拓展，可为缔约方创造更好的贸易和投资环境。再次，是"多米诺骨牌"效应。有的国家虽然自身并不愿意加入区域贸易协定，但它们会感受到游离于区域贸易集团之外的巨大压力。因此，它们必须考虑加入区域贸易协定，从而产生类似于"多米诺骨牌"的效应。

二 经济一体化将呈现更多的新特征

目前，全球及各主要地区的区域贸易协定在合作模式、组织架构、地域重心以及运作领域等方面，均呈现出许多新的特征。并且，从区域贸易规则开始，伴随着规范某一领域的诸边贸易规则的发展，货物、投资、服务贸易规则融合后逐渐向多边经贸规则扩展，肯定是会出现诸多制度层面的新特征和创新。

第一，区域经济一体化合作的模式打破了传统理论限制，组织成员在地域与经济发展水平等方面的同质性减弱，异质性或混合型趋势愈益明显，南北型合作成为发展的新主流。传统的区域经济一体化理论认为，社会经济、政治制度同一，经济发展水平相近，地理位置相邻和具有共同历史文化背景等，是建立区域经济一体化组织的基本条件，即同质的国家之间易于建设区域经济一体化，开展经济协调合作，如东扩前的欧盟与美加自由贸易区。但是，在生产分割条件下，发展中国家与发达国家间生产网络的发展，导致近些年 RTA 的发展基本上改变了这一趋势，越来越多的南北型区域经济一体化组织建立起来。这表明随着国际形势的发展和变化，区域经济合作和一体化中的意识形态因素和色彩越来越淡化了。

第二，区域经济一体化合作的格局日益复杂，经济一体化组织出现多层次性，成员交叉重叠，呈网络化、跨洲性的发展趋势。过去的区域经济一体化组织带有明显的联合一致、共同对外的特征，区域经济集团之间的竞争多于合作，对抗甚于协调。实行区域经济一体化的成员之间在地理上基本是连成一片或邻近的，形成贸易集团的主要动力之一是对付其他更强大的贸易团体或集团，保证多边谈判以及进入出口市场的讨价还价能力。但近年来，这种封闭式的一体化发展道路有了很大的改观。这昭示着，各国追求的并非一时一地的区域经济一体化，只要条件和时机成熟，在更大的地域范围内实现一体化是必然选择。

第三，亚太地区是当前及下一轮区域一体化的重点。自 2009 年年底以来，亚太地区的区域经济合作成为全球关注的焦点。一是美国的高调介入和推动使得 TPP（《跨太平洋战略经济伙伴关系协定》）成为当今亚太区域合作中最引人关注的问题。TPP 或将成为亚太地区新的竞争性区域合作机制，从而推动以美国为主导的亚太区域一体化进程和亚太自由贸易区（FTAAP）的建立，加速实现亚太经合组织（APEC）成员国提出的贸易自由化和投资便利化目标。二是 2012 年 11 月 20 日，东盟 10 国与 6 个自由贸易区伙伴国中国、日本、韩国、印度、澳大利亚和新西兰正式启动了"区域全面经济伙伴关系"（RCEP）谈判，旨在整合和优化东盟与中、日、韩等 6 国已签署的自由贸易协定，建成一个高质量的自贸区。这不仅对进一步密切东盟和其他 6 国经济关系和提升彼此之间的凝聚力，巩固和发展东盟在亚太区域合作中的话语权起到了重要的推动作用，而且为东亚经济一体化注入了强劲动力。

第四，区域经济一体化合作涉及的领域日趋广泛，内涵和外延不断加深，而且标准也越来越高，将成为重塑国际经济合作基本规则的关键。全球价值链的变化，使国家间的联系更加紧密，利益纠葛在一起。生产的一体化，要求各国市场规则的一致性，以及各国间标准的相融性。这需要更复杂的国际贸易规则来处理商品和要素的跨境流动，促使国际贸易规则从边界规则向边界内规则（behind the border barriers）扩展，这些边界内规则主要规范对象涉及一国的国内政策，如国有企业行为、知识产权保护、劳工等。全球价值链所带来的挑战还包括：全球贸易更多地由 FDI 所趋动，贸易和投资规则有整合的必要性。商品贸易和服务贸易的关联度加强，运输服务、商业流动、信息服务等新领域涌现，需要新的贸易规则来协调其与商品贸易相关的服务贸易的发展。生产分割所引起的中间产品在多国间的流动，使原产地规则的确定需要更细化。

传统的 RTA 内容涵盖的范围以货物贸易自由化为核心，主要通过取消或削减关税以及非关税壁垒的形式，后来扩展至服务贸易的自由化。然而，新一代 RTA 除在规则上与 WTO 保持一致外，涉及的内容日益广泛，内涵和外延不断加深。除上述内容外，还包括贸易投资便利化、贸易投资促进、知识产权保护标准、环境保护标准、劳工标准、原产地规则以及贸易争端解决机制等。此外，有的协定还包括经济技术合作以及海关合作的内容，有的已经超越了 WTO 的要求，即所谓的"超 WTO 协定"（WTO - plus Agreement），或者说，要求成员在某方面做出比 WTO 更多的承诺。新一代 RTA 这种"超 WTO 协定"在遵循多边贸易体制的基本原则的基础上为协定伙伴国家之间提供了更加自由的经贸空间，从而实现了互惠互利。但值得注意的是，发达国家参与区域经济一体化，除了在合作协定中谋求其自身的经济利益之外，试图利用经济一体化内部合作规则制定影响未来国际经济格局的动机明显增强。如《跨太平洋战略经济伙伴关系协定》（TPP）与《跨大西洋贸易与投资伙伴协定》（TTIP），体现了以美国为代表的、传统主导国际经济旧秩序的发达国家，在应对新经济形势挑战中，力求通过携手合作，主导贸易与投资规则谈判，重塑全球贸易新规则，掌握全球贸易"话语权"，以维持其在世界经济、国际贸易以及全球治理中主导权的战略意图。

第四节　G20 与贸易治理

二十国集团（G20）由七国集团财长会议于 1999 年倡议成立，由阿根廷、澳大利亚、巴西、加拿大、中国、法国、德国、印度、印度尼西亚、意大利、日本、韩国、墨西哥、俄罗斯、沙特阿拉伯、南非、土耳其、英国、美国以及欧盟 20 方组成。国际金融危机爆发前，G20 仅举行财长和央行行长会议，就国际金融货币政策、国际金融体系改革、世界经济发展等问题交换看法。国际金融危机爆发后，在美国倡议下，G20 提升为领导人峰会。2009 年 9 月举行的匹兹堡峰会将 G20 确定为国际经济合作的主要论坛，标志着全球经济治理改革取得重要进展。目前 G20 机制已形成以峰会为引领、协调人和财金渠道"双轨机制"为支撑、部长级会议和工作组为辅助的架构。G20 自 2008 年提升为领导人峰会以来，已成功举办十次峰会，第十一次峰会已于 2016 年 9 月 4 日在中国杭州召开。

作为因应全球金融危机而产生的国际经济合作论坛，G20 历次峰会紧紧围绕危机应对和经济增长这两大主线，共同协商新形势下新的国际合作模式，不断完善全球经济治理结构。可以说，G20峰会及其机制化，顺应了不断变化的国际经济新形势，为新兴国家和发展中国家提供了与发达国家平等协商国际经济合作的平台，对应对全球金融危机、促进全球经济恢复增长具有重要意义（孙振宇，2015；张茉楠，2016；周密，2016）。

一　G20的主要运行机制

其一，G20的组织架构。从组织目的和性质考察，G20是布雷顿森林体系框架内的一种非正式对话机制，为有关实质性问题的讨论和协商奠定广泛基础，以寻求国际合作并促进世界经济的稳定和持续增长。目的是成员间政策协调以达到全球经济稳定、可持续发展，推进防范金融危机、降低风险的金融规范，建设现代化全球金融机制。从参加主体考察，2009年起，G20每次峰会邀请不多于5个的非会员国参加。IMF总裁、世界银行行长以及国际货币金融委员会和发展委员会主席均会以特邀代表身份参加该论坛活动。从机制架构考察，目前已经形成了"领导人峰会——协调人会议——部长级会议——工作组会议"的机制架构。从具体工作考察，G20主要以非正式的部长级会议和财长央行行长会议进行运作，财长和央行行长定期会晤讨论全球经济发展问题，协调各方意愿。G20设立七个工作组，分别负责"建立强劲、持续、平衡增长的框架""金融治理""金融包容性""国际金融治理机制""能源和商品市场""能源与增长""灾难管理"和"气候金融"等事宜。G20没有常设机构，但在2014年布里斯班峰会上成立了悉尼全球基础设施中心。作为新生的国际治理机制，G20需要采取措施强化执行力，秘书处的设立可以帮助G20摆脱权力转移的竞争陷阱。

其二，G20的决策程序与执行。G20在决策程序上继续采取"协商一致"模式。G20会议主要发表一些反映各成员国共识的"公报"或"宣言"和行动计划，但执行主要靠IMF、WB等正式国际经济组织或者由相关各国自主实行。G20会议的议题由每年轮值主席国设置，包括打击国际恐怖融资、促进经济复苏、应对气候变化和经济全球化。G20还可考虑将包容性和可持续性的经济增长、消除贫困和共享繁荣纳入讨论和决策议程。G20 的决策程序带有很强的协商性、非正式性和多层次政策制定的实验主义治理的特征（沈伟，2016）。

二　涉及贸易议题的主要峰会

危机应对和经济增长一直是 G20 峰会的主要议题，而保障贸易的稳定和可持续增长是实现上述两大主要议题的关键之一。历次峰会中明确提出的贸易议题包括如下方面。

2010 年 6 月 26 日，G20 在加拿大多伦多举行第四次峰会。此时，欧洲主权债务危机发酵，中国等新兴经济体经济增速放缓，为世界经济复苏增加了不确定性和不稳定因素。为防止世界经济二次探底，会议是在世界经济脆弱复苏的背景下召开的，与会领导人主要讨论了世界经济形势、欧洲主权债务危机、强劲可持续和平衡增长框架、国际金融机构改革、国际贸易和金融监管等主要议题，寻求合作应对之策，特别是把削减赤字作为主攻方向。会议发布的《二十国集团多伦多峰会宣言》特别指出，二十国集团迄今的合作努力取得了良好成果，世界经济恢复了增长，但严峻的挑战依然存在，发达国家的主权债务危机对世界经济复苏造成威胁。宣言强调，二十国集团的首要任务是确保和加强复苏，为强劲、可持续和平衡的增长奠定基础，加强抗风险的金融体系。

由于欧美等国关于经济刺激计划退出策略存在着潜伏的矛盾，影响世界经济复苏的进程，这导致 2010 年 11 月 12 日在韩国首尔举行的 G20 第五次峰会上，参与方核心诉求分歧加剧，美国量化宽松引起的利益分歧加剧在某种程度上也体现了 G20 的难题，即独立于国内和国际的政治压力的央行行为应该如何协调的问题。从峰会通过的《首尔宣言》中，可以看出该次峰会的成绩主要有：在通货与汇率方面，重新核实了发达国家和新兴市场国家对于汇率合作的原则。在财政方面，发达国家将树立财政健全计划，留意因履行或未履行因素可能会同时并发的经济风险。在金融监管方面，与会领导人在会议上通过了巴塞尔银行监管及有关资本流动性和全球大型金融机构的国际标准和原则。在贸易方面，G20 成员国愿意尽早完成多哈发展议程谈判，就在 2013 年之前不设置新的贸易及投资壁垒、反对任何形式的贸易保护主义达成了共识。

2011 年 11 月 3 日在法国戛纳召开的 G20 第六次峰会，成果丰硕，不仅承诺继续加强宏观经济政策协调，而且通过了促进"增长和就业行动计划"，对于应对欧债危机和促进世界经济复苏发挥了重要作用。而这些成果的取得，是新兴经济体国家加强事前沟通、协调立场，在关键问题上集体发声的必然结果。峰会之前，"金砖国家"就如何实现可持续增长、扩大就业、发展农业及应对极端气候变化等问题进行了磋商，协调了立场，使得峰会公报以近三分之二的篇幅体现了新兴经济体的诉求。另外，由于新兴经济体在 G20 峰会前也曾就"欧洲金融稳定工具"以及援助欧洲方式等问题统一了立场，致使欧盟主推的 EFSF 融资问题没有取得任何实质进展。可见，新兴经济体实力的增强以及立场的统一，改变了发达国家主导 G20 的局面。

对于贸易问题，该次峰会特别提到以下几点。第一，全球经济目前处于关键时期，强调多边贸易体系的优点具有重要意义：多边贸易体系是避免保护主义和关门主义的一个办法。我们重申多伦多协议做出的承诺，直到 2013 年年底前要遏制可能复活的任何新保护主义措施，其中包括新的出口限制、与 WTO 相抵触的刺激出口措施，同时要求 WTO、经合组织、联合国贸发会议（UNCTAD）继续进行监管和公布半年报。第二，支持多哈发展议程（DDA）的指令。不过如果我们继续以过去的方式谈判，显然是不会完成多哈回合谈判的。我们认可迄今为止所取得的进步。为增强互信，我们在 2012 年需要以新的、可信的方式推进谈判。我们指示本国部长在即将到来的日内瓦部长级会议上对这些方式进行研究，讨论多边贸易体系在经济全球化形势下面临的挑战和机遇，在墨西哥峰会前报告结果。第三，为增进基于规则的贸易体系的效率，支持加强 WTO，WTO 应在提高贸易关系和政策的透明性、提高争端解决机制的效能方面发挥更积极的作用。

圣彼得堡峰会向中长期增长和发展议题全面扩展。在世界经济复苏乏力、美国意欲退出 QE、叙利亚问题持续升温、新兴市场金融风险加剧等背景下，2013 年 9 月 5 日，G20 第八次峰会在俄罗斯圣彼得堡举行。面对复杂多变的国际形势，峰会把增长和就业作为主题，并设置了强劲、可持续、平衡的增长框架，就业，发展，加强金融监管，国际金融架构改革，能源可持续性，促进多边贸易及反腐八个主要议题。议题多、范围广成为圣彼得堡峰会的重要特点。与以前的峰会议题相比，此次峰会不仅增加了能源问题，还增加了反腐及叙利亚等政治性和安全性的问题。虽然 G20 是经济组织，但由于它集合了世界主要的经济体，探讨与经济问题密切相关的政治和安全问题可能会使 G20 更有凝聚力和权威性。因此，此次峰会将打开 G20 的转型之门，向发展议题全面扩展。

在贸易方面，该次峰会特别提到以下几个方面。第一，自由贸易和投资，以及建立开放的、基于规则、透明和非歧视的以世贸组织为基础的贸易体制，对于恢复全球贸易增长具有决定性作用。我们强调贸易在全球和国家层面对经济增长、可持续发展和创造就业所起的关键作用。第二，重申多边贸易体制成功运行及确保有效实施规则的重要意义。2013 年 12 月在巴厘岛举行的第九次部长级会议如能就贸易便利化、部分农业议题和发展取得成功结果，将成为多边贸易自由化和多哈回合谈判取得新进展的基石，并为后巴厘、多哈回合谈判的成功注入新的信心。第三，呼吁所有世贸组织成员显示必要的灵活性以弥合现有差距，并在第九次部长级会议上达成积极和平衡的成果。我们已经准备在谈判中作出重要贡献以实现上述结果，在第九次部长级会议上实现早期收获并展示世贸组织谈判职能的信誉。第四，认识到贸易保护主义导致的经济下行和贸易受损的风险，将不采取新贸易保护主义措施的承诺延长至 2016 年年底。我们致力于在取消全球贸易和投资壁垒方面取得更多进展，重申收回新的保护主义措施的承诺。我们强调通过世贸组织进一步抑制贸易保护主义的重要性，为此，我们将为第九次部长级会议取得成功而努力，使其成为成功结束多哈回合谈判的重要一步，成为制定路线图以实现上述目标的推动力。第五，重视世贸组织、经合组织和联合国贸发会议对贸易和投资限制/开放措施进行的监督，呼吁上述机构根据各自授权继续加强监督，以更好地抵制贸易保护主义，推动全球贸易和投资自由化。我们欢迎世贸组织在网站上公开上述措施，以便政府、私人机构和民间社会进行研究。第六，透明度是多边贸易体制的基石。我们承诺及时遵守世贸组织通报要求，并通过世贸组织现有规则提高透明度。第七，理解区域贸易协定的重要性以及其对贸易和投资自由化的贡献，承诺将保证区域贸易协定对多边贸易体制起到支持作用。提高区域贸易协定透明度，并加强对该问题及其对多边规则未来发展影响的理解，有利于二十国集团所有成员获得系统性收益。我们承诺在世贸组织区域贸易协定问题上继续开展工作，并分享提高区域贸易协定透明度的做法。第八，支持贸易透明度倡议，该倡议是非洲开发银行、国际贸易中心、贸发会议和世界银行合作的产物，为公开使用贸易政策数据和分析系统、识别新的贸易机会并促进贸易流动提供了条件。我们同样欢迎世贸组织建立的贸易信息一体化网站。第九，认识到对全球价值链的迅速扩展，以及参与全球价值链对增长、产业结构、发展和就业的影响进行更好理解的重要性。鉴于此，我们欢迎经合组织、世贸组织和贸发会议在全球价值链问题上所做的工作，邀请上述组织了解政府观点并继续研究全球价值链的影响，特别是全球价值链对贸易、经济增长、发展、创造就业的影响和价值增值的分布情况。对参与全球价值链过程中遇到的机遇和挑战进行识别并完善贸易增值统计办法，可以帮助有关国家制定合适的政策并从全球价值链中获益。

布里斯班峰会首次承诺全球经济增长目标。圣彼得堡峰会以来，促进经济增长就始终是 G20 峰会的核心议题。2014 年 11 月 15 日在澳大利亚布里斯班举行的 G20 第九次峰会，以"增长、就业和抗风险"为主题，主要讨论世界经济形势、全面增长战略、经济改革、就业、国际贸易、能源等议题。此次峰会的一个重要成果即是批准了一份包含 800 余项措施的协议，如果这些措施得到完全实施，将在 2018 年内推动二十国经济至少增长 2.1%，使 G20 的经济体量占到世界经济的 85%。根据国际货币基金组织和经济合作组织的测算，实现这一目标意味着这些国家的 GDP 增长可超过两万亿美元，由此带来的新增就业岗位将达数百万。为此，G20 成员国承诺建立全球基础设施中心，以推动不平衡的全球经济增长。

在贸易方面，该次峰会强调，第一，贸易和竞争是促进增长、提高生活水平和创造就业的强大动力。当今世界，我们不仅交易最终产品，还通过进出口零部件和服务共同制造产品。我们的政策需要充分利用全球价值链、鼓励发展中国家更多参与其中并创造增加值。我们的增长战略包括通过降低成本、简化海关程序、减少监管负担、加强有利于贸易的服务等改革措施，以促进贸易便利化。我们正在促进竞争、创业和创新，包括降低新建企业和投资的准入门槛。我们重申反对贸易保护主义，以及暂不出台新的贸易保护主义措施并取消有关措施的一贯承诺。第二，需要一个在开放型世界经济中的强大贸易体制，以促进经济增长、创造就业。为帮助工商界更好地利用贸易协定，我们将努力保证双边、区域和诸边贸易协定互为补充、透明，并为在世界贸易组织规则内建设更强大的多边贸易体制做出贡献。这些规则依然是带来经济繁荣的全球贸易体制的基石。一个能够应对当前和未来挑战，充满活力的、有效的世界贸易组织十分必要。我们欢迎美国和印度协商取得的突破，这有助于全面、迅速落实贸易便利化协定。这一突破也包括了粮食安全条款。我们承诺落实巴厘一揽子协定所有内容，尽快确定世贸组织解决多哈回合谈判遗留问题的工作计划，以推动谈判重返轨道。这对恢复各方对多边贸易体制的信任和信心十分重要。我们将继续向需要帮助的发展中国家提供促贸援助。

2015 年 11 月 15 日在土耳其安塔利亚召开的 G20 第十次峰会，是在全球经济复苏不均衡、大宗商品市场低迷、国际贸易增长大幅下滑、美国货币政策收紧、新兴市场与发展中国家风险加大等的背景下召开的。安塔利亚峰会延续了峰会向中长期增长与发展议题全面扩展的趋势，将加强全球经济复苏与提高潜在增长率、提升弹性力与增进可持续性确定为优先议程。峰会同时提出实现上述议题的三大抓手：包容性（inclusiveness）、落实（implementation）与投资（investment），即所谓"3Is"。体现了增长与包容并重的导向，体现了当前世界经济面临效率与公平双重制约的根本挑战。

在贸易方面，该次峰会强调以下几点。第一，全球贸易和投资依然是经济增长和发展的重要引擎，有助于创造就业、增进福利、促进包容性增长。我们注意到全球贸易增速依然低于危机前水平。这是周期性和结构性双重因素所致。为此，我们再次郑重承诺通过包括调整后的增长战略等措施，加强协调，推动贸易和投资。包容的全球价值链是世界贸易的重要驱动力。我们支持所有发展中国家的各种规模企业，尤其是中小企业，参与并充分利用全球价值链，同时鼓励发展中国家更深参与并创造更多价值。我们进一步重申不采取新的贸易保护主义措施的承诺，并将保持谨慎，监督落实进展。为此，我们要求世贸组织、经合组织和联合国贸发会议继续报告贸易和投资限制措施。我们要求贸易部长定期举行会议，并同意建立支持性工作组。第二，世贸组织是多边贸易体系基石，应继续在促进经济增长和发展方面发挥核心作用。我们继续承诺坚持一个强有力和高效的多边贸易体制，重申共同努力完善其运行的决心。我们致力于共同推动内罗毕贸易部长会议取得成功，在多哈发展回合等问题上取得一系列平衡成果，并为后内罗毕工作提供明确指导。我们还将加倍努力，落实包括农业、发展、公共粮食储备以及《贸易便利化协定》批准与实施等在内的巴厘一揽子协议全部内容。我们将继续努力，确保双边、区域和诸边贸易协定相互补充、透明、包容，与以世贸组织规则为基础的多边贸易体制保持一致，并为强化这一体制做出贡献。我们强调贸易在全球发展事业中的重要作用，将继续支持在需要能力建设援助的发展中国家中实施"促贸援助"等机制。

三　G20 杭州峰会

杭州峰会同样是在全球经济萎靡不振、贸易投资增长下滑、保护主义有所抬头以及深层次矛盾和不确定性叠加的大背景下召开的。因此，中国把"创新的增长方式""强劲的国际贸易和投资""高效的全球经济治理"以及"包容和联动式发展"列为本次峰会重点议题。以贸易与投资来探寻增长之源，以创新和改革来探索增长之途，以机制和框架来探索治理之道。相信杭州峰会的成功举办，必将标志中国作为全球经济治理积极参与者的崛起，也显示出中国对 G20 这一国际经济首要论坛的支持和贡献。基于此的杭州"共识"强调：放眼长远。我们将完善二十国集团增长议程，发掘增长新动力，开辟新增长点，以创新和可持续的方式推动经济转型，更好地维护当代和子孙后代共同利益。综合施策。我们将创新经济增长理念和政策，财政、货币和结构性改革政策相互配合，经济、劳动、就业和社会政策保持一致，需求管理和供给侧改革并重，短期政策与中长期政策结合，经济社会发展与环境保护共进。扩大开放。我们将继续努力建设开放型世界经济，反对保护主义，促进全球贸易和投资，加强多边贸易体制，确保全球化背景下的经济增长提供惠及更多人的机遇、得到公众普遍支持。包容发展。我们将确保经济增长的成果普惠共享，满足各国和全体人民尤其是妇女、青年和弱势群体的需要，创造更多高质量就业，消除贫困，解决经济发展中的不平等现象，不让任何国家、任何人掉队（曹鸿宇和陆燕，2016）。

　　而作为此次峰会的核心成果之一，《G20 全球贸易增长战略》无疑更引人瞩目。《G20 全球投资指导原则》，确立了反对跨境投资保护主义，营造开放、非歧视、透明和可预见的投资政策环境，加强投资保护，确保政策制定透明度，推动投资促进可持续发展以及投资者企业责任等九大原则。作为世界首份关于投资政策制定的多边纲领性文件，《指导原则》确立了全球投资规则的总体框架，为各国协调制定国内投资政策和商谈对外投资协定提供重要指导，同时为弥合国家间投资政策利益分化，加强多边投资政策协调迈出历史性一步，将为促进全球投资增长提供长远制度性引领。具体内容包括以下几方面。第一，降低贸易成本，G20 将进一步采取措施降低贸易成本并鼓励所有世贸组织成员全面实施《贸易便利化协定》（TFA）。第二，加强贸易投资政策协调，G20 保证贸易、投资以及其他公共政策相互补充、相互促进，并采取促进更加开放、可持续和包容价值链的政策，以鼓励发展中国家进一步融入全球价值链并获得价值增值。第三，促进服务贸易，G20 成员承诺实施政策以支持开放、透明和竞争性服务市场。第四，增强贸易融资，G20 将通过加强贸易融资，支持更多的企业开展国际贸易。第五，制定贸易景气指数，G20 有信心将"贸易景气指数"作为贸易的提前预警系统，为政策制定者和企业提供更实时的贸易发展指标。这将成为 G20 成员政府调整贸易相关政策的重要工具。第六，促进电子商务发展，G20 成员同意加强电子商务问题的讨论与合作。同时，为了使中小企业和发展中国家更好地获取数字技术，获得更大利益，并帮助其实现包容性贸易增长，G20 成员鼓励政府和企业进行对话，找出电子商务发展面临的机遇和挑战，研究讨论贸易领域相关政策、标准和模式，并欢迎工商界提出的搭建世界电商平台（eWTP）的倡议。第七，关注贸易促进发展，G20 成员认识到，贸易是近几十年来经济发展的强大动力，促进贸易和投资可增强发展中国家和中小企业参与全球价值链并向价值链上游攀升；有利于发展中国家经济多元化和产业升级；支持健全的农业政策和实现 2030 年可持续发展议程。

　　总之，始于 2008 年的 G20 峰会，由最初的应对次贷危机、欧债危机以及加强金融监管，到危机缓和之际的关注实体经济增长与就业，再到将贸易、包容、国内改革、反腐、能源、安全、卫生等可持续发展议题提上日程，经历了由短期危机应对向中长期增长扩展；由加强金融监管向促进实体经济发展扩展；主导力量由发达国家主导向发展中国家转变等几个重大变化，取得了令世人瞩目的重要成果，日趋成为全球经济治理的重要力量（程大为，2014；金芳，2009）。

第三章 国际贸易治理领域

WTO 成立以后，由于国际经济与贸易环境的改变，国际贸易开放度的不断提高，以及多哈回合谈判受阻，固有的国际贸易投资规则已经无法有效规范各国贸易投资活动。因此，各国开始探索建立全球经济贸易投资新秩序，并且积极参与到新的国际贸易投资规则的谈判与制定中来。

第一节 已签署协议中的贸易规则

由于经济利益的驱使、政治与安全政策的需要以及多边贸易体制的弊端等种种原因，各类双边、诸边、区域贸易协定（称为优惠贸易协定，preferential trade agreements，PTAs）的发展势头十分迅猛。根据 WTO 的统计，目前向 WTO 通知的区域贸易协定已经达到 381 个，其中多半是 20 世纪 90 年代后缔结的。世界各个地区的国家普遍热衷于 PTAs 的谈判和缔结。欧美仍然是 PTAs 最多的经济体，欧盟成员国签订的区域贸易协定达到 36 个，美国共签订了 14 个协定。亚太地区正在成为 PTAs 新的增长点，日本和韩国签订的区域贸易协定数目各为 13 个和 12 个。

除数量激增以外，PTAs 的内涵正在扩大。随着全球经济竞争的重点从制造业转向服务业，PTAs 突破传统的货物贸易领域，越来越多地包含了服务贸易的内容。在上述 381 个区域贸易协定中，有 118 个是根据 GATS 第 5 条进行的，其内容主要涉及服务贸易，约占总数的 31%。与此同时，国际贸易投资规则谈判的重点正在从贸易领域转向投资领域。除了专门的投资协定，越来越多的 PTAs 涵盖了投资问题，使贸易协定成为制定投资规则的一个重要领域。PTAs 在制定相关投资规则方面采用了更加开放的原则，推动全球投资治理体制日益向着更加自由化的方向发展。

一　规则制定方式的变化

目前，各种类型的双边、诸边、区域贸易协定普遍采用的谈判框架主要包括：①市场准入和国民待遇：所有服务部门列入服务贸易的谈判范围，包括不可预知的新兴服务部门，实行准入前国民待遇；②否定式清单：所有缔约方的所有服务部门均受到约束，除非在清单中列明保留或例外；③与服务贸易有关的投资章节，主要是金融服务部门和电信服务部门；④国内规制纪律：进一步加强对透明度、公平竞争、服务补贴等的约束；⑤"棘轮条款"：锁定开放现状，未来的自主开放措施一旦实施不可撤回。

PTAs 和 GATS 在谈判上采取不同的方法和路径。其中一个重要区别就是承诺方式不同。GATS 市场准入和国民待遇的具体承诺是以正面清单（positive list）为基础的，即只有在承诺表中做出具体承诺时 WTO 成员才受到约束。而 PTAs 承诺大多数是以负面清单（negative list）为基础的，即所有缔约方的所有服务部门均受到约束，除非缔约方在其清单或承诺表中列明保留或例外。《北美自由贸易协定》（NAFTA）谈判就采用了负面清单的方式，并且美国主张在 WTO 多哈回合服务贸易谈判中也要采取这种方式。不过，由于 WTO 成员坚持现有的方式，因此美国只能转而在 PTAs 谈判中运用负面清单的方式。除了采用负面清单谈判方式以外，禁止反转机制也是许多 PTAs 实现进一步自由化的重要特征。禁止反转机制主要旨在防止一些国家自主实施的政策法令变革出现倒退。当然，超越 GATS 承诺的 PTAs 承诺也能够保留协定提供的灵活性，为现有的不一致措施以及未来的措施做出保留，以便对政策目标进行最佳考量，例如通过做出承诺提供某些开放保证，同时为某些限制保留一定的空间。

二　规则内容的变化

在内容安排方面，虽然 PTAs 与 GATS 规定所承担的义务有所区别，但是两者都有一套共同的基本准则来规范服务领域的贸易和投资，例如透明度、国民待遇、最惠国待遇、支付转移、垄断和专营服务商、一般例外等。但是在国内规制、紧急保障措施、服务补贴规则等方面，较之 GATS 而言，PTAs 取得了更多有限的进展。例如，EU和 NAFTA 并没有笼统地规定 GATS 第 6 条第 4 款国内规制纪律的必要性测试，而是仅仅规定了许可的颁发以及资格要求的认证。

（一）市场准入

多数类似 GATS 的 PTAs 都包含与 GATS 第 16 条几乎一致的市场准入条款，当然也有一些例外。例如韩国和新加坡自由贸易协定在市场准入条款中并没有规定外资所有权限制以及资本转移自由。有些非 GATS 类型的 PTAs 也参照了 GATS 第 16 条的规定，例如日本和瑞士、印度和新加坡及新加坡和瑞士签订的自由贸易协定。

（二）国民待遇

很多 PTAs 的国民待遇条款都与 GATS 第 17 条类似。NAFTA 的国民待遇条款则有所不同，该条规定用"类似情形"的表述代替了 GATS "类似服务或服务提供者"的表述。

（三）最惠国待遇（MFN）

PTAs 的 MFN 条款有时比较欠缺。约有 20% 的 PTAs 不包含 MFN 条款，其中多数是亚洲国家签订的协定。类似 GATS 的协定约有 40% 没有规定 MFN 义务。但是所有遵循 NAFTA 模式和 EU 模式的 PTAs 都含有 MFN 条款。当然，即便规定了 MFN 义务，有些 PTAs 成员也设置了很多规避条款，使得给予第三方的新的减让不适用于原来的成员。

（四）紧急保障措施

有些 PTAs 包含紧急保障措施条款，有些则没有。同时紧急保障措施条款的内容也各不相同。尤其是由于 PTAs 成员的谈判地位不同，有关紧急保障措施的程序性规则差别较大。

（五）禁止业绩、当地存在以及高级管理人员、董事会要求

约有 40% 的协议含有该项要求。极少数协议禁止该项要求，例如日本和新加坡自由贸易协定禁止业绩要求，哥伦比亚和墨西哥自由贸易协定禁止当地存在要求，印度和新加坡自由贸易协定禁止高级管理

人员要求。几乎没有 PTAs 禁止董事会要求。

（六）维持现状义务

主要适用于采用负面清单谈判方式的协定，因为除非对现有或将来的不符措施做出保留，否则所有服务部门都要受到自由化义务的约束。GATS 没有该项规定，但是约有 30% 的类似 GATS 的协定含有该项规定。所有遵循 NAFTA 模式的协定均规定了维持现状义务。日本在与菲律宾、泰国、马来西亚和印度尼西亚签订的自由贸易协定中也都规定了维持现状义务。

（七）禁止反转义务

禁止反转机制比维持现状义务更进了一步。禁止反转条款是 NAFTA 以及遵循 NAFTA 模式的协定共同的结构特征，其在跨境服务贸易和投资章节中均含有该项规定。没有投资章节的协定一般不规定禁止反转义务。GATS 以及类似 GATS 的协定也几乎没有该项规定。

第二节 TPP、TTIP 与 TISA 在贸易治理方面的特点

除了 TPP 和 TTIP 这两个横跨太平洋和大西洋、东半球和西半球的全球经济贸易框架，涵盖全球主要发达经济体的 TISA 也在谈判当中。

一 "跨太平洋伙伴关系协定"（TPP）

TPP 的前身是跨太平洋战略经济伙伴关系协定（Trans – Pacific Strategic Economic Partnership Agreement，P4）。P4 由亚太经济合作会议成员国中的新西兰、新加坡、智利和文莱四国发起，2005 年 5 月签订生效。2009 年美国正式加入并提出扩大跨太平洋伙伴关系计划。2011 年 11 月美国正式推出 TPP 框架协议。2013 年 5 月，日本正式加入 TPP 谈判。至今谈判成员国已迅速增加至 12 个（美国、日本、加拿大、墨西哥、澳大利亚、新西兰、智利、秘鲁、越南、马来西亚、文莱、新加坡），GDP 和贸易占全球总量的 40% 左右。据 Petri、Plummer 及 Zhai（2012）预计，到 2025 年，TPP 将导致成员国的服务

贸易出口增加2.7%，而TPP协议范围扩大至其他APEC国家将使这一数字达到18%。

相对于GATS或以往的自由贸易协定，TPP关于服务及投资的谈判将更为积极。TPP谈判的目标不仅是开放市场，更在于在一个单一文本中建立一个关于结构、规则、监管原则、部门覆盖范围、金融服务、资本移动和投资者权益及保护等方面的系统范例，这将成为GATS、其他自由贸易协定，特别是亚太经济合作组织（APEC）的标杆。TPP真正的意义在于吸引更多的亚太地区国家参与到TPP谈判中。TPP不仅对美国有着重要的战略意义，对于成员国也是如此，这对APEC提出的亚太地区区域经济一体化以及后来的建立亚太地区自由贸易区的提案的实现都是重要的一步。

TPP服务部门开放的谈判方式为负面清单方式，要求成员国列出不包含在TPP义务内的"不符措施"。这种方式将保证国民待遇、MFN及透明度义务的覆盖范围最大，因而拓展了GATS中已有的规则及市场准入承诺。另外，谈判方还在努力提高透明度并简化条款，以减少不必要的负担。

二　"跨大西洋贸易与投资伙伴协定"（TTIP）

美国在全力推动TPP谈判进程的同时，又宣布于2013年6月与欧盟正式启动TTIP谈判，将就农业、服务业、航空业等领域开放进行谈判，计划两年内完成谈判并签订美欧自由贸易协定。谈判成员国包括美国及欧盟27个成员国，美欧两大经济体GDP总量约占全球的50%，贸易额占全球的30%。

TTIP谈判旨在在美欧两个超级经济体之间建立起无壁垒的自由贸易和投资，涵盖了美欧双边的货物、服务、资本和知识的自由流动。该协议的目的是要实现跨大西洋地区更高水平的经济一体化，保持美欧两个经济体的繁荣及持续全球化。为此，需要撤销所有关税、非关税和监管性障碍以实现跨大西洋市场的自由化及透明化，且要防止产生对第三方国家的新的贸易壁垒。

为了最终建立TTIP，美欧必须致力于消除两大经济体之间的各种贸易壁垒，包括关税和非关税壁垒。同时，美欧的政策制定者还需先达成一系列基准条款，主要包括如下方面。

——非歧视性的美欧特殊关系。

——"交会"条款。各种监管合作论坛定期举行各种级别的会议。

——"安全港"协定。美欧监管条例不需进行形式上的统一，而是通过监管机构及企业的持续努力实现监管的实质上的统一。

——"冻结"条款。TTIP一旦生效，冻结条款将阻止美欧之间产生新的贸易及金融障碍。

——"日落"条款。建立跨大西洋经济体、减少障碍的清晰明确的时间安排。

——透明度机制。减轻国家的监管负担，减少公司全球运营的成本。

三　国际服务协定（TISA）

近年来，全球服务贸易快速发展，而服务贸易自由化进展缓慢，GATS多边服务贸易规则已经无法应对新的挑战。美国主要的TISA谈判于2013年1月启动，包括欧盟、美国、澳大利亚、加拿大、哥伦比亚、哥斯达黎加、中国香港、以色列、日本、墨西哥、新西兰、智利、挪威、秘鲁、韩国、瑞士、中国台湾、土耳其、巴基斯坦、巴拿马、冰岛在内的21个WTO成员加入，成为全球化进程中国与国之间服务贸易领域的一条新通道。

为了适应全球经济重构的需要，国际贸易规则谈判的重点正在从贸易领域转向投资领域。以贸易规则谈判为主体的WTO全球多边贸易体制的影响力正在逐渐减弱，代之而起的是贸易规则谈判和投资规则谈判并重的各类双边、诸边及区域贸易和投资体制安排。其中，美国积极倡导的TPP最为引人注目。这些新的国际贸易规则通过高标准的谈判方式，追求高水平的贸易自由化。尽管PTAs迅猛发展的势头对多边贸易体制的利弊影响仍不确定，但是它在进一步促进全球贸易自由化和推动经济发展中将起到重要作用。

第三节　服务贸易规则的发展

在农业经济时代，商品市场狭小，服务业不发达；进入工业化时代，商品生产规模逐步扩大，商品的销售和流通问题越来越突出，服务业的重要地位也日益凸显；进入 21 世纪以来，服务业的迅速发展成了世界经济发展的主要特征之一。服务贸易能否超越地域、民族、语言的种种限制，在全世界范围内顺利进行，是贸易自由化目标能否实现的重要标志。虽然美国新当选总统 Trump 已经宣布美国退出 TPP，但是，TPP 里有关服务贸易的规则仍然代表了未来服务贸易规则的方向，也必将在后续的其他贸易协定陆续出现。从这个角度，下面我们着重分析 TPP 中关于跨境服务贸易、金融服务贸易、自然人流动、电信服务贸易的一些制度设计，并将之与 TISA 等进行比较，以明晰服务贸易规则的可能发展。

一　跨境服务贸易

跨境服务贸易（Cross – border Trade Services）也称跨境支付（Cross – border Supply），是指一成员服务提供者在其境内向在任何其他成员境内的服务消费者提供服务，以获取报酬。这种方式是典型的"跨国界贸易型服务"。其特点是服务的提供者和消费者分处不同国家，在提供服务的过程中，就服务内容本身而言已跨越了国界。它可以没有人员、物资和资本的流动，而是通过电信、计算机的联网实现，如一国咨询公司在本国向另一成员客户提供法律、管理、信息等专业性服务，以及国际金融服务、国际电信服务、视听服务等。也可以有人员或物资或资金的流动，如一国租赁公司向另一国用户提供租赁服务以及金融、运输服务等。这类服务贸易充分体现了国际贸易的一般特征，是国际服务贸易的基本形式。

（一）TPP 条款中跨境支付部分的主要内容

TPP 条款中跨境支付部分包含 13 个条款和 2 个附件。

第一条　跨境服务贸易的定义。条款将跨境服务贸易或跨境支付定义为：自一成员领土向任何其他成员领土提供服务；在一成员国领土内向任何其他成员的服务消费者提供服务；一成员的服务提供者向在任何其他成员领土内的自然人存在提供服务。但不包括一成员的服务提供者向在任何其他成员领土内的商业存在提供的服务。即把除以商业存在方式产生的自然人流动除外，其他的自然人流动也纳入跨境服务贸易的范畴。

第二条 适用范围。条款适用于一缔约方因受另一缔约方提供的跨境服务贸易影响而采取或保持的措施，包括服务的生产、分销、销售或交付；服务的购买或使用或支付；服务提供者接入并使用分销、运输或电信网络以及以提供债券或其他形式的金融安全作为服务接入条件的。但不适用于在第十一章定义的金融服务、政府采购及政府当局行使权力的服务或被一缔约方提供补贴或补助金，包括贷款、担保和保险，也不适用于航空服务，包括国内和国际航空公司运输服务。

第三条 国民待遇。每一缔约方应给予另一缔约方的服务和服务供应商不低于本国服务和服务提供商享有的优惠待遇。

第四条 最惠国待遇。在相同情况下，一个缔约方应给予另一缔约方的服务和服务供应商不低于其他缔约方或非缔约方的服务及服务提供商所享有的优惠待遇。

第五条 市场准入。任何一缔约方都不得在区域或全国范围内采取或保留限制市场准入的措施。这些措施包括：（1）不得对服务提供者强制实施数量限制，包括通过配额、独家服务提供商或进行经济需求测试等手段，限制服务提供者数量、服务交易量、服务运营者的总量以及某一服务行业或某一服务提供商应雇用的外国自然人服务者的数量等。（2）限制或要求特定类型的法律实体或合资企业等。

第六条 当地存在。任何一缔约方不得要求另一缔约方的服务供应商建立或保留代表办事处或任何形式的企业，或成为其居民作为在其境内提供跨境服务的条件。

第七章 不符措施。上述第三至第六条款不适用于两个附件中任一规定的例外（不符措施），即：（1）现有措施，一缔约方接受该类措施在未来不再加严的义务，并锁定未来任何自由化措施；（2）一缔约方在未来保留完全自由裁量权的部门和政策。

第八条 国内规制。各缔约方应确保以合理、客观、公正的方式来管理影响贸易的一般适用的所有措施；在承认缔约方具有规范和引入新的服务规定的权利以满足其政策目标的同时，要确保有关资格要求的措施和程序不构成服务贸易的障碍。如果一缔约方要求对其提供的服务进行授权，另一缔约方应确保其主管部门在申请人提交申请后的合理时间内通知其相关程序，并明确批准的时间。如申请被拒绝，则须在规定时间内通知申请人拒绝的理由，尽可能为申请人提供改正申请中存在的问题和遗漏的意见和建议。每一缔约方应确保任何授权收费是合理的、透明的。如果获得服务许可或资格需要考试的话，每一缔约方须确保考试时间安排合理。各缔约方应确保国内具有完备的评估程序和能力来评估另一缔约方专业人员的能力。

第九条　承认。为满足第四条最惠国待遇的要求，使服务提供者在整体上或部分满足一缔约方的授权标准、服务供应商的许可或资格认证，应通过与另一缔约方或非缔约方签署协议或安排承认服务提供者在另一缔约方或非缔约方所获得的教育和工作经验、许可证或认证。

第十条　利益的拒绝给予。一缔约方当事人可以拒绝将本章的利益提供给另一缔约方提供服务的国有企业或实际由非缔约方自然人控制的企业以及在任何缔约方境内注册的空壳公司。

第十一条　透明。各缔约方应保持或建立适当的机制以应对利益相关方对本章提出的需求。

第十二条　支付和转移。每一缔约方均须允许与跨境服务的所有资金在其境内以即时汇率自由、及时地转移支付。一缔约方可以通过公平、非歧视性和善意的适用法律10条，防止或拖延自由转移支付的款项。

第十三条　其他事项。各缔约方认识到航空服务在促进经济增长、扩大贸易方面的重要性，每个缔约方可考虑与其他缔约方合作，在适当的场合使航空服务自由化，如通过协议允许航空运营商有更大的灵活性，以决定他们的路线和频率。

此外，TPP这个部分还包括了专业服务和快递服务两个附件。

关于专业服务，每一缔约方应鼓励与有关机构在其领土内进行协商，以寻求通过对话方式认可专业资格、许可证或专业服务注册登记。如果可行的话，一缔约方可以考虑根据服务提供者在母国取得的执照或公认的专业团体会员资格发放临时的或项目特别牌照或注册登记，而不需作进一步的笔试。

在专业服务附件中，特别对工程与建筑服务及法律服务进行了规范。在工程与建筑服务方面，各方承诺在 APEC 的工程师和建筑师框架下提高对工程师及建筑师专业能力的相互认定；各缔约方应鼓励其相关机构成为 APEC 工程师和建筑师的注册认证机构。在法律服务方面，将跨境法律服务明确界定为包括短期的出入境、通过使用网络或电信技术或商业存在提供的法律服务等。外国律师可以在其本国司法管辖权给予的法律权利基础上在外国执业；外国律师可以从事商业仲裁、调解和调解程序。地方的道德、行为及纪律标准适用于外国律师，这既不是外国律师的负担，也不强加于国内（东道国）的律师。

文本中还强调要设立专业服务工作组以促进专业服务贸易的开展。该工作组由各缔约方派代表组成。工作组每年举行一次会议，或由各方商定，讨论各项工作的进展。在本协议生效之日起两年内，工作组应向委员会报告其进展情况和今后的工作方向。

关于快递服务，文本首先将快递服务定义为：快速收集、运输和交付的文件、印刷品、包裹、货物或其他物品，同时通过提供服务跟踪和维护物品的服务。快递服务不包括空运服务、政府当局提供的服务，或海上运输服务。保留邮政垄断的缔约方应在客观标准的基础上确定垄断的范围，包括定量标准，如价格或重量阈值。各方应确保在签署本协议时保持快递服务的市场开放。如果一缔约方认为另一缔约方没有保持市场开放程度，可能请求协商。另一缔约方须提供充分的机会进行协商。各缔约方应确保任何由邮政垄断经营的服务供应商不滥用其垄断地位，在缔约国范围内以不一致的方式行事。

（二）与双边、多边及区域 FTA 协议内容的比较

将 TPP 跨境服务贸易的上述条款与目前已签署的双边、区域自由贸易协定，以及 GTAS 和正在谈判中的 TISA 中可能包含的相关内容进行对比，我们发现 TPP 协议对跨境服务贸易的规范更全面、更细致。

首先，以往的双边和区域 FTA 协议均是把服务贸易作为单独的一章，跨境服务贸易作为服务贸易的一个重要组成部分，适用于服务贸

易的一般规则和条款，均未单独设章。目前虽然无法看到 TISA 最新版本的具体内容，但作为新的引领未来服务贸易规则发展方向的诸边协议，TISA 有可能将跨境服务贸易单独设章进行规范。

其次，从谈判的方式上看，以往的双边和区域 FTA 协议有的以正面清单为主，有的以负面清单为主，也有两种方式共存的混合谈判方式。GATS 是正面清单为主的谈判方式，TISA 将采取混合谈判方式，而 TPP 彻底采用了负面清单的方式。

再次，关于服务贸易的一般条款，如国民待遇、最惠国待遇、国内规则及市场准入等，在 TPP 的跨境服务贸易章节中均有涉及，但自动适用原则不同。如国民待遇和最惠国待遇条款，GATS 中强调列入正面清单的服务内容可以享受国民待遇和最惠国待遇；而 TISA 和 TPP 则对非成员国"歧视"，不自动从中获益。

表 3 - 1　TPP 跨境服务贸易文本内容与 TISA 及 GATS 主要内容的比较

	GATS	TISA	TPP 跨境服务贸易
跨境服务贸易	未单独设立章节	可能独立设章	单独设立章节
谈判方式	正面清单为主	负面清单为主的混合模式	负面清单
最惠国待遇（MFN）	包含所有 WTO 成员之间的无条件的 MFN 义务，但 WTO 成员可以提出豁免，通常不超过 10 年	有条件的 MFN 规则，非 TISA 成员不能自动从 TISA 自由化中获益。TISA 成员可能会决定将无条件 MFN 利得延伸到不发达国家，但像巴西、印度和中国等规模和地位的国家不能成为"搭便车者"	在本章节中单独设立了该条款。有条件的 MFN 规则，非 TPP 成员不能自动从 TPP 自由化中获益
国民待遇	有条件的国民待遇规则。强调对于列入减让表的部门，在遵守其中所列任何条件和资格的前提下，享有国民待遇	有条件的国民待遇规则，非 TISA 成员不能自动从中获益	非 TPP 成员不能自动从 TPP 自由化中获益；每一缔约方应给予另一缔约方的服务和服务供应商的待遇不低于本国服务和服务提供商享有的优惠待遇

续表

	GATS	TISA	TPP 跨境服务贸易
市场准入	从核心市场准入条款中剔除政府采购服务，强调只是在作出市场准入承诺的部门（除非在其减让表中另有列明）不得实施数量限制	包含政府采购条款。GATS 中宽泛的政府采购排除条款应被限制在有限职能上，有助于把国有企业（中小企业）纳入 TISA 权利义务范围内	政府采购在 TPP 文本中单独设章，因而在市场准入条款中未涉及；强调除列入负面清单的部门外，均不得对服务提供者强制实施数量限制
相互承认	关于相互承认的条款仅鼓励政府确定对等的竞争力，实践中很少达成互相承认的协议	包含有关专业服务提供商资格和执照的章节，来解决相互承认的问题，且应制定规则以避免执照和资格认证过程中固有的歧视性待遇	在本章节中单独设立了相互承认条款。可以通过成员国间签署协议或安排的方式相互承认服务提供者的教育和工作经验、许可证或认证
国内规制	GTAS 包含国内规制的条款，但通常缺乏"必要性"测试	包含 GATS 类型的国内规制条款，且应在会计准则谈判中强调"必要性"测试。这一条款可以在有关监管连贯性的章节之外单独列出，也可以包含在该章节内	在本章节中单独设立了条款。强调各缔约方应确保以合理、客观、公正的方式来管理影响贸易的一般适用的所有措施，以确保其不构成对跨境服务贸易的障碍
国有企业	在正文和附件中均未出现国有企业字样	由于 TISA 将建立关于服务贸易的单独协议，而服务领域中小型企业数量众多且逐渐增加，因此 TISA 协议中有可能包含关于国有企业的实质性规则	在本章中虽然没有单独设立国有企业条款，但对国有企业的限制分散于条款之中。如在拒绝利益给予条款中强调可以拒绝将本章的利益提供给成员方的国有企业。体现了对国有企业的"歧视"

续表

	GATS	TISA	TPP 跨境服务贸易
专业服务	专业服务没有独立章节和条款	专业服务可能设立独立的章节和条款	以附件的形式设置了专业服务条款。特别对工程和建筑师及律师资格互相承认及资格认定、注册程序等进行了承诺

资料来源：Gary Clyde Hufbaue，J. Bradford Jensen，Sherry Stephenson，Framework for the International Services Agreemen，TPP：chapter10 Cross – border Trade In Services。

再有，由于在 TPP 协议中强调"竞争中立"原则，因此对国有企业采取了无原则的"歧视"对待。在 GATS 的条款中丝毫未涉及国有企业的问题，TISA 中由于对"竞争中立"原则的运用，也会加入国有企业条款。在 TPP 关于跨境服务贸易一章中强调成员国所享有的各种优惠和利益可以拒绝让成员国的国有企业享有，也体现了对国有企业的无原则"歧视"。

此外，专业服务也是在目前已有的 FTA 协议中首次被作为附件列入条款中，表明 TPP 对律师、工程师及建筑师等专业技术人员流动所必需的资格认定、教育背景认定等问题高度重视，力图降低准入门槛，为专业技术人员的跨境服务创造条件。

二　金融服务贸易

（一）TPP 条款中金融服务贸易规则的主要内容

TPP 中，金融服务贸易章正文共 22 项条款，章后有跨境贸易（Cross – Border Trade，主要包括各缔约方对跨境金融服务贸易包含内容的具体定义）、特别承诺［specific commitments，包括取消对资产管理业务（portfolio management）的限制、对金融机构信息交换（transfer of information）的保护、对邮政机构销售保险业务（supply of insurance by postal insurance entities）的限制、对电子支付卡业务（electronic payment and services）的放开以及监管透明度（transparency considerations）的要求］、负面清单棘轮机制（non – conforming measures ratchet mechanism，主要针对越南放开金融服务的规定）、金融服务监管当局（authorities responsible for financial services，列明了各方金融监管机构名单）以及适用于文莱、智利、墨西哥和秘鲁的例外等五项附录，各方在具体行业中的负面清单放在了协议附录三（annex III）中。

第一，主要定义。本章首先对一些关键名词进行了定义，如缔约方跨境金融服务提供者（cross - border financial service supplier of a Party）、跨境金融服务贸易或跨境提供金融服务 [cross - border trade in financial services or cross - border supply of financial services，它排除了在一方境内由另一方的直接投资（FDI）所提供的金融服务]、金融机构（financial institution）、缔约方人员（person of a Party，包括了缔约方的自然人和企业，但将非缔约方企业的分支机构排除在外）、公共实体（public entity，包括各方央行、货币当局或者由缔约方拥有或者控制的任何金融机构）等一般性定义，还包括以下重点定义。

1. 金融服务（financial service）

（1）保险和保险相关服务

①直接保险（包括共同保险）：

ⅰ寿险；

ⅱ非寿险；

②再保险和转分保；

③保险中介，如经纪和代理；

④保险附属服务，如咨询、精算、风险评估和理赔服务。

（2）银行和其他金融服务（保险除外）

①接受公众存款和其他需偿还资金；

②各种类型的贷款，包括消费信贷、住房抵押信贷、保理、商业交易融资；

③金融租赁；

④各种支付和货币转移服务，包括信用卡、赊账卡、贷记卡、旅行支票和银行汇票；

⑤担保和承诺；

⑥交易所市场、场外市场或其他市场的自营或代客交易：

ⅰ 货币市场工具（包括支票、汇票、存单）；

ⅱ 外汇；

ⅲ 衍生产品，包括期货和期权；

ⅳ 汇率和利率工具，包括掉期和远期利率协议等产品；

ⅴ 可转让证券；

ⅵ 其他可转让票据和包括金银在内的金融资产；

⑦ 参与各类证券的发行，包括承销和募集代理（公募或私募），提供与发行有关的服务；

⑧ 货币经纪；

⑨ 资产管理，如现金或资产组合管理、各种形式的集合投资管理、养老基金管理、托管、存放和信托等服务；

⑩ 金融资产的结算和清算服务，包括证券、衍生产品和其他可转让票据。

⑪ 金融信息的提供和传送、金融数据处理和其他金融服务提供者的相关软件；

⑫ 就①至⑫项所列的所有活动提供咨询、中介和其他附属金融服务，包括征信与分析、投资和资产组合的研究和咨询、收购咨询、公司重组和策略咨询。

目前来说这一定义范围已被多数自由贸易协议所认可并使用（GATS 中使用的也是这一定义）。

2. 投资（investment）

本章对出现在第九章"投资"中的投资（investment）这一概念也进行了进一步界定，主要涉及"贷款"和"债务工具"（"loans""debt instruments"）这两个方面，其中规定：由金融机构发行的"贷款"或"债务工具"只有被作为监管资本（regulatory capital）时才会被认作是一项"投资"；除非满足第九章"投资"中的投资（investment）的分类标准，否则金融机构提供的贷款或金融机构拥有的债务工具不被认作是一项投资。

3. 新金融服务（new financial service）

新金融服务是指在一方境内没有提供但在另一方境内已经提供的金融服务，包括任何新形式的金融服务交付或者金融产品的销售。只要允许本国机构开展这项新金融服务，则外国机构也可以，无须另立规则。

4. 自律组织（self - regulatory organisation）

指任何依法或由中央、地方政府委派成立的，对金融服务供应商或金融机构进行监管的非政府机构，包括任何有价证券或期货交易市场、结算机构或其他组织或协会。如果一方要求另一方在本方境内的金融机构或跨境金融服务提供者加入本方的自律组织，则该自律组织须遵守本章第三条"国民待遇原则"以及第四条"最惠国待遇原则"之规定。

第二，金融机构的市场准入（market access for financial institutions）。

各方不得对其他缔约方金融机构或投资者在其境内或部分区域内准备设立机构时施加以下限制（准入前国民待遇原则）。

以数量配额、垄断、专营服务提供者的形式，或以经济需求测试要求的形式，限制金融服务提供者的数量。

以数量配额或经济需求测试要求的形式，限制金融服务交易或资产总值。

以配额或经济需求测试要求的形式，限制金融服务业务总数或以指定数量单位表示的金融服务产出总量（不涵盖一缔约方限制金融服务提供投入的措施）。

以数量配额或经济需求测试要求的形式，限制特定金融服务部门或金融服务提供者可雇用的、提供具体金融服务所必需且直接有关的自然人总数。

限制或要求金融机构通过特定类型法律实体或合营企业提供服务的措施。

对高管或董事会成员（senior management、boards of directors）做出身份要求。

第三，负面清单（non - conforming measures）：TPP 条款金融贸易章的第三条"国民待遇原则"、第四条"最惠国待遇原则"、第五条"金融机构的市场准入"、第六条"跨境贸易"以及第九条"高管及董事会成员"不适用于以下情况。

协议附录三（Annex III）第一部分（Section A）中中央、地方政府的负面清单，以及当地政府的所有负面清单，包括这些清单内容在将来的更新与修订。

协议附录三（Annex III）第二部分（Section B）中所列的所有事项。

而协议附录一、二（Annex I or II）中涉及第九章"投资"第四条"国民待遇原则"、第五条"最惠国待遇原则"、第十一条"高管及董事会成员"以及第十章"跨境服务贸易"第三条"国民待遇原则"、第四条"最惠国待遇原则"的负面清单同样适用于本章相关条款。

另外，本章还对知识产权领域的金融服务进行了特别规定。

第三条"国民待遇原则"不适用于任何对第十八章"知识产权"（intellectual property）第八条"国民待遇原则"以及《与贸易有关的知识产权协议》（TRIPS）第三条之规定的例外或减损的措施。

第四条"最惠国待遇原则"不适用于《与贸易有关的知识产权协议》（TRIPS）第五条，以及任何对第十八章"知识产权"（intellectual property）第八条"国民待遇原则"以及《与贸易有关的知识产权协议》（TRIPS）第四条之规定的例外或减损的措施。

（二）与双边、多边及区域 FTA 协议内容的比较

1. 区域层面

由于跨境金融服务既具有服务贸易的属性，又在很大程度上属于国际间资本流动的范畴，因此该部分在自由贸易协议中具有一定的特殊性，其在服务贸易和投资章节中都会有关于该议题的规定。而美国自美加自由贸易协议（CUFTA）开始就将这部分独立成章，列于投资章节和跨境服务贸易章节之后。

1988 年签订的美加自由贸易协议（1989 年生效）第五部分第十七章为"金融服务"，该章共计 6 项条款。主要内容包括：涵盖范围、美加双方的承诺、提醒与磋商、一般条款和定义等。其中在双方承诺中主要列举了对方不受相关法律法规约束的内容，规定较为简单，也没有形成完整的开放体系规则。该议题在 1992 年签署的北美自由贸易协议（NAFTA，1994 年生效）中基本规范成型，协议第五部分第

十四章为"金融服务"，共计16项条款和6个附录。主要内容有：涵盖范围、自律组织、金融机构的设立、跨境金融服务贸易、国民待遇原则、最惠国待遇原则、新金融服务与数据处理、高管与董事会成员、保留与特别承诺、例外规定、透明度、金融服务委员会、争端解决、金融服务投资争端以及相关定义，其中负面清单管理制度已经在该协议中得到了应用。

目前美国签订的以北美自由贸易协议为范本（NAFTA Style）的自贸协议中都会将金融服务独立成章，这是与欧盟模式的自贸协议的诸多不同之一。尤其是在代表当前自贸协议最高水平之一的美韩自贸协议（UKFTA，2007年签署、2012年生效）中就已经做出了与TPP相近的承诺，其内容和结构也基本类似。该协议第十三章为"金融服务"，该章正文部分包含20项条款以及跨境贸易、特别承诺、金融服务委员会、通过邮政服务公开提供保险4项附录，协议的附件三为金融服务行业的负面清单。其核心内容包括：定义及涵盖范围、国民待遇原则、最惠国待遇原则、金融机构的市场准入（采用了准入前国民待遇原则）、跨境贸易、新金融服务、特定信息的处理、高管与董事会成员、负面清单、例外、透明度、自律组织、支付与清算系统、争端解决等，除了在具体承诺上有所差异外，美韩自由贸易协议基本与TPP在金融服务议题上具有高度一致性，这也说明TPP在金融服务领域的开放水平并未超越当前已经开始实施自贸协议的可接受范围和程度。

另外，在美国双边投资协议（BIT）范本2012年版的第二十条也对投资领域的金融服务进行了特别规定，充分体现了其对该领域的重视。涉及的内容主要有：金融服务的定义（与GATS定义相同）、谨慎措施、争端解决机制、透明度和诚信原则，具体开放细节因谈判对象的不同而具有较大的差异。

2. 多边层面

在多边层面涉及金融服务领域的规范主要为乌拉圭回合谈判中达成的《与贸易有关的投资措施协议》（Agreement on Trade – Related Investment Measures，TRIMs）与《服务贸易总协定》（General Agreement on Trade in Services，GATS），其中在TRIMs中并未对金融服务做出特别规定，而在 GATS 中也仅以附件的形式规定了金融服务的定义和范畴、国内监管、认可、争端解决机制等，由于 GATS 本身开放水平相对较低，且没有引入准入前国民待遇原则和负面清单管理制度，因此各国在其开放清单中都未作出较高的承诺，加之当前多边贸易体制自由化进程受阻，这也导致了许多国家纷纷在双边或区域层面签订自贸协议，以进一步推动金融领域服务贸易开放水平。

三　自然人流动规则

自然人流动是 GATS 框架下的第四种服务贸易方式，乌拉圭回合贸易谈判最终确立了其国际法规则的地位。自然人流动规则创设至今，其自由化水平仍然很低，原因主要有四个方面。第一，维持就业水平。保证本国国民充分就业是一国的经济、政治和社会稳定的基础，特别是在人口密集的大国。因此，各国政府对于本国的劳动力市场开放，都持有相当谨慎和敏感的态度。第二，保持人才、技术优势。特别是经济落后国家为了保证本国人才不外流，限制本国经济建设所需要的中高级人才的外流。还有国家可能出于政治、外交或军事战略的考虑，限制本国特定服务部门人员的外流，保持本国优势地位。第三，维护社会秩序。因为在自然人流动的同时，可能带来文化的"垄断"和"倾销"，最终可能会危及输入国的主权和安全，甚至有导致政治制度分崩离析的危险。同时，外国自然人的大量涌入也可能导致大量"三非"（非法入境、非法就业、非法居留）情况的出现。而且由于外来人口与当地人口文化上的差异和融合过程中的磨擦可能会引发冲突。第四，维护国家安全。通常各个国家会列举一些不允许出入境的情形，但在涉及国家安全领域，对自然人背景进行审查，判定哪些人会因威胁国家安全而被禁止出入境的决定，却是由隐藏在后台的秘密部门作出的。

随着服务贸易的快速发展，对服务的主要提供者——自然人流动的自由化水平也有了更高的要求，因为各国对自然人流动的种种限制已经成为制约服务贸易发展的主要因素。因此，各国在多边、双边及区域层面的谈判中，也有利于关注自然人流动的问题。从目前已经完成的或进行中的涉及服务贸易自由化的双边、区域及多边谈判来看，东盟、亚太经合组织等区域经济组织在各自框架内对自然人流动问题积极探索并达成了一些自由化成果；国际劳工组织、国际移民组织等国际组织在国际劳工标准和国际研讨会议方面对自然人流动自由化做出了重要贡献；国家间也通过更加灵活的双边协定方式对自然人流动自由化积极推进。这些探索为推动自然人流动自由化提供了一条更现实的进路。但从总体上看，由于受自然人流动的制度缺陷、成员国间的贸易壁垒和成员国国内的政策障碍等因素的制约，自然人流动的自由化进程仍举步维艰。

TPP 的协议中对自然人流动给予了极大的关注，在该协议中的几个章节的条款中均有所涉及。比如第十章的跨境服务贸易中就对专业技术人员的教育背景、资格认定等问题进行了承诺和规范。本章则对商务人员的临时入境进行了规范和承诺，鼓励 TPP 缔约方主管机构提供临时入境申请相关的信息，确保申请费用合理，尽快做出决定并通知申请人。TPP 缔约方同意确保公众可获知临时入境的要求等信息，包括及时发布或在条件允许时在网上公布有关信息，并提供解释性材料。TPP 缔约方同意继续就签证受理等临时入境问题开展合作，几乎所有缔约方都在附件中针对商务人员入境做出了承诺。

（一）TPP 条款中自然人流动的主要内容

TPP 条款中自然人流动章包括 10 个条款。由于各国对商务人员临时入境承诺的时间不同，因此，除美国外，其他十一国均在主文本之后增加了具体承诺条款，作为附件公布。

1. 正文的主要内容

第一条 商务人员的定义。商务人员是指从事货物贸易、服务贸易或者投资活动、拥有一缔约方国籍的自然人，或在本协定签署之日前获得一缔约国永久居民身份，并同该国国籍居民享有同等待遇的自然人。

第二条 适用范围。本章适用于影响商务人员从一缔约方临时进入到另一缔约方境内的措施。不适用于影响就业市场而采取的措施，也不适用于影响一缔约方自然人试图获得另一缔约方的公民权、国籍及永久就业。一缔约方在要求任何一缔约方商务人员获得进入正式手续时，不得使缔约方在本章所获得的利益受到任何损害或抵消。

第三条 一缔约方在收到另一缔约方自然人提交的完整的申请手续后，应尽快完成审核手续，并制定规则以告知申请人是否获得批准、申请进展状态、所需的时间及其他条件。每一缔约方应确保其主管机关为办理移民用手续时所收取的申请费用是合理的，即在本协议项下，不应损害或延误货物贸易、服务贸易或投资活动的行为。

第四条 准许临时入境。每一缔约方均需根据附录12－A中的承诺准许商务人员临时入境或延期。

缔约方重申彼此在APEC框架下加强商务人员流动性的承诺，包括增强对APEC商务旅行卡计划的支持力度等。

第五条 信息提供。缔约方应及时在网上或通过其他途径公开发布临时入境的相关信息，包括入境的流程、需要提交的表格和资料以及审批流程等，并要建立机制以回应咨询者的相关咨询等。临时入境的商务人员委员会。缔约方同意设立一个由各方政府代表组成的委员会。除非缔约方另有协议，一般情况下委员会每三年召开一次会议，以审议本章内容的实施和运行，并对运行中可能出现的问题进行讨论和协商。

第六条 合作。缔约方要在签证手续和边境安全等方面加强合作，比如相互提供电子签证、使用生物识别技术、旅客信息系统及常客通关程序等方面的经验等。

第七条 同其他章节的关系。本章的任何规定不应成为强加给其他章节的义务和承诺。除非商务人员临时入境被卷入其他商务纠纷的案件中，否则本章不适用于第二十八章的争端解决机制。

2. 与GATS自然人流动条款的对比

从自然人的定义来看，GATS明确自然人流动的定义是"指一成员方的服务提供者在任何其他成员方境内以自然人存在提供服务"。在自然人附件中，对具体的两种自然人流动形式进行了说明：一是一成员方的自然人作为自营服务者，在其他成员方境内以自己的名义提供服务；二是受雇于一成员方服务提供者的自然人在其他成员方境内提供服务。可以看出GATS所规定的"自然人"范围包括：公司内部的调任人员、执行特别任务的个体服务提供者和专家、短期访问者或商务访问者等。既包括从属于商业存在的自然人移动，也包括非从属于商业存在的自然人的商业移动及商务访客。而在 TPP 文本中将"从事货物贸易、服务贸易或者投资活动，拥有一缔约方国籍的自然人或在本协定签署之日前获得一缔约国永久居民身份，并同该国国籍居民享有同等待遇的自然人"的流动均归入"商务人员短期入境"的范畴。虽然从定义上看，"一国自然人作为自营服务者，在其他成员方境内以自己的名义提供服务"也应包括在内，但实质上，其更关注商务人员的流动，也可以理解为对"高技术和高管理人才"流动的开放，这在各国的承诺表中可以看出。

从自然人流动发生的基础条件看，GTAS 中没有明确跨国服务的发生是基于雇用、合同还是其他法律依据。但从 TPP 的附件可以看出，商务人员的短期流动主要基于商业存在发生前后的人员（投资人、高级管理人才和高级专业技术人才）流动、履行商务合同过程中发生的专业技术人才流动（技术支持等）以及一般的商务旅行和访问，使提供跨国服务的法律基础界定更清晰、针对性更强。

从自然人流动的期限上看，在 GTAS 文本中仅提出短期进入，不以长期居住和获取成员国的国籍为目的，但没有具体期限的规定。在 TPP 文本中，各国对不同类型的"商务短期"入境行为进行了区分，根据不同类别进行了详细的"准入"时间限定。

从国家间合作的角度看，GTAS 未作出任何承诺。在 TPP 条款中，为了减少成员国对国家安全的担忧，缔约方要在签证手续和边境安全等方面加强合作，比如相互提供电子签证、使用生物识别技术、旅客信息系统及常客通关程序等方面的经验等。

从总体上看，TPP 协定比 GTAS 对自然人流动的承诺更明确、更清晰，但准入门槛向"高层次"人才倾斜的方向并未改变。

3. 其他区域和双边协定对自然人流动的承诺

与陷入困境的 WTO 多边谈判相比，区域和双边贸易协定中的成员国具有接近的地理位置、相似的经济发展水平、密切的历史文化背景等条件，因而在自然人流动自由化问题上更容易取得突破性进展。

东盟的自由贸易协定中关于自然人流动的条款有很多地方超越了GATS。为了通过部分部门的探索和示范，以点带面推动自由化进程，东盟确立了优先促进的 7 个部门，并在工程、护理、建筑、测量等领

域签订了资格相互承认协定，并享有国民待遇；就工程服务业、建筑
业、会计事物以及医疗护理服务等领域减少自然人流动壁垒开展专项
的谈判；在对服务提供者征收必要税费的问题上，部分成员国已做出
相互给予互惠待遇承诺。与 GTAS 相比，不但数量上有明显增长，且
在深度和广度上都有很大进步。

很多国家间都签订了有利于自然人流动的双边协定。一些协定基
于输入国的安全考虑，规定输出国承担一部分安全保障义务，如在出
境前检测服务提供者的技术水平以及犯罪记录，而输入国作为对价适
当提高市场准入的开放程度；一些协定建立了确保自然人归国的机
制，规定双方有责任在国内法层面上制定有利于跨国服务提供者再就
业以及再次被外国雇主雇用的方案，对雇主违约、雇员在合同期限届
满后拒绝归国给予严厉制裁；一些协定建立了劳动力市场评估机制，
规定输出国有义务在寻求市场准入之前核实对方国内劳动力的匮乏情
况，而输入国负有提供相关信息的责任等。这些努力都在一定程度上
克服了 GATS 自然人流动规则的缺陷，为自然人流动自由化的具体实
施做出了有益的探索。

四　电信服务规则的进展

国际电信服务贸易中的电信服务一般指公共电信传递服务，包括
明确而有效地向广大公众提供的任何电信传递服务，如电话、电报、
电传和涉及到为两处或者多处用户提供信息的现实传递。将电信服务
的提供范围在地域上从国内扩展到全球范围，就产生了国际电信服务
贸易的概念。一般而言，国际电信服务贸易既包括跨境电信服务（即
在不同的国家或属于不同国家任何性质的电信局或站之间提供的电信
服务活动），也包括商业存在（通过国外直接投资进行的贸易）。由
于电信服务往往涉及一个国家的安全问题，故大多数国家对之均持保
留态度。

由于电信服务贸易的特殊性，市场准入成为国际电信服务贸易走
向自由化的手段。GATT（WTO 前身）"乌拉圭回合"第一次将电信
以及其他服务纳入谈判日程。迄今为止，WTO 关于电信服务贸易规
则的文件分为两类，一个是《服务贸易协定》框架及其电信附件，

另一个便是《基础电信协议》，均明确规定了市场准入的条件。

近年来，国际电信服务贸易发展迅速，电信网络对提供服务的大、小规模企业都至关重要。因此，在确保高效和可靠的电信网络方面，TPP 缔约方拥有共同利益。TPP 支持网络准入竞争的规则也涵盖了移动通信服务商。TPP 缔约方承诺，其主要电信服务商能以合理的条件尽快提供互联、线路租赁服务，共享位置服务，允许接入基站和其他设施。各缔约方同时承诺，在提供服务需要许可时，确保监管程序的透明度以及监管措施不对特定技术造成歧视。各缔约方承诺将秉承客观、及时、透明和非歧视的原则管理其频率、号码和通路等稀缺电信资源的分配和使用的程序。TPP 缔约方认识到在电信领域依靠市场力量和商业谈判的重要性。各缔约方同意采取措施促进国际移动漫游服务领域的竞争，促进漫游替代服务的使用。TPP 缔约方同意，如果一缔约方选择对国际移动漫游服务实行管制定价，则其应允许未实行类似政策的 TPP 缔约方的运营商有机会享受相应的低价。

（一）TPP 协议中电信服务的基本内容

TPP 协议文本电信章节共包含有 26 个条款和 2 个附件，适用于与接入和使用公共电信服务相关的任何措施及与公共电信服务提供商相关的任何义务措施和其他措施，但不适用于广播或无线电及电视节目的电缆分配等。其基本原则就是强调电信市场需要充分的市场竞争，这样可以给消费者带来更多的福利。因此要依靠市场的力量来细分市场，增强竞争性并降低市场准入门槛。

关于接入和使用公共电信服务，每一缔约方应确保其他缔约国的任何在其境内或跨境提供服务的企业，按合理和非歧视条款接入该国的任何公共电信服务，包括租用线路。每一缔约方应确保允许另一缔约方的任何服务供应商购买或租赁，以及附加与公共电信网络接口的终端或其他设备；允许通过租用或自有的线路向单个或多个最终用户提供服务。各成员应确保其他成员的服务提供者可以使用公共电信传送网及其服务，作为境内和跨境信息交流使用，包括用于该服务提供者企业内部通信，以及进入任一成员境内的以数据或以其他机器可读的形式存储的信息。当某电信网络和服务提供商运营海底光缆系统以提供公共电信网络或服务时，在符合该提供商所在领土法律法规的前提下，该提供商所处领土的一方应当确保对方公共电信网络或服务提供商在本方领土内接入该提供商的海底光缆系统（包括登陆设施）时，获得合理且非歧视的待遇。缔约方为确保信息的安全和保密可以采取必要措施，但上述措施不应用来构筑垄断不公平歧视或对服务贸易的隐蔽限制。各缔约方应确保不对接入和使用公共电信网络和服务强加任何条件。

对于公共电信服务供应商的义务，各缔约方承诺确保与另一缔约方的公共电信服务提供商保持互联互通，并应建立电信监管机构，保证互联价格在合理的范围内。同时承诺确保给予另一缔约国在其境内的服务商以国民待遇，保护竞争。一旦一缔约方的主要电信提供商单独或共同采取反竞争行为，包括实施交叉补贴、不能及时向他国电信服务商公布与基础设施及商业相关的技术信息等，其他缔约方可保持适当的反制措施。当然，每一缔约方应保证在其领土内提供公共电信服务的供应商可以采取合理的措施来保护商业敏感信息。

在国际漫游服务方面，缔约方承诺要努力推进透明且价格合理的国际漫游服务，以促进双方之间的贸易增长、提高消费者的福利。如果一缔约方选择对国际移动漫游服务实行管制定价，则其应允许未实行类似政策的 TPP 缔约方的运营商有机会享受相应的低价。

关于转售，任何缔约方不得以各种不合理或歧视性的条件限制或禁止任何公共电信服务的转售，以促进公平竞争，造福终端消费者。

关于物理地址共享，每一缔约方应保证在其领土内的主要电信服务供应商，以合理、非歧视性和成本导向的价格，为互联的其他缔约方的服务提供商提供物理地址共享服务。如果确因技术原因或空间所限不能实现的话，也要允许虚拟共享作为替代解决方案。

关于监管机构，各缔约方应确保其电信监管机构与任何公共电信网络或服务提供商分离且在功能上相独立。为此，各方须确保其电信监管机构没有从任何提供商处获取经济利益。缔约各方应赋予其电信监管机构相应权限，使其可以执行与本章相关义务的举措，包括强制执行或寻求行政或司法机构执行有效的制裁，其中可包括经济制裁、吊销牌照等。

如果一缔约方要求公共电信网络或服务提供者申请许可证，该缔约方应公开许可证申请的所有标准和程序、许可证申请获得答复通常所需的时间及所有有效许可证的条款及条件。若申请被驳回的话，也要告知原因。

关于争端解决机制，各缔约方承诺，当发生任何与本章电信服务相关的纠纷时，企业可以向监管机构提出诉讼，监管机构应该在规定时间内予以回应。若不予受理要说明原因，企业可以在规定的时间内提出复审申请。

此外，协议再次强调了透明度原则，缔约各方应确保电信监管机构的监管决定，包括监管决定的依据，以及与公共电信网络或服务相关的措施向公众公开或以其他方式向相关利益方提供，包括影响接入和使用的相关技术或标准的措施修改和实施以及司法或政府审查程序变更等。

为监管本章内容的实施和运行情况，解决期间出现的各种问题，缔约方决定由每个缔约方派代表组成电信委员会。

除上述 26 个主要条款外，还包含了 2 个附件。

在附件 A 中，美国免除了农村本地的交换运营商和电话公司在本章中的 13.5.4（携号转网）、13.9（转售）、13.10（由主要供应商进行网络分类）、13.11（与主要供应商互联）和 13.13（与主要供应商共享位置）的义务。

在附件 B 中，秘鲁将农村定义为不包含在城市中、人口密度低、基础服务不足、人口不超过 3000 人或每一百人拥有不足两条固定线路的地区。农村电信运营商则是指 80% 的线路在农村地区的电信商。农村运营商可以免除本章中的第 13.5.4（携号转网）、13.12（由专业供应商确定租用线路服务定价）、13.13（与主要供应商共享位置）和 13.14（接入由专业运营商拥有及控制的线路）的义务。

（二）与 GATS 的比较分析

在 GTAS 文本中，电信服务是作为服务贸易的附件出现，且仅仅包含 6 个条款。随着信息技术的快速发展，电信服务内容和手段的不断增加，电信服务也越来越受到各国的普遍重视。在 TPP 文本中，电信服务不仅单独设章，而且条款增加至 26 条，还包含了 2 个附件。具体表现在以下四方面。

　　第一，谈判的方式不同。电信业传统上属于自然垄断行业，虽然在增值电信领域已形成竞争格局，但在基础电信领域仍旧普遍存在着垄断。因此，为了保证各缔约方有关市场准入和国民待遇的承诺得以有效实施，GTAS 采取的是正面清单谈判模式，即各缔约国对其电信服务递交了市场开放的承诺表。文本中关于准许接入和使用公共服务电信网络的承诺，只针对在各国承诺清单中出现的可以跨境提供服务或通过商业存在形式提供服务的相关电信服务提供商。而 TPP 采用的负面清单谈判模式，只要未在不符清单中出现的电信服务领域，均需严格遵守文本中的条款规定。

　　第二，电信服务覆盖的范围更广。随着信息技术的发展，电信服务也出现了很多新的技术，这是 GATS 协议签署时所没有的。因此，TPP 协议对电信服务内容的界定更加宽泛。从两个文本对电信相关概念的界定中就可以看出这一变化。在 GATS 电信附件中仅对电信、公共电信传输服务、公共电信传输网络及公司内部通信的概念进行了定义。而在 TPP 文本中，服务方面除了上述一些基本概念的界定外，还对电信服务出现的一些新服务作了界定，如商业移动服务、国际移动漫游服务、携号转网、虚拟主机代管等。

　　第三，规范的内容更丰富。GTAS 的 6 个条款中，前 4 个条款是目标、范围、定义和透明度，最后一个条款关于技术合作，实际上对公共服务提供商的义务和准入等的规范内容仅有第五条"关于公共电信传输网络的接入和使用"。而在 TPP 条款中，除了对主要电信网络的接入和使用进行了规范和承诺外，还对互联互通、国际移动漫游、物理地址共享、海底光缆系统、电信稀缺资源的分配和使用以及许可证的申请程序等进行了具体的规范和承诺。

　　第四，监管措施更加具体。除了设立电信委员会对电信服务承诺的执行情况进行跟踪，随时解决本章实行中遇到的问题外，还明确各缔约方要在公平、公正、透明的原则下，设立电信服务的监管机构，以处理在电信服务互联互通中出现的各种问题，发放许可证以及解决争端等。这就保证了电信服务能在有效的监管下实施。

第四章　国际投资治理主体

国家政府是国际投资治理的主要参与主体。伴随全球化发展以及国际投资治理领域面临的主要问题的变化，国际投资治理的参与主体结构也发生了相应变化，一些新兴治理主体与投资政策协调平台逐渐产生，并成为已有的国际投资治理参与主体的重要补充。

第一节　国家政府与国际投资治理

国家政府通过签订双边投资条约参与国际投资治理。为保护私人海外投资，特别是保护跨国投资不受东道国征收和其他形式的干预，自 19 世纪 40 年代起，资本输出国与资本输入国即开始签订以保护和促进国际投资与维护健康的投资环境为目的的专门性投资条约。例如，美国二战后与一些国家缔结的"友好通商航海条约"（Friendship，Commerce and Navigation Treaties，FCN），不仅包含各种有关财产保护方面的规定，而且包括保护私人海外投资内容。随着国际投资的发展，由于此类条约所具有的缺乏保护国际投资的程序性规定并且涉及范围广等局限性，使得美国政府转变态度。1966年，美国与泰国签订了最后一个友好通商航海条约，此后不再缔结此类条约。

鉴于 FCN 难以有效保护海外投资，自 20 世纪 50 年代末开始，德国、瑞士等国开始与资本输入国签订促进与保护投资的专门性双边协定。1959 年，联邦德国与巴基斯坦和多米尼加共和国签订的双边投资保护协定，被视为最早的两项现代意义上的双边投资条约。此类双边投资保护协定主要规范与投资相关的事宜，既有关于促进与保护投资的实体性规定，也有关于代位求偿、解决投资争端等程序性规定。美国自 1977 年以后也开始采用促进与保护投资协定模式，1982 年美国与巴拿马签订了第一个双边促进与保护投资协定。直至今日，国家政府仍然是通过双边投资条约参与国际投资治理的主要参与主体。

除了通过签订双边投资条约参与国际投资治理外，各国政府也积极通过国际投资多边立法参与国际投资治理。联合国成立后，在发展中国家政府的推动下，1952 年通过了《关于自然资源永久主权决议》，1974 年通过了《建立新的国际经济秩序宣言》以及《建立新的国际经济秩序行动纲领》，从而肯定了东道国对自然资源的永久主权以及对跨国公司的管辖权。20 世纪 70 年代以后，随着国际直接投资活动日趋频繁，资本输出国与东道国以及投资者与东道国之间围绕国际直接投资的矛盾与纠纷不断增多，为维护稳定的国际投资环境，各国政府努力推动达成有关外国直接投资的国际多边协议。例如，1965 年的《解决国家和他国国民间投资争端公约》、1976 年的《跨国公司准则》以及 WTO 体制中与投资相关的《服务贸易总协定》《与贸易有关的投资措施协议》《与贸易有关的知识产权协议》，等等。

第二节　非国家行为体与国际投资治理

在全球经济治理领域，非国家行为体的数量激增与活动频繁是近年来较为突出的现象之一，而这在国际投资治理领域也有所体现。非国家行为体主要指国家以外能够独立地参与国际事务的实体，一般包括政府间国际组织、非政府组织、跨国公司等。

一　政府间国际组织

政府间国际组织是国际投资治理的重要参与主体。参与国际投资治理比较有代表性的政府间国际组织包括世界贸易组织、世界银行、经济合作与发展组织、联合国贸发会、国际劳工组织等。

（一）世界贸易组织（WTO）

WTO 一直积极参与国际投资治理。在乌拉圭回合谈判达成 WTO

协定①之前，国际投资问题一直未被纳入关税与贸易总协定（General Agreement on Tariffs and Trade，以下简称 GATT）框架下。② 在经过长达 8 年的乌拉圭回合谈判所达成的 WTO 协定中，《与贸易有关的投资措施协定》《服务贸易总协定》《与贸易有关的知识产权协定》《补贴与反补贴措施协定》与国际投资直接相关。③ 这些协定也是在众多的国际投资文件中真正具有约束力的为数不多的几个多边投资规则的重要组成部分（单文华，1996；刘笋，2000）。

20 世纪 90 年代 OECD 主导的 MAI 谈判失败，一些发达国家呼吁有必要将投资问题全面纳入 WTO 框架下调整，并提出在 WTO 框架下制定新的多边投资协定（Multilateral Investment Agreement，MIA）的建议。1999 年 11 月，在西雅图召开的部长级会议上，日本和欧共体极力推动启动 MIA 议题的谈判，但这一建议因受到发展中国家成员和非政府组织的反对而没有实现。1996 年 WTO 新加坡部长级会议决定设立的 WTO 贸易与投资工作关系组（the Working Group on the Relationship Between Trade and Investment，以下简称"WTO 工作组"），对于应否在 WTO 体制下启动 MIA 谈判问题进行了广泛而深入的研讨。④ 2001 年 9 月，WTO 成员方发表的部长级会议宣言草案中专门提及了 MIA 问题，该草案就工作组今后的有关工作任务提出了"谈判"和

---

① 本文中"WTO 协定"指乌拉圭回合谈判所达成的包括《建立世界贸易组织协定》（Agreement Establishing the World Trade Organization）及其所有附属协议在内的一揽子协议。

② 1947 年通过的《哈瓦那宪章》虽然包含了一些有关外资待遇的条款，但这部宪章未获批准生效。1955 年，GATT 缔约方通过了一项国际投资与经济发展的决议，该决议要求各国通过缔结双边协定为外国投资提供安全和保护。在 1982 年 12 月召开的 GATT 部长会议上，美国首次提出将投资议题纳入 GATT 体制的建议，但由于欧共体成员和发展中国家成员的反对而被取消，因此，在乌拉圭回合之前，投资议题一直未被纳入 GATT 多边谈判的正式议题之中。

③ 一些学者认为 WTO 协定中的所有具有促进与保护国际投资意义的规定都是国际投资规范，因此，WTO 协定中的所有条款都会对国际投资产生直接或间接的影响，都是国际投资法领域的重大发展。

④ 工作组对投资与发展的关系、投资的定义、投资待遇、政府干预的控制、履行要求的限制、投资鼓励措施的抑制、限制或取消东道国对外资的技术转移要求的必要性等诸多投资实体法问题，以及在 WTO 框架下的多边投资立法应当注意的方法和应当解决的问题都进行了讨论。参见 WT/WGTI/3，22 October 1999，paras. 7—61；WT/WGTI/3，22 October 1999，paras. 66 – 107。

"继续分析研究"的两种选择，以供成员方在多哈部长级会议上作出决定。其后召开的多哈会议作出了只允许工作组对 MIA 问题进行"继续分析研究"的决定。① 在 2003 年 9 月召开的 WTO 坎昆部长级会议上，多数发展中国家表示尚未做好 MIA 谈判的准备。在 2004 年 8 月 WTO 成员通过的"总理事会关于多哈议程工作计划的决议"中，砍掉了《多哈部长宣言》中的新加坡议题"贸易与投资"（冯军，2004）。此后，在 2005 年 WTO 香港部长级会议、2009 年 WTO 日内瓦部长级会议和 2011 年 WTO 日内瓦部长级会议上，投资议题都未能取得进展。因此，虽然发达国家一再强调 MIA 对于促进国际贸易的重要性，但在 WTO 体制中是否需要 MIA，迄今尚未达成共识（Yong Shik Lee，2006）。

对于在 WTO 框架下谈判新的 MIA，中外学者也持有不同观点。一些西方学者较为乐观积极，并预测认为，有关投资议题的谈判最终将在 WTO 体制中完成（Edward Kwakwa，2002）。而中国有学者对在 WTO 体制中启动 MIA 谈判表示担忧，认为发达国家将 MIA 纳入 WTO 体制的主要目的是通过 WTO 的贸易自由化机制扩大投资自由化，确保其海外投资者在发展中国家自由进入和经营，从而消除或削弱发展中国家调整外资准入和外资经营的权力，因此，将 MIA 纳入 WTO 体制有可能会使发展中国家因外国投资问题而面临交叉报复的风险（曾华群，2007）。

WTO 未来会否在国际投资治理中发挥更大作用，取决于未来会否在 WTO 框架下启动 MIA 谈判。从前文论述可知，这一启动既有现实可能性，又面临重重困难。无论未来会否在 WTO 框架下启动 MIA 谈判，只有国际直接投资的"良好标准"而非"高标准"的确立（Eric M. Burt，1997），才有可能既显示出对投资者的友好性又能保障东道国的足够程度的自由②，也才能吸引处于不同经济发展阶段且有利益冲突的国家的广泛参加。

（二）世界银行

20 世纪 60 年代，为减少投资者在发展中国家投资的非商业性风

---

① WT/MIN（01）/DEC/W/1，14 November 2001，para. 22.

② WT/WGTI/M/8，para. 82.

险，鼓励外国投资流向发展中国家以加强国际合作并推动经济发展，世界银行草拟了《多边投资担保机构协议》，1985 年在此基础上终于通过了《多边投资担保机构公约》。依据此公约，多边投资担保机构（Multilateral Investment Guarantee Agency，MIGA）得以设立，该组织是世界上唯一一个专营政治风险的国际经济组织，主要目的是促进对发展中国家的外国直接投资，以支持经济增长、减少贫困以及改善人们的生活。MIGA 战略优先领域包括：对最贫困国家的投资；对受冲突影响国家的投资；复杂的转型项目；南南投资。根据 2014 年 MIGA 的年度报告，在 2014 财年，MIGA 为发展中成员国项目签发了总计 32 亿美元的担保，由 MIGA 管理的信托基金签发了 180 万美元的担保。这是 MIGA 连续第四年创下历史最高担保签发金额，其中 51% 新担保额至少涉及一个 MIGA 的战略优先领域。截至 2014 财年末，MIGA 的总承保金额达到 124 亿美元。① 由此可见，MIGA 基本践行了其设立的宗旨。

MIGA 作为世界银行下属的分支机构，同时又是独立法人，② 这使得它在合格投资项目审查上，很少将政治性作为参考因素，能够突破各国政治利益的局限，更好地为资金的国际性流动创造条件。MIGA 主要承保的险别包括货币汇兑险、征收及类似措施险、违约险、战争和内乱险四种。③ 此外，应投资者和东道国的联合申请，董事会经特别多数票通过，MIGA 的承保范围可以扩大到上述风险以外的其他特定的非商业性风险。

MIGA 为国际投资的政治风险提供了安全保障，特别是为那些尚未建立海外投资担保机构的资本输出国（主要是发展中国家）提供了海外投资担保的便利和保障机制。同时对其他投资担保机构的业务起到了"拾遗补缺"的补充作用，有效地弥补了各国和区域性海外投资保险机构的不足（卢进勇等，2007）。

---

① 多边投资担保机构 2015 年年度报告，详见 http://www.miga.org/documents/MIGA_AR14_Chinese.pdf.

② 《多边投资担保机构公约》第 1 条。

③ 参见《多边投资担保机构公约》第 11 条第一款，此外《MIGA 业务细则》1.22 条对承保范围做了更为详细的解释。

（三）经济合作与发展组织

经济合作与发展组织① （Organization For Economic Cooperation and Development，OECD） 主要是由发达国家组成的一个组织，其成员也多倾向于从发达国家的角度看待外国直接投资问题。20 世纪60—70 年代，跨国公司的活动不断引起国际社会的注意，各方就与之相关的问题进行了激烈的讨论。OECD 也参与到这一过程中。1976 年 6 月，OECD 通过了《跨国企业准则》。有些学者认为《跨国企业准则》是对于联合国大会可能作出规范跨国公司活动的威胁的简单反应，但也有学者认为经合组织通过的这一不具约束力的倡议也许可被视为拖延在联合国层面上出现更具有约束性框架的方法。目前已经有约 40 个国家加入了《跨国企业准则》。这些加入国大多数是外国直接投资的来源地，也是很多著名跨国公司的母国。《跨国企业准则》中概念与原则的第二项指出，"因为跨国企业的业务可以延伸至世界各地，因此该领域内的国际合作也应扩展到所有国家。加入本准则的各国政府鼓励在其领土上营业的企业，不论在何处开展业务，应在考虑东道国特定条件的同时，遵守本准则"。

1995 年至 1998 年，OECD 成员经过艰苦谈判最终达成了《多边投资协定（草案）》（Multilateral Agreement on Investment，以下简称"MAI 草案"），但由于各国在诸多投资规则的实质性问题上存在分歧，最终仍以失败告终。MAI 草案集中反映了发达国家自 20 世纪 80 年代中期以来对国际投资法主要问题所持的基本立场和态度，也反映了西方发达国家之间在国际投资领域缔结多边投资协定上存在的种种矛盾和冲突。对于 MAI 这部"高标准"的多边投资协定草案，各成员基于自身的特殊利益需求，在达成一致意见方面阻力重重。对于 OECD 组织的 MAI 谈判的失败，有西方学者指出："一个积极的国际投资法律框架需要各国的广泛参与，为此，一方面要制订国家参加条约的条件，另一方面，也要既规定投资者权利又确定投资者义务。"

---

① OECD 具体包括 35 个成员：澳大利亚、奥地利、比利时、加拿大、智利、捷克、丹麦、爱沙尼亚、芬兰、法国、德国、希腊、匈牙利、爱尔兰、冰岛、以色列、意大利、日本、韩国、墨西哥、拉脱维亚、卢森堡、荷兰、新西兰、挪威、波兰、葡萄牙、斯洛伐克、斯洛文尼亚、西班牙、瑞典、瑞士、土耳其、英国和美国。

（Sol Picciotto，1998）在经济全球化快速推进的今天，仅由 OECD 这个"富人俱乐部"成员进行的具有排他性并缺乏透明度的多边投资立法所产生的国际投资法律框架很难广泛吸引各国参加。

（四）其他具有代表性的政府间国际组织

除前述政府间国际组织外，联合国贸易与发展委员会（UNCTAD）、国际劳工组织等也积极参与国际投资治理。1985 年，UNCTAD 提出《国际技术转让行为守则（草案）》，该草案旨在规范国际技术贸易行为，1979 年至 1985 年举行过 5 次会议谈判，但因各国间存在分歧未获通过。在当前国际投资体系转型过程中，UNCTAD 也积极参与其中。再如，具有独特的三方性结构（政府、雇员和工人代表组成）的国际劳工组织，认为其应在制定指导政府、工人组织和雇主组织以及多国企业自身的原则方面起主要的作用。在这一背景下，1977 年 11 月 16 日，国际劳工局理事会通过了《关于多国企业和社会政策的三方原则宣言》（以下简称《三方原则宣言》），该文件旨在"为多国企业、政府以及雇主组织和工人组织在诸如就业、培训、工作条件和生活条件以及劳资关系这样一些领域提供指导路线"。其目的是"鼓励多国企业对经济和社会进步可能做出的积极贡献以及尽可能地缩小和解决这些企业的各类活动可能引起的困难"。

二　非政府组织

自 20 世纪 90 年代以来，非政府组织日益成为越来越重要的全球经济治理参与主体。在国际经济领域，非政府组织已经成为民族国家、跨国公司和政府间国际组织之外的第四种力量，越来越积极地表现出干预国际决策的能力和参与国际治理的决心。非政府组织通过合作或抗议行动影响各国政府和跨国公司立法或决策过程，并通过直接参与联合国及主要国际经济组织的会议对相关规则的制定和实施施加影响（廖凡，2009）。

在国际投资治理领域，非政府组织也是重要的参与主体。国际上关于外国直接投资的第一个专门性国际文件——《外国投资公平待遇国际法则》，就是 1949 年由非政府组织国际商会制定的，虽然其不具有约束力。OECD 主导的 MAI 谈判中，虽然发达国家间对于外国直接投资的分歧与矛盾是最终直接导致谈判失败的主要原因，但在谈判中一些非政府组织（NGO）对协议谈判方施压与阻挠也是导致谈判终止的外部原因。NGO 反对 MAI 的主要观点是：MAI 忽视对跨国公司行为的规范将导致环境、劳工标准、文化差异等方面的恶化（卢进勇等，2007）。

此外，非政府组织在行业标准制定领域发挥越来越重要的作用。例如"采掘业透明度倡议"协会这一非营利组织，由政府及其机构代表，石油、天然气和矿业企业，民间社团，投资者，国际非政府组织等多利益攸关方组成。其提出的"采掘业透明度倡议"（Extractive Industries Transparency Initiative，EITI）旨在促进自然资源开发、收益和分配的透明化，以抑制腐败，实现采掘业"良治"的原则与要求，目前获得全球约 51 个国家的实施，已日益发展成为促进采掘业收入透明度与问责制的全球标准。

三　跨国公司

当前学界还没有一个一致认可的权威的跨国公司的概念。OECD 的《经济合作与发展组织跨国企业准则》（Guidelines for Multinational Enterprises）2000 年修订版本中对跨国公司的定义是："跨国企业通常由在一个或多个国家建立的公司或其他实体组成，并相互联系进而以不同方式协调业务，尽管其中一个或多个实体能够对其他实体施加更明显影响，各实体的自主权在一个跨国企业和另一个跨国企业之间可能明显不同。所有权可以是私有、国有或公私混合所有。本准则适用于跨国企业内部所有实体（母公司和/或本地实体）。"

跨国公司既是全球投资治理的重要规制对象，也是参与全球投资治理的重要参与方。在"二战"以前及战后十年，国际社会都注意对投资者的保护，其重点在征用与补偿等问题上（Nicola Jagers，1999）。自 20 世纪 70 年代开始，由于一些耸人听闻的跨国公司权利滥用案例的曝光，从而使这一重点有所转移，各种旨在规制跨国公司责任的国际行为守则得以制定，例如经济与合作组织的《跨国企业准则》、国际劳工组织的《关于多国企业和社会政策的三方原则宣言》都是在 20 世纪 70 年代制定的。但是，在 20 世纪 80 年代与 90 年代，可以发现作为促进自由贸易所做努力的一部分，重点又回到对跨国公司权利的保护上。事实上，在大多数跨国公司与东道国签订的合同中，一般一致同意合同适用出现争议时将提交国际仲裁。① 这使得跨国公司能够援引国际法，成为国际法上具体权利的承担者。例如1965 年《华盛顿公约》第 42 条第 1 款规定，仲裁庭应根据当事人双方协议的法律规范处理争端。如无此种协议，仲裁庭应适用作为争端当事国的缔约国的法律（包括它的冲突规范）以及可以适用的国际法规范。

除了国际社会对跨国公司的规制外，许多跨国公司也会通过参与制定行业标准与生产守则参与国际投资治理。1991 年，美国服装制造商李维·斯特劳斯（Levi Strauss）公司率先制定了现代意义的生产守则。该公司在被新闻媒体曝光其产品是在"血汗工厂"生产之后，为挽救其公众形象，参阅了《世界人权宣言》及其他国际人权文件，制定了包括平等就业、自由组织工会、工人的安全与健康等内容的生产守则（DM Schilling，2000）。同年，耐克公司紧随其后也制定了自己的生产守则（SJ Frenkel，D Scott，2002）。自此掀起了 20 世纪 90年代初的生产守则运动，很多知名企业都纷纷订立了自己的生产守则。2001 年经合组织公布了关于 246 个生产守则的评介，其中 118 个为公司（绝大部分为跨国公司）自己制定并组织实施的生产守则。依据世界银行最近的估算，目前由公司、多方利益相关者群体与非政府组织等组织发布的生产守则约有 1000 个（Rosoff，2004）。

第三节　新兴投资治理主体

随着传统治理主体博弈格局的变化，诸如二十国集团（G20）等国家间治理网络等新兴治理机制受到更多的关注。与传统国际治理机制相比，国家政府间网络的特点在于更为灵活，能够对治理问题和挑战做出较为迅速的反应，同时减少合作的成本。一些政府间网络是较

---

① 例如 1933 年，伊朗和英伊石油公司之间签订的租让协议第 22 条规定，当事人之间的争端应提交仲裁。

为松散的非正式机制，通常没有秘书处等机构设置，另一些网络则更加类似于传统的政府间组织，例如亚太经济合作组织、巴塞尔银行监管委员会等。这些非强制性的国家间对话与合作机制，成为传统国际治理机制的重要补充（薛澜、俞晗之，2015）。

在国际投资治理领域，G20近年的活动可圈可点。G20的合作始于1999年为防止东南亚金融危机再次发生而建立的G20财长与央行行长会。2008年国际金融危机发生后，升级为领导人峰会。2009年匹兹堡峰会上被确认为"国际经济合作的首要论坛"，G20也由此从一个应对危机的特设委员会升格为一个关于金融和经济的全球治理机构（约翰·J.柯顿，2015）。实现有益于全球的世界经济稳定、持续增长是G20自1999年诞生即确定的目标。投资能够提升经济体的生产能力，有助于创造就业、增进福利、促进包容性增长。为此，G20一直关注投资问题，致力于推动国际投资合作，加强国际投资政策协调，促进国际直接投资发展。例如，G20近年来一直致力于推进基础设施投融资工作。基础设施投融资是推动经济复苏的重要引擎，其可提升潜在增长率，促进中长期经济增长。2010年首尔峰会达成的《多年发展行动计划》中，G20成员阐述了在基础设施方面的计划，"克服基础设施投资障碍，开发新的项目投资渠道，改善投资能力，促进增加基础设施投资融资"，并制订了全面的基础设施行动计划。2011年11月《二十国集团戛纳峰会宣言》中，基础设施被视为消除阻碍发展中国家发展瓶颈的优先要务。2013年9月《二十国集团圣彼得堡峰会宣言》中，明确提出"重视长期投资融资，包括基础设施和中小企业融资以促进经济增长、创造就业和发展"，同时指出"投资环境在吸引长期融资上具有极高的重要性，将全面识别并解决阻碍动员私人资金的因素，改善投资条件并提高公共投资的效率"。为通过增加高质量的投资促进经济和创造就业，本届峰会新建了长期投融资研究小组（G20 Study Group on Financing for Investment），帮助评估影响长期投融资可及性的因素，并致力于在布里斯班峰会前制定并开始落实一系列集体和国别措施，以实质地改善国内投资环境，特别是基础设施和中小企业的投资环境，使其更有利于长期投融资和推动更多项目得到落实。2014年澳大利亚作为G20峰会轮值主席国，设置了五个领域十个方面的优先议题，其中就包括投资与基础设施。布里斯班峰会关于基础设施的一个重要成果是拟在澳大利亚设立一个为期四年的全球基础设施项目信息与数据支持中心（Global Infrastructure Hub）。2015年10月这一中心在澳大利亚悉尼正式成立，成为近年来G20推动基础设施投资合作方面的重要建树，并被认为是"首次将基础设施投资提高到全球治理的高度"（沈铭辉，2016）。

第五章 国际投资治理领域

伴随全球化的纵深发展与国际经济形势日新月异的变化，国际投资案件的政治敏感性，以及在保护私人财产权和允许政府采取合理措施以实现其他社会目标这两个方面日益增长的紧张情况，使得国际投资活动进一步发展的同时，国际投资领域存在的问题也日益涌现，有待革新。例如，国际投资协定呈碎片化发展、国际投资争端案件数量逐年上升等。这些新问题的出现使得国际投资治理领域不断扩展。总体而言，当前国际投资治理主要围绕下述问题展开。

第一节 国际投资治理的主要内容

一 促进国际投资以增强经济增长动力

投资是经济增长和可持续发展的核心，它能够提升经济体的生产能力，创造就业，推动收入增长。但金融危机导致了投资的下降，特别是发达国家，因此通过促进实体投资来实现经济增长仍为当前政策首选。根据 UNCTAD 发布的第 25 期《全球投资趋势监测报告》，2016 年全球外国直接投资流量下降了 13%，约为 1.52 万亿美元。其中，流入发达经济体的 FDI 总量从 2015 年历史高位下降了 9%，约为8720 亿美元。发达经济体绿地投资下降了 12%，约为 2430 亿美元。发展中经济体 FDI 流入量总体下降了 20%，约为 6000 亿美元，亚洲和拉美首当其冲。全球绿地投资持续低迷与跨境并购增长减缓，表明外资回暖势头仍十分脆弱。促进投资的跨国流动以增强经济增长的动力，仍然是国际投资治理的重要而艰巨的任务。

要促进投资的跨国流动需要为国际投资提供稳定的投资环境，而维持稳定的国际投资环境必须反对投资保护主义，因此反对投资保护主义也是国际投资治理的重要任务之一。在这方面，G20 已进行的工作就是典型实例。G20 自 2008 年在华盛顿举办首次领导人峰会以来，每届 G20 领导人峰会宣言均强调反对投资保护主义。2008 年 11 月《二十国集团华盛顿峰会宣言》指出，"我们的工作遵循一个共同信念，即市场原则、开放的贸易和投资体制、受到有效监管的市场""反对提高投资、货物及服务贸易新壁垒"。2009 年 4 月《二十国集团伦敦峰会宣言》中，G20 领导人在重申华盛顿峰会宣言中的反对保护主义的承诺的同时，进一步承诺"将采取一切力所能及的行动来促进和推动贸易及投资"。2010 年 6 月《二十国集团多伦多峰会宣言》中，G20 成员将反对保护主义、促进贸易和投资的承诺延长 3 年，至2013 年底。此后的历次峰会也都一再重申反对投资保护主义，承诺将各自国内政策举措对贸易和投资造成的负面影响降至最低。

与此同时，自 2008 年华盛顿峰会开始，G20 就号召世界贸易组织（WTO）、经济合作与发展组织（OECD）、联合国贸发会议（UNCTAD）根据各自职责监督 G20 成员采取的贸易与投资措施，并公开报告 G20成员上述承诺的落实情况。截至 2015 年 10 月，OECD 与 UNCTAD 联合发布了 14 次《G20 投资措施报告》（Report on G20 Investment Measures）。最近一次的《G20 投资措施报告》显示，自从 2009 年监督实施以来，几乎所有的 G20 成员采取的投资政策改变都是增加对外国投资的开放度，超过 80% 的针对外国直接投资的具体措施在性质上是使投资趋向自由化。

二　推进国际投资体系改革

相较于以 WTO 为核心的国际贸易体制和以国际货币基金组织为核心的国际金融体制，国际投资领域迄今为止还未达成一个全面、综合性并具有约束力的多边投资协定。20 世纪 70 年代以来，随着国际直接投资活动日趋频繁，资本输出国与东道国以及投资者与东道国之间围绕国际直接投资的矛盾与纠纷不断增多，这促使有关外国直接投资的国际多边协定也逐渐增多。但是，在众多的国际投资文件中真正具有约束力的多边投资协定仅有《解决国家和他国国民间投资争议的公约》《多边投资担保机构公约》以及 WTO 体制中与投资相关的《服务贸易总协定》《与贸易有关的投资措施协议》《与贸易有关的知识产权协议》等。因此，制定具有普遍约束力的综合性、实体性的多边投资协定仍然是迄今国际社会追求而未能实现的目标。

与此同时，随着区域一体化的发展，当前国际贸易与投资规则体系呈现"多中心"和"碎片化"的发展趋势。WTO 谈判长期停滞不前的局面催生了旨在推进国际市场一体化与建立多边合作机制的全球三大规则框架，即"跨太平洋伙伴关系协定"（TPP）、"跨大西洋伙伴关系协定"（TTIP）以及"诸边服务贸易协定"（TISA）。这些"巨型区域协定"谈判的潜在系统性影响受到国际社会广泛关注。巨型区域协定是由一些国家谈判的涵盖内容广泛的综合性经济协定，其中投资一般是这类协定涵盖的重要领域。目前进行中的巨型区域协定谈判，例如东非共同体（EAC）以及南部非洲发展共同体（SADC）三方自由贸易协定（COMESA – EAC – SADC Tripartite Agreement）、区域全面经济伙伴关系协定（RCEP）、跨大西洋贸易和投资伙伴关系协定（TTIP）等涉及近 90 个发达国家和发展中国家。如果这些协定最终缔结，很可能对目前的多层次的国际投资体系和国际投资模式产生重要影响，特别是这些协定对缔约方监管空间与可持续发展的潜在影响。区域经济合作将国家之间的合作和竞争关系转变为区域集团之间的关系，虽然有助于解决全球投资治理中的区域问题，但对全球投资治理的影响却存在一定的负面效应：一是区域合作具有歧视性，一定程度上会扭曲全球的资源配置，边缘化非参与第三方；二是区域合作可能会削弱成员参与多边合作的动力；三是区域合作有可能因与现有的国际投资协定的重叠造成进一步的不一致性。

此外，双边国际投资协定数量持续增加。据 2016 年 UNCTAD 的《世界投资报告》统计，截至 2015 年年底全球国际投资保护协定数量达至 3304 项，其中双边投资协定为 2946 项。这些数量庞大的国际投资协定不仅形式不一致，内容也不统一甚至相互矛盾，形成"意大利面碗效应"，导致国际投资合作碎片化。并且，新签订的国际投资协定遵循不同的协定范围，且各区域协定也大多规定缔约方已有的双边协定继续有效，从而使得国际投资规则体系的复杂程度亦不断增加。

因此，当前国际投资体系正处在一个转折点。随着前述问题与挑战浮出水面，各利益攸关方开始更广泛地讨论国际投资体系的作用和影响。一方面，国际投资协定仍被视为十分重要的政策工具，可通过创造稳定和可预测的商业环境保护与吸引外国直接投资。但与此同时，各方广泛认同，有必要对国际投资协定网络和争端解决制度两方面进行改革。但对于如何改革，很多国家持观望态度。由于各国所处经济发展阶段不同、投资规模不同，对国际投资体系的诉求仍存在很大分歧。

三 改革国际投资争端解决机制

近年来，外国投资者会意想不到地提起投资者与东道国的投资争端解决诉讼，使得国际社会逐渐关注投资争端解决机制改革。在跨太平洋伙伴关系协定（TPP）和跨大西洋贸易与投资伙伴协定（TTIP）等超大型区域协定谈判中，投资者与国家争端解决机制是公众辩论中最突出的一个话题。解决这一机制的问题已成为当前国际投资治理面临的主要挑战之一。

当前在国际投资争端解决机制方面存在以下主要问题。

1. 对东道国提起的投资者与国家争端解决案件数量逐年上升。据联合国贸发会议最新统计数据显示，2016年投资者—东道国争端解决（ISDS）仲裁案达767件，比上年增加62件。逐年增多的投资者与国家争端解决案件，引发了现行制度合法性危机，受到国际社会的广泛关注。

2. 投资者与国家争端解决机制的系统性缺陷不断浮现。这些缺陷主要包括六个方面。第一，正当性不足。由临时任命的3人仲裁庭评估涉及公共政策的国家行为是否合法合理受到质疑。第二，透明度不够。国际投资仲裁庭审一般不公开，与仲裁相关的文件与裁决也保密。第三，对相同事实的裁决不一致。经常发生仲裁庭对涉及相同事实的案件做出不同的评估的情况，导致对相同或相似条约条款产生不同的法律解释。第四，难于纠正错判。如果仲裁庭发生重大错判，现有复审机制无法予以解决。第五，仲裁员的独立性和公正性受到质疑。争端方在委任仲裁员时，倾向于委任同情己方立场的仲裁员。而被委任的仲裁员会希望在以后的案件中再获委任，这使仲裁员在仲裁过程中容易产生偏见。第六，存在仲裁"策划"情况。投资者可通过在一个中介国设立公司，以利用中介国与东道国缔结的国际投资协定将东道国诉诸投资者与国家争端解决程序。

3. 投资者与国家争端高昂的仲裁费用、仲裁裁决赔偿金成为部分败诉国公共财政的重大负担。每个仲裁案件的律师和仲裁员费用平均高达 800 万美元。这笔高额的仲裁费用成为国家和投资者、特别是中小企业的一大顾虑。从国家的角度来看，即使政府赢得了官司，法庭可能也不会责令原告投资者支付被告的费用；如果政府输了官司，还要支付巨额损害赔偿费用。迄今为止，仲裁庭裁定的最高损害赔偿额为 500 亿美元。

国际社会对于改革现有投资者与国家争端解决机制的必要性目前已达成共识，但是对于改革的具体路线与方案仍存有分歧，形成了改革投资争端解决机制五条改革路线与方案。

1. 倡导更多地使用和解、调解等替代性争端解决方法。与仲裁相比，和解、调解等替代性争端解决方法有助于节省时间和金钱，避免争端升级，并使争端方之间保持合作关系。其最大作用在于预防争端，无法保证争端一定能够得到解决，是辅助性的改革方法。

2. 限制投资者诉诸国际仲裁争端解决机制。在国际投资协定中缩小投资者与国家争端解决申诉主题的范围，或要求在国际仲裁之前先用尽本地补救办法。更极端的方法是放弃投资者与国家争端解决机制作为争端解决的一种手段。限制投资者诉诸国际仲裁争端解决机制，有助于减缓投资者与国家争端解决诉讼的蔓延，加强国内司法制度。这种方法使投资者只能在东道国国内法院提出申诉或申请母国的外交保护。

3. 建立仲裁上诉机制。设立对仲裁庭裁决进行实质性复审的常设机构，并由各国长期委任名望极高的法律工作者担任这一机构成员。这种方式有利于做出连贯一致且较为均衡的仲裁裁决。上诉机制的建立需要国际投资协定的实质性改革相配合。

4. 成立常设国际投资法院。由各国任命的常设法官组成，以替换目前临时设置仲裁庭的制度，有助于从根本上解决人们对投资者与国家争端解决机制的正当性的顾虑。国际投资法院的设立需要各国有充分的政治意愿，并存在引发各国之间的主权关切问题，短期内较难实现。

5. 修改国际投资协定中投资者与国家争端解决制度的某些内容。各国可根据自身情况，修补现有国际投资协定的相关内容，选择处理它们认为最相关的问题和关切。这种方法并不触及投资者与国家争端解决机制的诸多根本性问题。

总之，虽然当前国际投资争端解决机制改革已有了较为清晰的改革路线，但这一领域改革仍举步维艰，进展缓慢。

除前述问题外，推进投资便利化、加强跨国公司监管、平衡投资者与东道国公共监管权力等也是当前国际投资治理面临的亟待解决的问题。

第二节　国际投资治理规则

随着第二次世界大战后国际直接投资的迅猛发展，国际投资治理的规则体系日趋成熟并形成独立的体系。这一体系内容主要包括双边投资协定、区域性及全球性多边投资协定等国际条约、联合国大会的规范性决议以及国际惯例。下文主要从双边投资协定、区域投资协定以及全球性多边投资协定三个层次对国际投资治理规则进行分析与述评。

一　双边投资协定

在过去的半个世纪中，双边投资协定（Bilateral Investment Treaties，BITs）是调整国际投资关系最重要的法律形式，也是国际上最重要的投资规范、投资保护与投资促进工具。双边投资条约是资本输出国与资本输入国之间签订的以保护和促进国际投资与维护健康的投资环境为目的的专门性投资条约。

一般认为，BITs 作为现今国际法上调整国际间私人投资关系最有效的法律手段，具有保护投资、便利外资进入与经营以及促进发展中国家经济整体自由化的三大功能。BITs 作为资本输出国为保护其跨国投资而设计的精致的法律保护工具，能够建立一种保护相互投资的具体的法律机制的一种特别法（a lex specialis），特别是在这种投资保护方面的法律规则尚处于不确定的状态时，这种机制是重要的（刘笋，2001）。BITs 通过较宽泛的投资定义，给予缔约对方投资者国民待遇、最惠国待遇和公正与公平待遇，征收或国有化的条件和补偿标准，外汇转移，解决投资争端的程序等规定为外国投资者对其在东道国的投资提供法律保护。BITs 作为国际性投资条约，可以为投资者提供一个明确、稳定和透明的投资法律框架，还为投资者提供在发生争端时绕过东道国而直接寻求国际救济的可能性，因此，一般认为 BITs 保护功能的增强会促进 FDI 规模增长。相关研究结果显示，BITs 对于由发达国家流入到发展中国家的外国直接投资流量具有一定的影响。虽然大多数双边投资保护协定并不能改变外国直接投资的主要经济因素，但能改善一些政策和体制方面的决定因素，从而增加签订了 BITs 的发展中国家获得更多的外国直接投资的可能性（卢进勇等，2007）。此外，BITs 通过扩大投资与投资者的含义，从而使更多的投资与投资者被纳入双边投资条约的保护机制，促进投资自由化。

近年来，BITs 的整体数量虽持续增加，但增速明显放缓。2015年全世界新签订了 20 项双边投资协定。与此同时，一些发展中国家正从非洲、亚洲和拉丁美洲的国际投资体系中脱离，在旧的协定到期后不再续签新的协定。例如，2015 年印度尼西亚对 8 项 BITs 的终止开始生效，并宣布 2016 年将有其他 10 项 BITs 的终止生效。对于 BITs 数量增速持续递减的原因，学界分析认为主要是近年来各国对于 BITs 可能会涉及的潜在的法律责任的广泛了解，使得对于 BITs 的采用趋向理性（Srividya Jandhyala, Witold J. Henisz, Edward D. Mansfield, 2011）。此外，在双边投资协定实践中，存在发达国家与发展中国家之间在谈判地位与能力、谈判目标与效果、权力与利益等方面的不平等或不平衡现象，国际社会特别是发展中国家开始积极探索 BITs 实践的革新路径（曾华群，2010）。

从内容上看，近年新缔结的 BITs，定义部分内容增多，例如美国 BIT 范本中对术语的定义，从 1984 年范本中的 5 项增至 2012 年范本中的 35 项。公正与公平待遇、征收规则的规定更为详细，例外规定明显增多，脚注和附件①以及投资者—东道国争端解决机制的规定进一步细化。例如，很多国家扩大并细化了投资定义，一些 BITs 中将抵押贷款权、留置权、公司股份、对金线或履行的请求权以及广泛使用的商业特许经营，均视为合格投资（Edward G. Kehoe，Paul B. Maslo，2012）。在投资者保护政策方面，公正与公平待遇已被大大缩小，允许东道国为了保持其金融体制的健全与完整性，适用其法律申请延迟转移投资收益的规定也逐渐普遍。此外，强调一项投资必须遵守东道国的法律已成为更普遍的规定。还有的国际投资协定专门增加新条款以平衡国家和企业之间的权利和义务及确保国际投资协定和其他公共政策之间的一致性。越来越多的协定增加了环境和社会发展以及企业社会责任方面的内容，可持续发展在国际投资政策制定过程中起着越来越重要的作用。

二　区域投资协定

区域投资协定是指区域性国际经济组织旨在协调成员国之间的投资活动而签订的区域性多边条约。主要有两种表现形式：一种是专门的投资协定；另一种是贸易协定或经济合作协定中包含的投资条款（卢进勇等，2007）。从对国际直接投资流动的影响方面看，区域投资协定具有产生"投资创造"和"投资转移"的功能。当前，在全球性多边投资协定欠缺的情况下，BITs 与区域投资协定成为国际投资协定的主要形式。自 2007 年开始，BITs 递增数量逐年降低，区域投资协定则随着区域性合作的加强，特别是以建立自由区为基本内容的各种区域贸易协定的数量急剧增加而数量稳步攀升。依照 2016 年《世界投资报告》统计，截至 2015 年底，除 BITs 外的其他国际投资协定数量已达 358 项。包含投资条款的区域贸易协定数量急剧增加主要是基于三方面的原因：一是经济利益的驱使；二是政治与安全政策的需要；三是多边贸易体制的弊端（曾令良，2004）。

区域投资协定在发展之初主要是在同一个地区的国家间签署，但自 20 世纪 90 年代以来，不同的区域国家开始相互缔结优惠贸易与投

---

① 以附件为例，美国和加拿大 2004 年 BIT 范本都有 4 个附件。

资协定。区域投资协定不再仅限于在同一地区的国家间缔结，跨地区、跨大陆、跨海洋的不同国家与集团开始谈判与缔结优惠贸易与投资协定。并且，区域投资协定也从最初的仅在发达国家间缔结发展到发达国家与发展中国家以及最近的发展中国家与发展中国家间缔结。

与双边投资协定相较，区域投资协定一般涵盖众多经济事务，涉及的范围、采用的方法和包含的内容有很大不同。一般而言，这类协定的主要宗旨是促进贸易和投资，其投资规则部分主要关注投资的自由化，但有时也关注投资保护和促进。它们通常也包括与投资相关的问题，如知识产权保护和竞争等。目前已生效的具有代表性的区域投资协定是《北美自由贸易协定》和《中国—东盟自由贸易区投资协议》。

（一）《北美自由贸易协定》

20 世纪 80 年代初，随着欧洲经济一体化进程加快，美、加两国意识到要加强两国的国际竞争优势就有必要进一步加强双边的经贸关系。1988 年 6 月 2 日，美国和加拿大签署了《美加自由贸易协定》，该协定于 1989 年 1 月 1 日生效。1991 年 7 月，美加两国和墨西哥开始签署三边自由贸易协定谈判，经过 14 个月的谈判，美国、加拿大和墨西哥三国于 1992 年 8 月 12 日正式签署了《北美自由贸易协定》（North American Free Trade Agreement，NAFTA）这一政府间自由贸易协定。NAFTA 于 1994 年 1 月 1 日正式生效。协定决定自生效之日起在 15 年内逐步消除贸易壁垒、实施商品和劳务的自由流通，截至 2008 年底，北美自由贸易区拥有 4.4 亿多人口，GDP 约 16.75 万亿美元，经济实力和市场规模都超过欧洲联盟，成为当时世界上最大的区域经济一体化组织（姚天冲，2010）。

NAFTA 包括前言和八个部分 22 章及 1 个注释和 7 个附件，是一个包括货物贸易、服务贸易、投资、知识产权保护、竞争政策、争端解决机制等内容的综合性协定。其中，第十一章专门规定了投资规则。① 从 NAFTA 的投资规则看，其规定了涵盖内容广泛的投资和投资者定义、高标准的投资待遇、严格的投资业绩要求、高水平的征收补

---

① 具体内容详见 NAFTA 网站，http：//www. nafta‑sec‑alena. org/en/view. aspx？conID =590&mtpiID =142。

偿标准以及高效而独特的投资争端解决机制，被公认为是在投资保护方面范围最广泛和标准最高的区域多边国际协定条款（叶兴平，2002）。

NAFTA 最具特色的部分是有关投资者—东道国投资争端解决机制的规定，NAFTA 规定私人投资者可以直接参与争端解决程序并成为"原告方"，从而突破了一般的 FTA 和 WTO 争端解决机制所遵循的传统国际法理论，即投资争端解决主要在两个国家或国际组织间解决，私人投资者不能主动发起争端解决程序。这成为国际投资协定争端解决机制的一个较大发展，为私人投资者提供了更广泛的实质性的保护。

20 世纪 90 年代末期，由于私人投资者利用 NAFTA 的投资争端解决机制，根据 NAFTA 中公正与公平待遇、间接征收等宽泛的规定，对东道国采取的某些管理或规制措施提出索赔的案件剧增，而有的请求获得了仲裁庭的支持，从而引起了美国、加拿大等国对 NAFTA 第十一章的投资规则有可能成为外国投资者侵蚀国家主权的实践进行了深刻反思。基于实践中的经验和教训，为避免讼累，NAFTA 的缔约国对该协定关于投资的第十一章作出了解释，对有关规则予以限制，如 2001 年发布的关于第十一章的解释，将国际法的最低待遇标准限定为"外国人的习惯国际法最低待遇标准"；规定"公正与公平待遇"及"全面保护和安全"的概念不要求给予习惯国际法关于外国人最低待遇标准之外的待遇；并且，违反协定中的其他规定或不同的国际协定，不表明违反了公正与公平待遇。[①] 再如，NAFTA 为了避免 Metalclad 公司案中对征收所作的宽泛解释，限制政府为公共利益进行管理的权力，其在对第十一章进行解释时，对征收规则给予限制，将征收限定在习惯国际法的范围内，并将征收与公平公正待遇相区别，而且对间接征收求偿也予以限制，以期平衡东道国为公共利益进行管理的权限与私人投资者的权益。

---

① NAFTA Free Trade Commission, Notes of Interpretation of Certain Chapter 11 Provisions 2 (2001), http//www. international. gc. ca/trade—agreements—accords—commerciaux/disp—diff/nafta_ commission. aspx? lang = en&view = d.

（二）《中国—东盟自由贸易区投资协议》①

2001 年中国与东盟领导人达成在 2010 年建成中国—东盟自由贸易区的共识，2002 年双方签订了《中国—东盟全面经济合作框架协议》（以下简称《框架协议》），确定了中国—东盟自由贸易区的法律基础和基本框架，全面启动了自由贸易区的谈判（李光辉，2010）。《框架协议》第 5 条及第 8 条明确规定："为建立中国—东盟自由贸易区和促进投资，建立一个自由、便利、透明及竞争的投资体制，各缔约方同意尽快谈判并达成投资协议，以逐步实现投资体制自由化，加强投资领域的合作，促进投资便利化和提高投资相关法律法规的透明度，并为投资提供保护"。其后，中国与东盟在 2003 年实施了"早期收获计划"、2004 年签署了《货物贸易协议》和《争端解决机制协议》，并于 2007 年签署了《服务贸易协议》。

2008 年发生的金融危机进一步推动了中国—东盟自由贸易区的谈判进程。经过多轮谈判，2009 年 8 月 15 日中国与东盟 10 国在曼谷共同签署了《中国—东盟自由贸易区投资协议》（以下简称《中国—东盟投资协议》）。《中国—东盟投资协议》的缔结，标志着中国—东盟自由贸易区建设的主要法律程序基本完成，当今世界上人口最多、发展中国家间最大的自由贸易区——中国—东盟自由贸易区正式建成。《中国—东盟投资协议》对于逐步消除中国与东盟国家之间的投资障碍，促进十一国间的投资具有重要意义。《中国—东盟投资协议》主要具有以下特点。

首先，从内容方面看，《中国—东盟投资协议》规定全面而丰富。《中国—东盟投资协议》共有 27 条，除包括定义、适用范围、国民待遇、最惠国待遇、征收、损失补偿、转移和利润汇回、投资争端解决等通常的区域投资协定的主要内容外，还包括了利益的拒绝、一般例外、安全例外、透明度与其他协议的关系等条款。

其次，从投资保护水平上看，《中国—东盟投资协议》的整体水平并不高。例如《中国—东盟投资协议》对最惠国待遇条款的适用给

① 全称是"中华人民共和国政府与东南亚国家联盟成员国政府全面经济合作框架协议投资协议"。

予了多层限制，《中国—东盟投资协议》第 3 条第二款规定："如果一缔约方依据任何其为成员的将来的协定或安排，给予另一缔约方或第三国投资者及其投资更优惠的待遇，其没有义务将此待遇给予另一缔约方的投资者及其投资。但是，经另一缔约方要求，该缔约方应给予另一缔约方充分的机会，商谈其间的优惠待遇。"第三款规定最惠国待遇不包括："（一）在任何现存与非缔约方的双边、地区及国际协定或任何形式的经济或区域合作中，给予投资者及其投资的任何优惠待遇；（二）在东盟成员国之间及一缔约方同其单独关税区之间的任何协定或安排中，给予投资者及其投资的任何现有或未来优惠待遇。"

最后，从《中国—东盟投资协议》与其他双边投资协定的关系看，《中国—东盟投资协议》使得中国与东盟各国之间的国际投资法律环境更加复杂化。在《中国—东盟投资协议》签订前，中国与东盟的十个国家都已签订了 BITs①，除中国—文莱 BIT 还未生效外，与其他九国之间的 9 项 BIT 都已生效。根据《中国—东盟投资协议》第 18 条第一款规定："若任何一方在协议实施之时或此后的法律或缔约方之间的国际义务使得另一方投资者的投资所获地位优于本协议下所获地位，则此优惠地位不应受本协议影响。"因此，除中国与文莱两国之间的国际投资完全由《中国—东盟投资协议》调整外，中国与其他东盟九国之间的国际投资同时受《中国—东盟投资协议》和中国与该国缔结的 BIT 共同调整。为此，有学者认为，中国与东盟之间的 BITs 本来就存在保护水平参差不齐的弊端，新签订的《中国—东盟投资协议》虽然在中国—东盟自由贸易区范围内首次创建了统一的国际投资保护规则，并开始注意平衡投资者私益与东道国主权之间的关系，其意义殊值肯定，但其不仅保护水平不高，而且还使得中国与东盟各国之间的国际投资法律环境更加复杂化，从而不利于促进中国与东盟国家之间的国际直接投资流动（魏艳茹，2011）。

---

① 中国与东盟 10 个国家签订 BIT 的具体时间如下：中国—泰国 BIT（1985 年）、中国—新加坡 BIT（1985 年）、中国—马来西亚 BIT（1988 年）、中国—菲律宾 BIT（1992 年）、中国—越南 BIT（1992 年）、中国—老挝 BIT（1993 年）、中国—印尼 BIT（1994 年）、中国—柬埔寨 BIT（1996 年）、中国—文莱 BIT（2000 年）、中国—缅甸 BIT（2001 年）。

综上可知，尽管目前《中国—东盟投资协议》存在如投资保护水平不高等缺陷，但《中国—东盟投资协议》的签署对中国和东盟相互开放市场、促进贸易和投资的自由化与便利化具有重要意义。对于《中国—东盟投资协议》存在的问题，则有待各国共同努力将其逐步完善，并且在条件成熟时可以考虑逐步废止此前中国与东盟各国签订的 BITs，从而使中国与东盟各国国际投资的法律环境简单明晰并规整划一，进一步推动 11 个国家间国际投资的便利化发展。

三　全球性多边投资规则

全球性多边投资协定，也被称作多边投资规范、多边投资规则和多边投资框架①，是国际投资协定的一种。"二战"以来，国际社会为国际投资多边立法作出了不懈的努力。1948 年的《国际贸易组织宪章》是"二战"后有关外国直接投资的最早的国际多边协议，但由于该组织未能成立，因此该文件也没有生效。1949 年国际商会制定的《外国投资公平待遇国际法则》是获得通过的关于外国直接投资的第一个专门性国际文件，但该协议不具有约束力。20 世纪 70 年代以后，有关外国直接投资的国际多边协议也逐渐增多。其中较有代表性的包括 1965 年世界银行制定的《解决国家和他国国民间投资争端公约》、1976 年经济合作与发展组织公布的《跨国公司准则》、1982 年联合国经社理事会所属的原跨国公司委员会提出的《跨国公司行为守则（草案）》②、1985 年 UNCTAD 提出的《国际技术转让行为守则（草案）》、1985 年世界银行通过的《多边投资担保机构公约》、1992 年世界银行发布的《外国直接投资待遇指南》、1995 年至1998 年经济合作与发展组织起草的《多边投资协定（草案）》、2003

---

①　WTO 开展多边投资谈判时，称为多边投资框架（Multilateral Framework on Investment，MFI）

②　《跨国公司行为守则（草案）》对跨国公司的活动、跨国公司的待遇、各国政府为实施守则的合作以及守则的实施等问题作了规定。守则提出后，跨国公司委员会每年召开会议对草案内容进行讨论和修改，但由于发达国家与发展中国家在跨国公司应否受东道国法律管辖、征收与国有化的赔偿标准等核心内容以及守则的法律地位等关键问题上存在分歧，致使守则最终未能生效。

年《跨国公司和其他工商企业在人权方面的责任准则（草案）》①、2011 年《工商企业与人权：实施联合国"保护、尊重和补救"框架指导原则》②，以及 WTO 体制中与投资相关的《服务贸易总协定》《与贸易有关的投资措施协议》《与贸易有关的知识产权协议》，等等。

尽管"二战"以来国际社会一直致力于国际投资多边立法，但在上述众多的国际投资文件中真正具有约束力的多边投资协定只有《解决国家和他国国民间投资争议的公约》《多边投资担保机构公约》以及 WTO 体制中与投资相关的《服务贸易总协定》《与贸易有关的投资措施协议》《与贸易有关的知识产权协议》等为数不多的几个国际投资协定。

（一）《多边投资担保机构公约》

《多边投资担保机构公约》（Convention Establishing the Multilateral Investment Guarantee Agency，MIGA），亦称《汉城公约》，1985 年 10 月 11 日在世界银行汉城年会上通过并于 1988 年 4 月 12 日正式生效。中国政府于 1988 年 4 月 28 日和 4 月 30 日分别签署和核准了《汉城公约》，成为该公约的创始会员国之一。

依照该公约，成立了多边投资担保机构③。《汉城公约》第 2 条对机构的目标作出具体的规定："鼓励在其会员国之间、尤其是向发展中国家会员国融通生产性投资，以补充国际复兴开发银行（以下简称"银行"）、国际金融公司和其他国际开发金融机构的活动。为达到这些目标，机构应：（1）在一会员国从其他会员国得到投资时，对投资的非商业性风险予以担保，包括再保和分保；（2）开展合适的辅助性活

---

① 2003 年《跨国公司和其他工商企业在人权方面的责任准则（草案）》是在国际层面第一次提出的"非自愿性、在某种意义上对企业具有约束力"的文件，但目前其被搁置，未获人权委员会批准，没有法律地位。

② 2011 年 3 月 21 日，联合国人权与跨国公司和其他工商企业问题秘书长特别代表提交了《工商企业与人权：实施联合国"保护、尊重和补救"框架指导原则》，供人权理事会审议。2011 年 6 月 16 日，人权理事会在第 17/4 号决议中一致核准了"指导原则"。"指导原则"获得认可，标志着在分歧很大的工商业与人权问题上首次有一个联合国政府间机构通过了一个规范性文件，具有里程碑式的重要意义。

③ 关于多边担保机构更详细情况可参见前文国际投资主体部分论述。

动，以促进向发展中国家会员国和在发展中国家会员国间的投资流动；并且（3）为推进其目标，行使其他必要和适宜的附带权力。"

中国是 MIGA 的第六大股东，作为发展中国家，在过去一段时期我国政府多次与该机构开展合作，为外资进入我国相关行业提供担保和其他服务，对于我国吸引外资起到了良好的作用（刘敬东，2011）。当前中国的对外投资迅速增加，MIGA 承保的非商业风险对于我国企业的海外投资也可以发挥重要作用，即提供政治风险方面的保障。因此，中国政府与企业应善于运用该机构为政治风险提供安全保障的特殊功能，在向政治风险高的国家投资时考虑向其投保，从而增强海外投资风险的管理与控制能力。与该机构的合作也有利于构建中国海外投资保障的长效保护机制。

（二）《解决国家与他国国民之间投资争端公约》

20 世纪 50 年代，由于缺乏能够为发达国家和发展中国家共同接受的解决国际投资争端的方式和原则，国际直接投资遭遇了极大的障碍。为了解决上述问题，在世界银行的倡导下，1965 年 3 月在华盛顿订立了《解决国家与他国国民之间投资争端公约》（Convention on the Settlement of Investment Disputes Between States and Nationals of other States），亦称《华盛顿公约》，并于 1966 年 10 月 14 日正式生效。中国于 1990 年 2 月 9 日签署该公约，并于 1993 年 2 月 6 日正式生效。《华盛顿公约》是目前国际上仅有的解决外国投资者与投资所在国之间投资争议的国际公约。

根据公约建立的解决投资争端国际中心（International Center for Settlement of Investment Disputes，ICSID），总部设在华盛顿，专门负责解决东道国和外国投资者之间的投资争端，其宗旨就是提供调解和仲裁的便利。

依照《华盛顿公约》第 18 条的规定，ICSID 具有完全的国际法上的人格，这意味着其具有缔结合同的能力、取得和处理动产与不动产的能力以及起诉的能力。该公约还规定，为了使 ICSID 能够履行其职责，ICSID 及其财产和资产在各缔约国领土内享有豁免权和特权。[1]

---

[1] 《解决国家与他国国民之间投资争端公约》第 19 条、第 20 条。

ICSID 管辖适用于缔约国（或缔约国指派到中心的该国的任何组成部分或机构）和另一缔约国国民之间直接因投资而产生的任何法律争端，而该项争端经双方书面同意提交给中心。当双方表示同意后，不得单方面撤消其同意。① 同时，依照《华盛顿公约》第 26 条、第 27 条的规定，ICSID 的管辖具有排他性，其既排除任何其他救济方法，也排除外交保护。

在 ICSID 管辖范围内，国际投资争端有调解和仲裁两种解决方法。希望采取调解或仲裁程序的缔约国或缔约国的国民，应首先向中心的秘书长提出书面申请，中心会在接受申请后 90 日内组成调解委员会或仲裁庭进行调解或仲裁。② 仲裁裁决对双方具有约束力。

近年来，ICSID 在解决投资争端中，存在裁决相互冲突、为扩大自己的权力而扩大管辖权、裁决偏向投资者的经济利益而不顾东道国的社会利益等缺陷，从而备受批评，改革的呼声四起。为此，已有国家宣布要退出公约③，还有的国家已对国际投资协定作出部分改动。对此，王贵国认为虽然 ICSID 在解决投资争端中存在相互矛盾的缺陷，但当前以投资者与东道国争议裁决为主体的国际投资判例法已然成型，并且这些裁决对各国的影响越来越大，而这些裁决展示了当代国际投资法的问题所在和趋势（王贵国，2011）。库尔茨（Jürgen Kurtz）对澳大利亚政府宣称其未来的双边和区域贸易协定中将不再规定投资者—东道国争端解决条款予以分析，认为澳大利亚作为历史悠久的国际法的坚定支持者，其作出的政策转变很有可能影响更广泛的国家（Jürgen Kurtz，2012）。还有学者对一些发展中国家为了减少在仲裁庭面临的国际索赔的法律风险，实施旨在退出这一机制的策略进行了利弊分析，认为发展中国家通过重新谈判寻求减少国际投资仲裁可能产生的负面影响是更好的方式，而不是寻求退出这一机制（Federico M. Lavopa，Lucas E. Barreiros，M. Victoria Bruno，2013）。蔡从燕（2011）认为国际投资仲裁面临的危机的根源在于国际投资仲裁

① 《解决国家与他国国民之间投资争端公约》第 25 条第一款。
② 《解决国家与他国国民之间投资争端公约》第 28 条、第 30 条。
③ 2012 年 1 月委内瑞拉宣布其打算退出 ICSID 公约（编者注：委内瑞拉最终退出了该公约）。此前玻利维亚和厄瓜多尔退出该公约。

被商事化，因此应逐步推动投资仲裁"去商事化"。余劲松（2011）认为 ICSID 应通过在现行的投资条约中设置必要的例外条款，改进和完善投资条约中核心条款的规定等方法为东道国维护国家安全和公共利益预留必要的空间，合理平衡投资者和东道国权益保护二者间的关系。George K. Foster（2010）则建议可以通过鼓励投资者在投资争端出现后用尽东道国行政或司法救济的方法，寻求投资者保护与国家主权间的平衡，促进投资条约仲裁的长远发展。

如前文所述，投资者—东道国争端解决机制的改革已提上议程，但各种改革方案的可行性、潜在效益和实施方法还有待评估。在这方面，多边政策对话有助于对改革的进程和付诸实践的方法达成共识（UNCTAD，2012）

（三）WTO 协定中的国际投资规则

在经过长达 8 年的乌拉圭回合谈判所达成的 WTO 协定①中，《与贸易有关的投资措施协定》《服务贸易总协定》《与贸易有关的知识产权协定》《补贴与反补贴措施协定》与国际投资直接相关。WTO 协定中的国际投资规范具有重要意义，标志着国际投资问题已不再单纯地受各国外资法、双边投资条约和多边投资公约的约束，还要在实体法和程序法上受现代多边贸易体制的制约（刘笋，2000）

1. 《与贸易有关的投资措施协定》

《与贸易有关的投资措施协定》（Agreement on Trade – Related Investment Measures，以下简称《TRIMs 协定》）是乌拉圭回合的新议题之一。《TRIMs 协定》虽然是仅有 9 个条款并只适用于与货物有关的特定投资措施的框架性协定，但意义深远，其是 GATT 首次就投资问题达成的协定。

《TRIMs 协定》首先指出某些投资措施对国际贸易存在限制性和扭曲性作用。该协定第 2 条明确规定，禁止任何成员实施与《1994年关税与贸易总协定》第 3 条和第 11 条不相符的与贸易有关的投资措施。依据协定附录的《解释性清单》，这些投资措施具体而言包

---

① 本文中"WTO 协定"指乌拉圭回合谈判所达成的包括《建立世界贸易组织协定》（Agreement Establishing the World Trade Organization）及其所有附属协议在内的一揽子协议。

括：第一，与《1994 年关税与贸易总协定》第 3 条第四款规定的国民待遇原则不相符的与贸易有关的投资措施，包括国内法或行政裁定属强制性或可予执行的措施，或为获得利益所必需的措施，且该措施：（1）要求企业购买或使用原产于国内或任何来源于国内的产品，无论是规定具体产品、产品的数量或价值，还是规定当地生产的数量或价值的比例，即当地成分（含量）要求；（2）根据当地产品出口的数量或价值限制企业购买或使用进口产品，即贸易（外汇）平衡要求；第二，与《1994 年关税与贸易总协定》第 11 条第一款规定的普遍取消数量限制义务不相符的与贸易有关的投资措施，包括国内法或行政裁定属强制性或可予执行的措施，或为获得利益所必需的措施，且该措施：（1）全面或根据当地产品的数量或价值限制企业进口用于当地生产或与当地生产有关的产品，即贸易（外汇）平衡要求；（2）根据企业创收外汇的数量，通过限制其获得外汇，限制企业进口用于当地生产或与当地生产有关的产品，即进口用汇限制；（3）限制企业出口产品或为出口而销售产品，无论是规定特定产品、产品的数量或价值，还是当地生产的数量或价值的比例，即国内销售要求。[①]

值得注意的是，《TRIMs 协定》仅与货物贸易有关，不包括服务贸易。并且，TRIMs 指的是那些对国际贸易活动产生限制和扭曲作用的投资措施，不包括对国际贸易活动产生积极推动作用的投资措施，因此它也不是东道国政府对外商投资所采取的所有投资措施，仅是其中的一部分。此外，根据协定的通知和过渡安排，WTO 成员方应在《建立世界贸易组织协定》生效后 90 日内通知该组织的货物贸易理事会其正在实施的与该协定不相符的所有与贸易有关的投资措施，并在限期内取消。这个限期基于国家经济发展水平的不同而不同，其中，发达国家 2 年，发展中国家 5 年，最不发达国家 7 年，因此 TRIMs 也是世贸组织要求其成员限期取消的投资措施。

《TRIMs 协定》还规定了例外条款，指出《1994 年关税与贸易总

---

① 详见《TRIMs 协定》附录《解释性清单》第 1 条（a）（b）款、第 2 条（a）（b）（c）款。

协定》中规定的例外均应适用于与贸易有关的投资措施协定的各项规定，并且对发展中国家成员方在投资措施方面履行国民待遇义务和一般取消数量限制义务作了例外规定。这主要是考虑到发展中国家成员方在贸易、开发和财政方面的特殊需要，因此允许发展中国家成员方有权暂时背离与贸易有关的投资措施方面的国民待遇和一般取消数量限制的义务。但是，这种背离只是"暂时"的，并且应符合《1994年关贸总协定》第18条的规定，即主要是为了平衡外汇收支和扶植国内幼稚产业的发展等目的。有关磋商及争端解决事宜则适用《1994年关税与贸易总协定》第22条、第23条以及《关于争端解决规则与程序谅解》各条款执行。

随着越来越多的中国企业"走出去"，一些发达国家或地区以"国家安全"为由遏制中国企业的正当投资行为成为一个频发的现象。例如2012年10月，美国国会众议院情报委员会发表调查报告称，中国华为技术有限公司和中兴通讯股份有限公司对美国国家安全构成威胁，建议美国政府阻止这两家企业在美开展投资贸易活动。由上述《TRIMs协定》例外条款来看，GATT第21条"安全例外"的规定也适用于《TRIMs协定》。但从GATT第21条"安全例外"具体规定来看，其规定了三种具体适用该规定的情形：一是成员方可拒绝提供其认为如披露则会违背其国家基本安全利益的任何信息；二是成员方有权采取其认为对保护其基本国家安全利益所必需的任何行动；三是成员方根据《联合国宪章》为维护国际和平与安全而采取的任何行动。而对于其中的第二种情形的适用，又规定了三种明确的法定情形，即：（1）与裂变和聚变物质或衍生这些物质的原料有关的行动；（2）与武器、弹药和作战物资的贸易有关的行动，以及与直接或间接供应军事机关的其他货物或原料有关的行动；（3）在战时或国际关系中的其他紧急情况下采取的行动。即只有在发生以上三种情况时，WTO成员方才可以为保护其基本国家安全利益，限制外国的贸易与投资行为，而且从WTO的司法实践来看，"例外"条款需"从严"解释和运用（刘敬东，2012）。因此，对于一些WTO成员以成员方"安全例外"为由限制国际贸易与国际投资的行为，应具体分析，查明其是否具备国际法根据，对于滥用WTO"安全例外"条款限制中国企业正当的投资行为的投资与贸易保护主义行为，中国政府应坚决表明立场，运用法律手段维护合法权益。

综上可知，《TRIMs 协定》首次将特定范围的投资规范纳入了 WTO 多边贸易体制，是世界上第一个专门规范贸易与投资关系的国际条约，既推动了国际贸易法的发展，也丰富了国际投资法的内容，促进了国际贸易与国际投资的自由化。尽管《TRIMs 协定》的适用范围有限，但在国际投资领域缺乏全球统一的实体性规则的情况下，《TRIMs 协定》对国际投资的规制具有十分重要的作用。值得注意的是《TRIMs 协定》作为发达国家极力推动的产物，对发展中成员国的经济具有一定的负面影响，如当地成分要求不利于发展中国家民族工业的发展等。

2.《服务贸易总协定》

《服务贸易总协定》（General Agreement on Trade in Services, GATS）首次将服务贸易纳入世界多边贸易体制中，包括了除政府服务采购外的所有服务贸易。GATS 第 1 条第二款规定了四种服务贸易提供方式①，其中第三种方式商业存在（commercial presence），指一成员国的服务提供者通过在任何其他成员国境内的商业场所提供服务。第 28 条则对商业存在给予了更为具体的界定，即为提供服务在一成员国境内设立的任何类型的商业或专业机构，包括组建、收购或维持法人或创办或维持分支机构或代表处。② 这一界定，虽然使"商业存在"较双边投资保护协定及一些区域自由贸易协定中以"资产"为基础界定的"投资"定义狭窄，但它揭示了服务贸易与国际投资的密切关系，即服务提供者要提供服务往往需要在东道国境内设立机构或商业场所。

一般认为，GATS 中与国际投资关系最为密切的规定是其第三部

---

① 由于谈判各方无法就服务贸易的定义达成一致的意见，GATS 只得采用列举方式来解决概念与适用范围问题。四种服务提供方式即跨境交付、境外消费、商业存在和自然人流动。

② GATS 第 28 条对商业存在给予了更为具体的界定，即为提供服务在一成员国境内设立的任何类型的商业或专业机构，包括组建、收购或维持法人或创办或维持的分支机构或代表处。

分承担特定义务中关于市场准入（第16条）和国民待遇（第17条）的规定。市场准入是指是否允许外国服务或服务提供者进入本国市场。这一问题从国际投资法上看，实质上是一国的服务业或服务市场领域是否对外开放的问题。依据GATS第16条的规定，在市场准入方面，每一个成员对任何其他成员的服务和服务提供者给予的待遇不得低于其在具体承诺减让表中所同意和列明的条款、限制和条件。同时，对于作出市场准入承诺的服务部门，除非其在减让表中已作例外规定，不得在其地区或全部领土内维持或采取六种限制性措施。这六种限制措施中前四种主要是关于数量限制措施①，与国际投资关系不大，后两种则与国际投资密切相关，即：（1）限制或要求服务提供者通过特定的法人实体或合营企业才可提供服务；（2）对参加的外国资本限定其最高持股比例或对个人的或累计的外国资本投资额予以限制。从以上规定可以看出，GATS第16条并未对市场准入给予定义，而是采用了肯定式清单（具体减让表）与否定式清单（限制措施的禁止）相结合的灵活解决方法，从而更好地协调了发达国家与发展中国家的利益（卢进勇等，2007）

关于国民待遇，GATS第17条第一款规定，对于列入具体承诺减让表的部门，在遵守其中所列任何条件和资格的前提下，每一缔约方在影响服务提供的所有措施方面给予任何其他方的服务和服务提供者的待遇，不得低于其给予本国同类服务和服务提供者的待遇。第二款、第三款进一步规定，一缔约方可通过对任何其他方的服务或服务提供者给予与其本国同类服务或服务提供者的待遇形式上相同或不同的待遇。如形式上相同或不同的待遇改变竞争条件，与任何其他缔约方的同类服务或服务提供者相比，有利于该缔约方的服务或服务提供者，则此类待遇应被视为较为不利的待遇。由此可知，GATS规定的国民待遇是一种有限制的国民待遇，其仅适用于具体承诺减让表的部门，而不是普遍适用于所有服务或服务提供者。并且，国民待遇仅涉

---

① 主要是采用数量配额或要求测定经济需求等方式，限制服务提供者的数量，限制服务交易或资产总额，限制服务业务网点总数或服务总产出量，或限制服务提供者可以雇用的自然人的数量。

及外国服务进入后的待遇。值得指出的是，对商业存在这一服务贸易提供方式的待遇实质上就是对外国直接投资的待遇。

除特定义务外，GATS 还规定了一般性义务，包括第 2 条的最惠国待遇、透明度等问题，即要求其成员采取措施，确保其境内的垄断贸易提供者按最惠国待遇、透明度及具体承诺的要求行事，不得滥用其垄断地位，破坏正常的竞争秩序。

对于 GATS 对国际投资法的意义，中国学者意见不一，有些学者认为 GATS 实质上是一个重要的国际投资条约（刘笋，2000），蕴含着 WTO 一揽子协议中分量最大的国际投资规范（单文华，1996）。也有的学者认为，GATS 只是部分内容涉及国际投资（曾华群，2007），也存在作为服务贸易的提供方式，其在东道国的设立客观上必然对各国的国际直接投资具有促进作用，GATS 对国际投资法的影响不可低估。

3.《与贸易有关的知识产权协定》

《与贸易有关的知识产权协定》（Trade – Related Aspects of Intel-lectual Property Rights，TRIPS）是关于知识产权保护的全面的、范围广泛的多边协定。知识产权作为一种财产权，是国际投资的重要形式。知识产权的国际保护对于外国投资者、特别是高新技术生产者而言具有极其重要的意义。知识产权保护不力，可被视作为一种贸易壁垒和投资障碍。加强知识产权保护，可以改善一国的投资环境，从而促进和保护国际投资。

TRIPS 共有 7 个部分 73 条，包括知识产权效力、范围及使用标准、知识产权的执法，争端解决机制及过渡期安排等内容。TRIPS 的适用范围包括版权和相关权力（即表演者、录音制品制作者和广播组织的权力）、商标权（包括服务标记在内）、地理标志（包括原产地名称在内）、工业品外观设计、专利权（包括新的植物品种保护）、集成电路的布图设计和未披露的信息（包括商业秘密及实验数据）。TRIPS 的宗旨是使知识产权得到充分有效的保护，它强调国民待遇和最惠国待遇原则，规定了比现行其他国际公约更高的保护标准。[1] 在

---

① 例如版权的保护扩及计算机程序等方面，保护期为 50 年，承认邻接权等。

争端解决程序方面，TRIPS 规定成员国有关该协议下的争议，适用 GATT 第 22、第 23 条的规定以及《关于争端解决规则与程序谅解》的规定，不允许采取单边措施，从而强化了对知识产权的保护。

近年来，由于各国适用的知识产权保护标准的差异，在国际投资领域有关知识产权保护问题衍生出了许多国际争端，凸显了知识产权保护问题的重要性。TRIPS 的达成，对国际投资，特别是有关高新技术的跨国投资的重要性与重要意义不言而喻。

4.《补贴与反补贴措施协定》

《补贴与反补贴措施协定》（Agreement on Subsidies and Countervailing Measures，以下简称《SCM 协定》）也是与国际投资相关的一个重要协定。各国为吸引外资，有时会采取一些鼓励性措施，如税收减免，从而将投资引向可以促进本国经济发展的部门与领域。补贴即是鼓励性投资措施之一，其会对国际贸易产生影响，并间接影响外国投资者的利益。

乌拉圭回合谈判达成的《补贴与反补贴措施协定》共分 11 个部分，包括 32 个条款和 7 个附件，规定了补贴的定义、补贴的分类、反补贴税的征收、发展中国家成员的特殊和差别待遇、争端解决机制等内容。依据《SCM 协定》第 1 条的规定，补贴是指在某一成员的领土内由政府或任何公共机构提供的财政资助，或存在 1994 年 GATT 第 16 条规定所定义的任何形式的收入或价格支持，以及因此而授予一项利益。协定列举了财政资助的四种表现形式：（1）资金直接转移的政府行为（如赠予、贷款和投股等）、潜在的资金或债务的直接转移（如贷款担保等）；（2）放弃或未征收在其他情况下应征收的政府税收（如税收抵免之类的财政鼓励）；（3）政府提供除一般基础设施外的货物或服务，或购买货物；（4）政府放弃提供资金或政府实施收入和价格支持，或委托或指示私营机构履行上述一种或多种通常应属于政府的职能。《SCM 协定》规定，某项补贴是否合法，取决于其是否具有专项性，换言之，《SCM 协定》只约束专项性补贴。专项性是指有关法律法规明确规定，或执行该项法律法规的机关明确表示补贴只给予某些特定的企业或产业。专项性补贴分为三类：禁止性补贴、可诉性补贴和不可诉补贴。《SCM 协定》的第 27 条规定了发展中国家的特殊和差别待遇，包括过渡期、补救方法和程序上的差别等。《SCM 协定》是 WTO 协定中较为复杂的协定之一。

《SCM 协定》首次对激励性投资措施作出规范，从而弥补了《TRIMs 协定》未规范激励性投资措施的缺陷，二者相互配合，对国际投资自由化的深入发展产生了重要的影响。与此同时，《SCM 协定》对一国利用外资的环境会产生一定的影响，从而有可能降低一国对某些类型的外国投资的吸引力，如依靠补贴鼓励国际直接投资的国家和地区，可能因补贴的取消或受到限制而受到影响，从而使追求优惠型的外来投资减少（卢进勇等，2007）。

国际投资是当今最重要的国际经济交往形式之一，国际投资活动发生于国际经济交往的各个层面和各个领域，因此，除前述四项与国际投资直接相关的多边协定外，WTO 协定中其他多边协定与规则也与国际投资具有密切联系，如政府采购协定、反倾销、原产地规则、保障条款、装船前检验规则、许可证规则、海关估价规则等。

WTO 相关协定对有关国际投资问题的规范，使其成为重要的多边投资协定。TRIMs、GATS 等有关协定已经涉及投资准入、投资促进与保护、投资争端解决等国际投资公约的重要内容。适用于各协定的《WTO 谅解》则提供了一套相当完备的准司法机制。"一致否决机制"与交叉报复制度的设立，为 WTO 协定下所有有关投资的多边协定和条款的贯彻执行提供了强有力的国际法制保障。

从双边投资条约的角度看，已出现援引《TRIMs 协定》的有关规定的双边投资保护协定。在 2004 年加拿大《某国与加拿大促进和保护投资协定草案》中，其第 5 条第二款规定："本条规定不适用于与知识产权有关的授予的强制许可的颁布，或知识产权的撤销、限制或创设，以此种颁布、撤销、限制或创设符合 1994 年 4 月 15 日在马拉喀什签订的世界贸易组织协定为限。"从而将间接征收认定与"WTO 相符性"相联系，反映了 BITs 实践与 WTO 体制挂钩的动向（曾华群，2007）。

从区域投资协定角度看，近年一些区域贸易协定中已明确规定 WTO 条款的适用问题。例如 2002 年的《中国—东盟全面经济合作框架协议》中第 6（3）（d）条题为"WTO 规定的适用"，明确反映了

《中国—东盟全面经济合作框架协议》将某些 WTO 规则作为缔约双方直接适用的第一选择，而且各缔约方还同意根据 WTO 有关规则谈判建立中国—东盟自由贸易区（曾华群，2007）。

　　从各国国内外资法角度看，一方面，WTO 各成员需要按照 WTO 相关协定中的规定废除与贸易有关的具有扭曲贸易效果的投资限制措施和投资鼓励措施，改善外资投资环境；另一方面，WTO 协定可以优化成员方海外投资市场准入的法律环境，提供更为完善的海外投资争端解决机制，从而促进各成员国海外投资国际与国内法律环境的优化与良性配合。

第六章 中国更好参与全球贸易治理的政策建议

对中国这样的发展中国家而言，参与 WTO 与其他的诸多国际多边经济体制，仍然存在着维护国家主权的"非公正性"以及与国内制度协调的"非兼容性"等弊端，但是很显然，中国并不希望再度游离于体制之外或对抗现行体制，也不试图推倒重来、对现行体制进行彻底变革，而是本着对全球贸易治理机制合理化、有效化的认识，力争在现有体制内因应变动，使这一体制更为平稳有序地发展，并以此促进本国和世界其他国家经济的发展。

第一节 中国视角的全球贸易治理机制合理有效化

一 对全球贸易治理机制的中国诉求

首先，合理有效的全球贸易治理机制应该切实反映国际经济格局的变化。世界多极化深入发展，国际力量对比和世界经济格局正在加速变化，新兴市场国家和发展中国家整体实力正在上升，参与全球贸易治理的意愿和诉求愈益强烈。因此，合理有效的全球贸易治理机制应充分体现协调、合作、公平、均衡的精神，在全球贸易治理的议程设置、议事决策等各方面，保证各国平等参与，平衡反映各方意见和关切，使最终结果符合各方利益，实现共赢。

其次，合理有效的全球贸易治理机制应该实现代表性、决策效率和实施效力的有机统一。其中代表性和决策效率之间存在一定的矛盾，往往是代表性越广泛，决策效率就越低。如联合国涵盖了几乎所有的主权国家，代表性很高，但由于立场各异，决策效率相对较低。而 G8 这样的组织代表性又太低，只是一个少数富国俱乐部，没有充分反映当今世界格局和力量对比的变化，因此虽然决策效率高一些，但实施效力并不强。

再次，合理有效的全球贸易治理机制应该同时包括目标共识的协商机制与约束性规则的制定机制。一方面，全球贸易治理机制既要通过协商使政策目标方向达成一些共识性、意愿性的东西，譬如以共同发展为导向、以共同繁荣为己任的"全球贸易治理精神"，兼顾效率与公平的全球贸易治理目标，世界经济"强劲、可持续、平衡增长框架"，等等；另一方面，也要制定一些约束性的规则、量化的指标，譬如国际货币基金组织治理结构考虑设定的国际宏观经济框架内的"数量化规则"，G20 开始研究的判断一国经济外部不平衡的一揽子"参考性指南"等（曹鸿宇、程大为，2014；金芳，2009）。

最后，合理有效的全球贸易治理机制应该同时兼顾短期的经济危机应急机制和长效的经济治理机制。近年来有关协调全球经济的商讨，虽然直接动因在于寻求应对危机、复苏经济的短期应急对策，但更应注重从更深层次、更长远角度探讨改革和完善国际经济体系、加强国际经济合作与协调的体制机制。正如习近平主席在 G20 圣彼得堡峰会上指出的，"我们要放眼长远，努力塑造各国发展创新、增长联动、利益融合的世界经济，坚定维护和发展开放型世界经济"。

二 如何实现全球贸易治理的有效化、合理化

国际金融危机的爆发，暴露了国际金融体系存在的缺陷，也揭示了全球贸易治理的不足之处。为提高经济危机防范能力，需要各国继续发扬在应对危机中形成的齐心协力、加强合作、同舟共济的精神，完善和创新全球贸易治理。具体包括如下方面。

第一，实现全球贸易治理的有效化、合理化，需要在全球贸易治理机制构建的过程中，坚持共同利益的原则。主权国家积极参与全球贸易治理、遵守国际经济法规则是本国的经济利益使然。各国国情不同，其追求的利益也千差万别。如果每一个国家都单纯强调自身利益而不顾他国利益，国际经济关系将陷入混乱。因此，作为需得到主权

国家普遍接受并遵循的制度，全球贸易治理及其法律制度必须建立在实现各国共同利益的基础上。各国不论大小、经济发展水平如何，其利益均应受到尊重，但也应同时考虑和照顾他国利益。在此基础上，通过充分协商、妥协，达成实现各国共同利益的治理模式和规则体系。

第二，实现全球贸易治理的有效化、合理化，需要坚持有区别的共同责任原则。一方面，每个成员根据自身能力、特点以及通行的国际法原则允许所承担责任的范围、大小、方式和时限等方面存在差异；另一方面，国际社会中的每个成员不论大小、强弱都必须承担为解决全球经济问题做出力所能及贡献的责任。有区别的共同责任原则，不仅仅强调各国对于全球经济问题均负有不可推卸责任的原则，也是为了各国更加公平、有效率地承担责任和解决问题。没有区别责任，片面强调共同责任将有违公平合理；而没有共同责任，区别责任也就失去了根基，成为无本之木。

第三，实现全球贸易治理的有效化、合理化，需要对全球贸易治理机制进行不断的改革和创新。如上文所指出的，现行全球贸易治理存在多样性和重叠性，同一个问题，存在着许多国际协议和机构，这些协议和机构都是为了全球贸易治理，或者是以全球贸易治理的名义，但这些协议和机构却在很大程度上是分散的和杂乱的，存在着内在的冲突和不一致性，解决、协调、统一这种不一致性需要对现行全球贸易治理机制进行改革和创新。

第二节　中国参与全球贸易治理的举措

2008 年国际金融危机之后，传统发达国家主导的政治经济格局表现出的缺陷和不足日益明显，以金砖国家为代表的新兴经济体的崛起，以及其对全球政治经济事务的参与，一方面挑战并改变着传统的全球贸易治理格局，另一方面也弥补了传统经济治理机制在解决全球经济问题上的不足，越来越多的新兴国家参与并决定全球经济事务是全球化进程的必然趋势。20 国集团（G20）首脑峰会机制的确立、国际货币基金组织和世界银行的改革等正是这种趋势的主要表现。中国通过 20 国集团、国际货币基金组织、世界银行、世界贸易组织等国际组织和国际机制，获得了更多参与国际经济事务的机会以及与其他国家在各个经济领域合作共赢的机遇，提升了中国对外经济合作水平，充分利用了中国比较优势，促进了中国经济发展升级，维护了中国自身以及与其他国家的共同利益，为中国经济发展构建了一个长期稳定的环境。

一　中国参与全球贸易治理机制的战略思考

近几年来，美国等发达经济体加快了重构全球经贸规则和治理构架的步伐。美国、欧盟和其他发达国家在关于国际投资七项共同原则上形成共识，于 2012 年开始了全球投资治理体系的构建，开展了大范围的 BIT 谈判。根据联合国贸发会议公布的数据，截至 2012 年末，全球共达成了 3196 项国际投资协定安排，其中超过 90% 的投资保护条款均采用 BIT 的文本规定。而且，为了突破 WTO 框架，美国主导了全球性的自由贸易协议（FTA）谈判，主要包括 TPP（跨太平洋伙伴关系协定）、TTIP（跨大西洋贸易和投资协定）、TISA（多边服务业贸易协定）。单单是 TISA 谈判，就有约 50 个国家和地区加入，覆盖了全球 70% 的服务贸易。面对全球化经济治理及国际经贸新形势、新格局，中国应继续努力促使国际经济体系和相关治理机制向有利于中国利益的方向发展，推进中国在国际产业分工体系中地位的继续上升、拓展中国资本在全球范围内流动的有利条件、推进中国在国际贸易体系中的优势地位、构筑中国可持续发展的外部条件。

为此，中国必须在参与全球贸易治理机制改革和创新上有所作为。在坚持"平等包容、共同利益、权责对应、区别对待"原则的基础上，我们认为，战略上的考虑首先是，中国应坚持主动适应和积极参与引领的方针。中共十八届三中全会《决定》明确提出，为适应经济全球化新形势，必须推动对内对外开放相互促进、引进来和走出去更好结合，促进国际国内要素有序自由流动、资源高效配置、市场深度融合，加快培育与引领国际经济合作竞争新优势，以开放促改革。健全宏观调控体系，形成参与国际宏观经济政策协调的机制，推动全球贸易治理结构完善。改革开放三十多年来，中国经济的发展取得了巨大的成就，回顾中国经济跨越式发展的成功经验，除了中国长期坚持"一个中心，两个基本点"的基本国策之外，一个较好的国际环境也很关键。虽然世界经济格局改变以及国家间力量的消长对中国有利，但是国外的关注以及要求中国承担更多国际责任的呼声也在日益高涨。因此，如果中国想要一个继续有利于自身发展的国际经济环境，就必须依靠对全球贸易治理机制改革积极主动的参与（李文锋，2007）。

其次，中国应更加全面广泛地参与全球贸易治理机制改革。中国虽是全球贸易治理活动的后来者，但发展速度非常快，参与程度也日益加深。中国批准的各类国际经济规则，涵盖的内容包括基本国际行为准则、经济合作协定、与维护人的权利有关的协定、与行业有关的协定以及一些提供环保、反战之类国际公共物品的制度或规则。世界经济格局的深层次变化要求中国更全面广泛地参与全球贸易治理改革，不仅关注现行的国际经济规则和已经加入的条约、协定，也要关注改革中的国际经济规则、现在形成的国际经济规则和构想、拟议中的国际经济规则，还要关注中国具有重要显示性或潜在性利益但尚未正式加入的条约，在条件许可的情况下，提高中国主动倡议和创立全球贸易治理机制的强度。

最后，国际经济治理机制改革是一个长期的过程，中国应长期坚持最大发展中国家的地位，务实推进全球贸易治理机制改革。党的十八大明确提出，中国是世界上最大的发展中国家，中国处于并将长期处于社会主义初级阶段。中国将始终高举和平、发展、合作、共赢的旗帜，在国际关系中弘扬平等互信、包容互鉴、合作共赢的精神，共同维护国际公平正义，以更加积极的姿态参与国际事务，发挥负责任的大国作用。同时，中国始终不渝走和平发展道路，坚定奉行互利共赢的开放战略，在追求本国利益时兼顾他国合理关切，在谋求本国发展中促进各国共同发展。发展中国家是全球治理的生力军，新兴大国是全球治理的排头兵。加强与发展中国家的团结合作，坚定维护广大发展中国家的正当权益，是中国参与全球贸易治理重要的基础。

二　中国参与全球贸易治理机制的具体对策

第一，中国应增强参与全球贸易治理机制的自身实力，采取积极有效的措施，不断提高自身实力，努力增强参与能力，使中国在全球贸易治理机制变革中处于主动、有利的地位。作为新兴市场国家和发展中国家，中国能否增强在国际经济事务中的话语权和参与权、推动形成平等参与的全球贸易治理机制，在很大程度上取决于自身实力。我们必须在加快提升中国经济实力和综合国力的同时，进一步提高谋略水平、加强制度建设、加快人才培养、主动引导舆论，全面增强应对国际复杂局势能力，参与全球贸易治理机制改革。

第二，中国应重视金砖国家峰会、G20 等治理机制建设，稳步推动全球贸易治理平台改革。以中国、印度、巴西和俄罗斯为代表的新兴经济体将伴随其贸易地位和经济地位的上升，成为全球贸易治理不可或缺的力量。在世界经济格局和贸易格局急剧变化的形势下，充分尊重新兴经济体的利益、提升新兴经济体在国际组织的话语权是任何一个全球贸易治理机构必须重视的问题。参与全球化的过程既是新兴经济体国家经济迅速发展的过程，也是新兴经济体国家与发达国家经济关联不断强化的过程。在维护全球贸易秩序和加强全球贸易治理上，新兴经济体国家表现出的更多是积极推动者的角色。金融危机后，发达国家承担全球治理的能力相对减弱，让具有承担能力的新兴经济体国家共同治理全球贸易可以调动这些国家承担国际责任的积极性。作为发达国家，尤其是仍然处于金融霸权地位的美国，必须充分考虑发展中国家在发展中面临的种种困难，更不应放弃其责任。试图将国内困难转嫁于落后的发展中国家的行为不仅不道德，而且对全球贸易治理有害无益。贸易大国之间的相互包容是保证全球治理有效性的必要条件。目前，全球贸易治理平台大多由发达经济体管控，中国还难以顺利推动相关改革，要增强中国的全球贸易治理经验，提升在区域乃至国际经济治理机构中的话语权，必须探寻新的经济治理机制。同时，中国应重视通过 G20 平台推动 IMF、世界银行等国际机构的治理机制改革，逐步提升其话语权。

第三，在强调多边主导地位的前提下，强化区域经济治理，将区域经济治理作为参与全球贸易治理机制的重要路径。如上所述，多边贸易体系与区域贸易协定是互补性竞争关系。目前人们对区域贸易协定的担忧并不是针对区域贸易协定本身，而是担忧主要贸易成员会通过区域贸易协定绕开多边贸易体系以建立歧视性的大国导向贸易体系。这会对全球贸易造成损害。这一结果对于发展中国家，尤其是最不发达国家而言是难以接受的。因此各国应该采取措施保持多边贸易体系的主导地位。对于区域贸易协定而言，成员国应该保持对多边贸易体系权威性的遵从。首先，成员国需要明确其目标是进一步推动全球自由贸易，而非为第三方设置贸易壁垒，并且应尽量减少贸易转移为全球自由贸易带来的负面效果。其次，区域贸易协定设置的高标准规则，应该服务于建立更高水平的全球贸易治理规则这一目标，而避免盲目迎合发达国家的需求。最后，区域贸易协定应该更具透明度，并且对新的参与者采取更为开放的态度。同时，区域贸易协定应与多边贸易体系建立良好的互动关系，以进一步推动全球化的进程。对于多边贸易体系而言，一些改革措施必须提上日程。例如，WTO 可以采取进一步的措施以加强区域贸易协定的通知和审查机制。这些措施可包括明确通知的具体内容与程序、设定明确的审查标准，并建立区域贸易协定周期性审查机制等。贸易政策审议机制以及区域贸易协定委员会的作用也应该进一步加强。一方面，WTO 应该对区域贸易协定的实施情况保持追踪，并分析其对世界贸易的影响；另一方面，WTO 也可以为不同区域贸易协定搭建交流的平台，以协调各国及各区域间的活动，这也有利于推动多边化的进程。地区性经济机制的建设对于巩固中国周边经济形势、保持中国宏观经济稳定、增强中国在国际经济机制中的地位具有重要意义。如东盟 "10＋3" 合作进程的推进、上海合作组织的发展、清迈协议多边化的实现和亚洲外汇储备库的建立、中国—东盟自由贸易区的成立，等等，都对中国构建稳定的周边经济依托和支持中国在多边国际机制以及与其他主要大国的博弈中发挥了积极的作用。

　　第四，中国应进一步加强与世界银行、国际货币基金组织等机构的合作，积极推动国际金融机构改革。在全球生产分工的国际生产分工中，国际贸易的利益基础发生了重要变化，国际贸易对国际金融体系的依赖性加大。加强世界贸易组织与其他国际组织之间的协调，一方面有助于及时发现和处理国际贸易的新问题，另一方面也可以利用其他组织的力量，增强世贸组织解决问题的能力，更好地发挥相互之间的协同作用。推动国际货币体系多元化，形成推动国际金融监管改革的最广泛的国际统一战线，有利于增强中国参与国际金融监管体系改革的能力。将积极推动人民币国际化和区域化作为主要抓手，争取人民币成为中国企业进行对外贸易结算和对外投资的主要货币。逐步让人民币走向世界并最终扮演国际货币职能，解决被动累积外汇储备的问题，也能提升中国未来国际金融话语权，改变被动累积外汇储备并且陷入保值增值压力陷阱。

第五，中国必须重视国际贸易、投资创新性议题的谋划，并对建立新贸易议题的治理机制保持开放心态。中国不仅已经成为世界贸易大国，而且未来十到二十年将成为世界对外投资大国。通过积极推动上海自贸区及周边国家贸易自由化并最终实现亚洲或者东亚经济一体化，在增量上提升国际贸易空间。与国际贸易相比，海外投资也将迎来加速期，作为对外债权大国，应积极倡导建立保护投资者权益的全球投资环境。在多哈回合之外及之后，对于美国等发达国家感兴趣、有利益的新贸易和投资议题，中国应以开放的心态对待，支持采取诸边的方式进行谈判。从目前来看，诸边谈判是保持多边贸易体制对新议题的及时反应能力的最可行方式。对于主要涉及市场准入的议题或部门，比如《环境产品协议》，我们应当坚持协议应包含尽可能多的成员参与，实现关键多数并按照最惠国待遇原则适用最终成果。在谈判中，中国应积极为发展中国家争取过渡性或差别待遇。对于主要涉及规则制定的议题或部门，我们应当建议采取《政府采购协议》（GPA）的模式，即协议仅适用于签署的成员，对其他未准备好的成员应持开放态度。同时应开放谈判进程，让其他成员更好地了解协议内容，从而为未来的扩展做好准备。对中国来说，应积极参与所有诸边协议谈判，这样可以避免协议完全由美国等发达国家操纵，同时又可以展现中国积极开放的决心，以及获得制定国际贸易规则的权利。

第六，以自贸区建设为载体，推动国际、国内市场深度融合。自贸区是国际经济合作的重要载体。积极推进中国自贸区建设的全球布局，对亚太、北美、拉美、中东欧、欧亚经济联盟、非洲、阿拉伯国家等国家和地区，应区别对待（黄静波，2005；李仁真和庞永三，2006）。

（1）全面加快毗邻地区的自贸区建设步伐。亚洲是全球最充满经济活力的区域，同时内部的格局又相当复杂，中国应当充分发挥现有的区位优势，立足全球产业链来大力推进与毗邻地区国家的自贸区建设。总体上判断，日本、韩国等在全球产业链中的地位与中国比较仍然是处于上端，而其他毗邻国家与中国比较则是处于下端，中国处在区域性的全球产业链的中端偏上，是一个相对有利的位置。因此，近期应当以开放市场为重点，把尽可能多的亚洲毗邻国家纳入到自贸区建设的谈判进程中，以尽可能快的速度争取尽早签订相关的自贸区协定。中长期则应以高层次的经济国际化为目标，逐步深化亚洲区域经济一体化的进程。

（2）大力拓展与其他地区发展中国家的自贸区建设。就全球经济格局而言，发展中国家仍然占多数。非洲和拉丁美洲是发展中国家比较集中的区域，这些地区也应当成为中国未来拓展自贸区建设的重点目标。整体上来判断，广大发展中国家的经济发展比较落后，但资源相对丰富，人口众多，成长的潜力较大。相对于中国而言，非洲和拉丁美洲发展中国家在全球产业链中大都处于下游位置，这种特殊背景在一定程度上给中国与它们之间建立自贸区提供了便利条件。为此，近期宜选择地理区位较优、经济趋势较好的国家先行推进自贸区谈判和签约，以贸易和投资为主要纽带形成较为密切的双边经济关系，力争早日建成两三个自贸区，逐步发挥示范效应。中长期则应以产业分工与协作为支撑，以新型国际金融合作为媒介，进一步扩大中国自贸区建设布局的范围，努力形成具有全球影响力的跨洲际自贸区。

（3）积极推进与发达国家之间的自贸区建设。目前发达国家在经济全球化进程中总体上仍然是处于主导地位，并在一定程度上对中国推进自贸区建设的全球布局形成了明显的挑战，同时这也给中国带来了相应的机遇。发达国家在全球产业链中处于上游的位置，中国整体处于相对下游的位置，因而具有较大的分工合作空间。为此，近期主要通过进一步开放商品和投资市场来启动商谈自贸区的构建，而中长期则主要通过服务贸易等领域的规则整合来逐步扩大自贸区的运行范围。

（4）中国应加强培养经济外交人才，并增强中国对全球贸易治理机制日常运行方面的影响力。我们应该通过大学培养、在职培训、海外引进等各种策略培养我国的经济外交人才，鼓励中国籍人士进入主要国际经济机制担任职务，既包括高管，也应包括普通雇员。除人员外，全球贸易治理机制的日常运行还有赖于其资金、政策资源，中国可以从这些途径入手，稳步渐进地增强中国对主要国际经济机制的影响力（曹荣光，2010）。

第七章 中国更好参与国际投资治理的战略考虑

对于国际投资治理的未来方向，当前国际社会各方尚未达成一致意见。下文将概括各方的主要观点以及 G20 机制参与全球投资治理的可能性与存在的障碍和应对战略。

第一节 关于国际投资治理未来方向的主要观点

目前对于国际投资治理的未来方向，有两派比较有代表性的观点。一方观点认为国际投资体制需要改革；另一方观点认为国际投资体制应总结经验与研究近来出现的立法创新。

德国发展研究所的阿克塞尔·伯杰（Axle Berger）认为国际投资体制目前存在诸多问题，例如国际投资体制缺乏综合性的多边框架、国际投资协定单方面关注投资保护、仲裁庭的裁决缺乏一致性、没有上诉机制以及目前的经验研究仍未明确国际投资协定对 FDI 的影响，这引发了国际投资体制的合法性危机。对于这一合法性危机，一些国家选择了退出这一体制，例如退出 ICSID 公约与终结双边投资协定。还有一些国家继续签订国际投资协定，但选择了双边投资协定以外的形式，例如区域自贸协定。他认为在国际投资治理的未来方向上，中国、美国和欧盟构成三角关系。当前，中国与美国和欧盟在进行双边投资协定谈判，美国与欧盟在谈判 TTIP。这些谈判将重新定义与书写全球投资规则。中国、美国与欧盟在一些投资规则方面趋于一致，例如准入前国民待遇、细化实体条款、提高仲裁透明度等。但它们之间也存在利益冲突，例如中美在市场准入的开放程度方面、美国与欧盟在投资争端解决机制安排方面存在不一致意见。虽然中国、欧盟、美国在国际投资协定方面趋于一致，但是 G20 中的其他成员展现了不同的发展趋势。比较有代表性的是印尼与南非终结 BIT，印度颁布的新的双边投资协定范本扩大了东道国政府的监管政策空间。因此当前 G20 缺乏进行多边投资谈判的广泛基础与政治意愿。尽管如此，国际投资体制改革仍需进行。在这方面，G20 可以推动国际投资协定中实体条款进行系统改革，即对国际投资协定中的一些关键条款的含义开展多边谈判，达成多边公约，例如最惠国待遇、间接征收等条款。短期内更有希望实现程序条款方面的改革，例如建立复边或全球的上诉机制，或者是一个全球投资法院。这方面的发展最终取决于美国是否接受欧盟关于国际投资争端解决机制的建议。此外，G20 还可以在改革国际投资协定的目标、原则与内容方面开展对话以形成 G20 层面的一致意见，监督国际投资规则制定的进展，推动国际投资条款解释多边公约谈判等。

日内瓦贸易与经济一体化中心教授约斯特·鲍威林（Joost Pauwelyn）认为当前需要讨论的不是全球投资立法问题，而是对既有的经验与法律创新进行总结，并在此基础上对具体的问题展开对话。他认为当前国际投资法的主要特点是内容分散化、自发地呈现内在一致性、高度争议但动态稳定。在协定内容方面，征收、公正与公平待遇条款、非歧视条款等内容虽在立法技术上有小的区别但整体上是趋于一致。从近来缔结的协定看，TPP 与美国—哥伦比亚自贸协定有 82% 的相似度。如果考察欧盟、中国与韩国近来签订的投资协定可以发现这些协定在内容上也高度趋于一致。因此，在当前国际投资体制比较混沌的情况下，亟需的是对已有的投资协定经验与创新进行研究，例如欧盟关于投资协定新提议、印度新颁布的投资协定范本等，应避免过早探讨投资多边谈判而遭受冷遇。G20 目前可以做的就是对目前国际投资体制中存在的关键问题开展对话，例如探讨是升级投资者—东道国争端解决机制还是建立投资法院、市场准入应采用正面清单还是负面清单模式、投资协定中哪些内容可以诉诸国际投资争端解决机制等。

第二节 全球性多边投资协定谈判前瞻

近年来，双边层面和区域层面的投资立法活动活跃，因此，对于国际投资领域是否需要稳定并具有约束力的多边投资协定出现了不少怀疑与反对的声音。从法律角度看，多边投资协定可以弥补现有国际投资规则相互重叠、冲突、不统一、不连贯、约束力不高等不足；从经济发展角度看，多边投资协定形成的一套稳定、透明、有预见性的投资规则可以极大地促进 FDI 在全球的自由化流动，从而提高各成员国及全球的经济福利，防止由于保护主义及缺乏协调性投资规范所导致的福利损失（卢进勇等，2007）。因此，在当今全球经济一体化背景下，制定一个综合性、实体性并具有普遍约束力的多边投资协定不仅十分必要，而且已成为当前国际经济政策议程中的核心（葛顺奇、詹晓宁，2002）。

从多边投资立法的发展来看，虽然 20 世纪 90 年代 OECD 主导 MAI 谈判失败，其后发达国家寻求在 WTO 体制下启动 MIA 谈判也没有实质进展，但国际社会追求统一、综合性并具约束力的多边投资协定的脚步并没有停滞不前，联合国贸发会、WTO 与经合组织仍在就多边投资立法进行持续研讨。[①] 这无疑可以为未来在合适的时机下重启多边投资谈判积累经验。

对于未来可能重启的多边投资协定谈判，中外学者从不同视角给予了展望与设计，而其中易引起争论的问题之一即是多边投资协定制定的场所问题，目前已提出的四个场所包括联合国贸发会、世界银行、WTO 和 OECD。对此，笔者认为虽然多边投资协定制定的场所对于其能否最后谈判成功具有重要影响，但其并不是关键因素。一部透明、稳定和具有可预见性并最大限度地平衡国际投资活动各方的多边投资协定才能吸引广泛的国家参与与一致认可，但这一过程必定会阻

---

① 例如经合组织在 MAI 计划失败后，其所属的国际投资和多国企业委员会又承担起一项有关国际投资的新的研究项目，该项目主要负责对经合组织成员国的投资规则、非歧视和社会政策、非歧视和环保政策、非歧视、投资保护和国家主权、投资鼓励和投资促进等问题进行分析和研讨。WT/WGTI/3，22 October 1999，p. 15。

碍重重步履维艰。正如中国著名国际经济法学家陈安教授所言，"'二战'以来国际经济立法始终贯穿着强权国家与弱势群体之间的争斗，前者力图维护既定的国际经济秩序和国际经济立法，以保持和扩大既得的经济利益；后者力争更新现存的国际经济秩序和国际经济立法，以获得经济平权地位和公平经济权益。60 多年来，这些争斗往往以双方的妥协而告终，妥协之后又因新的矛盾而产生新的争斗，如此循环往复不已。这种历史进程似可概括地称为螺旋式的'6C 轨迹'或'6C 律'，即 Contradiction（矛盾）→Conflict（冲突或交锋）→Consultation（磋商）→Compromise（妥协）→Cooperation（合作）→Coordination（协调）→New Contradiction（新的矛盾）……但每一次循环往复，都并非简单的重复，而是螺旋式的上升，都把国际经济秩序以及和它相适应的国际经济法规范，推进到一个新的水平或一个新的发展阶段，国际社会弱势群体的经济地位和经济权益，也获得相应改善和保障"（陈安，2010）。

并且，从前文论述可知，短期内重启多边投资协定谈判时机尚不成熟，而达成有约束力的全球性投资协定更是在短期内不可企及。因此，未来一段时间内国际投资治理将维持现状，而新兴治理主体如 G20 等将为推动全球投资治理的发展发挥一定的作用。

第三节 中国推动 G20 机制参与全球投资治理

2016 年，中国作为世界第二大经济体、最大发展中国家，其主办 G20 峰会的议题受到各方高度关注与期待。按照 G20 的制度安排，一般轮值主席国在确定 G20 峰会的议题时拥有很大的主动权和决定权，而每次峰会的议题不仅对世界经济发展方向会产生一定影响，也会对 G20 成员国内相关政策产生一定的影响（江时学，2014）。作为 2016 年峰会轮值主席国，中国不仅需要全面落实安塔利亚峰会及历届峰会成果，也需要在准确把握世界经济形势、各国发展需要的基础上，提出前瞻性、开创性的政策理念，以协调其他成员采取集体行动，共同促进世界经济发展。

为落实 2016 年安塔利亚峰会上的指示，2015 年 12 月 1 日中国正

式接任 G20 主席国后，首先倡议成立 G20 贸易投资工作组。工作组
会议虽是 G20 庞大会议体系中层级最低的会议，即工作组向峰会递交
相关文件，需要经过协调人或财金轨道会议的审议和认可，但工作组
是 G20 机制中深入讨论各项议题、实现议题设置目标的重要中坚力
量。① 根据已公布的官方文件，G20 今年关于"投资"议题的工作重
点是"加强国际投资政策合作与协调"，即"为促进全球投资恢复强
劲增长，二十国集团应针对当前各类投资协定中全球投资治理体系
'碎片化'现象突出的现状加强政策协调，在自愿基础上共同探索制
定非约束性的全球投资指导原则或框架。要切实解决发展中国家的具
体关注，积极搭建合作平台，大力开展能力建设、信息交流、良好范
例推广等务实合作，提高发展中国家开展跨境投资的能力，为全球投
资流动营造良好政策环境。此外，各方需要进一步完善公司治理，并
促进中小企业融资"。② 从今年峰会上述投资议题来看，其中公司治
理、促进中小企业融资、搭建合作平台、提高发展中国家跨国投资能
力以及为投资营造良好政策环境等均是 G20 长期以来一直推动的关于
投资的传统议题，本届峰会关于投资议题的亮点是 G20 成员在自愿基
础上共同探索制定非约束性的全球投资指导原则或框架。

　　鉴于前述提及的全球投资治理的现状与问题，为了在后危机时代
有效避免可能出现的投资保护主义倾向，为投资者提供可预见的国际
投资环境，促进投资便利化，实现全球经济包容性增长与可持续发
展，G20 成员探索制定的全球投资指导原则应确立一套各国国内与国
际投资政策制定需遵循的基本标准，从而使各国制定的国内与国际投
资政策具有连贯性并趋向一致。这一套原则应不仅可以为 G20 机制关
于投资的具体倡议提供指导，也可以为各国国际与国内投资政策措施
的制定提供方向性指引，促进各国在投资相关政策上开展国际合作。

---

　　① G20 作为"国际经济合作的主要论坛"，在机制架构方面，当前已形成以峰会为引
领、协调人和财金渠道"双轨机制"为支撑、部级会议和工作组为辅助的会议体系。参见
"G20 简介"，2016 年 G20 峰会官网，http：//www.g20.org/gyg20/G20jj/201510/t20151027_
871.html。

　　② "习近平主席关于中国举办 2016 年二十国集团领导人峰会的致辞"，2016 年 G20
峰会官网，http：//www.g20.org/zg2016/zg2016/index.html。

在内容上，2016年7月贸易部长会议批准的《G20全球投资指导原则》（以下简称《指导原则》）在参考现有的国际组织制定的规范国际投资、跨国公司行为的宣言、准则、守则等自愿倡议性质的国际文件基础上，结合近年来国际投资体系的新趋势与新变化，列出为投资政策制定提供总体指导的一套原则与标准。具体而言，《指导原则》共包括九项原则。（1）认识到全球投资作为经济引擎的关键作用，政府应避免与跨境投资有关的投资保护主义。这一原则的确立有助于推动国际直接投资发展，也秉承了G20一直以来反对投资保护主义的政策立场。（2）投资政策应设置开放、非歧视、透明和可预见的投资条件。这一原则有助于各国构建开放、非歧视、透明和可预见的投资环境，吸引国际投资。（3）投资政策应为投资者和投资提供有形、无形的法律确定性和强有力的保护，包括可使用有效的预防机制、争端解决机制和实施程序。争端解决程序应公平、开放、透明，有适当的保障措施防止滥用权力。这一原则的目的是加强对投资者的保护。（4）投资相关规定的制定应保证透明及所有利益相关方有机会参与，并将其纳入以法律为基础的机制性框架。这一原则的目的是为投资政策的制定提供透明度。（5）投资及对投资产生影响的政策应在国际、国内层面保持协调，以促进投资为宗旨，与可持续发展和包容性增长的目标相一致。这一原则为投资政策制定的目标提供指引，要求与联合国的可持续发展与包容性增长目标相一致。（6）政府重申有权为合法公共政策目的而管制投资。当前在国际投资协定中，东道国管理公共利益的政策空间与保护投资者利益之间往往存在冲突，列入这一原则有助于各国在东道国的规制权与投资者利益保护方面寻求平衡，可以使在国际投资协定谈判中处于弱势的国家提出为管理公共利益而列入必要的例外安排提供国际层面的支持。（7）投资促进政策应使经济效益最大化，具备效用和效率，以吸引、维持投资为目标，同时与促进透明的便利化举措相配合，有助于投资者开创、经营并扩大业务。这一原则对投资促进政策提出要求，同时强调为投资者的投资提供透明的便利化举措。（8）投资政策应促进和便利投资者遵循负责任企业行为和公司治理方面的国际最佳范例。本原则有助于各国出台鼓励投资者在东道国积极履行公司社会责任的相关政策。（9）国际社会应继续合作，开展对话，以维护开放、有益的投资政策环境，解决共同面临的投资政策挑战。本原则鼓励国际社会在国际投资政策方面加强政策协调与合作，共同面对当前国际投资体系碎片化挑战。

在法律地位上，《指导原则》作为一项自愿性的准则，其定位为国际经济领域的"软法"。各国可根据自身情况选择是否实施《指导原则》的标准，其不具有强制约束力，不直接创设国际权利和义务，违反其内容也不直接带来国际责任。值得指出的是，当《指导原则》得到国际社会相当广泛的认可和遵循后，其所发挥的影响在某些方面会不逊色于很多国际"硬法"。

《指导原则》的通过有助于缓解当前国际投资合作面临的碎片化困境，弥补当前国际投资治理领域缺乏全球性政策指引的空白。就G20而言，在其框架下达成《指导原则》，可以进一步推动G20机制参与全球投资治理，促进G20成员在应对全球投资治理挑战方面开展深入合作，巩固G20作为促进国际直接投资发展的合作平台的地位。就中国而言，这不仅有利于我国参与国际投资治理与国际投资格局的重塑，争取国际投资软法制定的话语权，还可以表明中国积极参与全球投资治理、提供全球公共产品的政策立场。从国内层面看，中国正处于经济转型的关键期，积极参与国际投资治理改革，有助于更新观念、推动国内改革和体制创新，有助于激发经济活力、打造中国经济升级版。

中国作为《指导原则》这一国际文件的倡导国，未来需要注意确保中国的外资政策与《指导原则》设定的原则相一致。中国政府的外资政策是否能够完全遵守这些标准与原则将受到国际社会的关注，如果中国政府的现行及未来拟出台的外资政策不能完全遵守这些原则，一些非政府组织可能会借此攻击中国政府的外资政策。而从另一角度来看，《指导原则》也是中国对国际社会的承诺，即中国将进一步改善投资环境，为投资者提供开放、非歧视、透明和可预见的营商环境。

第四节　前景展望

2016 年 G20 中国峰会最终通过了《G20 全球投资指导原则》，这预示着 G20 成员未来有望在国际投资治理领域开展更深入的合作。当前在国际投资治理领域，并没有类似国际贸易治理领域的 WTO 等机构，因此 G20 机制有望在这一领域发挥更为重要的作用。与此同时，全球投资治理这一政策议程也符合 G20 机制近年来发展的趋势。加拿大学者约翰·克顿（John J. Kirton）认为，在 2008 年首脑峰会之后，G20 从最初关注国内治理、政策的审议，转为关注 G20 成员以及非成员的全球治理的决策、执行与发展。在议题管理方面，开拓多方投资协定以取代双边协定和多边有限协定是 G20 最值得注意的重要问题之一（约翰·科顿，2013）。

具体就 G20 成员在全球投资治理领域可以进一步开展工作的内容而言，德国学者阿克塞尔·伯杰（Axel Berger）认为鉴于当前国际投资体制碎片化的现状，对其进行系统性改革短期内很难实现，对超过 3000 项国际投资协定重新谈判非常耗时且短期内无法实现，可以取而代之的方法是对国际投资协定中实体条款进行系统改革。G20 可以对国际投资协定中的一些关键条款的含义开展多边谈判，达成多边公约，例如最惠国待遇、间接征收等条款。① 在程序条款方面，G20 可以研究与探讨推进国际投资争端解决机制改革的具体方案，推动国际投资争端解决机制改革。

未来 G20 在参与全球投资治理，进一步推动国际投资合作方面，可以预见其将面临以下三方面的主要挑战。

一是 G20 是否是推进国际投资体系改革的合适平台。对于全球国际投资协定制度的改革，有观点认为要使国际投资协定制度促进可持续与包容性发展，最好的办法是用全球性的支持结构，对该制度进行集体改革（UNCTAD，2015）。G20 成员的局限性，会引起对其是否

---

① 此建议是 Axel Berger 在 2016 年 6 月 8 日于日内瓦召开的 "2016T20 Trade and Investment Conference" 会议上的发言中提出的。

是推进国际投资体系改革的理想平台的质疑。

二是国际社会对 G20 有效性的质疑。G20 虽性质、职能、使命和特点与其他由条约确立的国际组织很类似，但其作为非正式机制，只是一个论坛，其提出的承诺和倡议，没有执行机制，政策的落实完全凭自愿，如果成员不去落实在峰会上所做的承诺，仅会面临道德压力。

三是 G20 成员的复杂性决定其各成员对国际投资体系的利益诉求并不完全一致。G20 成员有些是国际投资双向大国，有些仍主要是资本输入国，这决定了 G20 各成员对国际投资体系的诉求存在分歧。例如，印度 2015 年更新了其双边投资协定范本，从保护投资东道国利益的角度出发，对投资者诉诸国际争端解决机制做了更为严格的规定，要求投资者必须首先寻求国内法院或行政机构的救济。印度尼西亚已终止了其签订的 64 个 BITs 中的 18 个。南非在 2015 年终止了与澳大利亚、丹麦、德国的 BIT。

上述挑战是 G20 这一合作机制进一步参与全球投资治理亟需解决的问题。为应对上述问题与挑战，中国需要与 G20 其他成员加强政策协调，从以下几方面入手，提升 G20 作为国际投资合作的重要平台的作用。

一是要充分发挥 G20 所具有的全球治理舵手的优势与国际影响力。虽然 G20 成员数量有限，但其包括了全球 19 个系统重要性国家以及欧盟，约占全球 GDP 总量的 90%、全球贸易的 80% 以及三分之二的全球人口。因此，G20 虽是小范围的论坛，其促成的"全球投资指导原则或框架"或制定的其他投资政策措施会产生重要国际影响。并且，规模较小，更有利于协调立场。从更长远来看，在 G20 成员遵守全球投资指导原则或框架基础上，G20 可以进一步就启动多边投资协定谈判进行可行性研究并在领导人宣言中加以阐述，从而为全球范围内或者主要经济体及时提供政策参考。在 G20 框架下推动的全球投资治理领域的国际合作，可以为国际投资体系的系统性改革奠定基础。

二是充分利用国际组织与多边机构的资源，弥补 G20 缺乏有效性与执行力有限的短板。提高 G20 的有效性和合法性，最终有赖于提高问责水平。但在当前 G20 机制化进展缓慢的情况下，G20 应充分调动国际组织与多边机构的资源，充分发挥这些组织与机构在 G20 峰会成果落实方面的监督作用。例如，可以号召 UNCTAD 与 OECD 在监督 G20 成员采取的投资措施的基础上进一步拓展监督内容，包括对是否遵守"全球投资指导原则"的承诺或其他关于国际投资事项的承诺。

三是要加强 G20 成员沟通与协调，寻求促进国际直接投资发展的共同利益点。当前，国际社会对多边投资框架合作的不同意见反映了不同发展阶段国家的不同利益诉求，以致相关各方在谋划全球投资治理蓝图时出现了愿景冲突和战略重点错位。对此，应以动态的眼光来看，随着一些发展中国家对外投资的增多，其对国际投资体系的诉求也会不断调整，中国即是典型范例。同时，应积极寻找 G20 成员在国际投资体系改革方面的共同利益点。以当前国际投资争端解决机制存在的合法性危机为例，涉及各成员的利益，就是很好的开展多边协调的切入点。

综上，当前国际投资格局正处于调整、变革、发展的关键时期，2008 年国际金融危机深层次影响继续呈现，世界经济总体低迷、增长乏力，民粹主义、反全球化的声音日渐增多，发展问题更加突出。在此背景下，各国正在围绕国际投资制度性权利和利益的再分配展开更为激烈的国际投资规则的博弈，国际投资规则的发展进入了一个加速变革的时期。中国作为投资东道国与成长中的海外投资大国，既维护自身作为国际投资东道国的利益，也为对外投资的合法权益提供强有力的保障。为了谋求更多话语权，中国应在深入研究与分析现有的通用的国际投资规则利弊影响的基础上，通过深度参与国际投资治理，将反映我国立场诉求、具有道义感召力、能获得国际认可的理念和原则贯彻到新规则之中。《G20 全球投资指导原则》即为很成功的尝试。

第 四 篇

国际气候变化与可持续发展治理及
应对战略研究

前　言

作为全球性的公共产品，气候变化又被称为人类历史上最严重的市场失灵，它对经济、社会以及人类健康影响程度之深、波及范围之广、延续时间之长，可以说是全人类面临的最大挑战与威胁。气候变化的全球性威胁使我们深刻认识到，人类的生存和发展不是一个无止境的自由选择的过程，它受全球有限的环境资源、能源资源的约束。这一约束必然影响各国发展道路和发展模式的选择。这一共识不仅反映在政府间气候变化专门委员会（IPCC）的五次气候变化评估报告之中，也体现在《联合国气候变化框架公约》及其2015年缔约方会议所达成的《巴黎气候协定》文件中，同时体现在2015年全球193个国家签署的《改变我们的世界：2030年可持续发展议程》中。气候变化问题一直是近年来重大的全球性治理问题。联合国气候治理经过20多年的曲折发展，在制度设计、大国共治、减排效率方面都取得了进展（Schor，2015）。

减少碳排放，走绿色、低碳、可持续发展之路，降低全球变暖的速度是为国际社会所认可的彻底解决气候变暖问题的最有效的方法。低碳可持续发展道路背后同时隐含着国际经济格局调整和国际话语权、决策权等的再分配。掌握有利地位的欧美日等发达国家和地区必然会通过各种举措首先形成各国内部相对完整的低碳经济体系，然后再通过各种双边、多边、诸边、复边合作机制和手段，在气候变化、能源效率及相关行业标准等方面推动全球共识达成，并将有利于其体系通过援助、贸易、投资、金融和法律制度框架等延伸到世界其他国家。可以预见，这一进程将带来国际经贸规则的重大变迁，同时也对国际合作产生深远影响。

气候变化会影响到很多行业，包括农业、电力、运输、森林和土地使用，以及水资源管理。气候变化不仅是环境问题，其影响还会波及到所有政府部门。因此，政府需要制定综合应对方案，而各种决策方法也必须考虑到气候挑战的独特性质。但我们也看到，尽管气候科学家越来越呼吁要重视气候变化的影响和其人为属性，呼吁全球立即采取全方位的行动，而国际社会更多对此采取袖手旁观的态度，这是国际气候合作方面存在的著名的"吉登斯悖论"。"吉登斯悖论"是吉登斯在 2009 年提出的，在他的书中，他首次从政治的视角探讨了气候变化治理问题。吉登斯认为有四个方面的原因可以对这一悖论进行解释：一是利益攸关方的阻挠；二是人们对气候科学以及风险和不确定性等概念存在认知困难；三是"搭便车"行为；四是各国尤其是发展中国家经济发展的需要（Giddens，2009）。吉登斯的解决方案是：必须充分发挥企业、非政府组织和公民的作用，调动他们参与应对全球气候变化的积极性。吉登斯对国际层面的气候治理进程持悲观态度，他认为在缺乏中美两个排放大国高度参与的情况下，谈判很难真正取得有效成果。但气候治理的进程并没有完全按照吉登斯预期的那样很悲观地前行，各主权国家尽管围绕责任分配、机制设置等问题展开了激烈的交锋，甚至气候谈判进程一度出现反复，但最终还是沿着合作的轨道向前推进，各国都努力在联合国主平台下寻找共同应对全球气候变化的方法途径，气候交锋演变为"合而不作、斗而不破"（王学东，2014）。《巴黎协定》的最终签署生效，就是国际社会在共同应对气候变化方面取得的一次伟大的胜利。不可否认，《巴黎协定》框架下的减排安排与全球目标之间仍有很大差距，还需要持续完善气候治理框架，实现有效的气候治理，使之既不对当代的发展造成桎梏，又不威胁地球的阈值和未来子孙的福利。中国是温室气体第一大排放国，又是最易受到气候变化影响的国家之一。在国际气候治理舞台上，中国同时面临着来自发达国家和其他发展中国家两方面的压力。与此同时，中国承担着代表发展中国家敦促发达国家承担历史性责任、实现气候正义的任务。如何在确保中国经济平稳发展基础上，加快国内气候治理，推动中国经济向低碳绿色可持续发展转型，同时积极参与国际气候治理合作，为中国可持续发展创造良好的外部环境，是当前中国迫切需要解决的问题。

本文首先界定了国际气候治理的基本概念，随后围绕国际气候治理的主体、框架、目标、机制等展开详细研究，尤其详细梳理了《联合国气候变化框架公约》生效以来形成的各类国际机制的作用性质、相互关系和最新进展，并从公平性和有效性两个维度对国际气候治理制度进行评估，以期能够刻画当前国际气候治理的特征、进展和未来演变趋势，为中国参与全球气候治理提供政策参考。具体研究框架见图1-1。

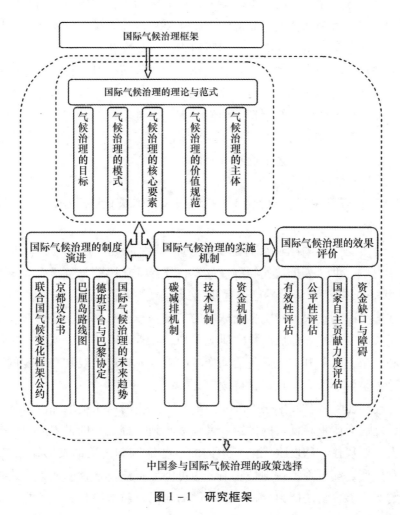

图1-1　研究框架

第一章　国际气候治理的理论与范式

在全球治理的理论分析框架中，在缺乏超主权的超级政府的情况下，要实现对全球公共产品的治理，需要通过建立被广泛接受的国际规则和规范，甚至建立专门的国际组织。气候变化作为一种重要的公共产品，其治理模式也没有脱离全球治理的范畴，可以说它是近些年来全球治理的一次具体实践（李海棠，2016）。国际气候治理主要围绕为什么进行国际气候治理、如何治理、由谁治理、治理什么、治理效果如何等问题展开。理论界最为关注的是国际气候制度的规则制定，制度的合法性、公平性和有效性。

第一节　对全球气候变化的科学评估

气候变化是国际社会普遍关注的全球性问题。近年来，全球酷暑、干旱、洪涝等极端气候事件频发，气候变化影响日益显现。早在20世纪80年代，科学界已经逐步形成有力的证据，证明全球臭氧层正在遭受破坏，很可能发生全球性的气候变暖，从而引发全球对气候变化议题的关注。随后的科学研究发现，在近150年来，温室气体浓度和总量不断上升，与人类活动产生的碳排放轨迹曲线具有高度的吻合性，且温度上升态势仍在持续。

气候变暖将会产生很多严峻的影响：融化的冰川会增加洪水的风险，之后会严重降低水的供给，最终威胁到六分之一的世界人口，这些人主要居住在印度次大陆、中国的一些地区和南美的安第斯山脉；粮食生产逐渐下降，特别是非洲，这可能导致数以亿计的人失去生产或购买足够食物的能力；在更高纬度的地区，与寒冷相关的死亡会减少，但是气候变化会使因营养不良和热应力而死亡的人数上升。全球变暖会使得每年遭受洪水袭击的人口由于海平面上升而增加上千万甚至是上亿人。东南亚（孟加拉和越南）、加勒比和太平洋的小岛，以及大的沿海城市，例如东京、纽约、开罗和伦敦将面临严重风险，沿海防洪的压力将越来越大。生态系统也将受到气候变化的影响，有15%—40%的物种可能会在变暖2度后面临灭绝的命运。从现实情况看，气候变化导致的暴雨、冰雹和洪涝灾害的出现频率大大上升，水土流失也出现加剧态势，沙漠化、半干旱、干旱地区增多。气候变化引发的自然生态系统变化越来越多、越来越明显，并对人类健康、粮食安全和未来的发展造成威胁。自然科学界对这一阶段气候变化的研究主要侧重三方面：气候诊断、气候模拟与预测以及气候变化对农业等的经济和社会影响（赵宗慈，1986；晓峰，1989；王馥棠，1996；金之庆等，1997；徐斌，1999）。在这一阶段温室气体（GHGS）排放仅属于自然科学范畴，还没有进入中国经济学界的研究视野。

而国际气候谈判的科学依据主要来自于1988年创建的评估气候变化的国际组织"政府间气候变化专门委员会"（IPCC）所发布的多卷气候变化评估报告。至今，IPCC已经陆续发布了五次有关气候变化的评估报告。第一次评估报告发布于1990年，第二次发布于1996年，第三次发布于2001年，第一、第二和第三次全球气候变化评估报告均指出全球变暖是不争事实，且与人类活动密切相关，它们对增强国际社会对气候变化的科学认知，以及应该如何应对气候变化问题从科学层面提供了重要参考，也引发了社会科学界对气候变化问题的研究和重视。

第一次评估报告指出，地球在过去100年里地面平均温度已经上升了0.3—0.6 ℃，温室气体浓度由工业革命时期的230ml/m³升至353ml/m³，海平面上升了10—20cm。此次报告促成了各国政府间的对话，并推动了1992年《联合国气候变化框架公约》的建立。第二次评估报告进一步确认了全球气候变暖的事实，并在新的证据佐证下科学论证了人类活动对全球气候变暖产生的显著影响。2001年第三次评估报告指出新的、更强的证据表明，过去50年观测到的大部分气候变暖"可能"归因于人类活动（66%以上可能性）。

2007 年，IPCC 发布有关气候变化的第四次评估报告，该报告再次强调，全球地表的温度从 1906 年到 2005 年的近 100 年里平均已经上升了 0.74℃。与之相比，未来 100 年（到 21 世纪末），全球地表平均温度很可能会提升 1—6℃。2005 年全球大气二氧化碳浓度 379ppm，为 65 万年来最高；此外，表现为高温、热浪以及强降水频发等的极端气候事件将在 21 世纪有所加强。极端气候事件在频度、强度和时间上的变化对生态系统和人类社会有着很大的影响。因为极端气候事件的频度和强度的增加对生态系统的影响是非线性的，频繁的气候事件可能超出生态系统的恢复力，并导致生态系统的崩溃与功能丧失。与第三次评估报告相比，第四次评估报告提高了对最近 50 年气候变化主要是由人类活动产生的结论的可信度（由 60% 上升至 90%）。

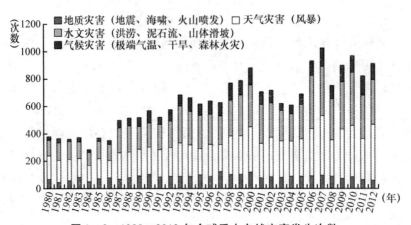

图 1-2 1980—2012 年全球重大自然灾害发生次数

来源：中国社会科学院《气候变化绿皮书：应对气候变化报告（2013）》。

2014 年的第五次评估报告指出，1880—2012 年，全球地面平均温度呈线性上升趋势，2003—2012 年平均温度比 1850—1900 年上升了 0.78℃。由于海洋暖化和冰川减少，全球海平面也以比过去 40 年更高的速度上升。全球干旱半干旱区是近 100 年来增温最为显著的地区，特别是北半球中纬度干旱半干旱区增温是全球陆地年平均增温的 2—3 倍。未来全球气候变暖还将继续，到本世纪末地球表面平均温度将在 1985—2005 年的基础上升高 0.3—4.8℃。将未来升温幅度控制在 2℃ 以内需要全球采取积极行动，大幅度减少温室气体的排放。报告还评价了现有的有关极端气候事件主要结论的可信度，并从"极端气候事件 + 脆弱性 + 暴露程度"的角度剖析了灾害风险的根源（郑菲等，2012），对于各国把风险管理纳入应对气候变化行动的整体框架提供了重要的科学依据（刘冰等，2012）。

《经合组织 2050 年环境展望：不作为的后果》（2012 年）也对未来人口、环境和经济发展趋势进行了模拟分析，尤其关注了气候变化、生物多样性、水资源以及污染等对人类发展的影响，呼吁国际社会必须采取更具雄心的行动来应对全球环境挑战。联合国环境署（UNEP）发布的最新《2016 年适应差距报告》也特别强调，极端天气事件的增加，导致全球适应成本远超出预期数倍，2030 年可能达到 2—3 倍，2050 年则会再翻一番，全球只有将升温控制在 2℃ 以内，才有可能降低极端天气造成的损失（吴鹏，2016）。根据世界经济论坛（WEF）2006 年起发布的年度《全球风险报告》，在全球 29 项风险中，环境风险一直排在全球最具影响力的风险前列，尤其气候变化减缓及应对措施不力更于 2016 年上升为全球最具影响力的首要风险，其次才是大规模杀伤性武器和水资源危机等。而 2016 年全球最有可能发生的五大风险中，极端天气事件仅次于大规模难民潮引发的社会风险，位列第二（世界经济论坛，2016）。根据德国 NGO 组织"德国观察"发布的《全球气候风险指数》统计，1996—2015 年间全球累计发生极端气候事件高达 1.1 万起，以生态最脆弱的非洲地区受到的影响最大，频发的暴风雨对非洲的基础设施和农业产生灾害性影响。10 年间，全球有近 52.8 万人在极端天气中丧生，灾害造成的损失高达 3.08 万亿美元（吴鹏，2016）。而中国在排名榜中位列第 23 位，以强降水、洪涝灾害、降水引发的泥石流等极端气候灾害为主。中国国内的研究也证实，气候变化正在对中国产生越来越显著的影响。社会科学文献出版社发布的中国《气候变化绿皮书：应对气候变化报告（2012）》曾对未来几十年中国地区极端气候的变化进行了预测。结果显示，在新的温室气体排放背景下，中国地区的热浪、暖夜、冷昼以及与降水相关频率指数、降水强度指数、降水的时区分布等都发生了很大改变，越来越多的地区和基础设施不得不暴露在灾害风险之中。2015 年由中国 16 部委联合发布的中国《第三次气候变化国家评估报告》显示，近 100 年来，中国气候变暖的速度在全球均值之上，且气温还将进一步上升。直接的影响是降水增加，尤其北方地区未来降水增幅在 5%—15%。气候变化带来的暴雨、强风暴等极端天气事件的频率和强度均出现上升，每年气象灾害造成的损失高达 2000 亿—3000 亿元人民币。

2009 年 6 月，美国政府也发布了一份报告，总结了气候变化对美国的影响，内容涉及能源、水资源、农业和健康等不同社会和经济层面。报告研究发现美国本土以及海岸附近的水域已经可以明显观察到气候变化的痕迹，比如特大暴雨的频繁出现、温度和海平面上升、冰层的迅速消失、永久冻土层的解冻、植物生长季节的延长、水域结冰期的缩短、积雪融化的提前以及河水流量的改变等，并且现在这些问题正变得日益突出。同时报告也承认人类活动是导致全球变暖的重要影响因子，气候变化正在影响着美国，并且影响会越来越大。

第二节　全球气候变化问题的特殊性

与其他全球环境问题相比，气候变化问题具有复杂性和特殊性。自然条件变化引发气候变化仅仅是全球气候变暖的一个因素，自然条件的变化与人类直接或间接的经济活动密切相关。因此气候变化问题不仅仅是一种纯粹自然现象，它还具有社会经济属性。

一是大空间尺度与全球外部性。全球层面看，一国过度的温室气体排放带来的影响往往是全球性的，既表现为污染物的跨国流动，也表现为温室效应导致的全球生态环境的变化。全球气候变暖不是排放二氧化碳和废气就会产生。只有破坏大气自我净化机制的排放量超过排放的临界点，气候变暖才会产生。一旦气温上升，气候就成了一种公共物品，并且强制各国消费，这种物品可被称为"强制性公共物品"。随着排放量大大超过临界点，这种"强制性公共物品"就会越来越多，且其影响不分地域，不分国别，如果不采取有效措施，人类很可能遭遇灭亡，尤其是小岛屿国家和生态脆弱国家。气候变化问题的大空间尺度，使得应对气候变化行为演变为对全球气候公共财富的管理问题。任何一个主权国家的决策必须既考虑本国经济发展的利益，同时要兼顾全球利益。

从现实情况看，在应对过程中，各国都倾向于要其他国家承担更多的责任，加大减排力度，从而从他国的减排行动中受益，这种"搭便车"的行为往往导致国际气候合作停滞或陷入僵局。国内层面看，气候变化具有负外部效应，表现为生产的外部不经济与消费的外部不经济。气候变化是市场失灵的典型例子，几乎所有市场参与者的行动都会产生温室气体的排放，包括能源、工业、运输业和土地使用等，由于这种行动所带来的影响成本不能被市场及时反映，甚至不能在当代人中得到反映，就体现为市场失灵。企业温室气体的排放，是外部不经济的典型例证。这种外部的不经济性在排放产权不清晰的情况下表现得尤为明显，由于排放成本为社会共同负担，私人企业往往会出现通过对环境资源的过度消耗和利用以谋求自身利益的最大化。由于当前的国际社会缺乏纯粹的超越国家主权的治理模式，气候问题的特殊属性决定了要应对全球气候变暖，国际层面必须通过建立正式的国际合作机制和规则予以解决，制定排放目标，明确排放责任，设立监管机制；而国内层面，政府必须在气候治理过程中发挥核心推动作用，对环境产权做出强制性界定，并结合相应的政策手段，包括规制、财税手段、市场手段以及加大环保意识培训等，加快国内的低碳转型。

二是长期性与代际影响。气候变暖远远超出一般意义上的气候问题和环境问题。从1900年至今，全球温室气体经历近两个世纪的漫长积聚后，慢慢从量变走向质变，其时间跨度可以说非常长。而未来的进一步变动，也将是一个长期而不断演变的过程。如果对气候变暖的增速不能进行有效控制，超越了科学预测的临界点，将可能对我们的子孙后代产生不可逆转的重大影响。气候变化治理政策的依据是对代内和代际间社会福利的考虑，通常认为，每个代际的福利标准都应该包括消费、教育、健康和环境这几种指标。在代内的程度上，每个国家和地区都应该享受到公平的环境，如果任由气候变暖下去，发展中国家将更严重地受到气候变化的伤害。在代际程度上，如果现在不治理气候，那么未来代际可能享受不到他们应有的生活环境，这对于他们来说是不公平的。因此，治理气候变化，有着道德意义。在这个过程中，有两个问题是我们必须面对的。一是穷国和富国处在不同的发展水平和消费水平上，应该如何衡量他们的福利；二是我们应该如何确定未来代际的福利水平。可以说应对全球气候变暖是一个长期工程，需要国际社会共同制定长期、有效的温室气体减排安排和时间进度表，在不影响各国经济发展水平的情况下，不断提升减排力度和承诺，降低大气中温室气体的浓度，使之恢复到对人类的未来不具威胁的水平。

作为典型的全球公共物品，气候变化问题是全球市场失灵的最显著体现，因此应对气候变化研究首先引起了国际经济学界的关切。国际上对气候变化的经济学研究的系统展开出现在 20 世纪 90 年代，William R. Cline（1992）的《全球气候变化经济学》、Nordhaus（1994）的《气候变化经济学》、Carraro 和 Siniscalco（1993）的《环境保护战略》以及 Barrett（1994）的《气候变化与国际贸易》等都是这一时期气候变化经济学研究领域被广泛引用的标志性论著。帕萨·达斯古普塔（1995）的《现代经济学批判》一书指出了现代经济学的两大显著缺陷（陆远如，2004）：一是社会病态和市场失灵。达斯古普塔认为现代增长理论忽视了失败的资源分配环节。学界对全球气候变化和世界上最贫穷地区的淡水的日益缺乏问题的关心，表明主流发展经济学家和国际发展机构第一次意识到了在现今的世界经济运行程度上，自然环境显得是多么脆弱。但不能依赖一个独立的市场机制去确保环境服务的可持续性。不同的环境退化起源于不同种类的制度失效，不能都归结于市场失效。比如巴西曾经免除农业所得税，使得富人取得森林土地并采伐森林，这是政府而不是市场的错。环境问题也可能起源于一些微观的社会制度比如家族制度。社会不稳定是环境恶化的一个明显的原因，社会不稳定造成了不确定的财产权，人们不愿意为环境保护和环境资源的合理利用投资，因为回报太低。二是关于经济伦理道德的批判。达斯古普塔认为过去的市场—政府二分法太狭隘。早期的经济学家尊重人的自主性和能动性，并不仅仅把人视为商业和政府的傀儡，而是认为人是有志向有目标的，并受到现行文化影响的理性主体。现代经济学走上了过分强调经济模型和数理理论的定量化道路，忽视了许多方面的人性化和道德理论观。经济学家忽视自然资本存在原因。大规模自然灾难和例如兴修水利这样的大型事业才能引起公众的关注。相反，缓慢变化的过程不容易被察觉或被关注。然而，规模较小但数量较大的灾祸的不断加总，其造成的损失大于规模较大但数量较小的灾难的影响。在 Dasgupata 的文献中我们看到，经济学家们用了各种各样的方法，比如，成本收益核算、国际协作中受损国的补偿标准、估算环境破坏的损失、计算采取行动的成本和收益，等等，将经济学原理与环境保护进行了很好的结合。人口剧增、资源短缺、环境恶化被认为是当代社会最严重的三大问题，它们具有综合性特征。过去那些就人口过多谈控制人口、就资源短缺谈节约资源、就环境恶化谈保护环境的做法，难以收到综合解决发展问题的效果，要综合解决发展问题，人口、资源与环境经济学非常重要。

1990 年第 45 届联合国大会启动《联合国气候变化框架公约》谈判进程，国际气候谈判正式启动。1994 年 3 月《联合国气候变化框架公约》（UNFCCC）正式生效，国际社会拥有了应对气候变化的第一个国际公约。1995 年《联合国气候变化框架公约》第一次缔约方大会（COP1）又授权讨论制定议定书，并于 1997 年 12 月第三次缔约方大会（COP3）上签署了《京都议定书》，对发达国家和经济转型国家（即附件一国家）设定了具有法律约束力的温室气体减排目标，从而使得全球温室气体减排行动真正开始付诸实施。这一时期，围绕温室气体的减排和适应问题成为国际气候外交的核心议题，也成为经济发达国家和发展中国家对话的重要内容和学术界的研究重点。由于作为非附件一国家的中国也积极参与到全球气候谈判的大框架中来，对《京都议定书》的解读及对国际气候治理机制的探索成为中国学术界关注的焦点。

2006 年 10 月 30 日，受英国政府委托、世界银行前首席经济学家尼古拉斯·斯特恩领导的小组经过历时 1 年多的工作完成了题为"从经济学角度看气候变化"的专门报告（又称《斯特恩报告》）。该报告在大量、具体和广泛调研的基础上，从经济学的角度对气候变化进行了全新的审视，评估了在气候变化背景下向低碳型经济转变以及采取不同适应办法的可能性，并分析了气候变化对英国等国家经济的影响。报告认为，气候变化是包含外部性和公共物品的市场失灵的一个典型例子，它与其他外部性的区别在于以下几点。一是它的起因和影响都是全球性的。1吨温室气体对气候变化产生的影响独立于这吨温室气体排放的地点，因为温室气体具有扩散性，通过影响全球气候系统来影响地方气候。二是气候变化的影响是长期和持续的，随时间而发展，表现在几个方面：温室气体能在大气中停留上百年；气候系统对温室气体的增加有反应时滞；环境、经济和社会对气候变化又有反应时滞。三是其经济影响具有普遍的不确定和风险，影响的可能规模、类型、时间，以及抗拒气候变化的成本无法预测；四是可能带来重大且不可扭转的改变的风险极高，且气候变化的影响与其他大多数环境问题相比，与全球经济具有更密切的联系（Stern，2006）。气候变化外部性的特殊性给标准的福利经济学提出了难题，即气候变化带来影响的不平等性，使得我们必须重新考虑支持标准公共政策分析的福利经济学的道德基础。

Stern的报告指出，在21世纪末基准情景所产生的排放量造成的温度升高就可能会超过2—3℃，综合其他因素的影响，22世纪的温度极有可能增加5—6℃。利用现有的风险评价模型进行评估，得出的结论是，基准情景下温室气体的排放将会造成全球经济的GDP比重下挫5%—10%，而贫穷国家则会超过10%。此外，还有一些小的、但很有意义的迹象表明，温度升高所带来的实际风险可能还要大于这一数字。如果把环境和健康等额外的因素综合考虑进来，基准情景下气候变化总成本的增加量相当于每人的福利削减20%。Stern假设的减排目标是大气中温室气体浓度稳定在450ppm—550ppm当量之间，并在此基础上计算经济成本。如果将大气中温室气体浓度稳定在500—550 mL/m³CO2e，全球排放必须在今后10—20年中封顶，然后以每年1%—3%的速率下降，到2050年至少比现在低25%。即使发达国家减排60%—80%，发展中国家2050年的排放在1990年基础上增幅也不能超过25%。如果要使温室气体浓度稳定在450 ppm当量水平，全球排放量将在今后10年内达到最高峰，且之后需要再以每年高于5%的比率减排，并最终达到现在排放水平的70%。Stern的报告指出如果现在即采取措施，气候变化的损失等同于每年 5% 的 GDP 损失。如果考虑到更广范围的损失，可能会达到 20%，在未来十年内可能会有大的风险，类似于 20 世纪上半叶的战争和经济萧条。《斯特恩报告》提出有效的全球减排政策的三个要素，即通过税收、贸易或法规进行碳定价；支持低碳技术的创新和推广应用；消除提高能源效率和其他改变行为方面的障碍。因此，排放贸易制度、国际技术合作、减少毁林和适应将是构建后京都国际气候制度框架的重要内容。

与 Stern 的立场相反，达斯古普塔以及美国耶鲁大学的经济学家 Nordhaus 等人都认为，"减排不是一个紧急行动"。二者的分歧被学术界称为"贴现率之争"，因为要控制气候变化，当代人必须牺牲一部分消费，投入一定的成本，但 100 多年后才能得到收益。贴现率是影响气候变化政策的一个因素，指未来和现在报偿的相对比重。Nordhaus 等认为，《斯特恩报告》的根本政策观点源于对贴现率的极端假设（仅为 0.1%）。《斯特恩报告》基于伦理假设提出了很低的贴现率，0.1% 意味着当代人必须要把收入的 97.5% 用于储蓄留给子孙后代，这根本不现实，它夸大了对遥远未来的影响，使排放方面过分严重的削减合理化。Nordhaus 更偏向于使用 6% 的贴现率。

尽管 Stern 的报告有其未及之处，但方向是正确的。气候变迁的确充满了许多经济学之外部性都无法解决的议题，包括不确定性、时程冗长度、不可回复程度与其潜在的巨大冲击。因此 Stern 突破传统经济学的分析，的确为世人提供了新视野，同时也警告世人，不可再任意地忽略全球暖化带来的灾害与冲击。对 Stern 的报告的方法与结论，政府层面做出了积极反应。欧盟提出了到 2030 年减排 30%，到 2050 年减排 60% 的气候目标，并呼吁建立碳市场。Stern 的报告也得到了全球多个与环保相关的非政府组织的热情支持。一些国际组织的研究报告也采取类似方法，与 Stern 的报告相呼应。IPCC 于 2007 年发布的《第四次气候变化评估报告》督促全球加快应对气候变暖的行动步伐，切实采取措施减少排放，增强适应能力，该报告进一步推动了全球对减缓和适应气候变化问题的重视和研究热潮。经济学界积极倡导采取强有力的大幅度减排措施的声音逐渐占据了主流。

理论界一方面针对如何减缓气候变化，从经济学视角对气候变化的经济影响、气候适应的成本和收益、国际合作机制和公平等问题进行了初步的理论探索，另一方面的研究则从国际政治经济角度考察了国际气候治理合作的困境。

第三节　国际气候治理的概念与目标

国际气候治理目前尚未形成明确统一的定义，比较政治学、政治经济学和气候变化经济学等均从不同层次、不同领域对气候治理予以关注。基于张宇燕和任琳（2015）对全球治理的定义，本节将国际气候治理界定为：国际社会为应对全球气候变暖问题，在联合国主导下建立的具有自我实施性质的国际制度、规则或机制总和，即国际气候治理主要涉及各经济体为应对全球气候变化而进行的国际气候合作或做出的其他安排，旨在将大气中二氧化碳等温室气体的浓度控制在不使大气系统遭受破坏的范围内，包括建立机制、制定规范和标准、签署公约、采取措施和行动等。

作为典型的全球公共产品问题，气候变化的解决方案只能全球集体行动，共同管理公共资源，防止"搭便车"现象的发生。集体行动方案包括：首先在全球层面上，制定全球大气环境容量约束下的总的温室气体排放方案、排放路径和行动计划，在公平、公正、效率等原则指引下，鼓励各主权国家积极参与，签署多边气候公约或协定；其次在国家层面，各国依据多边公约框架，制定国别减排目标和行动计划，并通过双边、区域或多边等各种形式的合作，切实实现温室气体的减缓。

1995 年的 IPCC 第二次评估报告首次提出如果温度升幅较工业化革命前增加 2℃，气候变化风险将明显增加。1996 年欧盟首次将 2℃与二氧化碳当量浓度（即将所有温室气体排放物折算成二氧化碳当量后的浓度）"不大于 550ppm"进行了对应。2014 年 IPCC 第五次评估报告认为升温 2℃ 对应的二氧化碳当量浓度应该不超过 450ppm。目前国际社会已经普遍接受了升温 2℃ 的阈值。2015 年 12 月底通过的《巴黎协定》除了提出把全球平均气温升温目标较工业化前水平控制在 2℃ 之内外，还提出要向 1.5℃ 的温控目标努力，争取全球温室气体排放早日达到峰值，在 21 世纪的后半段能够实现净零排放。

波茨坦气候影响研究所根据这些情景进行了模拟分析后得出，刨除掉工业化时期人类累计向大气排放的 2 万亿吨左右的 CO_2，21 世纪末的碳预算约为 1.5 万亿吨，年均 145 亿吨。全球碳项目（GCP）发布的《2016 年全球碳预算报告》显示，1870—2015 年间全球化石燃料燃烧和水泥生产排放的 CO_2 总量已经累计达 4100 亿吨左右。仅 2015 年一年全球化石燃料及工业碳排放总量就接近 363 亿吨，较 1990 年增加了 63%。根据报告预测，2016 年碳排放还将继续上升，达到 364 亿吨左右（全球碳项目，2016）。如果按照现有的速度增长下去，人类可能在 40 年内就会用光 1.5 万亿吨这一额度。因此，要实现 2℃ 的升温目标，全球排放量到 2020 年左右需要达到峰值，2050 年必须削减 50% 左右，21 世纪末净排放应该降为零。碳排放权概念就是在大气环境容量理论基础上形成的。国际气候谈判的过程实质上也是碳排放权在全球分配和合法化的一个过程。由于发达国家历史累计排放较高，他们需要在 2012 年至 2015 年达到峰值，到 2020 年削减 30%，到 2050 年至少削减 80%。发展中世界的主要排放国之间存在很大差异，在 2020 年前它们的排放量将保持上升趋势，峰值要比现有水平高 80% 左右，到 2050 年排放量将比 1990 年减少 20%。

2015 年通过的《巴黎协定》明确提出，要加强对气候变化威胁的全球应对，执行目标包括三方面：（a）把全球平均气温升幅控制在工业化前水平以上 2°C 之内，并努力将气温升幅限制在工业化前水平以上 1.5°C 之内；（b）提高适应气候变化不利影响的能力，并以不威胁粮食生产的方式增强气候抗御力和温室气体低排放发展；（c）使资金流动符合温室气体低排放和气候适应型发展的路径。

第四节 国际气候治理的价值规范

《联合国气候变化框架公约》（简称《公约》）是人类应对气候变化的首个国际公约，由序言和 26 条案文组成，它明确指出，国际社会在应对全球气候变化的过程中必须遵循五项基本原则（田慧芳，

2015)。其一是"共同而有区别的责任原则、公平原则和各自能力原则"(见公约3.1)。"共区"原则是国际气候治理机制的重要构成要素，它旨在为发达国家与发展中国家规定不同的减排责任与义务，从而使得该国际机制体现出公平性与合理性的制度特征。其二是"特殊原则"，即应对气候变化必须考虑和尊重特殊发展中国家的国情和需求(见公约3.2)，这里的特殊国家公约专门界定为气候脆弱性高或者非正常承担了减排义务的发展中国家;其三是"预防原则"，即对可能发生的气候风险，要建立预警和应急机制，做好风险防范(见公约3.4);第四，兼顾气候变化与经济发展的"可持续发展"原则(见公约3.3)，应对气候变化必须兼顾代际代内公平，同时考虑经济和社会的可持续发展等;第五，推动应对气候变化与国际经贸关系协调的"国际合作"原则。

"共区"原则是国际气候治理中最为关键的问题。各国对国家发展空间和碳排放权的争夺，以及崛起中的新兴大国与欧美日等发达国家和地区作为关键的气候治理主体在国际上如何公平地分摊应对气候变化的责任和义务方面存在的巨大分歧。碳排放权作为一种新的分配对象，进入政策制定者和经济学者的视野。碳排放权分配主要包括碳排放总量的计算、分配标准的设定以及分配结果的评估等几方面，其中分配的"公平"标准的设定对碳排放权的分配至关重要，也是国际气候谈判和经济学界研究探讨的重点和难点(王文军等，2012)。国际社会讨论较多的几大公平分配原则包括历史责任原则、平等原则、正义原则、功利主义原则等(杨通进，2012)。一直以来，南北方国家对公平原则的理解存在价值取向差异(钟茂初等，2010):发达国家通常是目标导向型，侧重强调气候变化的成本效益分析，回避历史责任;发展中国家则通常是道德导向型，强调发达国家在全球气候变暖中的历史责任，呼吁发达国家通过补偿和技术援助等方式实现气候正义。

除比较研究外，国内不少文献(陈文颖等，2005)对如何在各国间公平地分配温室气体排放配额也进行了理论探索上的创新。何建坤(2004)提出的碳排放权分配原则强调到目标年各国人均碳排放量与过渡期内人均累积碳排放量趋同;潘家华等(2008，2009a，

2009b）区分了国际公平与人际公平的碳排放概念，在综合考虑历史责任、现实需求和未来需求基础上，比较测算了不同国家人均累积碳排放的比重，并提出了碳预算的概念和方法，研究和分析了碳预算作为国际气候制度设计的公平和可持续含义。国务院发展研究中心（2009）则提出了一个基于"人均相等原则"对全球碳排放权进行公平分配的"碳排放账户方案"。樊纲等（2010）从福利角度，提出了"共同但有区别的碳消费权"原则，探讨了用最终消费排放来测算碳排放，从而进行公平分配的可能性。田慧芳等（2012）进一步拓宽了当前对全球"碳公平"的认识，并通过数值模拟技术，分析了印度和中国等新兴温室气体排放大国在国际环境治理中的处境和角色（Tian 和 Whalley，2010）。可见，碳排放权分配的"公平性"始终是未来国际气候制度的核心。此外，发展中国家排放的"基准情景"也是气候变化研究及谈判的焦点问题，尤其是"基年"问题。腾飞（2012）发现，部分国际机构采取的"基准情景"定义低估了发展中国家在"基准情景"下的排放路径，建议采用固定基年的"无措施情景"来定义"基准情景"，以设定客观的评价基准，公平地评价发展中国家的减缓努力。

第五节 国际气候治理的核心要素

《联合国气候变化框架公约》还给出了国际气候治理的几大核心要素，即减缓与适应、技术与资金、透明度及履约核查。

（1）减排机制。"共同而有区别的责任"（简称"共区"）原则的内涵决定着减排机制的设计。工业发达国家由于在过去的全球温室气体排放中负有明确的历史责任，因此在全球减排安排中应该承担更多的减排责任，同时有义务向发展中国家提供资金和技术支持，帮助那些受气候变化影响显著的国家，尤其是小岛屿国家提升适应气候变化的能力。公约下的《京都议定书》采取了"自上而下"的强制性减排模式，主要就工业化国家的减排承诺做出了安排，同时要求发达国家通过清洁发展机制、联合履行机制以及碳排放贸易机制等实现向发展中国家的资金和技术援助。发展到 2015 年，公约下的《巴黎协定》

则采取"自下而上"的国家自主决定贡献模式来实现全球减排。在这一过程中，发达国家仍然需要发挥带头作用，率先制定绝对减排目标，而发展中国家则依据国情，逐步由强度减排走向绝对减排，不断提升减缓努力。

（2）资金与技术机制。公约第 11 条明确提出要建立促进技术转让的资金机制。规定发达国家可以通过各种双边、区域性和多边渠道筹集履约资金。但对资金和技术的来源、渠道和种类没有具体说明，属于模糊承诺。《巴黎协定》则在技术与资金机制上给予了明确说明。资金方面要求发达国家制定可操作的资金路线图，兑现其 2020 年前向发展中国家提供每年 1000 亿元资金的承诺，且 2025 年后新的资金援助规模每年不得少于 1000 亿美元。同时通过绿色气候基金和其他公共资金的运作，充分调动多方资源，包括私人部门、多边开发机构以及其他双边或多边渠道资金。技术层面，《巴黎协定》决定加强技术机制，由技术执行委员会和气候技术中心与网络牵头，加快气候有益技术的研发和示范推广，加强对新技术需求的评估，以及加强对转让技术的评估，并为技术的开发与转让创造有利的环境，消除发展障碍。

（3）履约核查和透明度。该要素强调对各国减排承诺要进行定期的通报，保证信息和数据的透明化，并定期对进度进行审查更新。"可测量、可报告、可核实制度"（MRV）体系自在公约框架下被确立后，一直处于被修改、完善的过程中，标准正逐步趋于统一化。《巴黎协定》特别设立一个透明度能力建设倡议，提出要加强针对透明度的国家机构建设，加强培训和援助，逐步提高透明度。

可以说，公约为全球的气候行动提供了方向和原则指引。从《京都议定书》到《巴黎协定》，国际气候谈判和治理机制的变迁都始终围绕公约规定的原则和框架不断进行调整或者变革。国际多边机制对于设定全球行动目标、明确行动与合作原则、识别应对气候变化的关键问题具有决定性作用，是国际气候治理不可缺少的核心和根本。国家层面明确了行动目标和合作机制后，才有可能在国内制定相应的法律法规和政策措施，利用各种手段，不断推进应对气候变化的行动和合作。政府政策目标和政策再激发地方政府、私营部门、社会团体等的积极行动，促成一系列的倡议和联盟，从而为国际气候治理成果的落实提供了坚实基础。

第六节 国际气候治理的模式

国际气候治理模式主要分为"自上而下"模式和"自下而上"模式两种。《京都议定书》是"自上而下"推进国际气候制度构建的典型代表，其特征是通过制定严格的法律机制，对缔约国的减排目标予以量化确认，并对其履约情况通过 MRV 等进行核查跟踪，具有较强的法律约束力和强制性。但"自上而下"模式的最大缺点是各方达成共识的难度较大，谈判成本高，且在缺乏有效的监督和激励奖惩机制下，各方的违约程度也高。2009 年后，"自上而下"的强制减排机制遭遇重大挑战。

"自下而上"模式更多考虑到各国的自身国情，在各国国家利益的最大公约数基础上推进国际社会在气候变化领域的合作。该模式往往遵循自愿原则，核心是强调各个国家、各个地方自立规划、自愿减排、全球评审，实现自主贡献目标。各国行动与目标也通常是多元化和多样性的，更有可能伴随合作性和促成性机制的构建，因此对各缔约方具有较大吸引力。但由于缺乏对减排目标的强制性要求，也没有形成全球统一的温室气体排放核算制度和规则，缺乏对减排行动的激励和奖惩机制，无法保证减排行动的力度和全球减排目标的实现。

第七节 国际气候治理的参与主体

国际气候治理的参与主体主要指在全球气候治理的规则制定和实施过程中发挥作用的相关行为体。主要的参与主体不仅包括国家治理主体，还包括非国家行为体，比如国际组织、非政府组织甚至跨国公司、公民社会等。主权国家是国际气候治理的主要行为体，虽然各个国家在气候治理中都有自己的考量，但是国际气候治理最终还是要靠主权国家来主要实施。国际机制的作用就是减少国家在气候治理上的弊端，充分发挥国家的有益作用，约束和规范国家的"搭便车"行为，推动国际社会在应对气候变化问题上的有效合作。国际气候治理机制为国家政府规定了国内气候治理的目标和任务，并通过国际排放贸易、联合履行机制和清洁发展机制（CDM）等减排机制，促进发达国家协调工业发达国家与发展中国家之间的利益冲突，推动工业发达国家兑现其对发展中国家的资金和技术援助承诺，从而有效解决国际气候治理中出现的问题，使主权国家在气候治理中真正发挥主力军作用，实现国际气候治理目标。

总的来看，可以将参与国际气候治理的行为主体分为以下几类（尚宏博，2013）。

一是联合国有关机构和组织。联合国系统内有30多个机构和项目涉及环境问题和事务，形成了以联合国大会和经济社会理事会为最高决策机构，以联合国环境规划署为核心工作机构，以联合国各专门机构及其他机构如联合国政府间气候变化专门委员会（IPCC）、联合国可持续发展高级别政治论坛、环境管理集团等为主体的跨领域、多层次的体系，在国际气候治理中起着组织、协调和推动作用（尚宏博和王华，2013）。作为体现联合国环境意识而成立的机构，环境规划署评估世界的环境现状，确认需要国际合作的重要项目，帮助形成环境方面的国际性法规，帮助联合国系统在制定社会和经济政策时考虑到环境因素。环境规划署帮助解决靠单个国家的行动难以解决的问题。它提供一个论坛来协调意见，形成国际性协议。在这一过程中，它致力于促进工商企业、科学界和学术界、非政府组织、社区人群和其他人参与到可持续发展中来。环境规划署的作用之一是宣传关于环境的知识和信息。环境规划署在地区和全球层次上所推进和协调的环境信息的研究和综合，已经带来各种各样的环境状况的报告。通过组成"全球资源信息数据库"世界性中心网络，联合国环境规划署推动并协调地区层次上的可能的最好数据和信息的收集和传播。联合国环境规划署全球环境信息交流网是一个环境信息交流和为科技问题提供解答服务的全球性网络。它由超过175个国家参加的联合会组成，这些联合会提供综合的环境情报服务。位于巴黎的环境规划署"技术、工业和经济部"对联合国鼓励政府、工业和商业的决策者采取更清洁更安全的政策、更高效地使用自然资源，减少污染给人们和环境带来的危险方面的努力有着极其重要的意义。环境规划署还帮助各方谈判执行关于生物多样性、沙漠化和气候变化的公约。它目前管理并提供这些公约的秘书服务。

联合国就气候变化问题组织的谈判和磋商工作是由政府间气候变化专门委员会（IPCC）支持的。IPCC 由联合国环境规划署和世界气象组织于 1988 年联合组织成立。作为一个全球性网络，该小组拥有 2500 名世界一流的科学家和专家，对气候变化领域开展的科研工作进行审核，旨在向世界提供一个清晰的有关对当前气候变化及其潜在环境和社会经济影响认知状况的科学观点。IPCC 是一个科学机构，负责评审和评估全世界产生的有关认知气候变化方面的最新科学技术和社会经济文献，但不开展任何研究，也不监督与气候有关的资料或参数。由于其科学性质和政府间性质，IPCC 有独特的机会为决策者提供严格和均衡的科学信息。通过批准 IPCC 的报告，各国政府承认其科学内容的权威性。同时 IPCC 也是一个政府间机构。它对联合国和 WMO 的所有会员国开放。目前有 195 个国家是 IPCC 的会员。IPCC 每年至少召开一次全会，由各国政府代表出席，就 IPCC 主要的工作计划做出决定，并选举 IPCC 主席团成员（包括主席）。各国政府还在全会上参与报告界定、提名作者、评审过程以及各项报告的接受、通过和批准。

二是国际组织和机构，比如联合国发起建立的全球环境基金，早在 1990 年由 25 个国家共同发起，由联合国相关部门和世行管理，旨在为应对全球环境问题提供资金援助，其职能类似国际环境金融机构。另外，一些非联合国系统的政府间组织和机构、国家团体等也通过双边、区域和多边等形式积极参与环境事务，比如欧洲委员会、OECD、G20 等。

三是主权国家。主权国家是国际气候谈判的参与主体，是国际气候立法的法律主体，也是国际气候治理规则制定和实施主体，在国际气候治理中发挥着领导作用。国际协定的落实最终需要主权国家通过国内立法和出台与国际承诺目标相吻合的国内行动计划才能实现。因此主权国家的减排意愿、减排投入以及相应的政策行为将对国际气候治理的效果产生重要影响。

四是全球性的行业协会和跨国公司。比如国际绿色产业协会（简称 GIA ）就是以共同保护人类生存环境、倡导绿色环保产业发展、倡导绿色经营为宗旨。其工作职责包括：开展行业经济发展调查研究，了解国内外绿色产业生产、流通、加工、科研、消费等的发展动向和趋势，向政府和企业提供有关绿色产业经济的发展和战略；促进绿色经营企业实行不同国家、不同行业等各种形式的合作，倡导绿色经营及贸易活动；规范企业管理，协助企业提高产品质量、争创名牌，为企业的发展服务；加强与政府部门沟通，开展国内外行业交流工作；反映会员要求及行业情况，维护其合法权益；开展人员培训、交流考察活动；帮助企业加强和改善经营管理等。此外，跨国公司由于拥有较大的全球影响力，同时拥有新技术研发的巨大能力，是应对气候变化的重要力量，在当前的国际气候治理中开始发挥越来越重要的作用，每次联合国气候大会，都会邀请跨国公司的代表参加。

五是与环保相关的非政府组织。这类组织以保护全球环境或特定环境问题为目标，不追求盈利，可以看作是具有民主决策程序的有组织有系统的民间社会团体。他们在环保知识的推广宣传，推动公众参与，以及推动环保产品的研发、生产、流通和消费方面发挥着重要作用。近些年来，非政府组织对国际气候治理的影响力在逐步上升，开始越来越多地参与和影响规则的制定和实施。在监督环境法律实施，沟通各方促进协调和合作等方面都发挥了独特作用。

第二章 国际气候治理的制度演进

国际气候制度是在国际环境制度基础上衍生的，是为了解决和管理全球气候变化问题，而形成的一系列规则与安排的集合（李盛，2010）。国际气候变化制度包括正式的国际制度安排和非正式的国际制度安排。前者主要是在联合国主导下形成的一系列包括公约、协议、协议附件及配套机制等在内的正式的国际制度安排，包括《联合国气候变化框架公约》、《京都议定书》及其附件、《巴黎协定》及其附属协议等。从《联合国气候变化框架公约》到《京都议定书》，再到《巴黎协定》的签署生效，国际气候制度的演进经历了艰难坎坷的历程。

第一节 《联合国气候变化框架公约》下的国际气候制度演进

国际气候合作最早可以追溯到 19 世纪的后半期，当时气候变化还是一个自然科学话题。1873 年全球第一次国际气象大会在维也纳召开，世界气象组织（WMO）成立，该组织的主要目的是推动全球的气象合作，实现气候问题的信息共享。此时的气候合作还停留在科学层面，没有上升到政治化高度。最早对气候变化问题的严重性有所预测的是瑞典科学家斯万特。1896 年他在研究后发现大气层中二氧化碳的浓度上升到一定程度时，将会导致全球气温上升，其中煤的燃烧是最大隐患源。这一结论引发了科学界的研究兴趣。20 世纪后半叶，美国夏威夷观象台首先开始对大气中的 CO_2 浓度进行观测。1972 年，第一次世界环境大会在瑞典召开，包括气候变化在内的全球性环境问题正式进入国际社会的视野。1979 年，第一次世界气候大会在瑞士召开，气候变化问题正式进入全球范围的议事日程。国际社会开始为应对气候变化做出努力，首要的任务是建立专门的机构负责对气候变化问题从科学角度予以评估，这也是 1988 年联合国政府间气候变化专门委员会（IPCC）得以成立的重要背景。可以说，气候变化是经历过漫长的演变，随着其变暖程度和影响加剧，才逐渐达到政治化的高度。

一　《联合国气候变化框架公约》与《京都议定书》第一承诺期谈判

1990 年 IPCC 发布的第一次气候变化评估报告为国际社会应对全球气候变化提供了科学依据和指引。1990 年，第二次世界气候大会部长级会议召开，137 个主权国家代表以及 WMO、UNEP 等共同就如何建立一个气候变化国际公约展开讨论。同年，联合国大会围绕《联合国气候变化框架公约》（以下简称《公约》）启动了气候变化的多边国际谈判进程。1992 年 5 月，公约终于在联合国总部获得通过，并于 1994 年正式生效，包括 194 个缔约方，为国际社会未来数十年如何控制大气中温室气体的浓度做出了制度安排，包括减缓、适应、资金和技术以及能力建设等，是全球应对气候变化的第一部正式、权威、全面的国际合作框架（田慧芳，2015）。

《公约》首次对发达国家和发展中国家在全球气候变暖中的不同责任予以确认，明确指出，工业发达国家是全球历史温室气体排放的主要责任方，在温室气体减排中应该承担率先减排的责任，同时发达国家还有义务通过资金和技术援助，帮助发展中国家加强应对气候变化的能力建设。围绕工业化国家的减排安排，《公约》缔约方大会每年召开一次进行磋商，于 1997 年在日本京都通过了《京都议定书》，针对 2012 年前主要工业化国家的温室气体减排做出具体有法律约束力的安排。这一阶段的国际气候制度具有以下特征（田慧芳，2015）。

第一，工业化国家和发展中国家的不对称减排安排。这种安排充分考虑了温室气体排放的历史责任，和发展中国家的发展需求。附件一的工业化国家承担具有法律约束力的绝对减排承诺，且有义务向发展中国家提供资金和技术支持。发展中国家不是必须要承担减排承诺。《公约》第4条第一款规定全部的缔约国都需要承担收集并提交数据、规划并实施减缓以及适应措施。但发展中国家在多大程度上履行公约承诺，取决于发达国家是否有效履行了它们承诺提供的资金和技术转让义务，同时还要考虑发展中国家自身的经济和社会发展情况而定，消除贫困是发展中国家第一位、最优先的任务。

第二，严格的"自上而下"的强制性减排机制。议定书为各工业化国家设定了具体的减排目标和减排时间表。议定书规定，2008—2012年间，以1990年为基年，主要工业化国家的温室气体要至少下降5%，其中欧盟总体要实现8%的绝对减排目标，美国是7%，日本是6%。同时为了保证结果的有效性，在《公约》基础上，《京都议定书》制定了较为严格的报告、核查和履约机制（MRV），要求各国定期汇报其减排进展和信息。

第三，通过"三大灵活市场机制"建立发达国家与发达国家之间、发达国家与发展中国家间的减排桥梁。《京都议定书》提出了联合履约（JI）、排放量交易和清洁发展机制（CDM）三种灵活机制来帮助发展中国家减缓和适应气候变化。三大机制将附件一国家的减排义务与发展中国家的经济可持续发展目标结合起来，通过基于市场的机制来降低减排成本，实现减排目标，同时通过项目转让或购买排放许可，可以满足发展中国家的资金及技术需求。

第四，工业化国家集团内部的利益冲突凸显。这一阶段，围绕气候谈判形成三大阵营：欧盟、以美日加澳等为首的伞形国家集团、以"77国集团+中国"为代表的发展中国家集团。欧盟一直是国际气候进程的积极推动者，它们在国际上高举环保大旗，且拥有先进的环保技术和相对较多的资金，倡导积极的减排措施。美国、加拿大、澳大利亚等国则对减排安排持抵制和保守态度。2001年小布什上台后，美国宣布退出《京都议定书》，这一举动沉重打击了当时国际社会应对气候变化的信心和决心，使得这一阶段的谈判举步维艰，《京都议定书》由于生效条件无法满足，几乎面临破产危险，直到2004年底，俄罗斯正式批准了《京都议定书》，才使得议定书于2005年正式生效。而发展中国家阵营在这一时期，在对待发达工业化国家减排问题上，在国际谈判进程中能保持相对一致的立场，但由于不承担法定的减排义务，对这一时期国际气候治理进程的影响力相对有限。

总的来看，《公约》和《京都议定书》最重要的特征就是对发达国家和发展中国家在气候减缓中承担不同的责任。发达国家在气候变化危机中承担主要责任，由于它们具备较强的解决气候问题的能力，因此接受了两项主要的减排承诺：强制性的减排目标，以及在资金和技术转让方面给发展中国家提供支持。对于发展中国家不应当承担强制减排承诺这一点各国取得了一致意见。

二　巴厘路线图及《京都议定书》第二承诺期谈判

《京都议定书》虽然于 2005 年正式生效，但由于美国的退出，《公约》的实施大打折扣，发达国家并未完成它们的法定减排目标。《公约》的"2006 年温室气体数据"报告显示，发达国家在 1990—2004 年间整体排放量降低了 3.3%，但这更多要归因于东欧和中欧转型经济体的经济负增长，其他工业化国家报告的温室气体排放相反增加了 11%。联合国环境署的记录显示，西欧和北美的二氧化碳排放量在 1990—2003 年间分别增长了 1 亿吨和 9 亿吨。因此，如何实现《京都议定书》规定的承诺期内的减排目标成为这一时期讨论的主要议题。从资金和技术转让情况看，京都议定书第 11 条规定，发达国家应该提供新的、额外的财政资源来支付已经达成一致的、发展中国家在履行承诺方面的全部成本，同时还要支付新增成本。但发达国家并没有明确履行这些承诺。

为了将美国纳入进来，也为了对 2012 年后的气候行动做出安排，2007 年 12 月，《公约》缔约方大会以及《京都议定书》缔约方会议在印尼巴厘岛举行。这是一场非常容易引起争论和矛盾的大会，也是联合国历史上规模最大的一次大会，1.1 万名代表参加了大会。在会上，美欧之间、工业化国家以及发展中国家之间均存在立场上的显著差异，历经 10 多天的艰难谈判，大会最终通过了"巴厘路线图"。这一时期国际气候制度的进展表现为以下几点（田慧芳，2015）。

首先，"双轨道"推进国际气候谈判进程。巴厘会议的最重要决

定就是建立一个新的特设工作组——长期合作行动问题特设工作组
（AWG－LCA）。该工作组的主要任务是推动所有国家围绕公约规定
的义务进行谈判。该工作组的建立标志着国际气候谈判从原先的紧紧
围绕《京都议定书》的单轨制走向长期合作行动问题特设工作组与
《京都议定书》特设工作组（AWG－KP）并行推进的双轨制。它意
味着即使《京都议定书》规定的第一个减排承诺期（2008—2012）
在2012年结束，《京都议定书》也不会失效，还会继续履行第二承诺
期，该承诺期将从2013年开始。《京都议定书》的文本中也包含了
2012年之后附件一国家继续履行承诺的机制，除非明确表明该机制
终止，否则还将继续进行下去。《京都议定书》特设工作组的主要任
务是就下一步附件一国家的减排承诺进行谈判，以及对发达国家的履
约程度开展评估。长期合作行动问题特设工作组的谈判议程主要包
括：（1）发达国家要履行其在《京都议定书》第一承诺期内的减排
义务；（2）为发展中国家提供资金；（3）对发展中国家进行技术转
让；（4）通过谈判得出第二承诺期减排目标和路线图。

　　其次，"全球长期目标"是巴厘会议的重要组成部分，但巴厘大
会并没有在"全球长期目标"上达成一致意见。该问题一直是大会
上最具争议性的问题之一。巴厘行动计划规定，特设工作组的任务之
一就是探讨长期合作行动的共同愿景，包括一个长期的全球减排目
标，以便根据《公约》规定和原则、特别是共同但有区别的责任和
各自能力的原则，在顾及社会经济条件和其他相关因素的基础上，实
现《公约》的最终目标。IPCC第四次评估报告中曾就目标给出数据，
具体包括：（1）全球温度升高，与工业化时代水平比，不超过2℃或
更低；（2）将大气中的温室气体浓度控制在某一水平线以下（比如
450ppm）；（3）将全球温室气体排放量的减少确定在一个具体的范围
内（比如到2050年排放量比1990年水平低50%或更多）。该目标还
伴随欧盟的一个提案，即要求发达国家的排放，与1990年相比，到
2020年减少30%，到2050年减少60%到80%。当然，IPCC的数据
仅为气候谈判提供科学的估测，最终要在《公约》框架下，决定是
否采纳这些全球目标，以及确定采纳哪些具体数据。全球目标往往与
以下内容有密切联系：（1）附件一国家的减排承诺，以及目标的制

定；（2）发展中国家在减排方面的作用或者称贡献；（3）发展中国家对于资金和技术以及能力建设的需求；（4）发达国家提供资金和技术帮助。

再次，巴厘行动计划在减缓、适应、技术和资金、能力建设的气候治理五大核心要素上取得了一定进展，初步构建了国际气候治理的架构。尤其技术和资金机制进入气候谈判的核心议题。技术问题也是巴厘会议争论不休的问题，发展中国家一直以来都在严厉批判《公约》下缺乏技术转让。但《公约》实施上没有强制性的技术转让的要求。在最初的分歧后，最终巴厘行动计划将发展中国家的减缓行动和提供技术以及资金联系到了一起。巴厘行动计划第一阶段即在促进技术发展和转让行动。

发展中国家需要大量的能力建设。识别出的发展中国家所需要的能力建设主要集中在以下几方面：（1）增强国家和地方层面气候数据和信息的建设能力；（2）建立更好的阐释数据的能力；（3）增强适应能力，即国家和社区对气候问题的反应能力；（4）发展、实施以及监察国家气候政策的能力；（5）每一个部委、部门以及国家协调能力的建设；（6）各领域（工业、农业以及服务业）发展以及专业（能源、建设、林业等）计划的能力建设；（7）确保气候议题能纳入国家发展以及经济计划中的能力；（8）计划和获得资金及技术资源的能力和相关的人力资源培训；（9）提高谈判能力。

最后，各方博弈激烈，分歧与矛盾加剧，国际气候谈判进程陷入僵局。发达国家施加了极大压力，试图让发展中国家提高它们义务的水平并扩大范围。美国解释它不加入《京都议定书》的一个主要原因就是发展中国家没有承担强制性义务。在巴厘大会上，美国等发达国家在讨论减缓行动时，试图取消发达国家和发展中国家的区分。比如对《京都议定书》的审查，发达国家要求把审查的范围扩大到提高发展中国家的义务，还审查发展中国家的国家信息通报。发展中国家认为这一时期的首要任务是：（1）完成发达国家第二承诺期的减排承诺谈判；（2）促进并加速在资金和技术转让方面的项目进程；（3）增强发展中国家的能力建设。发达国家要提升它们的减排承诺，履行资金和技术转让义务。而发展中国家将通过更好的机会、建立公共机构和采取行动来提高它们本国的行为，以应对日益紧急的气候变化问题。

国际社会原本寄望于在 2009 年的 UNFCCC 哥本哈根缔约方会议上能达成一份具有法律效力的气候协议，就温室气体长期减排目标达成一致。但由于 2008 年国际金融危机的爆发，以美国为首的伞形国家开始尽量逃避对减排行动进行目标量化的行为，欧盟也陷入危机泥沼，在气候变化问题上也不像之前那些采取积极行动，而是保持了暧昧态度。在态度上，发达国家试图通过把发展中国家拉入减排队伍来转嫁目的，在大会上不断要求发展中国家承担共同的减排责任，同时对发展中国家采取分裂策略，尤其强调以中国、印度、巴西和南非"金砖四国"为首的新兴市场国家的减排责任，使得发展中国家内部出现较大分歧。哥本哈根会议上的争吵与推诿使当时全球气候谈判的前景变得暗淡无光，极大破坏了谈判氛围，也给后续的国际谈判的有效推进蒙上了一层阴影，以致 2010 年的坎昆会议谈判成果有限，发达国家和发展中国家之间的观点立场分歧非常显著，只能达成不具法律效力的《坎昆协议》，而有关具体减排目标和《京都议定书》第二承诺期等主要问题一直未解决。

三 "德班平台"与 2020 年后国际气候谈判

为了尽量协调发达国家与发展中国家的立场和利益差异，推动《公约》的具体落实和解决《京都议定书》第二承诺期难题，2011 年 UNFCCC 缔约方在南非召开德班会议，会上，加拿大正式宣布退出《京都议定书》，并得到部分发达国家支持，日本也明确表示不参加第二承诺期，使得原本暗淡的气候谈判进程更加举步维艰。在这次大会上，中国政府做出了积极的努力和极大的妥协，经过两周的谈判，大会最终通过了德班决议，德班决议主要有两大突出点：一是《京都议定书》第二承诺期得以实施，并正式启动了"绿色气候基金"；其次，成立了"德班平台"，就 2020 年后的国际气候治理安排进行谈判。这一时期国际气候治理的特点表现如下（田慧芳，2015）。

第一，《京都议定书》第二承诺期的目标是：附件一国家整体在 2008 年至 2012 年间将年均温室气体排放总量在 1990 年基础上至少减少 5%。欧盟 27 个成员国、澳大利亚、挪威、瑞士、乌克兰等 37 个发达国家缔约方和一个国家集团（欧盟）参加了第二承诺期，整体在 2013 年至 2020 年承诺期内将温室气体的全部排放量从 1990 年水平至少减少 18%。减排的温室气体包括二氧化碳（CO_2）、甲烷（CH_4）、氧化亚氮（N_2O）、氢氟碳化物（HFCs）、全氟化碳（PFCs）和六氟化硫（SF_6）等。《多哈修正案》将三氟化氮（NF_3）纳入管控范围，使受管控的温室气体达到 7 种。

第二，再次从"巴厘路线图"下的"双轨制"过渡到"单轨制"，各缔约方开始在单一的"德班平台"上，争取在 2015 年前制定一个适用于所有《公约》缔约方的具有法律约束力的成果文件，为未来国际社会应对气候变化提供强有力的支撑。"巴厘路线图"下的长期合作行动特设工作组和《京都议定书》特设工作组随着使命的完成正式关闭，发展中国家和发达国家再次开始在一个共同但新的平台上就如何应对气候变化的长期影响展开谈判。

第三，为 2020 后的国际气候制度安排进行努力。在"德班平台"讨论的主要内容有两块：一是如何确保和提升 2020 年前国际社会的减排行动；二是仍然围绕公约框架下的减缓安排、适应安排、资金与技术援助、发展中国家的能力建设等几个方面展开谈判，目标是推动各缔约方在 2015 年达成一个新的、对所有缔约方都有法律约束力的《巴黎协定》，这将是一份由发达工业化国家和发展中国家共同签署参与的全球协议，致力于实现未来长期内全球应对气候变化的目标。

第四，全球减排模式出现转变。《京都议定书》是仅有工业化国家参与通过"自上而下"的强制性减排承诺来推动减排目标的实现机制，随着《京都议定书》第二承诺期的落实，2020 年后，发展中国家也将被纳入减排行动行列中。为了保证发达国家和发展中国家的共同参与，2013 年，华沙缔约方会议开始就各国的自主贡献目标文本展开讨论，邀请各缔约方依据自身国情并考虑历史排放等，起草自身的自主贡献目标，以保证基于各国努力的全球行动合集能够有助于实现全球气候减排的 2℃ 阈值目标。它意味着国际气候治理机制正在向"自下而上"的模式转变，国际气候治理体系变得日益灵活。华沙气候大会有三大目标：（1）推动资金机制的进一步落实；（2）为

2020后的国际气候治理确立时间表和路线图；（3）建立损失损害补偿机制。

第五，国际气候力量格局发生变动，"南北阵营"的对抗模式弱化，各方力量的博弈加剧。随着经济逐步走出泥沼，欧盟等国家开始试图重新回到国际气候治理的领军者地位，呼吁加强应对气候变化的减排力度，制定量化的强制性减排目标，是推动德班平台谈判的重要力量。小岛屿国家由于其脆弱性，也与欧盟等国站在一起，积极推动气候谈判进程。以美日加澳为代表的伞形国家在态度立场上与欧盟相近，都积极要求发展中国家，尤其是新兴市场国家，加大减排行动力度，参与到全球减排行动中来，但伞形国家在如何进行减排的机制建设上与欧盟国家差异明显，更倾向于"自下而上"的"国家自主减排"模式，这又与大多数发展中国家的主张比较接近。以中国、印度、巴西、南非为代表的新兴市场经济体是国际气候治理进程的另一股重要的推动力量，它们与其他发展中国家一道，坚持公约框架下的"共同但有区别"的减排责任划分，呼吁发达国家提升2020年前的减排行动力度，同时兑现承诺，加快对发展中国家，尤其是小岛屿国家的资金和技术支持。另一方面，由于新兴市场国家大多处于经济高速增长期，面临较大的温室气体排放压力，年度的温室气体排放增加较快，因此被欧美等发达经济体和小岛屿国家联盟联合施压。

这一时期，各国围绕国际气候治理的利益冲突和权力角逐表现得异常明显。矛盾集中在以下几点。（1）经济发展水平差异导致对温室气体排放的历史责任和未来需求不同。南北发展的不平衡，使得发达国家和发展中国家在国际气候治理中处于不同的地位。工业化国家是温室气体历史排放的主要贡献者，因此必须承担主要的减排责任，而发展中国家由于经济发展的需要，短期内对温室气体排放的需求呈上升趋势，这必然引发南北国家的新一轮冲突，发达国家以发展中国家不履行减排义务为借口，推脱自身的减排责任。（2）对"公平"的温室气体减排理解存在严重分歧。发展中国家坚持的公平原则是基于历史责任，在过去几十上百年的时间里，发达国家的工业化进程导致了大气中的温室气体的累积，因此衡量责任时，应该不能只看当前排放，还要看历史累积，不能只看总体排放，还要考虑人均排放水平。发达国家则认为，尽管历史排放的增加与工业化国家排放有关，但未来大气中增加的温室气体却主要由发展中国家排放，要采取未雨绸缪的办法，控制发展中国家的未来排放，否则会影响全球减排的效果。（3）各国地理位置和生态、国情的不同，导致气候变化对各国的影响存在差异。比如位于热带和亚热带地区的亚非拉国家，尽管温室气体排放不多，但更容易受到气候变化的影响。小岛屿国家也属于脆弱性较高，易受海平面上升影响。这些地区的经济发展水平往往更加落后，对适应气候变化的资金和技术需求较高。

四　《巴黎协定》与新的国际气候治理安排

2015 年 2 月，《巴黎协定》的谈判文本由 UNFCCC 秘书处正式发布。《巴黎协定》的神秘面纱首次被掀开，文本的核心内容仍然围绕气候减缓、适应行动、资金与技术援助、能力建设以及机制盘点和透明度安排等展开。各方的分歧着重体现在以下几点。

（1）是否承担相同的责任。发达国家试图模糊甚至取消"共同但有区别的责任"原则，强调发达国家和发展中国家的共同责任，而发展中国家则坚持不对称责任，坚持发达国家要对历史排放负责，同时要兑现它们承诺的资金与技术援助，而发展中国家的减排要在考虑国情的基础上量力而行。

（2）如何平衡减缓、适应、损失和损害的关系。减缓是发达国家主要的关注点，希望协议内容更倾向于如何实现全球减排目标。而适应和损失损害则是发展中国家的主要关注点，它们更关注如何适应气候变化的影响，以及如何通过损失损害机制的建设，提升应对气候变化的能力。损失和损害机制是与资金和技术转让机制相辅相成的，因此遭到发达国家的抵制。

（3）有关资金和技术承诺的兑现。发达国家在资金方面的承诺目标是 2020 年前，每年捐助 1000 亿美元用支持发展中国家的气候行动，但实际兑现金额远小于承诺金额，且资金机制的透明度显著不足。发展中国家对此呼吁发达国家兑现承诺，也遭到发达国家的各种反对。技术方面，发展中国家希望发达国家能消除技术转让的障碍，切实帮助发展中国家提升应对气候变化的技术能力，但发达国家更倾向于通过市场方式转让技术，不希望《巴黎协定》中包含类似知识产权等的问题。

（4）预期的国家自主贡献目标（INDC）。发达国家希望发展中国家提交的 INDC 报告里能够有最大的减排安排，而发展中国家担心发达国家的 INDC 不能承诺较高的减排目标。UNFCCC 则担心各国提交的自主贡献目标的集合可能与全球减排目标差距巨大。

（5）协议是否具有普遍的法律约束力。《巴黎协定》将通过何种形式出台，并且能否对各缔约方产生有效的法律约束，如何保证各缔约方能不断提高减排雄心等，也是各方讨论的焦点。

2015 年底，在国际社会的共同努力下，经过艰难的磋商和利益妥协，《巴黎协定》最终得以成功通过，为未来国际气候治理指明了方向。其主要内容包含以下几点①。

（1）全球目标。《巴黎协定》首先要求加强 2020 年前的气候行动力度。包括：①发达国家切实履行《京都议定书》第二承诺期的承诺，最大化其减缓努力。②发达国家兑现其有关支持发展中国家应对气候变化的资金、技术和能力建设方面的承诺，制定切实可行的路线图。③强化 2016—2020 年间的高级别参与，每两年任命两名高级别倡导者，推动减排行动的落实。此外，加强经验分享，推动适应气候变化的合作行动。④加强更层次的合作网络建设，包括建立非国家行为体气候行动门户网站和平台建设，鼓励公民社会的参与，调动私营部门的积极性，吸引金融机构的参与，以及加强城市层面和其他次国家级层面的合作与行动努力，以全方位推动全球范围内的减排行动。⑤充分发挥市场机制的作用，包括各缔约方制定有力的气候政策，发挥碳定价、碳市场等的作用。其次，设定更有雄心的全球行动目标。协定规定，除了把全球温室气体的平均升温幅度控制在 2℃ 这一目标之外，将 1.5℃ 目标也纳入进来，尽量减少气候变化的长期风险和影响。1.5℃ 目标是第一次进入全球气候行动的最高政治议程，尽管这一目标的政治意义大于其现实意义（田慧芳，2016）。但它从另一个层面表现了国际社会对气候危机的重视程度，和应对气候变化

---

① 见《巴黎协定》中文版全文。

的雄心和决心。

（2）国家自主贡献。《巴黎协定》规定，所有缔约方需要向秘书处通报各自的国家自主贡献目标，且每5年要通报一次。发达国家还需要就资金承诺的履行情况进行通报。UNFCCC秘书处曾在巴黎气候大会前，在各缔约方提交的国家自主贡献报告基础上，综合计算了总效果，发现国家自主贡献产生的温室气体排放综合总量，与全球实现2℃温控目标所需的排放量相比，差距甚大，各国所需要做出的减排努力与自主贡献的减排努力相比存在较大差距，需要不断强化减排雄心。

（3）减缓。《巴黎协定》要求各缔约方尽快提交国家自主贡献计划。并成立《巴黎协定》特设工作组，就国家自主贡献的特征编写指南，对自主贡献信息的通报内容予以明确，包括基准年、执行时限、减排范围和覆盖面、减排规划、自主贡献目标涉及的假设和方法、温室气体排放核算方法，以及各国如何为实现全球长期减排目标而制定有雄心的贡献等等内容，确保方法的连贯一致性。协定还要求各缔约方在2020年前通报其本世纪中叶长期温室气体低排放发展战略。

（4）适应。《巴黎协定》要求适应委员会与最不发达国家专家就发展中国家的适应努力做出建议，并邀请联合国的有关机构以及多层次的金融机构提交信息报告，说明他们在帮助发展中国家适应气候变化方面的资金援助方案。特别提出三大方案，一是加强区域在适应气候变化方面的合作，包括在发展中地区设立区域中心和网络。二是加强联合国机构之间以及机构与金融机构之间的合作，比如适应委员会与融资问题常设委员会和其他金融机构的合作，以便保证适应基金的充足性和效力。三是加强绿色气候基金对适应行动的支持力度。

（5）损失和损害。《巴黎协定》除明确要求华沙大会确立的损失和损害机制继续运作之外，还从其他层面进一步完善损失和损害机制，包括：①成立风险转移信息交换所，对可能的风险予以管理；②设立新的工作组，加强与已有的适应委员会等的合作，专门处理与气候变化不利影响相关的流离失所等问题。

（6）透明度建设。为了逐步提高国家自主贡献的透明度，协定提出了一个透明度能力建设倡议，该倡议要求如下。①全球环境基金将透明度能力建设作为优先事项，在其年度报告里及时通报有关资金履行情况的进展信息。②各缔约方也要将资金履行情况作为国家信息通报的重要内容，以超过每两年一次的频率通报进展。③要求《巴黎协定》特设工作组设立透明度报告的模式、程序、指南和通用表格，以便各缔约方通报的信息具有准确性、完整性、一致性以及可比性，避免重复核算。其方法要与各缔约方"国家自主贡献"中所使用的方法保持一致。④要求国家自主贡献目标只能进不能退，每 5 年进行盘点后，各缔约方都需要进一步加强其在应对气候变化方面的行动力度。

（7）"协议"生效。《巴黎协定》规定，在超过 55 个缔约方签署协定后，只要这些缔约方的温室气体排放总量超过所有缔约方总排放量的 55%，巴黎协定就可以生效。这一门槛远低于《京都议定书》的生效门槛，以确保全球在应对气候变化方面的努力只进不退。

总的来说，《巴黎协定》的签署是国际社会面对气候危机所取得的一次伟大的胜利。它开创了一种全新的国际气候治理模式，这一模式既对发展中国家的发展需求给予了充分的理解和支持，也加强了应对气候变化的全球行动力度。这种量力而行同时又只进不退的包容、动态的国际气候治理模式，使得全球在应对气候变化问题上兼具了灵活性和严肃性，更容易调动全球各国、各层次的力量和资源，以共同应对全球气候危机，避免体系的震荡，使得气候行动能够长期持续下去（田慧芳，2016）。

这一全新的治理模式的最大特点是治理格局发生了重大转变。它削弱了以往气候合作进程中根深蒂固的"南北国家"以及其他各种利益团体之间错综复杂的矛盾和冲突，使得发达国家和发展中国家以相对平等的身份进入了全球应对气候变化的行列，同时又保持了公约下基本的"共同但有区别的责任"原则，兼顾了发展中国家和发达国家不同的经济发展需求，因此更容易达成全球共识，加强全球范围内的气候合作。也由于较低的生效门槛，仅仅在《巴黎协定》通过不足 1 年时间后就得以正式生效，使得国际社会在应对气候变化方面大大向前了一步。

第二节 《联合国可持续发展议程》下的 气候目标

一 环境危机与全球可持续发展治理思想的萌芽与发展

早在 20 世纪 30 年代，许多重大的环境污染案件的不断爆发，包括美国的有毒化学物污染、英国的有毒烟雾等，对人类的健康和生存造成了极大损害，国际社会才开始重视对环境的保护（田慧芳，2016）。著名社会人士纷纷撰文呼吁采取行动，一些富有责任感和开拓精神的科学家感到有必要进一步增进人类对于地球环境的全面认识，一系列研究成果面世，以《寂静的春天》《增长的极限》引起的反响最为巨大。

《寂静的春天》一书引发了人类对传统行为和观念的早期反思。而 1972 年美国经济学家 Donella Meadows 发表的著名的《增长的极限》则从人口与环境的视角，论述了人口增长可能带来的环境压力。书中提出：由于世界人口增长、粮食生产、工业发展、资源消耗和环境污染这五项基本因素的运行方式是指数增长而非线性增长，而人口、经济所依赖的粮食、资源和环境却是按照线性方式增长，如果不进行治理，直接的结果将是不断增长的人口很可能耗尽地球上有限的自然资源，从而导致地球生态系统的毁灭。通过定量研究，Meadows 小组认为，要改变这种恶性增长的趋势，纯粹技术上的、经济上的或法律上的措施和手段不可能带来实质性的改善，唯一可行的办法是建立稳定的生态和经济条件，限制增长，使社会改变方向，向均衡的目标前进。我们不能否认该书在论证方面的局限，但书中从人口、资源与环境系统的循环出发，所传递出的均衡发展理念为可持续发展思想的诞生奠定了基础。

直接影响是导致西方国家环境立法的兴起。西方的环境治理采取的也是立法先行的举措。最著名的法案包括英国 1956 年的《清洁空气法案》和美国 1980 年的《超级基金法案》（田慧芳，2016）。《清洁空气法案》针对的是 SO_2 和烟尘污染的立法，《超级基金法案》对环境污染案件中的政府、厂商和消费者的法律责任和损害赔偿进行了确认。两国政府都在环境保护中充当了主导作用，包括成立生态银行、制定相应的财政政策和经济措施等加强对污染企业的监管，和对环保产业的支持（倪宇霞，2011）。

到20世纪70年代，联合国在瑞典斯德哥尔摩召开了人类历史上第一次全球范围的人类环境会议，这是人类社会第一次正式的大规模环境会议，113个国家的1万多名代表列席会议，并最终公布了著名的《联合国人类环境会议宣言》，宣布了37个共同观点和26项共同原则，以及109条保护全球环境的"行动计划"。此次会议是全人类第一次正式直面环境问题挑战的起始点，并促进了联合国环境规划署的建立，标志着全球可持续发展行动合作正式开启。

1983年3月，联合国成立了环境与发展委员会（WCED），负责制定长期的环境对策以及开展能使国际社会更有效地解决环境问题的途径和方法的研究。该委员会于1987年发表了著名《我们共同的未来》报告，该报告从"共同的问题""共同的挑战""共同的努力"三大方面展开论述，首次将环境保护提升到人类可持续发展的高度。

1992年，联合国在巴西里约热内卢召开了联合国环境与发展大会暨地球问题里约首脑会议（"里约+20"，或Rio+20会议），183个国家代表团和70个国际组织参加会议。大会就兼顾经济增长、社会发展和环境保护的可持续发展制定了全球计划——《21世纪议程》。《21世纪议程》是一份全面的人类可持续发展规划，为各国政府、联合国组织、发展机构、非政府组织和独立团体采取措施保障共同的未来提供了蓝图。这项行动计划涵盖了与可持续发展相关的尽可能多的问题，并充分尊重各国的差异，尤其是发达国家和发展中国家之间的责任和义务差异，成为指导国际社会行动的纲领性文件。议程将可持续发展分为四个维度，分别为：经济与社会的可持续发展；可持续发展的资源利用与环境保护；社会公众与团体在可持续发展中的作用；可持续发展的实施手段和能力建设。每个维度又分为四个层面，分别是可持续发展的主要体系（经济与社会、资源与环境、公众与社团、手段与能力）、基本方面、方案领域和行动举措。议程的关键目标之一就是逐步减轻和最终消除贫困，为此制定了78个方案领域的 2500 多项行动计划，包括扶贫、保护大气、海洋和生活多样化以及促进可持续农业、改变消费和生产方式避免资源的过度浪费等。文件还提出要以负责任的态度和公正的方式利用大气层和公海等全球公有财产。大会同时通过了《关于环境与发展的里约宣言》，以界定国家权利和义务的原则。

随后，1994 年小岛屿发展中国家可持续发展全球会议通过了《关于小岛屿发展中国家可持续发展的巴巴多斯行动纲领》，该行动纲领为小岛屿发展中国家的可持续发展制定了具体行动和措施。1997 年联合国大会特别会议（地球问题首脑会议五周年特别会议）通过了《进一步执行 21 世纪议程方案》，其中载列了 1998 年至 2002 年可持续发展委员会工作方案。2002 年可持续发展问题世界首脑会议（南非约翰内斯堡）评估了自 1992 年地球问题首脑会议以来进展中遇到的障碍和取得的成就。可持续发展问题世界首脑会议通过了《约翰内斯堡执行计划》，其中规定了重点更加突出的方针做法，既有具体步骤，又有可以定量和有时间限制的大小目标。2005 年 在对《关于小岛屿发展中国家可持续发展的巴巴多斯行动纲领》做十年审查时（毛里求斯路易港），会员国通过了《进一步执行巴巴多斯行动纲领的毛里求斯战略》。

为了全面支持《21 世纪议程》在全球范围内的落实，联合国可持续发展委员会（CSD）由联合国大会于 1992 年 12 月批准成立，旨在确保联合国环境与发展会议（UNCED）（即地球问题首脑会议）后续行动的有效开展。该委员会有 53 个成员，是联合国经济及社会理事会下的一个重要委员会，主要负责审查《21 世纪议程》和《关于环境与发展的里约宣言》的执行进展情况，同时也为《约翰内斯堡执行计划》在地方、国家、区域和国际层面的后续行动提供政策指导。

尽管 1992 年的可持续发展目标为国际社会的可持续发展规划了未来，但在现实的实施过程中并未取得良好效果（黄梅波等，2015），具体表现为：（1）政策分割严重，政策的制定没有将经济、社会和环境看作有机的统一体；（2）世界所用资源量仍然远远超出生态系统的承受能力；（3）侧重短期治理，忽略了长期的政策设计；

（4）来自发达国家的资金和技术援助基本未取得实质性进展。过去10年间，官方发展援助也有所减少。国际贸易欣欣向荣，平均每年增长6.4%，2000年达到63000亿美元的水平。发展中国家的经济也有增长，20世纪90年代国内生产总值增加4.3%，而80年代只增加2.7%。可是，这一增长有相当一部分集中在少数几个国家，非洲和转型期经济体国家并未得到好处。

进入21世纪，人类对于地球资源的消耗将超过地球自身的再生和平衡能力，成为一种净消耗。如果不采取积极措施，人类文明的生态基础将越来越脆弱。在全球范围，不论发达国家，还是发展中国家，实施可持续发展义不容辞，时不我待，联合国千年发展目标应运而生。

2000年，联合国元首和政府首脑会议在纽约召开，会议最终通过了《联合国千年宣言》，并针对如何消除贫困制定了一系列量化目标。千年发展目标（MDGs）的总目标有8项，包括了经济、社会、环境和国际合作四个方面，但以消除极端贫困、饥饿和疾病预防为主要目标。《联合国千年宣言》目标的最后截止时间均为2015年。

2002年，联合国秘书长启动了"千年项目"。2005年，由杰佛里·萨克斯教授领导的独立咨询机构将其最终建议拟成一份综合报告《投资于发展：实现千年发展的切实计划》提交给了秘书长。2005年9月，联合国成员国元首和政府首脑再次集会，利用这次难得的机会在发展、安全、人权和联合国改革等领域作出了诸多积极的决策，并得到各层次团体，包括民间团体的热烈回应。在千年发展目标的特别活动上，秘书长潘基文将向联合国会员国介绍他的新报告"人人过上有尊严的生活"。在会员国通过的成果文件中，各世界领导人重申实现千年发展目标的承诺，同意于2015年9月举行高级别首脑会议，采取一组实现千年发展的新目标。2013年9月23日，秘书长举办了高级别论坛，为促进和加快实现千年发展目标采取进一步行动，并进一步加强之后的成果。

可以说，MDGs是联合国历史上最重要的全球发展目标。这一阶段经过20多年的发展演化，全球可持续治理已经形成了包含经济发展、社会进步和环境保护三个支柱及以消除贫困、保护自然、转变不可持续的生产和消费方式为核心要素的综合发展框架。国际社会在推进经济发展、消除饥饿与贫困、改善民生等方面取得了积极进展。各国将 MDGs 融入长期发展战略，并开展了形式多样的国际合作，加大了对可持续发展思想的宣传与培训。

但遗憾的是全球发展并未真正转向"可持续"的轨道。根据著名经济学家杰弗里·萨克斯的评估，MDGs 中的三大重要环境指标：气候变化、生物多样性及防治荒漠化，在 20 年里都没有取得任何进展（汤伟，2012）。根据联合国的相关评估，在经济社会维度，可持续发展虽然取得了显著进展，但依然存在极端贫困人口比例高、各国发展差距大、性别不平等、难民等问题。在环境维度方面的形势则更为严峻，90 个最重要的环境目标中，包括气候变化、沙漠化和干旱等在内的 24 个目标几乎没有进展，有 8 个目标甚至出现退化状况。尽管少数地区环境治理取得积极进展，但全球环境总体状况在恶化，环境问题的地区分布失衡加剧。

究其根本，这一时期的可持续发展治理架构本身存在以下几个重大缺陷。其一，千年发展目标过于专注消减贫困特别是单维贫困，使得 MDGs 对环境维度的关注和落实进展严重落后于经济和社会维度，国际社会也缺乏针对全球可持续发展目标全面系统的权威评估。其二，可持续发展领域执行力严重不足。由于缺乏有效的监督机制，发达国家一直没有较好履行其向发展中国家提供资金支持、技术援助的政治承诺。根据 1992 年《21 世纪议程》的建议，发达国家每年拿出其国民生产总值的 0.7% 的资金，用于资助发展中国家实施《21 世纪议程》。但发达国家的经济援助费用从 1992 年的 0.35% 下降到了 1995 年的 0.27%。资金的保障是所有问题取得进展的基础。发展中国家资金的不足将严重制约其实施《21 世纪议程》。此外，联合国（UN）各机构之间在该问题上的认识差异、全球治理的"碎片化"、制度冲突、规范冲突等的存在都使国际社会的可持续发展合作遭遇挑战。进入 2000 年后，可持续发展的内涵和政治行动与 1945 年相比，发生了巨大变化。可持续问题更加凸显也更多样化。时间、空间和部门相互交织，相互依赖，使得发展的复杂性和不确定性大大增加。同时可持续发展治理问题与全球其他变化交织在一起，使得当前可持续发展的治理体系已经远不能满足需求，需要可持续发展治理的不断改革。

二　气候变化与全球可持续发展治理的新一轮改革

发展中国家和欠发达地区由于地理位置和生态脆弱性的天然缺陷，在气候变化问题日渐凸显后，无可避免地受到很大冲击，尤其在缺乏技术和资金应对气候变化的前提下。

第一，贫困地区和脆弱地区将遭受严重冲击。经济发展往往会导致对环境的过度开发，在缺乏资金和有益技术的情况下，生态的破坏给经济的进一步发展造成巨大挑战。尤其是当这些国家或地区农业和生活更依赖于自然条件时，更容易受到气候变化的威胁。气候变化的危害极大。高温、风暴和洪水会危及人类和其他物种的生存；热带疾病的传播会随气候变暖而加速，威胁人类的生命安全；降雨量变化无常，将导致食物短缺和饮用水匮乏；海平面上升致使人口大规模迁徙，贫困由此加剧。气候变暖可能导致全球农作物单产和品质降低、耕地质量下降、肥料和用水成本增加、农业灾害加重。此外，气候变化也加速了水循环过程，引起了水资源及其空间分布变化，造成暴雨、强风暴潮等极端天气事件发生的频次和强度增加，使这些国家陷入环境贫困的恶性循环（见图 2 - 1）。

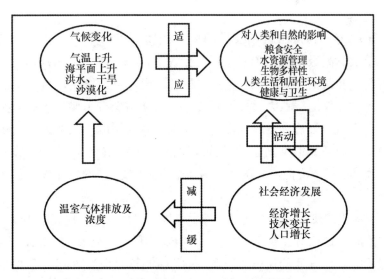

图 2 - 1　气候变化对可持续发展的影响途径

来源：作者制作。

第二，影响代际公平。能够将成本从现在转移到未来的背后有一个假定存在，即后代人有更大的能力应对环境危机。但未来充满了不确定性。如果全球气候变化有某些比科学家预料的更具灾难性的后果，或其他相互关联的环境问题出现，经济增长可能就不只是受阻了，整个经济完全可能受到破坏。因此，假定后代人也许会比当代人更贫穷须甚至更没有能力才是实现可持续发展的根本。

第三，对传统生产方式和消费模式的挑战。传统的资源耗竭型、不可持续的生产消费模式对生态环境和社会经济的发展造成了巨大的挑战，亟须得到改变。因此各国面临开创可持续发展的消费生产新模式的挑战。

第四，对能源效率和能源结构的挑战。应对气候变化最终必须依赖于能源结构的调整。方案有两个：①提升能效，降低化石能源的消费比重；②提高清洁能源，包括水电、太阳能、风能、核能等的比重，优化能源结构。前者需要对传统化石能源进行集约化利用，使用更加先进的环境友好技术，比如清洁煤技术、脱硫技术，以及推动传统煤炭产业的转型，走煤炭一体化道路等。后者则是未来能源发展的大势所趋。

2012 年，国际可持续发展领域再次回到巴西里约，举行了又一次大规模、高级别的 "Rio + 20"。会议邀请来自政府、私营部门、非政府组织和其他利益相关者参加，以评估全球可持续发展所取得的进展。此次会议围绕三大目标展开讨论：①评估现有承诺的进展与实施差距；②新的可持续发展承诺；③识别全球新挑战。议题方面也集中讨论绿色经济如何推动全球可持续发展，以及消除贫困，建立完善的发展改革框架等方面。此次会议的一个重大背景是 2008 年爆发的国际金融危机。各国试图寻求新的增长点，以摆脱危机。绿色经济从而走上了人类历史的舞台。各国通过各种手段推动绿色发展，代表产业经济结构转型的 "绿色新政" 应运而生。"Rio + 20" 峰会上也通过了《我们期望的未来》。《我们期望的未来》的主要目标是设计 2015 年后的全球可持续发展目标。

为了推动进程，联合国可持续发展高级别政治论坛正式成立，并于第 68 届联大一般性辩论期间正式启动。论坛的宗旨是政治上领导并指导可持续发展进程，提出相应工作建议；跟进并审议可持续发展目标落实进展，在监督全球的后续落实和评估工作方面起核心作用；在各层级、各领域工作中全面加强整合经济、社会和环境三大支柱；制定重点突出、具灵活性、以行动为导向的工作议程；应对可持续发展领域的新挑战和新问题。联合国 193 个成员国均是论坛正式成员，参与范围上具有普遍性。2012 年的 "Rio + 20" 可以说开启了新一轮全球可持续发展治理改革进程的序幕。在此次会议上，联合国还提出了新一轮全球可持续发展治理改革的方向和标准，包括：建立包容性的发展框架，将不同的主权国家、非国家行为主体、社会团体和个人等纳入可持续发展框架中；建立起支持可持续发展的稳定的资金流；提高行政效率；加强实施的能力建设；建立动态反应自然和社会系统变化的有效方法和指标；建立强有力的问责机制和透明度保障措施等。并主动开展了一系列针对各国可持续发展方向和制度改革的调查，采用著名的 "World Cafe"（世界咖啡）会议模式①，希望借助科技界、学术界和政策制定者三方的力量，评估可持续发展的制度框架和政策选择，确定关键挑战，以实现雄心勃勃的改革愿景。

三 可持续发展议程对国际气候治理的影响

2030 年发展议程中，环境目标、社会目标以及经济目标是可持续发展进程中具有同等重要意义的三根支柱。以气候变化为突出表现的环境问题对全球可持续发展治理改革具有显著的推动作用。联合国 2030 年可持续发展目标中的多项环境目标的确立为未来 15 年全球环境治理指明了方向。可持续发展 3 大目标之间的支撑关系见图 2 - 2。

---

① "World Cafe"（世界咖啡）会议模式的主要精神就是跨界（Crossover），不同专业背景、不同职务、不同部门的一群人，针对数个主题，发表各自的见解，意见互相碰撞，激发出意想不到的创新点子。

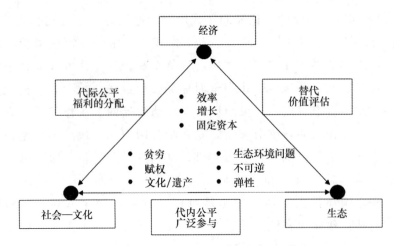

图 2-2　可持续发展三大目标之间的支撑关系

来源：作者制作。

　　由于 1990 年以来全球二氧化碳排放量增加超过 50%。应对不见减缓的温室气体排放以及可能随之产生的气候变化的影响，比如生态系统的改变、极端天气和社会风险，对全球社会来说仍是一个迫切的重大挑战。而应对气候变化行动在旧千年发展目标中的进展并不如意，因此 2030 可持续发展议程把应对气候变化目标（SDG13）单独列出，作为 17 个可持续发展目标之一，旨在到 2020 年，每年募集 1000 亿美元资金，满足发展中国家需要，减缓气候相关的灾害，同时增强内陆国家及岛屿国家等易受影响地区的抵御风险能力和适应能力，提高公众意识，将能力建设措施纳入国家政策和战略。同时在其他可持续发展目标的具体领域里，也有许多子目标与应对气候变化息息相关。比如 SDG7（确保人人获得负担得起、可靠和可持续的现代能源）中确定的提高能效和可再生能源比例以及加强清洁能源技术合作研究，推动可持续能源服务等具体目标，同样也是应对气候变化的重要手段。可持续发展目标（SDGs）中与气候变化相关的目标见表 2-1。

表 2 – 1　　可持续发展目标（SDGs）中与气候变化相关的目标

可持续发展目标	可持续发展目标下与气候变化相关的具体子目标
SDG13. 应对气候变化	SDG13.1：加强各国抵御和适应气候相关的灾害和自然灾害的能力 SDG13.2：将应对气候变化的举措纳入国家政策、战略和规划 SDG13.3：加强气候变化减缓、适应、减少影响和早期预警等方面的教育和宣传，加强人员和机构在此方面的能力 SDG13.4：发达国家履行在《联合国气候变化框架公约》下的承诺，即到 2020 年每年从各种渠道共同筹资 1000 亿美元，满足发展中国家的需求，帮助其切实开展减缓行动，提高履约的透明度，并尽快向绿色气候基金注资，使其全面投入运行 SDG13.5：促进在最不发达国家和小岛屿发展中国家建立增强能力的机制，帮助其进行与气候变化有关的有效规划和管理，包括重点关注妇女、青年、地方社区和边缘化社区
SDG7. 确保人人获得负担得起、可靠和可持续的现代能源	SDG7.2：到 2030 年，大幅增加可再生能源在全球能源组合中所占份额；到 2030 年，把全球能效改善率提高一倍 SDG7.3：到 2030 年，加强国际合作，促进获取清洁能源的研究和技术，包括可再生能源、能效，以及先进和更清洁的化石燃料技术，并促进对能源基础设施和清洁能源技术的投资 SDG7.4：到 2030 年，扩大基础设施和提升技术水平，在发展中国家，特别是最不发达国家和小岛屿发展中国家普及现代和可持续能源服务
SDG8. 促进持久、包容性和可持续经济增长，促进实现充分和生产性就业及人人有体面的工作	SDG8.4：直到 2030 年逐步改善消费和生产中的全球能源效率，按照可持续消费和生产十年方案框架，由发达国家带头，努力使经济增长与环境退化脱钩
SDG9. 建设有复原力的基础设施，促进具有包容性的可持续产业化，并推动创新	SDG9.1：发展优质、可靠、可持续和有复原力的基础设施，包括区域和跨界基础设施，以支持经济发展和为人类谋福利，重点是人人可获得、负担得起的公平机会 SDG9.2：促进具有包容性的可持续产业化，到 2030 年，根据各国具体情况，大幅提高产业在就业和国内总产值中的份额，将最不发达国家的此项份额翻一番 SDG9.4：到 2030 年，所有国家根据自身能力采取行动，增加资源利用的效率，更多采用清洁和环保技术及产业流程，以提升基础设施和改造工业 SDG9.5：向非洲国家、最不发达国家、内陆发展中国家和小岛屿发展中国家提供更多的财政、技术和技能支持，促进发展中国家具有复原力的可持续基础设施发展

续表

可持续发展目标	可持续发展目标下与气候变化相关的具体子目标
SDG11. 建设具有包容性、安全、有复原力和可持续的城市和人类居住区	SDG11.3：到2030年，在所有国家促进包容和可持续的城市化，以及加强参与性、综合和可持续的人类住区规划和管理 SDG11.6：到2030年，减少每个人对城市环境造成的负面影响，包括特别关注空气质量，以及城市废物和其他废物管理 SDG11.7：到2030年，普遍提供安全、包容性、无障碍和绿色的公共空间，尤其是供妇女、儿童、老年人和残疾人享用 SDG11.8：加强国家和区域发展规划，支持城市、近郊区和农村地区之间积极的经济、社会和环境联系 SDG11.9：到2020年，把采取和实施综合政策和计划，以实现融合、资源使用效率、减缓和适应气候变化、具有抗灾能力的城市和人类住区数目增加x%，并根据即将实施的《2015—2030年仙台减少灾害风险框架》，在各级建立和落实全面的灾害风险管理 SDG11.10：通过财政和技术援助等方式，支持最不发达国家就地取材建造可持续的抗灾建筑
SDG12. 确保可持续消费和生产模式	SDG12.5：到2030年，通过预防、减排、回收利用和再利用，显著减少废物的产生 SDG12.8：到2030年，确保世界各国人民对与大自然和谐相处的可持续发展的生活方式具有相关信息和认识 SDG12.9：支持发展中国家加强科学和技术能力，实现更可持续的生产和消费模式 SDG12.10：据各国具体情况，合理调整鼓励浪费性消费的低效化石燃料补贴，消除扭曲市场的做法，包括调整税收，逐步取消现存的有害补贴，以反映其环境影响，其中充分考虑到发展中国家的特殊需求和条件，尽可能减少对其发展可能的不利影响，同时注意保护穷人和受影响社区
SDG17. 加强实施手段，重振可持续发展全球伙伴关系	SDG17.1：加强国内资源的调动，包括通过向发展中国家提供国际支持，改善国内税收和其他税款的征收 SDG17.2：发达国家充分履行其官方发展援助承诺，包括将占国民总收入0.7%的官方发展援助提供给发展中国家，其中0.15%~0.20%应提供给最不发达国家 SDG17.3：从多种来源调动额外财政资源用于发展中国家技术 SDG17.6：在科学、技术和创新以及获得这三方面加强南北、南南和三角洲区域和国际合作，加强关于共同商定的条件方面的知识共享，包括通过现有机制之间，特别是联合国一级已改进的协调，以及一个商定后的全球技术推动机制 SDG17.7：以有利条件，包括彼此同意的减让和优惠条件，促进开发和向发展中国家转让、传播和推广无害环境技术

续表

可持续发展目标	可持续发展目标下与气候变化相关的具体子目标
SDG17. 加强实施手段，重振可持续发展全球伙伴关系	SDG17.8：促成最不发达国家的技术库和科学、技术和创新能力建设机制到 2017 年全面投入运行，加强利用赋能技术，特别是信息和通信技术 SDG17.9：加强国际社会对在发展中国家开展高效的、有针对性的能力建设活动的支持力度，以支持各国落实各项可持续发展目标的国家计划，包括通过开展南北合作、南南合作和三方合作 SDG17.16：在多利益攸关方伙伴关系的配合下，加强全球可持续发展伙伴关系，多利益攸关方伙伴关系收集和分享知识、专长、技术和财政资源，支持所有国家，尤其是发展中国家实现可持续发展目标 SDG17.17：根据组建伙伴关系的经验和资源配置战略，鼓励和推动建立有效的公私部门伙伴关系和民间社会伙伴关系 SDG17.18：到 2020 年，加强向发展中国家，包括最不发达国家和小岛屿发展中国家提供的能力建设支持，大幅增加按收入、性别、年龄、种族、民族、移徙情况、残疾情况、地理位置和各国国情有关的其他特征分类的高质量、及时和可靠的数据获得 SDG17.19：到 2030 年，借鉴现有各项倡议，制定衡量可持续发展进展的计量方法，作为对国内生产总值的补充，协助发展中国家加强统计能力建设

来源：根据联合国 UNDP 网站 2030 可持续发展议程内容整理，http://www.cn.un-dp.org/content/china/zh/home/post - 2015/sdg - overview/。

总的来看，可持续发展议程对国际气候治理的影响表现在以下六方面。

第一，确认《联合国气候变化框架公约》在应对全球气候变化的主要国际政府间论坛的根本地位。该公约于 1992 年获得通过。为落实该公约，于 1997 年又通过了《京都议定书》，并于 2005 年生效。2015 年通过了《巴黎协定》，并于 2016 年 11 月 4 日正式生效。目前195 个国家批准了《巴黎协定》。《联合国气候变化框架公约》和《巴黎协定》追求的目的，都是将气候危机控制在可控范围内，从而降低它对人类社会长期所面临的自然生态环境的威胁。可以说《联合国气候变化框架公约》是国际社会参与应对全球气候变化的国际合作的最基本框架和国际公约，坚持了公约的主体地位，表明全球应对气候变化的多边进程被保留。

第二，为应对全球气候变化提供了全方位、有效的政策支撑。可持续目标（SDGs）要求各成员国在各自国情基础上，将气候目标纳入各国的可持续发展战略规划中，并为实现目标创造良好的扶持型环境和积极的政策支持。可持续发展目标与《巴黎协定》的目标年均是 2030 年，未来两大目标将相互衔接、相互支持，共同落实，这也会倒逼各国未来经济发展战略的设计必须将本国发展目标、应对气候变化目标、其他可持续发展目标深度融合，从而带来各国政策和发展观念的变革。此外，可持续发展目标的实现要求能源结构的转型，要求发展可持续的农业和基础设施，要求城市的发展以及人类的生产和消费方式都做出改变，这些目标的实现将同时为各国在应对气候变化方面取得积极进展提供动力和方向。它的落实有助于实现总体发展规划，减少未来的经济、环境和社会成本，加强经济竞争力和减少贫困。对了更好地对可持续发展的进程进行评估，联合国设计了一系列量化的指标体系，要求各成员国定期针对指标进展进行年度通报，并作出评估，这也将对全球落实巴黎气候协定发挥监督和推动作用。

第三，可持续发展目标中倡导的重振可持续发展全球伙伴关系将为全球气候行动提供有力的资金和技术和能力建设支持。由于当今世界前所未有地相互依赖、互通互联，增加人们享有技术和知识的渠道对交流思想、推动创新至关重要。协调政策，协助发展中国家应对债务问题，推动对最不发达国家的投资，对实现可持续增长和发展十分关键。可以说创新的公私伙伴关系是 2015 年后的发展议程成功的关键。可持续发展目标从资金、技术、能力建设、贸易、数据监督等各角度强调全球合作与伙伴关系的重要性，并给出了一揽子的措施和具体目标。这一促进全球团结的目标虽然被列为第 17 个目标，但该目标更像是一个综合目标，为其他目标的实现提供机制支持。可持续发展伙伴关系的构建首先强调全球层面、地区层面或国家层面、地方层面包容性伙伴关系的构建。旧千年发展目标下，虽然发达国家提供的官方发展援助从 2000 年到 2014 年增加了 66%，但承诺履行情况并不理想。新的可持续目标明确要求发达国家全面履行向发展中国家提供占发达国家国民总收入 0.7% 的官方发展援助，以及向最不发达国家提供占比 0.15%—0.2% 援助的承诺。

此外可持续发展目标还要求发达国家履行在《联合国气候变化框架公约》下承诺的到 2020 年每年从各种渠道共同筹资 1000 亿美元，提高履约的透明度，并尽快向绿色气候基金注资，使其全面投入运行。技术合作方面尤其强调要在联合国层面建立"全球技术促进机制"，以加强南北合作、南南合作、第三方合作等不同层面的区域技术和创新领域合作范围，以及多利益攸关方知识、专长、技术和财政资源的分享。伙伴关系的另一个层面是私营部门与民间社会伙伴关系的构建。目标要求调动、转移并释放数万亿美元私人资源的变革力量，以实现可持续发展目标。特别是发展中国家的关键部门需要包括外国直接投资在内的长期投资，其中包括可持续能源、基础设施和运输以及信息和通信技术。建议公共部门确定明确的方向，调整能引来这些投资的审查和监测框架、条例和奖励结构，以吸引投资和加强可持续发展，同时加强最高审计机构和立法监督职能等。这些目标的落实同样也适用于气候变化。

第四，可持续发展目标凸显了气候适应的重要性。SDG13 应对气候变化目标的首要具体目标就是加强各国抵御和适应气候相关的灾害与自然灾害的能力。在以往的气候行动中，获得更多关注的是气候变化的减缓问题。而此次可持续发展目标把适应提升到联合国应对气候变化目标的首要位置，并强调要加强针对气候变化的培训宣传，这意味着国际社会对气候变化问题重视程度的提升，在应对气候变化方面切实向前推进了一大步。因为适应和灾难息息相关。尤其是发展中国家，由于缺乏足够的资金和技术支持，以及适应气候变化的能力建设，一旦发生极端气候灾害，对这些国家 GDP 造成的影响就是巨大的。因此加强生态脆弱地区的水资源管理、森林维护、农业安全管理，并加快适应技术的研发合作是适应气候变化的重要工作。

第五，为国际气候治理提供了原则指导。全球碳减排政策需要达到三个目标：一是确定合理的碳价格，为未来碳市场的形成制定初始价格；二是鼓励技术研发，包括提高能源的使用效率、提高可再生资源的利用度、碳储藏技术和减少毁林等；三是有效地减少市场失灵。也即可持续发展、能源安全和抑制气候变化将是政策框架构建的方向。在制定具体的目标中，原则非常重要。可持续发展议程的原则同样适用全球应对气候变化的行动。首先，要坚持可持续发展原则。人类在发展过程中必须正确处理三个方面的关系。一是正确处理当代人与人、国与国之间的关系。二是正确处理当代人和后代人之间的关系。在对全球资源利用和环境保护方面，当代人的发展不能以损害后代人的发展为代价。三是要正确处理经济发展与资源保护及环境利用之间的关系。经济发展不是传统意义上的以牺牲资源和污染环境为代价的经济发展，而是不降低环境质量和不损害世界自然资源基础的经济发展。

其次，要坚持共同但有区别的责任原则。保护资源和改善环境体现了人类的共同利益，是国际社会所要承担的共同义务。但这不意味着每个国家都要负有同等的责任。责任的划分需要考察经济发展水平和历史责任，这对于解决气候危机等尤其重要。"共同但有区别的责任"原则是对这些问题责任的最好界定，因为在当今的资源环境问题中，工业化国家在其历史发展中累积了大量的污染排放，无论从历史的还是现实的角度来看，发达国家对全球资源和环境所造成的有害影响比发展中国家要大得多，发达国家在保护全球资源和改善全球环境方面也应该承担与发展中国家有差别的责任。

此外要兼顾公平及效率的原则。公平与效率是解决全球资源环境问题的两个重要准则，然而这两个准则有时候会存在冲突：在公平原则下，难免牺牲效率；而在效率原则下，又不能保证公平。在全球资源环境问题的解决过程中，一方面应该首先考虑公平，即基于历史和现实的责任，发达国家应该率先采取行动保护全球资源和环境，并且在今后也应该尽量考虑人均和历史责任问题；另一方面可以在公平优先的基础上兼顾效率，实现全球的共同发展。

最后，在气候治理中，还需要处理好两个问题，一是长期目标与短期目标的一致性和差异性，如何平衡短期发展和长期减排目标，是政府需要解决的问题。另一个是国际框架和国家政策之间的冲突与协调。由于国家发展程度不同，在制定发展政策中肯定有所差异，必须保证其与国际政策框架的协调性。在可持续发展的指导下，各个国家有权决定自身的减排策略、进行市场干预和调整投资消费模式等。对于一个国家来说，需要制定长远的碳减排规划，制定完善的法律和进行公民道德教育等。在国家内部，减排工作是一项长期而艰苦的工作。国家政策必须处理好短期与长期的关系。在短时期内大规模减少碳排放的成本较高，所以最明智的决定是制定中远期的规划，通过产业结构调整和科技进步带动碳排放量的减少。为了达到这一目的，国家在制定经济政策的同时，也要加强对社会公众道德责任感的教育——在使用价格信号规范其行为的同时，通过媒体使他们了解气候变化的影响和危害。

第六，2030 年发展议程将显著提升全球的环境保护和可持续发展意识。联合国 2030 年可持续发展议程中明确了充分落实环境目标的一些举措，其中重要的一条是扩大与环保相关的宣传和教育工作。因此，要激发政府、企业、社会团体及公众的环境保护意识，使得环境意识能够更广泛地传播，形成全球可持续发展的强劲氛围，并可充分发挥媒体、公众对环境保护成果的监督作用。

总体看，2030 发展议程的提出，将形成倒逼机制，为全球低碳转型和可持续发展提供强大的动力支持。这一过程尽管挑战重重，但也将给各国的气候与环境治理提供新机遇和新动力，尤其将为发展中国家带来后发优势和技术溢出效应，使得其未来发展路径避免了传统的"先污染后治理"的老路，直接实现跨越式发展。此外，绿色发展也成为 2008 年金融危机后各国寻求新的经济增长点和提升国家竞争力的着力点，带来了一系列与此相关的积极的变革和变化。

四　全球可持续发展框架下气候治理的政策选择

（一）全面落实全球可持续发展议程和《巴黎协定》

落实 2030 年可持续发展议程，制订国别行动计划，是国际可持续发展进程的核心工作。未来要在 G20 杭州峰会上通过的《二十国集团落实 2030 年可持续发展议程行动计划》基础上，加快落实部分。《二十国集团落实 2030 年可持续发展议程行动计划》明确提出要通过一系列的举措，包括对话、政策协调以及加强更深层次的国际合作等，推动可持续发展议程在国家层面的落实。在发挥各国比较优势的同时加强科学与技术合作，并开发利用系统化工具监测可持续发展。

如何充分发挥多边开发机构的作用，优化它们的资产负债表，使其更多地支持全球应对气候变化的行动，是 2016 年 G20 杭州峰会的重要内容之一。G20 呼吁增强金融体系筹集私人资本开展绿色投资的能力。强调这一过程要平衡和协调推进可持续发展的三大领域，特别注意帮助发展中国家尤其是低收入国家实施该议程。G20 发展工作组承担着对二十国集团落实可持续发展目标进度的评估和监督责任。

此外，需要加强各国改革行动的顶层设计，确保全球发展目标与各国可持续发展目标的协同。以中国为例，中国高度重视 2030 年可持续发展议程，2016 年 3 月举行的第十二届全国人民代表大会第四次会议审议通过了"十三五"规划纲要，将可持续发展议程与中国国家中长期发展规划进行了有机结合。2016 年 9 月中国出台了《落实 2030 年可持续发展议程国别方案》，明确了中国推进落实工作的指导思想、总体原则，从战略对接、制度保障、社会动员、资源投入、风险防控、国际合作、监督评估 7 个方面详细阐述了中国推动 2030 发展议程的总体路径，并给出了具体落实 17 项可持续发展目标和 169 个具体目标的具体方案。中国是全球第一个制定目标导向和领域全覆盖的详实落实规划的国家，将可持续发展目标转化为经济、社会、环境等领域的具体任务，制定了《国家创新驱动发展战略纲要》《全国农业可持续发展规划（2015—2030 年）》《国家信息化发展战略纲要》《中共中央国务院关于打赢脱贫攻坚战的决定》《"健康中国 2030"规划纲要》等。针对环境保护和应对气候变化目标，编制了《中国生物多样性保护战略与行动计划（2011—2030 年）》《国家应对气候变化规划(2014—2020 年)》。中国方案不仅致力于中国的可持续发展，还明确指明将努力帮助其他发展中国家在全球执行过程中开拓进取，为全球和国别发展战略的对接提供了良好的案例和榜样。

在全球气候合作方面，敦促 G20 扮演核心的角色以落实承诺，把采取紧急行动应对气候变化（可持续发展目标 13）作为 G20 成员国优先工作，继续为缓解气候变化的未来行动树立榜样，在未来做出对可持续和绿色发展更有利的增值行为，比如进一步推动绿色发展目标的细化，加强对环境影响的信息披露，明确绿色发展的量化指标，推动全球形成一个相互协调、统一行动的绿色发展政策机制等。鼓励各成员国加大对无效化石燃料补贴的定义和种类的研究，并推动成员国早日就取消无效的化石燃料补贴的具体时间达成一致，确保可持续的消费和生产模式。G20 可以开展绿色财政改革，增加对高碳排放生产和消费的费用征收，利用市场力量确保渐进、非对称地向低碳经济转型。

其次，加强国际治理，在联合国高级别政治论坛行动力不足的情况下，中、美、欧等大国通过率先制订国别行动计划为联合国可持续发展议程的落实提供政治支持。支持伙伴国家落实 2030 议程和气候协议，增进信任和能力建设，加强国际领域绿色金融和绿色发展的经验交流、推广与合作，并鼓励全球层面金融政策的对接，以满足绿色发展的资金需求，实现全球环境的有效治理。此外，扩大 G20 成员及非国家行为体的沟通，构建更全面的行动网络。

此外，还需要加强对全球合作应对可持续发展和气候变化调整的研究，尤其是在全球极右翼派别势力上升、政治环境恶化、反全球化等思潮上升的大背景下。

（二）加大全球气候减缓力度和气候适应能力建设

一般来说应对温室效应造成的全球变暖，主要对策有两种：第一，气候减缓，即通过削减未来的温室气体排放量或者增大对温室气体的吸收，减少排放到大气中的温室气体，从而遏制全球增暖的趋势；第二，气候适应，即增强应对气候变化不利影响的能力。二者关系见图 2－3。其中，减缓性对策包括削减温室气体的排放源和增加温室气体的吸收汇/库。在温室气体减排方面，主要目标有四个，一是减排绝对量的减少；二是二氧化碳排放增长速度的降低；三是碳排放强度的削减，即相对量的减少；四是扩大碳汇吸收，包括森林、土壤、造林以及借助碳捕获和碳吸收技术（CCS）等。相对应的国际层面的政策包括京都三机制：联合履行、排放贸易、清洁发展机制等。国内层面的政策则包括：经济层面采取碳税、许可贸易、对可再生能源和清洁技术的补贴等；行政层面包括计划指令、技术与产品标准、认证与标识等；其他的自发政策，包括签署自愿减排协议，树立环保意识和改变行为等。

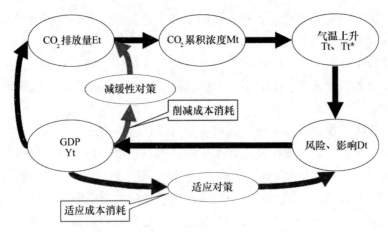

图2-3　气候变化、气候减缓与气候适应关系

而适应性政策是在生态、社会或经济系统方面作出调整，以对实际或预期的气候刺激因素及其影响做出趋利避害的反应，提升系统、地区或社区适应气候变化影响的潜力或能力。政策方面包括可持续的基础设施建设、推广节水技术和扩大植树造林、加大生态保护和生态修复力度，加强预警信息系统的建设和灾害应急管理机制的建设等。

（三）发展低碳经济

经济的低碳化是一种新型发展模式，它的典型特征是：低能耗、低排放、低污染。这一模式的提出，源于全球气候变化的不可逆性以及能源资源的不可再生性。人类的生存和发展不是一个无止境的自由选择的过程，它受全球有限的环境资源、有限的能源资源的约束，这一约束影响着各国发展道路和发展模式的选择。低碳经济本质是实现能源资源的高效利用，降低利用过程中的碳排放；同时寻找新的可替代清洁能源，最终摆脱对传统化石能源的依赖，使经济走向一条高效、洁净、绿色的发展道路。低碳经济的核心竞争力还是技术进步，包括传统能源的能效技术的升级换代、环境友好型技术的开发创新、清洁能源技术的推广应用等。所以低碳经济必将带来全球产业结构的转型与挑战，也将带来全球生活方式、发展理念、制度等的创新与根本性变革。

低碳经济的最早的实践地是欧洲，英国最先提出，随后得到了其他国家的积极响应，从而掀开欧洲向低碳社会转型的热潮，成为国际发展低碳经济的先行者和国际气候治理进程的领导者。欧洲在发展低碳经济的过程中，累积了大量技术储备，包括能效技术、清洁能源技术以及资源高效利用技术等。总的来说，欧盟在应对气候变化领域里一直是领军者。但2008年的金融危机席卷欧洲，使得欧洲经济深陷泥潭，严重影响到欧洲的竞争力，欧债危机也使得欧洲的绿色低碳发展的步伐放缓。随着发达国家逐渐从金融危机中恢复，欧洲再次调整战略，把技术创新、低碳经济等作为方向，在国际气候治理舞台上再次发挥积极贡献者的作用。奥巴马上台后，美国也在国际层面进行布局，通过倡导"自下而上"的减排机制等打破谈判僵局，确立在国际气候治理中的领导力；通过TPP、TTIP等自贸区的谈判影响未来贸易规则、投资规则和环境规则等的方向；同时通过各种辅助手段（比如提出碳关税、淡化"共同但有区别的责任"）迫使以中国为代表的新兴市场国家承担减排义务。页岩气战略的实施，使得美国成功实现国内能源结构的转型，并成为新能源产业的技术先行者，推动了全球范围的绿色经济发展。

第三节　多边贸易框架下的气候变化问题

一　全球贸易分布与贸易碳排放分布

经济的全球化导致国际贸易往来规模和结构都发生了翻天覆地的变化。贸易自由化打破了贸易壁垒，极大推动了世界贸易的增长和繁荣。这些壁垒包括关税壁垒、配额以及其他贸易措施。在全球化时期（20世纪80年代），全球贸易的开放度急速增长，其中变化最大的就是新兴市场国家。贸易开放度从30%飞跃至2000年的近80%，开放程度甚至远远超出发达国家和世界平均水平。国际贸易在推动新兴市场国家与世界经济的融合过程中发挥着重要作用（田慧芳，2015）。

国际贸易发展的趋势是从农业部门逐渐向工业和服务业部门转变。新兴市场国家在世界贸易中的比重不断上升。从部门结构看，新兴市场贸易的快速增长源于其工业制造业的快速增长。而同一时期，发达经济体的产业结构已经发生了变化，服务业的比重上升。这也注定在世界贸易格局中，新兴市场是初级产品和高耗能、高污染的工业制造品的主要输出国，而从发达经济体进口的多是技术含量相对较高的产品。但新兴市场的比较优势也在不断升级中。从 20 世纪 70 年代初期的初级产品和资源型产品出口，慢慢向多元化的工业制造业产品出口转变。

从出口流向看，欧盟、美国和日本是中国出口的主要目的地，尤其对美出口占中国 GDP 的比重不断上升，2006—2008 年的出口额是 20 世纪 90 年代的 2 倍还多。发达国家之间的贸易保持了相对稳定，区域内贸易增加（田慧芳，2015）。

从全球碳排放看，1880—2000 年间，美欧等国对世界累积碳排放贡献最大，二者一共贡献了近 50%。中国的累积排放仅占 11%。但从年排放量来看，中国、印度等国家的碳排放增速远高于发达经济体（田慧芳，2015），见图 2 - 4。

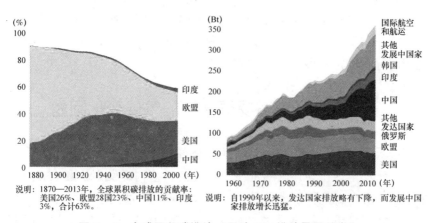

说明：1870—2013 年，全球累积碳排放的贡献率：美国 26%、欧盟 28 国 23%、中国 11%、印度 3%，合计 63%。

说明：自 1990 年以来，发达国家排放略有下降，而发展中国家排放增长迅猛。

图 2 - 4　全球累积碳排放（累计 CO$_2$ 排放量贡献率）

资料来源：WRI。

从全球贸易分布看，根据世贸组织统计数据，2012 年美国全年的总贸易为 38629 亿美元，而中国全年的总贸易额为 38667 亿美元，略超出美国，成为世界第一货物贸易大国，贸易遍及全球[①]，成为全球 128 个国家的最大的贸易伙伴国（张文城等，2014）。

---

① ［转载］地图：中国已成全球贸易主导者_ dole2011，《网络（http：//blog. sina. com）》 - 2014。

全球化的大背景下，全球贸易加速发展，贸易的结构也发生了较大变化。全球商品流动速度明显增加，一国生产的产品，能迅速到达其他国家，为其他国家的消费者使用，从而使得产品的生产地与产品的消费地得以分离（席艳乐等，2011）。贸易对全球碳排放的贡献已经超过了20%。中国在世界贸易格局中占据非常突出的位置，在全球碳流动中，也充当了重要角色（丛晓男，2013）。

二　WTO 框架下的气候贸易措施

在国际贸易的法律体系中，没有就环境问题设立特别的法律协议，但由于贸易问题与环境问题逐渐表现出高度相关性，WTO 协定逐渐增加了许多与环保相关的条款，用于对贸易产品的质量以及因为环境问题产生的贸易纠纷进行规范（陆燕、付丽，2010）。WTO 也越来越把保护环境作为其自由贸易规则的重要内容。GATT（关贸总协定）第20条（b）款和（g）款，允许各成员依据本国的具体情况和国际惯例、制度或采取相关措施保护人民、动植物的生命或健康。随着环境议题逐渐走向政治议程，且其影响越来越大，1994年通过了著名的《关于贸易与环境的马拉喀什决议》，该决议的一项重要内容就是成立专门的贸易与环境委员会，专门解决与贸易相关的环境问题。WTO 协定条款明确规定，成员国在对贸易品审查的过程中，如果发现该产品对人民健康和生命安全有威胁或者与要求的标准不符，可以依据相关法律法规或者通过技术标准限制及其他贸易手段，对贸易产品的进口进行管制，这为绿色贸易壁垒提供了正当的保护伞（田慧芳等，2011）。目前的绿色壁垒种类多样，自成体系，且不断创新。

与气候变化有关的气候关税类贸易措施主要表现为"碳关税"。在现实中，与气候相关的"碳关税"立法已经出现；与碳挂钩的名目繁多的非关税壁垒（比如碳包装、碳标识、绿色条款、技术性条款等等）也成为发达国家偏爱的手段。

此外，还存在非关税类贸易措施，这种贸易措施往往通过以下形式出现。（1）价格管制，比如针对我国太阳能产品的双反调查。（2）技术标准，比较常见的是碳标签。按照联合国贸发会议的最新标准，气候类技术性贸易壁垒包括低碳技术法规和标准，比如实施低碳认证，从企业层面要求企业提高技术、减少排放。技术标准往往具有较大的灵活性，它可以针对生产的所有环节发生，比如产品的生产环节、运输环节、销售环节等等，以其隐蔽性和任意性，可以在国家需要的时候，以正当的名义对贸易产品的进口进行限制，受到发达国家的欢迎，尤其用于那些能耗较高的贸易产品的进口审查（陈蓉，2013）。表2-2、2-3分别为欧美国家的低碳认证和技术贸易措施和企业自愿建立的碳标签标准。

表2-2 欧美国家的低碳认证和技术性贸易措施

国家	标识名称	涉及的产品范围	涉及阶段	标准
美国	气候认知碳标签或无碳标签	纺织品、建材、食品、饮料等	从原材料到产品出厂的生命周期	ISO14047 PAS2050
英国	碳减排标识	食品、建材、日化产品、服装等	从原材料到产品出厂的生命周期	PAS2050
法国	CASINO集团指数下的碳标识	日化、纺织品、食品等零售业产品	从原材料到产品出厂的生命周期	ISO14047 PAS2050
德国	碳足迹认证标识	纺织品、日化、包装、食品、通信等	从原材料到产品出厂的生命周期	ISO14047 PAS2050
瑞典	环保产品声明（EPD）	纺织品、食品、家具、木纸制品、塑胶玻璃制品等	原料/运输	ISO14047
瑞士	Climatop	有机棉纺织品、洗洁剂、奶油等	从原材料到产品出厂的生命周期	ISO14047

表2-3 企业自愿建立的碳标签标准

企业	目标	计算方法	标识方式
特易购	为所有7万种上架商品加注碳标识	与碳基金合作，最初以航空运输数据替代	与碳基金合作，最初以飞机标志代替
卡西诺	为3000种自有食品加注碳标识	法国环境与能源管理署、英国标准协会联合开发	使用不同颜色代表不同的碳排放水平
Migros集团	确定碳排放表现最好的产品	Climatop和Ecological Centre编制的LCA法	贴上"CO$_2$ Champions"的标识
Coop集团	通过降低产品空运来减少对气候变化的影响	通过是否空运判断	空运的产品将贴上飞机标志

企业	目标	计算方法	标识方式
家得宝	披露产品一系列的绿色指标，包括碳排放水平	暂不清楚	综合性的环境标识，其中包括碳排放数据
Patagonia	向消费者提供环境信息	自主开发的 LCA 法	在产品上标注信息，并通过网络提供详细信息

除碳标签外，还有一种技术标准，主要考察产品的能耗标准，欧盟的《关于制定耗能产品环保设计要求框架的指令》（EuP）以及《确立能源相关产品生态设计要求的框架》（ErP）；美国降低能耗及减少排放的能源之星（Energy Star）项目以及电子产品环境影响评估工具（EPEAT）；日本在制造环节推行"领跑者计划"和生态积分制度等都属于这一类型的贸易措施。

总的来看，在全球化背景下，贸易与气候变化之间的关系越来越紧密。一方面贸易产品的跨国界生产，带来碳泄漏、温室气体排放的排放地与消费地等的争论；另一方面，贸易产品的跨国界流动，会导致运输部门产生温室气体的排放。贸易产品还与健康、卫生问题相联系，引发碳标签等问题。环境因素已经成为当前贸易规则制定中的一个重要考虑因素。应对气候变化挑战必须协调好气候体系与贸易体系的关系：一方面妥善应对两个体系之间的冲突，另一方面推动两个体系的协调。在贸易体系中，需要加快有关气候变化相关规则的建设和规范；在气候治理中，也要把国际贸易中的碳流动作为重要治理对象，推动外贸部门的低碳转型，同时加快与贸易有关的碳标准和碳认证的建设，比如碳标签、碳关税等。

第四节 二十国集团与国际气候治理

以二十国集团为代表的大国协调非正式机制在全球治理中发挥着不可替代的作用。作为全球经济治理的重要合作平台，联合国一直希望 G20 峰会能更多关注发展目标，为可持续发展指明方向，为弱势群体传递积极信号。在 2010 年的 G20 首尔峰会上，发展问题首次进入

G20 的主要议程，旨在配合联合国千年发展目标，解决全球的贫困问题，帮助缩小全球发展的不平衡（田慧芳等，2015）。"首尔发展共识"的主要内容是向发展中国家提供积极的援助，帮助发展中国家培养依靠自身力量寻求发展的潜力，并专门成立了 G20 发展工作组。2011 年法国 G20 峰会在发展领域重点关注了粮食生产及安全、基础设施投资，以及发展融资的创新等问题，但取得的成果有限（约翰·柯顿等，2013）。2012 年墨西哥主办的 G20 洛斯卡洛斯峰会将绿色增长作为一个核心议题，此外，邀请了较多的国际组织参会，并设立 G20 问责机制，对"首尔发展共识"的落实推动状况进行评估。2014 年澳大利亚的 G20 峰会聚焦基础设施投资议题，成立了全球基础设施中心（Global Infrastructure Hub，GIH），2015 年安塔利亚峰会重点关注了中小企业的发展。但总体看，发展议题在 G20 平台上受到的重视程度不足，落实情况差强人意，与联合国千年发展目标的要求相差甚远。

气候变化一直不是 G20 峰会的主要议题。一方面包括中国在内的发展中国家一直坚持《联合国气候变化框架公约》。缔约方大会是气候变化问题的主要谈判平台，美国对其减排承诺持规避态度。由于联合国平台的低效，欧盟希望借助 G20 平台推动国际气候谈判进程，但受金融危机和欧债危机影响，欧盟影响力逐步下降，气候变化议题在 G20 平台上一直进展不大。首届华盛顿峰会宣言上气候变化只占有一个词的空间。2009 年 4 月伦敦峰会宣言上，气候变化得到了三行字的表述。2009 年的 G20 匹兹堡峰会更是见证了欧盟影响力的下降，气候变化及欧盟的气候融资新方案并未被列入峰会的主要议题。2010 年 G20 首尔峰会、2011 年法国戛纳峰会更多在重复支持联合国大会的成果。2012 年 G20 峰会首次在发展中国家墨西哥洛斯卡沃斯召开，新兴经济体的议题偏好得到了更多的关注。峰会的主要成果是建立 G20 气候融资研究小组，研究如何有效地调动资金实现《联合国气候变化框架公约》的目标规定和原则，并表示支持绿色气候基金的运作。峰会重申全面实施坎昆会议和德班会议的成果，并努力促成卡塔尔气候大会达成一致成果。2013 年俄罗斯圣彼得堡峰会上，G20 国家重申全面落实坎昆、德班和多哈会议的成果。支持全面落实 UNFCCC

已达成的成果，以及正进行的磋商。支持补充性倡议，在审查经济适用型和技术可行性替代措施的基础上，通过多边渠道包括利用《蒙特利尔议定书》的专长和机制消减氢氟碳化物的生产和消费。

2014 年二十国集团澳洲峰会的议程中原先并没有关于气候变化的环节，由于 APEC 峰会首次把气候变化和环境保护问题作为中心议题，中美联合发布《中美气候变化联合声明》，在声明中明确提出了各自的减排目标：美国以 2005 年为基年，努力到 2025 年实现 26%—28% 的绝对减排目标，中国则努力尽早到低排放峰值，提升非化石能源比重。中美在应对气候方面的雄心和决心极大鼓舞了全球的信心，从而使得气候变化议题成为 G20 峰会讨论的重要议题。在峰会上，中美两国特别提到对发展中国家的资金援助。中国设立气候变化南南合作基金，而美国则承诺向 GCF 增资 30 亿美元。在中美的牵头带领下，其他发达国家也纷纷表达了资金援助意愿，比如日本表示向绿色气候资金提供 15 亿美元。这是 G20 在气候变化领域里取得的最大进展，为 2015 年年底巴黎全球气候条约奠定了基础。

为了确保《巴黎协定》顺利实施，2016 年 G20 杭州峰会前夕，中美率先带头完成《巴黎协定》的批准，为协定正式生效注入强有力的推动力。G20 国家领导人在峰会上承诺将在中期逐步淘汰鼓励浪费型消费的低效化石燃料补贴，以及提升可再生能源在全球能源结构中的占比。G20 峰会通过的《2030 年可持续发展议程》制定的行动计划明确采取紧急行动应对气候变化（SDG13）及其影响将成为 G20 的优先工作，并鼓励提供和动员更多资源应对气候变化。《巴黎协定》和《2030 年可持续发展议程》的相互呼应，使得低碳绿色转型成为全球发展的重要目标。它将倒逼各国加快制定明确的时间表和行动计划，推动技术进步和产业结构升级，建设清洁低碳、安全高效的现代能源体系，实现能源资源的高效利用。很多国家已经在国内政策上做出努力。美国的《清洁能源计划》、德国逐渐停止使用煤炭的计划以及中国的"十三五"规划等都传递出低碳转型的信号。在一些小岛屿国家，分布式太阳能也越来越走进人们的生活。各国政府释放的积极信号必将推动公共和私营部门加速对低碳领域的良性投资，进一步转变投资和生产模式，同时鼓励公众改变生活方式。

　　此外，G20 杭州峰会首次把绿色金融加入了议程，并成立了 G20 绿色金融研究小组，小组提交的《G20 绿色金融综合报告》就绿色金融发展达成一些重要共识，包括推动绿色金融的自愿原则，发展绿色信贷、绿色债券、绿色股票指数和相关产品，绿色发展基金、绿色保险和碳金融等金融工具以及扩大能力建设学习网络，推动绿色金融的国际合作，推动跨境绿色债券投资和环境与金融风险领域的知识共享等。此次峰会为全球绿色金融发展提供了清晰的战略性政策信号与框架。

第三章 国际气候治理的实施机制

第一节 减排机制

联合国气候变化框架下的《京都议定书》提出了三个灵活的减排机制：排放权交易（ETS）、清洁发展机制（CDM）和联合履约机制（JI），这些机制都是为了提高温室气体减排的经济效率而设定的，后两者是为了激励投资者把资金投入到减排成本更低的国家。

一 排放权交易（ETS）

温室气体排放权交易明晰排放权（环境容量资源），通过建立排放权交易市场以及制定相关的跟踪、监督和处罚机制，以价格信号反映温室气体排放权的稀缺程度。因此排放权交易具有目标明确、成本控制明确的特点，特别是对于以 CO_2 为代表的温室气体具有更高的效率。碳排放权交易体系主要包括：总量控制、排放权的初始分配以及排放权通过交易市场的再分配三个部分（见图 3-1）。

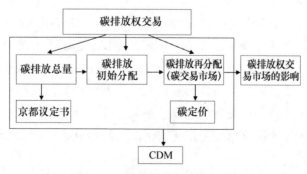

图 3-1 碳排放权交易政策体系

目前，温室气体排放交易的平台有三类：区域或跨区域的交易市场、国家层面的交易市场和地区层面的交易市场，还有面向个人的零售市场。全球范围内的排放交易平台超过 20 个，美国是排放交易的最早倡导和推动者，但在美国 2003 年宣布退出《京都议定书》后，其国际温室气体排放交易陷入停滞。欧盟排放贸易体系（EU ETS）也是全球最早建立的交易市场之一，同时是目前最大的区域交易体系。2017 年 2 月，为履行《巴黎协定》项下义务，欧洲议会批准了通过欧洲排放交易市场限制温室气体排放的若干计划。欧洲议会批准欧委会的建议，包括增加所谓"线性减缩因素"，从 2021 年起每年减少排放额度 2.2%（根据目前的规定，每年减少 1.74%）。另外，还将持续审查有关因素，最早到 2024 年，将"排放信用"额度年削减比例提高到 2.4%。欧洲议会还希望将排放市场稳定储备翻番，以吸收市场上过剩的排放额度。一旦启动，在最初 4 年，每年可吸收高达 24% 的过剩额度。欧盟还将通过拍卖排放交易配额所得支持设立两个基金。一个现代化基金将帮助低收入成员国升级能源系统；一个创新基金将对可再生能源、碳捕获和存储以及低碳创新项目提供资金支持。欧洲议会还建议设立过渡基金，支持受脱碳经济影响的过渡性工作技能培养和劳动力再分配。根据上述计划，航空行业获得的配额将比 2014 至 2016 年的平均水平少 10%。航空业配额拍卖收入将被用于欧盟和第三国气候行动。欧洲议会还建议设立海上气候基金，以补偿航海排放、提高能源效率、促进航海领域技术创新和削减二氧化碳排放。

排放权交易有强制性交易机制和自愿型交易机制两种。《京都议定书》下设立的"灵活三机制"中，排放权交易属于强制性的交易机制，其交易基于排放配额的分配（allowance - based）及衍生的类似期权与期货的金融衍生品，而联合履约（JI）和清洁发展机制则属于自愿型交易机制，其交易标的基于减排项目（project - based）。全球各主要温室气体排放权交易市场的情况及类型见表 3 - 1。

表 3 - 1　　　　　　　　**全球主要温室气体排放交易市场**

交易市场	启动时间	交易主体	类型
芝加哥气候交易所（CCX）	2003 年	自愿加入的企业会员	自愿，配额
新南威尔士温室气体减排体系（GGAS）	2003 年	新南威士州电力销售商和其他参与者	强制，配额
欧盟排放交易体系（EU ETS）	2005 年	欧盟各国的排放实体	强制，配额
美国区域温室气体减排计划（RGGI）	2005 年	美国东北十个州的电力企业	强制，配额
西部气候倡议（WCI）	2007 年	美国西部五个州、加拿大四省及墨西哥部分州内企业	强制，配额
联合履约机制（JI）	2008 年	附件 1 国家之间	强制，项目
清洁发展机制（CDM）	2008 年	京都议定书下附件 1 国家与非附件 1 国家之间	强制，项目
国际排放交易（AAUs）	2008 年	附件 1 国家之间	强制，配额
气候储备方案（CAR）	2009 年	美国加州州内	强制，项目

资料来源：State and Trends of the Carbon Market（World Bank）。

纵观全球的排放交易市场，强制性的配额市场占据主导地位。2011 年，全球排放交易市场规模达 1760 亿美元，折合人民币超万亿元，对应的排放交易量为 102.8 亿吨 CO_2 当量。近年全球交易规模大幅回落，但仍有 500 亿美元左右的规模。当前国际排放交易市场呈现以下特点（雷立钧和荆哲峰，2011）。一是发展迅速。作为新兴的金融市场，排放交易市场在近几年发展迅猛。二是碎片化严重。市场分散，但绝大多数的交易量集中于欧盟，尚未形成统一的国际交易市场。三是价格波动剧烈。碳定价机制尚不完善，同样的减排单位，由于国家间比较优势的存在，往往会出现价差，从而出现资本市场的逐利现象，极易受市场供求影响。

2013 年以来，中国 7 个碳交易试点陆续成立，2015 年 7 个试点配额成交量和成交规模分别达 3786 万吨和 10.04 亿元，截至 2015 年年底累计配额成交量和成交规模为 6758 万吨和 23.25 亿元。随着中国核证减排量（CCER）以及现货远期等品种的推出，国内碳交易试点市场活力明显提升。根据有关规划，2017 年中国全国性的碳市场试运行，首批纳入控排企业七八千家，配额总量高达 50 亿吨，现货交易规模有望达 50 亿—100 亿元。未来衍生品市场放开后，衍生品市场交易规模有望达 2500 亿—5000 亿元。

二 清洁发展机制（CDM）

CDM 机制被定义为发达国家的投资者对发展中国家进行的项目融资。满足发展中国家能源增长的投资决策典型的都是基于经济考虑而不是关注环境。因此，对于昂贵的清洁能源技术或者排污消除技术都是需要额外的津贴支持的，CDM 方式可以有效地降低签署国的减排费用。

CDM 作为一项非常有用的机制，呈现了普遍却又很独特的职责。那些有历史职责的工业化国家被鼓励对发展中国家采取行动，因为发展中国家的排污量预期在将来会快速增长。CDM 是基于一种双赢的要求建立的，工业化国家被支持用更加经济化的手段达到减排目标，而发展中国家通过获取财力支持而达到生态的可持续性发展。CDM 被设立为三个目标：首先，它要完成联合国框架协议的目标；其次，它旨在鼓励发展中国家的可持续发展；最后，它为了减少发达国家的减排成本。

CDM 项目传递途径运行始于 2003 年 12 月，第一批工程于 2004 年 11 月被 CDM 执行委员会正式批准，第一批 CER 于 2005 年 9 月发放给了项目参与者。图 3 – 2 显示了自从 CDM 开始运转后，那些完成注册过程的项目的总量。2005 年的第二季度注册达到了新高，截止到 2006 年 4 月，一共有 181 个注册项目，并且这些项目都可以在碳市场出售 CER。截至 2016 年 9 月 16 日，全球共有 7733 个 CDM 项目注册成功。CDM 执行理事会第 91 次会议于 2016 年 9 月 13 日至 16 日在德国波恩举行。长期规划以及发展方向。中国和印度是 CDM 份额的最大持有者，二者之和约占全部项目的 50%。

CDM 可以被看作一种补贴、市场和政治机制。它是一种补贴，因为它支付给发展中国家资金来支持它们减少排放。它是一个市场，因为它的补贴是通过 CER 来进行传递的，这种可进行贸易的信用同样可以被发达国家作为完成义务的工具。它是一个政治机制，因为它诱使发展中国家参与《京都议定书》。通常情况下，补贴的评估是以被补贴者所获得产出的效率来进行的。最低的成本而获得最大的产出是理想结果。

对于基于市场贸易机制的环境产品的评估，就是市场是否在供给者中认定了最低的边际成本。政治机制的评估应该从它期望完成的目标的角度来考虑。理想的结果是这三种评估将产生相似的结论。

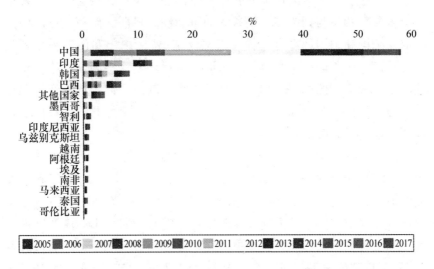

图 3-2　中国 CDM 项目签发最新进展（截至 2017 年 1 月 31 日）

说明：东道国签发的 CERs 的分配，签发总数为 1779932556。

数据来源：中国 CDM 网站，UNFCCC。

但事实证明 CDM 完成了三个目标，但却仅仅在有限的范围内。发达国家的资源转移到发展中国家是为了缓解气候变化，事实上或许有比通过 CDM 更加有效的途径。以可持续发展的角度看，CDM 市场的发展并没有鼓励低碳能源基础设施的增加。相反，它使重化工业的生产者生产的产品变成完全免费的。与此同时，对于低碳能源给予财力支持的 CDM 津贴则主要用在了边缘的能源部门。与把能源投资用于大规模低碳工程建设的情况相反的是，CDM 机制下的主要能源决定均与发展中国家毫无关系。

对于碳交易项目多限于二氧化碳而少涉及协议规定的其他温室气体是值得进一步考虑的一个问题。很显然，其他温室气体可以以较低的成本和相对少的设施而实现排放量的减少。基于这些事实，对于发达国家因为资助减排而设定超过成本的价格是毫无意义的。这个建议面对的最主要的困难是项目的支持者和市场的参与者对于非二氧化碳交易的预期。CDM 市场在完成这些目标方面是失败的。在一个资源有限的世界里，修正 CDM 将会产生经济和环境的双重效应。

对于这些基于多国资金的温室气体模型的策略，将会带来一种引致更多参与者参与到缔结气候条约的可能性。目前，温室气体的两大排放者美国和中国都没有签署《京都议定书》。中国和印度采用了类似的承诺，而美国则是完全拒绝采取任何行动。这些国家拒绝承担排放限制，最主要的原因是担心这种承诺将会制约他们各自的经济和社会发展。但很难想象如果没有它们的参与，作为全球共同的气候变化问题该如何得到解决。

最后，CDM 还令人失望的一点是，在现有的二氧化碳减排项目中几乎不存在大规模的能源项目。这是 CDM 制度最令人失望和最失败的地方，因为来自发展中国家的大部分温室气体在将来会产生于非常低效和碳密集使用的大规模能源项目。而对于那些小规模的可再生的能源项目则不太可能超过像中国、印度、韩国和巴西这样的边缘参与者。《京都议定书》所包含的全球碳交易的背后主要驱动力是，在发展中国家建立全新的低碳排放能源基础设施比起完全去除在发达国家已经成熟的相同设施成本更低，但 CDM 并未开始完成这个目标。还有一些观点认为，由于政治决定能源部门交易的本质作为通常的基准，最好的涉及发展中国家部分的解决办法或许是直接解决能源政治决策的关键——发展中国家经济迅速增长问题。

CDM 执行过程中存在不平等的利益分配、困难和冗长的注册过程、昂贵的交易成本和到达特定部门的渠道困难等问题。CDM 机制存在以下缺陷。

- 贸易使温室气体变成一种商品，诱使某些发展中国家为获得碳交易收益而故意提高排放温室气体的基准量；
- 碳交易存在信用风险，公司和国家虽然宣称其在减排，而事实上他们仍继续燃烧化石燃料、破坏森林和其他排放活动；
- 许多公司宣称为了减排而需要从 CDM 工程获得大量资金，但这些减排量即使没有 CDM 的激励也可实现；
- CERs 是基于对未来排污量的假定基准而授予的，但这本身就很难操作；

- CDM 本身并没有采用最好的政策选择激励机制。

CDM 机制本身并没有建立严格意义上的碳排放权交易市场，而只是碳补偿交易，选择 CDM 作为案例主要是考虑它所跨的地域尺度最大、交易数量最大，然而由于发展中国家未受到碳排放总量限制，因而存在碳泄露以及经济效率低等问题。

为了探索使用 CDM 作为其他用途的工具的可能性，理事会提请 COP 对以下内容进行考虑。

（a）在巴黎协定第一次会议时希望 COP 对于在巴黎协定背景下 CDM 未来的角色、基础进行考虑；

（b）希望各缔约方考虑在碳排放交易方案中将 CERs 作为一个规范的工具来使用；

（c）鼓励航空以及海运公司在日常运营中承担减排义务，包括通过直接自愿撤销 CERs 的方法；

（d）要求理事会以及秘书处与财经和投资界接触，推进 CDM 的应用，考虑使用 CDM 作为绿色证券的 MRV 工具；

（e）希望 COP 要求财务机制下的经营实体在适当情况下考虑使用 CDM 作为消除活动的 MRV 工具；

（f）要求理事会与财务机制下的经营实体共同探索 CDM 在财务机制提供资金的项目活动应用的简化方法；

（g）希望各缔约方、公私实体以及个人通过在自愿撤销平台提供额外的减排量为全球减排做出贡献；

（h）希望发展署以及多边发展银行在适当的情况下使用 CDM 或者部分要素来核证他们所支持的项目的消除影响。

三　碳税

（一）国内碳税

碳税指一国政府以煤、石油和天然气等化石燃料中的碳含量为税基对这些化石燃料的本国使用者征收的温室气体排放税，属于税收类别中的国内间接税。目前全世界只有部分发达国家对相关产业征收了碳税，欧洲的瑞典、丹麦、意大利等碳税开征较早，税收力度较大，制度相对比较成熟；加拿大的不列颠和魁北克在本地区范围内征收碳税。总的来看，对征收碳税呼声高于实践（田慧芳，2015）。

对于征收国内企业碳税的国家来说，面对来自不征碳税国家的进口商品，则对本国企业有失公平。因此，碳关税的征收就成为维护公平竞争的合情合理的理由。可以税，碳税的征收是碳关税征收的产生条件之一。它们的征收对象都是高耗能产品，它们的目的都是为了减少二氧化碳排放量。但有一点不同，碳税是针对本国企业征收的，而碳关税则是针对进口产品征收的。

按照 WTO 规则，双重征税是违反 WTO 协议的。如果本国在国外对出口产品征收碳关税之前，先征收碳税，不失为有效应对国外征收碳关税的措施之一。本国征收碳税，可将碳税收入用于本国企业减排的补贴当中。如果被征收碳关税，则收入归于外国，无法用于本国企业的补贴。

理论上开征碳税有利于将排污成本内部化，达到通过增加企业能源使用成本而减少能源消耗，实现减排的目的。碳税是由政府对于应税源每单位二氧化碳当量排放征收的税目。由于所有化石燃料中的碳最终都会以二氧化碳的形式排放，对化石燃料中的碳征税，即碳税，并不是直接对二氧化碳排放征收（这样做在技术上难以操作），而是对化石燃料按含碳量设计税率进行征收，因为化石燃料消耗所产生的二氧化碳约占其排放量的 65%—85%。在实际操作中，碳税的征收对象与能源税基本相同，都是对煤、原油、天然气等能源征收。概括起来说，一般能源税与碳税的区别和联系就在于：征收碳税旨在减少能源使用中碳的排放，而能源税旨在通过能源价格的升高来降低能源使用。此外，能源税的征收对象大于碳税的征收对象（韩凤芹等，2008）。从税负的角度，能源税与碳税的税负具有此消彼涨的关系，碳税的征收还需要考虑到能源税的税负水平，许多国家征收碳税后会降低能源税的税负水平。英国的"气候变化税"，再如德国 1999 年、法国 2001 年开征的"生态税"，都兼具碳税和能源税性质。

在关于税收影响的研究中，"双重红利"是非常重要的一个概念。碳税是税收的一种，所以在理论上，碳税也应该具有"双重红利"效应，即碳税既能实现环境保护，又可以通过减少现有税收体系中的扭曲现象改善福利水平。20 世纪 90 年代初期，一些西方的学者提出在中性税收假设下如果用碳税征收减免一些更为扭曲的税种，如资本所得税、增值税等，在某些情况下可以带来环境税的"双重红利"（double dividend），即通过降低税收的边际社会损害而提高经济效率，同时通过刺激清洁产业、抑制污染活动而改善环境质量。Pearce（1991）提出，二氧化碳税收收入应当被用来大幅度减少现有税收的税率，以减少现有税收收入所得税或资本税的福利成本，这样一种税收转移可能已令福利成本或负福利成本获得环境收益，这就是所谓的环境税"双重红利"。这也是"双重红利"术语的起源。

大多数研究认为一系列的辅助政策可以削弱这种负面影响，例如，很多转移项目将价格变化指数化，转移接受者因此在一定程度上免于受到碳税引发的价格变化影响。也可以考虑有目的的转移，如提高政府针对低收入群体的项目水平；在"双重红利"假说成立的情况下，可以通过用碳税收入补贴以减少扭曲性税种，如修改所得税税率，向低收入家庭重新分配购买力，从而增加整体福利（James M. Poterba，1993）。比如就业的"双重红利"假说认为，通过适当的财政政策改革——征收碳税的同时减少所得税，至少会实现两个相关的政策目标：更好的环境质量以及更多的就业机会（Carraro et al.，1996）。

缓解和补偿措施采取碳税收入的循环利用方法，主要包括三种方式（Andrea Baranzini，1999）。一是税收中性改革（revenue neutrality）。依据税收中性原则，即通过财政改革，在征收碳税的同时减少其他税收，使整个税收收入相对保持不变。如降低劳动税、商品税、家庭和企业收入或财产税等。税收中立的特点是从一个部门征收的税收完全用于补贴另外一个部门（Morris et al.，1997）。二是提前设立环保特别资金（earmarked）。政府提前设立环境基金、科研基金、项目基金等特别的环境资金鼓励企业进行技术革新，并对初始投资巨大且市场失灵的项目进行补贴等，对节能减排实施激励，再以碳税收入进行填补，保证资金的可持续运行。三是减免和补偿（compensation measures）：将碳税收入用于补偿受碳税影响最严重的行业或者人群、地区。也可以在征税的同时，实施税收减免优惠政策。

为缓解交通拥堵，伦敦市政府自 2003 年起向所有进入伦敦中心区域的车辆每天征收 11.5 英镑（约合 98 元人民币）的拥堵费。征收"毒气税"意味着，未达标车辆进入伦敦市中心的成本将会更高。2017 年 10 月，伦敦将对汽车尾气排放超标的车主征收额外税费，以应对空气污染。征收空气污染税只是伦敦治理空气污染措施中的一部分，未来数月或几年时间内将陆续有其他相关政策出台，包括 2018 年在市内划出"超低排放区"，禁止尾气排放量超标的汽车行驶。2018 年加拿大将设立"最低价为每吨 10 $"的碳税，要求各省府在 2018 年必须达到联邦政府的要求，并且在 2022 年要达到每吨 50 $。中国的环保税也将于 2018 年开征。

（二）国际碳税

国际碳税主要有两类，一类是与贸易有关的"碳关税"。"碳关税"本身不是一种普通关税。关税一直被用作管理贸易尤其是限制货物进口的措施，由于世贸组织致力于倡导单一关税保护原则，因此，关税措施是世贸组织多边贸易体制内管理贸易的主要手段。碳关税本质上是一种边境调节税，旨在解决"碳泄漏"等问题。

所谓碳泄漏，是指在只有部分成员参与的国际联盟下，承担减排义务的国家采取的减排行动导致不采取减排义务的国家增加排放的现象。减排国家对碳密集型产品需求的减少或生产成本的增加，通过能源市场的波动以及能源产品的投资和贸易变化，会增加非减排国家生产和消费的碳密集度。由于 CO_2 对气候变化的影响并不排放地域的差异而变化，因此许多研究认为碳泄漏会导致全球碳减排目标无法实现。气候变化的特殊性导致碳泄漏也成为跨国界的外部性问题，是发达国家提出要对发展中国家征收"碳关税"或者其他"碳边境调节"措施（border carbon adjustment）的理论依据。该概念早在 1995 年的《柏林授权书》和 1997 年的《京都协定书》中就被提出。2007 年巴厘岛会议（COP13）期间，与会代表就举行非正式会谈，探讨贸易政策是否能够推动全球范围内的应对气候变化行动。随后，哥本哈根气候大会也以"贸易与气候"为主题，举行了两次重要研讨，就如何通过国际贸易体制推动全球应对气候变化的国际合作。从而，"边界碳调整"概念在国际多种场合被反复提及。从理论角度看，碳泄漏产生跟国际贸易分工、国际投资流向等有密切关系。一些研究认为可以用强制性的关税制裁手段降低"搭便车"行为（Barrett，2011）。另外有研究认为可以采取边境调节措施或要求出口商购买排放额度来促进公平竞争，减轻碳泄漏问题（Ismer 和 Neuhoff，2007；Elliott 等，2010）。

"边界碳调整"是在气候变化的国际背景下由欧盟、美国以及其他 OECD 国家最先提出的一项贸易措施，其目的在于保证其本土企业国际竞争力免受损失以及避免碳泄漏问题。这项贸易措施主要有两种表现形式：一是对来自无实质性温室气体减排义务国家的产品加征进口关税或碳税（又称"边界税调整"）；二是要求这些产品的进口商从国际碳市场或区域性碳市场购买相应的碳排放信用。根据有关机制设计，执行此项政策所筹集的资金将被用于促进环境友好型技术的研发、对发展中国家的技术转让以及加强适应气候变化的能力建设等。

欧盟没有碳关税方面的严格立法。2009 年通过一项指令：《改进和扩大欧盟温室气体排放配额交易机制的指令》，指令建议在适当时候，将碳泄漏行业进口商纳入欧盟的碳排放交易体系，见表 3-2。

表 3-2　　　　　　　　　欧盟可能征收实施边境调节的行业标准

	生产成本	贸易开放度
行业标准 1	上升 5% 以上	>10%
行业标准 2	提高 30% 以上	—
行业标准 3	—	>30%
行业标准 4	依据行业减排潜力、市场特征和利润率等	

资料来源：欧盟《改进和扩大欧盟温室气体排放配额交易机制的指令》。

美国明确规定征税时不需要考虑被征收国的经济发展水平。在其多个法案中都有有关碳关税征收产品和国家范围的规定。征收的产品多是初级产品，也有部分为碳泄漏行业产品和消费制成品，征收的国家主要是没有可比性的非低排放和低发展水平的国家，即明显针对中国等在内的发展中国家。《美国清洁能源安全法案》中还提及征收时间和税率大小：可以从 2020 年起对从不实施碳减排限额的国家进口的排放密集型产品征收碳关税，按价格 10—70 美元/吨征收。

还有一类国际碳税是跨国界的行业碳税，最典型的是欧盟 2012 年想启动的航空碳税，即凡进入欧洲的国际航班都需要缴纳碳排放税。但这一提议不仅遭到各国际航空公司的反对，欧洲内部也未就此达成一致，最终该方案被叫停。

第二节　技术机制

当前，主要发展中国家还处于工业化快速发展期，大规模基础设施建设和满足人民生活基本需求、改善人民生活水平所必需的主要高耗能、高排放强度产品的生产任务还很繁重，投资巨大。如果缺乏环境友好技术的支持，这些国家的主要产业部门将在几十年中被锁定在更高排放水平上而难以改变。《联合国气候变化框架公约》（以下简称《公约》）规定，发达的工业化国家有义务为发展中国家提供资金和技术援助，以帮助这些国家提升应对和适应气候变化的能力建设。因此，自《公约》签署以来，低碳技术转移一直是国际气候治理的焦点和难点问题，发达国家和发展中国家在对待技术转让上的态度始终存在巨大差距：发达国家坚持技术转让应该遵循市场模式，发展中国家则希望能得到无偿或者低成本的技术援助。为了克服技术开发与转让过程中的障碍，历次《公约》缔约方大会（COP）都将技术转让议题列为重要议题，目前已经形成了一系列决议和框架。

一　技术变化与污染控制

经济理论认为技术变化来源于研究与开发（R&D）或技术的学习效应。其中 R&D 是技术变化的一个重要来源。知识的累积以及经验的增长，会提升技术性能，促进生产效率的改进，进而产生创新需求，引发技术变化。技术的创新对应对气候变化行动尤为重要。首先，技术进步有助于提高能效，从而减少对传统化石能源的消费，这也意味着温室气体的排放将出现下降。因此，技术进步，尤其是碳捕获和碳储存等技术的广泛使用将是降低减排成本、实现全球减排目标的关键因素，但碳捕获和碳储存等技术可能需要较长时间才能得以推广，短期内可行的方法是提升能效技术（王克等，2008）。来自学术界的不同模型的不同研究方法对此结论都进行过论证，也从不同侧面体现了技术变化的作用，这些作用包括促进产出增长、减少既定产出水平下的经济成本以及减少生产过程中的"废物"排放等，见图3－3。

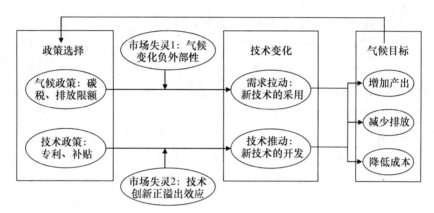

图3－3　技术促进政策的选择框架

资料来源：笔者整理。

　　技术本身存在多样性和不确定性。首先，技术变化对减排行动最优时间路径的影响并不明确。R&D引发的技术变化会促使未来减排成本下降，但减排行动本身通过实践经验的积累具有学习效应，会加速降低未来的减排成本。因此在减排方案的制定中，确定减排时间路径需要对技术变化的来源以及未来的技术变化水平进行判断。其次，私人R&D投资和技术学习则是技术变化的主要驱动因素，但这一过程充满了不确定性，极易受到各种因素的干扰，比如政策变动、技术变革、技术本身的不确定性及路径依赖性，以及收益的不确定性等。但是无论技术变化是源于R&D投资还是技术学习效应，考虑到技术的研发与推广有一个过程，技术变化促进政策本身的实施应是越早越好。

　　气候变化影响的负外部性常使得经济主体缺乏减排动力，也缺乏技术创新的动力，较高的研发成本往往会使企业望而却步。要推动低碳技术的研发与创新，政府需要在这一过程中发挥主导作用，创造有利的政策环境，建立激励机制，推动环境有益技术的研发与传播。一般来说，气候政策和技术变化促进政策的结合，能够分别纠正上述两种市场失灵，从"需求拉动"和"技术推动"两方面促进技术变化，从而能够以更低的成本实现减排目标。

二 低碳技术的内涵与转让的重点领域

当前有关气候变化的国际法律规范对与气候变化相关的技术和技术转让仅仅是模糊描述，隐晦存在《公约》框架下。《公约》对技术开发与转让体现在以下几个规定中：《公约》4.1（c）条规定所有部门都要加强控排技术的研发、应用和推广。《公约》4.5条规定，发达国家有向发展中国家以优惠条件或者无偿转让低碳技术的义务，以帮助他们适应和应对气候变化。《公约》的4.7条也进一步指出，能否获得技术与资金，是发展中国是否参与与国情相符的减缓行动的前提条件。

一般来说，气候有益技术主要有两类：①与减缓相关的气候技术，比如风能和太阳能技术等；②与适应有关的气候技术，比如节水灌溉技术、农艺节水技术、建筑节能技术等（叶辉华，2015）。气候技术除了技术本身外，还应是一个有机的系统，涵盖以下几方面：①硬件系统，诸如物理设施、程序、器物，等等；②软件系统，包括经验、技术原理、知识产权等；③培训体系，旨在促进技术的学习、宣传和推广；④资金保障，旨在为技术的研发、推广等提供资金支持；⑤扶持型环境，降低气候有益技术的开发障碍；⑥评估体系，旨在对技术的性能、可能的效益及影响进行评估。这几方面应该是一个统一的有机体，相互协调发展才能充分发挥技术的最大功能。气候技术的开发和创新往往有三种形式：一是原始技术的研究和开发；二是用各种技术集成和优化；三是对第三方技术学习消化后再进行创新。在发达经济体，气候有益技术的开发大多集中在私人部门，技术的转让往往通过市场来完成；而发展中国家多是政府主导型创新，同时存在较大风险，私人往往缺乏创新动力，需要政府采取有力的政策措施进行鼓励和扶持。国际能源署（IEA）曾基于对各类低碳技术的深度评估，罗列出对未来温室气体减排具有决定性作用的 17 项技术，具体见表 3 – 3。

表 3 – 3　　　　　　　　IEA 识别的 17 项关键低碳技术

供应侧	需求侧
■CCS 化石燃料发电	■建筑物和电器的能效
■核电厂	■热泵
■向岸风能及离岸风能利用	■太阳能室内和热水供暖
■生物质高度气化发电（BIGCC）和共同燃烧	■运输中的能效
■光伏系统	■电动汽车和插电式汽车
■太阳能热电厂	■氢（H_2）燃料电池汽车
■煤炭—IGCC（整体煤气化联合循环发电）系统	■CCS：工业、氢（H_2）与燃料转化
■煤炭—USCSC（超临界发电）	■工业马达系统
■第二代生物燃料	

资料来源：IEA《能源技术展望 2008》。

《2015 能源技术展望》明确指出，能源技术创新是实现气候变化减缓目标的核心所在，尤其是对于新兴经济体。同时，技术创新也是实现经济发展和能源安全目标的重要支撑。从各类低碳技术的减排潜力看，清洁能源技术适用于在大多数部门推广，它对电力部门的减排贡献最大，能源部门的努力方向应该是逐步加大对风能和太阳能等技术的使用。其次是能效技术的应用，对于工业、交通、建筑及其他部门的减排贡献，到 2050 年将显著高于包括可再生能源技术和 CCS 等在内的技术，是这些部门实现减排的首选技术。工业部门减排的另一个技术储备应该是碳捕获和碳封存技术（CCS），它能在使用化石能源的同时，帮助工业部门实现减排目标。但 CCS 需要更多的政府扶持，降低使用成本。总的来看，技术是实现减排的关键因素，需要加大能效技术、碳捕获和碳储存技术、清洁能源技术等的开发、应用和转让。

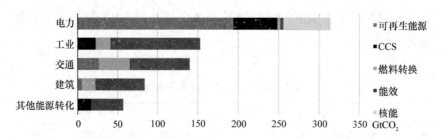

图 3 - 4　2°C 情景下 2050 年各行业、各技术累计 CO_2 减排量

资料来源：IEA《能源技术展望 2015》。

三　技术转移的早期经验

早在 20 世纪 70 年代，国际社会开始致力于推进环保技术的合作和转移。在 1972 年联合国人类环境会议上，政治领导阶层号召国际社会提高发展中国家对技术的可获得性。20 世纪 80 年代起，随着全球环境问题的日益增多，技术转移变得愈加重要，被纳入超过 80 个区域和国际协议，包括《21 世纪议程》、《蒙特利尔议定书》、UNFC-CC、《京都议定书》等。

过去的国际环境协议中，只有《蒙特利尔议定书》在技术转移上取得了显著成功。《蒙特利尔议定书》明确要求成员国加强合作，特别是满足发展中国家的技术需求，尽快行动起来，帮助发展中国家获得环境上安全的替代物质和技术。同时还对技术转让的资金问题做出规定，要求成员国通过双边或多边渠道，向发展中国家提供官方援助、优惠信贷和担保等。《蒙特利尔议定书》还专门设立了一个多边基金（MLF），以赠款或减让款项支持技术转让费用，并为技术研发、技术交流、人员培训、进度监测等提供资金支持。多边基金在发展中国家为技术转移进行融资和合作时起着重要作用。发达国家依据它们在联合国中的份额提供相应的资金来源，同时还鼓励其他政府、政府间机构以及非政府机构为基金做出贡献。此外，MLF 下设了秘书处，开发并管理计划和预算，审批所有基金申请项目，提供建议，支付基金，监管执行机构等；成立了执行委员会，监督 MLF 的运作；成立了 MLF 执行机构，包括 UNDP、UNEP、UNIDO（联合国工业发展组织）和世界银行等组织。知识产权在《蒙特利尔议定书》下不是一个太大的问题。一是因为可以采用的最好技术并没有全部掌握在一个供应商手里，不存在技术垄断的问题；二是因为许多技术是通过合作研发并由政府散发到公共领域的，目的是为实现不受限制的全球使用。为了能利用 MLF 支持的优势，多数发展中国家在淘汰 ODS 上都非常积极，其努力程度甚至比它们承诺的更高。目前为止，《蒙特利尔议定书》得到了良好执行，已成功实现淘汰 95% 的 ODS 使用量，从而保护地球免受紫外线的有害侵袭。ODS 也是一种温室气体，其增温效应甚至比 CO_2 大成千上万倍。《蒙特利尔议定书》对 ODS 的停止使用，相当于将气候变化推迟了三四十年。

这一时期，政府在技术转移方式上也发生了改变，逐渐从技术管制手段向以市场为基础的方法转变，即由强制国际企业向地方企业进行技术转移，向尊重知识产权和保持技术市场的充分竞争性转变。但对这两种转让方式也存在一定争议：一些学者认为管制手段因施加该技术拥有者过多的限制而不利于技术转移的实现；另一些则认为，由于环境友好技术有别于一般技术的特殊性（正外部效应），完全依赖市场不利于环境友好技术的研发和转移。

技术创新、市场转型以及技术转让对许多全球环境协定的成功至关重要。《蒙特利尔议定书》的执行说明，制定严格标准但又允许执行中一定灵活性的管理制度能够激发竞争、推动创新，并加速环境有益技术的商业化。但技术转移不仅仅需要获取新技术的渠道，国内技术能力和地方技能同等重要。《蒙特利尔议定书》下技术转让的成功经验，首先归功于强大的各种机构组织的领导，来自于政府、国际组织、非政府组织、行业协会的各方人士以及科学家和工程师等都在应对臭氧消耗问题上采取了先期行动。在《蒙特利尔议定书》的 191 个签约国中均设立了臭氧单位作为行动焦点；此外，资金援助以及技术与经济评估座谈组（TEAP）是制度安排的另一个重要部分；还有一个成功的重要因素是，议定书确认并移除技术转移障碍的能力。早期的经验也显示，技术转移主要在私人部门中进行，政府及公众通过政策、管制、社会压力以及消费活动来影响转移的速率和方向。政府为促使环境友好技术转移而采取的策略大都被证明是成功的。这些政策包括如下方面。

- 感知利益相关者的需要。只有对关键利益相关者的动机、约束以及限制有了充分的了解，才可能使得一项技术转移获得成功。鼓励多边国家和国内企业的领导阶层，确认并纳入所有的利益相关者，发展地方和国际伙伴关系。
- 健全的国家创新体系。即建立一个可影响国家技术进步速率和方向的机构网络，将企业、政府以及科研机构吸纳进来，加强信息分享，助推技术的研发。
- 授权金融机制，使其作为技术转移的前设工具。
- 合理设计并有效执行管制，推动环境友好技术的转移和扩散。
- 加强能力建设，促进技术吸收。
- 加强知识产权保护。健全的知识产权保护体系有助于吸引外国直接投资（FDI），这是技术跨越国境的主要途径。
- 加强金融援助，包括：官方发展援助、出口信贷、全球环境基金、多边基金（MLF）以及多边发展银行。

总的来看，国际低碳技术转让主要有三种方式，一是纯粹的商业性技术转让。二是双边、区域或多边的技术合作，比如中美 CCS 示范项目、中日洁净煤合作项目、中欧煤炭利用零排放合作项目等。第三种是《公约》框架下的国际低碳技术合作。前两者的合作都是没有法律约束力、技术选择相对单一的合作方式，而第三种则是具有法律约束力的范围较为广泛的国际技术转让机制。也是本节研究的着眼点。

四 公约框架下低碳技术转让机制

技术开发与转让国际合作机制包含的核心组成部分：《公约》下的机构安排；资金机制；监督核查与绩效评估机制；政策措施；知识产权、企业社会责任和能力建设。

（一）COP7：技术转让行动框架

2001 年 10 月 25 日至 11 月 9 日，在摩洛哥马拉喀什举行的 COP7以一揽子方式通过了"马拉喀什协定"，其中的一项重要内容是技术转让行动框架的构建。该框架鼓励政府、多边开发机构、NGOs、科研院所及私营企业等开展合作。在《联合国气候变化框架公约》下设立了两个与技术相关的附属机构：科技咨询机构（SBSTA）和履行机构（SBI）。其中，科技咨询机构旨在向缔约方提供技术信息和咨询服务，而履行机构则对公约的履行情况进行评估。为了切实推动技术转移，各缔约方同意在 SBI 和 SBSTA 下设技术转移专家小组（EGTT），同时成立技术信息交流中心，促进信息传递和共享（陈晓燕，2015）。

1991 年 10 月成立的全球环境基金（GEF）一直是《联合国生物多样性公约》和《联合国气候变化框架公约》的资金提供机制，主要任务是为具有全球环境效益的项目过程中产生的"增量"或附加成本提供新的和额外赠款和优惠资助。为了解决技术创新和技术转让中的融资难题，拓宽融资渠道，增加技术转让项目的数量，技术转让框架下的"有利环境"主题主要讨论在向发展中国家转让技术过程中的融资规模及融资障碍，鼓励 EGTT 加强与联合国秘书处、全球环境基金（GEF）以及联合国环境规划署（UNEP）代表的交流，创新技术开发和转让的融资方案。EGTT 还与气候技术倡议（CTI）共同发起成立了清洁项目融资咨询网络（PFAN）以推动清洁能源融资的成功经验，并为各国之间的清洁能源投资和技术转让合作提供机会。这些讨论促成了 2004 年在加拿大蒙特利尔召开的关于为技术开发和转让的创新融资方案的 UNFCCC 研讨会。研讨会为解决技术开发和转让融资的问题提供了 UNFCCC 进程中的第一个论坛，也是吸纳私人部门供资者参与的第一个研讨会。随后与气候技术倡议（CTI）以及私营部门联合组织的蒙特利尔和波恩研讨会探讨了技术转让项目创新、非创新融资工具以及项目准备和评估的国际标准。但 GEF 的资金规模有限，远不能满足技术转让的资金需求。

UNFCCC 秘书处对减排的资金需求做了估算。其估算结果表明，到 2030 年，为使全球温室气体排放在 2000 年的基础上下降 25% 所需要的额外投资约为 2000 亿美元。此外，国际能源署（IEA）按照技术的不同发展阶段，估算了到 2030 年所需要的额外技术投资。为了实现全球减排目标，到 2030 年全球每年所需额外投资达到 3000 亿到 10000 亿美元（如表 3 - 4 所示）。

表 3-4　　　　　　基于技术不同发展阶段的额外资金需求

技术发展的不同阶段	截至 2030 年的资金需求（10 亿美元）	
	发展中经济体	全球范围
早期 R&D	—	10—100
技术的示范阶段	—	27—36
技术的部署阶段	4—61	25—263
技术的商业化推广应用和扩散阶段	176—464	380—1000

资料来源：IEA，2008。

（二）COP13：巴厘行动计划

技术是巴厘行动计划的四大核心要素之一。行动计划明确要求"进一步加强技术开发和转让以支持减缓和适应行动"。巴厘行动计划指给出的努力方向有五点：（1）排除技术发展以及转让障碍，使发展中国家能够以优惠条件获得低碳技术；（2）加速可获得的低碳技术的研发、传播及转让途径；（3）以各种方式加快技术开发与创新，并加强技术合作；（4）加强具体领域的技术合作，不同部门需要设计与本部门相符的技术合作机制。（5）加大对低碳技术转让的资金支持力度。

（三）COP15：坎昆技术机制

在 2010 年坎昆气候变化大会上，《联合国气候变化框架公约》（UNFCCC）的缔约方发起了一个新的技术机制以提高气候变化相关技术（包括能源效率、可再生能源、早期预警系统及其他领域）的转让。《坎昆协议》决定在技术生命周期的不同阶段加速与国际义务相一致的行动，包括研究与开发、示范、部署、扩散和转让以支持减缓和适应气候变化的行动。鼓励缔约方根据《公约》4.1（c）和 5 条款，在符合国家的能力、国情和优先领域的情况下，开展国内行动，参与技术开发与转让的双边和多边合作。《坎昆协议》的合作优先领域主要有 7 项：（1）提升技术相关的能力建设；（2）技术推广与信息分享；（3）增加技术的投资力度，调动私人部门的积极性；（4）技术的硬件系统和软件系统同时部署；（5）改进信息管理水平；

（6）完善创新体系，设立技术创新中心；（7）制定国别行动计划，并尽快落实。

坎昆会议的另一个主要决定是建立技术执行委员会（TEC）和气候技术中心和网络（CTCN）。技术执行委员会由 20 位通过缔约方大会选取的专家组成，主要任务包括：提供综合的技术需求信息和技术转让政策分析；在考虑特别最不发达国家缔约方的情况下，推荐与技术开发与转让相关的政策和优先方案；促进政府、私人部门、非营利组织和学术机构在技术开发与转让方面的合作；提出克服技术开发与转让障碍的行动建议；促进全球、地区和国家层面上技术路线图或行动计划的开发和应用。

气候技术中心和网络（CTCN）是公约框架下的技术机制的主要执行机构，旨在降低技术风险和转让障碍，并保证技术机制能不断向前发展。该中心是由联合国环境署联合联合国工业发展组织以及 11 个科学和技术机构共同组成的技术网络平台，这 11 个机构有的来自于发达经济体，比如德国国际合作公司、荷兰能源研究中心、美国国家可再生能源实验室，以及联合国环境署位于丹麦的里瑟中心等，有些则来自于新兴市场国家和发展中经济体，如泰国亚洲理工学院、南非科学与工业研究理事会、印度能源与资源研究所等。CTCN 于 2013 年 2 月正式启动，旨在加快与气候变化相关的技术转让，减少温室气体排放和提高对天气模式变化、干旱、水土流失及其他气候变化影响的适应。主要职能包括如下方面。

•为技术需求的识别和环境有益技术的应用提供建议和支持；

•为发展中缔约方在识别技术选择、采用和运行技术上的能力建设活动提供支持；

•通过加强公共部门、私人部门以及学术机构的合作促进现有及紧急的环境有益技术的开发与转让；

•促进建立一个由国家、地区和行业层面的技术中心、网络、组织等组成的网络；

•识别、传播并帮助开发基于各国国情的分析工具、政策、最佳实践。

UNEP 在其报告中特别提出了 CTCN 的五大发展模式。（1）可以是气候技术的研发和示范中心，从而促进各中心的 R&D 合作，协调并共同开发全球气候技术创新战略，网络将特定部门或者特定技术上的 R&D 中心组织起来，专注于区域重要或者适用的部门或者技术。且在一个地区可以有多个中心来研究不同部门或者技术。（2）可以是市场开发型国家中心网络，这一模式有两种形式：既有地区协调中心，也有国家枢纽网络，或者只有国家枢纽网络，而不设地区协调中心的网络。市场开发型国家中心网络主要用于处理技术转移的后期阶段，包括技术部署和技术扩散，功能包括政策研究（包括政策研究、融资和部署创新）、技术支持（如能力建设）和信息共享（如国家和地区研讨会）。国家枢纽能够为 MRV 提供数据，为 NAMAs 提供数据分析，起草和促进低碳发展战略以及 TNAs。（3）可以是 R&D 与市场开发混合型中心网络。由国家枢纽提供市场开发功能，如同模式（2），即市场开发功能主要在国家层面上开展，各地区负责协调。在没有国家枢纽网络的情况下，市场发展功能主要在地区层面开展。（4）可以是全球技术中心与多个（外部）中心和专家网络合作。由一个全球技术中心与多个次中心和专家网络紧密合作组成。其他中心和专家网络均为外部，各中心相互独立，与气候技术中心没有永久的附属关系。这一模式的特点是具有高度的灵活性，能够基于主题召集专家的参与。（5）可以是独立的 R&D 中心与国家市场开发中心联动的网络。在这个模式下，每个中心都是相互分离和平行的实体，由一个强大的秘书处或者全球技术中心来协调各技术研发中心和国家市场开发中心的功能。

（四）COP21 巴黎协定下的技术机制

《巴黎协定》延续并发扬了《公约》框架下的低碳技术机制，在其条款中专门对技术开发与转让做出规定，具体内容包括以下几点：（1）技术执行委员会和气候技术中心与网络要加大技术研发和示范，就加强自有能力和技术进一步开展工作；（2）要求附属的科学技术咨询机构建立技术框架，该框架要有利于开展技术需求评估，并通过拟定银行可接受项目，加强与银行等金融部门的项目对接；要为技术评估的开展工作提供资金支持；要有利于对具备转让条件和时机的技术进行评估；要识别并消除技术转让的障碍，为技术转让营造扶持型环境。

此外，《巴黎协定》专门设立了巴黎能力建设委员会，主要职能是帮助发展中国家识别其能力建设的问题和差距，并撰写年度技术报告，以确保能力建设工作的连贯性。此外，开展能力建设在全球、区域、次区域、双边等各层面的合作与经验共享，加强基于网络信息技术的能力建设，开发门户网站，加强全球有关能力建设典型案例的经验分享，加强公众参与和公众的培训与宣传。

五　国际技术转移的资金缺口与障碍

尽管《公约》框架努力完善国际低碳技术的转移机制，但发达国家对发展中国家的技术转让方面一直没有取得实质性进展。尽管1991年以来全球环境基金已为165个发展中国家的3690个项目提供了125亿美元的赠款并撬动了580亿美元的联合融资，但无论项目数量还是资金总额，都无法满足发展中国家对低碳技术和资金的需求，见表3-5。

表3-5　　　　　　　　国际技术转移的资金来源和规模

技术生命周期	资金来源	估计的年投资额（10亿美元）
《公约》和《议定书》以外的资金		
用于技术研发与示范	公共资金	10
	私人资金	9.8
用于技术扩散和商业化	私人投资	148
	出口信用保险（ECAs）	1-2
	双边或多边来源的资金	5-10
	非政府组织、基金会和资源碳汇市场资金	1
《公约》和《议定书》下的资金		
用于技术的部署和扩散	《公约》下的资金机制（GEF Trust Fund，SCCF，LDCF）	0.22-0.32
	《公约》下的资金机制撬动的公共投资和私人投资	1.152
	《京都议定书》下的灵活机制（CDM，JI）	4.5-8.5
	《京都议定书》下的灵活机制撬动的私人资金	45-85
总计		140-230

资料来源：UNFCCC（2008a）。

究其原因，《公约》框架下的国际低碳技术转让主要存在以下障碍。

（1）知识产权障碍。发达国家对知识产权有严格的保护。低碳技术的知识产权大多被发达国家的企业所掌控，增加了低碳技术进入发展中国家市场的难度。

（2）资金机制缺乏有力的协调机构。公约对技术转让相关资金的使用目标明确，特别是缺乏对新技术开发和低碳技术改造的资助，资金来源也缺乏透明度。

（3）信息不对称。发展中国家由于知识和经验的缺乏，对低碳技术的获得途径、所需资金规模，甚至技术本身都不了解。

（4）政策不足。作为技术输出国的发达国家和作为技术输入国的发展中国家都要重视相关激励政策的制定和实施。

（5）缔约方在技术开发与转让上存在重大分歧。缔约方在技术开发与转让上持截然不同的观点，是低碳技术转让难以取得积极进展的重要原因。欧盟认为发达国家对发展中国家的技术转让要以发展中国家减缓和适应行动方案为前提条件，要求发展中国家在国内制定政策、采取措施，包括：制定和执行技术相关的政策措施（PAMs）以创造适宜环境；进一步开展技术需求评估；制定国家内部技术部署方案，采取行动按部门部署减排技术；参与自愿技术协议。美国则不主张建立专门的技术转让机构，并且质疑这种专门机构在调动私人部门投资方面是否能够满足要求。美国的观点主要如下：强调通过市场机制实现技术转让，政府要做的事情主要是制定政策法规，创造适宜的政策环境；一些新兴经济体近20年来在资金和技术能力方面已经取得了很大的进步，并且赞赏一些非附件一国家业已采取的行动，包括制定可持续发展政策措施，聚焦于低成本甚至零成本的减排机会；通过 APP 和世界银行的清洁技术基金（Clean Technology Fund）等来促进清洁能源技术的贸易和投资。日本强调要制定一个相互共享的技术路线图。它要求较为发达的发展中国家在重点部门设立减排目标，制定国家整体水平上的单位 GDP 能耗或者单位 GDP 排放目标，针对减排目标建立国家监测系统，并且制定一个自愿的国家减排行动计划，要求 COP 对该行动计划定期评估。此外，发达国家向发展中国家提供的技术和资金援助则是以发展中国家的上述行动为前提条件。

第三节 资金机制

对于应对气候变化所需的资金总量，目前没有权威全面的评估，IPCC第五次评估报告的估算是，2010—2029年，对非化石能源的投资每年需要新增1470亿美元，对提高能效的投资需每年新增3360亿美元。根据《公约》秘书处估算，到2030年，全球适应成本为280亿—670亿美元，世行预计则在700亿—1000亿美元。而《公约》框架下，发达国家承诺到2020年前每年增加1000亿美元的长期资金，这一部分与需求相比还有较大差距，遑论是否能全部兑现。如何充分利用有限的资金实质推动绿色低碳发展，是当前国际社会开始关注的问题。气候融资在《公约》框架下，是一种独立于官方援助之外的增量资金，它由附件一规定的工业化国家提供，目的是帮助发展中国家增强对气候变化的适应能力，提升能力建设。无论是《联合国气候变化框架公约》，还是《京都议定书》或者《巴黎协定》，都对资金机制做过明确的描述和规定，是核心要素之一。资金也一直是国际气候治理进程上讨论最为激烈、分歧最为明显的议题（吴昌华等，2013）。

一 历届缔约方大会上气候资金议题的进展

资金议题一直是过去、现在和未来讨论以及决议的重要组成部分。公约第四条第三条款规定，发达国家应该为发展中国家提供"新的和额外的"资金支持，以支付其履行国际信息通报义务所导致的全部费用。《公约》还规定，发达国家应该提供发展中国家所需的资金，以支付发展中国家开展行动所产生的"全部增加费用"，这些行动包括：履行减缓和适应行动，将气候变化整合到经济政策和国家行动规划中，开展气候研究、教育和培训等。

最早的资金机制是全球环境基金（GEF），它成为《联合国气候变化框架公约》的资金机制。但GEF对《公约》框架下的资金承诺的履行状况令发展中国家极为失望，最重要的一条是，GEF的资金分配都集中在减缓行动领域，而忽略了适应行动。为此，2007年的巴厘大会正式建立了适应行动基金，包括成员董事会以及机构代表。它在很大程度上独立于全球环境基金。适应基金的资金运作是将从清洁发展机制接受的总收入的 2% 分配给发展中国家的机构，可以说该基金是部分发展中国家支持另一部分发展中国家的。巴厘行动计划第一段（e）是关于增加在"资金和投资"方面的行动，主要有六点：（1）对资金和提供新的以及额外资金提供更便捷的通道；（2）积极鼓励发展中国家采取减缓和适当行动；（3）改变为经济脆弱国家适应行动而提供资金的途径；（4）通过可持续发展正常刺激适应行动；（5）动员公共和私人部门资金和投资等更多地投向环境友好项目；（6）对适应行动的成本及资金需求进行评估，给予更多能力建设支持。

2009 年哥本哈根会议提出成立绿色气候基金，2010 年，UNFCCC 第 16 次缔约方会议在坎昆召开，绿色气候基金（GCF）正式宣告成立，旨在通过公共资金调动金融资源，支持发展中国家的减缓与适应行动，提升技术研发能力和能力建设，以及完善发展中国家的信息通报。但 GCF 的执行状况并不理想。

2015 年 COP21 巴黎大会最终通过了《巴黎协定》，对未来的资金机制发展做出了安排：要求发达国家增加在履行资金承诺方面的透明度，实现其有关 2025 年向发展中国家提供每年不低于 1000 亿美元的资金承诺。为了确保能够获得充足的资金，《巴黎协定》还鼓励动员各方面金融资源，包括调动私人资本，利用各种双边和多边资金以及扩展其他来源的资金支持等。专门要求附属的科学技术咨询机构设计融资模式，以通过公共资金最大限度调动各方资源，加强技术合作。此外，作为资金机制的实体，绿色气候基金和全球环境基金要继续加大力度支持发展中国家的减排行动和能力建设。

二　《联合国气候变化框架公约》下的资金机制

从 1991 年全球环境基金在《联合国气候变化框架公约》（UNFCCC）下设立以来，国际气候资金机制已经走过二十多年历史，在《公约》框架下，逐步形成了包含全球环境基金（GEF）、适应基金（AF）、绿色气候基金（GCF）、气候变化特别基金（SCCF）、最不发达国家基金（LDCF）等在内的资金体系，见图 3 – 5。

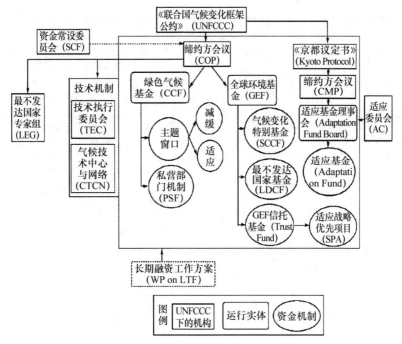

图 3 - 5　UNFCCC 框架下的资金机制

全球环境基金（GEF）在 1991 年成立，最初仅仅是世行的一个 10 亿美元的试点项目，1994 年重组后成为独立运作的机构，成员涵盖 183 个国家和地区，它同时也包括荒漠化公约等在内的其他四个与环境污染有关的国际公约的资金机制，并负责管理气候变化特别基金（SCCF）和最不发达国家基金（LDCF）。全球环境基金还临时性承担适应基金秘书处的工作。该基金的情况见表 3 - 6。

表 3 - 6　　**全球环境基金（GEF）信托基金及其托管基金情况**

	捐资总额	捐资国	运行情况
全球环境基金（GEF）信托基金	152.25 亿美元	中国在内的 39 国，美国未加入	自启动以来，GEF 累计为全球 165 个发展中国家的 3690 个项目提供了 125 亿美元的赠款并撬动了 580 亿美元的联合融资

续表

	捐资总额	捐资国	运行情况
气候变化特别基金（SCCF）信托基金	3.46 亿美元	15 个国家做出承诺	补充 GEF 资金的不足，支持发展中国家的适应和技术转让。截至 2016 年 11 月，SCCF 为 76 个适应项目提供了 3.5 亿美元资金，撬动联合融资 26.4 亿美元
最不发达国家基金（LDCF）信托基金	9.91 亿美元	已有 25 个国家做出捐资承诺	专门针对 51 个最不发达国家，负责为制订和实施国家适应行动计划（NAPAs）提供融资。截至 2016 年 11 月，LDCF 为 222 个项目提供了 9.7 亿美元赠款，撬动联合融资 39.3 亿美元
名古屋议定书执行基金	捐资 1485 万美元	日本、瑞士、法国和英国已承诺捐资	加速《获取遗传资源和公正、公平分享其利用所产生的惠益的名古屋议定书》的批准和实施，调动私人部门积极性
适应信托基金	捐资 6.42 亿美元，同时可获得 2% 的交易减排量卖出后收入	16 个成员国与 16 个候选国	支持发展中国家的具体适应项目和适应计划

数据来源：碳排放交易网，http://www.tanpaifang.com/ 及 GEF 官方网站 http://www.gefchina.org.cn/。

绿色气候基金作为联合国框架公约资金机制的运营实体，旨在帮助发展中国家减少温室气体排放以及适应气候变化的不利影响，秘书处设在韩国，是专门针对气候变化应对的金融机构，它在 194 个国家政府提议下成立，由基金董事会负责管理。世界银行是 GCF 的委托管理者。GCF 的主要资金来源是发达国家的捐资，最初的捐资金额是由 12 个发达国家在 2020 年前每年共同出资 1000 亿美元，其中快速启动基金 300 亿美元，是落实《公约》成果的重要一环。绿色气候基金一改之前资金机制的零碎型运转方式，成为规模最大的全球公共气候基金，是资金机制方面的一个重大发展。截至 2015 年 12 月，GCF 获得的政府承诺捐款达到 103 亿美元。2015 年 11 月绿色气候基金首次批准 1.68 亿美元注资 8 个项目，包括非洲和亚太地区的 3 个以及拉丁美洲地区的 2 个项目，如秘鲁的"建立湿地复原力"项目，马拉维的"加大现代气候信息和早期预警系统使用规模"项目、塞内加尔的"增强生态系统和社区复原力"项目、孟加拉国的"具有气候复原力基础设施"项目以及拉丁美洲的"能源效应绿色纽带"项目等。这些项目的合作伙伴方为不同的国家、区域和国际机构。此次注资标志着向发展中国家气候融资正式启动,而这些项目将在今后 5 年内带来 13 亿美元的投资。

三 《联合国气候变化框架公约》外的融资创新

（一）气候投资基金（Climate Investment Funds，CIFs）

气候投资基金成立于 2008 年,有 14 个发达国家和发展中国家共同出资,并与其他多边开发银行一起,共同对项目进行联合融资和管理。基金的托管人为国际复兴开发银行,其他主要参与项目运作的多边开发机构包括亚洲开发银行（ADB）、欧洲复兴银行（EBRD）、泛美开发银行（IDB）及非洲开发银行（AFDB）等。公约外资金机制体现着更清晰的出资人意图。CIF 下细分了两大投资基金:清洁技术基金（Clean Technology Fund，CTF）和战略气候基金（Strategic Climate Fund，SCF）。项目种类主要包括:森林投资项目、气候风险抵御示范项目、可再生能源扩展项目以及调动私人部门的投资。CTF 的主要目的是促进低碳技术的示范、推广和转移,尤其是实现清洁技术的创新与大规模应用。SCF 重点支持其他项目。其中气候风险抵御示范项目往往在 11 个试点国家和地区的国家适应行动计划（NAPAs）或其他国家战略规划基础上展开,与《公约》框架下的适应基金保持了紧密联系。可再生能源扩展项目主要帮助低收入发展中国家的能源部门转型。森林投资项目帮助发展中国家降低因森林砍伐和森林退化导致的碳排放增加,并通过公共资金撬动私人投资。CIF 可以算是对官方援助（ODA）的一个重要资金补充,助推千年目标的实现,也是其目标之一。CIF 首轮筹资得到的承诺是 75.2 亿美元,其中英国和美国占到全部捐资的 55%以上。CIF 还致力于撬动私营部门资金及其他资金,扩大资助项目的影响效应,同时在项目实施中,强调受捐国必须努力改善本国制度环境。

（二）国际金融组织及多边开发银行的气候资金

近些年来,世界银行已经把气候变化纳入核心议题。截至 2014 年,世界银行投资的气候项目为 224 个,投资金额约为 113 亿美元,惠及 77 个国家。2016 年，世行再次制订了雄心勃勃的《气候变化行动计划》（见表 3 - 7），打算未来 5 年，28% 的投资向气候领域倾斜，帮助发展中国家实现其国家自主贡献目标，并撬动 250 亿美元商业贷款投入清洁能源。重点投资领域包括：通过基础设施、土地利用规划与灾害风险管理一体化增强城市韧性，未来五年增加三倍资金加强交通系统抵御气候变化的韧性，制订气候智慧型农业投资计划和可持续森林战略，等等。

此外，世界银行还进行了气候融资方式的创新，比如原型碳基金（PCF）。该基金主要出资方是私营部门，是一个公私合营组织。目前世行托管的碳基金项目为 15 个。其他创新还包括 IFC 的可持续金融市场基金以及专设的碳金融机构以及与中国等开征的能源效率融资项目（CHUEE）。

表 3 - 7 　　　　　　世行集团未来 5 年的《气候行动计划》

优先行动安排	重点领域	主要目标与举措
优先领域 1：帮助处于深度转型期的国家实现政策和制度转型	帮助各国将气候承诺与优先发展目标转变为行动；完善定价机制	到 2020 年，帮助对象国改善其投资环境，加强能力建设，实现发展议程和气候议程的融合，消除贫困；协助各国实行碳污染定价，鼓励政府和私企决策者做出正确的气候抉择，建立激励机制
优先领域 2：撬动私人投资，实现全球气候目标	催化私人资本；最大化优惠融资的效用	到 2020 年率先每年从私营部门撬动 130 亿美元增量资金；在未来 5 年动员 250 亿美元商业贷款投入清洁能源
优先领域 3：扩大气候行动，加快转型速度，探索新解决方案，提高气候投资的协同效应	可再生能源及能效；可持续的交通系统；可持续的城市韧性；土地、水和食品安全的智能使用；绿色竞争力；不让任何人掉队	未来 5 年，每年至少 28% 的投资用于气候变化项目，确保 75% 以上的项目能产生显著效应；世界银行包括其他金融发展机构每年至少拨款 160 亿美元用于气候变化项目，包括提供可再生能源和提高能源效率；未来 5 年增加三倍资金加强交通系统抵御气候变化的韧性，到 2020 年投入至少 10 亿美元促进节能和增强城市韧性；帮助各国增加可再生能源，减少高碳能源，建立绿色交通体系

优先行动安排	重点领域	主要目标与举措
优先领域4：构建伙伴关系，调整内部流程，优化组织结构	建立合作伙伴关系； 关键议题的全球倡议； 构建知识库和创新解决方案； 内部过程的调整与激励； 提升组织能力和协作	以有创建的、共享的、可操作的创新型解决方案满足客户需求； 项目评估中，加大对项目气候风险及排放产生的社会成本的评估

资料来源：世行网站。

　　亚洲开发银行（ADB）也加大了气候行动力度。2016年亚洲开发银行的气候投资超过44亿美元，其中37亿美元来自亚行内部资金，7亿美元左右来自外部筹资。亚行的目标是到2020年，年度气候投资数额翻番，提升到60亿美元，这相当于亚行投资总额的30%，与世行的比例相近。除增加气候投资外，亚行也致力于加强公私合作，创新融资方式，比如与欧力士集团等共同组建亚洲气候基金，开展私募股权投资，专门用于清洁能源开发和提高自然资源效率等。亚行累计发行的绿色债券超过15亿美元。

　　自1993年以来，欧洲投资银行已经连续四次授权对亚洲和拉丁美洲发放贷款。2007年到2013年期间，欧洲投资银行可发放38亿欧元的贷款。亚洲和拉丁美洲已分别获得10亿欧元和28亿欧元（均为上限）贷款。2015年12月欧洲投资银行与中国财政部签署了《气候变化框架贷款协议Ⅱ》（CCFLⅡ），欧洲投资银行将对华贷款5亿欧元，用于包括可再生能源利用、工业温室气体减排、提升能源和可再生能源利用率在内的多个领域。这是该银行第二次与中国签署同类贷款合同。第一笔同为5亿欧元的贷款合同是在2007年12月签署的。2016年欧洲投资银行批准13多亿欧元性贷款用于能效和气候投资，主要用于比利时和希腊的新风电场、意大利小型水电项目、芬兰零能耗建筑等。这也是欧洲投资银行73亿欧元新投资项目的一部分。

　　（三）国家气候基金

　　比如中国的"中国气候变化南南合作基金"，旨在为发展中国家特别是小岛屿国家和最不发达国家在应对气候变化方面提供培训及其他方面援助，增强它们应对和适应气候变化的能力建设。一些发展中国家也建立了国家基金，比如于 2009 年成立的主要支持减缓行动的印尼气候变化信托基金，以及巴西亚马逊基金等。

（四）私人资本的参与

私人投资介入气候变化领域，有助于解决融资瓶颈等问题。但如何将私人资本纳入气候融资体系尚有机制上的技术问题需要解决。私人投资机构已经开始把目光转向气候变化。国际 VE/ PE 都开始在清洁能源等领域投资，尤其是在亚洲地区的投资。风能是最成熟的清洁能源技术，其吸引的投资比核能或水力发电要多三分之一。太阳能也是增长最快的部门。联合国在 2009 年 5 月的一份报告《气候变化投资引领》中认为，到 2030 年对低碳经济的投入将高达 10 万亿美元，养老基金应将气候变化作为一种"受托责任"。还有气候变化机构投资者团体（IIGCC）以及 Chrysali 全球网络等由机构投资者自发组成的投资者网络，The P8 Group 是全球最大的公共养老金发展行动网络，其投资的重要领域就是气候变化。The P8 Group 包括十个全球领先的养老基金和主权财富基金，分别来自欧洲、亚洲、大洋洲和北美洲，代表着超过 3 万亿美元的投资资本，可以用于长期投资。

第四章　国际气候治理效果评估

气候变化的全球公共问题属性和较高的减排成本常常导致国际气候合作中的"搭便车"行为。这一行为的普遍存在使得通过签署国际气候协定来对各国的减排行为进行实质性约束常陷入"威斯特伐利亚"困境，《京都议定书》即是如此，因为当前的威斯特伐利亚体系要求国家加入国际协议都是基于自愿原则，也就是说任何一个主权国家有自主选择和自由决策的权力，未经该主权国同意，不能通过强制性措施使其承担减排义务和责任。

对国际气候治理历程的回顾可以看出，当前的治理模式已经从《京都议定书》时强制性"自上而下"向"自下而上"的各个主权国家自主决定其贡献目标转变。但不可否认的是，"自下而上"的减排模式具有极大的灵活性和松散性，虽然从协定层面，在遵循"共同但有区别的责任"原则基础上，将全球绝大多数的国家纳入到减排行动中，但面对气候变化这样需要强有力应对行动的特殊的全球公共产品，这样一种灵活松散的机制能否把各个成员国紧密团结起来实现2℃的温控目标，仍然是为大家所争论和怀疑的问题。《京都议定书》就缺乏把成员国紧密团结起来的经济动力，所以注定名存实亡。同样的，其他的气候条约或气候协定的达成更像是一种外交程序，经过谈判、核准、实施，然后再进入新一轮的谈判、核准循环，是否能真正生根发芽，还需要进一步的努力。

第一节　国际气候治理的有效性评估

Barrett 在 1994 年的研究中借用交易经济学的"契约自我实施机

制"（self – enforcement）的概念构造了一个自我实施的减排机制——各方自愿减排机制，建议考虑这种完全自主决定减排意愿的模式是否能够解决"搭便车"问题（蔡跃洲，2010）。"自我实施"机制的主要特点强调各参与方的自觉性（周志敏，2011），建立在各方相互信赖的基础上，通过社会信誉对行为进行约束，并且假设各方都予以足够的容忍性，从而能够实现减排的国际合作，如果能够达成稳定的合作，那么这将是一种成本最低的合作机制。对违反承诺的成员的惩罚机制不是 WTO 等下的依靠法律手段等进行惩罚，而是通过惯例、行规、道义等非正式的机制来制裁违约行为。在研究中，Barrett 首先构造了一个实施成本函数，分析减排可能产生的成本以及哪些因素使得这种自主决定贡献的自愿减排机制能够达成稳定的合作目的。Barrett 针对不同情景下的成本—收益进行数值模拟分析，他发现其实这种自愿减排机制的稳定性并不高，机制吸收的成员越多，那么整个实施成本就越高。提升净收益的方法就是整个机制只有少数人参与，但这更无法解决"搭便车"问题。

Botteon & Carraro（1997）随后研究了仅有部分成员自愿加入减排机制的合作机制是否稳定。为了更形象地模拟国际气候治理状况，他们的研究把国家按照所在区域进行了分类：美国＋加拿大，欧盟，俄罗斯＋东欧，日本，以及中国＋印度五部分（王军，2010），并将减排的实施成本和气候变化引发的损害加入到各国福利函数中，分析了这一少数人联盟机制的稳定性。他们的模拟结果也显示，只要成员国数目超过 3 个以上，机制就会变得不再稳定（田慧芳，2015）。

对于这种自愿减排机制，是否有其他机制可以吸引更多成员自愿加入到减排行列，达成全球性的自愿减排协议？Chen（1997）、Uzawa（1999）等从激励机制和惩罚机制角度来寻求解决办法，研究了惩罚性的关税措施或者激励性的资金转移支付措施能否推动协议达成。Uzawa（1999）和 Chen（1997）的模型分析都证明资金转移支付措施效果明显，应该把资金机制纳入减排协议中，作为重要的激励机制。因为小国（发展中国家）在参与减排的成本很大时，往往缺乏合作的积极性，资金转移机制是提高能力和积极性的最好措施（田慧芳，2015）。

基于以上研究的基本思想，本节首先构建一个"N 国 N 商品的阿明顿气候贸易模型"（Armington trade-climate model），将国际贸易机制与国际气候机制融合起来，模拟分析贸易措施（如关税、碳边境调节、资金转移支付、技术援助）在推动国际碳减排合作方面的有效性（田慧芳，2015）。

一　多国多商品的一个阿明顿气候贸易模型的构建

这里引入一个新的贸易与气候变化分析框架［方法上主要采用可计算的一般均衡模型分析方法（CGE）］。新分析框架的基本思想是由加拿大西安大略大学教授 John Whalley 和本人等在 2008 创建的，它将温室效应的全球外部性直接纳入一国的福利函数，指出一国的减排行为将通过两者途径改变一国的福利。一是直接降低本国的生产和消费，从而降低本国的福利；二是减排将减缓全球气温的上升，从而产生正的外部性，引发该国福利的上升。这两种机制的相互作用的结果将决定该国是否有意愿参与减排。该框架尤其讨论了在封闭框架下和国际贸易的存在的两种情况下各国参与国际环境协议的意愿（田慧芳，2015）。一个基本的结论是，贸易的存在增大了各国参与全球减排协定的可能性。在该模型基础上，我们探讨贸易手段如碳关税、资金援助等是否有助于解决"搭便车"问题（Huifang Tian，2009），从而推动解决气候问题。

（一）气候贸易模型的基本假设

（1）假设存在 N 个国家，有 N 种商品，同一国家消费同一消费品。

（2）温室气体排放的增加主要来自生产过程。

（3）消费将使得一国福利增加，但温室气体排放增加所导致的气候变暖则会使得各国遭遇福利损失。消费的大小取决于该国的生产能力和进口状况，生产下降，则温室气体排放下降，这会减缓气候变化的速度。

（二）福利函数

这里的福利函数不仅仅是变量消费的函数，同时是全球气温的变化的函数，因为全球气候变暖会直接影响一国的生产和消费以及支出状况，从而使得一国福利增加或减少。因此，福利函数的表达式为：

$$\Delta U_i = \Delta U(\Delta RC_i, \Delta T) = \Delta RC_i \cdot \left(\left(\frac{H - \Delta T}{H} \right) \right)^\beta \tag{1}$$

这里我们对福利函数进行了一般化假设，将其定义为柯布－道格拉斯函数。

其中，ΔRC_i 为一个增量概念，它表示的是常规增长情景下的消费需求与零增长情景下的消费需求的差（下文统称为消费）。ΔT 表示 t 年内全球平均气温的变化；ΔU_i 表示常规增长情景下的福利水平与零增长情景相比的福利变化（下文统称为效用或者福利）。

从模型可以看出，ΔU_i 与 ΔRC_i 正向变动，即一国消费的增长带来该国福利水平的提高；ΔU_i 与 ΔT 反向变动则表示全球气候变暖直接导致该国福利受损。

其中 H 代表地球能承受的全球气温升高的极限值。Stern（2006）的研究把 2036 年全球平均气温最多可以上升的极限值定为上升 2℃），我们假设一旦地球温度上升超过极限值，那么全球生态系统将受到毁灭性打击，人类活动将不得不停止，这时全球福利变为零。模型中我们选择 $H = 10$（即全球气温上升幅度最多不能超过10℃）作为 BAU 情景，对 $H = 2$ 和 $H = 5$ 做敏感性分析。模型的含义为，全球气温的变动 ΔT 越接近 H，即地球温度上升一旦接近温度阈值（这里是10℃），过高的温度将使所有的生产生活停止，从而福利变为 0。ΔT 越靠近 H，各国的福利水平越接近零。如果全球气温一直保持不变，即 $\Delta T = 0$，那么福利水平就只与本国消费和生产有关。ΔT 越小，福利水平越高。参数 β 反映温度变化对福利的影响程度。β 的参数值在随后我们将利用相关数据进行校准。

全球气温变化 ΔT 的大小取决于 t 年内全球碳排放的总量。我们假定全球气温变化是全球各国总生产的函数，即生产越多，生产中的排放就越多，那么导致全球气候升高的可能性就越大。

$$\Delta T = g\left(\sum_i e_i \Delta RS_i \right) = a \left(\sum_i e_i \Delta RS_i \right)^b + c \tag{2}$$

具体看，e_i 代表一国碳排放的强度，碳排放强度越大，生产活动中排放的二氧化碳就越多。强度用单位 GDP 的碳排放量来表示。

将公式（1）和（2）有机联系起来的是 ΔT，即全球气温的变化有两种作用渠道：渠道1，一国的减排行为将直接影响本国的生产和消费，导致本国福利下降；渠道2，减排带来生产的下降，从而导致二氧化碳排放下降。二氧化碳排放的降低，有助于缓解全球变暖的程度，使得 ΔT 下降。ΔT 的下降产生正的外部性，刺激该国生产和消费增加，从而福利水平上升。两种机制的综合作用决定各成员国是否具有较强的减排意愿，并且愿意与其他国家一起努力。如果净收益大于0，则认为该国倾向于付出减排努力，并和其他成员一起自愿遵守减排承诺；如果净收益小于0，则认为该国倾向于即使没有退出气候协定，但并不愿意承担减排义务或者付出的努力很小。

（三）对一国消费进行一次分解

消费主要包括国内消费和进口消费，且由一国的秉赋决定其消费程度。

$$\max RC_i = RC_i(D_i, M_i) = ((\lambda_1^i)^{\frac{1}{\sigma}} D_i^{\frac{\sigma-1}{\sigma}} + (\lambda_2^i)^{\frac{1}{\sigma}} M_i^{\frac{\sigma-1}{\sigma}})^{\frac{\sigma}{\sigma-1}} \tag{3}$$

$$s.\,t.\ p_i^w D_i + p_i^m M_i \leqslant I_i = p_i^w RS_i \tag{4}$$

其中，D_i、M_i 分别代表一国对本地消费品的需求和对进口品的需求。I 代表一国的总收入，用 GDP 表示。RS 代表一国总供给。

将一国收入在购买本地消费品和购买进口品之间进行分配，则对本地消费品的需求和对进口品的需求分别为：

$$M_i = \frac{\lambda_2^i I}{(p_i^m)^\sigma (\lambda_1^i (p_i^w)^{(1-\sigma)} + \lambda_2^i (p_i^m)^{(1-\sigma)})} (i = 1, \cdots, N) \tag{5}$$

$$D_i = \frac{\lambda_1^i I}{(p_i^w)^\sigma (\lambda_1^i (p_i^w)^{(1-\sigma)} + \lambda_2^i (p_i^m)^{(1-\sigma)})} (i = 1, \cdots, N) \tag{6}$$

（四）对一国的进口产品进行二次分解

进口量是其本国从他国进口产品量的 CES 函数，进口数量由一国的秉赋决定。

$$\max M_i = H(R_1^i, R_2^i, \cdots, R_{i-1}^i, R_{i+1}^i, \cdots, R_N^i) = (\sum_{j \neq i} (\kappa_j^i)^{\frac{1}{\sigma_m}} (R_j^i)^{\frac{\sigma_m-1}{\sigma_m}})^{\frac{\sigma_m}{\sigma_m-1}} \tag{7}$$

$$s.\,t.\ \sum_{j \neq i} p_j^{d_i} R_j^i \leqslant I_i^m = p_i^m M_i \tag{8}$$

对该 CES 函数进行效用最大化计算，可得到如下等式：

$$p_i^m = [\sum_{j \neq i} \kappa_j^i (p_j^{d_i})^{1-\sigma_m}]^{\frac{1}{1-\sigma_m}} \tag{9}$$

$$R_j^i = \frac{\kappa_j^i p_i^m M_i}{(p_j^{d_i})^{\sigma_m} \sum_{j \neq i} \kappa_j^i (p_j^{d_i})^{1-\sigma_m}} = \frac{\kappa_j^i (p_i^m)^{\sigma_m} M_i}{(p_j^{d_i})^{\sigma_m}} \tag{10}$$

（五）均衡条件

$$\sum_{j \neq i} R_i^j + D_i = \Delta RS_i \ (i = 1, \cdots, N) \tag{11}$$

（六）减排成本函数

$$MC_i = \varphi \frac{(\overline{\Delta E_i} - \Delta E_i)}{\Delta E_i} RS_i \tag{12}$$

ΔE 代表减排量，MC_i 代表减排的边际成本，φ 代表技术变量。减排要求越高，减排成本则越高。减排成本也受减排技术的影响。

（七）模型扩展

为了进一步研究其他辅助配套机制对国际气候合作模式的影响，在模型中，我们加入了以下外生变量：关税惩罚措施、资金转移支付激励措施、低碳技术的引入及进步、贸易不平衡以及减排成本等。简单的处理是，碳关税直接作为一国的外贸收入从而计入 GDP 中；资金的转移支付及技术进步则主要由发达国家提供，转移支付的数额设定不同情景，技术进步通过调整参数来控制。

（八）基准情景（BAU）假定

在模型中，我们使用了 OECD 和金砖四国（BRIC）的消费和贸易数据，并给定基准的未来增长模式，模型选择 2006 年为基年，假定所有国家未来 50 年需要减排 50%，其中以斯特恩报告中假定的 2030 年和 2050 年全球气温的增长极限 3℃ 和 5℃，以及 Stern 和 Mendelsohon（2007）的气候变化损害成本为参考，得出 2006—2036 年或 2006—2056 年两段时期的全球二氧化碳存量，并对模型参数进行了校正（田慧芳，2015）。

二　数据来源及参数校准

本文的基础数据主要来自 WTO。本节也把全球国家进行了整合划分，分为美国、欧盟、日本、巴西、俄罗斯、印度、中国和其他 8 大经济体，在模拟分析时，也根据需要把巴西、俄罗斯、印度、中国作为一个整体 BRIC 进行分析。模型以 2006 年的贸易和排放数据为基期，主要运用一般均衡分析方法模拟计算。数据和参数选择见表4-1、表4-2。

在气温没有变化时，效用函数为：

$$U_i^* = RC_i \tag{13}$$

将变化的损失考虑在内，可以得出：

$$U_i^* / U_i = \left(\frac{H - \Delta T}{H}\right)^\beta \tag{14}$$

数据收集见下表。我们以2006年为基准年。温度变化采用Stern（2006）的2036年上升2℃、2056限值约5℃的假设。数据整理见表4-1。

表4-1　　　　　　　　　　　基础的数据信息

	巴西	俄罗斯	印度	中国	美国	欧盟	日本	其他	合计
2006年产出（RS_i^{2006}），trillion $	1.067	0.987	0.912	2.645	13.164	10.636	4.368	14.682	48.46
2006年排放（ΔE_i^{2006}），bmt	0.53	2.54	1.83	5.88	6.81	3.13	1.19	14.37	36.29
2006年碳排放强度	0.500	2.577	2.012	2.222	0.517	0.294	0.273	0.979	—
假定的年GDP增长率	0.04	0.06	0.06	0.07	0.02	0.015	0.015	0.015	—
PPP增长率（基于世行2007数据）	1.40	1.60	2.50	2.10	1.00	0.85	0.95	1.35	
2036年累计总产出（RS_i^{2036}），trillion $	33.63	62.22	58.64	244.22	176.30	112.05	48.58	179.39	915.03
2056年累计总产出（RS_i^{2056}），trillion $	130.83	298.86	281.40	1322.87	573.28	368.85	169.64	647.25	3792.98
PPP衡量的2056年累计总产出（PPP RS_i^{2056}），trillion $	183.16	478.18	703.50	2778.03	573.28	313.52	161.16	874.15	6064.98
考虑贴现率后的2056年累计总产出（discount RS_i^{2056}），trillion $	52.31	93.94	88.42	435.93	280.78	140.48	63.57	359.62	1515.04

续表

	巴西	俄罗斯	印度	中国	美国	欧盟	日本	其他	合计
2036年累计总排放（ΔE_i^{2036}），bmt	16.82	160.34	117.99	542.65	91.15	32.94	13.26	175.63	1150.77
2056年累计总排放（ΔE_i^{2056}），bmt	65.42	770.16	566.18	2939.42	296.39	108.44	46.31	633.92	5426.23
考虑贴现后的2056年累计总排放（discount ΔE_i^{2056}），bmt	26.16	242.09	177.89	968.63	145.16	41.30	17.35	352.07	1970.65

注：依据2006年的基础数据对2036年和2056年的数据进行了模拟计算。

表4-2　　　　　　　　　　对模型参数的校准

H	β		气候函数里的参数a、b单位为：$\Delta T^{2036} = 3$，$\Delta T^{2056} = 5$
	气候损害成本的基准情景 BAU damage cost assumed	β	
10	10%	0.152	
	20%	0.322	
	50%	1.000	
20	10%	0.366	$a = 0.294$
	20%	0.776	$b = 0.329$
	25%	1.000	
30	10%	0.578	
	16.7%	1.000	

三　模拟结果分析

（一）贸易措施的有效性分析

本文的研究结论显示，对国际贸易产品征收碳关税，从而迫使贸易品生产国加入减排行列，在当前的自愿减排机制安排下，能取得的成效甚微，相反可能会使得全球福利受损。碳关税的征收对于贸易大国来讲，不但不会增加其总体福利，相反可能影响其贸易成本，从而导致总体福利下降。模拟结果分析也显示，在碳关税征收时，几乎所有大国的福利水平都出现了不同程度的下降。且碳关税的征收很可能影响到国际贸易的公平性，引起更恶劣的贸易战，在当前的贸易格局下，通过碳关税手段来解决气候问题，促进全面有力的减排，存在很多的困难。

（二）低碳技术转移的有效性分析

从模拟结果看，技术进步对发展中国家的减排积极性有很大的刺激作用。建立国际技术转移机制，将极大降低发展中国家的减排成本，比碳关税更有利于减少搭便车行为。

（三）资金转移机制的有效性分析

从模拟结果看，一定规模的适应性资金激励对减少搭便车行为，提高发展中国家的积极性更有帮助。资金援助激励比贸易制裁更容易激励发展中国家的减排行为。

（四）参数敏感性分析显示

贸易弹性↑⇒碳关税↓，资金规模—

　　气候损害成本↑⇒碳关税↓，资金规模↑

　　　能效技术↑⇒碳关税↓，资金规模↓

地球气温阈值↓⇒碳关税↓，资金规模↑

　　使用 PPP GDP⇒碳关税↑，资金规模↑

　　　discounting⇒碳关税↓，资金规模↓

降低碳强度而不是绝对减排⇒碳关税↓，资金规模↓

这意味着有很多其他因素会影响到各个国家积极参与国际气候治理合作的意愿：贸易的弹性、气候变化的损害成本、各国的减排边际成本、是否考虑购买力平价因素、是否考虑 GDP 的贴现率、是绝对量减排还是碳强度减排等模型参数和假设的不同，会对结果造成很大影响。技术进步是扭转减排负面影响的关键，提高能效合作成为中国未来国际气候合作的重点突破口。气候变化的损失和危害在逐年增加，也会改变许多国家的合作意愿。

对于搭便车问题的解决方案，理论家有很多的探讨。组建"俱乐部"被认为是一种理想方案。"俱乐部"是一个自愿组织的群体，该群体在共担成本基础上共享收益。一个成功的"俱乐部"往往需要具备以下主要条件：（1）存在可被大家共享的公共资源；（2）每个会员都需要遵守"俱乐部"的合作协议，包括缴纳会费；（3）排除非会员不需要成本或者仅需很低的成本；（4）会员稳定。在实践层面，"俱乐部"理论曾被成功运用于国际金融和国际贸易治理领域，比如布雷顿森林体系下的国际货币基金组织（IMF）或世界贸易组织（WTO）。

在"俱乐部"理论基础上，威廉·诺德豪斯早在2011年就提出建立一个有配套制裁机制的"气候俱乐部"以解决气候政策中的搭便车问题（William Nordhaus，2015）。在他的模型设计中，"俱乐部"是成员国在自愿基础上建立的"自上而下"的全球气候联盟。"俱乐部"内的所有成员国都得遵循统一的国际目标碳价格（这一目标碳价格等于全球碳社会成本），在承担较高减排义务的同时也能通过联盟机制共享利益。为了验证"气候俱乐部"的有效性和可行性，作者首先对搭便车问题的原因及解决方案进行了讨论，在非合作博弈框架下分析了气候政策的成本和收益。作者认为，2015年后的国际气候合作是一种非合作博弈，其结果是减排总量远低于合作均衡下的水平，且国家有强烈的搭便车动机，不愿意参与"强有力"的气候协定。那么如何改善这种非合作均衡状况？考虑到转移支付和贸易制裁是贸易领域常用的激励和惩罚机制，诺德豪斯设想了两种"气候俱乐部"模式。一种是不设立对非俱乐部成员制裁机制的俱乐部模式，理论研究发现，在不存在奖惩机制时，联盟往往采取小团体形式，这一模式下的减排总量与非合作均衡下的水平非常相近，且具有高度的不稳定性，易受地区间转移支付的影响。第二种是设立对非俱乐部成员制裁机制的俱乐部模式，研究发现，设立配套的制裁机制，将可能促使"气候俱乐部"向理想的方向发展。作者特别比较两种贸易制裁措施的有效性：一是对来自非俱乐部成员国的进口产品依据碳内涵征收碳关税，二是对进口产品设置统一的进口关税。诺德豪斯的结论是：碳关税对推动合作减排的效果有限，而统一关税则会对俱乐部的大小产生显著影响。

为进一步从实证层面进行验证，作者开发了一个基于传统的DICE模型的气候经济学联盟模型（C-DICE模型或气候经济的动态集合联盟模型）。模型将全球分为 15 个区域，包含减排、气候损害、贸易结构、关税的竞价影响等多个参数，并使用了一种改进的算法，使模型可以找到稳定的联盟纳什平衡。模型中的国际目标碳价格的范围是 12.5—100 美元/吨，统一的关税税率是 0—10%。模拟分析的主要结论如以下几个方面。①一个包含目标碳价格以及贸易制裁的国际气候协定能够产生持续有效的减排效果。对非会员国的适当贸易制裁有利于形成一个具有最大减排效果的联盟。②采用统一的关税，与其他贸易措施或不存在任何制裁机制相比，更有利于解决气候变化的外部性问题，但前提是国际目标碳价格不能过高。当国际碳价在每吨 50 美元时，相对较低的关税就会促使更多的国家加入气候联盟。但碳价格上升至 100 美元/吨时，总的减排成效并不比非合作均衡好。因为合作均衡与非合作均衡的差会随着全球社会碳成本（SCC）的上升而急剧上升。而非会员遭遇贸易制裁的成本并不随 SCC 的变动而变动。国际目标碳价格的上升只会导致国家权衡成本收益后更倾向于选择不合作。③从收益和损失的分布看，所有地区都倾向于选择具有制裁措施和适度碳价的减排机制，而不是没有任何惩罚措施的机制，即使没有参与的国家也同样如此也就是说，一个有配套制裁机制的减排安排对大多数地区更具吸引力，因为在关税税率不太高时，成员国采取强有力的减排所带来的收益会远大于非成员国的关税损失。④参数的敏感性分析显示，造成俱乐部不稳定的主要因素有两个：一是成员国加入"气候俱乐部"后获得的收益不足，易受其他中等规模联盟的竞价影响；二是损害函数存在灾难性阈值，一旦排放超过限度，不同地区的气候损害将变大，从而出现不同区域的治理组合联盟。

　　作者在结尾部分专门强调，本文结论的得出是基于公共产品理论、C - DICE 模型的模拟分析、国际协定的历史以及《京都议定书》的经验，旨在提供一种解决搭便车问题的思路，而不是为具体的气候条款提供建议。"气候俱乐部"的分析实质上涉及到许多的核心问题：全球贸易体系因何存在，减缓气候变化的目标到底是什么，一个系统是否能公平地将所有国家置于同等地位，以及在这样的机制下国家该怎样进行实质性谈判等。作者指出，当今开放的贸易体系是几十年漫长谈判应对贸易保护主义的结果，曾给世界带来巨大收益，改善了世界各地的生活水平。目前全球贸易体系面临危险，应该考虑建立一个机制，把气候协定与贸易体系连接起来，只要减缓气候变化带来的收益能为大家清楚所见，且足以弥补当前贸易体系遭遇的威胁。

第二节　国际气候治理的公平性评估

国际气候治理的焦点问题是全球碳排放权如何公平分割。气候公平问题在全球减排方案中，主要表现为全球剩余的碳容量空间在地区间的不同分配。本节基于气候公平的不同原则，评估不同原则下全球碳减排方案。总结现有全球减排方案，有四种减排责任分摊方案（即四种公平原则）：责任、平等、能力和需求以及成本的有效性，在模拟分析中用人均累计排放公平（equal - per capita capacity with history considerations）、人均排放公平（equal - per capita capacity without history considerations）、人均减排负担公平（equal per - capita burden of reductions）以及人均减排收益公平（equal per - capita benefit of reductions）表示。模型仍然延续上一节的多国多商品阿明顿气候贸易模型，由于采用了不同的减排责任分摊方案，各国的减排空间出现了变化，见表 4 - 3。

模拟结果显示，从排放空间看，相比其他公平原则，"人均累计排放公平"下包括中国在内的新兴经济体和发展中国家可以获得相对较多的碳排放空间。但由于中美两国排放基数比分配到的有限的排放空间要大得多，所以无论哪一种碳排放权分配方案，长远看对超级排放大国都没有显著的好坏差异，都必然承担更大且趋同的绝对减排责任，这也意味着发展中国家所一直坚持的"共区"原则在未来"共同责任"将被强化，而"区别责任"将被淡化。中国在短期内可通过"人均累计排放"争取较多的排放空间，但长期应该转换思路，跳出份额分配僵局，率先主动承担责任，倒逼国内改革，寻求以其他方式维护发展权利，实现全球减排的实质进展。

表 4 - 3　不同公平原则下各国相应的碳减排空间

国别	不同方案下到2050年分国别碳排放分配（Bmt）						到2050年分国别碳减排比例（%）					
	总体人均削减（82.58%）	人均排放公平	人均累计排放公平	人均减排收益公平	人均减排负担公平	总体人均比例	人均排放公平	人均累计排放公平	人均减排收益公平	人均减排负担公平	
中国	698.08	228.97	243.93	21.88	4.10	82.58	94.29	93.91	98.42	99.70	
印度	109.32	252.91	282.93	25.12	7.51	82.58	59.70	54.91	98.18	99.46	
俄罗斯	85.04	18.68	5.62	364.10	69.97	82.58	96.17	98.85	73.67	94.94	
巴西	10.32	36.09	39.33	286.66	236.25	82.58	39.08	33.61	79.27	82.91	
美国	114.87	66.36	20.86	74.97	106.54	82.58	89.94	96.84	94.58	92.29	
欧盟	47.80	52.34	4.34	112.96	215.10	82.58	80.92	98.42	91.83	84.44	
日本	18.24	15.78	10.38	489.55	738.82	82.58	84.93	90.09	64.59	46.56	
其他	298.93	711.48	775.23	7.36	4.31	82.58	58.52	54.80	99.47	99.69	
世界	1382.60	1382.60	1382.60	1382.60	1382.60	82.58	82.58	82.58	82.58	82.58	

资料来源：笔者根据表 4-1 计算得出。

第三节 "国家自主贡献"目标的力度评估

根据联合国环境署 2016 年 11 月发布的最新《2016 年排放差距报告》的评估结果显示，尽管"国家自主贡献"（INDC）显示了各国努力减排的决心，但力度与 2025 和 2030 年所需排放量的差距仍然显著。按各国在 2030 年的预期温室气体排放水平测算，即使《巴黎协定》充分落实，全球在 21 世纪末仍可能升温 2.9 至 3.4 摄氏度。要实现本世纪内全球气温上升控制在 2 摄氏度以下的排放水平，在 2030 年之前还有 120 亿—140 亿吨二氧化碳当量减排差距。崔学勤等（2016）的研究也表明，要实现全球 2℃ 的温控目标，"国家自主贡献"下的减排行动力度仍然需要提升，见表 4 - 4。

表 4 - 4 主要大国的"国家自主贡献"

	减排目标	资金承诺
美国	2025 年温室气体排放比 2005 年减少 26%—28%	将向绿色气候基金捐资 30 亿美元
欧盟	2020 年温室气体排放比 1990 年减少 20%；2030 年减少 40%；2050 年减少 80%—95%。2020 年可再生能源比例提高到 20%；2030 年不低于 27%；2050 年不低于 55%	英国向绿色气候基金捐资 12 亿美元；法国向绿色气候基金捐资 10 亿美元，2020 年起，每年增加 40 亿欧元外援
日本	2030 年排放量比 2013 年减少 26%	向绿色气候基金捐资 15 亿美元
中国	2030 年，碳排放强度比 2005 年下降 60%—65%，非化石能源比重达到 20% 左右	投入 200 亿元人民币建立"中国气候变化南南合作基金"，2017 年启动全国碳排放交易体系
巴西	2025 年，温室气体排放比 2005 年减少 37%，2030 年减少 43%；在 2030 年，可再生能源占比 45%	—
印度	2030 年碳排放强度比 2005 年下降 33%—35%；2030 非化石能源比重增加到 40% 左右；2030 年增加 25 亿—30 亿吨的碳汇	—

来源：根据各国 INDC 资料整理。

第四节 国际气候治理的未来发展趋势

国际气候治理旨在为各国在应对气候变化问题上提供一种制度上的长期约束和强劲推动力。它将调整各国和全球的战略设计及行动，致力于实现全球范围内的绿色低碳增长。国际气候治理以互信为根基，推动有约束力的全球气候协定的达成，在不超越国家主权的基础上，动员各主权国家积极采取应对气候变化的行动，承担共同但有区别的责任，并通过一定的机制兑现承诺。由于国际气候治理不存在超国家的治理实体，只能通过主权国家之间的多边谈判，形成国际社会一致认可的国际法律法规条约或者国际规则，再附以一定的实施机制，对主权国家的行为进行规范，敦促其履行承诺，实现全球范围内的绿色低碳转型。多边谈判进程往往会因为国家利益、价值观和政治结构的不同而遭遇诸多挑战，甚至出现反复，但一旦形成全球范围内的协定，这种全球安排就具有一定的稳定性。《巴黎协定》已经于2016年11月正式生效。在这一全新气候治理安排下，就目前各国提交的"国家自主贡献"情况看，远不足以实现协定规定的到21世纪末将全球温度的升高控制在2℃以内的目标，更不必说1.5℃。未来如何加快《巴黎协定》的有效推进以及不断强化各国的行动力，至少需要考虑以下问题：第一，如何实现国家内部在经济增长与气候治理两方面的双赢。第二，如何实现国际共同发展，合作创造共赢。围绕这两大问题，未来国际气候治理可能出现以下变化。

第一，气候治理与发展议程、增长议程、贸易投资议程、金融议程等变得密不可分。

2016年，围绕气候变化和可持续发展，G20中国杭州峰会针对如何落实《2030年可持续发展议程》进行了全方位的资源和政治动员，将如何推动落实可持续发展目标和气候目标融入到G20的增长议程、贸易投资议程、金融议程等的方方面面。未来《巴黎协定》的落实在国别层面以及国际层面，也都会与经济增长、金融、贸易投资以及可持续发展等的战略规划紧密嵌合。比如，在G20或者UN等推动下，各国的国家自主贡献目标（INDC）很可能将嵌入国别的《2030年可持续发展议程》行动计划以及投资战略，追求的系统性调整策略，以增加各国未来的减排雄心，以及顺利通过同行审议。

落实《2030年可持续发展议程》的第一步是制订国别行动计划。这存在四大挑战：一是气候变化应对挑战，要求能源部门脱碳，并应对20多亿人的城市化进程；二是大规模的移民带来的基础设施等挑战，而气候变化因素叠加使该问题变得更为复杂，人道主义援助挤占了传统的发展资源，二者之间的关系需要协调；三是国际金融与税收体系仍然十分脆弱，需要实现转型；四是国际贸易体系的转型挑战，要使其与2030议程更好地对接，纳入社会与环境标准。因此，各国必须整合2030议程的17个可持续目标和169个具体目标，根据各国具体情况，将这些目标纳入国家中长期发展战略，建立国际议程和国内战略之间的协同和互补关系。地方政府的发展规划应该与国家/联邦政府的2030议程行动计划相一致。同时来自地区和地方政府层面的一些创新和典型案例也可以纳入到国家战略行动计划中。再比如，为了实现国家自主贡献目标，实现低碳绿色转型，各国必然加强和调整增长战略，利用低碳发展的重要机遇，增加适应气候变化的投资。同时也会加强和调整融资战略，构建绿色金融体系，满足低碳发展的资金需求。

第二，可持续的基础设施投资将成为实现可持续发展目标和经济增长的关键，也是实现《公约》框架下气候目标的关键。

联合国2030议程和巴黎气候大会均把建设绿色、清洁、高质量的基础设施作为可持续发展目标（SDGs）和全球应对气候变化的重要举措。可持续的基础设施投资是可持续发展和经济增长的关键，也是实现2030年可持续发展目标和其他目标的关键。建设更优质、更智能以及更持续的基础设施将有助于各国持续提升《巴黎协定》要求的自主贡献目标。此外，可持续的基础设施投资可以避免锁定高碳投资，给政策制定者制定未来雄心勃勃的减排目标预留余地，从而使全球经济在2050年脱碳成为可能。可持续基础设施投资还可以平衡全球贸易下滑对各国的影响，将为各国创造就业机会，帮助各国更好地应对未来气候的影响。这需要在全球范围内，针对基础设施投资的可持续，加强系统性评估，建立国家内部以及各国之间的联合行动，确保可持续基础设施投资的数量和质量，同时构建城市网络，建立城市间的智能联通。这需要 G20 基础设施中心（GIH）与国际组织（OECD、IMF 以及各多边开发银行）深化可持续基础设施投资方面的合作，建立知识分享平台，提升能力建设。

　　未来 15 年内基础设施投资需求估计为 90 万亿美元左右。根据全球基础设施中心（GIH）的最新预测，到 2030 年基础设施投资市场投资缺口高达 10 万亿至 20 万亿美元。而当前的基础设施融资存在以下特征。第一，投资缺口巨大，公共资金短缺，银行提供长期融资的动力不足，需要挖掘多渠道的资金来源支持基础设施建设。第二，多边开发银行是全球基础设施建设的重要参与者，但多边开发银行对基础设施的投资比例不足 5%，且更多集中关注本区域范围内的基础设施项目，相互之间的协调合作较少，有时会出现"拥挤效应"。第三，私人部门参与不足。比如亚洲国家基础设施占 GDP 的比例接近 7%，但只有 0.2% 为私人投资。近几年来中国基础设施投资（约占 GDP 的 9%）中只有不到 0.03% 来自私人资本。第四，存在全球互联互通性不足、项目储备经验不足、基础设施创新和生产率提升幅度相对较小等问题。因此，多边开发银行可以在可持续的基础设施投资中发挥模范带头作用，加大混合投资力度，吸引私人部门加入。也可以积极探索多元化的投融资渠道，如尝试三方、四方联合投资的方式，或建立新的基金从市场募集资本。要增强金融机构的风险预测能力，需要选择有能力的国际机构做合作伙伴，同时吸纳当地有资质有经验的合作伙伴。

　　同时，作为可持续基础设施融资的一部分，与气候相关的系统性金融风险披露将推动全球资本的战略再部署，从而创建具有气候韧性的全球金融体系。这一体系需要金融系统的所有部门包括银行、资本市场机构投资者、私人股本管理公司、保险公司、公共财政机构和监管机构等建立与气候相关的财务透明度。也需要企业遵守社会、环境和治理标准，提高企业的社会和环境责任。

　　第三，绿色金融将成为解决气候融资缺口的方案。

　　金融危机以来，绿色生产、绿色消费和绿色治理已经成为了绿色发展的支柱型概念。绿色融资并非一个全新的概念，但随着气候问题、环境污染等全球挑战日渐突出，绿色融资得到了更广泛的关注。实现环境的可持续发展，最关键的挑战是如何发挥绿色金融的作用，支持经济体的绿色转型。

在过去的十年里，一些国家和金融机构已经采取措施促进金融机构和金融市场的绿色转型。自愿标准，例如"赤道原则"增强了许多金融机构的环境风险管理。世界银行集团已经建立了一个非正式的，由发展中国家牵头、由银行业监管机构构成的"可持续银行网络"，旨在促进可持续的贷款实践。2014 年，由政府、银行和企业发行的绿色债券已经达到 360 亿美元。全球 20 多个证券交易所制定了上市公司"环境、社会和治理"（ESG）信息披露指南，建立了许多绿色指数。越来越多的机构，包括英国央行（Bank of England）和中国工商银行已开始评估气候的财务影响和环境政策变化。开始新的环境压力测试的实践。德国、美国和英国已经开发出绿色融资利息补贴和保障程序，以及政府支持的绿色投资银行。

绿色发展需要各方力量共同参与。发展绿色基础设施，要发挥私营部门的作用。公共部门需要更加与私营部门通力合作，以促进全球绿色发展，推进更多的就业。英国制定了一些非常有效的政策以及经济框架以鼓励绿色发展，解决气候变化所带来的挑战，同时解决各种环境问题。英国政府建立了绿色发展银行，大力投资绿色项目，其作用和影响力在不断地扩大，吸引了很多私人资金参与其中。

此外，多边开发银行是一个可以发挥广泛作用的机制。在绿色发展过程中，多边开发银行可以分享在业务中积累的经验和教训，将绿色的概念落实到日常工作中。其次，在具体操作中需要充分考虑不危害环境和促进环境改善之间的差距，即一方面要将高标准放在首位，促进环境的改善；另一方面也要兼顾项目的经济可持续性，遵守最基本的标准，做到不危害环境。在贫穷国家的项目，也应当充分考虑该国经济和社会问题的复杂性，先努力做到不危害环境，再谈保护和改善环境。

减少二氧化碳排放，需要优化国际机构合作机制，推动全球形成一个相互协调、统一行动的绿色发展政策机制。从长远来说，一个项目本身应具有可持续性，才能有足够的盈余促进长期的环境保护。不仅是政府和 MDB，其他金融机构和非政府组织也应当参与进来，共同制定绿色融资的原则，推动绿色融资渠道和工具的创新。2016 年 G20 杭州峰会把绿色金融作为重要议题纳入议程。G20 将扮演核心的角色以落实《巴黎协定》。未来需要加强环境信息披露，明确绿色发展量化指标，在 G20 框架下搭建共享强制排放数据的平台，以激励具有实力的国家完成雄心勃勃的绿色发展目标。G20 应更多地借鉴联合国可持续发展目标方面的内容，将全球所有可持续的最佳绿色实践和项目进行推广，以实现全球环境的有效治理；在全球层面进行金融政策的对接，以满足绿色发展的资金需求。同时，要有法律法规的指导，以提高公共政策的稳定性。

第四，更高更新层次的跨国合作和相互的政策学习将成为气候行动的主流。

国际社会广泛接受的《巴黎协定》提出实现全球经济脱碳和实现结构性转型的必要性，这给全体社会带来前所未有的挑战，要求更高更新层次的跨国合作和相互政策学习。特别是，低收入与中等收入发展中国家若要在短期内通向脱碳的道路，将需要广泛的外部支持：一是 2020 年前消除低效的化石燃料补贴，建立碳价格，将收入导向对脆弱社会群体的保护；二是呼吁包括新的多边开发银行在内的国际金融机构将可持续发展指标纳入主流，并呼吁评级机构将气候风险纳入信用评级考量标准；三是在 2018 年评估前尽早开始脱碳行动，以免进一步被高强度二氧化碳排放的政策路径所挟持。

第五，以跨国城市网络为代表的非主权国家行为体在治理体系中的地位凸显。

自 UNFCCC 成立以来，媒体和公众的注意力多放在政府减缓温室气体排放的谈判上，很少关注那些真正承担了减排责任的机构、次国家行为体或非政府行为体，这些行为体常常因远离公众视线被排除在决策之外。但国际社会也越来越意识到地方政府和非政府组织等在应对气候变化中的重要性。尤其是城市如果能够采取共同行动，将对缓解全球气候变化发挥重要作用，因为城市在经济发展、技术创新和人类发展中扮演越来越重要的角色，城市经济的增长，如城市的投资、消费、贸易活动，已经成为能源消耗和温室气体排放的主要驱动因素。但同时城市也是解决气候问题的主要力量。城市的市长往往可以通过灵活的政策和果断决策掀起城市应对气候变化的迅速行动。城市代表也成为推动国际气候治理的重要力量。早在 20 世纪 90 年代就开始出现有明确的特定治理对象的"自下而上"参与气候治理的跨国界行动网络。跨国城市网络即是城市参与气候治理的一个典型模式。该模式主要特点是：在自愿参与以及平等协商基础上，组建城市间的治理网络和交流平台，以共同推广最佳实践，分享创新的低碳技术和方法，从而实现城市温室气体减排，充分发挥城市在气候治理中的能动性和政治影响力。李昕蕾（2015）认为这种模式具有多中心决策以及社会资本高度网络化等特点，中央政府、地方政府、NGO 及各社会团体或私人部门都可以是网络的参与体，同时城市之间由于其同质性，往往拥有较高的社会资本，更容易就特定议题进行有效的沟通，设立共同的行为准则，形成网络知识共同体。即使缺乏外部的强制约束，也能在城市内部形成有效激励，帮助城市信守承诺，并互相监督和互相学习。由于其开放性，网络可以不断扩张，从而为全球范围内应对气候变化提供新动力。

较早成立的规模较大的城市网络联盟是国际可持续城市联盟（ICLEI），它成立于 1990 年，是一个会员制的非营利性组织，机构成员为全球 86 个国家的近 12 个超大城市、100 个特大城市及城区、450 个大城市、450 个中小城市及城镇，覆盖全球超过 6.6 亿人口，是当前最大的城市和地方政府平台。该联盟重点关注可持续发展，旨在帮助其成员理解和减轻气候变化造成的影响。其工作重点集中在三方面：组建城市可持续发展的专家网络，共同学习、创造和协作；通过各种项目和活动帮助地方政府推动可持续发展并取得良好效果；通过各种各样的创新工具，有目的地建立富有成效的伙伴关系，为地方政府的实践提供门户解决方案。2010 年 ICLEI 在以往工作基础上，正式发布了十大指导原则和 81 个社区可持续发展指标，并与美国绿色建筑委员会合作开发了明星社区指数。这些原则和指标旨在帮助地方政府：（1）制订可持续发展规划；（2）进行可持续性评估；（3）评估当地可持续发展的重点领域；（4）关注可持续性倡议的推进情况。

重点项目集中在低碳城市、智慧城市、生物多样化、包容性社区、绿色交通等。

另一个具有重要影响力的跨国城市网络是 C40 国际大城市领导联盟，它成立于 2005 年，将全球 90 多个最大最有代表性的城市连接在一起，涵盖了 650 多万人和全球 1/4 的经济规模。该城市联盟的重点是通过建立碳排放交易应对气候变化，推动城市行动，以降低温室气体排放和城市风险，同时为城市居民创造更加健康、幸福的生活和更多的就业机会。该联盟主要围绕美国克林顿基金会下的《克林顿气候倡议》（CCI）推动大城市的低碳发展，并加强国际间的经验共享和理念传播。中国目前有 7 个城市加入该联盟，包括北京、上海、广州、香港等。

近些年来，城市联盟已经成为国际气候治理议程设置的重要参与者、气候治理规范的重要推广者、气候合作项目的开展者以及全球低碳和可持续发展实践的最佳分享平台（王玉明等，2015）。这些跨国城市网络参与国际气候治理的方式有两种：一是建立内部的组织框架，会员需要做出行动承诺，并接受联盟的监督，联盟也会为会员提供交流学习平台，允许会员间进行信息共享，促进气候技术的传播与推广，是气候治理的"创新活动家"。第二种是参与外部治理，包括通过游说、倡议、报告等对政府和多边进程施加影响力，以获得更多的政策支持和项目资助，并通过网络将人、物质、信息聚集在一起，通过类聚效应在城市层面推动与低碳发展相关的规范和技术的扩散。

第五章 中国参与国际气候治理的战略选择

第一节 客观认识中国在全球气候治理中的地位

气候变化是不争的科学事实。自工业革命以来，全球温室气体排放的累积已经达到了一定浓度，导致地表温度上升，从而引发了全球范围内一系列包括海平面上升、干旱、洪灾、生态改变等为人类社会深刻感受到的极端气候变化，造成了巨大的负面影响和风险。而2℃的温控目标，必须到21世纪末才能发挥其显著效果，因此来自气候变化的挑战将是本世纪人类面临的最重大的挑战之一，没有任何国家和地区可以独善其身。

从经济发展状况看，中国目前的经济规模居世界第二，将来有可能成为第一，但经济结构、科技水平、市场经济体制的成熟完善程度与发达国家相比还有相当大的差距。对此中国应该有清醒的认识。中国刚从一个最不发达阶段上升到中等收入阶段，且没有完全跨越中等收入陷阱，长远的目标是升级到发达国家水平。所以目前中国正处于一个关键的过渡期，它的典型特征是，中国既有某些发达国家大国具备的特征，比如经济体量大、贸易在全球份额中的比重高、年度温室气体排放居全球首位等，同时又没有摆脱发展中国家的种种特点，比如经济发展的不平衡、二元结构、人均发展水平低、自主创新能力和其他软实力不足、在全球价值链中处于低端水平，等等。可以说中国正处于向发达经济体的转型期，价值理念、经济体制、生产消费方式等在未来将发生重大转变，这些特征也反映在中国参与国际气候治理的立场和主张中。

可以想见，在这一进程中，发达国家必然对中国的快速发展保持越来越大的戒备，要求中国在国际气候治理等全球重大问题上承担同等或者更多的责任。但中国在全球治理方面参与的时间还比较短，无论治理能力、治理水平，还是人员素质，以及国际合作经验等都远远达不到发达经济体应有的水平。但中国在参与全球治理中又具备一些特别的优势，比如自身发展的复杂性和独特经验、文化的多样性等。近10年来，中国在贸易治理、金融治理，甚至气候治理等方面，已经迅速从被动参与者成长为积极的贡献者，充分证明中国有条件适应具有不同文化背景和处于不同发展阶段的国际对手和伙伴。面对复杂的全球治理形势，以及全球气候治理方面的不确定性，中国需要摆正位置，从战略上把握大势，从战术上妥善应对。

第一，将气候变化置于国家战略高度，同时融入中国转型发展的方方面面，形成我国应对气候变化的整体框架。中国在气候变化方面是比较脆弱的国家之一。气候变化已经通过不可预测的极端天气以及可以测量到的损失，给中国的发展带来巨大风险。降低温室气体排放，创新发展路径，提升低碳竞争力，走低碳、可持续发展之路是全球大趋势。减缓和适应气候变化、进行能源结构转型需要全球范围内的集体行动，也需要中国这样的温室气体排放大国积极承担减排义务，履行减排承诺。这种发展路径的创新，将给中国的生产方式、生活方式、产业结构和业态，甚至价值观念等都带来巨大改变。中国要做好长期的战略规划，把应对气候变化置于国家战略高度，同时将应对气候变化渗透于国家其他战略的方方面面，最大限度实现中国自身经济发展的转变增长方式、调整产业结构、提升发展品质、克服中等收入陷阱等战略诉求。

第二，坚持发展中国家的定位，坚持在联合国框架下推进国际气候治理进程。《联合国气候变化框架公约》（以政简称《公约》）下的国际气候多边进程是应对全球气候变化，推动国际合作的主要渠道，同时《公约》及其他有约束力的协定，包括《京都议定书》《巴黎协定》等共同构成了国际气候治理的法律基础。尤其是《公约》确定的"共同但有区别的责任及各自能力原则"是国际气候治理规则制定和实施的基本指导原则，它充分考虑到发展中国家的发展需求和能力建设需求，对发达经济体和发展中经济体的责任和义务进行了界定。尽管《公约》的一些内容20多年来在世界经济形势和全球治理格局不断发生演变的情况下，也不断进行了动态的更新，但《公约》下的基本原则依然没有变，依然是指导国际社会行动的准则和依据。中国从历史责任和人均排放，以及能力建设等方面，仍然属于发展中国家行列。坚持发展中国家的定位，符合中国的实际，也能为中国的发展赢得宝贵的空间。《巴黎协定》所建立的"自下而上"的国家自主贡献减排模式，是兼顾有效性和可行性情况下，为全球大部分国家认可的一种治理模式。《巴黎协定》的成功签署和生效，既是多边进程的一个重大胜利，也是未来气候治理的一个开端。到2050年实现全球目标，各国仍然需要不断提高减排雄心，这需要继续在《公约》框架下持续推进气候治理。

第三，在参与国际气候治理中要妥善处理好几组关系。一是内与外的关系。中国的资源禀赋、地理分布以及人口状况决定了中国在气候变化负面影响面前是暴露度最高的国家之一，也是气候风险较大的国家之一。煤炭占到中国一次能源的70%以上，中国的煤炭生产和消费居世界首位。火电占到中国整个电源结构的75%左右，可再生能源的比例还很小。煤炭的大量使用给中国带来严重的空气污染、地下水污染和土壤退化。中国正在努力发展可再生能源以调整中国的能源结构，致力于提高能效，降低能源强度。但我们必须看到，能源结构的转换将是一个长期的过程。从现实情况看，气候变化已经对中国农业生产和畜牧业养殖造成明显不利的影响，表现为农业生产的不稳定性增加，严重损害农作物和牲畜繁殖的干旱和高温在中国的一些地区频繁发生，草原的产量和质量下降，气象灾害造成的损失增加。国务院《2012年气候变化白皮书》曾指出，中国是一个最容易受到气候变化负面影响的国家。所以，国内层面，中国应当努力减缓和适应气候变化，将应对气候变化与落实"十三五"规划有机结合，整合外交、经济、金融等部门资源，制订长期规划，建立有效的机制，同时加强宣传和监管机制建设，引导高校和重点研究机构加强相关专业设置和力量配备，做好人才培养和使用。对外，积极整合外交资源，积极参与国际气候治理，获取更多的话语权和影响力，树立良好国际形象，为中国国内和国际的发展营造稳定的外部环境。但在这一过程中，中国也要量力而行，且要与其他的对外发展方案做好衔接，比如"一带一路"倡议，使中国的对外政策形成一个相互呼应的整体。

二是得与失的关系。任何国际合作机制的建立都是基于机制内的成员国之间利益的相互认可与让渡。中国对全球治理理念的定位是"共商、共建、共享"以及建立"公平、公正、合理"的国际经济新秩序，本质上是实现各利益攸关方的互利共赢和平等合作。所以表现在外交上，不能只取不予，更不能不取不予。这需要全面对利益进行衡量，区分一般、重大和核心。对于核心利益要坚决守卫，重大利益要积极维护，而一般利益则可把握尺寸，不拘泥于得失，以实现最终利益的得高于失。有时需要把某一目标放在中国整体的战略利益中来衡量。目前的气候治理中，中国面临较大困难和压力，但应对气候变化与中国的长远利益和中国可持续发展的中长期目标相一致，因此需要用动态、长期的发展眼光来看待和处理。此外，积极打发展牌，维护发展中国家整体利益，在必要时适当让利，以更好地争取到发展中国家的支持；在同发达经济体的博弈中，也要尽可能适应大国博弈的规则，在需要时通过利益置换，稳固合作。

三是长期与短期的关系。在制定气候目标时，需要根据中国的发展战略目标、发展阶段、能力和国情，根据中国对全球治理体系中历史责任和当下与未来责任的理解自主决定。制订短期和中长期的发展规划。中国在巴黎大会前，提交 IPCC 秘书处的"可预期的国家自主贡献目标"中提出中期目标，即到 2030 年，将二氧化碳排放强度比 2005 年下降 60% 到 65%，同时达到碳排放的峰值。"十三五"规划的气候目标是实现到 2020 年将二氧化碳排放强度比 2005 年下降 40% 到 45% 的国际承诺。到 2050 年，中国的减排目标可能将由相对减排变为绝对减排，但如何实现，还没有明确的关于 2050 年低碳发展的规划。如何实现短期、中期及长期战略的良性对接，使中国的减排行动力既能不断增强，被国际社会所认可，又能适应中国经济发展的需求，实现中国"两个一百年"的目标，还需要未雨绸缪。

第二节　有重点分阶段推进中国的低碳转型

尽管中国已经成为全球第二大经济体，但从经济发展阶段看，中国总体上还处于工业化的中后期，未来还将在相当长一段时期内继续完成工业化进程，二氧化碳排放的增长趋势短期内不可避免。中国将二氧化碳的排放峰值期设定在2030年，致力于自2050年进入绝对减排阶段。此外，从城市化进程看，中国的城市化率还不高，2014年仅为55%左右，远低于发达经济体70%的水平。城市化进程的推进，也意味着城市住房、基础设施的大规模建设还要展开，同时对城市的承载力也带来极大考验。向集约化、低碳化、智能化以及绿色化的城市迈进可能是未来城市发展的大方向。此外，中国在发展低碳经济方面的能力建设，包括资金、技术、制度、人才等还严重不足。"十三五"规划对中国国内层面和国际层面，如何减缓和适应气候变化进行了详细的安排，包括行业减排安排、低碳试点、全国统一的碳市场建设，以及通过多边和双边合作机制，推动气候合作。但低碳发展本身是一个多目标决策的过程，需要在经济发展、能源生产和消费、环境保护和人类发展等众多目标下寻找最优的发展路径，并不断依据经济发展状况分步骤、分阶段进行，是一个持续、动态的过程。

第一，将如何实现中国的"国家自主贡献"目标与中国的增长、投资、发展战略等进行对接，建立国际议程和国内战略之间的协同，以及国内各战略之间的协调。紧密跟踪联合国关于2030议程中环境目标与统计指标的动态。尽可能将议程中的环境目标指标与"十三五"环境保护规划中的目标指标等进行衔接。在实现规划目标的过程中落实2030议程中的环境目标，特别是要推动将议程中的环境目标主流化到国家规划和治理结构中，将低碳发展目标与实施可持续发展、加快建设资源节约型和环境友好型社会相结合，将低碳发展规划与产业布局调整结合，将低碳发展与改善民生、推动人类发展相结合。此外，促进基础设施投资，坚持数量和质量并重。高质量基础设施投资非常重要，在综合考虑生命周期成本、安全性、抗自然灾害的韧性、创造就业机会、能力建设以及知识和专业技能转移的基础上，处理好项目的社会和环境影响，并与经济和发展战略相一致。要最大限度地提高基础设施项目质量，促进绿色低碳技术的使用，提升项目的环境溢出效益，增进新、老多边开发银行的合作，提升发展中国家基础设施投资的有利环境和动员私人投资。完善金融系统的气候相关金融风险的披露及企业的环境责任治理，加快绿色金融的步伐。

第二，建立"政府主导＋市场机制＋行政推动"相结合的减排制度。作为一种具有负外部性的公共产品，应对气候变化必须要政府干预，不能仅仅通过市场机制来解决。同时政府还需要加强对气候问题的宣传，推动全社会的参与，构建多元化的气候治理体系。市场机制则有助于降低减排成本，以较低的成本实现气候目标。因此，中国的减排体系应该在政府主导下，在适当时候，通过行政干预等手段，逐步完善市场机制建设。这里的市场机制，主要指碳市场。2016年10月，国家发改委启动了碳排放权的全国分配方案，在分配方案完成后，2017年全国统一的碳交易市场开始启动。尽管经过了4年的碳交易试点，积累了宝贵的经验，但中国碳市场的发展仍然处于初级阶段，表现为：市场主体分散、项目市场VER的规模较小、碳定价机制还不健全、市场的软硬件水平和能力与国际水平相比存在较大差距等。中国需要要分阶段、循序渐进完善碳市场。首先，全国统一的碳市场试运行，这一阶段要实现区域性碳交易市场和全国统一的市场之间的对接。目前看，无论减排力度还是监管体系以及MRV的情况，各区域性的碳市场均存在不同，实施统一的碳市场标准，可能还需要较长的时间来重新调整和适应。其次，全国碳市场的扩展与完善阶段。中国已经将2020年后定位为中国碳市场的第二个发展周期，这一阶段，无论是交易范围还是交易产品及模式都将极大完善和提高。最后，中国碳市场与国际碳市场的对接阶段。与欧盟的碳交易市场相比，中国的碳市场在碳定价、奖惩机制、MRV等方面都存在不足，需要加强中欧、中日、中韩等在碳定价、碳市场发展等方面的经验共享，使中国的碳市场建设能逐步与国际接轨，最终连接。

第三，完善低碳发展的融资体系，构建多元化融资平台。建立和完善绿色金融体系，包括采取国际标准创立一个新的绿色发展银行，对商业银行发展绿色金融进行政策性倾斜，促进商业银行更加关注绿色项目。中国在绿色金融领域，特别是银行业金融机构绿色化方面已走在全球前列。无论是政府、监管机构，还是商业性银行机构都以积极的态度和实践，在不断地提高绿色绩效，促进商业性金融机构不断地绿色化。中国绿色金融的案例对于全球环境治理具有重要意义。以能效融资为例，政府相关部门可以建立能效专项基金为银行提供能效融资担保，并对企业提供与其能效改善效果相关联的补贴和贴息；政府相关部门还可以开展能效评估和能效审计，为银行准入能效项目提供依据。银行则可以划出一块信贷规模用于支持能效项目的融资，并创新设计风险防范机制。

利用资本市场推动绿色、低碳发展，为低碳企业建立公开发行和上市的"绿色通道"，特别是鼓励、扶持低碳技术开发和应用企业进入创业板市场。设立减少碳排放的产业基金和面向节能减排企业的风险投资基金，用于低碳企业生产发展的投入资金风险的防御。比如全国第一个规模达50亿元的杭州市"低碳产业基金"就是政府主导的典型低碳产业基金，其投资方向是三大类，即为："高碳改造、低碳升级和无碳替代"。高碳改造包括节能减排；低碳升级包括以新材料、新装备、新工艺升级原有设备；无碳替代包括新能源，如核能、风能、太阳能等。政府未来应该鼓励此类专项基金的发行。

积极争取机会在国际发行绿色债券，以及在国内发行绿色企业债券和市政绿色债券，支持低碳发展。对于一些社会效益较好但需要动用大量资金的低碳项目和生态工程，可由银行通过发行绿色金融债券、金融环保债券来解决。所筹资金可通过优惠贷款提供给企业，支持其研发绿色产品，从事生态农业生产，实现生态工业加工，开展绿色营销活动。或者鼓励具备发债条件的大型优质企业与融资租赁公司合作，分别以承租人和出租人的身份，联合向发改委或银监会申请发行节能减排设备租赁企业债券或金融债券。

第四，大力支持气候有益技术的研究与开发，鼓励自主创新，为技术的创新、研发、传播扫清障碍。首先，国家要致力于为低碳技术的开发、转让、传播创造扶持型环境。对公益技术和商业技术进行区分，加大对公益技术的支持力度。其次，加大对基础设施投资项目的社会、环境影响分析，尽可能在项目过程中使用低碳技术，绕过传统的模式，建设高质量、高效率的基础设施。再者，政府可以通过明确的政策信号引导私营部门做出有益于气候保护的决策，消除私人部门参与国际技术合作的障碍，包括增强环境规章、立法系统、保护知识产权等，为私人部门技术转移提供便利和帮助。并运用公共财政手段，通过降低交易费用、减少开拓市场和采用新技术的风险、补偿增量成本等方法为企业开发、转让环境有益技术创造优惠条件。支持强化基础和长期研究，为新技术的大范围扩散和迅速推广提供激励措施及机制，使它们适用于具体地区的条件和需求。为了降低成本，在制定政策措施时给企业提供尽可能灵活的选择空间，由企业决定以什么方式和在哪个环节减轻污染。由于与污染排放和资源利用的直接定价方式相比，遵守法规引致的企业成本的能见度较低，因此要对监管措施不断调整。

第五，充分发挥城市的作用，让城市成为中国节能减排的主要动力。中国是一个幅员辽阔、人口庞大的国家，国家层面的战略和政策都必须要分解到省级乃至城市的层面才能够得到有效实施。与此同时，绝大多数的投资、消费等经济活动也都发生在城市。因此，城市是中国实施国家气候和能源战略与政策的重要主体。与西方许多已经完成工业化的国家不同，中国城市的主要温室气体排放源是制造业部门，而不是交通和建筑。大规模的基础设施投资，其运行需要大量的高能耗产品和原材料，以及城市的生活方式，可能成为中国未来排放中最突出的特点。节能减排目标责任制是目前中国在节能和减排领域的重要管理手段。在目标责任制下，中央政府通过目标分解落实机制，将国家的总量控制目标分解落实到地方政府实行目标责任管理。各省、直辖市、自治区的领导、主管部门负责人以及央企一把手将与中央政府签订节能减排目标责任书，各地级市市长再与省政府签订目标责任书。通过这一方式，各级政府的一把手将直接对能源强度和碳强度目标的实现负责。

尽管城市在实现国家温室气体控制目标过程中起到关键作用，中国城市在减缓和适应气候变化方面的能力仍然较为薄弱，面临的挑战主要包括以下几方面。①利益相关者对于低碳发展的意识和知识都较为薄弱。反过来也使得现有的低碳发展政策流于口号，而无法成为实际有效的措施。②中国目前正处于工业化和城市化进程中，如果不在大规模城市基础设施建设和工业发展中尽快采用先进低碳技术，可能使得中国未来的发展模式被锁定在高碳路径上。因此，中国在现阶段的城市化过程中，急需按照低碳的理念、采用低碳的设计和技术，建立低碳的管理体系，防止"路径依赖"。③消除市场障碍，提高低碳技术创新、部署和扩散的活力，解决环境和气候作为公共物品的外部性问题等，需要加速推进战略转型。④中国目前的社会发展不平衡会对今后发展的可持续性和稳定性造成负面影响。⑤中国目前制定和实施城市低碳发展战略的经验和能力都还不足，也缺乏相应的资金和人力资源。⑥中国目前在温室气体核算、低碳情景研究、目标设定与分解、确定减排重点领域等城市低碳规划的重要方面还缺乏成熟的分析工具。

为了提高城市应对气候变化的能力，中国政府在 2010 年 7 月启动了低碳省区和低碳城市试点工作，探索中国工业化城镇化快速发展阶段，既发展经济、改善民生又应对气候变化、降低碳强度、推进绿色发展的做法和经验。考虑到城市在发展低碳经济方面的一些重要挑战，比如技术能力不足、资金机制不健全等，具体而言，城市的低碳转型需要做好以下具体工作。①将低碳发展理念纳入城市总体发展规划中。②完善能源统计制度，建立一个统计、监测、核查和执行体系来控制碳排放，以实质、客观、简便和易行为指导原则，结合信息共享和反馈机制来评价低碳发展项目的实施情况。③对低碳发展的市场准入引入标准和规范。④在短期内，引入针对碳和局地污染物的综合环境税，并逐步创建排放交易市场，为中长期做准备。⑤利用财税政策鼓励消费者购买具有低碳标识的产品，调整企业和个人的能源消费和碳排放行为。使用公共资金进行绿色政府采购。建立一个专用的低碳发展基金，促进当地融资平台支持低碳项目。⑥加强低碳人力资源开发，包括技术人员和管理人才，促进其与国际和国内科研机构的合作，以提高低碳技术能力，特别是海洋可再生能源技术。⑦加强国际交流与合作，鼓励符合要求的城市可以考虑加入跨国城市网络，创造更多的国际技术转移和资金支持的机会，从中获得先进的知识、观念、管理经验。

第三节　建设性维护好当前的国际气候治理体系

一方面中国要积极主动承担与自身发展阶段、能力和国情相符的国际责任，为实现全球目标贡献中国的力量；另一方面也要主持公义公正，既要与发展中国家形成战略同盟，捍卫发展中国家的利益，创新南南合作，也要与发达国家在合作共赢基础上进行务实合作，推动南北合作，从而构建"公正、合理、有效、共赢"的国际气候治理体系。具体的举措包括以下几方面。

第一，客观对待美国在全球的领导地位。美国是全球第一大经济体，同时也是温室气体排放的历史累积排放最大国和年度排放最大国之一。美国的参与对于维护当前国际气候治理体系的稳定至关重要。2017 年 6 月，特朗普已明确宣布退出《巴黎协定》，但从法律层面讲，《巴黎协定》在已经正式生效后，都不会在短期内影响到该协定的整体有效性。

但另一层面，美国很可能在气候问题上在短期内难以有值得期待的增值贡献。对于美国带来的不确定性冲击，中国首要的是认同美国在国际上的领导力和地位，尤其在气候有益技术、能效技术、新能源等方面的绝对优势，继续维护好中美双边关系，巩固已经达成的中美合作成果的落实，同时探索中美在气候变化和能源领域新的利益交汇点，在新形势下推动全新合作，比如加强在能效、新能源等方面的合作。通过正面沟通、正面交锋等形式，同时通过其他层面的合作来促进气候变化领域的合作进展，管控分歧、增进理解，最大限度确保双方在团体利益上的共识和默契。还可以通过 G20 平台，进一步稳定同发达国家的关系，推动发达国家与发展中国家在重大问题上的立场协调。当前最重要的工作是继续推动 2016 年 G20 中国杭州峰会成果的落实和巩固。

第二，密切推动中欧在气候和能源领域的合作。中国和欧洲都是当前国际气候治理进程的积极参与者和贡献者。近些年来，中欧气候合作自《中国和欧盟气候变化联合声明》发布以来，已经形成相对完善的合作框架，包括各层级的气候对话和合作机制、地方层面的合作交流以及务实的项目合作。中国还同英国、法国、德国等分别签署了双边的气候合作机制，在互联网技术、新能源、技术创新等领域进行了广泛的合作。中国仍然需要继续巩固同欧盟及欧盟各国的合作关系，进一步深化合作的深度和广度，同时通过中欧合作，加强中欧在重大气候问题上的协调，助推中美欧三方在气候治理方面能更多形成共识，减少分歧。

第三，与发展中经济体形成最广泛的利益共同体。中国履行《巴黎协定》，坚持的是《公约》框架下的共同但有区别的责任和各自能力原则。在国际气候治理中，中国始终坚持发展中国家的定位。在应对气候变化方面，中国的主要利益是：首先为2030年前中国的经济发展预留一定的空间。中国将温室气体排放的峰值期定到2030年，主要目的就是要为中国未来10多年的发展留出排放空间，满足中国经济增长基本的需求。其次，应对气候变化与中国的整体利益目标相一致。中国的粗放式经济增长模式已经走到了顶点，中国环境的承受力也受到巨大挑战，成为中国经济发展的桎梏。走低碳可持续发展道路是中国第二个百年梦想的目标。因此，中国必须从现在起，就转变经济增长方式，优化产业结构和能源结构，逐步构建符合中国利益的战略体系，提高中国经济的低碳竞争力。因此，中国与发展中国家在这些方面具有一致诉求，同时也存在许多利益交汇和互补点。但在国际气候治理进程中，近些年来，中国面临的来自发展中国家，尤其是最不发达国家和小岛屿国家集团的压力越来越大，气候外交面临缺少朋友的困境。对此，中国可以中国南南合作基金和气候变化南南合作基金为抓手，通过扩大对最不发达国家的投资规模和范围，切实助力发展中国家的发展，建立中国与发展中国家的长期合作伙伴关系，树立中国在发展中国家中的新威望，推动全新的南南合作。

第四，扩大金砖国家的气候合作，同时使金砖合作机制成为南南、南北合作的桥梁。金砖国家在气候变化问题上有相似的立场和利益诉求，同时金砖国家内部在应对气候变化方面有高度的互补性。金砖国家的气候合作要优先从以下几方面着手。一是建立融入全球治理体系的金砖国家"深度对话机制"，协商在可控领域的公共标准和行动准则，使金砖各个国家可以共同努力达成实体性共识，将可持续发展、发展融资、气候变化等议题常态化，列为峰会优先议题。二是建立利益共享机制，切实推动金砖国家在科技、资源管理方面的知识共享和项目合作。比如在清洁能源领域，金砖国家各有所长，存在广泛的合作空间，需要各国搭建政府平台、科研平台、企业平台，共同推动清洁技术的共享与传播；基础设施投资也是金砖国家最可能形成凝聚力的优先合作领域，需要创造政策环境支持基础设施和可持续发展领域的资金流动。三是积极发挥金砖新发展银行的作用，为金砖绿色合作提供新机遇。建议金砖新发展的业务向可持续发展领域倾斜，设立银行绿色基金，用于支持绿色低碳技术的推广和清洁能源领域的项目合作；同时银行本身的经营管理应坚持"绿色、低碳、环保"理念，在投资活动中致力于保护当地生态环境。投资过程中，要加强对项目所在地环境的保护、与当地城镇化进程的融合及对当地就业的促进等，以气候变化和可持续的基础设施投资为依托，形成自身独特的国际影响力。四是加强金砖国家在科技、资源管理等方面的经验共享，比如继续加大农业和林业领域的合作，促进高效、绿色农业生产技术的传播与推广，同时增强农业和林业对气候变化的适应能力。

此外，通过金砖国家合作平台，进一步稳定与南方国家的战略同盟关系，加大金砖国家整体对南方国家的援助范围，同时调整援助结构，以技术援助、可持续的基础设施投资、助推发展中国家的工业化进程等为主要方式，从"授人以鱼"的传统的援助向"授人以渔"的方式转变，帮助发展中国家扩大经济规模，提升发展质量，同时帮助创造就业。金砖国家也是重要的 G20 成员国，可以通过 G20 机制，加强新兴市场国家与发达经济体在全球重大问题上的立场和政策协调，降低分歧，扩大共识。

第五，发挥联合国、G20 等平台作用，开展落实《巴黎协定》的政治动员，切实推动气候治理进程。联合国环境署是全球环境治理进程的重要协调机构。气候目标也是联合国可持续发展目标的主要目标之一，与《巴黎协定》相互呼应。2016 年 G20 杭州峰会通过《落实2030 年可持续发展议程行动计划》，各国的下一步行动就是制订国别的《落实2030 年可持续发展议程行动计划》。中国可以以联合国可持续发展目标（SDGs）的落实为契机，形成 SDGs 气候目标与《巴黎协定》目标的互动趋势，加强与联合国开发计划署、环境署及贸发会等多部门的全方位合作，借助联合国平台的力量，推动在技术、资金等领域的进展。此外，加强联合国其他环境国际公约里的气候目标与SDGs气候目标的对接，提升全球应对气候变化的协调效用。树立中国的领导地位和良好形象，推动全球范围内的气候治理和可持续发展治理合作。此外，借助联合国平台，加强与国际社会的对话与交流。一方面借鉴其他先发国家和地区在可持续发展目标制定、资源效率、生态创新、绿色金融等领域的实践经验；另一方面积极分享中国生态文明建设和应对气候变化的进展与经验。

中国可以在如下几方面发挥领导作用：一是率先在国内促进能源转型，并制定国家可持续发展战略及落实2030议程和《巴黎协定》的行动计划；二是支持伙伴国家落实2030议程和《巴黎协定》，增进信任和能力建设；三是加强国际治理，通过率先制订国别行动计划为联合国可持续发展议程和《巴黎协定》提供政治支持；四是加强与各经济体和非国家行为体的沟通，构建更全面的气候行动网络；五是研究如何更好在极右翼派别势力上升、政治环境恶化的背景下，促进各国合作应对全球发展挑战。

中国还要积极发挥G20重要的全球经济治理平台作用，继续在G20上推动《巴黎协定》的落实。2030年可持续发展议程的落实和气候变化是德国G20峰会的两大核心议题，同时这二者也是中国G20杭州峰会的重要成果。中国可以充分利用2017年德国G20峰会对发展议程的重视，以及德国AIIB成员身份，推动G20继续在气候变化和可持续发展方面做出有力的增值贡献。

第四节　有针对性地深化国际气候务实合作

第一，加强核心技术清单的建设，推动低碳技术的转移与合作。未来的技术机制将不断加强政策和框架建设，努力形成发达国家缔约方与发展中国家缔约方之间在信息、经验和最佳做法交流和合作方面良好的互动关系，从而为实现国家自主决定的贡献目标发挥作用。鉴于发达经济体和发展中经济体在技术转让问题方面的固有分歧，包括中国在内的发展中国家应该适当调整有关技术问题的行动，比如加强核心技术清单的建设，以确定哪些技术是必要的、必须获得的，哪些技术是能够支付的，哪些技术需要市场化的机制才能实现。

此外，在技术转让、项目管理和资金等多方面，给予最不发达国家更多行动上的支持，并对最不发达国家的研发能力建设进行投资。在谈判中继续敦促发达国家将公共领域内的技术尽可能便捷转让，将发展中国家以可承受的价格获得低碳技术作为重要的原则，纳入到协议文本中。知识产权不应该成为发展中国家以可承受的价格获取技术的障碍，可以考虑一些替代方案，比如对于已经存在的专利技术，敦促发达国家给予激励政策，鼓励公司允许发展中国家能够以优惠价格获取技术使用权。对于公共资金资助的技术，技术专利可以在发达国家进行授权使用，但对发展中国家要允许免除专利权，或者可以考虑WTO中《与贸易有关的知识产权协议》的权利，在关系到气候友好专利技术时，发展中国家有权强制许可使用。而发展中国家自身必须加大技术研发能力，加强与其他发展中国家的合作，加强信息网络和专家网络建设。

中国可以逐步从资金和技术的净获取方转化为资金和技术的净援助方，从而在资金和技术的国际制度中具有更大的发言权。

第二，继续巩固联合国气候谈判进程中的气候融资成果，同时鼓励融资渠道的创新，尤其是支持绿色金融的发展。中国应该在UN以及G20平台上督促发达国家兑现向发展中国家提供技术和资金支持的承诺，推动《巴黎协定》的落实。具体措施包括以下几方面。（1）敦促建立气候资金监测监管机制，遵循《公约》的基本原则，明确气候资金的界定，统一统计口径，确保资金来源、资金数额、资金流向和资金管理透明化、机制化，确保发达国家资金足额有效。（2）敦促多边发展银行和绿色气候基金等重要基金投资各国绿色增长，发挥国际金融的杠杆作用，引导资金向低碳基础设施投融资建设领域倾斜。新成立的亚洲基础设施投资银行和金砖银行等可以通过投资绿色基础设施，扩大业务范围，扩展国际影响力，为日后的发展壮大奠定基础。（3）鼓励"主权财富基金"投资低碳领域。全球各国政府部门拥有的储备资产飞速增长，尤其在亚洲，中央银行储备资产增长异常迅猛。主权财富基金作为一种特殊的具有特定目标的公共投资基金，可以作为多边发展银行如亚投行等的融资来源，引导其投向低碳领域，扩展气候融资规模。（4）推动环境产品和服务贸易、投资的自由化，加快新技术传播，反对任何形式的与气候变化相关的贸易保护。（5）进一步巩固中国 G20 杭州峰会有关绿色金融的成果，并将之纳入国际气候治理议程，通过绿色金融，调动尽可能的资源，支持低碳发展。由于发达国家承诺的资金与发展中国家的资金需求相比差距巨大，还需要鼓励各国构建绿色金融体系，支持低碳转型。鼓励发达国家和发展中国家建立绿色金融的信息交流平台，分享最佳实践，促进技术的传播与推广。并充分发挥多边开发银行的作用，使其成为绿色金融发展的核心参与者和建设者。（6）作为绿色气候基金的成员，中国要积极参与基金的运作，包括增加出资额等，争取成为 GCF 的核心成员和规则制定者。

第三，以双边合作为抓手，推动中美、中欧在气候领域的务实合作。中美能源合作经历了数年的探索与磨合，最终成为中美战略与经济对话中的重要合作领域。经过 8 轮的对话，中美气候合作取得丰硕成果，也建立起完善的针对气候问题的对话机制，包括成立专门的工作组，每年举行专题论坛，尤其在具体项目的合作方面，取得了实质性的进展，涉及可再生能源、智能电网、洁净煤、页岩气等多个具有高度可操作性的领域（田慧芳，2013）。但特朗普的上台，使得中美能源气候合作充满了变数，中美之间高层在低碳发展上的蜜月期可能已然结束。未来几年将会很难看到成立联合工作组、发表联合声明等这样的举措。然而，切实的利益仍然可能驱动合作。例如，中国目前在推进散煤替代工作。用天然气取代散煤改善能源结构被普遍认为是可行的方案。中国有这样的需求存在，而美国的天然气产量在上升，很可能成为天然气的出口国。这种供求相对接就能形成一种很好的合作。在这种合作之下，美国必然需要加强基础设施建设，从天然气管网到加压设备到港口建设，这为中国厂商提供了投资、承包的机会，也为中国改变空气质量提升能源品质提供了较清洁燃料的供给；而对于美国而言可以扩大出口，通过提高国内的投资而创造更多的就业机会，还可以部分贡献于减少中美贸易不平衡。中美气候合作的大体趋势将是回到实实在在的市场以及利益上来。

中欧在气候变化领域也建立了密切的伙伴关系。双方都是国际气候治理进程的积极参与者，为推动《巴黎协定》的达成，双方进行了紧密的沟通与合作，包括签署《中欧能源合作路线图》，共同维护能源安全和实现优势互补，展开能源基础设施建设和市场透明度建设等领域的交流与合作。"一带一路"倡议的提出也给中欧合作创造了新的机遇。同时，中欧在新能源合作方面也存在矛盾，"双反"问题、技术壁垒、"一带一路"沿线国家的安全通道问题和美、俄等大国的压力等都可能对中欧合作产生影响，这需要双方通过具体合作项目的制定和实施来加强新能源领域的合作、加强政治互信，进一步完善合作机制，实现互利共赢。

第四，积极参与国际贸易投资体系规则建设，加快国内外贸产业的低碳转型。对于中国来讲，首先在国际层面上继续推进以 WTO 为主的多边贸易机制，同时通过多、双、复边自贸协定，积极参与国际规则的制定。在这一过程中，大国合作非常重要。需要持续推进与美、欧、日、东盟、俄等的贸易合作，同时防止各种自贸协定的碎片化成为未来国际贸易的障碍，率先在 G20 等平台倡导贸易和投资的全球统一原则（田慧芳，2015）。

其次，加快国内的产业结构转型和低碳转型。从全球视角看碳关税措施的经济影响，碳关税类措施对解决碳泄漏、降低"搭便车"行为等作用微乎其微，相反可能对全球福利产生负面影响。在中国的国际贸易占据全球 1/5 份额的情况下，碳关税的矛头更是直接指向中国。中国出口成本的升高使中国产品丧失原有国际竞争力，中国经济必然受到影响，反过来必然拖累全球经济。从这个角度看，在现有贸易格局下，碳关税措施的全面普及缺乏现实基础。短期看碳关税的征收可以降低被征收国的出口，但长期看，碳关税的征收影响了国际贸易的公平性，可能引发新一轮的国际政治经济利益角逐。从国别视角看，作为价格的接受者，对贸易小国征收碳边境调节税，往往会导致其经济福利受损。而作为贸易大国，碳边境调节税征收对本国经济的影响含有不确定性，依赖于出口方的贸易规模和经济影响力。如果出口方是贸易小国，对国际市场价格的接受能力相对较低，那么贸易大国征收碳边境调节税不仅有利于改善本国的贸易条件，提高本国的收入，也能达到防止碳泄漏的目的。但如果出口方是贸易大国，且存在较高贸易依存度，比如中美贸易，那么碳边境调节税的征收对于双方来说是一个"双输"策略（田慧芳，2015）。

从节能减排的角度讲，既使不发生被征收碳边境调节税的行为，中国的外贸也需要绿色转型。首先培养那些碳排放影响力小、碳感应度也小的行业。比如仪器仪表及文化、办公用机械制造业，木材加工及家具制造业，纺织服装鞋帽皮革羽绒及其制品业，食品制造及烟草加工业，通信设备、计算机及其他电子设备制造业，农林牧渔业的碳排放影响力和感应度系数均低于平均水平，是最理想的低碳产业，尤其值得发展的是仪器仪表及文化、办公用机械制造业，通信设备、计算机及其他电子设备制造业，它们是高技术、高附加值的先进制造业，也是中国"十二五"规划当中明确扶持的战略性新兴产业，具有带动产业升级和实现低碳化的双重效应。纺织服装鞋帽皮革羽绒及其制品业和食品制造及烟草加工业可以通过提升质量和绿色转型实现效益和低碳双赢。其次，推动金属制品业、金属冶炼及压延加工业、石油加工业、化学工业基本都属于钢铁、石化等典型的高耗能行业，造纸印刷及文教体育用品制造业等行业的产业结构升级。因为它们对行业产生的影响比较大，需要在经济发展的适当阶段降低比率，并加大节能减排力度，提高资源节约和利用效率。交通运输业由于对国民经济的影响较大，短时间内很难实现结构调整，短期内不宜过度限制其发展。而非金属矿物制品业、金属矿采选业、非金属矿及其他矿采选业、工艺品及其他制造业属于传统的低端制造业，则是需要逐步予以淘汰。政府要加大对低碳产业和新能源产业的支持力度，给予财政、信贷、税收等方面的优惠政策。同时在政策的透明度上扩大对外宣传，防止在国际案件中，因为非市场经济地位或者政策沟通不畅等，造成中国行业的损失（田慧芳，2015）。

技术层面，首先构建非关税壁垒预警系统，鼓励国内外中国的行业协会联合作业，发挥好服务协调职能，建立专业的信息收集和咨询部门，为企业提供信息支持和能力支持，推动企业自律，减少出口企业之间的恶性竞争。驻外经商机构和国内的有关国际事务部门承担起国际上技术法规、标准和合格评定程序通报的监管事宜，及时向企业传递有关信息。同时加快制定和完善技术标准和技术法规体系，与国际技术标准和认证体系逐步对接。

企业方面，要适应国际市场需求，对接国际标准，提高出口产品的技术含量和附加值，提高企业的利润，同时避开贸易壁垒。在遭遇国际调查时，要充分准备应诉材料，积极应诉，并同国内政府有关部门保持沟通（田慧芳，2015）。

第五，制定系统的国际宣传策略，加强自身的治理能力建设。中国要将积极应对气候变化、推动生态文明的国际化作为整体，提升到中国"走出去"的总体战略布局中，打发展牌，将中国的价值观、实践经验等为其他发展中经济体提供借鉴，提高中国的国际形象和软实力。为此，需要系统布局，加快战略部署，扩大宣传范围和宣传途径，做好生态文明国际宣传、讲好中国故事的整体安排，设立专门机构，增加宣传的专项资金投入，将宣传作为未来外交工作的一个重点。

建设中国在全球经济治理活动中的主导形象不仅需要政府的努力，也离不开各界人士的积极参与。除了构建新型多边国际性实体机构以外，中国还需要利用好中国学术界、企业界、行会以及社团组织的力量，调动其参与全球经济治理活动的积极性。尤其是NGO，它们是环保理念、技术等的重要传播者，近些年来有力地推动了气候谈判的进程，提升了各国政府进行减排的意愿。此外，涉及全球经济治理的外交资源是非常珍贵的一种资源，有许多已经建立起来的对话机制可以为我所用，比如G20中的B20、T20、L20、Y20、W20，以及金砖合作机制下的对话机制，包括金砖工商理事会、金砖智库峰会及其他各层次的辅助机制等。

第 五 篇

国际宏观经济政策协调演变、
发展及应对战略研究

前　　言

　　世界经济学与国际经济学的一个主要差异是，后者研究国家之间的问题而前者研究全球性问题。如何形成各国的集体行动以共同应对全球性经济问题，就是一个最典型的全球经济治理问题。在这个意义上说，世界经济学，或者说全球经济治理就是要实现全球经济的最优化，这也决定了世界经济学研究的难度。

　　实现全球治理的集体行动的第一步就是要在各国之间达成共识和一致同意，而达成共识和一致同意意味着各国认同了全球治理的共同目标。但是，相比各国各自追求自身利益最大化的情形，要实现全球经济的最优化，在逻辑上就一定会出现有些国家受损而有些国家受益的情况，也就是说全球经济最优化的成本和收益在各国之间的分布可能是不对称的。如何协调这种不对称的成本与收益，是全球治理不可回避的一个课题，也是全球治理的难点所在。作为全球经济治理一个重要组成部分的国际经济政策协调也面临同样的问题和困境。

　　与世界经济学和全球治理一样，国际经济政策协调的目标，在理论上应该是从一个虚拟的世界政府角度看待世界经济最优增长或平滑增长波动，那么首先就要求解出一个最优增长策略和路径，然后进行国别分解，形成国别政策，再由各国分头执行。这就有些像当前欧洲中央银行制定欧元区的货币政策，然后各成员国的中央银行再执行。从技术上说，国际经济政策协调比执行欧元区的货币政策更复杂，这是因为各国经济的响应函数不同，政策的目标和顺序也不同，所以各国进行政策协调的具体行动是不同的，这也就增加了探索政策协调路径和策略的难度。更重要的是，在这个过程中就难免会有一些国家为此付出的成本大于其所获得的收益，而有些国家则相反。按照一般的逻辑，自然就应该由收益大于成本的国家来补贴成本大于收益的国家。虽然从理论上说，在全球范围内合作剩余的存在一定能够保证总收益大于总成本，否则合作就不会出现，但是由于没有一个世界政府，将由谁来计算又如何能够实现这种不对称收益的转移支付呢？

更进一步说，按照国际关系理论的基本假定，国家间的关系本来就是一种权力竞争关系，各国企业也努力在世界市场上获取更大的市场份额，是一种零和博弈，各国都努力在国际经济交往中取得超出对手的优势。既使国际经济政策协调能够带来合作剩余，只要各方从合作中所获得的相对收益在下降，那么协调也很可能不会出现。这样，不仅国际经济政策协调本身困难重重，不对称收益的转移支付更是难于实现。

面对这样的现实困境，我们只能将国际经济政策协调局限在一个相当有限的意义上，局限在一定的范围内和一定的共识中。第一，由于在现实中不存在世界政府，所以国际经济政策协调常常需要基于各方的一致同意才是可能的。这就意味着真正的国际经济政策协调可能只会出现在危机中，因为只有在危机中，同舟共济、共渡难关才常常成为现实的必要。或者说在这个时候，各方不再需要对绝对或相对合作剩余分配的计算和考量，合作的必要性已经是如此清晰，以至于不合作将遭遇无法承受的重大损失。第二，由于在现实中不存在世界政府，所以国际经济政策协调一定是各方基于自身成本与收益的考量，而不会是在主观上就以世界经济最优增长为目的。这就意味着协调实际是各国政府根据自身形势进行的相机抉择，很可能没有一定之规，主观随意性明显。第三，考虑到现实中各国经济在规模、敏感性与脆弱性方面的差距，国际经济政策协调最初常常是因为某个大国政策变化造成的外溢效应引起的，其他国家为了应对这种外溢效应而被动进行的政策调节。在最理想状况下，政策协调体现在具有政策溢出效应的大国在制定政策时就自律地将自身政策的负外部性降到最低，而其他受到溢出效应影响的大国为了避免出现冲突的局面（比如贸易战或货币战），在制定应对他国溢出效应政策的时候，也会自律地将这种应对政策可能的溢出效应通过各种措施局限在国内，或者通过谈判和沟通取得外国的谅解和容忍，或者受到这种反向溢出效应影响的国家自律不再采取应对反向溢出效应的政策措施，或者也通过各种措施将应对这个反向溢出效应的政策负外部性局限在国内。换言之，国际经济政策协调意味着不是不对自身遭遇的负外部性溢出做出应对，而是尽量控制这种应对政策反向溢出，或其他受此影响的国家主动容忍或经过沟通后加以容忍。在国际经济联系日益密切，因而溢出效应越来越明显的情况下，这种情形可能变得越来越普遍。毕竟在过去的20年中，尽管保护主义时有兴盛，但是各国之间实际发生的激烈的贸易战或货币战并不多见。制裁与反制裁、惩罚与报复虽然也时有所闻，但是一般与政策的负外部性关系不大，所以并不涉及政策协调问题。当然，如果一个国家政策的负外部性太大，还是会引起其他国家的非议。第四，更常见的国际经济政策协调形式可能是政策交流。信息交流可以加深各方的相互理解，避免冲突，呈现出合作博弈。而在没有信息交流的情况下，博弈常常是非合作性的。当然，在政策交流过程中，国际组织也发挥了越来越大的作用，也可以进行相对公正的第三方政策效果模拟，以警示冲突损失，彰显协调合作的必要性。

如果从语义学的角度来分析协调，我们也会得到一些有意思的启示。中文的协调含义看上去很简单，也很直接，就是和谐配合。相比来说，从英文词源上看，协调的词源尽管有些复杂，但是在操作含义上却比较简单。coordination 源自 order，即顺序、安排或命令。ordinate 则源于拉丁语 ordinare，词源同 order，也是安排、布置和指定的意思，后来用于表示几何学中的纵坐标。因此 coordination 在原意上就是共同的顺序、安排或命令，动词用法 coordinate 就自然成了"使……协调一致"的意思，反过来，coordination 也变成了协调的名词用法。在这个意义上，我们不难发现英文的协调在本义上是要达成一定的顺序、安排和秩序。这里，我们可以发现协调本身可能就是当一个国家政策发生变化以后，其他国家的政策如何跟进，如何安排，以达到一种有序状态。我们也可以认为，协调，为了维持既定的秩序本身就可以当成是一种目的，这也就是我们所说的英文协调的含义看上去比较简单。当然，所有的行为一定都是有目的的，只是在英文的协调中没有提及而隐含起来罢了。而就中文的含义来说，和谐配合本身就包含了目的的指向性，也就是为了达到一个目标而相互配合，就像货币政策的目标就是控制通货膨胀，从而为经济增长创造一个稳定的外部环境一样。因此，从中文的词义看，我们也能更好地理解协调的含义。

这样，协调就应该有两层意思：被动一些或简单一些的含义是维持原来的秩序，更主动一些或复杂一些的含义则是强调为了适应变动，维持原来的秩序和目标，需要和谐地彼此配合。如果更深究一步，还应该包括领导和跟随的不对称地位，也就是说跟随一方要适应领导一方的变动，要与之进行和谐地配合。也就是说，协调本身是不对称的。

一般来说，对国际经济政策协调的研究最先源于米德（1951）对国家之间可能出现的各种宏观经济政策冲突的研究，因此引申出各国的政策协调问题。此后，Cooper（1968）等人对国际经济政策相互依赖条件下的货币政策的溢出效应进行了进一步的研究，也指出国际经济政策协调的必要性。虽然国际经济政策协调的问题可以追溯到金本位时代的物价金币流动机制，但是这个问题真正引起学术界的广泛兴趣则是在1985年的"广场协议"以后。1988年Branson、Frankel和Goldstein（1988）出版的《国际经济政策协调和汇率浮动》一书可以被看成是系统研究国际经济政策协调问题的第一本专著。2008年国际金融危机后，全球贸易和金融失衡被普遍认为是危机的主要根源。这一问题在危机后的全球经济复苏阶段并未得到实质缓解，甚至不断孕育着新的经济和金融风险。当前，世界主要经济体经济政策缺乏合作，与全球范围内产业链分工深化、国际金融市场高度整合、新兴经济体逐渐发挥全球影响的基本经济现实存在明显矛盾，这就使得宏观经济政策协调成为一种现实需求，G20也成为国际经济政策协调的主要平台。

学术界对于国际经济政策协调的一般看法是，在各国经济的相互依存程度不断提高时，一个国家的宏观经济政策会影响其他国家的福利函数，因此需要对宏观经济政策进行修正或共同调整，以便克服政策的负外部性，在保证各国都能够接受的情况下保证参与国的经济福利趋于最大化。在这里，宏观经济政策主要是指货币政策以及相关的汇率政策和利率政策。这些文献构成了我们的研究基础。而且，根据当前的情况，我们还进行了一些扩展，将财政政策也纳入到研究框架中，同时力图考虑到结构性改革政策的重要性。

另外，就国际经济政策协调来说，我们常常看到，大国的政策变动之所以受到各国的关注，不仅是因为大国的政策变动具有很强的外部性，而且大国在相互依赖的敏感性和脆弱性方面也比小国具有明显的优势，因此大国政策的变动常常是自主的，一般不会担心小国的报复，因而常常是领导性的。反过来，在对相互依赖的敏感性和脆弱性不占优的情况下，小国的政策变动就因此常常是跟随性的。这样，国际经济政策协调也就常常变成了小国的经济政策跟随大国经济政策的变化而变化。诚然，一些小国或几个准大国的联合可能改变它们的不对称地位，但是集体行动常常由于种种原因是难以实现的。也正是由于这些原因，宏观经济政策协调成为了开放条件下宏观经济学理论以及政策实践中的重要问题。

按照对国际经济协调的这些理解和认识，本篇研究的框架设计如下。

第一章研究国际经济政策协调的历史演进。通过对世界经济格局和秩序演变的回顾，说明在国际经济关系中不对称性的发展变化，然后对宏观经济政策协调理论的发展进行综述，重点从技术角度说明国际经济政策协调的难点，即假设各国达成了政策协调的共识目标，但是各国的经济运行和政策传导机制是不同的，同一个外部冲击给各国造成的后果和影响也是不同的，加之各国的政策目标本身又有差异，所以国际经济政策协调常常是一个大家都在说，甚至大家都愿意做，但是却很难做成的事情。最后，通过对国际经济政策协调的事实演变来总结人们在这个问题上的努力、经验和启示。需要指出的是，我们认为，虽然各国的结构性改革由于外溢性比较差，一般不在国际经济政策协调的范围内，但是欧债危机证明了结构问题是不容忽视的国际经济政策合作与协调的基础。因此，结构性改革的协调在近年来，特别是在 G20 范围内也取得了共识。

第二章的研究集中在溢出效应这个国际经济政策协调的重点上。在对有关溢出效应研究的文献进行综述的基础上，结合当前全球价值链发展给溢出效应带来的主要渠道变化，对经典的蒙代尔－弗莱明模型进行了扩展，纳入了全球价值链发展所带来的影响，分不同情景

（基准、高估和低估），在固定汇率和浮动汇率两种情况下，对不同的货币政策和财政政策组合进行了具体分析，最后借助增加值核算方法，从加总层面和双边层面对宏观经济政策的溢出效应进行分析。我们发现，在主要国家双边关系经由增加值调整后的宏观经济政策溢出效应的变化中，中美、美日和美欧的外溢效应出现了双向好转，而中日、中欧和日欧则是一方改善、一方恶化。因此，应当更加重视这些国家间的协调。

第三章是基于 G20 提出的国际经济政策协调的三大议题，即一体化、失衡与溢出。首先基于全球价值链的分析角度对全球再平衡问题进行了说明，然后分别使用 GVAR 模型和 WIOD 数据库对主要发达经济体的货币政策和财政政策的溢出效应进行经验测算。基于全球价值链的增加值贸易数据的完善，为讨论再平衡政策研究提供了新的视角和思路，以主要顺差国家（中国、日本、德国）及主要逆差国家（美国）的分析表明，中国面临的再平衡压力在现有的传统视角下被高估了，而日本、德国、美国的再平衡压力则被低估了，在讨论再平衡问题时，需要充分考虑全球价值链可能带来的潜在影响。我们还发现，由于中国自身巨大的经济与国际贸易规模，开放程度也在不断扩大，尽管当前中国国内宏观经济政策的溢出效应还主要表现在亚洲，但是也呈现出全球化的影响趋势，总的外溢效应正在接近美、德、法、英、日等大型发达经济体的水平。在这一章，我们还以各国旨在针对税基侵蚀和利润转移开展的跨国税收协调为例，来说明当前国际宏观经济政策协调在传统范围基础上的扩展。

在第四章，我们从成本和收益的角度以及在 SWOT 框架下对中国参与国际经济政策协调的战略选择进行了分析。我们认为，国际经济政策协调的核心理念在于动态、合作、共赢，而非总是"以邻为壑"。但是，迄今为止的国际经济治理仍是理论和意向远远多于集体行动，这就给了我们在进行国际经济政策协调时更多的自由度。在参与国际经济政策协调中，应该注重多回合经济政策的协调；对外溢效应巨大的经济政策，出台节奏和力度应尽量循序渐进，避免外溢效应过大过快发生；在重要经济政策决策和执行过程中，当事经济体之间应充分沟通，以便受冲击经济体能够较从容应对；当事经济体之间应

在不同政策回合中相互补偿，使 A 回合中"失之东隅"者有机会在 B
回合中"收之桑榆"；面对外来政策冲击，受冲击经济体可综合应用
财政、金融（含货币）与产业等多种政策工具；国际政策协调与政
策规则制定中的话语权和主导能力最终取决于国家整体的产业竞争
力，只有在国际产业链中具有核心竞争优势，才能在国际政策协调中
争取到最大的利益。

　　总之，国际经济政策协调需要以较强的国际政治信任为基础。在
国际政治信任基础不甚牢固之时，参与国际协调的经济体不能因为迁
就国际经济政策的协调就失去对国内经济政策的主导权，既要融入国
际社会，又不能迷失自我，也不能特立独行。在国内经济政策决策
中，应该坚持以我为主、协调为辅的大政方针。根据大国经济政策的
外溢效应，立足国内稳定增长，独立进行政策决策，以抑制国外负溢
出为主，适当兼顾中国的负溢出。同时积极参与国际经济治理，巧妙
化解国际压力，尽力创造有利于中国的国际舆论环境和政策环境。

第一章　国际宏观经济政策协调的历史演进

　　只要承认世界经济中存在相互联系，那么就一定会存在经济政策的溢出效应。只要承认政策溢出，那么就需要评估溢出效应的影响问题。这种影响可能偏离也可能趋向受到溢出效应影响国的政策目标，也有可能在短期内呈现偏离政策目标而长期内呈现趋向政策目标或相反的情况，还有可能虽然偏离一国的目标却可以推动全球经济的整体向好。凡此种种，不一而足。总之，溢出效应可能造成一些政策冲突，形成所谓溢出效应的负外部性。毫无疑问，如何评估溢出效应的影响是进行国际宏观经济政策协调决策的基础。国际宏观经济政策的协调就是要在各国政府之间实现一种集体行动，相互配合以达到一个共识目标。一方面，对溢出效应评估的差异就构成了国际宏观经济政策协调的第一个难点；另一方面，各国政府所追求的政策目标的差异，或者说能否形成一个共识目标则构成了国际宏观经济政策协调需要克服的第二个障碍。最后，国际宏观经济政策协调作为一种集体行动，必须建立在一个统一的理论分析框架和经济计量模型之上，而这种统一的理论分析框架和经济计量模型又可能不符合各国自身的特点。换言之，各国的经济运行和政策传导机制是不同的，同一个外部冲击给各国造成的后果和影响也是不同的，加之各国的政策目标本身又有差异，这造成了国际宏观经济政策协调所面临的第三个困难。

　　因此，国际经济政策协调的问题可以用一个简单的逻辑推论加以表述：各国经济的相互联系会造成政策溢出，由于存在政策溢出有可能造成偏离各国政策目标的后果，所以有必要进行政策协调。协调意味着共识，而溢出对各国经济的影响、各国政策目标和经济结构的差异会影响共识的形成，进而给政策协调增加了难度，实际的协调形式也可能是千差万别的，甚至此时协调措施对于彼此可能就变成了加剧冲突的措施。

Blanchard、Ostry 和 Ghosh（2013）曾形容说，国际政策协调就像尼斯湖的怪物，谈论的多而见到的少。Tobin（1987）则指出："宏观经济政策协调当然不容易，也许是不可能的。但是如果没有政策协调，我怀疑国家层面的解决方案就将是贸易壁垒、资本管制和双重汇率制度。各国以这些政策为武器进行战争是相互摧毁性的。最终，这些又将引发国际协调"。因此，国际经济政策协调不是要不要的问题，而是要解决如何协调的问题。

第一节　世界经济格局、秩序的演变

特里芬（1960）在《黄金与美元危机》中曾经表达过这样的意思：现代国际货币和国际收支问题在很大程度上是由于在法律上相互独立、拥有主权，而实际上又相互依赖的各国采取的政策不同、目标优先次序不同引起的不协调和分歧造成的。这个看法同样也适用于国际经济政策协调问题。除了相互依赖，国际经济政策协调问题的提出还有一个看似对立的基本前提，那就是各国必须在政治上相互独立，并且彼此尊重主权。显然，在殖民地与宗主国之间是谈不上政策协调的，有的只是依赖和跟随。在货币局制度下的货币政策就是这样一种关系的典型表现。其实，由于各国实力的差别，在政治上的彼此独立也不能保证各国在政策协调中的平等地位。各国之间的实力差距越大，这种不对称的相互依赖就越明显。世界经济中的强国一般处于引领国际经济政策的地位。为此，我们在分析国际经济政策协调问题之前，有必要简单回顾一下世界经济格局和世界经济秩序的演变。

一　国际经济协调的一般逻辑：联系、溢出、协调与冲突

亚当·斯密在《国富论》中指出，分工要求实现专业化，而专业化又能够提高生产率。因此，分工和专业化引致交易与贸易，并且产生出不断扩大市场规模的冲动，最终跨出国界的局限，国际贸易和国

际经济联系由此产生。

只要贸易是平等的和自愿的，就能够给双方带来贸易利益。康德因此在《永久和平论》中强调了贸易与相互依赖对实现和平的作用。他认为，商业精神与经济相互依赖会在贸易双方间形成一种利益纽带，而且这一纽带将使贸易双方更倾向于进行协调而不是冲突。所以，贸易和经济相互依赖是实现"永久和平"的支柱。一些早期的自由主义经济学家，如詹姆斯·穆勒（James Mill）、约翰·斯图亚特·穆勒（John Stuart Mill），以及后来的理查德·科布登（Richard Cobden）和赫伯特·斯宾塞（Herbert Spencer）等也持有类似的观点。他们的理论基础又是来自于大卫·李嘉图的贸易利益学说。李嘉图在《政治经济学及赋税原理》中指出，"自由贸易增加了各国的生产总额，使人们都得到了好处，并以利益和相互交往的共同纽带把文明世界的各民族结合成一个统一的社会"。由于每一方都能从贸易中获利，而战争则会给双方带来损失，即使是战争中的胜利者也不过是损失比失败者小些而已，所以依靠战争实现增长只是一种幻想。相反，自由贸易才是正确的政策，因为通过自由贸易就能得到与靠征服或占领所获得的同样的收益①。

第二次世界大战以后，即使到了美苏冷战时代，理查德·罗斯克兰斯还对商业和平论的观点进一步加以深化和完善。他认为，现代经济的相互依赖使得越来越多的国家成为贸易国家，这反过来又进一步促进了经济的相互依赖。在相互依赖条件下，依赖度较高或开放性较大的国家因割断对外经济联系所受到的经济损失将很大。如果真的如此，这个国家还必须支付重新建立国民经济体系而导致的同样巨大的"调整成本"。这里，机会成本是指一个国家因停止自由贸易而失去的收益，而调整成本是指自由贸易停止后需要重新调整国民经济结构而付出的成本。所以，对外依赖程度高的国家一般不倾向于挑起破坏经济联系的战争或冲突。这意味着不断紧密的国际贸易联系将导致合作而不是冲突。国际经济政策的协调也是这样一种合作形式。

---

① 从明治维新以后日本发动的几次对外战争，特别是中日甲午战争的结果来看，贸易和平论者的这个论断并不总是成立的。当然，日俄战争的结果又完全不同。

经济依赖的加深可以促进和平的原因还包括以下两点。（1）与相对比较封闭的国家相比，贸易往来比较多的国家之间常常还拥有更多的交流方式，它们可能设立更多的使领馆或其他经济机构，所以交流更加频繁，更加了解对方的情况。这将有利于降低信息的不确定性，避免由于信息不对称而引起冲突。（2）国家之间的相互依赖也是一种可置信的威胁信号。当发生利益冲突时，任何一方都可以通过切断彼此的经济联系、经济制裁或者冻结财产来威胁对方，使对方做出让步或者妥协，从而有利于防止冲突的升级。而对于两个没有经济联系的国家来说，它们一旦有了利益冲突，所采取的方式要不就是进行政治上的谈判，要不就是付诸武力，无法使用经济手段来发送信号或进行博弈。

不过，贝思·西蒙斯（Beth Simmons）等认为，在分析相互依赖与冲突的时候要将社会因素考虑进来。尽管贸易活动通过专业化和提高效率能创造更多的财富①，使消费者有更多的选择机会，最大程度地满足他们的偏好，是自由贸易的获益者，从而支持自由贸易，但是国内的政治力量绝不仅限于生产者和消费者两种集团的斗争与冲突，还涉及如政府各部门之间以及国内各产业之间的分歧和冲突。由于每一个力量的利益不同，对贸易和经济开放的支持度也不同。当国内支持自由贸易和经济开放的力量占上风时，国家则倾向于尽量避免冲突升级，强调政策协调，和平解决利益冲突。而当国内支持保护主义政策的力量占上风时，一般就更不愿意做出让步。杰拉尔德·施奈德（Gerald Schneider）和冈特·舒尔茨（Günther G. Schulze）的研究从国内不同部门之间的博弈着手，从贸易部门与军事部门之间的力量对比出发得出的结论是：当贸易部门的力量占上风时，国家会倾向于和平解决军事冲突。

Schirm（2016）在题为《国内理念、体系与利益：解释全球经济治理中的政府倾向》的论文中，从全球治理的角度将上述问题表述得

---

① 按照贸易创造的逻辑，只要实行自由贸易，原来国内生产的高成本产品会被其他国家的低成本产品取代，从而创造新的贸易增量。显然，在这个过程中，消费者节省了开支，提高了福利水平，生产者提高了生产效率，降低了生产成本。

更加清楚。自 2008 年金融危机爆发以来，世界上的发达国家与新兴市场国家尝试通过国际政策协调的方式来提升全球经济治理水平，对现有的国际经济体系进行改革，建立新的国际机制。在这些新机制中，G20 被定义为"成员国间商讨关于国际经济协调与决策的最高级论坛"（G20，2011），涉及包括协调国家经济刺激计划、外汇政策、国际收支失衡以及国家债务等议程。但是，即使是 G20 这样一个充满行动主义的机构，尽管在危机最严重时取得了一定的成就，在联合各国应对金融危机方面发挥了重要作用，曾经被视为国际经济合作的最重要平台，让世界眼前一亮，也的确在全球经济领域发挥了不可或缺的作用，但是，G20 因危机而登上舞台，暴风骤雨过后，G20 主导的全球经济协调逐渐给人一种"一鼓作气，再而衰，三而竭"的感受。当世界经济稍有缓和后，却再也难以达成富于成效的协调成果，甚至被一些人认为该机制会就此被抛弃。在 2014 年，G20 领导人提出了通过经济政策协调，在未来五年将全球经济增长提升 2% 的雄伟目标。尽管 G20 在提出 2% 增长目标时一再重申，这对于各国来说不是硬性要求，但是仍然被多方寄予厚望，如今的失望自然不言而喻。在三年之后的中期实施阶段，IMF 的评估认为这一增长目标可能只完成 0.8%。面对这样的困境，Schirm（2016）认为，全球经济治理的僵局不在于发达国家和新兴市场国家间的集团分歧，而是源于各国政府对待国际问题的态度受到国内社会的影响，使全球问题演化为了本土冲突。其实，这就是约瑟夫·奈所强调的国际国内问题（intermestic）：在相互依存的政治中，国内事务和对外事务之间的界限不甚清楚（小约瑟夫·奈、戴维·韦尔奇，2012）。一般认为，在危机期间协调得很好的各国，在相对"和平"的时代，一旦彼此协调共渡难关的压力减弱，就变得难以协调了。

　　并不久远的另一个例子是，欧盟在 2000 年设立了里斯本战略目标，即在未来十年内，各国在实施各类政策组合后使欧盟经济增速达到 3% 左右。应该看到，里斯本战略的增长目标是经由欧盟各国协调一致的结构改革政策来实现的，需要各成员国在结构改革协调方面有着共同的兴趣和目标。但是结构改革的协调天然就不如需求侧改革协调那么容易。这是因为结构改革的溢出效应很小，虽然会促进政府之间的竞争，而且多数结构改革政策需要在诸如效率和公平、就业和失业保障、长期和短期等影响中进行权衡，仍然是一国基于本国国情做出的选择，很难上升到国际层面成为各国协调一致的结果，并且一国的经验无法直接成为另一国的选择。英国的脱欧公投更进一步显示出区域经济一体化这种国际经济政策协调最高层次中所面临的挑战。

毫无疑问，这个问题在 G20 各国的政策协调中也面临同样的挑战：相较于危机时期以需求侧政策为主的协调，当下长期的增长目标更多关注以结构改革即供给侧为主的协调。

正是由于协调内容发生了本质的变化，让各国像以前那样充满动力已经不再是件容易的事情。G20 要重获此前动力，恐怕得再来一场国际金融危机，然而这显然不是一个常态解。

二 国际经济联系的强化与政策外溢效应

如果说基于比较优势、资源禀赋以及规模经济的自由贸易具有提高福利水平和提高生产率的作用，并且能够消弭冲突，促进国际经济政策的协调，那么按照经济学的逻辑，国际贸易就没有理由不在广度和深度两方面得到迅速的发展。从实际数据看，尽管有波动和反复，总体趋势也的确如此，但是问题在于，国际经济政策的协调并没有因此水到渠成。

由于运输成本的影响，在历史上率先获得发展的贸易形式一定是互通有无的产业间贸易，而此时资源禀赋是决定贸易关系的关键因素。正是由于贸易品本身是不可替代的，所以即使运输成本很高，贸易也是有利可图的。但是在这里，我们就已经可以看到有相互依赖的贸易关系而可能走向反面的可能性，也就是可能从贸易合作走向冲突。建立在贸易优势基础上的贸易关系中断只是使得机会成本变成了现实成本，而建立在资源禀赋基础上的互通有无贸易则关系到一个经济体经济活动的续存。这种贸易关系的刚性要远远大于单纯出于追求贸易利益。换言之，对于基于资源禀赋的互通有无贸易来说，只要有需求，只要这种需求是当前经济活动的重要内容，那么价格的考虑可能倒是次要的，对运输成本考虑的排位更加靠后。在这种情况下，正如彭慕兰在《贸易打造的世界》一书中所说的那样，建立在这种贸易关系之上的刚性依赖是如此重要，以至于可能常常不得不依靠暴力去维持。这样，贸易就可能带来冲突。

相比之下，李嘉图更早提出的贸易优势理论主要分析的是成本优势而不是互通有无①。事实上，建立在贸易优势基础上的互利贸易可能促进了区域化合作的兴起。这是因为既然这种贸易是以实现贸易优势为目的，那么其所承担的贸易成本就将以运输成本为限。一旦贸易成本超过了贸易优势，贸易关系就会自然中止。这里，区位、空间和集聚的力量成了贸易优势发挥作用的重要条件。在给定运输技术和关税水平的情况下，区域贸易自然就更容易显示出其成本优势。因此，在李嘉图的经典案例中，也是以英格兰生产的罗纱与葡萄牙的葡萄酒为例的欧洲区域内贸易。而李嘉图在讨论英格兰与波兰的贸易时，由于假定波兰仅生产谷物、家畜和粗布，为了换取金币，波兰也必须参与贸易，既使此时由于"从远道运输像谷物那样大容积的货品，即需大宗费用，从远道运输金币，又需大宗费用"（李嘉图，1962），导致金币在波兰的价格比较高也不得不为之。这就是区域贸易的成本优势与互通有无的产业间贸易之间的区别，即基于贸易优势的区域贸易对运输成本比互通有无的产业间贸易更敏感②。

由于所追求的利润边际更精细，产业内贸易就对空间距离更敏感③。在这个特性上，产品内贸易又比产业内贸易表现得更明显。换

---

① 在这里，我们常常会想到使用比较优势的概念。在李嘉图的贸易理论中，贸易优势包括绝对优势和比较优势。绝对贸易优势是国内产业对外国同类产业的生产成本优势，而比较贸易优势意味着在一个国家内部不同产业之间（特别是都不具备对外国贸易优势的情况下），对国外贸易劣势相对较小的那个产业与国内其他产业相比的生产成本优势。如果我们在这里使用了比较优势，实际指的是国内产业对外国同类产业的绝对贸易优势。此时的比较含义，已经不是指李嘉图理论中国内不同产业的比较，而是国内产业对外国同类产业的比较，因此，实际已经是李嘉图贸易理论中绝对贸易优势的含义了。

② 严格的说，贸易优势所涵盖的范围可以很大，既可以包括产业间贸易，也可以包括我们马上就要说到的产业内贸易。我们在这里关于成本优势贸易对运输成本比互通有无的产业间贸易更敏感的判断只是阶段性的，因为我们马上就要分析成本优势贸易与产业内贸易的异同。

③ 尽管对产业内贸易还没有一个统一的定义（参见喻志军：《产业内贸易研究》，企业管理出版社 2009 年版），但是我们在这里对产业内贸易的定义主要是以垂直型产业内贸易为主，因为水平型产业内贸易可能更多地表现出互通有无式产业间贸易的特征，而产品内贸易更直接地表现出垂直型产业内贸易的这种特性。

言之，与禀赋贸易和成本优势贸易相比，产业内贸易和产品内贸易导致贸易各方内在的相互依赖程度更高①。也就是说，产业内贸易和产品内贸易更能推动区域经济合作的深度，所以这两个现象成为近年来研究区域经济政策协调的一个热点。毫无疑问，当一个国家的生产取决于另一个国家的产出的时候，或者说，当本国的生产仅仅处于国际生产网络的一个环节时，各国之间的产出互为投入的中间品时，这种经济上的相互依赖程度是历史上从未有过的。在贸易各方的相互依赖程度不断提高和深化的情况下，一旦面临各种可能的冲击，对各方经济体系稳定性的影响也就更大，此时再依靠暴力来维持这种刚性依赖不仅可能得不偿失，而且也不再是首选的政策了②。结果，对加强区域经济合作的探讨就逐渐转向推动区域经济一体化和区域经济政策协调的建议了。

毫无疑问，不论是在对贸易合作的刚性需求还是在这种刚性需求的对称程度上，也不论是在合作的广度还是合作的深度上，区域经济一体化都要比区域经济政策协调走得更远，大大超越了对政策协调收益的简单追求，所以常需要在这种政策协调中加入制度因素进行保障。制度协调是政策协调的最高阶段，也是政策协调的最后阶段，因为制度的强制已经使得政策协调开始脱离了协调中自发、自主和自愿的特征，所以从制度协调向前再迈出的每一步都将超越了协调的范畴。在这个意义上，制度协调才可以被称为是经济政策协调的最高阶段。另外，尽管从逻辑上看，区域性政策协调是全球性政策协调的起

---

①　在互通有无的产业间贸易中，相互依赖的程度同样可能很高，但是正如我们在前面所说的那样，这种相互依赖的刚性也是很高的，而且贸易双方的刚性需求是不对称的。这可能才是产业间贸易与产业内贸易之间的根本区别。

②　正是在这个背景下，经济合作成为国际关系压舱石的说法就产生了。毫无疑问，这是贸易和平论的一个现代版本。如果考虑到国际关系中普遍存在的不对称权利特征，或者承认在贸易合作中双方相互依赖刚性的不对称性，那么任何寄希望于经济合作以稳定国际关系的想法都是值得怀疑的。在权利不对称的合作中，要么合作演变成妥协，要么合作终止。本书后面的研究将表明，不对称合作中的妥协虽然不能直接改变弱势一方与合作方的不对称（甚至还会加剧这种不对称），但是可能改变弱势一方与局外其他博弈方的权利对比，进而间接改变与合作方的不对称程度。如果从权利指数的角度考虑，这种情况发生的可能性会更高。

点，而且相比全球化合作，区域性政策协调的内容也常常更具有实质性的含义并充满了行动主义的色彩，但是由于区域性政策协调的集团成员相对较少，因此政策协调中的不对称性也表现得更明显。按照奥尔森集体行动的逻辑，每个成员对合作剩余的边际贡献就更明显，所以收益分配中的不对称性，或者选择性激励和授权惩罚更容易得到认可和实施。这样，区域性政策协调比全球性政策协调也更接近实质性的合作，更务实。

全球化在相当大的程度上也是建立在国际贸易基础上的。但是，由于全球化的参与者比较多，搭便车的问题就会变得更加突出。所以，从国际经济政策协调的深度上看，全球层面上的经济政策协调就没有区域经济合作那样进展显著。事实上，建立在国际贸易基础上的全球化合作集中体现为全球治理合作和全球公共产品供给，例如在国际货币制度、全球排放公约、贸易争端机制等问题上的合作，并主要表现为一个形式上平等的治理过程和一个国际规则的制定过程。在这个过程中，协调的具体内容要比区域化合作更务虚一些，但是在合作的广度上却又更全面一些。也就是说，与区域经济政策的协调相比，全球性经济政策协调的广度要大一些，但是深度要浅一些。这也许就是全球性政策协调、区域性政策协调与区域一体化之间的联系与区别。例如，G20 的协调与欧元区的一体化就形成了鲜明的对照。

三　贸易与区域经济一体化：欧元区与东亚的比较

欧洲一体化的过程是从建立欧洲统一市场，推动区内贸易自由化开始的。在东亚，则是为了稳定已经发展成熟的区内贸易才提出货币经济一体化。虽然贸易都是被当作区域经济一体化的基础来看待的，但是在欧洲，贸易一体化的发展直接受到政策支持并作为区域合作的起点，而在亚洲，贸易一体化在很大程度上是自发兴起的，之后才被当作区域一体化的基础得到重视和扶持。

表 1 - 1　　　　　　　　东亚主要国家的区内进出口比重　　　　　　单位:%

	向东盟 5 + 3 的出口比重				从东盟 5 + 3 的进口比重			
	1980—1989 年	1990—1999 年	2000—2009 年	2010—2015 年	1980—1989 年	1990—1999 年	2000—2009 年	2010—2015 年
日本	17.14	24.61	32.96	39.96	21.81	28.39	37.12	38.60
韩国	22.86	30.78	36.99	41.43	34.67	35.47	41.33	37.59
中国	25.08	26.54	21.43	19.07	29.37	35.06	35.92	28.98
G3 平均水平	18.88	26.11	28.21	27.29	25.06	31.40	37.35	32.89
印度尼西亚	61.73	51.43	52.79	52.71	44.97	42.11	53.04	59.93
马来西亚	51.47	44.47	45.69	51.59	47.72	51.04	53.79	54.17
菲律宾	32.04	30.65	42.78	52.55	32.10	40.74	46.67	51.71
新加坡	33.64	36.74	45.35	47.02	42.36	47.69	48.70	44.67
泰国	33.05	35.98	39.37	40.27	44.21	46.68	49.37	50.28
G5 平均水平	44.38	40.32	45.22	47.82	43.04	46.92	50.25	50.79
G3 + 5 总平均水平	24.88	30.30	32.82	32.24	29.84	36.72	40.86	37.33
区内贸易额 (10 亿美元)	829.89	2654.49	7114.85	8498.93	885.89	2820.21	7722.06	9011.39

资料来源: IMF, DOT。东亚主要国家在此包括 ASEAN 5 + 3。

从贸易角度看,在 1980—2009 年的 30 年间,东亚主要国家之间的区域贸易一体化在不断深化,并且直追欧元区国家的区内贸易一体化水平。

从表 1 - 1 中,不论是从区内进口还是向区内出口所占的比重看,作为东亚主要国家中最具有影响力的三个大国,中国、日本和韩国的区内贸易比重都得到了稳步的提升,从而带动了东盟 5 + 3 区内进出口比重的稳步上升。但是这种势头在 2008 年国际金融危机以后明显放缓,甚至出现了停滞。另一个有意思的事情是,中国从 2000 年以后,对区内的出口竟然出现了显著的下降,联系到中国与此同时贸易顺差的攀升,暗示着中国的出口顺差主要来自区外。而在整个分析期内,东盟 5 国的区内贸易,不论进口还是出口,比重变化不大。但是在整个分析期内,区内贸易总量增长更加迅速,35 年间增长了 10 倍之多。

表 1 - 2　　　　　　　　欧元区国家的区内进出口比重　　　　　单位:%

	向欧元区的出口比重				从欧元区进口的比重			
	1980—1989 年	1990—1999 年	2000—2009 年	2010—2015 年	1980—1989 年	1990—1999 年	2000—2009 年	2010—2015 年
德国	40.82	42.75	44.17	38.16	39.67	41.96	44.91	45.06
法国	39.37	46.18	50.39	47.16	40.93	46.55	57.48	56.97
意大利	44.81	48.99	46.43	41.40	43.50	50.49	48.30	44.44
3 国平均水平	41.27	45.10	46.22	40.86	41.00	45.25	49.43	48.34
奥地利	52.88	60.03	55.99	53.29	60.34	64.71	67.53	64.04
比利时 - 卢森堡	64.02	64.58	63.85	58.45	61.65	62.94	60.90	57.17
芬兰	31.94	35.32	34.99	33.49	34.08	34.97	39.04	40.05
希腊	51.58	53.50	42.61	33.44	47.48	55.17	48.34	39.21
爱尔兰	33.05	39.30	40.82	37.74	21.45	19.54	23.97	25.85
荷兰	50.29	56.42	62.89	59.74	38.70	41.20	38.99	34.25
葡萄牙	50.18	62.63	66.67	61.32	45.44	63.79	69.54	67.08
西班牙	46.74	59.99	58.60	51.85	36.76	53.18	54.02	47.15
9 国平均水平	51.38	57.17	58.42	54.70	45.95	51.77	51.19	46.78
总平均水平	44.78	49.59	51.31	46.79	42.88	47.85	50.21	47.65
区内贸易额 (10 亿美元)	3033.42	7339.87	15326.70	12069.08	2977.29	6842.80	14582.23	11736.00

注: 表中的平均水平为加权平的。

资料来源: IMF, DOT。欧元区在这里包括最初的 12 个国家。

　　但是与欧元区国家相比,我们发现东亚的区内贸易发展程度依然落后。表 1 - 2 反映了欧元区国家区内贸易的发展程度。

　　从表 1 - 2 中我们可以看到,不论是区域中大国的平均水平还是小国的平均水平,抑或是整个区域贸易一体化的总平均水平,在过去 35 年间,欧元区国家区内贸易比重的增长虽然没有东亚那么快,但是在区内贸易比重上,欧洲都明显高于东亚。这意味着欧洲的区内贸易发展已经相当成熟和稳定了。在欧元区成立前十年的区域贸易一体化水平也高于近年来东亚区内贸易一体化的水平。不过有意思的是，欧元的推出并没有对欧元区国家的区域贸易一体化水平产生明显的促进和推动效应，意味着最优货币区内生性理论没有得到验证。

欧元区区域贸易一体化的成熟性还表现在大国和小国之间相对均衡的发展。尽管从区域出口比重来看，欧元区大国与小国之间还存在一定的差距[1]，但是这种差距明显低于东亚大国与小国之间的差距。

按照我们前面的分析，单纯的贸易关系可能还很难说明区域经济一体化的实际进展，必须通过对区内贸易品的构成来研究体现在区域贸易背后的区域经济活动关联。对欧元区和东亚来说都是如此。Ando和 Kimura（2003）证明了在欧洲和东亚区域价值链生产网络的存在。这种背后的区域经济活动关联就体现为在欧元区内部和东亚存在的区域价值链生产网络。

表 1-3　　　　　　　　东亚与欧盟的中间品贸易比较　　　　　　单位：%

ASEAN 5 +3	2002	2008	2014	欧元区 12 国	2002	2008	2014
中国	55.85	61.84	61.72	德国	50.72	54.63	53.42
日本	57.47	61.61	58.03	法国	48.52	49.90	48.97
韩国	64.30	67.24	66.73	意大利	47.45	50.86	49.60
3 国平均	57.63	62.41	60.95	3 国平均	49.25	52.32	51.23
ASEAN5 平均	69.06	69.22	68.69	EU9 平均	48.10	51.18	51.80
总平均	62.04	64.91	63.86	总平均	48.76	51.79	51.50

注：表中的平均水平为加权平均。

资料来源：根据 RIETI—TID 数据库计算，含中间品进出口。东亚包括 ASEAN 5 +3，欧元区在这里包括最初的 12 个国家。

表 1-3 更直接全面地反映了东亚主要国家与欧元区 12 国在区域

---

[1]　这主要表现为大国的区外出口更多，而小国则更依赖对区内的出口，意味着小国在区内贸易中更主要体现为区内中间产品的出口和供给，大国则是在此基础上完成最终产品向区域外出口。

价值链体系方面的发展程度。我们不难发现，如果以区域内的中间品贸易占各国中间品总贸易的比重作为区域价值链体系的发展指标，那么在总体水平上，东亚已经远远超过了欧元区 12 国。但是与一般贸易一样，与欧元区 12 国相比，在东亚主要国家中，大国与小国之间的不对称程度更高。事实上，东亚小国与欧元区 12 国中的小国相比，它们在区内中间品贸易比重上的差距要远大于东亚大国与欧元区 12 国中大国。

与一般商品和服务贸易相比，区域价值链体系的发展使得各国通过中间品贸易更直接和紧密联系在了一起。一般商品和服务的国际贸易的基础是传统的比较优势理论，反映的是一种产业间贸易的关系，而以区域价值链体系为基础的中间品贸易反映的是一种产业内贸易。显然，通过产业内贸易，各国经济将比在产业间贸易条件下更紧密地联系起来。

Ando（2006）发现，由于东亚跨境生产促进了经济体之间的垂直分工，垂直型的产业内贸易得到了极大的发展。与此同时，单向贸易在各国经济中的重要性迅速下降。而这样的变化实际上就反映了东亚价值链体系的发展，并且这种区域经济合作模式一旦建立，就很难在短期内出现变化。Ando 和 Iriyama（2009）进一步指出，东亚的这种区内贸易实际上是为区外贸易服务的。

我们还是以中国为例来说明在东亚价值链内产业内贸易的发展以及其出口导向性。从表 1 - 3 我们不难发现，在 2002 年以前，中国从东盟 5 个大国以及日本和韩国进口的初级产品和中间产品的数量与中国出口到这些国家的最终产品数量大体保持一致，而到了 2002 年以后，中国从东盟 5 个大国以及日本和韩国进口的初级产品和中间产品的数量明显超过了中国出口到这些国家的最终产品数量。显然，进口更多初级产品和中间产品后所生产的最终产品或者被中国的国内市场所消化，或者出口到区外市场了。而结合中国的贸易差额的变化我们可以发现，正是从 2002 年以后，中国对欧美国家的贸易顺差出现了明显上升。这意味着从那时起，东亚生产网络的出口导向性开始增强。

事实上，早在 2002 年以前，东亚区域价值链体系就已经显示出对区外进口市场的高度依赖，只是在 2002 年后中国加入到东亚区域价值链体系以后，这个特点得到了进一步强化。由于美国经济在全球经济中的显赫地位,东亚区域价值链体系对区外出口市场的依赖就主要体现为对美国市场进口的依赖。特别是 2008 年国际金融危机以来,随着美国经济的急剧衰退,美国对进口产品的需求迅速下降,导致东亚的总出口也随之急剧下降。此后,随着美国经济的 V 型反转,东亚的出口也出现明显的复苏。

由于美国与东亚在经济规模和经济结构上存在明显差异,特别是对贸易依存度和净出口对 GDP 的贡献程度方面存在比较大的区别,尽管东亚与美国的贸易关联程度很高,但是它们在经济增长速度上的相关度却远不如在贸易的相关度上那么高。然而,对于东亚国家来说,由于它们之间的经济联系不仅仅是一般货物和劳务的进出口贸易,而是与各国经济活动更直接相关的初级产品和中间产品的贸易,而且,东亚国家之间初级产品和中间产品贸易所占比重要远远超过欧元区国家,所以东亚国家之间的经济相关度甚至要高于欧元区国家,它们在经济增长上的相关度也要高于它们对美国经济增长的相关度。

四 国际经济格局的演变与国际经济秩序

如果承认各国经济实力的差距,承认各国经济相互依赖的事实,那么我们就不得不承认这种相互依赖是不对称的。按照麦迪逊的统计(表 1-4),即使是在世界主要国家和地区之间,以 GDP 为代表的实力差距也不仅是巨大的,而且是不断变化的。

表 1-4　　　　　　全球和主要国家和地区 GDP 份额估计

单位:1990 年国际元,百万

	1870 年	1913 年	1950 年	1973 年	1998 年
西欧	370223 (33.6)	906374 (33.5)	1401551 (26.3)	4133780 (25.7)	6960616 (20.6)
英国	100179 (9.1)	224618 (8.3)	347850 (6.5)	675941 (4.2)	1108568 (3.3)
德国	71429 (6.5)	237332 (8.8)	265354 (5.0)	944755 (5.9)	1460069 (4.3)
美国	98374 (8.9)	517383 (19.1)	1455916 (27.3)	3536622 (22.0)	7394598 (21.9)

续表

	1870 年	1913 年	1950 年	1973 年	1998 年
苏联	83646 (7.6)	232351 (8.6)	510243 (9.6)	1513070 (9.4)	1132434 (3.4)
亚洲	396795 (36.0)	592584 (21.9)	824703 (15.5)	2633467 (16.4)	9952995 (29.5)
中国	189740 (17.2)	241344 (8.9)	239903 (4.5)	740048 (4.6)	3873352 (11.5)
日本	25393 (2.3)	71653 (2.6)	160966 (3.0)	1242932 (7.7)	2581576 (7.7)
非洲	40172 (3.6)	72948 (2.7)	194569 (3.6)	529185 (3.3)	1039408 (3.1)
全球	1101369	2704782	5336101	16059180	33725635

资料来源：安格斯·麦迪逊著：《世界经济千年史》，表 B - 18 和 B - 20，第 259—261 页。

注：括号内数字单位为% 。

从历史上看，伴随着这些变化，我们并没有看到政策协调的加强，或者说贸易和平论的结果，相反贸易战和汇率战层出不穷，并且酿成了两次世界大战。应该说，在没有有效国际经济政策协调，各国普遍缺乏对国际经济政策合作认知的情况下，正如基欧汉所说的那样，相互依赖的增强也带来了潜在的冲突。第一次世界大战前国际经济格局的变化更为这种冲突提供了机会主义的动力。但是在经过两次世界大战以后，以布雷顿森林体系为代表的国际货币体系的建立，标志着国际经济秩序和国际经济政策合作的开端，特别是在布雷顿森林体系崩溃以后，国际经济政策协调的倾向不仅没有因此削弱，甚至得到了进一步的增强。尽管国际经济政策的协调同样也带来了新的冲突，但是在对国际经济政策协调认知的大背景下，这些冲突最终还是以理智的方式得到了处理，而从实际情况来看，随着美国国际地位的加强，其在国际经济政策协调中的地位越来越重要。相比之下，尽管欧洲作为一个整体在经济实力上具备了与美国相抗衡的实力，但是作为一个由不同国家组成的集团，要以集体行动来发挥作用还常常受到制约。因此，国家经济实力成为了影响国际经济政策协调的重要因素和权力来源。

当然，单纯的经济实力也不一定是一个国家在国际经济政策协调中唯一的权力来源。按照基欧汉和奈在《权力与相互依赖》中的分析，这种不对称就表现为相互依赖的各方在敏感性和脆弱性方面的差距。前者是指对变动的反应程度，后者是指因变动而造成的成本变化。敏感性和脆弱性都比较低的一方相互依赖性就比较小，在变动中可能付出的代价小于对方，因而政策自主性和主导性就比较高，就有能力在相互依赖的关系中促动变化或以促动变化相威胁，迫使对方按照自己的意愿行事，从而达到控制结果的目的，也就是拥有比较大的权力。这就意味着，单纯的经济实力和 GDP 占比并不能保证在国际经济政策协调中具有更大主动性，在相互依赖中的敏感性和脆弱性都会影响各国在国际经济政策协调中的权力和影响力。毫无疑问，各国在国际经济政策协调中的权力和影响力又成为影响国际经济秩序的重要因素。

如果单纯从出口的角度看，同样是按照麦迪逊的统计（表 1 - 5），早在第一次世界大战以前，西欧地区凭借两次工业革命，在全世界的出口中所占比重就已经达到了 60% 以上，直到今天也再没能超过这个水平。换句话说，在全世界进口中，来自西欧地区的出口也处于绝对的主导地位，世界经济形势对西欧地区的影响无疑应该是非常明显的，国际经济政策的协调是非常必要的，可惜那时流行的却是宗主国对殖民国的强权以及霸权国家之间在瓜分世界市场问题上的直接冲突。而就出口占本国 GDP 的比重来看，非洲在那个时候也达到了 20%，并且直到今天，出口在整个非洲的 GDP 中的比重也维持在相当高的水平上，但是非洲却从来没有在国际经济政策协调中发挥过重要的影响。究其原因，则与我们在前面所讲的贸易方式有关。非洲主要是以原材料出口为主，因此尽管出口在本国 GDP 中所占比重较大，但是并不能在国际经济政策协调中占据主导地位。可见，仅仅从一个国家的贸易量以及贸易强度，不能简单决定其在国际经济政策协调中的权力和地位。

表 1 - 5　　　　全球和主要国家和地区出口占 GDP 比重和

占全球出口份额估计　　　　　　　单位:%

	1870 年	1913 年	1950 年	1973 年	1998 年
西欧	8.8 (64.4)	14.1 (60.2)	8.7 (41.1)	18.7 (45.8)	35.8 (42.8)
美国	2.5 (5.0)	3.7 (9.0)	3.0 (14.6)	4.9 (10.3)	10.1 (12.8)
苏联	—	2.9 (3.1)	1.2 (2.1)	3.8 (3.4)	10.6 (2.1)
亚洲	1.7 (13.9)	3.4 (10.8)	4.2 (14.1)	9.6 (22.0)	12.6 (27.1)
中国	0.7 (2.8)	1.7 (2.0)	2.6 (2.1)	1.5 (0.7)	4.9 (3.3)
日本	0.2 (0.1)	2.4 (0.8)	2.2 (1.2)	7.7 (5.6)	13.4 (6.0)
非洲	5.8 (4.6)	20.0 (6.9)	15.1 (10.0)	18.4 (5.8)	14.8 (2.7)
全球	4.6	7.9	5.5	10.5	17.2

资料来源:安格斯·麦迪逊著:《世界经济千年史》,表 3 - 2b、F - 5 和 3 - 2c,第 118 页和 360 页。按照 1990 年价格计算。其中,美国、日本和中国出口占全球份额的数据为作者结合表 F - 2 和 F - 3 中数据的推算。

　　从最近 30 年的情况看,随着中国的改革开放,世界经济格局出现了明显的变化,加之发达国家的经济波动和金融危机,不论是从区域角度看还是从世界主要国家的比较看,也不论是从汇率法看 GDP 比较还是从购买力平价角度看,中国的快速崛起已经给世界经济格局带来了很大的冲击。在这种情况下,中国不可避免地越来越深地介入到国际经济政策协调的过程中,而中国自身的诉求和中国经济结构的特点进一步增加了国际经济政策协调的复杂程度,使得国际经济政策协调也变成了中国经济学家必须给与足够重视并深入研究的一个课题。

第二节　宏观经济政策协调理论的历史演进

　　国际宏观经济政策协调是一个具有极强理论和现实意义的课题,不仅引起了大量学者的研究兴趣,在过去几十年间,许多国际上著名的经济学家也相继参与其中,包括 Sachs、Taylor、Frankel、Goldstein 和 Masson、Blanchard、Feldstein、Fisher、Engel、Eichengreen、Williamson、Obstfeld 和 Rogoff、Mundell、Cohen、Krugman，等等，而且他们当中有不少从博士时代就开始涉足国际宏观经济政策的协调问题。因此相对说来，有关国际宏观经济政策协调的文献是比较丰富的，讨论的问题也相对全面，但是可以归纳为三个主要部分。

一　经济政策国际协调的原理：必要性和可能性

在潜意识中，国际宏观经济政策协调问题的提出常常是基于一种世界政府的视角：宏观经济政策协调的最优目标是全球经济的最优化，或者说各国经济福利总和的最大化，而不是某一个国家政策福利的最大化。或者退一步说，国际宏观经济政策协调的目标是确保实现相关经济体之间的净溢出效应为正，不低于零且尽量大。也就是说要降低一个国家宏观经济政策溢出效应的负外部性，或者说一个国家的宏观经济政策不应该使其他国家的宏观经济目标恶化，即至少不能出现以邻为壑的局面。由于宏观经济目标包括经济增长、充分就业、物价稳定和内外均衡，所以可能需要进行协调的宏观经济政策主要包括财政政策和货币政策。其中，货币政策包括利率政策和汇率政策。

毫无疑问，国际宏观经济政策协调的起因在于政策的溢出效应，而政策需要进行协调的事实本身说明，第一，在全球化时代，几乎所有经济体都处于对外开放状态，国际经济相依性广泛存在且相互依赖的程度高。第二，宏观经济政策的效应具有异质性，在国际间的扩散是不等速的。这是因为不同经济主体之间相互依赖的范围和程度不同，且对同一政策冲击的反应程度不同。第三，各国宏观经济管理的目标是有差异的。总之，各国宏观经济政策的溢出效应可能是彼此冲突的、非合意的，所以才需要进行协调。

Cooper（1967，1985）从庇古和凯恩斯关于消费者与生产者个人理性决策的加总不一定总是能达到社会最优结果，所以需要集体行动的理念出发，认为国家间的政策竞争也不一定能导致最优的结果。只要国家间的政策决策是相互影响的，合成谬误就是一个典型的例子。IMF 和 GATT 等国际机构就是为了限制各国之间的政策竞争，各国也应该彼此合作。Galor（1986）的研究显示，分权的行为，也就是没有协调的资源价格和投资战略可能导致全球动态无效率。在北南分析框架中，北方的资本积累降低了南方劳动力市场不完善情况下的社会成本，但是南方的资源价格影响了北方的投资决策。因此，需要进行全球政策协调。Cohen 和 Wyplosz（1995）在一个两国模型中分析了面对共同的通货膨胀冲击时以协调的和不协调的货币与财政政策进行应对的情况。他们发现在汇率波动的价格效应决定了贸易效应的标准假设下，没有政策协调将导致区内货币对世界其他货币汇率的过度波动。而在类似欧洲这样经济关联度高的结构中，将导致积极货币与财政政策的效率下降。也就是说，如果缺乏政策协调，贸易和价格外部性将使得积极的货币和财政政策导致汇率过度波动。而在外部冲击对称地影响到所有欧洲国家时，贸易效应就会超过价格效应；如果外部冲击不对称地影响到所有欧洲国家，那么价格效应就会为主。此时，如果存在充分的政策协调，财政政策就会更具有扩张性，而货币政策相比非合作的情况就不会那么积极。Goto 和 Hamada（1998）使用一个产品差异化和规模收益递增模型来分析区域经济一体化对外部国家和成员国家的影响。他们发现：（1）即使经济一体化国家之间不提高对外关税，在使成员国受益的同时，也必然使世界其他国家的福利恶化；（2）域外国家也会形成有违自由贸易和平等贸易原则的区域合作，以补偿前一个经济一体化区域造成的福利损失。这个结论可以解释区域主义的兴起。Baer、Cavalcanti 和 Silva（2002）研究了南美共同市场的一体化与政策协调，他们发现特别是在阿根廷和巴西两个大国之间如果缺乏宏观经济政策的协调将导致贸易关系紧张。不同的宏观经济政策会造成双边汇率的波动，而由此导致的进口商与出口商的避险行为以及贸易保护主义将使得双边贸易下降。

　　运用国际收支的货币分析，Hamada（1976）研究了货币政策相互依存的本质。在一个 N 国博弈中，每一个货币当局信贷扩张的决策都是为了实现其目标函数的最大化。除非对国际收支的总量偏好正好与国际储备相匹配，否则古诺方案和斯塔博格方案并不一定得到理论上的结果。因为如果外汇储备超过了总量偏好，货币扩张就会导致国际性通货膨胀。Cohen（1989）在计算了有或没有政策协调以及有或没有政策承诺的四种均衡结果后发现，只有一种情况不会出现自相矛盾的结果，即积极的财政政策与协调的货币政策组合，而其他所有非合作均衡都是积极的货币政策，且结果都会事与愿违。只有政府承诺的货币合作协议才能够防止在未来出现自相矛盾的财政政策。Camarero 和 Tamarit（1995）就 1980—1989 年西班牙比塞塔与德国马克的汇率建立了两个货币方程，一个分别使用了德国和西班牙的经济基本面指标，而另一个使用了 ERM 和 EMS 成员国总量指标与西班牙经济基本面指标的比率作为解释变量。经验结果显示总量模型具有更高的解释力，间接支持了货币政策协调的必要性。Dedola、Karadi 和 Lombardo（2013）指出，银行资产和负债市场的一体化使得各国的资产负债表约束高度相关，结果极大地提高了各国金融和宏观经济相互依存的程度。结果，旨在实现国内金融和信贷条件稳定的非常规政策在金融一体化的时代会造成极大的国际溢出。这样，一个国家的稳定政策也将使其他国家受益。在一个经典的搭便车分析框架内，也会降低它们实行信贷政策的刺激，特别是当这些政策具有明显的国内成本的时候。在一个金融中介面临外生决定的资产负债表约束的开放经济模型中，这样的结论是成立的。

Hamada 和 Sakurai（1978）研究在固定汇率和浮动汇率条件下的经济波动。在一个综合了短期和长期菲利普斯曲线的模型中，他们研究了国际收支和贸易条件导致的工资与物价交错上升（staggered）这两种相互依赖的渠道后发现，在固定汇率条件下，这两种渠道都会发生作用，而在浮动汇率条件下，国际收支传导被阻断而贸易条件传导依然发挥作用。当一国发生衰退的时候，在固定汇率条件下会将衰退传导给另一个国家，而在浮动汇率条件下会将滞胀传导给另一个国家。Krugman（1988）强调尽管在国际收支调整过程中实际汇率的变化一直是一个核心，但是美元的贬值效果一直是令人遗憾的。他认为财政调整能够被当作汇率调整的替代措施的观点是错误的，正如认为汇率变化可以避免逆差国实际支出下降和顺差国实际支出上升的观点也是错误的一样。也许国际收支的调整不仅需要实际汇率的变化，也需要各国支出的再分配。Frankel、Schmukler 和 Serven（2004）使用 1970—1999 年发展中国家和发达国家的大样本数据分析发现，汇率制度的选择能够影响国内利率对国际利率水平的敏感度。在长期内，既使对那些实行浮动汇率的国家来说，我们也不能否定国际利率水平的传导。只有几个大型工业化国家能够长期选择它们自己的利率水平。当然，在短期内情况就不同了。动态估计显示，汇率更具有弹性的国家对国家利率水平变动的调整要更慢一些，暗示着它们在一定程度上具有货币政策独立性的能力。不过有些出乎意料的是，Frankel（2015）则转而认为要从货币同盟的内在问题寻找欧元危机的原因，甚至由此断言欧元将失败。

Hallett（1992）区分了采取汇率目标区以改善宏观经济运行的必要条件（福利的改善）和充分条件（政策协调）。必要条件虽然容易得到满足，但是在当汇率仅仅是一个中间目标的时候，设计一个能够满足充分条件的目标区却很困难。从这个角度看，汇率目标区的收益至少比此前估计的要小得多。但是，目标区在实践上却是非常重要的，能够有效确保汇率稳定，同时也是一个简单的、非常规的途径，以确保政策协调并防止政策决策者采用无效或竞争性的政策。Hallett（1994）进一步指出，汇率目标区，特别是当各国经济结构不同而面临的冲击相同，或者是当结构对称而面临的冲击不同的时候，永远只是一个明确政策协调的不完全替代方案。为了达到干预的规模经济是就需要一个共同的承诺。Corsetti、Pesenti、Roubini 和 Tille（2000）在一个包含多国的经济系统中研究了汇率冲击的国际传导，就竞争性贬值提出了一个可供选择的理论模型。与传统观点不同，一国货币的贬值并不必然使得贸易伙伴国贫困，因为后者可以从贸易条件的改善中也有所收益。进而言之，对于贬值国的贸易伙伴来说，也不一定要实施报复性贬值，因为它们进行报复性贬值以后所导致的贸易条件的恶化可能足以抵消它们为保护出口市场份额而取得的收益。

Eichengereen 和 Sachs（1985）也提出过不同的观点，他们认为，20 世纪 30 年代金本位崩溃时期的货币贬值总是受到谴责，但货币贬值还是可以使发起贬值的国家受益，而且也不能推断就一定会使贸易伙伴国贫困。这意味着国家集团之间的竞争性贬值是互益的。尽管他们的经验研究表明，外国对贬值的报复是负面的，但是各国采取类似的政策的确也加速了大危机后的复苏。Eichengereen 和 Sachs（1986）进一步通过建立一个金本位的两国模型进行分析的结果也表明同样的结论。但是 Mundell（2013）认为，在金本位或贵金属本位的条件下，货币协调是通过固定汇率（固定的黄金价格）和自由市场自动实现的。而从 1999 年欧元创立的时候开始，这些国家就如同走上了金本位的道路，唯一的区别就是出现了欧洲中央银行。毫无疑问，欧洲中央银行的出现使得货币协调非常完美，但是没有财政纪律却造成了当前欧元的问题。这种情况与美国在 1792 年时的情况类似。当时有将近 10 个州出现债务违约，但是联邦政府并没有出手相救。显然，欧洲也不应该救助危机国。而从全球的角度看，欧洲和美国的问题演变成了汇率问题。这时的解决方案就应该是类似回到金本位，但不是美国稳定美元的黄金价格而其他国家钉住美元，而是美元兑欧元汇率的稳定。这是一种新的国际合作形式。Eichengreen（2013b）也认为，从历史上看，在美联储的政策视野中，对国际因素的考虑是不断变动的。在其成立的前 20 年，非常关注国际因素，之后逐渐下降，但是到 20 世纪 60 年代再度上升，但是此后又逐渐减少国际考虑。虽然不能保证，但是 Eichengreen 认为在未来，美联储又会在政策决策中增加国际考虑。这不是简单的历史循环，在背后有着本质的差别。美联储未来对国际因素的关注主要是因为美国将维持开放的贸易和金融交易、新兴市场的增长将持续超过发达国家、美元将逐渐丧失其在国际市场上的垄断地位。这意味着美国经济遭受的汇率冲击将不断变大。

二　国际宏观经济政策协调的前提和条件

国际宏观经济政策协调意味着暂时克制自身的需求而彼此配合，以便达到一个世界经济整体的最优结果或从个体来说的跨期最优。形成这种共同的认知是国际宏观经济政策协调的前提。不管如何看待这个最终的结果，只要在政策上彼此配合并达到预期效果，那么就要解决两个问题：为了达到协调的效果，各国需要出台什么样的政策进行配合，也就是说要了解各国的经济结构和政策传导模型；另外还要判断溢出效应的大小，以便确定政策强度。这两点就构成了宏观经济政策协调的条件。认知前提是一个理念问题，而确定模型则是一个技术问题。我们在本文的研究中假定各国已经达成了协调的理念，因此重点讨论的是技术层面的问题。毋庸置疑，政策协调理念的形成在很大程度上又取决于协调的收益。如果国际经济政策协调的收益（如何评估这个收益有不同的角度和视界，但是一般还是以各国自身的收益而不是全球收益为基础的）很低，那么协调就很难出现。

关于国际政策协调的益处，目前已有的研究文献并没有达成一致结论，造成这种情况的原因可能包括三个方面：模型没有考虑不确定性，由于政策制定者的偏好不同使得协调难以有效，协调模型中可能出现的时间不一致性[①]。Ghosh（1986）的研究具有典型意义，他认为国际宏观经济政策协调的收益是模型不确定性的减函数，因此在实践中，尽管存在大量的理论预测模型，政策协调的收益可能是比较小的。Ghosh（1991）认为经济政策效果的不确定性虽然会妨碍国际宏观经济政策的协调，但是也为政策协调提供了激励，因此协调的福利收益仅仅取决于模型的不确定性。对于"在没有有效的国际货币协调的情况下，各种货币之间的稳定收益是否依然存在？"这样一个问题，Obstfeld 和 Rogoff（2002）给出的答案是否定的，来自政策协调的收益是很小的。Canzoneri、Cumby 和 Diba（2005）在 Obstfeld 和 Rogoff（2000）与 Corsetti 和 Pesenti（2001a，2001b）发展的政策协调基准模型的基础上，结合居民部门、垄断竞争和名义惰性最优化的假定发展了一个包括两个国家的多部门的所谓二代模型，却发现政策协调变得更加重要。他们认为这主要是基准模型考虑不周全造成的，而且他们使用基准模型重新校准参数以后也发现政策协调的重要性至少与对外部冲击的政策反应一样重要。

一般而言，处理时间不一致性的一个方法是抛弃相机抉择而遵循单一政策规则。但是，一个国家能够通过最优货币稳定规则的设计从国际竞争中获益吗？Bergin 和 Corsetti（2013）通过设定一个包括"生产转移外部性"的开放经济模型来研究鼓励国内企业进入制造业部门的收益。生产转移外部性为货币当局提供了一种激励，使它们在产出缺口和鼓励竞争性利润稳定之间进行权衡。由于这个国家在国际分工中和出口构成中的变化，通过帮助制造业企业设定竞争性低价，最优的鼓励竞争性稳定政策将导致更有利的贸易条件。相比自我导向

---

① 对这个问题更详细的研究参见 Ostry 和 Ghosh（2013）以及 Hattaraiy 和 Mallickz（2015）的文献。

型的政策，来自国际经济政策协调的福利收益是相对较大的。

Shishido 等（1980）使用 Link 模型分析了 OECD 国家那时的复苏前景问题。他们的模型中包括发达国家和发展中国家并使用不同的结构方程来描述，发达国家是需求导向，而发展中国家是供给导向。他们的研究发现，OECD 国家的复苏前景在很大程度上取决于这些国家能够就主要经济指标的趋同水平达成共识，而且这些指标还应该是各国能够控制的，并且是相互支持的。Williamson（1987）在论述汇率目标区的时候明确指出，政策协调的目标是保证各国选择的财政和货币政策能够满足全球产出的要求。最重要的目标是增长、低通货膨胀以及经常项目平衡。而从短期来看，最好关注容易被观测到的中间指标。各国中央银行有时会同时扩张货币以避免对汇率的不利冲击。Lewis（1989）对这种行为的动机提出了一种解释。尽管各国政府在大多数情况下不倾向于进行政策合作，不会与其他国家政府签订固定汇率协定，但是当产出波动足够大使得进行临时的政策协调有利可图的时候，也偶然会出现政策协调。

Tirelli（1992）分析了两种国际政策协调的情况，一种是货币政策负责汇率稳定而财政政策负责控制通货膨胀，另一种是货币政策负责通货膨胀而财政政策负责财富目标。汇率目标区方案实际是稳定贸易条件。但是，为了避免失调（misalignment），通货膨胀和产出的波动就会比较大。他发现，在目标区方案中，名义汇率的变动会明显增加，当时这在很多国家的政府看来，即使要付出贸易条件失调的代价，它们也更倾向于稳定名义汇率水平。正如 Boughton（1989）所指出的那样，国家常常把稳定汇率水平看成是一种政治骄傲。汇率目标区的另一个问题是财政干预的程度比较高，而这可能是不可行的。在贸易余额的收入弹性比价格弹性高的情况下，财政干预的效果可能会更好一些。总之，为贸易条件稳定所付出的代价是相当高的，即财政工具、名义汇率、通货膨胀和产出的更大波动。Ferre（2008）比较了在欧洲货币联盟时期宽幅和窄幅财政政策协调的结果，并且发现窄幅的财政政策协调将导致利率、产出、通货膨胀以及平均财政赤字相比宽幅协调情景下更剧烈的波动。因此，尽管动机不同，但是各成员国的财政当局都更愿意执行宽幅协调。推动宽幅协调也更有利于进行有效的对话。

三　国际经济政策协调的原理和传导机制

从本质上说，国际经济政策协调是基于两国或多国宏观经济模型的联立，结合使用政策博弈分析。也可以见微知著，从一个微观视角来推演政策协调。一般来说，对国际政策协调的研究都会涉及到国际相互依赖的多维性（Cooper，1985）和汇率制度的内容（Hamada，1979）。毫无疑问，模型考虑到的机制越多，在技术上就越复杂，但是越能接近实际情况。当然，如果能够准确把握决定外溢效应的主要因素和协调过程的特征，也能够设定出简约的模型，解释力同样会较高。

国际宏观经济政策协调的模型可以大致分为三代。第一代模型主要涉及蒙代尔－佛莱明－多恩布什（MFD）模型；理性预期（基于规则的政策有助于建立理性预期均衡方案）和差异化博弈（differential games）（Bhattaraiy 和 Mallickz，2015）。在这些模型中，产出总存在一个空间均衡条件，价格则存在于另外一个空间均衡条件，同时考虑到资本流动或汇率的空间均衡条件，国际政策协调的收益小。第二代模型主要是后凯恩斯模型，具有微观基础，涉及垄断竞争、名义和真实粘性的内容，且假设各方都有效用函数；还有信息和承诺不对称模型与追逃博弈模型①。国际政策协调的收益超过第一代模型。毫无疑问，全球开放的宏观经济结构模型最宜于研究国际宏观经济政策协调，所以随着计量技术的发展，第三代模型主要是 DSGE 模型，考虑到产品和要素在全球市场出清（通过国内价格、国外价格和汇率的调整），因而是全球均衡（global general equilibrium）的；模型反映了各经济体的结构特征，以观察政策效应在不同经济体之间的传导，以及相应的损益分布，因而是结构性的（structural），而且聚焦财政政策与货币政策冲击的商业周期效应，即对各宏观经济目标（增长、就业、通胀、内外均衡）的短期、中期和长期效应，因而是动态（dy-

---

① 这类研究具有代表性的文献有：Kydland 和 Prescott（1977），Driffil（1988），Currie 和 Levine（1986），Obstfeld 和 Rogoff（2000），Lucas（1976）以及 Petit（1989）等。

namic）和随机（stochastic）的[①]。因此，这类模型一般称为动态、随机、一般、均衡的全球经济模型（DSGEGEM）（Lubik 和 Frank，2006），属于新的开放经济模型（NEOM），认为国际政策协调的收益大于前两代模型。目前，多国模型日渐替代两国模型[②]，成为国际政策协调文献的主流，但多为静态模型（Hattaraiy 和 Mallickz，2015），而两国模型的发展也并没有停止，还在发挥着重要的作用。

最经典的多国模型是 Hamada（1976）。该文应用经济政策博弈来解释政策协调的收益：在 N 国模型中，各国货币当局均追求自身目标函数的最大化（基本目标是价格稳定和国际收支均衡）；各国对通胀和国际收支政策偏好之间的差异，会影响世界通胀率。

Levine 和 Arociner（1994）通过一个具有两种市场结构的两区模型研究了欧洲经济与货币联盟中的财政政策协调问题：一个模型是假定 EMU 在两个区内只生产一种同质商品（EMU1），另一个模型是在两个区生产两种商品且每个区只生产一种商品（EMU2），与此同时，欧洲中央银行确定货币政策一般达到可信的低通货膨胀。它们发现，对于 EMU2 来说，相对价格是可以变化的，这样各国就有激励去改善它们的贸易条件，这就会造成无效的非合作结果，而这是可以通过合作来避免的。

Mayer、Doyle、Gagnon 和 Henderson（2002）建立了两个用于比较的模块来分析国际政策协调的实际效果。一个模块是综述了各种政策协调的模型，另一个模块是 G7 国家和欧洲国家在布雷顿森林体系崩溃以后政策协调的经历，试图为研究者和政策制定者提供一些经验和教训。他们发现模型与实际政策协调之间的差距很小，但是它们之间的差距可以更小。对研究者来说，他们认为应该更关注信息交换。对不同类型的政策之间的协调来说，对一个国家内部不同的政府部门来说，对市场非理性和投机泡沫的判断来说，这些都是政策协调实践中的一个核心特征。对政策制定者来说，更应该关注最终目标的选择，特别是经常账户余额是不是应该总要尽量接近平衡，是不是内部

---

① 参见 Bhattaraiy 和 Mallickz（2015）以及 Bhattaraiy 和 Mallickz（2014）。

② 在本领域，Cooper（1969）的两篇研究是最经典的文献之一。

政策总要实现最优，是不是应该更依赖财政政策作为一种稳定工具，等等。Bergin 和 Corsetti（2013）则通过设定一个包括"生产转移外部性"的开放经济模型来分析鼓励国内企业进入制造业部门的收益。生产转移外部性为货币当局提供了一种激励，使它们在产出缺口和鼓励竞争性利润稳定之间进行权衡。通过帮助制造业企业设定竞争性低价，最优的鼓励竞争性稳定政策将导致更有利的贸易条件。

近年来，全球生产的国际分工，特别是产品生产过程的国际分工越来越细密，成为世界经济的显著特点，正在改变各国经济之间的相互依赖关系，自然也会影响到经济稳定政策的设计（Fatàs 和 Mihov，2006）。密切的经济联系，特别是国际生产专业化中的供给方效应或需求方效应，使得经济周期国际协动（co－movement）程度越来越高，也为国际宏观经济政策的协调提供了新的动力和机制。在2008—2009 年大衰退期间，全球贸易之所以大幅下降，部分原因在于 GVC 对国际经济政策协调的影响逐步增强。GVC 影响宏观经济政策外溢渠道以及宏观经济政策协调的机制，主要是通过两种渠道稳步提高了全球贸易的长期收入弹性。第一，参与 GVC 的国家一般专注于特定的产业部门，但是由于这些部门出口依存度较高，从而对外部收入波动更为敏感，此即"结构效应"（composition effect）。国际生产分工首先发生于耐用品部门，后者对国外收入的弹性往往高于其他产品部门。随着 GVC 的深化，耐用品部门在国际贸易中的比重不断上升，从而推动总出口的收入弹性不断加大。此类研究可参见 Chinn（2010）关于美国的研究与 Aziz 和 Li（2008）关于中国的研究。2008年，耐用品在世界贸易中的占比接近40%，比其在 GDP 中的占比高10%，世界贸易量在 2008—2009 年的萎缩幅度超过 GDP 的萎缩幅度，贸易依存度 70%—80% 的下降可由此得到解释。第二，同常规贸易相比，GVC 链条上中间品跨境贸易快速增长，使 GVC 贸易对系统性贸易冲击的敏感程度大大上升，但对汇率波动的敏感程度却呈下降趋势，即"供应链效应"（supply chain effect）。导致这种现象可能的原因包括：在产业内部，GVC 产品比传统贸易产品更时尚，因而对需求更敏感；GVC 更倾向于采用适时（just－in－time）管理技术，以更快适应国外经济周期的冲击；供应链上任意节点因为商业周期冲击而进行的存货调整，会沿着供应链快速传导。2009 年中国各行业的加工贸易进口收缩幅度大大超过相应行业加工贸易出口的萎缩幅度就是证明。

四　国际宏观经济政策协调的难点：福利效果及其不对称性

有了国际宏观经济政策协调的理念和技术，了解了政策协调的原理，也并不意味着就能够形成国际宏观经济政策协调的行动，因为国家间的决策不可避免地包含了国家间竞争的零和博弈，也就是经济力量的对比和由此产生的政治权力竞争。为什么国际经济协调听到的多而看到的少？仅仅关注国际宏观经济政策协调的绝对收益是不够的，还必须考虑到各国在政策协调中相对收益的变化。由于相对收益的零和性质，这种对国际宏观经济政策协调收益考量的相对视角也就成了国际宏观经济政策协调的难点。事实上，前面我们提及的政策协调的收益如何评估，本身就是一个颇有争议的话题。

Ostry 和 Ghosh（2013）认为，尽管理论和经验都强烈支持宏观政策的协调，但是除非在世界经济处于崩溃边缘的时候，国际经济协调成功的案例并不多见。在正常情况下，政策决策者总是以国家视野为主，这就是为什么在现实中很难见到国际经济政策协调的原因。他们的研究还表明，国家间规模的不对称性、对经济形势和跨国传导效应的不同判断、政策决策者在各种政策目标之间重要性取舍的误判是造成国际协调困难的主要原因。相比封闭经济的情况，政策协调使得政府能够改善它们的政策选择。尽管不少研究表明，政策协调的福利收益不是很大（这有点像对全球化自由贸易收益的估计），但是肯定是明显的，而且是值得追求的。这就使得作者集中就有关政策协调中的不确定性和不一致性（这是两个重要问题）展开研究。他们建议要有中立的评估者来协调不同国家政策决策者的观点差异，提出能够被各方接受的可信的和中立的评估。这种评估不必是评估政策目标，但是应该分析各种战略并权衡这些战略的结果。这才能使得各国合理评估政策协调的福利收益。他们的第二个建议是在协调出现困难的时候，通过经常项目和资本项目两个渠道的负面溢出提供警示以维持和鼓励各国之间的政策协调。他们建议由 IMF 来提供评估和警示。事实上，IMF 进行监控的一个核心目标就是通过客观分析、告诉实情来克服各国在政策协调中不可避免的国别视角。近年来 IMF 成员国接受的一体化监控决策说明，尽管各国政策还是要达到各自的国内目标，但是不利的外向溢出变小了，也给了各国压力，即使有一些国内成本，它们还是要在政策中考虑到负面的跨国溢出效应。对于国际社会来说，这种警示的逻辑是明确的。

Baum（1986）研究了大型经济体与小型经济体之间各个外生变量，货币政策与财政政策相互影响下的不对称相互依赖关系。在这种情况下，大型经济体的最优策略就是在政策决策中不考虑对小型经济体的影响，这是因为大型经济体可以免疫小型经济体的反馈性影响。相反，大型经济体政策的溢出效应却可能有助于，也可能损害小型经济体的稳定。Marquez 和 Pauly（1987）估计了在北方、南方与 OPEC 国家之间进行政策协调的收益。通过对三个区域的世界经济计量模型进行最优控制分析，发现世界性的复苏是可行的，但是不是所有区域的收益都是相等的，并且这种变化是有利于南方国家的。Hsiao 和 Hsiao（1995）使用一个简单的不对称蒙代尔 – 弗莱明 – 多恩布什静态模型的研究表明，当美国（或日本）像一个决定性参与者（斯塔博格领导者）那样按照中国台湾（或韩国）的预期响应函数行动的时候，政策协调的收益与纳什均衡时是一样的。小国在与大国的合作中有微小的损失，而大国不论是与小国合作还是不合作，都是无差异的。这个结论看起来意味着应该回到新古典世界的自由竞争中，而政策协调只是对市场机制的一种干预。这可能解释了为什么在发达国家之间积极的政策协调成功的很少，并且在发达国家和发展中国家之间还没有出现过政策协调。

Tabellini（1990）认为，在国内政治存在扭曲的情况下会追求财政政策国际协调，因为这种扭曲会导致预算赤字，而财政政策的国际协调则可以加剧这种赤字的倾向，这是因为国际协调可以降低预算赤字，而这反过来又会进一步强化国内政治扭曲。Christodoulakis、Garratt 和 Currie（1996）以 G3 为背景，就经济政策协调的扩展目标区方案进行了量化评估，并且与没有采用明确汇率目标的其他方案进行了比较。他们发现如果承认汇率波动是有害的，那么扩展的目标区方案就明显优于其他方案。不过，积极的财政政策也要防止产出和通货膨胀偏离目标水平，抵消积极货币政策所达到的汇率目标。更重要的是，如果政策协调的福利分配是不平等的，那么扩展的目标区方案就不具有可持续性，从而使合作失败。

Alesina 和 Wacziarg（1999）针对欧洲一体化的情景，建立了一个有关货币政策的政治经济模型，提出了这样一个基本原则，即经济一体化需要建立欧洲机制化的当局在全欧洲的范围内来执行统一的政策。在另一方，当一些大国在经济一体化中享有规模优势时，欧盟对它们的需要就下降了，因此，经济一体化的不断加强也就降低了对政治一体化的需要。为了调和各方的利益，他们提出了一个在不同规模的成员国家政府之间最优配置特权的模型。当公共产品的提供具有跨国溢出效应时，就需要集权的政策使外部性内部化，而集权政策的收益也必须能够被在异质性集团间执行相同政策的成本所抵消。所谓特权的最优配置方案就应该来自这种此消彼长的关系。以这个模型为基准，他们分析了在欧洲配置政治特权的制度刺激，并且最终认为欧洲在这些问题上已经走得很远了。Barrell、Dury 和 Hurst（2003）使用 NIGEM（National Institute's Global Econometric Model）进行随机模拟，来评估以国内考虑为先的独立货币政策与国内利率将对国际环境做出反应的货币政策协调的福利效果。具体来说，在他们的情景中，美联储和欧央行之间的政策协调都能够降低它们的福利损失。但是，欧央行在降低产出波动方面的收益没有美国那么大。这与其说是证明了政策协调的原理，不如说是揭示了美联储与欧央行在责任分担与政策协调结构方面的冲突，证明了政策协调的困难。毫无疑问，受益越不均等，欧央行加入政策协调的激励就越小，且如果它们认为美联储在谈判中食言的可能性越大，则越有可能退出政策合作的框架。这个结论与 Hallett（1987）的研究结论是一致的。

Alesina、Angeloni 和 Etro（2005）将国际联盟视为一些决定集中提供公共产品和政策，并且在联盟成员之间产生外部性的国家集团。在这种情况下，来自政策协调的收益与独立政策决策的成本之间的此消彼长关系就外生地取决于这个联盟的规模、构成以及范围。统一的政策会降低联盟的规模，也可能阻止新成员的加入，并由此导致集权程度的下降。而没有统一政策的灵活规则将提高达成协议的效率。这在欧盟制度结构的争论中表现得非常明显。

在 Canzoneri、Cumby 和 Diba（2005）的基准模型中，政策协调的必要性主要在于各部门之间不对称性的随机过程。而名义惰性的不对称性使得政策协调变得更加重要，并且有些部门表现出工资惰性，而有些部门表现出价格惰性。巴拉萨－萨缪尔森假说揭示了贸易品部门和非贸易品部门的不对称性，但是这远不是全部。Herzog（2006）分析了 CIS 国家的货币和财政政策协调问题，并且与 EMU 的制度结构做了比较。他先建立了一个包括软弱与强硬、小国与大国之间战略互动的模型，然后将这些结论和发现带入一个溢出模型中进行分析。Herzog 的兴趣在于研究溢出效应、搭便车行为和形成财政与货币区之前的协调。除了制度经济学的分析，他还建立了一个经济模型来分析协调的最优程度，并使用数值模拟以说明协调的前沿。研究表明，协调的最优程度取决于财政规则和政府规模，这里的关键问题是在一个货币区内不同国家之间财政协调的最优程度。Liu 和 Pappa（2008）认为，在一个两国世界中，如果两国各有一个贸易品部门和一个非贸易品部门，且具有价格粘性，那么最优化的独立政策一般不能保证自然资源的配置比例的匹配。此时，通过政策协调，就能够将以前独立的政策制定者忽略的外部化的贸易条件内部化，从而获得潜在的福利。如果两国的贸易结构是对称的，协调的收益就会很小；而如果两国的贸易结构是不对称的，政策协调的收益就非常可观。除了将外部化的贸易条件内部化，协调的结果将有利于具有较大贸易部门的国家。

总之，国际宏观经济政策协调是一个非常重要的话题，从凯恩斯有关在内部平衡与外部平衡中选择内部平衡，到米德对国际经济政策协调的最初论述，很多著名的经济学家都卷入了对这个问题的研究，而得到的结论也是不同的。在研究方法上也包括了传统宏观模型、开放宏观模型、博弈论和 IPE、福利经济学的计量分析，但是核心都是对收益的分析。基本观点有自由派和协调派两类。尽管对有关国际协调的研究充满了矛盾的结论，但是总体上还是倾向于协调。

第三节　国际宏观经济政策协调的事实演变及评述

毋庸置疑，国际宏观经济政策协调是先有实践再有理论，所以对于我们理解和研究国际宏观经济政策协调而言，必须首先回顾这些实践的历程和事实演变情况。在此基础上进行评述，特别是针对当时的历史环境以及政策效果进行分析具有重要的意义。

一　布雷顿森林体系之前的国际经济政策协调

严格的说，国际宏观经济政策协调是明确提出宏观经济政策并被各国政府采用之后才可能出现的事情，但是从广义上看，只要出现了国际贸易和国际金融，只要存在国际交往和国际经济互动，国际经济政策的协调就提上了日程。因为在自由市场经济条件下，各国政府是坚持自由放任还是进行干预也是一种政策协调选择，关系到国际货币制度的运行。这在金本位条件下表现得尤其明显，封闭的黄金政策使得金本位面临崩溃的边缘，造成了贸易战和货币战以及国际经济关系的动荡局面。

（一）"一战"之前欧美等发达国家的国际经济协调

国际间的宏观政策协调由来已久，最早可以追溯到19世纪。比如，1825年沙俄为得到来自法国的贷款，与法国在维持法郎与黄金的可兑性方面进行了协调和合作；在1837—1839年和1848—1849年的经济危机期间，英格兰银行与法兰西银行为了克服困难，彼此之间展开了多项政策的协调与合作。一方面，当时多数西方发达国家已经普遍完成了工业革命，全球商品贸易迅速发展。另一方面，由于市场的一体化和经济联系越来越紧密，各国的经济波动周期趋向于同步性。当经济繁荣时，全球贸易中的商品畅销、原料充裕，从而各国就会充分就业，企业也能获得丰厚的利润；而在全球萧条时期，全球市场则会出现商品过剩、原料短缺，各国内部就会出现失业严重、人口过剩、资本无出路、生存空间紧张的情况。因此，为了克服经济周期的困扰，各集团为了谋取自身利益继而采取霸权主义，国际间政策上的矛盾表现尤为突出。在这种条件下，各国为了缓和国际间的冲突和对抗，迫切需要进行相关的政策协调。

19世纪末期，英法等老牌资本主义国家发展的动能逐渐减弱，美国、德国和日本等新兴资本主义国家通过国内战争或者改革方式迅速崛起。资本主义国家之间为了争夺原材料产地和商品销售市场，彼此之间展开了激烈的竞争，甚至会经常出现地域性的军事冲突。各国要想在国际市场上继续维持自由贸易，就需要存在统一、开放、竞争、有序的商品和要素市场，以及可以自由兑换的货币，这就需要有足够经济实力的国家来协调国际经济关系。

"一战"前，英国在世界经济体系中居于主导地位，当仁不让地担负起了国际经济政策协调人的职责。一方面，英国几乎占欧洲向海外出口额的一半或者进口额的三分之一，是最大的资本输出国，因而伦敦理所当然地成为世界上最大的资本市场。另一方面，资本主义国家普遍实行的金本位制实质上是英镑本位，英镑代替黄金执行国际货币的职能，即作为国际贸易的计价单位、支付手段和储藏手段，因而伦敦也就成了国际金融中心。此外，英国和占世界人口四分之一的大英帝国大部分地区坚持自由贸易原则，从而加快了世界经济中的自由贸易趋势。因此，英国是自由贸易体制的最大受益者。当然，英国也为此承担了大量国际义务并付出了相应的代价。

（二）"一战"之后的国际经济协调

"一战"打破了原有的国际经济秩序，使得英国经济实力受到较大的削弱，已无力在资本主义经济体系中占据主导地位了。因此伦敦逐渐失去了国际金融中心地位，其他国家也先后放弃了金本位制。与此同时，美国利用其他国家忙于战争的时机，与各国之间大力发展贸易，经济实力日益增强。然而，美国政府当时奉行孤立主义的政策，认为自己尚未强大到足以与战前的英国相提并论的地步，因此，美国在"一战"结束后的很长一段时间内，拒绝承担国际经济政策协调人的角色，单纯只是为了追求本国利益。比如，1920年成立的国际联盟是世界性组织，但由英法操纵，美国拒绝参加。

由于各国在"一战"时期为了筹措军费，纷纷实行通货膨胀政策，导致战后各国物价与工资上涨的程度大不相同，因而真正的均衡汇率难以确定。而且战后各国物价普遍上涨，黄金生产数量却大幅下降，黄金存量对世界生产与国际贸易的比率远远低于战前。在这种情形下，战前的金币本位制度难以恢复，各国只得允许汇率浮动，一些国家甚至采用竞相贬值的政策实行汇兑倾销。各国为了防止汇兑倾销，除强化外汇管制外，还对贸易施加种种限制，这就阻碍了全球贸易的发展，因此各国货币制度的重建和货币政策的协调就变得尤为必要。

1922 年，在意大利的热那亚，英国主持召开了关于各国重新回归金本位制的经济和金融会议。由于英国的海外资产和黄金储备在一战中损失惨重，由债权国变成了债务国，已经没有能力独立承担稳定英镑与黄金的兑换汇率工作，因此，会议最终实际达成的是金汇兑本位制。实行金汇兑本位制的国家，对货币只规定法定含金量，禁止金币的铸造和流通。国内实行纸币流通，纸币不能与黄金兑换，而只能兑换外汇，外汇可以在国外兑换黄金。本国货币与某一实行金块本位制或金本位制国家的货币保持固定汇价，以存放外汇资产作为准备金，以备随时出售外汇。1925 年，英国重新实行金本位制，得到了当时的国联和美国联邦储备银行的有力支持。纽约联邦储备银行为此向英国提供了 3 亿美元的贷款。到 20 世纪 20 年代末，已有 50 多个国家重新实行了金本位制。

在金汇兑本位制下，流通中的货币是不能与黄金保持兑换的纸币，黄金已不能发挥自发调节货币流通的作用，使货币流通失去了调节机制和稳定的基础，从而削弱了货币制度的稳定性。如果某国纸币流通量超过了流通对货币的需求量，就会发生货币贬值。假如国家为弥补财政赤字而大量发行纸币，就会引起通货膨胀，导致物价上涨，影响经济的发展。而实行金汇兑本位制度的国家，其货币与某大国货币保持固定比价，其对外贸易和金融政策又必然受到与之相联系国家的货币政策的影响与控制。这就要求实行金汇兑本位制的国家在货币发行上有良好的信用和自我的约束机制。但是随着经济的发展变化，殖民地的作用也不再像"一战"前那么重要，市场需求不足已真正成为困扰各国经济发展的主要问题。各国人民生活在贫困之中，购买力低下，而生产又急剧扩张，国内的生产与消费的矛盾已经无法解决。在这种情况下，国际经济政策协调的难度越来越大，各国政府为了转嫁国内危机和社会矛盾，纷纷采用以邻为壑的政策，关税战、倾销战、货币战全面爆发，全球经济秩序的稳定性变得非常脆弱。1929年开始的全球性大危机，各国货币竞相贬值，以图扩大出口和增加就业，这就无形中摧毁了刚确立不久的国际货币体系。

（三）1929—1933年全球危机时的国际经济协调

各国的关税战、倾销战、货币战在外汇管制和双边协定的刺激下，很快演化为集团对抗的方式。英联邦集团、美元集团、金本位集团、德国集团、日元集团等逐步形成。在货币集团内部以一个主要国家的货币作为中心，并以这个货币作为集团内部的储备货币，进行清算。集团内部外汇支付与资金流动完全自由，但是对集团外的收付与结算则实行严格管制，常常要用黄金作为国际结算手段，发挥黄金的世界货币职能。各货币集团内部的货币比价、货币比价波动界限以及货币兑换与支付均有统一严格的规定；对集团外的国际支付则采取严格管制。集团之间壁垒森严，限制重重。

根据1932年《渥太华协定》，英联邦国家一致同意扩大相互间的进口优惠。英联邦内部削减关税，提高对英帝国以外国家的关税。一方面，它增加了帝国内部贸易。1938年英国出口货物的62%都是卖给英联邦和英镑集团国家的，而1929年则为42%。另一方面，提高了英国在英帝国国家贸易中的所占份额。英国放弃金本位之后，与英国有贸易和财政紧密联系的国家，如英帝国的大多数国家、瑞典、丹麦、挪威、葡萄牙和拉丁美洲几个国家，使得自己的货币与英镑保持一定的比例关系，各国以英镑作为主要的外汇储备，在国际结算中也以英镑作为清算手段，从而形成了以英国为首的货币集团，即英镑集团。英联邦集团虽然是一个松散的非正式组织，但是在当时却是势力最大的组织，具有一定的排他性。

1934年，美国联合一些中美洲国家、菲律宾和利比里亚，组成美元集团。日本组建了包括其殖民地和他占领的中国地区的日元集团。日本与日元集团之间的贸易发生了引人注目的变化，日本对集团内的出口从占日本出口总额的24%上升到55%，进口也从20%上升到41%。随着英镑贬值，法国凭借其雄厚的黄金储备、巨大的贸易和预算盈余，成为金本位集团的首领。比利时、瑞士、荷兰、意大利等欧洲国家参加了金本位集团。它们企图继续维持金本位制。面对其他集团的货币贬值，它们希望通过通货紧缩来维持贸易平衡和保存黄金储备。

德国利用抵偿贸易协定和清算贸易协定，在东南欧市场上占据了垄断地位。东南欧国家是欧洲重要的农产品和原材料供应国，它们的产品被英国和法国拒之门外，德国趁机利用抵偿贸易协定和清算协定与它们互通有无。20世纪30年代，在东南欧国家的进出口中，德国所占的比例无一例外地成倍或几倍地增长。德国还用同样的办法与拉丁美洲若干国家进行贸易交往。1929—1938年，在拉美20个国家的进出口贸易中，英、美两国的比重在下降，而德国的比重显著上升，分别由10.6%和8.1%上升到17.8%和10.3%。德国同拉丁美洲的贸易额几乎回升到20世纪20年代的水平。

由于区域性货币集团的发展，贷款方向比以前受到更多的限制。资本运动更集中于某些优惠的地区。例如，只有英联邦成员国和某些英镑区国家才能在伦敦发行债券；美国向加拿大提供贷款；瑞典向斯堪的纳维亚半岛国家的贷款以及比利时、荷兰和瑞士向法国的贷款。区域性货币集团妨碍了资本在国际间的流动，这对20世纪30年代迫切需要以资本来应付危机的世界经济来说是致命的。每个集团都极力谋求自身的利益，反而加剧了经济危机。

值得注意是，全球性的大危机爆发后，国际社会也曾试着进行过协调。1933年召开的世界经济会议就试图从以下几个问题寻求国际合作。

第一，稳定货币问题。英国主要关心的是怎样才能提高价格，其他国家则担心英镑何时才会稳定下来。英国表示只要价格不提高，至少战争债务未清理，就不可能把英镑稳定下来。随着美元脱离金本位，稳定货币的焦点就集中到美元的稳定上。但是罗斯福很快表明立场，认为只图暂时的、多半是人为的稳定少数大国的汇率，纯属似是而非的谬论，这种谬论不会使得世界长时期得到平静和安宁。也就是说美国在贬低汇率提高物价之前，无意缔造国际协定。稳定货币的计划破灭了。大英帝国属下的各国举行正式会议，组成了英镑区。金融集团也因此组织起来。

第二，关税问题。每个国家都要求破例对待。美国想根据农业调整法提高加工税的农产品关税，英国在 1932 年渥太华会议后对提高蛋和熏肉的关税工作还没有完成，法国要看美国的物价上涨幅度是否完全与美元贬值相称，如果美国物价没有上涨足，它就要被迫征收进口附加税。

第三，兴建国际公共工程问题。这里存在两个问题，一是资金来源。大会建议成立一个国际基金。二是兴办公共工程是否真的有效。法国财政部长博内宣称，法国实行了好几年公共工程计划，但物价并没有显著提高，反而造成了让人担心的财政赤字。这项建议最终被搁浅。

第四，战争债务问题。法国在第一次世界大战中损失最为惨重，它对德国赔款问题毫不让步。美国则要求英国和法国尽快偿还它们在战争期间的债务，英法的赔款来源直接关系到德国的还债能力，而德国的还款能力完全依赖其出口大于进口获取的外汇和黄金。但是同盟国对德国的制裁使得其不可能通过每年的顺差来支付赔款。赔款成为了一个复杂的问题，大会已经没有能力解决，最终不得不采取回避的政策。

由于与会国的分歧较大，1933 年的世界经济会议最终并没有取得预期的效果。到 1936 年，金本位集团国家纷纷放弃金本位，人们再次提出了采取某些国际金融合作的必要性。1936 年 9 月，法郎贬值之前，英国、美国和法国为了避免对方的报复再度合作，确定了英镑、美元和法郎之间的汇率，这方面的协议规定英镑与美元维持固定比例，而法郎可作小量贬值。后来比利时、荷兰和瑞士加入该协定。这项协定主要是技术方面的合作：协定国内部自由兑换黄金，当国际游资从一国转移至另一国时，各国中央银行进行合作维持汇率，它实际上是有管理的汇率制度下的国际合作。以后，有管理的汇率原则代替了金本位制下的自由汇率原则。

三国货币协定发出了黄金不再值钱的信号，于是黄金持有者纷纷抛售黄金，购买有价证券。面临越来越不稳定的欧洲政局和日益增长的战争威胁，大部分资本流向美国需求避难所。美国的黄金储备到

1936 年 10 月达到 110 亿美元。随着黄金大量流向美国，三国货币协定中有管理的汇率原则在 1939 年被冲垮。商战逐步升级，几次国际协调都以失败而告终。

综上所述，"二战"之前的全球经济政治格局主要是由发达资本主义国家和其殖民地主导，那时的国际经济协调主要是针对各国在亚非拉地区殖民地和半殖民地的争夺，政治矛盾多于彼此之间的合作。至于应对资本主义世界之间出现的经济危机，尽管各国也采取过一些经济政策对国际经济进行协调，但是协调措施具有特定性和临时性特征，效果极其有限，多以失败告终。

二　布雷顿森林体系时代

20 世纪 30 年代的大危机和两次世界大战的教训，使得各国认知加强国际经济政策协调的重要性，并且对国际经济管理达成了一些共识：创建并维持一个相对自由的经济体系，从金融、投资、贸易三个方面重建国际经济秩序。因此，国际秩序重建涉及三个方面的内容：一是重建国际货币体系，建立了以美元为中心的布雷顿森林体系；二是组建了世界银行，成为承担国际复兴任务的国际投资机构；三是经过关税和贸易谈判，签订了以自由贸易为原则的《关税和贸易总协定》，重建国际贸易体系。

（一）国际货币体系的重建

由于英国经济在"二战"中再次遭到重创，实力大为削弱，而美国经济实力却急剧增长，并成为世界上最大的债权国。美国的黄金储备从 1938 年的 145.1 亿美元增加到 1945 年的 200.8 亿美元，约占世界黄金储备的 59%。这为美元霸权地位的形成创造了有利条件。

1944 年 7 月，44 个国家政府的代表在美国新罕布什尔州的布雷顿森林召开了联合国货币金融会议，通过了以"怀特计划"为基础制定的《国际货币基金协定》《国际复兴开发银行协定》等内容，确立了以美元为中心的国际货币体系，即布雷顿森林体系。1945 年 12 月，参加布雷顿森林会议的其中 22 个国家签字正式成立了国际货币基金组织和世界银行两个国际性金融机构，这两个机构出面组织国际宏观经济政策协调。

　　布雷顿森林体系规定美元与黄金直接挂钩，美国承担以官价兑换黄金的义务，其他国家的货币与美元挂钩，只有通过美元才能兑换黄金，这就使美元处于国际货币体系的中心地位。美元等同于黄金，成为国际储备资产和国际清算的支付手段，从而确立了美元在战后世界货币领域中的霸权地位。在这种体系下，一方面，美元作为黄金的补充，弥补了国际清偿力的不足，结束了国际货币金融关系的混乱局面，为国际贸易、国际投资创造了一个比较稳定的环境；另一方面，在一定程度上稳定了各国的汇率，避免了国际资本流动中引发的汇率风险，有利于资本的输入和输出，同时也为国际间接融资创造了良好的环境，有助于金融业和国际金融市场的发展，为跨国公司的生产国际化创造了良好的条件，为世界经济的恢复和发展起到了积极作用。

　　国际货币基金组织要求成员国取消外汇管制，使得国际贸易和国际金融在实务中避免了许多干扰和障碍。战后初期，许多国家由于黄金外汇储备枯竭，纷纷实行货币贬值，造成国际收支困难。基金组织和世界银行对逆差国提供各种信贷支持，帮助会员国解决国际收支困难，克服国际收支失衡，促进币值的稳定，在促进国际货币金融领域的合作方面取得了成功。基金组织的贷款活动范围有限。20 世纪 40 年代后期和 50 年代初期，50 年代中期至 60 年代中期，由于减少限制方面有了较大的改进，许多国家国际支付地位的加强，也促进了支付办法上的稳步自由化，基金组织的贷款业务迅速增加，重点也由欧洲转至亚非拉发展中国家。

（二）关贸总协定下的贸易谈判

　　在布雷顿森林体系的约束和国际货币基金组织的努力下，各国宏观政策的重心主要放在维持内部平衡方面，受凯恩斯主义的影响，宏观调控的能力更趋成熟。从战后一直到 20 世纪 60 年代中期，国际宏观政策的协调少了汇率稳定的烦扰，更多地努力集中在贸易和投资争端方面。1947 年 10 月，23 个国家在日内瓦签订了《关税及贸易总协定》，缔约国在谈判中逐步达成了互惠互利协议，大幅度地削减关税和其他贸易障碍，取消国际贸易中的歧视待遇等措施，创立了一个持续繁荣的多边贸易体系。除组织多边关税及贸易谈判外，关贸总协定还组织有关国家对于商业政策方面出现的问题进行磋商，解决争端；

协助个别国家解决其该国贸易中的问题；帮助有关国家加强地区性贸易合作；执行培训国际贸易专业人员的计划等。从 1948 年到 1994 年，关贸总协定共进行了 8 轮谈判，成员发展到 130 多个国家，发达国家的平均关税从 36% 降到 3.8%，发展中国家和地区降至 12.7%。这种大幅度的减让关税是国际贸易发展史上前所未有的，对于推动国际贸易的发展发挥了很大作用，为实现贸易自由化创造了条件，见表 1-6。

表 1-6　　　　　　　　　　　关贸总协定历次谈判简要

	年份	谈判地点	议题	结果	参加国家
第一轮	1947	日内瓦	关税	占进口值 54% 的商品平均降低关税 35%	23
第二轮	1949	安纳西	关税	占应征税进口值 56% 的商品平均降低关税 35%	13
第三轮	1951	托奎	关税	占进口值 11.7% 的商品平均降低关税 26%	38
第四轮	1956	日内瓦	关税	占进口值 16% 的商品平均降低关税 15%	26
第五轮	1960—1961	迪龙回合	关税	占进口值 20% 的商品平均降低关税 20%	26
第六轮	1964—1967	肯尼迪回合	关税，反倾销	关税税率平均水平下降 35%	62
第七轮	1973—1979	东京回合	关税，非关税及框架协议	达成 7 个非关税壁垒方面的守则	102
第八轮	1986—1994	乌拉圭回合	关税、非关税、服务、知识产权、纺织品、农产品及 WTO 创立，争端解决机制等	强化多边体制，特别是将农产品和纺织品贸易自由化，并加强争端解决机制；进一步改善货物和服务业市场准入条件；发达国家和发展中国家平均降税 1/3；发达国家制成品平均关税税率约降 3.5%；达成服务贸易总协定和有关的知识产权协议；建立世界贸易组织	123

资料来源：作者整理。

（三）布雷顿森林体系的危机与协调

欧日等发达国家和地区的经济经过近 20 年的持续发展，积累了大量的国际收支顺差，而美国经过朝鲜战争、越南战争，海外军费剧增，财政赤字巨大，国际收支连年逆差，黄金储备源源外流。这种情况发展到 20 世纪 60 年代中期，以美元为中心的布雷顿森林体系本身固有的矛盾和缺陷就逐渐暴露出来了，即美国以外的成员国必须依靠美国国际收支持续保持逆差，不断输出美元来增加它们的国际清偿能力，这势必会危及美元信用，从而动摇美元作为最主要国际储备资产的地位；反之，美国若要维持国际收支平衡，稳定美元，则其他成员国的国际储备增长又成问题，从而会发生国际清偿能力不足的严重问题，进而影响到国际贸易与经济的增长。这就是著名的"特里芬难题"。

布雷顿森林体系保持稳定的关键条件是美国必须具有足够的黄金储备，以保证其他国家用美元兑换黄金。1949 年，美国的黄金储备为 246 亿美元，占当时整个资本主义世界黄金储备总额的 73.4%，但是此后美国的黄金储备持续下降，导致 20 世纪 60—70 年代爆发了多次美元危机。1960 年，美国的黄金储备下降到 178 亿美元，不足以抵补当时 210.3 亿美元的流动债务，出现了美元的第一次危机。大量资本出逃，各国纷纷抛售自己手中的美元，抢购黄金，使美国黄金储备急剧减少，伦敦金价上涨。为了抑制金价上涨，保持美元汇率，减少黄金储备流失，美国联合英国、瑞士、法国、西德、意大利、荷兰、比利时于 1961 年 10 月建立了黄金总库，八国央行共拿出 2.7 亿美元的黄金，由英格兰银行为黄金总库的代理机关，负责维持伦敦黄金价格，并采取各种手段阻止外国政府持美元外汇向美国兑换黄金。1968 年 3 月，美国黄金储备下降至 121 亿美元，同期的对外短期负债为 331 亿美元，引发了第二次美元危机。美国没有了维持黄金官价的能力，经与黄金总库成员协商后，宣布不再按每盎司 35 美元官价向市场供应黄金，市场金价自由浮动。1971 年 7 月，美国的黄金储备下降到 102.1 亿美元，而对外流动负债 678 亿美元，完全丧失了承担美元对外兑换黄金的能力，爆发了第七次美元危机，尼克松政府于 8 月 15 日宣布实行"新经济政策"，停止履行外国政府或中央银行用美元向美国兑换黄金的义务。1971 年 12 月以《史密森协定》为标志，美元对黄金贬值，美联储拒绝向国外中央银行出售黄金。1973 年 3 月，西欧出现抛售美元，抢购黄金和马克的风潮。3 月 16 日，欧洲共同市场九国在巴黎举行会议并达成协议，联邦德国、法国等国家对美元实行"联合浮动"，彼此之间实行固定汇率。英国、意大利、爱尔兰实行单独浮动，暂不参加共同浮动。其他主要西方货币实行了对美元的浮动汇率。至此，以美元为中心的布雷顿森林体系彻底垮台。

三　布雷顿森林体系崩溃之后：20 世纪 70—80 年代

由于布雷顿森林体系的崩溃，国际金融体系陷入了空前的动荡与混乱之中，各国之间的贸易战、汇率战、投资战、利率战此起彼伏，愈演愈烈。1976 年 1 月，国际货币基金组织理事会在牙买加首都金斯敦举行会议，讨论国际货币基金协定的条款，经过激烈的争论，签定并达成了"牙买加协议"。牙买加体系承认固定汇率制与浮动汇率制并存的局面，成员国可自由选择汇率制度，正式确定了浮动汇率体制的合法地位。在牙买加体系的浮动汇率体制下，汇率、利率、股市和物价动荡不定，国际收支经常失衡，贸易保护主义此起彼伏，国际金融领域充满混乱和动荡，世界经济出现了频繁的动荡和危机。由于欧美日等发达国家长期采用凯恩斯主义的调控政策，在石油危机的冲击下，导致各国的经济出现了严重的"滞胀"困境。在这样的背景下，为了共同应对全球经济和货币危机，国际经济的宏观政策协调再次引起各国政府重视。

（一）G7 宏观政策的协调

最引人注目的是西方七国首脑会议与财长会议。1975 年在法国的倡议下，美、日、德、英、法、意在法国巴黎郊外的朗布依埃召开了第一届首脑会议后，最初几年主要讨论有关国际问题，其政策协调方面收效不大。1978 年，波恩会议上各国终于达成了一个协议：联邦德国、法国和日本同意采取扩张性的财政和货币政策刺激内需，并以此帮助美国削减贸易赤字；作为交易，美国同意制订一个抑制通货膨胀和能源消费的计划。波恩会议作为一个重要的里程碑，它显示了世界经济大国能够协调并制定、推动合作的国家经济政策，它还显示了美国在多边管理努力中仍须发挥主要作用。1982年，凡尔赛首脑会议研究了对动荡不定的外汇市场进行联合干预的可能性，建立了一个由美、日、德、英、法五国官员组成的"五国集团论坛"，加强了各国经济政策的相互监督。

由于1980—1982年，发达国家又一次陷入严重衰退的局面，在距离第一次波恩会议7年以后，又把美国、日本和德国带回到各自原来的立场上，即美国要求日本和德国进行经济扩张，而美国的回报是削减巨额财政赤字、降低利率。1985年，五国财长及中央银行行长参加的纽约广场会议，就联合干预汇率达成了协议，各国第一次公开承认美元定价过高，并承诺要联合干预外汇市场。这次协调缓和了由于里根政府的银根紧缩政策所带来的美元坚挺和巨额的贸易逆差，结果是美元汇率逐渐下降，最终实现了"软着陆"。宏观经济政策的国际协调又一次成功地缓解了它们之间的矛盾。

1986年，东京七国首脑会议对大国协调的新体制进行了具体化，协调的内容包括经济增长率、通货膨胀率、失业率、货币增长率、利率，财政预算收支、贸易和经常项目收支、外汇储备、汇率等议题。针对1985年以来的美元大幅度回落对发达国家经济可能带来的严重影响，1987年，巴黎财长会议上美、日、英、法、德、加六国着重讨论了当时的汇率情况和各国经济发展中的问题，认为目前的汇率已大体反映各国基本经济情况，因而各国要紧密协作，把汇率稳定在现有水平。此外，为纠正世界经济失衡，各国还同意采取一系列政策措施，包括美、英、法、加等国削减赤字，而德、日扩大内需，这次会议达成的协议称为"卢浮宫协议"。这项协议为美元兑日元和美元兑马克的实际汇率设定了参考的变动范围，或者说建立了某种形式的"目标汇率区"。会后，各国中央银行耗资高达1000亿美元干预外汇市场，再加上美联储对国内货币供应量的严格控制，使得美元同其他主要发达国家的货币汇率在较长时间内保持了相对稳定的状态。

"卢浮宫协议"的重要成就在于，各国逐渐重视国内经济政策对其他国家的影响，各主要发达国家均同意调整各自的国内政策。这就意味着，国际经济政策协调在内容上不仅包括汇率和国际收支平衡等传统的外部问题，而且愈来愈把各国国内宏观经济政策纳入协调范围。至此，国际经济协调的新体制已基本形成。

1987年10月爆发席卷全球的股市危机，在美国政府与国会达成了在1988年和1989年两个财政年度共削减760亿美元的预算赤字的协议后，发达国家开始采取共同措施来应对所面临的严重危机。西欧国家普遍降低了贴现率，英格兰银行连续三次下调利率，德意志联邦银行将贴现率降至2.5%的水平。日本和德国还在增加外援、刺激内需、扩大从美国进口以削减贸易逆差等方面做出了相应的行动。正是由于发达国家加强了宏观经济政策的国际协调，才使得这次股市风暴的危害性在相当程度上受到了抑制，没有酿成像20世纪30年代那样的资本主义世界经济的全面危机。

（二）贸易争端的协调

随着美国经济实力的衰落，欧日等发达国家和地区的发展，发达国家之间再次出现了不平衡现象。即使各国在关贸总协定下不断努力协调，贸易争端仍然非常激烈。比较著名的是美日、美欧、日欧贸易战。

美国和日本的贸易战最为激烈。战后初期，美国的农产品和工业品充斥日本市场，直到20世纪60年代才出现平衡。随着日本经济的高速发展和竞争力的加强，到1965年，日本对美贸易首次出现3亿美元的顺差，成为日美贸易的转折点。此后，日本对美出口迅速扩大，而美国的贸易赤字不断扩大，1978年达到120亿美元，1981年增至160亿美元，1986年更达到586亿美元。由此，日本与美国的贸易摩擦不断，最终导致贸易大战。比如，1968年的"纺织品战"、20世纪70年代中期的"彩电战"、20世纪70年代后期的"钢铁战"、1979年的"汽车战"，以及1987年的"半导体芯片战"等。而每次贸易战基本上都以日本让步、接受数量限制而结束。

另一方面，美国要求日本削减关税和撤销非关税壁垒。在美国的强烈要求下，日本的关税大幅度下降。与此同时，日本于1982年成立了市场开放问题投诉处理推进本部，专门受理美欧厂商对日本非关税壁垒的投诉并应它们的要求改善、简化通关手续。1985—1989年调整汇率成为美日摩擦的焦点。美国于1985年在纽约召开西方五国财长会议，强行要求日元兑美元大幅升值，以纠正日益严重的美日贸易不平衡问题。美国国会在 1986 年还通过了一项议案，要求日本每年自动减少 10% 的对美出超，否则美国就采取报复行动。自此，日元汇率便扶摇直上，1990 年以后日元汇率才逐渐稳定在 135 日元兑 1美元的水平。但是，美国对日本的贸易逆差并没有减少。1989 年之后，双方的攻防焦点转移到结构调整上来。美国认为，在与日本的竞争中，美国之所以处于被动是由于日本的经济体制对自由竞争造成了障碍，它指责日本国内市场是封闭的、排他的，美国强烈要求日本扩大市场的开放程度，扬言要动用"超级 301 条款"制裁日本，后来日本虽然做出了让步，但是美日贸易不平衡问题并没有彻底解决。

西欧是美国工农业产品的重要出口市场，在其出口总额中占据较大的比重。同时，西欧也是美国贸易顺差的主要来源地。但是随着西欧经济的恢复和发展，特别是欧洲经济共同体建立以后，美国产品日益受到排挤，美欧之间的贸易摩擦和贸易战也越来越激烈。美国与欧共体争端最突出的是农产品问题。1962 年开始，欧共体对农产品实行比关税更高的差价税，使得美国农产品处于十分不利的地位。美国利用关贸总协定减税谈判，迫使欧共体削减关税，但是欧共体采用了增设各种非关税壁垒的办法。另一方面，欧共体对农产品实行差额补贴政策，冲击了美国农产品出口的传统市场，使得美国农产品净收入减少，美国也被迫采取农产品出口补贴政策。20 世纪 80 年代初，美国借口欧共体违反出口补贴法，向《关税与贸易总协定》提出起诉。1993 年乌拉圭回合谈判取得初步成功，法国同意削减农产品补贴，但是法国农业工人举行游行示威和抗议活动，给法国政府以很大压力。20 世纪 80 年代开始，美国与欧共体在钢铁方面的贸易战也日趋激烈。由于欧共体国家对钢铁工业实行 30% 的价格补贴，导致对美出口大增，仅仅 1981 年就增加了 66.8%。这使得美国钢铁工业受到很大的冲击，大批工人被解雇。对此，美国钢铁业界提出控告，要求对进口钢材征收反倾销税和反补贴税。结果美国迫使欧共体实行数量限制。但欧共体还是利用美元汇价上升的机会加大了对美国的出口，从而一举扭转了对美贸易逆差的局面，仅仅 1984 年就取得了 133 亿美元的顺差。

日本与欧共体的贸易摩擦开始于 1964 年。此前，双方贸易基本平衡，而当年受此现象影响出现欧共体对日贸易的 1 亿美元逆差。此后，这种逆差不断扩大，1975 年达到 45.3 亿美元。1976 年，日本与欧共体之间爆发第一次贸易战。日本被迫同意实行钢铁产品数量的"自动控制"，进而欧共体又做出了 5 个月内不再出口日本钢筋和钢丝的决定。1980 年，爆发日欧之间的第二次贸易战。这次贸易战涉及许多商品，包括汽车、彩电、机械、电子产品等，其中以汽车战为主。当年，日本汽车在欧共体市场上所占比例达到 11.1%。西欧国家纷纷采取措施限制日本汽车进口。联邦德国、英国和法国分别将日本汽车进口数量限制在本国市场占有率的 10%、11% 和 3% 以下。此外，日本在不少西欧传统出口商品领域也冲击了西欧市场。在这种情况下，欧共体于 1980 年 11 月召开外长理事会，发表"要求日本对其出口产品的自我克制"的声明。同时，欧共体还要求日本努力增加从欧共体国家的进口。此后，日欧之间的贸易争端不断，多次爆发贸易战。

（三）拉美债务危机的协调

1982 年 8 月 12 日，墨西哥因外汇储备已下降至危险线以下，无法偿还到期的 268.3 亿美元公共外债本息，不得不宣布无限期关闭全部汇兑市场，暂停偿付外债，并把国内金融机构中的外汇存款一律转换为本国货币。墨西哥的私人财团也纷纷趁机宣布推迟还债。继墨西哥之后，巴西、委内瑞拉、阿根廷、秘鲁和智利等国也相继发生还债困难，纷纷宣布终止或推迟偿还外债。到 1986 年底，拉美发展中国家债务总额飙升到 10350 亿美元，且债务高度集中，短期贷款和浮动利率贷款比重过大，巴西、阿根廷等拉美国家外债负担最为沉重，近 40 个发展中国家要求重新安排债务。

拉美等国的债务危机严重影响了国际金融秩序和世界经济的稳定发展，成为全球性问题，引起了国际社会的高度重视。1985 年，贝克计划推行私营部门参与自愿性银行贷款重组，延长财政调整时期。其结果是大量债务负担影响了投资，导致了日益增多的资本外逃和增长疲软，债务比例不断上升。这就是众所周知的拉丁美洲"停滞的 10 年"。直到 20 世纪 90 年代，债务重组的参与方才认识到，失去偿债能力的国家需要真正的债务减免，即减少债务名义价值。这就是"布雷迪计划"，不可转换且无力偿还的银行贷款通过一定折扣变为可转换布雷迪债券，直到 2003 年拉美才摆脱债务危机的阴影。

（四）G7 集团协调的效果

20 世纪 70 年代，西方七国首脑会议把抑制通货膨胀作为主要的协调方向。各国采取国际经济协调，共同实施紧缩政策，控制货币增长速度，提高中央银行的再贴现率和削减财政赤字。直到 20 世纪 80 年代，终于使长达 10 年之久的高通胀得以抑制，但 20 世纪 80 年代中期，通货膨胀又重新抬头，西方各国迅速协调并采取提高利率的政策，通货膨胀得到抑制，20 世纪 90 年代初危机后的经济增长期间，西方发达国家仍能继续保持低通胀的发展态势。

总而言之，20 世纪 70—80 年代，国际经济协调焦点集中在美国试图迫使德、日采取膨胀的经济政策，扩大进口，而德、日则指责美国的"双赤字"政策，要求美国实行紧缩政策。国际收支方面的严重失衡以及经济政策措施方面的严重分歧，最直接地反映在汇率变动上，而汇率的急剧变动又反过来影响了国际经济的运转，从而汇率制度成了国际经济政策协调的中心问题。

稳定汇率的根本保障是有关国家宏观经济政策，尤其是货币政策的协调和经济运行指标的趋同。1992 年 9 月，席卷西欧的金融风暴使得欧洲货币体系遭受了自创建以来的最大冲击，就是由于西欧各国的宏观经济政策不协调导致的。由于当时美元兑德国马克的汇率跌至第二次世界大战后的最低点，西欧国家的外汇市场上也出现了抢购马克的风潮。马克汇率不断上升，而英镑和意大利里拉等弱货币汇率则不断下跌。在有关国家的中央银行做了大规模干预仍然无效以后，英镑和意大利里拉不得不先后退出欧洲货币体系的汇率机制。这主要是由于欧共体成员国的货币政策失调。为了摆脱衰退，刺激经济增长，英国、法国和意大利等国纷纷放松银根，降低利率，而德国在统一以后承受恢复东部经济的沉重负担，国内的通货膨胀出现了抬头之势，为了防止通货膨胀的进一步加剧，德国采取了紧缩银根、提高利率的货币政策，故导致了马克汇率的不断上升。

1995 年，美国继 1994 年的经济增长过热后，国内通货膨胀的压力大增，美元汇率急剧下降，特别是对日元，更是创下第二次世界大战以来的最低点，1∶79.75；而日本由于国内的自然灾害和金融市场动荡等原因，日元兑美元的汇率上升，但由于日本经济增长乏力，政府试图通过日元汇率的下调来促进出口，从而带动本国经济的增长。于是，在同年举行的七国首脑会议上，一致同意使美元汇率有序回升。8月15日，日本中央银行率先在东京外汇市场抛售日元购入美元。随后，美联储也在纽约外汇市场上进行了积极干预，促使美元兑日元回升到1∶108的水平。

随着欧美日等发达国家之间经济相互依赖程度的逐步深化，政策协调的范围从最初的"危机处理"逐步发展到"危机预防"式的协调。国际协调的政策范围也从最初的交换信息、汇率的稳定等阶段性议题逐步发展到有关国家的宏观经济政策协调，甚至越来越重视讨论共同的发展目标与政策手段。国际协调的目的也从最初的消除各方的矛盾状况、不平衡状况，逐步发展到追求共同的"没有通货膨胀的持续增长"态势。

四　当代国际经济政策协调：20世纪90年代以来

20世纪90年代开始，经济全球化和区域经济一体化进程的不断深入，使世界经济出现了一定程度的多极化和多元化趋势。随着发达国家产业结构调整的完成，服务业特别是金融服务业逐渐成为国民经济主导部门，由于金融业快速发展而带来的世界经济波动比以往更为明显。新技术进步对经济增长的影响作用不断增大，不断出现新的产业部门需要各国重新考虑彼此之间的协调与共同发展。随着金砖国家为代表的新兴市场国家的兴起，欧美日等发达国家在全球经济中的地位相对下降，原来G8在国际经济协调中的作用有所削弱。在此背景下，国际经济协调进入了新阶段，表现出一些新特点。

随着经济全球化和世界经济一体化进程的加快，各国在承认世界经济相互依存的前提下，生产、贸易、汇率、财政和货币政策方面的国际经济协调全面展开，经济增长、通货膨胀、贸易差额和经常收支、财政赤字、货币目标和汇率等成为主要的协调内容。进入21世纪，国际经济协调开始扩展到环境、社会责任等人类社会方面，其发展更为全面和高层次。

20 世纪 90 年代后，区域自由贸易成为新的潮流，发展中国家在国际经济贸易中的作用日益增强，全球性国际组织和七国集团的协调作用有所下降，国际经济协调的方式和范围日益扩大。国际经济政策协调已经从局部发展到世界全局范围，从少数国际经济组织的协调发展到多层次、多方式的协调。除了有国际经济组织如 IMF 和世界银行、七国首脑会议、七国财长会议和中央银行行长会议等多边协调外，还包括区域性的多边经济协调，如欧盟、亚太经济合作组织（APEC）、金砖国家、二十国集团与各种自由贸易区等协调方式，国际经济协调进入高层次、多方位格局。

（一）东南亚金融危机的国际协调

1997 年 7 月 2 日，泰铢贬值波及印尼盾、菲律宾比索、马来西亚林吉特。7 月 15 日，IMF 就开始采取应对措施。8 月 11 日，当泰国货币危机已经引发成东南亚货币危机后，由国际货币基金组织主持的援助泰国国际会议在东京举行。经过协商，确定了对泰国提供大约 160 亿美元的资金援助，以稳定泰国的金融秩序。韩国金融危机发生后，IMF 立刻派工作小组赴韩国谈判。12 月 3 日，IMF 宣布将和美国、日本、亚洲开发银行一起向韩国提供总额为 550 亿美元的紧急援助。到 1998 年年底，IMF 已经许诺向东南亚提供近 1200 亿美元的紧急援助。这是 IMF 当时规模最大的救援行动。作为回报，韩国、印尼和泰国都同意实行 IMF 为之设计的严厉的一揽子计划，包括调整经济结构、紧缩预算、降低经济增长速度、提供利率等经济政策。

由于 IMF 的救助方案过于严厉，导致东南亚国家错过了救助金融危机的最佳时期，救助效果也不太理想，国民经济遭受重创。鉴于在国际政策协调中，东亚国家太多受制于欧美等发达国家，因此，亚洲金融危机结束之后，东亚地区成立了由东盟十国加上中日韩三国的次区域性合作组织，即"10 + 3"，确立了首脑定期会晤、财长定期会商和政策对话机制。东盟十国开始着手发展自由贸易区，计划到 2020 年之前创建一个类似欧盟的经济共同体。

（二）2008 年金融危机的国际经济协调

G20 的合作始于亚洲金融危机之后，其前身 G7 因为感到需要扩大宏观经济政策的协调范围而扩展成 G20。在 1999 年 6 月，G7 财长向 G8 科隆峰会提交了关于加强国际金融机构改革的报告，建议成立由财长和央行行长组成的 G20 论坛，同年 9 月 25 日正式成立由 19 个国家及欧盟组成的 G20 财长论坛。此外，为共同应对人类面临的挑战和加强在重大国际问题上的沟通，G8 日益重视同中国等发展中国家的联系，并从 2003 年开始邀请中国、印度等国在财政、金融、能源、卫生等领域举行了一系列部长级对话。在 2007 年的 G8 峰会上，德国倡导并启动了旨在与新兴发展中国家加强合作的"海利根达姆进程"。随着中国等新兴市场国家的快速发展，欧美等发达国家和地区在国际经济协调中的能力越来越力不从心。面对各国共同的经济灾难，发达国家与发展中国家之间共同的政策协调是大势所趋，是渡过危机的唯一选择和唯一出路，是推动世界经济增长的有效途径。因此，G20 在 2008 年的国际金融危机后升级为首脑峰会，成为全球经济治理的重要论坛。G20 因危机而登上舞台，也的确在联合各国应对金融危机方面和全球经济政策协调方面发挥了不可或缺的重要作用，至少防止了国际货币战和贸易战①。例如，2008 年在首次华盛顿峰会就合作应对国际金融危机、维护世界经济稳定达成共识，通过了 47 条金融领域改革行动计划。2009 年的伦敦峰会出台了总额为 1.1 万亿美元的全球经济复苏和增长计划。它行动主义的决议让世界眼前一亮。

但是，在危机冲击的疾风暴雨之后，G20 主导的全球经济协调逐渐开始给人一种飘忽的务虚感受。G20 的议题不仅变得有些飘渺不定，而且也似乎更难以达成有效的协调成果，故而一些人认为这个机

---

① 事实上，在 2008 年国际金融危机前后，发达国家也试图在 G7 框架下进行政策协调，并分别于 2007 年 12 月 12 日、2008 年 3 月 11 日和 9 月 18 日、10 月 8 日和 10 月 13 日为应对不断恶化的金融危机冲击，美联储、欧洲中央银行、英格兰银行和日本银行先后进行了大规模的国际联合援助行动。主要内容包括以下几方面。（1）各主要国家中央银行通过公开市场操作等渠道向本国货币市场注入流动性。（2）美联储与主要国家的中央银行建立临时货币互换安排，并根据形势发展调整互换的期限和规模。从 2008 年 10 月 13 日起，为配合其他国家中央银行的救市行动，美联储宣布，暂时上调与欧洲中央银行、英格兰银行、瑞士国家银行和日本银行的美元互换额度至无上限。（3）2008 年 10 月 8 日，美联储、欧洲中央银行、英格兰银行、加拿大中央银行、瑞典中央银行和瑞士国家银行等联合宣布降息 50 个基点。但是事实证明，没有新型市场的参与，国际经济政策协调是难以奏效的。

制可能因此会被边缘化。2010 年多伦多峰会要求完成国际货币基金组织份额改革，同时为发达国家削减赤字和公债设定了量化指标和时间表，但前者后来被美国国会否决，而此后欧债危机也一度愈演愈烈。2011 年戛纳峰会承诺继续加强宏观经济政策协调，2012 年洛斯卡沃斯峰会承诺致力于保增长、促就业、促稳定，2013 年圣彼得堡峰会决定建设开放型世界经济，抵制贸易保护主义。议题逐渐偏离了原来的务实特点，且不再那么聚焦，出现泛化趋势，也变得越来越原则化。在 2014 年的布里斯班峰会中提出将全球经济增长提升 2% 的目标。尽管这对于各国来说并不是硬性要求，还是被多方寄予厚望，当然此后的失望程度也是不言而喻的。

2016 年的杭州峰会不仅承接了 2015 年安塔利亚峰会实现包容和稳健增长的主题，而且这一主题在 2017 年汉堡峰会得以延续，具有承前启后的影响，使 G20 在后危机时代的政策协调具有明确目标。每次峰会采用的"三驾马车"管理方式，即本次峰会主办国与上一次以及下一次的峰会主办国一起协商会议的议题、议程和会议声明，以最大限度地减少分歧、达成共识的优势在此次峰会中表现得尤其明显和有效。中国作为负责任大国，其全球议题设定和执行能力方面得到初步显现。

当然，我们还要看到，G20 目前还是一个较为松散的论坛性质的合作机制，还不是一个真正意义上的国际组织。所以它的政策效力是来自成员国之间的义务性，而不是约束性的条款。G20 的决策机制也是以一致同意为基础的。由于成员国较多，一般很难达成令每一方都满意的共识，决议只能是各方相互妥协的结果，所以共识的内容还是比较虚化的，难以触碰到深层的实质性问题。这种特征在后危机时代尤其明显。具体的、实质性的、能切实推进的协议较少，更需要会后通过部长级会议不断落实和沟通。

（三）G20 结构性改革的政策协调框架

在前面我们已经提到，一般认为，各国的结构性改革由于外溢性比较差，所以不在国际经济政策协调的范围内。但是欧债危机证明了结构问题是不容忽视的国际经济政策合作与协调的基础。因此，结构性改革在 G20 的议题中变得越来越重要，并最终取得了共识。

1. 结构性改革协调在 G20 议题中的变迁

早在 2009 年匹兹堡峰会确立强劲、可持续和平衡的增长框架①时起，结构性改革就是其中的重要部分，但是由于当时全球经济仍然处于峭壁边缘，各国的政策协调仍然是以关注短期增长稳定与刺激为主，结构性改革并未成为重点议题。尽管随后的首尔峰会制订了与结构性改革密切相关的《多年发展行动计划》②，但由于随后爆发的欧债危机，导致各国的协调仍未能从短期转到中长期上来。

这一情况到 2014 年的布里斯班峰会才有所转变，峰会制定了通过结构性改革实现 G20 各经济体未来五年额外增长 2% 的目标③，至此，结构性改革成为 G20 国家宏观经济协调的重点议题。结构性改革议题重新成为增长框架下的重点议题。2016 年中国作为 G20 主席国，在推进结构性改革协调方面做了更多增强可操作性的努力④，包括为结构性改革确定优先领域、指导原则和观测指标。结构性改革的政策协调正日趋重要，并面临更多挑战。

2. G20 结构性改革的协调方式

（1）政策指引

G20 结构性改革领域的首要协调方式是政策指引，即为各国结构性改革提供开展指南和智力支持。在中国作为主席国期间，G20 确定了结构性改革的九大优先领域，在这各领域下还对应着具体指导原则，这些优先领域和指导原则为各国开展结构性改革提供了清单式的指引。具体如表 1 - 7。

①促进贸易和投资开放：

A 降低贸易的关税和非关税壁垒；

---

① 参见 G20：《二十国集团匹兹堡峰会领导人声明》，http：//www. g20. org/hywj/lnG20gb/201511/t20151106_ 1229. html，2009 年 9 月 25 日。

② 参见 G20："Multi – year Action Plan on Development"，http：//www. g20. org/English/Documents/PastPresidency/201512/t20151225_ 1726. html。

③ 参见 G20：《二十国集团领导人布里斯班峰会公报》，http：//www. g20. org/hywj/lnG20gb/201511/t20151106_ 1247. html。

④ 参见 G20："FWG Report on the G20 Enhanced Structural Reform Agenda"，http：//www. g20. org/English/Documents/Current/201608/t20160815_ 3142. html。

B 降低外商直接投资的壁垒和约束;

C 实施贸易便利化措施降低贸易成本;

D 适时降低贸易和投资国内限制,更好地实现规则的跨境融合;

E 通过多边、诸边和双边投资协定降低贸易和投资壁垒,同时尽量减少对第三方的歧视性措施。

②促进劳动力市场改革,提升劳动力受教育程度和技能:

A 降低包括妇女、年轻人和老年人等低劳动参与率群体进入劳动力市场的障碍;

B 提升积极劳动力市场政策的有效性;

C 平衡保护就业和保护劳动者,降低劳动力市场的二元性和非正式性;

D 加强职业教育、高等教育、技能培训与再培训;

E 通过提升早期教育、初等和中等教育的可获得性与质量提升教育成果;

F 促进就业创造质量,增强劳动生产率。

③鼓励创新:

A 保持合适的研发支出水平;

B 提升研发和创新支持政策的有效性和效率;

C 促进产学研合作;

D 促进国际研究合作;

E 加强早期风险投资的可得性。

④推动基础设施建设:

A 提升公共部门投资质量(同时保证基础设施投资和维护所需的融资来源)通过公私伙伴关系(PPP)促进私人部门的参与;

B 提升基础设施项目审批效率,保证项目竞标透明度;

C 促进成本收益和现金价格分析在公共基础设施项目投资领域的使用,在必要的时候辅以多重指标评价分析;

D 降低机构投资者长期投融资的机制和监管壁垒,在确保金融稳定的同时鼓励金融工具创新。

⑤深化财税体制改革:

A 建立由增长友好型税收和支出框架支持的可持续和全面社会保

护体系；

B 拓宽税基，减少无效税式支出；

C 优先增长友好型支出，保证生产性公共投资，提升支出效率；

D 提升征税的透明度和效率；

E 提升行政管理与公共服务效率；

F 加强财政框架、规则和机制的作用；

G 反对税收诈骗和税基侵蚀。

⑥促进竞争，改善营商环境：

A 促进竞争立法与执行；

B 降低创业和扩大业务的行政和法律壁垒；

C 促进公平竞争；

D 实施有效破产程序；

E 减少损害竞争的限制性规定，减轻法规遵从的超额负担，关注监管政策的影响；

F 加强法治，提高司法系统的效率，反腐败。

⑦改进和加强金融体系：

A 确保金融稳定；

B 支持经济增长，增强竞争和创新的同时保持审慎；

C 确保体制框架有利于市场融资，同时保证金融稳定和保护投资者；

D 改进和加强传统银行融资和创新融资来源，同时确保金融稳定；

E 防止金融机构活动固有的系统性风险，加强宏观审慎政策框架。

⑧促进环境可持续性：

A 拓展市场化机制，以减轻污染、提高资源利用效率；

B 推广清洁和可再生能源使用，发展适应气候变化的基础设施；

C 推进环保相关领域创新的开发和部署；

D 提高能源使用效率。

⑨促进包容性增长：

A 通过减少就业壁垒和改善教育和培训成果提升机会平等；

B 提高学前教育、小学和中学教育的覆盖范围和效率；

C 提供具有很强针对性和对增长与就业友好的社会转移支付和收入再分配计划；

D 促进金融包容性和金融知识；

E 重点在教育、就业和创业领域为性别平等扫清阻碍；

F 采取措施，减轻某些降低不平等措施对经济增长的负面影响。

（2）进展评估

G20 结构性改革的第二类协调方式是对各国结构性改革的进展评估。此前（2014—2015 年）进展评估的主要方式是各国上报各自的结构性改革承诺和执行情况，由国际组织评估这些举措的经济增长的影响。中国作为主席国期间，将这一进展评估进行了量化和标准化。基于结构性改革优先领域的政策指标和成果指标两级结构性指标体系。具体如表 1 – 7。

表 1 – 7　　　　　　　G20 结构性改革领域和指标

G20 结构性改革优先领域	结构性改革指标		
	政策指标	成果指标	
促进贸易和投资开放	贸易投资壁垒，或跨境贸易规模		
促进竞争，改善营商环境	营商壁垒，或创业难度		
鼓励创新	公共部门对研发支出（占 GDP 比重）和研发的税收激励（占 GDP 比重），或研发支出总规模（占 GDP 比重）		劳动生产率
推动基础设施建设	公共投资（占 GDP 比重），或投资（占 GDP 比重）		
促进劳动力市场改革，提升劳动力受教育程度和技能		就业人数占总人口比重	
促进包容性增长		共享繁荣程度，或基尼系数	

资料来源：笔者整理。

其中不少指标提供两个供 G20 成员国自行选择，在此基础上形成每两年对指标的评估，以确定各国的结构性改革进展。通过评估结构性改革进展的方式，对各国的结构性改革形成有一定约束力的协调。

3. 中国参与 G20 结构性改革协调的建议

（1）中国参与 G20 结构性改革协调的整体思路

第一，着眼于提升全球经济潜在增长水平。当前全球经济增长仍然低于危机之前的水平，多个国际机构的研究表明，若没有各国宏观经济协调特别是在结构性改革领域的协调，全球经济的潜在增长水平将难以提升。中国在参与国际宏观经济政策协调的过程中，应当基于全球经济潜在增长水平这一客观现实，阐述自身关于政策协调的相关主张，并以此作为完善全球国际经济治理的根本出发点。

第二，在国际宏观经济政策协调中发挥桥梁作用。各国在改革政策中存在着共性和差异性，在发达经济体和新兴经济体两个国家组别中尤为如此，中国既是新兴经济体的代表，又对全球经济有着超出一般新兴经济体的影响力，可以致力于求同存异，通过协调更好地实现共同发展。

第三，加快推进自身改革，扩大我国影响力和示范效应。中国要在结构性改革协调中发挥重要作用需要自身国际影响力的提升，只有自身经济稳健、前景向好，才能使得中国的主张得到更多信任和支持，成为别国锚定目标，从而更好地在国际协调中展现我国主张。

（2）中国参与结构性改革协调的具体对策

短期来看，有如下对策。①2017 年我国仍为 G20 "三驾马车"之一，应当继续推进 "深化结构性改革议程" 的完善和落实。②加快推进各国在结构性改革协调重点领域的国际协调，从目前 G20 确定的结构性改革优先领域和指导原则来看，促进贸易和投资开放、鼓励创新国际合作、打击税收诈骗和税基侵蚀等领域应成为国际协调的重点内容。③加快推进国内结构性改革，为参与国际宏观经济政策协调夯实内部基础。

中期来看，有如下对策。①中国可在结构性改革协调中发挥桥梁作用。目前，在基础设施投资、劳动力市场改革、财政可持续性和包容性方面发达经济体和新兴经济体有较为类似的改革目标，但在开放和创新领域存在较大差异。中国应倡导在共性领域，注重各国之间存在的协同和合作的可能性；在差异性领域，注重以提升经济增长潜力为导向，帮助各国缩小差异，实现共同发展。②进一步在 G20 中将结构性改革协调机制化。首先，以结构性改革指标两年审查替代 2018 年就将到期的"五年增长计划"，将其作为结构性改革协调相互评估的重要指标；其次，进一步加强各国在结构性改革协调中的合作，倡导在九大优先领域下各有发达经济体和新兴经济体作为该领域的引领者，以便各国更深入的开展结构性改革协调；最后，中国在结构性改革协调中发挥更加重要的作用，从结构性改革指标来看，中国在开放、劳动力市场、创新和基础设施领域的改革水平在新兴经济体中名列前茅，这些领域可成为中国协调的优先领域。

长期来看，有如下对策。①推进 G20 长期化、机制化建设。通过提升 G20 工作效率和治理能力进一步提升国际宏观经济政策协调的有效性，提升 G20 对包括结构性改革协调等长期议题的关注度。②建立国际宏观经济政策协调的长效机制，为全球治理完善提供国际公共产品。在结构性改革协调领域，中国可倡导在全球投资指导原则的基础上建立全球投资规则，引导投资更好地提升全球经济增长。③促进全球经济治理良性竞争。积极推广"一带一路"等开放、合作治理理念，加快中国倡导的亚投行等国际机构建设，使之更好地反映全球经济结构性和代表性变化的诉求，与现有治理理念和国际机构实现良性协调发展，更好地促进全球经济治理的完善。

（四）欧债危机下的国际宏观经济政策协调

2009 年 10 月，希腊新任首相乔治·帕潘德里欧宣布，其前任隐瞒了大量的财政赤字，随即引发市场恐慌。截至同年 12 月，三大评级机构纷纷下调了希腊的主权债务评级，投资者抛售希腊国债的同时，爱尔兰、葡萄牙、西班牙等国的主权债券收益率也大幅上升，欧洲债务危机全面爆发。

欧债危机爆发后，欧央行和国际货币基金组织迅速采取措施进行救助。具体包括：欧洲金融稳定工具 EFSF 通过杠杆化，从 4400 亿欧元扩大至 1 万亿欧元；欧洲银行业同意为希腊债务减记 50%；在 2014 年 6 月前向欧洲银行业注入近 1000 亿欧元，将核心资本充足率提高到 9%。

EFSF 扩容能避免债务危机进一步扩大到其他欧洲国家，但评级机构表明此前已经发出警告，称 EFSF 的扩容可能影响到欧洲的信用评级。希腊债务减记 50% 将可以少负担 1000 亿欧元的债务，但是欧洲银行业持有大量希腊债券，减记意味着银行业失血加剧，或导致大批小银行倒闭。政府通过注入资本金帮助银行度过危机，避免美国雷曼兄弟倒闭的故事重演。但欧洲的危机与 2008 年时的美国不同，政府花掉大量财政收入救助银行，反会增加这些国家的债务负担。

欧央行在推出救助计划的同时还附加了严苛的条件，包括需要重债国政府推动经济改革，实施一系列紧缩政策等。对于接受救助的几个重债国家而言，这样"伤筋动骨"的改革无疑是痛苦的，但是也取得了初步的成效。2013 年 12 月 15 日，在接受 3 年的救助后，爱尔兰正式退出救助的队列，成为首个退出救助的欧元区国家。2014 年 1 月 23 日，葡萄牙自 2011 年接受救助以来首次重返长期债券市场，并成功发行了 25 亿欧元五年期债券，且顺利获得了市场认购。

（五）中美战略与经济对话

从 2009 年开始至今，中美之间共进行了七轮战略与经济对话。在 2010 年的第二轮对话中，中美双方就促进强劲的经济复苏和更加持续、平衡的经济增长，促进互利共赢的贸易和投资，金融市场稳定和改革以及国际金融体系改革等议题展开了讨论。在 2011 年的第三轮对话中，中美双方就多方面议题展开了讨论，具体包括：①促进贸易与投资合作，包括推进新兴产业领域的贸易与投资合作等；②完善金融系统和加强金融监管，主要包括金融业改革，跨境金融监管合作；③推进结构调整和发展方式转变；④促进经济强劲、可持续、平衡增长，主要包括全球宏观经济形势与挑战，将涉及欧洲主权债务危机、中东北非形势对地区和世界经济影响、日本特大自然灾害等议题。在 2012 年的第四轮对话中，双方围绕促进强劲、可持续和平衡增长、拓展贸易和投资机遇、金融市场稳定和改革这三大经贸议题展开了讨论与合作。

每一轮的中美战略与经济对话，不仅对中美关系产生了重要的积极作用，而且对国际间的重大战略和经济走势，形成越来越大的正向影响力。随着中国国际地位的不断上升以及在世界经济和政治等领域中综合实力的提高，中美间的战略和经济关系走势，日益左右着国际政治和经济格局的态势，影响着相关国家或地区就重大国际问题采取的政策和策略。

中美经济与战略对话的核心主题，一直随着两国经贸关系以及世界经济格局的变化而发展。如果说前些年中美贸易关系是两国经济战略关系发展的主轴，随着中国整体经济、金融等方面实力的不断上升，以及中国金融和美国乃至全球金融机制的进一步融合，新一轮中美战略与经济对话的主轴，将涉及更多两国金融关系的协调和发展方向。这种变化，不仅是时代发展的必然，而且是两国和世界金融机制面临的日益紧迫议题。中美金融关系的不断沟通和融洽，在推动双边经贸、投资等各个经济领域关系发展的同时，对亚太乃至全球的整体经济发展和融合，都将发挥日益明显的积极作用。

第二章　国际宏观经济政策协调中的溢出效应研究

宏观经济政策协调是开放条件下宏观经济学理论以及政策实践中的重要问题。2008年国际金融危机后，全球贸易和金融失衡被普遍认为是危机的主要根源。这一问题在危机后的全球经济复苏阶段并未得到实质缓解，反而由于各国复苏进程不平衡、宏观政策分化、失衡风险再度累积而愈加尖锐的反映出来。主要经济体经济政策缺乏合作，与全球范围内生产链分工深化、国际金融市场高度整合、新兴经济体逐渐发挥全球影响的基本经济现实存在明显矛盾，这一矛盾也不断孕育出新的经济风险和金融风险。因此，金融危机后全球宏观经济协调成为二十国集团的一项核心任务，其重要性得到空前提升。

宏观经济政策协调也是全球化日益深化背景下不同经济体宏观经济和金融相互依存性不断提升过程中所产生的现实需求。在封闭经济条件下，一国可以忽视经济政策的外部性，它能够通过调整货币政策与财政政策实现国内外经济的均衡。全球化背景下，融入全球贸易和金融体系的开放经济体，其宏观经济与金融波动会导致贸易和金融结构、总量及有关资产和商品价格发生变化，由此对与之存在紧密贸易和金融联系的经济体产生直接影响。受之影响的经济体会产生适当变化，从而再往外影响其他相关的经济体，如此影响最终会间接传导到诸多国家乃至全球。这种外部性有可能是正面的，但也有可能是负面的。本章研究探讨的核心议题是在全球价值链背景下的溢出效应及宏观经济协调问题。

蒙代尔-弗莱明模型（M-F模型）提供了一个短期框架下分析开放经济条件下货币政策和财政政策国际协调的规范框架，它是在 IS - LM 模型的基础上通过引入国际收支均衡这一条件分析各国经济政策的相互传导及其有效性。尽管在蒙代尔 - 弗莱明模型中也涉及资本流动，但是资本流动是利率的因变量，而利率又常常被当作是外生政策变量的影响。因此，从模型的内在逻辑看，国际收支渠道亦即通常所说的贸易渠道是 M - F 模型分析的关键内容。不过，传统 M - F 模型考虑的贸易流主要是一国总体的贸易流，其内在的含义是一国向本国的出口，对于本国而言是本国对这一国家的需求，这一出口规模由本国的国民收入和收入的进口需求弹性决定，对于本国向别国的出口，也有类似关系存在。这是 IS 曲线中的重要内容。

由此可见，M - F 模型将 IS - LM 曲线开放化的一个关键点源自于贸易渠道，贸易的规模被用来衡量外需，继而得出收入的进口需求弹性。随着全球价值链研究的发展，使用一国对外出口规模这一变量衡量外需变动存在问题。这是因为一国出口规模等价于外需变动需要一个条件，即所有的出口产品均在本国生产，且作为最终产品出口至外国。但是全球价值链的发展使得这一情形难以成立。这就需要基于全球价值链对 M - F 模型进行拓展，使之在整合了全球价值链的框架下更好地分析一国宏观经济政策的溢出效应。

全球价值链研究的发展，使得我们对传统 M - F 模型以及其背后的各国经济政策协调需要有新的认识。全球价值链的研究首先有助于我们重新认识增加值贸易所反映的外需变动与传统贸易流有何不同，继而，它能够对 M - F 模型进行修正，重新分析宏观经济政策溢出效应及各国宏观经济政策的协调。

本章旨在于全球价值链的视角下重新探讨国际宏观经济体政策中的溢出效应，安排如下：第一节文献综述，综述内容包括全球价值链对宏观经济政策溢出效应的影响文献及全球价值链测算文献；第二节对 M - F 模型进行基于全球价值链网络的拓展，并重新解读其对国际宏观经济政策溢出效应的意义；第三节重新测算主要国家（中、美、日、德）基于全球价值链的贸易流，重新分析各国宏观经济政策的溢出效应。

第一节　基于 GVC 和增加值贸易的文献综述

全球市场的一体化带来生产过程的分散化，产品的制造包含了诸多国家的投入，服务的跨境流动也日趋频繁。自 20 世纪 90 年代起，研究者们就对上述现象展开分析，并有不同的称谓：Bhagwati 和 De-hejia（1994）使用"万花筒式比较优势"（kaleidoscope comparative advantage），Leamer（1996）则称之为"非本土化"（地点分散化），Antweiler 和 Trefler（1997）引入了"中间品贸易"（intra - mediate trade）的概念（Feenstra，1998）。这一概念的最终完备来自 Krugman（1995）提出的"分割价值链"（slice up the value chain），"人们相信（尽管统计证据尚不明确）制造业开始沿着价值链被分割到多个阶段和不同区域，在每个阶段增加一部分价值，这种分割能够极大提升国际贸易的潜在规模"（Krugman，1995）。在此之后，研究人员致力于为全球价值链找到更多"统计证据"，增加值核算得到了显著的发展。

Hummels 等（2001）率先测算出一国从国际生产链中获得的增加值，并定义了衡量垂直分工（vertical specialization）的指标，但是垂直分工并不是一个完整的指标，因为跨国的贸易并未被考虑在内（Daudin 等，2011；Koopman 等，2011，2012a，2012b，2012c）。

Koopman 等（2008，2011，2012a，2012b，2012c）提出了 KP-WW 方法，以完整地衡量增加值贸易，他们的模型基于国家间投入产出表，增加值贸易的测算来自于列昂惕夫逆矩阵乘以总出口和增加值的份额。Lejour 等人（2011）对这一方法提出了批评，他们认为，如果最终的目标是"全面核算增加值贸易"，那么最终总需求是比总贸易更好的指标。

随后，Timmer 等（2012a，2012b，2012c，2014）基于世界投入产出表建立了全球价值链收入（GVC income）的分析，他们将一国的最终需求分解至国际生产分工中，每个国家的全球价值链收入被定义为他们从别国的最终需求中直接或间接获得的增加值收入，在这一框架下，全球 GDP 可以被分解为各个国家的全球价值链收入。这一框

架能够为全面系统的理解增加值提供一致的框架，同时其需求引致的
内涵使其非常适合运用于基于增加值的有效汇率研究之中，因此，本
文将采用这一方法作为有效汇率权重测算的基础。

伴随着增加值核算的发展，相关数据库也层出不穷，从各个角度
支持全球价值链的研究，表 2 - 1 列出了目前研究全球价值链的主要
数据库。

表 2 - 1　　　　　　　　　**全球价值链数据库**

名称	发布机构	数据来源	内含国家数	内含行业数	覆盖年份
UNCTAD - Eora GVC Database	UNCTAD /Eora	National supply-use and I - O tables	187	25—500	1990—2010
Inter - country - Input - Output model (ICIO)	OECD/WTO	National I - O tables	40	18	2005，2008，2009
Asian International I - O tables	Institute of Developing Economies (IDE - JETRO)	National accounts and firm surveys	10	76	1975，1980，1985，1990，2000，2005
Global Trade Analysis Project (GTAP)	Purdue University	—	129	57	2004，2007
World Input - Output Database (WIOD)	WIOD team	National and World Input - Output Table (NIOT & WIOT)	40	35	1995--2011

数据来源：联合国贸发会（2013）及笔者更新。

数据的支持使得基于增加值贸易的研究变得可能，使用增加值贸
易数据替代传统贸易数据使得国际贸易和国际金融领域的研究出现了
多方面的改变。根据 Johnson（2014）的总结，利用增加值贸易数据
在三个方面给国际金融领域的研究带来了改变：第一，外部最终需求
对本国经济活动的溢出效应需要重新分析；第二，国际价格水平（例
如汇率变动）对一国竞争力的影响需要重新测算；第三，贸易失衡需
要多少汇率调整需要重新计算。本章节的研究主要基于第一个改变进

行拓展。

根据 Johnson（2014）的总结，从一国对世界其他国家的加总层面上来看，一单位的出口并不对应着一单位增加值的产生，出口占 GDP 的比重会高估外需下降所导致的出口下降对 GDP 的冲击。而从本国对另一外国的双边层面来看，双边贸易规模并不能准确衡量本国从外国所获得的增加值，从而使得外国的需求对本国的冲击可能被高估也可能被低估。Johnson（2014）同时给出了高估和低估的范例：美国将中间产品出口至加拿大进行组装，产品完成后又回到美国市场进行销售，在这一情形下，使用美国对加拿大的一般出口贸易规模会高估加拿大需求对美国的重要性；美国将中间产品出口至德国，德国将包含美国中间产品的最终产品出口至意大利，在这一情形下，使用美国对意大利的一般出口贸易规模会低估意大利需求对美国的重要性。

蒙代尔－弗莱明模型是分析国际宏观经济政策溢出效应的重要框架，但就模型本身而言，因为其使用的是一般贸易规模作为一国面临的外部需求的估算，在增加值贸易背景下，这一估算存在问题，需要引入增加值贸易进行重新测算。

第二节　全球价值链与国际宏观经济政策溢出效应：对蒙代尔—弗莱明模型的扩展

全球价值链究竟怎样影响了宏观经济政策的溢出效应？正如我们在引言中所述，全球价值链的发展和识别带来了传统贸易流衡量外部需求的不准确性。传统贸易流既可能高估外部需求，也可能低估外部需求，需要对具体情况加以分析。

具体而言，可以分别考察加总层面和双边层面的情况。从一国对世界其他国家的加总层面上来看，只要有来自别国的投入品，一单位的出口一般就不会对应着一单位增加值，这意味着加总层面的出口占 GDP 的比重会高估外需下降所导致的出口下降对 GDP 的冲击，且这种高估对几乎所有国家都存在，只是大小有差异。

双边层面的情况要更加复杂一些，以出口衡量的外需可能存在高估或者低估的情形。参考 Johnson（2014）可以分别列举高估和低估两类情形。假设有 A、B、C 三个国家，A 国将中间产品出口至 B 国进行组装，B 国将组装完毕后的最终产品出口至 C 国，在这里，A 国出口至 B 国的产品实质上是由于 C 国的需求引致的，这意味着以传统贸易衡量的 A 国至 B 国的出口会高估 B 国对 A 国的需求，而以传统贸易衡量的 A 国至 C 国的出口会低估 C 国对 A 国的需求。

鉴于传统贸易流既可能高估外部需求，也可能低估外部需求，本部分将基于蒙代尔 – 弗莱明模型（M – F 模型），引入全球价值链对其进行拓展，在此基础上，分析基于全球价值量的宏观经济政策溢出效应。

一 情景分析

外国的需求通过外国向本国的出口是本国（外国）对外国（本国）的需求通过外国（本国）向外国（本国）的出口得以体现，本国（外国）的出口由外国（本国）的国民收入及收入的进口需求弹性决定。这一含义内含于 IS 曲线（商品市场的均衡）中。一个常见的本国 IS 曲线可以写为：

$$Y = a_0 + a_1 Y - a_2 i + a_3 E - a_4 Y + a_5 Y^* + G$$

其中 $a_5 Y^*$ 即刻画了出口与外部需求之间的关联。

全球价值链贸易对宏观经济政策溢出效应的分析可能存在两种不同的影响，其来源主要是基于全球价值链的贸易流和传统贸易流之间的差异，如果我们将基于全球价值链的贸易流理解为一国的"真实外需"，那么基于传统贸易流分析的外需则要么被高估，要么被低估。在 M – F 模型中，由于 IS 曲线描述产品市场，而 LM 曲线描述货币市场，因此，上述外需变动的情形将直接影响 IS 曲线。当然，也有研究认为全球价值链贸易将影响汇率对贸易这一作用机制，汇率变量将影响 LM 曲线，但到目前为止，这一影响尚没有定论，因此我们在这里只考虑 IS 曲线的变化。同时，由于我们主要关注增加值贸易对于溢出效应的影响，因此，在这里不特别考虑资本开放程度，而假定资本自由流动，因此 BP 曲线是一条水平线。

在具体的讨论中，我们引入情景分析，并将 M – F 模型的讨论分为：基准情景（情景一，S1）、高估情景（情景二，S2）和低估情景（情景三，S3）。基准情景描述的是传统的 M – F 模型；高估情景描述的是国外需求被高估时的 M – F 模型；低估情景描述的是国外需求被低估时的 M – F 模型。

（一）基准情景（情景一，S1）

首先考虑基准情景（S1），在这部分将考虑的是一个传统的 M – F 模型。在 S1 中，本国的 IS 曲线和外国的 IS* 曲线可以分别写为：

$$Y = a_0 + a_1 Y - a_2 i + a_3 E - a_4 Y + a_5 Y^* + G$$

$$Y^* = a_0^* + a_1^* Y^* - a_2^* i^* + a_3^* \frac{1}{E} - a_4^* Y^* + a_5^* Y + G^*$$

其中，标有"*"代表外国，a_0 代表自主需求，a_1 代表消费需求对收入水平的弹性，a_2 代表投资需求对利率的弹性，在这里假定资本是自由流动的，因而本国利率和外国利率相等，即 $i = i^*$，a_3 代表净出口对汇率的弹性，a_4 代表进口对本国收入水平的弹性，a_5 代表出口对外国收入水平的弹性。由于本国的进口（出口）等于外国的出口（进口），故而 $a_4 = a_5^*$，$a_5 = a_4^*$。这样，IS 曲线和 IS* 曲线可以进一步地写为利率和收入的关系式：

$$i = \frac{a_0 + a_3 E + a_5 Y^* + G}{a_2} + \frac{a_1 - a_4 - a_2}{a_2} Y$$

$$i^* = \frac{a_0^* + a_3^* \frac{1}{E} + a_5^* Y + G^*}{a_2^*} + \frac{a_1^* - a_4^* - a_2^*}{a_2^*} Y^*$$

据此，IS 曲线刻画的是一国国内收入与利率之间的关系。其中，本国 IS 曲线的斜率由本国消费需求对收入水平的弹性、进口对本国收入水平的弹性和本国投资需求对利率的弹性决定；外国 IS 曲线的斜率由外国消费需求对收入水平的弹性、进口对外国收入水平的弹性和外国投资需求对利率的弹性决定。因此，正如我们在上面关系式中看到的，尽管在本国的 IS 曲线中，a_5 刻画了本国出口对外国收入的弹性，但是它并不会直接体现在本国 IS 曲线的斜率之中。但是，它会影响外国 IS 曲线的斜率，变量 a_4^* 衡量了外国进口对外国收入的弹性，它等价于本国出口对外国收入的弹性。因此，在 S2 和 S3 的两个情景中，IS^* 曲线的斜率将与 S1 时有所不同，这将直接影响本国收入，继而影响宏观经济政策协调的结果。

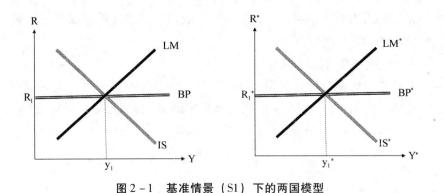

图 2-1 基准情景（S1）下的两国模型

（二）高估情景（情景二，S2）

本国出口至外国的产品有一部分将出口至第三国或回到本国，这将导致以本国向外国出口规模衡量的国外需求被高估，因为这其中有一部分并非国外需求所引致的。这意味着外国收入 Y^* 前的进口收入弹性（或对于本国而言出口收入弹性）被高估了，也即是说 $a_5 = a_4^*$ 这一变量比 S1 中的要小。这将使得在 S2 由于外需引致的本国出口变动比 S1 要小，继而本国收入变动受到外需变动的影响也比 S1 要小，这意味着 S2 中的 IS^* 曲线比 S1 更加平缓。

（三）低估情景（情景三，S3）

本国并没有直接出口产品到外国，而是通过出口中间产品至第三国，再由第三国出口至外国，在这种情形下，本国出口至第三国的贸易有一部分是由外国的需求引致的，但这一部分并没有反映在本国对外国的出口贸易中，这将导致以本国向外国出口规模衡量的国外需求被低估。在这一情景中，外国收入 Y^* 前的进口收入弹性（或对于本国而言出口收入弹性）被低估了，$a_5 = a_4^*$ 这一变量比 S1 中的要大。这将使得在 S3 中由于外需引致的本国出口变动比 S1 要大，继而本国收入受到外需变动的影响也比 S1 要大，这意味着 S3 中的 IS^* 曲线比 S1 更加陡峭。

接下来的两节将分别分析高估情景（S2）和低估情景（S3）在不同汇率制度下（固定汇率制和浮动汇率制）与基准情景（S1）的 M – F 模型之异同。

二 固定汇率制

固定汇率制是指本国货币盯住外国货币，二者保持固定。如果因为国际收支平衡发生变动导致本国汇率出现升值压力，则本国央行会通过在外汇市场买入外汇的方式避免升值，在不存在冲销操作的情形下，这将释放本币的流动性，使 LM 曲线右移；如果本国汇率出现贬值压力，则本国央行会通过在外汇市场卖出外汇的方式避免贬值，这将回收本币的流动性，使 LM 曲线左移。由于假定资本自由流动，BP曲线是一条水平线，它将随着利率的变动上下移动。由于在跨国协调中，各国面临的经济状况不同，政策偏好也不同，在同一时期，既可能有国家采取紧缩政策，也有国家采取宽松政策，这一情况在当前国际形势下表现得尤为明显：全球复苏尚不均衡，主要发达经济体中，美联储已经退出量宽，且正处于加息通道，货币政策整体紧缩，欧元区和日本则仍加码宽松，除量宽政策之外，还采取了负利率的政策，货币政策整体宽松，因此，需要同时分析扩张和紧缩政策的政策效应以及增加值贸易带来外需被高估和低估时的政策效应。

（一）外国扩张的货币政策

在 S1 即传统的 M – F 分析框架中，外国扩张的货币政策将使得 LM* 曲线右移，这将使得外国利率下降且外国收入上升。外国利率下降将导致资金从外国流向本国，本币面临升值压力。本国央行为了避免汇率升值，将在外汇市场上买入外汇资产，在不进行冲销操作的情况下，这将使得 LM 曲线右移，本国利率下降至同外国利率相同的水平。同时，外国收入上升意味着本国出口上升，本国 IS 曲线右移，继而本国收入也上升，带来 IS* 曲线右移。最终，两国的收入水平均上升。因此，在固定汇率制下，外国扩张的货币政策将带来"协同效应"（locomotive effect），促进外国和本国收入水平均上升。

在高估情景（S2）中，外国扩张的货币政策将使得 LM* 曲线右移，这一移动规模同 S1 是一样的。但是由于 IS* 曲线更加平缓，这使得 IS* 曲线同 LM* 曲线相交得到的外国收入比 S1 时要高。然而，由于 S2 中外国的进口收入弹性较小，二者相互抵消，S2 中由于外国收入上升引致的本国出口并不比 S1 多，这样，国际收支的情况同 S1 是一致的。因此，S2 下外国扩张的货币政策也将带来"协同效应"，且这一政策的溢出效果同 S1 没有不同。

在低估情景（S3）中，外国扩张的货币政策将使得 LM* 曲线右移，这一移动规模同 S1 是一样的。但由于 IS* 曲线更加陡峭，这使得 IS* 曲线同 LM* 曲线相交得到的外国收入比 S1 时要低。然而，由于 S3 中外国的进口收入弹性较大，二者相互抵消，S3 的出口并不比 S1 少，这样，国际收支的情况同 S1 是一致的。因此，同 S2 一样，S3 下外国扩张的货币政策也将带来"协同效应"，且这一政策的溢出效果同 S1 没有不同。

（二）外国扩张的财政政策

在 S1 即传统的 M－F 分析框架中，外国扩张的财政政策将使得 IS* 曲线右移，这将同时带来外国利率和外国收入的上升。外国利率的上升意味着资金将从本国流向外国，本币面临着贬值压力，为了保持本币汇率稳定，本国的央行需要出售外汇资产抑制本币贬值，这将使得本国 LM 曲线向左移动，本国收入下降。外国收入的上升则意味着外需的上升，本国向外国的出口增加，这将使得本国的 IS 曲线右移，本国收入上升。如果外需上升带来的本国收入上升不足以弥补利率上升带来的本国收入下降，那么外国扩张的财政政策就将导致本国收入减少，反过来又将通过外需渠道减少对外国产品的进口，使得 IS* 曲线左移，削减外国扩张财政政策的效果，使得外国收入降低。这就出现了所谓"以邻为壑"的效应（beggar－thy－neighbor effect）。

在高估情景（S2）中，外国扩张的财政政策将使得 IS* 曲线右移，其带来的外国收入上升及利率上升与 S1 并没有差异。但是由于外国的进口收入弹性小于 S1 时的进口收入弹性，收入上升带来的从本国的进口也就没有 S1 中那么高，外国财政扩张带来本国收入上升的效应比 S1 小。与此同时，外国财政扩张带来的利率上升对本国收入下降的效应同 S1 相同，这样，本国收入出现恶化的可能性高于 S1。故而在 S2 中，出现"以邻为壑"效应的可能性高于 S1。

在高估情景（S3）中，外国扩张的财政政策带来的外国收入上升及利率上升与 S1 并没有差异。但是由于外国的进口收入弹性大于 S1 时的进口收入弹性，收入上升带来的从本国的进口将高于 S1 的水平，本国向外国出口规模将高于 S1 时的规模，从而更多地提升本国的收入。与此同时，外国财政扩张带来的利率上升对本国收入下降的效应同 S1 相同，这样，本国收入出现恶化的可能性低于 S1。故而在 S3 中，出现"以邻为壑"效应的可能性相对较低。

（三）本国扩张的货币政策

本国扩张的货币政策将使得 LM 曲线右移，本国利率下降，这将使得资本从本国流向外国，本币面临贬值压力。为了保证汇率稳定，本国央行将卖出外汇储备，这又将使得 LM 曲线左移回初始位置。这样，在固定汇率制下，本国扩张的货币政策是无效的，这对于 S1、S2 和 S3 均成立。

（四）本国扩张的财政政策

在基准情景（S1）中，本国扩张的财政政策将使得 IS 曲线右移，这将带来本国利率和本国收入的上升。本国利率上升使得资金从外国流向本国，本币面临升值压力，中央银行将在外汇市场上买入外汇，保持汇率稳定，这将带来本国货币供给上升，使 LM 曲线右移。本国收入上升将带来从国外进口的增加，促使 IS* 曲线右移，国外收入上升，这样，外需的上升又将进一步带动本国出口上升，本国 IS 曲线进一步右移。因此，本国扩张的财政政策将同时促进本国收入和外国收入的提升，对本国收入的提升作用将高于封闭经济时的情形。因此，本国扩张的财政政策将有助于实现"协同效应"。

在高估情景（S2）中，本国扩张的财政政策同样使得 IS 曲线右移，带来本国利率和本国收入的上升。利率的影响渠道同 S1 保持一致，但收入的影响效果有差异。尽管这一政策同样使得 IS* 曲线右移，进而带来国外收入的上升，但是由于外国的进口收入弹性小于 S1，因此，国外收入上升引致的本国出口上升规模也小于 S1 时的规模，这样，本国 IS 曲线进一步右移的规模较小，本国收入上升的幅度没有 S1 时多。因此，在 S2 中，本国扩张的财政政策同样有助于"协同效应"的实现，但是其政策效果不如 S1。

在低估情景（S3）中，本国扩张的财政政策带来本国利率和本国收入的上升，利率的影响结果类似，但是收入的影响结果不同。由于国外进口收入弹性大于 S1 时的弹性，本国扩张的财政政策带来国外收入上升引致的本国出口上升规模将大于 S1 时的规模，这样，本国 IS 曲线进一步右移的规模较大，本国收入上升幅度高于 S1 时的上升幅度。因此，在 S3 中，"协同效应"更加显著。

（五）外国紧缩的货币政策

在 S1 即传统的 M-F 分析框架中，外国紧缩的货币政策将使得 LM* 曲线左移，这将使得外国利率上升且外国收入下降。外国利率上升将导致资金从本国流向外国，本币面临贬值压力。本国央行为了避免汇率贬值，将在外汇市场上买入外汇资产，在不进行冲销操作的情况下，这将使得 LM 曲线左移，本国利率上升至同外国利率相同的水平。同时，外国收入下降意味着本国出口下降，本国 IS 曲线左移，继而本国收入也下降，带来 IS* 曲线左移。最终，两国的收入水平均下降。因此，在固定汇率制下，外国紧缩的货币政策具有"协同效应"，将给本国经济带来负面影响，本国收入水平将下降。

在高估情景（S2）中，外国紧缩的货币政策将使得 LM* 曲线左移，这一移动规模同 S1 是一样的。但是由于 IS* 曲线更加平缓，这使得 IS* 曲线同 LM* 曲线相交得到的外国收入比 S1 时要低。然而，由于 S2 中外国的进口收入弹性较小，二者相互抵消，S2 中由于外国收入下降引致的本国出口降低并不比 S1 多，这样，国际收支的情况同 S1 是一致的。因此，S2 下外国紧缩的货币政策具有"协同效应"，将给本国经济带来负面影响，但是本国收入水平的下降幅度同 S1 相同。

外国扩张的货币政策将使得 LM* 曲线右移，这一移动规模同 S1 是一样的。但由于 IS* 曲线更加陡峭，这使得 IS* 曲线同 LM* 曲线相交得到的外国收入比 S1 时要低。然而，由于 S3 中外国的进口收入弹性较大，二者相互抵消，S3 的出口并不比 S1 少，这样，国际收支的情况同 S1 是一致的。因此，同 S2 一样，S3 下外国扩张的货币政策也将带来"协同效应"，且这一政策的溢出效果同 S1 没有不同。

在低估情景（S3）中，外国紧缩的货币政策将使得 LM* 曲线左移，这一移动规模同 S1 是一样的，将使得外国收入出现下降。但由于 IS* 曲线更加陡峭，这使得 IS* 曲线同 LM* 曲线相交得到的外国收入比 S1 时要高。然而，由于 S3 中外国的进口收入弹性较大，S3 中由于外国收入下降导致的本国出口降低并不比 S1 少，这样，国际收支的情况同 S1 是一致的。因此，同 S2 一样，S3 下外国扩张的货币政策也将带来"协同效应"，且这一政策的溢出效果同 S1 没有不同。

（六）外国紧缩的财政政策

在 S1 即传统的 M – F 分析框架中，外国紧缩的财政政策将使得 IS* 曲线左移，这将同时带来外国利率和外国收入的下降。外国利率的下降意味着资金将从外国流向本国，本币面临着升值压力，为了保持本币汇率稳定，本国的央行需要购买外汇资产，释放本币流动性，这将使得本国 LM 曲线向右移动，本国收入上升。外国收入的下降则意味着外需的下降，本国向外国的出口下降，这将使得本国的 IS 曲线左移，本国收入下降。如果两种效应相抵的结果是本国收入下降，那么外国紧缩的财政政策就将加剧对外国的紧缩效应，使得外国收入进一步降低，在这一情况下，外国紧缩的财政政策将给本国和外国带来更加紧缩的效果，即出现"以邻为壑"的效应（beggar – thy – neighbor effect）。

在高估情景（S2）中，外国紧缩的财政政策将使得 IS* 曲线左移，其带来的外国收入下降及利率下降与 S1 并没有差异。但是由于外国的进口收入弹性小于 S1 时的进口收入弹性，收入下降带来的从本国进口的下降也就没有 S1 中那么多，外国财政紧缩带来本国收入下降的效应比 S1 小。与此同时，外国财政紧缩带来的利率下降对本国收入上升的效应同 S1 相同，这样，本国收入出现恶化的可能性低于 S1。故而在 S2 中，出现"以邻为壑"效应的可能性低于 S1。

在高估情景（S3）中，外国紧缩的财政政策带来的外国收入下降及利率下降与 S1 并没有差异。但是由于外国的进口收入弹性大于 S1 时的进口收入弹性，收入下降带来的从本国进口的下降将高于 S1 的水平，本国向外国出口规模下降将高于 S1 时的规模，从而更多地降低本国的收入。与此同时，外国财政紧缩带来的利率下降对本国收入上升的效应同 S1 相同，这样，本国收入出现恶化的可能性高于 S1。

故而在 S3 中，出现"以邻为壑"效应的可能性高于 S1。

（七）本国紧缩的货币政策

本国紧缩的货币政策将使得 LM 曲线左移，本国利率上升，这将使得资本从外国流入本国，本币面临升值压力。为了保证汇率稳定，本国央行将买入外汇，释放本币流动性，这又将使得 LM 曲线右移回初始位置。这样，在固定汇率制下，本国紧缩的货币政策是无效的，这对于 S1、S2 和 S3 均成立。

（八）本国紧缩的财政政策

在基准情景（S1）中，本国紧缩的财政政策将使得 IS 曲线左移，这将带来本国利率和本国收入的下降。本国利率下降使得资金从本国流向外国，本币面临贬值压力，中央银行将在外汇市场上卖出外汇，保持汇率稳定，这将带来本国货币供给下降，使 LM 曲线左移。本国收入下降将带来从国外进口的下降，促使 IS* 曲线左移，国外收入下降，这样，外需的下降又将进一步抑制本国出口，本国 IS 曲线进一步左移。因此，本国紧缩的财政政策将同时导致本国收入和外国收入的下降，对本国收入的抑制作用将高于封闭经济时的情形。因此，本国紧缩的财政政策将带来"协同效应"。

在高估情景（S2）中，本国紧缩的财政政策同样使得 IS 曲线左移，带来本国利率和本国收入的下降。利率的影响渠道同 S1 保持一致，但收入的影响效果有差异。尽管这一政策同样使得 IS* 曲线左移，进而带来国外收入的下降，但是由于外国的进口收入弹性小于 S1，因此国外收入下降引致的本国出口下降规模也小于 S1 时的规模，这样，本国 IS 曲线进一步左移的规模较小，本国收入下降的幅度没有 S1 时多。因此，在 S2 中，本国紧缩的财政政策仍然带来"协同效应"，但是其紧缩效果不如 S1。

在低估情景（S3）中，本国紧缩的财政政策带来本国利率和本国收入的下降，利率的影响结果类似，但是收入的影响结果不同。由于国外进口收入弹性大于 S1 时的弹性，本国紧缩的财政政策带来国外收入下降引致的本国出口下降规模将大于 S1 时的规模，这样，本国 IS 曲线进一步左移的规模较大，本国收入下降幅度高于 S1 时的下降幅度。因此，在 S3 中，"协同效应"带来的紧缩效果更大。

表 2 - 2 固定汇率制度下溢出效应的总结

	基准情景（S1）	高估情景（S2）	低估情景（S3）
（1）外国扩张的货币政策	协同效应	协同效应	协同效应
（2）外国扩张的财政政策	以邻为壑效应	更高的以邻为壑效应	更低的以邻为壑效应
（3）本国扩张的货币政策	无效	无效	无效
（4）本国扩张的财政政策	协同效应	更低的协同效应	更高的协同效应
（5）外国紧缩的货币政策	协同效应	协同效应	协同效应
（6）外国紧缩的财政政策	以邻为壑效应	更低的以邻为壑效应	更高的以邻为壑效应
（7）本国紧缩的货币政策	无效	无效	无效
（8）本国紧缩的财政政策	协同效应	更高的协同效应	更低的协同效应

资料来源：笔者整理。

三　浮动汇率制

浮动汇率制下，资本的流动会带来汇率的波动，此时本国和外国的央行均不会干预外汇市场，这样，也就不会影响 LM 曲线的移动。但是汇率作为相对价格，其变动会影响两国的国际收支（贸易）水平，继而影响 IS 曲线的移动。需要注意的是，我们在此假定汇率对贸易水平的影响在三个情景下保持不变。

（一）外国扩张的货币政策

在 S1 即传统的 M－F 分析框架中，外国扩张的货币政策将使得 LM^* 曲线右移，这使得外国的利率下降，资本从外国流向本国，外币出现贬值。外币贬值使得外国出口规模上升，继而带动 IS^* 曲线右移，外国收入上升；本币升值使得本国出口规模下降，IS 曲线左移，本国收入下降。外国收入上升将带来从本国进口的增加，一定程度上弥补本国收入因外国扩张的货币政策而出现的下降，但均衡时本国收入仍然下降；本国收入下降还会导致外国收入也出现一定程度的下降，从而使得扩张的货币政策对外国的收入促进效应被削弱。这样，浮动汇率制下外国扩张的货币政策实质上起到的是"以邻为壑"的效果。

在高估情景（S2）中，外国扩张的货币政策使得 LM* 曲线右移，外币贬值，本币升值。这一相对价格的调整对外国收入和本国收入变化的影响与 S1 保持一致。但是外国收入上升带来的从本国进口的增加幅度小于 S1 时的情形，这使得本国收入进一步上升的规模受到限制，均衡时本国收入下降的规模大于 S1 时的情形，但是本国收入下降带来的从外国进口的降低幅度则小于 S1 时的情形，外国收入因此下降的幅度也就低于 S1 时的情形。这样，在 S2 中，本国的收入水平低于 S1 时的收入水平，外国的收入水平高于 S1 时的收入水平，从而在这种情境下，外国扩张的货币政策更加"损人"，而"不利己"的程度则有所下降，"以邻为壑"的效应更加显著。

在低估情景（S3）中，外国扩张的货币政策使得 LM* 曲线右移，外币贬值，本币升值。这一相对价格的调整对外国收入和本国收入变化的影响与 S1 保持一致。但是外国收入上升带来的从本国进口的增加幅度大于 S1 时的情形，这使得本国收入进一步上升至高于 S1 的规模，继而对外国收入产生的不利影响也就更小。在 S3 中，本国和外国的收入水平均高于 S1 时的收入水平，从而在这种情境下，外国扩张的货币政策"以邻为壑"的效应被削弱。

（二）外国扩张的财政政策

在基准情景（S1）中，外国扩张的财政政策将使得 IS* 曲线右移，从而带来外国利率和外国收入的上升。外国利率上升会使得外国货币升值而本国货币贬值，这将带来外国出口下降和本国出口上升，继而推动 IS* 曲线左移和 IS 曲线右移。本国收入上升有两个渠道，一个是本币贬值促进出口，另一个是外国收入上升带动本国出口，而本国收入上升后，又将进一步带动 IS* 曲线右移，抵消部分因外币升值带来的外国收入下降。因此，外国扩张的财政政策将同时改善外国和本国的收入，实现"协同效应"。

在高估情景（S2）中，外国扩张的财政政策同样使得 IS* 曲线右移。外币贬值和本币升值对出口的影响渠道与 S1 中相同。但是由于外国进口收入弹性小于 S1 时的弹性，外国收入带动本国出口的规模小于 S1 时的规模，因此本国收入上升的规模不如 S1。外国扩张的财政政策实现的"协同效应"小于 S1。

在低估情景（S3）中，外国扩张的财政政策同样使得 IS* 曲线右移。外币贬值和本币升值对出口的影响渠道与 S1 中相同。但是由于外国进口收入弹性大于 S1 时的弹性，外国收入带动本国出口的规模大于 S1 时的规模，因此本国收入相比 S1 时将上升得更多。外国扩张的财政政策实现的"协同效应"大于 S1。

（三）本国扩张的货币政策

在基准情景（S1）中，本国扩张的货币政策将使得 LM 曲线右移，带来本国利率的下降。这将使得资金从本国流向外国，本国货币贬值，外国货币升值。本国货币贬值带来本国出口的好转，IS 曲线向右移动；外国货币升值带来外国出口恶化，IS* 曲线向左移动。这样，本国收入上升，而外国收入下降。外国收入的下降导致从本国进口的产品下降，这会恶化本国出口，继而 IS 曲线向左移动。本国扩张的货币政策使得本国收入的上升不及封闭经济时的情形，同时还会恶化外国收入，故而产生了"以邻为壑"效应。

在高估情景（S2）中，本国扩张的货币政策同样使 LM 曲线右移，带来本国货币贬值和外国货币升值，从而导致本国收入上升，外国收入下降。但是，由于外国的进口收入弹性相对于 S1 时的水平较低，外国收入下降导致的本国出口下降不及 S1 时的规模，继而本国收入蒙受的损失也不及 S1 时那么大，但是本国收入上升带来的外国出口的上升也不及 S1 时的规模，继而外国收入下降的幅度高于 S1 的情况。因此，本国采取扩张的货币政策更加"损人"，但是"不利己"的幅度下降，因此"以邻为壑"效应的规模高于 S1。

在低估情景（S3）中，本国扩张的货币政策使 LM 曲线右移，带来本国货币贬值和外国货币升值，从而导致本国收入上升，外国收入下降。但是，由于外国的进口收入弹性相对于 S1 时的水平较高，外国收入下降导致的本国出口下降规模将超过 S1 时的规模，继而本国将蒙受更大的收入下降损失，与此同时，本国收入上升所引致的外国出口规模的上升也将超过 S1 时的规模，外国收入的下降不及 S1 的情形，因此，本国采取更加扩张的货币政策更加"不利己"，但是"损人"的幅度下降，"以邻为壑"效应的规模将低于 S1。

（四）本国扩张的财政政策

在基准情景（S1）中，本国扩张的财政政策将使得 IS 曲线右移，这将使本国利率上升，资金流向本国。这样，本国货币将升值，而外国货币将贬值。本币升值导致 IS 曲线左移，本国收入下降；外币贬值导致 IS* 曲线右移，外国收入上升。外国收入上升会带来对本国进口的上升，继而弥补本币升值导致的本国收入下降的损失。均衡状态时，本国扩张的财政政策将带来本国和外国的收入水平均高于初始水平，故而产生"协同效应"。

在高估情景（S2）中，本国扩张的财政政策同样使得本国货币升值，外国货币贬值，继而导致本国收入下降，外国收入上升。但是，由于外国的进口收入弹性小于 S1 的弹性规模，外国收入上升带来的本国出口上升小于 S1 的情形，这会使得本国最终收入水平不及 S1 的水平，故而 S2 中本国扩张财政政策的协同效应不如 S1 时的情况。

在低估情景（S3）中，本国扩张的财政政策同样使得本国货币升值，外国货币贬值，继而导致本国收入下降，外国收入上升。但是，由于外国的进口收入弹性大于 S2 的弹性规模，外国收入上升带来的本国出口上升大于 S1 的情形，这会使得本国最终收入水平高于 S1 的水平，故而 S3 中本国扩张财政政策的协同效应将高于 S1 时的情况。

（五）外国紧缩的货币政策

在 S1 即传统的 M - F 分析框架中，外国紧缩的货币政策将使得 LM* 曲线左移，这使得外国的利率上升，资本从本国流向外国，外币出现升值。外币升值使得外国出口规模下降，继而带动 IS* 曲线左移，外国收入下降；本币贬值使得本国出口规模上升，IS 曲线右移，本国收入上升。但是外国收入下降将带来从本国进口的下降，这在一定程度上削弱本国收入因为本币贬值而上升的幅度。如果两项相抵后本国收入下降，那么就将进一步导致外国收入下降，这时，外国货币政策的紧缩程度就将超出封闭经济时的情况。这样，浮动汇率制下外国扩张的货币政策实质上起到的是"以邻为壑"的效果。

在高估情景（S2）中，外国紧缩的货币政策使得 LM* 曲线左移，外币升值，本币贬值。这一相对价格的调整对外国收入和本国收入变化的影响与 S1 保持一致。但是外国收入下降带来的从本国进口的降低幅度小于 S1 时的情形，这使得本国收入下降的规模受到限制，均衡时本国收入下降的可能性低于 S1 时的情形，外国收入因此下降的幅度也就低于 S1 时的情形。这样，在 S2 中，外国货币政策的紧缩程度就将小于 S1 时的情况。因此，S2 的"以邻为壑"效应不及 S1。

在低估情景（S3）中，外国紧缩的货币政策使得 LM* 曲线左移，外币升值，本币贬值。这一相对价格的调整对外国收入和本国收入变化的影响与 S1 保持一致。但是外国收入下降带来的从本国进口的降低幅度大于 S1 时的情形，这使得本国收入进一步下降，均衡时本国收入下降的可能性高于 S1 时的情形，外国收入因此下降的幅度也就高于 S1 时的情形。这样，在 S3 中，外国货币政策的紧缩程度就将大于 S1 时的情况。因此，S3 的"以邻为壑"效应高于 S1。

（六）外国紧缩的财政政策

在基准情景（S1）中，外国紧缩的财政政策将使得 IS* 曲线左移，从而带来外国利率和外国收入的下降。外国利率下降会使得外国货币贬值而本国货币升值，这将带来外国出口上升和本国出口下降，继而推动 IS* 曲线右移和 IS 曲线左移。本国收入下降有两个渠道，一个是本币升值抑制出口，另一个是外国收入下降降低本国出口，而本国收入下降后，又将进一步带动 IS* 曲线左移，抵消部分因外币贬值带来的外国收入上升。因此，外国紧缩的财政政策将同时降低外国和本国的收入，具有"协同效应"。

在高估情景（S2）中，外国紧缩的财政政策同样使得 IS* 曲线左移。外币升值和本币贬值对出口的影响渠道与 S1 中相同。但是由于外国进口收入弹性小于 S1 时的弹性，外国收入下降带来本国出口的下降规模小于 S1 时的规模，因此本国收入下降的规模不如 S1，继而对外国收入的负面影响不如 S1。外国紧缩财政政策带来的"协同效应"小于 S1。

在低估情景（S3）中，外国紧缩的财政政策同样使得 IS* 曲线左移。外币升值和本币贬值对出口的影响渠道与 S1 中相同。但是由于外国进口收入弹性大于 S1 时的弹性，外国收入下降带来本国出口的下降规模大于 S1 时的规模，因此本国收入下降的规模超出 S1。外国紧缩财政政策带来的"协同效应"大于 S3。

（七）本国紧缩的货币政策

在基准情景（S1）中，本国紧缩的货币政策将使得 LM 曲线左移，带来本国利率的上升。这将使得资金从外国流向本国，本国货币升值，外国货币贬值。本国货币升值带来本国出口的恶化，IS 曲线向左移动；外国货币贬值带来外国出口好转，IS* 曲线向右移动。这样，本国收入下降，而外国收入上升。但本国收入的下降导致从外国进口的产品下降，外国收入下降，如果这一影响超过了此前外币贬值带来的收入上升效应，那么外国的收入也将出现下降。这时本国紧缩的货币政策就会产生"以邻为壑"效应。

在高估情景（S2）中，本国紧缩的货币政策同样使 LM 曲线左移，带来本国货币升值和外国货币贬值，从而导致本国收入下降，外国收入上升。但是，本国收入的下降导致从外国进口的产品下降的幅度不及 S1 那么大，外国收入下降幅度也就较小，这一影响超过此前外币贬值带来的收入上升效应的可能性下降，外国收入下降的可能性低于 S1，因此"以邻为壑"效应的规模低于 S1。

在低估情景（S3）中，本国紧缩的货币政策使 LM 曲线左移，带来本国货币升值和外国货币贬值，从而导致本国收入下降，外国收入上升。但是，本国收入下降导致从外国进口的产品下降的幅度比 S1 要大，外国收入下降幅度也就较大，这一影响超过此前外币贬值带来收入上升效应的可能性上升，外国收入下降的可能性高于 S1，因此"以邻为壑"效应的规模高于 S1。

（八）本国紧缩的财政政策

在基准情景（S1）中，本国紧缩的财政政策将使得 IS 曲线左移，本国收入下降，同时将使本国利率下降，资金流向外国。这样，本国货币将贬值，而外国货币将升值。本币贬值导致 IS 曲线右移，本国收入上升；外币升值导致 IS* 曲线左移，外国收入下降。外国收入下降会带来对本国进口的下降，削弱本币贬值导致的本国收入上升的效应。均衡状态时，本国紧缩的财政政策将带来本国和外国的收入水平同时低于初始水平，产生"协同效应"。

在高估情景（S2）中，本国紧缩的财政政策同样使得本国货币贬值，外国货币升值，继而导致本国收入上升，外国收入下降。但是，由于外国的进口收入弹性小于 S1 的弹性规模，外国收入下降带来的本国出口下降小于 S1 的情形，这会使得本国最终收入水平高于 S1 的水平，故而 S2 中本国紧缩财政政策的协同效应不及 S1。

在低估情景（S3）中，本国紧缩的财政政策同样使得本国货币贬值，外国货币升值，继而导致本国收入上升，外国收入下降。但是，由于外国的进口收入弹性大于 S2 的弹性规模，外国收入下降带来的本国出口下降大于 S1 的情形，这会使得本国最终收入水平低于 S1 的水平，故而 S3 中本国紧缩财政政策的协同效应将高于 S1 时的情况。

表 2 - 3　　　　　　　浮动汇率制度下溢出效应的总结

	基准情景（S1）	高估情景（S2）	低估情景（S3）
（1）外国扩张的货币政策	以邻为壑效应	更高的以邻为壑效应	更低的以邻为壑效应
（2）外国扩张的财政政策	协同效应	更低的协同效应	更高的协同效应
（3）本国扩张的货币政策	以邻为壑效应	更低的以邻为壑效应	更高的以邻为壑效应
（4）本国扩张的财政政策	协同效应	更低的协同效应	更高的协同效应
（5）外国紧缩的货币政策	以邻为壑效应	更低的以邻为壑效应	更高的以邻为壑效应
（6）外国紧缩的财政政策	协同效应	更低的协同效应	更高的协同效应
（7）本国紧缩的货币政策	以邻为壑效应	更低的以邻为壑效应	更高的以邻为壑效应
（8）本国紧缩的财政政策	协同效应	更低的协同效应	更高的协同效应

资料来源：笔者整理。

第三节　基于全球价值链的宏观经济政策溢出效应分析

上一节从理论的角度论述了全球价值链网络延伸对宏观经济溢出效应的影响，得出了需求高估和低估情形下货币政策和财政政策溢出效应的变动。本部分将通过核算基于增加值的外部需求，将其与一般出口贸易衡量的外部需求之间进行比较，重点考察中国、日本、美国和德国的情况，在此基础上，重新衡量这些国家宏观经济政策的溢出效应。在

第一部分介绍了我们采取的增加值核算方法之后，第二部分说明了加总层面的特征事实及其对宏观经济政策溢出效应的影响。第三部分则研究了双边层面的特征事实及其对宏观经济政策溢出效应的影响。

一 增加值核算方法

为了计算基于增加值的有效汇率的权重，本文需要测算全球各国增加值的数据。本文采用 Timmer 等（2014）的框架测算增加值，正如前面的文献综述所言，Timmer 等的测算方法实质上是将全球各国的 GDP 按照全球价值链分解为各国的增加值收入（value – added income），是非常完整而全面的分解方法。理论上，这一模型将一国的最终消费按照国际生产分割（International Production Fragmentation, IPF）进行全面分解，追踪生产的各种直接和间接环节。在实际操作中，该模型基于世界投入产出表（World Input – Output Table, WIOT），随后利用列昂惕夫逆矩阵得到所有直接和间接生产活动以匹配最终需求。增加值是国际生产分割各个环节中产品的价值。

基于国际投入产出表的定义和形式，可以得到如下的式子：

$$X = AX + Y \tag{1}$$

其中：$X = \{X_1, X_2, \cdots, X_n\}'$，$X_n$ 是一国的总产出，$Y_i = \{y_{i1}, Y_{i2} \cdots Y_{ik}\}'$，$Y$ 是最终需求，Y_{ik} 是国家 k 对国家 i 产品的最终需求。

$$A = \begin{bmatrix} A_{11} & A_{12} & \cdots & A_{1n} \\ A_{21} & A_{22} & \cdots & A_{2n} \\ \cdots & \cdots & \cdots & \cdots \\ A_{n1} & A_{n2} & \cdots & A_{nn} \end{bmatrix} \tag{2}$$

A 是直接消费系数矩阵，其中 A_{ij} 代表在国家 j 消费的 i 国中间产品。因此，（2）可以被改写为：

$$\begin{bmatrix} X_1 \\ \cdots \\ X_n \end{bmatrix} = \begin{bmatrix} A_{11} & \cdots & A_{1n} \\ \cdots & \cdots & \cdots \\ A_{n1} & \cdots & A_{nn} \end{bmatrix} \begin{bmatrix} X_1 \\ \cdots \\ X_n \end{bmatrix} + \begin{bmatrix} Y_{11} & + & \cdots & Y_{1n} \\ \cdots & \cdots & \cdots & \cdots \\ Y_{n1} & + & \cdots & Y_{nn} \end{bmatrix} \tag{3}$$

故而：

$$
\begin{bmatrix} X_1 \\ \cdots \\ X_n \end{bmatrix} = \begin{bmatrix} X_{11} & \cdots & X_{1n} \\ \cdots & \cdots & \cdots \\ X_{n1} & \cdots & X_{nn} \end{bmatrix} = \begin{bmatrix} I-A_{11} & \cdots & -A_{1n} \\ \cdots & \cdots & \cdots \\ -A_{n1} & \cdots & I-A_{nn} \end{bmatrix}^{-1} \begin{bmatrix} Y_{11} & \cdots & Y_{1n} \\ \cdots & \cdots & \cdots \\ Y_{n1} & \cdots & Y_{nn} \end{bmatrix} =
$$

$$
\begin{bmatrix} B_{11} & \cdots & B_{1n} \\ \cdots & \cdots & \cdots \\ B_{n1} & \cdots & B_{nn} \end{bmatrix} \begin{bmatrix} Y_{11} & \cdots & Y_{1n} \\ \cdots & \cdots & \cdots \\ Y_{n1} & \cdots & Y_{nn} \end{bmatrix} \tag{4}
$$

表 2 - 4　　　　　　　　　　世界投入产出表

		中间使用				最终需求			总产出
		国家 1	国家 2	…	国家 n	国家 1	国家 2	…	国家 n	
中间投入	国家 1	X11	X12	…	X1n	Y11	Y12	…	Y1n	X1
	国家 2	X21	X22	…	X2n	Y21	Y22	…	Y2n	X2
	…	…	…	…	…	…	…	…	…	…
	国家 n	Xn1	Xn2	…	Xnn	Yn1	Yn2	…	Ynn	Xn
增加值		V1	V2	…	Vn					
总投入		X1	X2		Xn					

将 V 定义为每单位总产出中增加值的比例，根据式（4），我们用于测算有效汇率权重的增加值数据就可以由下述公式计算得来：

$$
GVC = V\,(I-A)^{-1}Y = VBY \tag{5}
$$

其中 B 是列昂惕夫逆矩阵。V 是：

$$
V = \begin{bmatrix} V_1 & 0 & \cdots & 0 \\ 0 & V_2 & \cdots & 0 \\ \cdots & \cdots & \cdots & \cdots \\ 0 & 0 & \cdots & V_k \end{bmatrix}
$$

其中：$V_k = \begin{bmatrix} r_k^1 & 0 & \cdots & 0 \\ 0 & r_k^2 & \cdots & 0 \\ \cdots & \cdots & \cdots & \cdots \\ 0 & 0 & \cdots & r_k^n \end{bmatrix}$，$r_k^1$，$r_k^2$，$\cdots$，$r_k^n$ 是来自 k 国各行

业的增加值在总产出中的占比。

根据式（1）的定义可知增加值的占比需要满足如下约束：

$$V_i = u(I - \sum_{j=1}^{n} A_{ij}) \tag{6}$$

其中 u 是各项值为 1 的列向量。

二　加总层面的特征事实及其对宏观经济政策溢出效应的影响

本部分分析主要国家（中国、美国、日本和德国）加总层面的 GVC 口径的外需规模和传统出口规模（见图 2 - 2）。以 2011 年的数据来看，在加总情形下，所有国家以传统出口规模衡量的外需都是被高估的，但是高估的程度各不相同。其中高估幅度最低的是美国，大约高估了 3%，高估幅度最高的是德国，高估了约 45%，中国被高估的幅度为 23%，日本被高估了 14%。

在高估情景下，固定汇率制（中国可对应这种情形）下，外国扩张的货币政策与基准情形保持一致，具有相同的协同效应，但是外国扩张的财政政策则会造成更高的以邻为壑效应，这主要是因为由于外需的作用在实质上被高估了，因此，外国扩张的财政政策带来的需求效应比基准情形时要小，与此同时，扩张的财政政策还会导致外国利率的上升，中国资本外流，央行通过卖出外汇储备稳定货币，这对于本国而言是紧缩的货币政策。这意味着对于中国而言，考虑全球价值链的影响，在保持汇率相对稳定的情形下，世界范围内的财政扩张对中国的负面影响更大。同时，国内扩张的货币政策仍然是无效的，而国内扩张的财政政策对外的协同效应则更低。这意味着对于中国而言，考虑全球价值链的影响，国内扩张的财政政策对国外的正面影响并没有基准情形那么大。再看紧缩的情形，外国紧缩的货币政策与基准情形保持一致，具有相同的协同效应。外国紧缩的财政政策带来的是更低的与邻为壑效应，这是因为外需的作用被高估之后，外需下降对中国的影响比基准情形时候要小，因此，在考虑全球价值链影响时，世界范围内的财政紧缩对中国的影响更小。在维持固定汇率制的情形下，国内紧缩的货币政策是无效的，国内紧缩的财政政策对外的负面影响比基准情形要大。

在高估情景下，浮动汇率制（美国、德国、日本对应这种情形）下，外国扩张的货币政策会带来更高的以邻为壑效应，这是由于外国货币贬值对本国出口产生负面影响，同时，由于外需被高估，外部需求的扩张带来的出口比基准情形要小，这意味着考虑全球价值链的影响，浮动汇率国家受到外部扩张财政政策的负面影响更大。同时，外国扩张的财政政策对本国出口的影响小于基准情形，故而其协同效应也小于基准情形。总体而言，在考虑全球价值链影响的情形下，外国扩张的货币政策和财政政策对本国的负面影响上升、正面影响下降。类似的，本国采取扩张的货币政策和财政政策也更加容易出现既"损人"又不"利己"的情况。在高估情境下，外国紧缩的政策的负面效应都比基准情形要小。

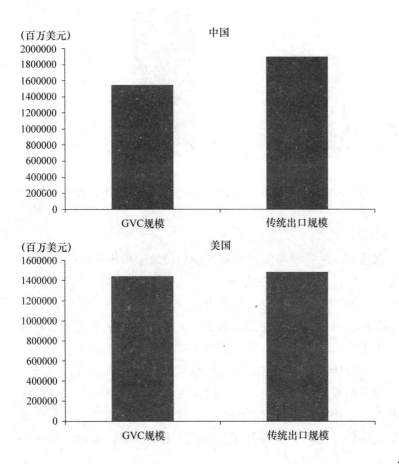

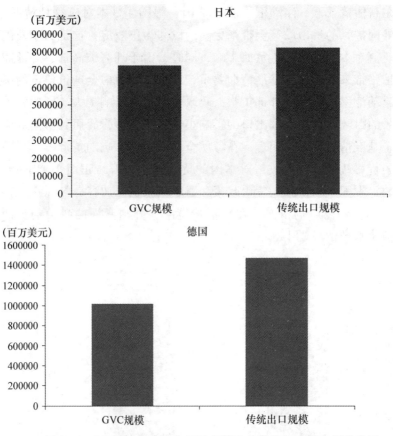

图 2 - 2　2011 年主要国家 GVC 规模和传统出口规模之间的差异

三　双边层面的特征事实及其对宏观经济政策溢出效应的影响

首先分析中国与主要贸易伙伴基于 GVC 和传统口径的比较。一个基本的趋势是，中国对东亚价值链内的国家出口的规模被高估，而对美国和欧洲国家出口的规模被低估了。这意味着，东亚地区国家的需求对于中国而言没有那么重要，更加重要的是美国和欧洲国家的需求。以下具体分析这一事实对宏观经济政策溢出效应的影响。

讨论中国和美国之间的关系，一般认为人民币对美元是相对稳定的，因此，可以使用固定汇率制的框架，对应的是低估情景。在这种情况下，美联储宽松的货币政策对中国的溢出效应是正面的，具有协同效应，同时，财政扩张政策也意味着更低的以邻为壑效应，扩张的财政政策对中国的影响相对较小。由于美元相对于其他国家的货币是自由浮动的，因此中国与其他国家之间可以使用浮动汇率框架。同欧洲国家对应的是被低估的情景，因此欧元区宽松的货币政策对应的是更低的以邻为壑效应，扩张的货币政策对中国影响相对较小，而欧元区扩张的财政政策则对应着更高的协同效应，对中国经济有更加积极的作用。与东亚国家的对应的是被高估的情景，在这里主要关注日本的政策，日本宽松的货币政策对应的是更高的以邻为壑效应，扩张的货币政策对中国的负面影响较大，而扩张的货币政策则对应着更低的协同效应，对中国经济的积极作用较小。由此来看，在经过增加值调整之后，美国和欧洲对中国的宏观经济政策溢出效应都相对改善，而日本对中国的宏观经济政策溢出效应则出现恶化。

表 2-5　中国与主要贸易伙伴的出口贸易：GVC 和传统口径比较

单位：百万美元

国家	GVC 排序	GVC 规模	传统出口排序	传统出口规模
美国	1	339451.0	1	324856.0
日本	2	133708.1	2	147290.0
德国	3	85737.6	4	76433.4
印度	4	57191.6	6	50488.6
韩国	5	55515.3	3	82924.7
澳大利亚	6	53152.0	10	33906.5
俄罗斯	7	52719.2	8	38885.8
英国	8	47870.8	7	44113.0
加拿大	9	47348.2	19	25249.1
法国	10	44240.9	13	30244.1
意大利	11	33905.4	11	33709.4
巴西	12	30808.2	12	31854.3
印度尼西亚	13	28809.2	14	29256.5
土耳其	14	27591.8	23	15619.0
墨西哥	15	25282.3	20	23981.3

资料来源：笔者整理。

接下来分析日本与主要贸易伙伴基于 GVC 和传统口径的比较。

比较而言，日本对东亚地区包括中国和韩国的出口规模被高估了，对美国的出口也略有高估，对主要欧元区国家被低估了（包括德国、法国、意大利）。也即是说，中国、美国的外部需求在传统贸易口径下被高估，而欧洲被低估了。以下具体分析这一事实对宏观经济政策溢出效应的影响。

以美国的宏观经济政策为例分析高估情景，中国将是类似的情形。美国扩张的货币政策将带来更高的以邻为壑效应，对日本的负面影响较大，扩张的财政政策将带来更低的协同效应，对日本经济的积极作用较少。欧洲对日本的需求被低估，这意味着欧元区扩张的货币政策将带来更低的以邻为壑效应，对日本的负面影响较小，而扩张的财政政策将带来更高的协同效应，对日本经济的积极作用更大。由此来看，在经过增加值调整之后，美国和中国对日本的宏观经济政策溢出效应都相对改善，而欧元区对日本的宏观经济政策溢出效应则出现恶化。

表 2-6　日本与主要贸易伙伴的出口贸易：GVC 和传统口径比较

单位：百万美元

国家	GVC 排序	GVC 规模	传统出口排序	传统出口规模
中国大陆	1	131092.1	1	161818.0
美国	2	115553.5	2	127774.0
韩国	3	28681.8	3	66006.9
德国	4	25939.0	8	23485.9
中国台湾	5	23811.9	4	50801.8
俄罗斯	6	19944.3	15	11826.3
澳大利亚	7	16330.3	11	17879.8
英国	8	14673.8	13	16413.4
加拿大	9	14440.0	21	8917.5
印尼	10	14429.2	12	17765.1
法国	11	12670.8	22	8183.2
墨西哥	12	10260.5	18	10225.9
巴西	13	9196.8	26	6207.7
印度	14	9182.0	17	11069.3
意大利	15	7926.1	27	5311.7

资料来源：笔者整理。

接下来分析美国与主要贸易伙伴基于 GVC 和传统口径的比较。美国传统两大贸易伙伴——北美自由贸易区的加拿大和墨西哥的出口规模都被显著高估了，它们的外需对于美国的重要性远没有以传统出口规模衡量的那么大。美国对亚太地区和欧洲地区的出口规模则是被低估了，反映出中国、日本、欧元区国家的外需被低估。

这意味着在分析主要地区对美国的宏观经济政策溢出效应时，应当关注的是低估的视角。在浮动汇率制的背景下，低估意味着外国扩张的货币政策将带来更低的以邻为壑的效应，外国扩张的财政政策则将带来更高的协同效应，由此来看，在经过增加值调整之后，中国、日本、欧元区国家对美国的宏观经济政策溢出效应都相对改善。

表 2 - 7　美国与主要贸易伙伴的出口贸易：GVC 和传统口径比较

单位：百万美元

国家	GVC 排序	GVC 规模	传统出口排序	传统出口规模
加拿大	1	167469.9	1	281292.0
中国大陆	2	148254.9	3	104122.0
墨西哥	3	98720.2	2	198289.0
英国	4	76873.3	5	56033.1
日本	5	73472.4	4	65799.7
德国	6	69788.6	6	49294.2
法国	7	43732.0	12	28864.2
韩国	8	38628.2	7	43461.6
巴西	9	36358.8	8	43018.8
澳大利亚	10	33325.3	13	27626.5
印度	11	31647.4	16	21542.2
西班牙	12	29942.7	26	11031.6
荷兰	13	28093.3	9	42227.1
意大利	14	27084.5	17	16041.8
中国台湾	15	16313.6	14	25932.5

资料来源：笔者整理。

最后分析德国与主要贸易伙伴基于 GVC 和传统口径的比较。德国对美国的出口规模被低估，对中国的出口规模被高估，对日本的出口规模被低估,而对主要欧元区国家的出口规模则被显著地高估了。

美、日宏观经济政策溢出效应应当从低估的视角来看,这里以美国为例进行分析,日本将是类似的情形。美国扩张的货币政策将带来更低的与邻为壑效应,扩张的财政政策将带来更高的协同效应,对于日本也是如此。对中国的溢出效应应当从高估的视角来看,中国扩张的货币政策将带来更高的以邻为壑效应,扩张的财政政策将带来更低的协同效应。德国对于主要欧元区国家的汇率是固定的,因此,需要考虑固定汇率制下高估情景。考虑到欧元区的货币政策是共同的,因此只分析财政政策,其他欧元区国家扩张的财政政策将带来更高的以邻为壑效应。综合来看,在经过增加值调整之后,美国、日本对德国的宏观经济政策溢出效应将相对改善,而中国和其他欧元区国家宏观经济政策溢出效应则将恶化。

表2-8 德国与主要贸易伙伴的出口贸易:GVC和传统口径比较

单位:百万美元

国家	GVC 排序	GVC 规模	传统出口排序	传统出口规模
美国	1	104120.1	2	101686.0
中国	2	87291.6	5	90080.2
法国	3	72438.5	1	141145.0
英国	4	58402.7	4	91249.8
意大利	5	53927.1	6	86455.4
瑞士	6	33065.8	7	80309.2
俄罗斯	7	32845.0	12	47899.3
西班牙	8	32086.4	11	48494.6
荷兰	9	27994.0	3	96647.0
波兰	10	22765.0	10	60602.4
比利时	11	21852.7	9	65405.2
日本	12	21235.0	17	20882.9
巴西	13	20913.4	20	15473.3
瑞典	14	16861.8	14	30684.0
土耳其	15	15526.6	15	27979.9

资料来源:笔者整理。

由于宏观经济政策的协调总是涉及两个国家之间政策的相互影响，因此，需要分析在考虑增加值调整之后彼此政策外溢效应究竟是上升了还是下降了。如果负面外溢效应同时改善，则两国在协调方面会更加顺利；如果一国的负面外溢效应改善而另一国恶化，则协调存在困难。表2-9总结了上述探讨的主要国家两两之间经由增加值调整后的宏观经济政策溢出效应的变化，中美、美日和美欧的外溢效应出现了双向好转，而中日、中欧和日欧则是一方改善、一方恶化，因此，应当更加重视这些国家间的协调。

表2-9　　　　　　　　　　　主要国家间溢出效应总结

国家对	溢出效应	溢出效应	国家对
中美	改善	改善	美中
中日	改善	恶化	日中
中欧	恶化	改善	欧中
美日	改善	改善	日美
美欧	改善	改善	欧美
日欧	改善	恶化	欧日

资料来源：笔者整理。

从中美经济协调这一最为重要的双边协调领域来看，全球价值链的引入可以提供新的视角。就美联储此前的量化宽松政策及如今的加息政策而言，可以比较人民币继续盯住美元及人民币选择更大浮动两种情形下的溢出效应。在固定汇率制下，传统视角和价值链视角的溢出效应是一致的，即扩张的货币政策对中国有正面影响，紧缩的货币政策对中国有负面影响；但在浮动汇率之下，传统视角和价值链视角的溢出效应有所不同，扩张的货币政策对中国的负面影响在价值链视角下更低，而紧缩的货币政策的正面影响在价值链视角下也更低。这意味着：美联储量宽时期，浮动的负面影响没有传统视角那么大，若考虑固定汇率可能存在的其他成本，浮动汇率也可以是一个政策选项；美联储加息时期，应当更加注重相关政策的沟通、预警和协调，因为固定汇率制的溢出效应是负面的，浮动汇率制的正面影响也比传统视角要小。

第三章 G20 宏观经济政策协调的三大关键议题：一体化、失衡和溢出

我们在前面已经指出，宏观经济政策协调是基于于全球经济的一体化，而一体化中存在不对称影响和溢出效应，特别是在全球经济失衡条件下宏观经济政策的不对称溢出，最终造成了宏观经济政策的冲突和协调的必要。

第一节 基于全球价值链的全球再平衡分析

毫无疑问，全球经济再平衡可以从根本上减轻不同国家之间的政策冲突，从而彻底化解宏观经济政策协调的问题。当然，在实现全球经济平衡的过程中也同样需要考虑各国经济之间的联系及其互动。基于全球价值链的角度正好可以为此提供一个实现全球经济再平衡的解决方案。

一 全球再平衡问题概述

"再平衡问题"是 G20 强劲、平衡、可持续增长框架的重要内容。"再平衡"正如其名，其目的是要解决"失衡"问题，且主要是解决"全球经常账户失衡"问题。不过，需要指出的是，全球再平衡的发展同全球失衡的规模密切相关，对于全球失衡的研究重点伴随着全球失衡的规模也是逐渐变化的。在国际金融危机之前，研究的焦点问题集中于全球失衡的状态是否可持续，当时由于 G20 尚未真正成为全球经济政策协调的平台，并没有全球再平衡的实质举措。危机爆

发初期，全球失衡被视为是引发全球金融危机的重要原因，因此研究的重点又转向全球失衡与危机之间的关联。由于危机应对和避免再次发生危机成为当时 G20 国际政策协调的核心内容，因此再平衡占据重要地位。但是到了 2014 年后，根据 IMF 的测算，经常账户逆差排名前十的国家的逆差总规模占世界 GDP 的比例已经减少了一半，而相应顺差前十位国家的顺差总和也下降了 1/4。总体上看失衡的分布变得相对分散，不再集中在少数几个国家，且中国、日本等大规模顺差国及美国等大规模逆差国经常账户规模有了显著缩窄，再平衡的需求并没有那么迫切了，经济学家 Eichengreen 甚至撰写了《全球失衡的安魂曲》，指出全球失衡作为一个现象级的事件已经过去了十年，未来很长一段时间内，将不是世界经济的重要问题，因此，G20 中对于再平衡的政策讨论逐渐弱化，现今的增长框架将重点逐渐置于对中长期增长的探讨上。

　　然而，总结规律不难发现，再平衡的讨论在全球失衡规模较大时就会产生，而不排除此后全球失衡的规模会再度上升，因此，需要进一步推进全球再平衡的研究。上述关于再平衡问题的探讨，实质上隐含了一个假设，即失衡问题是存在的，也就是说，有国家存在过量顺差，有国家存在过量逆差，或两种情况同时出现，此时，才有再平衡的需求。在危机之后的再平衡国际讨论中，主要的再平衡压力来自逆差国美国对顺差国中国、日本、德国等，这主要是因为美国认为全球失衡背景下的流动性过剩是造成美国次贷危机及此后蔓延至全球的金融危机的重要原因，而主要的失衡来源于顺差国的扭曲，主要是中国、日本、德国的顺差，可见，再平衡虽然是基于全球语境的探讨，但是在实施过程中，双边或者多边的失衡情形是关注的重点。从全球价值链视角对再平衡的探讨则是从对失衡是否存在及失衡程度有多大这一基本视角进行分析，其关注的不是如何进行再平衡，而是再平衡是否必要。总体而言，从全球价值链视角来看，主要失衡国的失衡程度并没有传统贸易视角那么大，再平衡压力不如传统视角那么大。

二　主要国家基于全球价值链的失衡规模

本部分基于 OECD – WTO 的 TiVA 数据库，比较传统贸易口径和基于增加值口径的全球失衡规模的差异。重点考察中国、日本、德国（作为顺差国）和美国（作为逆差国）的失衡调整情况，同时分析加总情形和双边情形。具体分析时，一般有两个思路。第一个思路是看净出口规模，这直接对应经常账户余额，经常账户余额基于国际收支平衡表得出，经常账户余额中很重要的一项是净出口规模，因此，可以比较分析传统贸易口径和基于增加值口径的净出口规模的异同，如果后者低于前者，则再平衡的压力减轻；如果后者高于前者，则再平衡的压力上升。第二个思路是看总出口规模（对应顺差国）或总进口规模（对应逆差国），这主要是因为一般理解的失衡原因是顺差国出口过多而逆差国进口过多，因此，可以比较分析传统贸易口径和基于增加值口径的总出口或总进口规模的异同，如果后者低于前者，则再平衡压力减轻；如果后者高于前者，则再平衡压力上升。

（一）加总情形

首先来看加总层面的分析。需要明确的是，加总层面的传统口径和增加值口径的净出口规模是没有差异的。这是因为出口和进口相减之后的增加值部分已经去除了，因此，是否进行增加值的调整都不会影响到净出口的规模。这意味着，以经常账户余额衡量的失衡规模不会因为增加值的调整而发生变化。因此，在分析加总情形时，增加值数据只适用于总值数据（如出口或进口）的调整，而并不适用于净值数据（进出口）的调整，这是这一方法在再平衡运用中的一大局限性。因此，接下来考察总出口或总进口的增加值调整情况。

中国以及接下来要讨论的日本和德国均属于主要顺差国，因此主要关注总出口情况。除非仅仅出口完全产自本国的产品，一般而言一国的出口当中总是或多或少包含外国进口的成分，因此，出口中国内的增加值一般便小于总出口的规模，所以经过增加值调整的出口规模将小于传统口径的出口规模，但是不同国家由于增加值率的差异，其调整的幅度会有所不同，调整的幅度越大，则意味着在全球价值链视角下再平衡的压力越小。

中国：基于经过增加值调整的中国总体出口规模是大幅下降的，从有样本的这几年数据来看，经增加值调整的中国总体出口规模是传统口径的约 65%（见图 3 - 1）。这意味着，中国出口的增加值率较低，出口产品中来自本国的增加值贡献较少。金融危机之后，中国出口在2009年出现了一次负增长，随后开始正增长，并超过2008年的水平，GVC出口的规模也在2009年出现了负增长，但是其下降的程度没有传统口径那么大。中国出口的增加值率有上升态势，2005年时增加值率为61%，2011年为66%。但是总体而言，通过增加值出口测算的中国出口再平衡压力得以减轻。

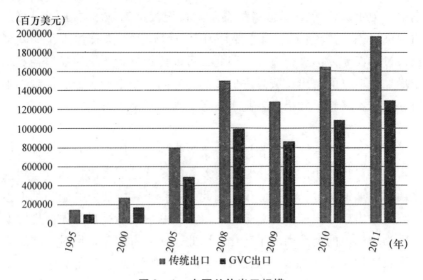

图3-1　中国总体出口规模

资料来源：笔者整理。

日本：基于经过增加值调整的日本总体出口规模有所下降，但其幅度不及中国出口调整那么大。经增加值调整的日本总体出口规模是传统口径的约87%（见图3-2）。这表明日本的出口增加值率高于中国，出口产品中来自本国的增加值贡献较高。同中国一样，日本在金融危机之后出口在2009年也出现了一次负增长，2011年时出口规模超过2008年的水平。GVC出口规模的变动同一般口径的变动基本保持一致。与中国不同的是，日本出口的增加值率是在下降的，1995年时，日本出口的增加值率达到92%，而2011年时则只有83%，东亚价值链带来的各国分工深入可能是造成这一现象的原因。总体而言，通过增加值出口测算的日本出口再平衡压力有所减轻，但其幅度不及中国那么大。

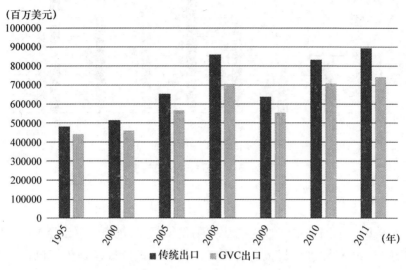

图 3 - 2　日本总体出口规模

资料来源：笔者整理。

德国：基于经过增加值调整的德国总体出口规模有所下降，其调整幅度介于中国和日本之间。经增加值调整的日本总体出口规模约是传统口径的 75%（见图 3 - 3）。德国出口增加值率比中国高约 10 个百分点，比日本低约 10 个百分点，出口产品中来自本国的增加值贡献相对较高。德国在金融危机之后出口绝对规模出现下降，但到 2011 年，无论是传统口径还是 GVC 口径的出口规模都还没有回到 2008 年的水平。从时间序列的变化特征来看，德国的出口增加值率同日本一样是在下降的，1995 年时，德国出口的增加值为 82%，而 2011 年时则只有 71%，欧盟一体化进程可能是造成这一现象的原因。总体而言，通过增加值出口测算的德国出口再平衡压力减轻，其幅度低于中国，高于日本。

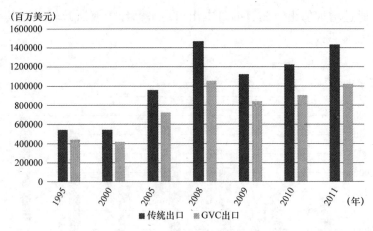

（百万美元）

■ 传统出口　■ GVC出口

图3-3　德国总体出口规模

资料来源：笔者整理。

美国：美国是主要的逆差国，因此关注进口规模。基于经过增加值调整的美国总体进口规模有所下降，其总体进口规模是传统口径的约85%（见图3-4）。这意味着美国进口产品中有15%的增加值贡献源自本国。美国的进口在金融危机后出现下降，到2011年进口超过2008年。总体而言，全球价值链视角下美国的进口再平衡压力减轻，但是就其相对规模来看，不及中国、德国等顺差国，仅略好于日本。

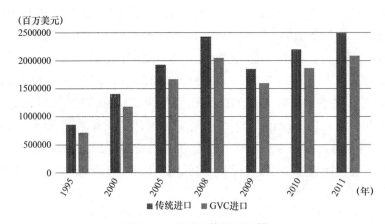

（百万美元）

■ 传统进口　■ GVC进口

图3-4　美国总体进口规模

资料来源：笔者整理。

　　由此可见，从加总的情形和总出口/进口的角度来看，再平衡压力由高到低排序分别为：日本、美国、德国和中国。基于全球价值链的加总情形的出口分析表明中国面临的再平衡压力显著减轻了。

　　（二）双边情形

　　中美双边贸易失衡是全球再平衡的重要内容，中美双方在对于再平衡议题的讨论中既关注出口规模，也关注中国对美的贸易顺差（净出口视角），因此，有必要对这两个视角都进行分析。

　　从出口规模来看，中国对美国出口规模在增加值视角下被下修，经过增加值调整的出口规模平均来看是传统视角的 65%，这一调整规模同中国向所有国家出口的调整规模保持一致。这意味着，经过增加值调整，中国向美国出口的规模减少了近三分之一。而从净出口的规模来看，经过增加值调整的净出口规模平均来看是传统视角的64%，这意味着向美国净出口的规模也减少了约三分之一。因此，以增加值调整衡量的出口规模和净出口规模都意味着中美失衡规模的下降及中美再平衡压力的减轻。

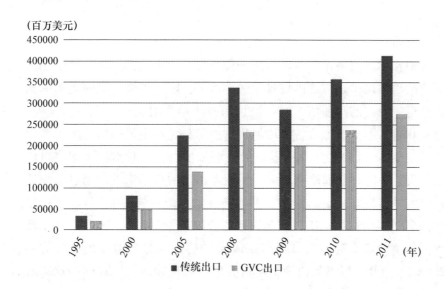

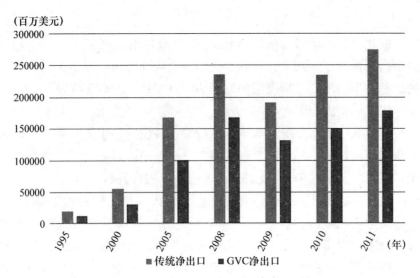

图 3 − 5 中国对美国出口与净出口规模

资料来源：笔者整理。

中美双边贸易失衡在 GVC 视角下出现改善，但是日美、德美的双边情形则与中美不同，总体而言日美、德美的双边贸易失衡是恶化的。

首先分析日美的双边贸易情况。从出口规模来看，日本对美国出口规模在增加值视角下总体略高于传统规模，平均而言，经过增加值调整的出口规模是传统出口规模的 105%，这意味着日本向美国的出口获得了较高的附加值，这一附加值高于日本对美国的总出口规模，这意味着日本从美国获得的增加值有一部分是经由别国向美国出口实现的（例如中国）。这意味着，经过增加值调整，日本向美国出口的规模没有下降，反而略有上升。而从净出口的规模来看，经过增加值调整的净出口规模更加惊人，平均来看是传统规模的 167%，危机之后的 2009 年和 2011 年，甚至达到了 279% 和 200%，这意味着净增加值调整的日本对美出口规模在最大时是日本对美国传统出口的约 2.8 倍。因此，以增加值调整衡量的出口规模和净出口规模都意味着日美失衡规模的上升及日美再平衡压力的上升。

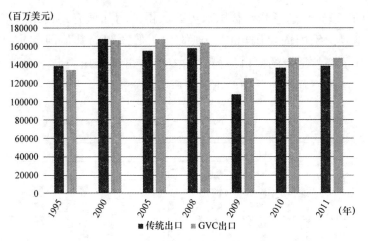

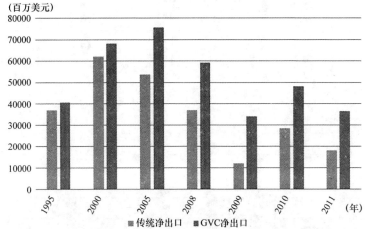

图 3－6　日本对美国出口与净出口规模

资料来源：笔者整理。

接下来分析德美的双边贸易情况。从出口规模来看，德国对美国出口规模在增加值视角下总体略低于传统规模，平均而言，经过增加值调整的出口规模是传统出口规模的 97％，高于对所有国家平均 75％ 的水平。德国向美国的出口获得了较高的附加值，这一附加值高于德国向其他国家的出口。经过增加值调整，德国向美国出口的规模仅是略有下降，并没有很显著的差异。从净出口的规模来看，经过增加值调整的净出口规模则远高于传统的净出口规模，平均来看是传统规模的 121%，这意味着德国从美国获得的增加值有约占出口规模的 20% 是经由别国向美国出口实现的（例如欧盟的其他国家）。因此，以增加值调整衡量的出口规模意味着德美再平衡压力基本保持不便，而净出口规模则意味着德美再平衡压力的上升。

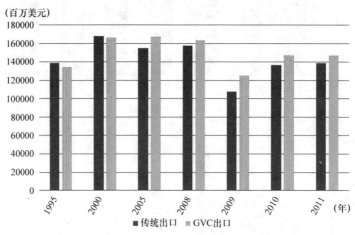

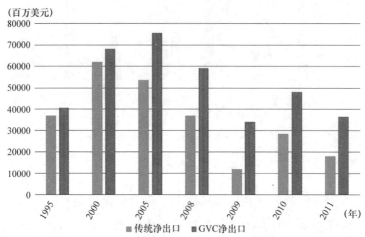

图 3 - 7　德国对美国出口与净出口规模

资料来源：笔者整理。

由此可见，从双边情形对美国出口与净出口的角度来看，再平衡压力由高到低排序分别为：日本、德国和中国。基于全球价值链的双边情形分析表明中美之间的再平衡压力是减轻的，而日美、德美的再平衡压力则上升了。

三　结论与展望

基于全球价值链的增加值贸易数据的完善为讨论再平衡政策研究提供了新的视角和思路，以主要顺差国家（中国、日本、德国）及主要逆差国家（美国）的分析表明，中国面临的再平衡压力在现有的传统视角下被高估了，而日本、德国、美国的再平衡压力则被低估了，在讨论再平衡问题时，需要充分考虑全球价值链可能带来的潜在影响。

目前，OECD – WTO 的 TiVA 数据库已经更新到 2.0 版本，但是基于全球价值链的增加值贸易数据并没有被广泛用于再平衡的讨论中，阻碍这一进展的主要有以下几个因素。

第一，由上文的分析不难看出，顺差国中，只有中国的再平衡压力是减少的，日、德都是上升的，且从某种意义上来说，中国再平衡压力的减少实质上是向这些国家的转移。这使得这一视角在国际社会层面难以达成共识，不利于国际协调。

第二，数据频率方面，目前主流数据采取的是 OECD – WTO 数据库，该数据是基于世界投入产出表的，目前世界投入产出表为年度数据且仅更新至 2011 年，因此，数据存在着滞后且低频的情况，反观传统贸易数据，由于其更新较为及时且易获得，更适合应用于政策探讨。

第三，增加值数据仅改变双边贸易格局，但是对总体的经常账户余额并没有影响，在以经常账户占 GDP 比重这一更加常规的讨论失衡的模式中，增加值数据难以发挥作用。

第二节　发达经济体量宽货币政策的溢出效应：基于 GVAR 模型的分析

应该看到，各国在制定宏观经济调节政策的时候，主要是依据各国内部的经济指标走势，而较少考虑外部经济的影响。时至今日，对外部经济的影响也主要局限在对本国经济指标的影响而较少考虑本国政策对外部经济的影响。显然，在全球经济联系越来越紧密的情况下，这种局面就不可避免的造成政策溢出和冲突效应。货币政策又是一种最重要的宏观经济政策。

　　国际金融危机后，随着发达经济体中央银行传统货币政策空间快速耗尽，美英欧日等货币当局陆续采取了非传统的超宽松货币政策。由于这类型政策普遍包括通过资产购买或者流动性工具为金融体系提供确定数量的资金，故也被普遍称为"量化宽松政策"（quantitative easing policy），简称量宽政策。主要发达经济体陆续实施量宽政策迄今已超过七年。欧日仍在持续宽松，为刺激金融机构向实体经济投放信贷，货币政策均已进入实质的负利率状态。美国则已启动退出进程，但由于量宽政策的规模和持续时间在历史上没有可以匹配的前例，其退出过程目前只是走一步看一步的权宜之计，甚至不时面临停滞甚至逆转的风险。英国由于退欧对其经济带来重大不确定性，不得不逆转航线重归量宽。

　　作为特殊时期政策措施，量宽政策的传导机制及效果相比传统货币政策面临更大的争议及不确定性。在全球化的背景下，该政策对于其他经济体的溢出效应及风险成为 G20 等国际经济治理平台上的重要议题。另外，由于是新的货币政策模式，传统理论模型对这一政策的国内传导机制以及国际间溢出效应的分析都有明显局限，因此对于量宽货币政策的具体内涵、国内作用机制和效果、跨国溢出渠道及实际经验都有必要进行深入的分析，而不能直接套用传统理论。以下本节将分别讨论以上问题，并以 GVAR（全球向量自回归）建模的方法对量宽货币政策的溢出效应进行测算。

一　发达经济体量宽货币政策的实施特点

（一）量宽货币政策与传统货币政策

　　自金融危机于 2007 年夏露出端倪以来，发达经济体货币当局开始陆续调降政策利率。在"雷曼兄弟"倒闭后，这些经济体央行更是加速下调，政策利率很快接近了"零下限"（zero lower bound）。在 2008年 10 月到 12 月间，美联储连续三次调低联邦基金利率目标，总幅度接近 200 个基点，联邦基金利率继而维持在 0%—0.25% 的超低水平（见图 3-8）。英国、日本、欧元区也采取了类似操作。国际清算银行的历史比较发现，相比包括 20 世纪 30 年代大萧条在内的历次危机，发达经济体此次应对危机的降息力度是前所未有的①（BIS，2012）。

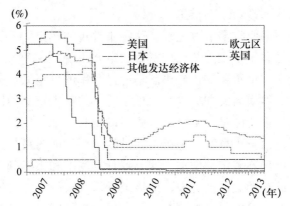

图 3 - 8　主要发达经济体政策利率走势（2007. 1—2013. 6）

数据来源与说明：CEIC 数据库，部分国家央行网站。其他发达经济体政策利率引自 BIS（2013），为澳大利亚、加拿大、新西兰、挪威、瑞典和瑞士的政策利率平均值。当政策利率目标为一区间时，取区间中值。

　　然而，各国央行很快就面临了利率零下限的约束。为救助金融体系并防止宏观经济陷入严重通货紧缩，发达经济体继续采取了与传统货币政策工具存在一定区别的措施来对经济提供流动性并压低风险资产的实际利率。这些措施被广泛的称之为"非传统货币政策（unconventional monetary policy）"。由于这类非传统货币政策包的一个重要内容是在利率目标外设置数量型的宽松货币政策目标，因此非传统货币政策也被更为形象的称之为量宽政策。

　　对于非传统货币政策工具，目前并不存在一个普遍接受的统一定义。如 Borio 和 Disyatat（2010）认为，区分传统与非传统工具在一些情况下可能存在特殊困难。工具本身的差异自然可以用来界定二者，但更频繁的应用传统工具，特别是当用于特殊目标时是否应划定为非传统工具，却并无定论。对此，Cecioni、Ferrero 与 Secchi（2011）同

---

　　①　早期央行如美联储和英格兰银行的货币政策操作与现在的操作方式有较大区别。当时美联储和英格兰银行通过调整再贴现利率（rediscount rate）影响银行向中央银行借入储备的成本。20 世纪 30 年代大危机期间，美联储再贴现利率从 1929 年 9 月的 5.58% 经过两年时间逐步下调到 1.5%，英格兰银行将再贴现利率从 1929 年 10 月的 6.48% 下调到 1932 年 7 月的 2%。

时，从目标以及实施条件两方面将非传统货币政策定义为，当政策利率达到零下限时，为修复货币政策传导机制或者对经济提供进一步刺激而采取的任何政策干预措施。

当名义利率面临零下限之时，这些非常规的政策干预措施对于经济的影响渠道和影响大小与传统货币政策并不相同，争议也很大。传统货币理论中，最重要的传导机制是通过利率的价格效应来调节投资和消费活动。然而名义利率已接近于零时，这一渠道的边际效果已非常有限。更为重要的是，由于金融体系以及私人部门所持有的大量资产遭遇重创，信贷市场对金融机构和借款人偿债能力可信度需要进行重新评估，市场不确定性增加，这导致官方利率和市场利率传统上较为稳定可靠的联动关系被打破，即传统货币政策的传导机制部分失效了。反映这一现象的一个显著事实是，尽管银行间市场短期利率接近于零，长期国债收益率也达到极低水平，但私人部门实际的借贷利率下降幅度相对有限，这导致企业借贷利率与联邦基金利率之间的差异扩大并维持在相对高位（见图3-9）。在此背景下，非常规量宽货币政策工具的传导渠道与溢出效应，依赖于量宽政策的具体形式以及金融市场环境，难以直接套用传统货币政策的理论分析和实践经验。

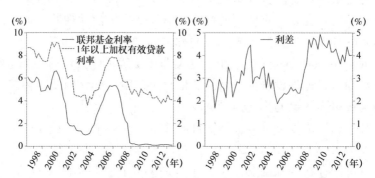

图3-9 美国1年以上加权有效贷款利率及与联邦基金利率之利差

数据来源：美国1年以上加权有效贷款利率来自美联储企业借贷情况调查，联邦基金利率转载自圣路易斯联储银行网站。

（二）量宽货币政策的形式

危机后由于各国所面临具体问题的不同，金融体系在结构上的不同特点以及各国央行判断上的差异，发达经济体实施的非传统货币政策并没有标准化的方案，而是包括了多种形式。按照 Bernanke（2009）年的区分，这类型货币政策包括两类。第一类体现为政策沟通，即所谓前瞻性指引（forward guidance）。在短期利率接近零下限时，央行通过与公众就未来货币政策走势进行沟通，直接影响更长时期内公众对于利率走势的预期，从而对更为长期的利率产生影响。通过影响长期利率，前瞻性指引最终对实体经济总需求产生作用。第二类工具则直接对央行资产负债表的资产方进行操作，这也就是量宽货币政策的核心。

　　量宽型货币政策工具可根据功能的不同分为三种。第一种与央行作为最后贷款人的传统角色紧密相连，旨在对金融机构提供流动性。如美联储在危机爆发后创造了定期拍卖工具 TAF（Term Auction Facility）、定期证券借贷工具 TSLF（Term Security Lending Facility）、一级交易商信贷工具 PDCF（Primary Dealer Credit Facility）等，并与多个外国央行签署了双边货币互换协议，为国际市场提供美元流动性。欧央行也采取了类似的措施给金融部门提供更长期限的流动性，特别是外币流动性等。如固定利率全额分配程序 FRFA（Fixed – Rate Full – Allotment），长期再融资操作 LTROs（Longer – Term Refinancing Operations）。第二种工具直接向关键性信贷市场上的借贷者及投资者提供流动性，旨在减轻信贷市场功能受损对商业票据、资产支持证券等非银行市场以及实体经济的影响。如美联储直接购买商业票据、以资产支持证券为抵押品提供信贷，欧央行扩大了抵押品的范围，英格兰银行设计了融资换贷款计划 FLS（Funding for Lending Scheme）。第三种工具则是央行在二级市场上直接购买长期证券，直接对长期利率施加影响。

　　随着发达经济体面临主要风险及局限的变化，其货币当局在不同时期实施的主要量宽货币政策的具体内容也相应有所变化。以美国为例，自 2008 年末利率接近零下限以来，美联储一直运用了前瞻性指引影响市场对利率的预期，每次联储会议对外公告都说明在未来特定时期内维持联邦基金利率在 0%—0.25% 间。对资产负债表的操作重点则陆续发生转移。在危机爆发的初期，经济最大的风险在于金融系统崩溃与实体经济收缩之间形成恶性循环。因此美联储通过购买特定机构债券来向私人部门直接提供流动性，重建机构信用，缓解信贷市场运作不良的后果。当美国政府采取了大规模的财政刺激，使得财政赤字与债务负担成为影响经济前景的重要风险时，美联储开始大规模购买联邦政府长期债券来稳定长期利率，从而间接缓解美国政府的财务负担。当美国政府承诺稳定债务规模并以法案的形式确定了减支计划后，为缓解财政紧缩对国内需求和就业复苏的影响，美联储再次选择抵押贷款支持证券作为资产购买的一大对象，实际上等同于直接支持房地产市场。

（三）量宽货币政策的操作规模

量宽型货币政策基本上都直接操作于央行资产负债表的资产方之上。因此，危机以来发达经济体央行资产负债表的规模及资产构成变化反映了量宽货币政策的操作幅度。图3－10报告了2007年到2012年间主要发达经济体央行资产规模的扩张过程。相比2007年初，主要发达经济体央行资产规模总体扩张了170%，其中英格兰银行资产扩大了3.3倍，美联储资产扩大了2.3倍，欧央行为1.7倍，日本央行扩大了1倍。

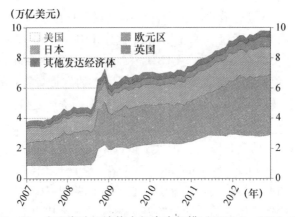

图3－10　主要发达经济体央行资产规模（2007.1—2012.12）

数据来源与说明：CEIC数据库，部分国家央行网站。其他发达经济体包括澳大利亚、加拿大、丹麦、新西兰、挪威和瑞典。

发达经济体央行资产构成的内容与期限也随着非传统货币政策操作在各个时期侧重点的不同而发生变化。总体上，在主要发达经济体央行资产的构成中，公共部门和私人部门证券的比重均明显上升，资产的期限也显著延长。以美联储为例，2007年伊始，10年以上的证券持有量在总资产中仅占不到8%，到2013年中占比已经超过四分之一。通过长期再融资操作，欧央行持有的三年期回购协议最高时达到欧央行总资产的三分之一。而在危机前，欧央行仅仅持有期限等于或少于六个月的回购协议。

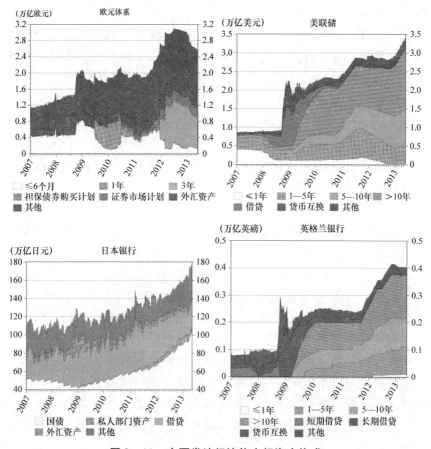

图 3 - 11　主要发达经济体央行资产构成

数据来源与说明：各国央行网站。对于美联储，四种期限序列代表美联储持有的国债、MBS 以及机构债。对于欧元体系，三种期限代表回购协议。对于英格兰银行，四种期限序列代表英格兰银行持有的英国国债。

二　量宽货币政策的理论机制及效果评估

（一）金融危机对传统货币政策的挑战

在危机前，学界关于发达经济体中货币政策的普遍共识认为，货币政策目标应是实现稳定的低通货膨胀，即通胀目标制，中间目标是银行间市场短期利率。在通常情况下，这一短期利率对其他市场利率以及整体经济的效果也被认为是较为明确可靠的。短期利率水平需要参考各种各样的宏观经济信号，而这一决策过程能近似的由泰勒规则描述（Woodford，2003）。

从20世纪90年代到危机前，发达经济体整体较低的通胀与较平稳的经济增长对于这一传统共识形成无疑提供了强有力的支持。然而本次危机的爆发对于传统货币政策理论提出了巨大挑战，其核心争议在于货币政策是否应于事前控制资产价格泡沫而非仅仅用于事后清理（Joyce、Miles、Scott和Vayanos，2012）。从实际政策操作层面看，发达经济体央行无疑都或多或少偏离了传统货币政策理论，在通胀目标之外增加了货币政策对于金融稳定的关注，事前预见并控制金融风险正逐渐成为新的货币政策共识。

本次危机对于传统货币政策用于事后清理的效果也提出了严重质疑。首先，根据传统的泰勒规则，当发达经济体面临深度经济衰退时，短期名义利率应该降到零以下，但由于经济主体总能持有零利率的现金，市场利率总是面临零下限。这意味着传统货币政策工具失效。其次，由于金融体系以及私人部门所持有的大量资产遭遇重创，信贷市场对金融机构和借款人偿债能力可信度需要进行重新评估，市场不确定性增加，这导致官方利率和市场利率传统上较为稳定可靠的联动关系被打破，即传统货币政策的传导机制部分失效了。反映这一现象的一个显著事实是，尽管银行间市场短期利率接近于零，长期国债收益率也达到极低水平，但私人部门实际的借贷利率下降幅度相对有限，这导致企业借贷利率与联邦基金利率之间的差异扩大并维持在相对高位。

（二）量宽货币政策作用机制：资产组合再配置效应渠道

量宽货币政策尽管形式多样，但其核心出发点基本上都针对传统货币政策面临零下限约束以及在金融市场尚未正常运作前传导机制部分受阻这两个问题。针对短期利率零下限的问题，量宽货币政策考虑影响其他类型的利率，譬如长期国债收益率。而对传统货币政策传导机制部分受阻的问题，量宽货币政策设计了直接针对特定市场提供流动性的操作方式。这两方面操作都带来央行资产负债表规模的显著扩张。而央行扩张资产负债表本质上是央行应用其创造一般支付手段的能力获取资产的过程。在这一过程中，央行资产负债表扩张了，同时，私人部门所持有的资产构成也变化了。

这一操作方式下，量宽货币政策作用机制的核心在于央行以高度流动性的货币资产置换公共或私人部门其他资产，改变有关主体的资产构成，从而引发其行为的改变，即所谓的资产组合再配置效应（portfolio rebalancing effect）。其效果则取决于资产置换如何影响私人部门的信贷成本以及信贷可得性，进而又如何影响经济中的总需求。另外，央行购买资产的构成会有何影响，购买私人部门资产与购买公共部门债券是否会有不同效果等等。

从理论角度看，资产组合再配置效应是否存在受特定条件约束。Eggertsson 和 Woodford（2003）应用一个无生命限期模型证明，在资产具有完全可替代性的条件下，与央行的任何资产置换都不会对人的经济决策产生任何影响。这一假说与财政理论上的李嘉图等价本质上是一样的。不过这一假说成立所依赖的前提，即各种资产可完全相互替代，投资者可购买或出售无限量的资产，即便在正常条件下也难以成立。因此，Curdia 和 Woodford（2011）应用一般均衡模型证明，当某些市场存在参与约束时，资产组合再配置效应存在，即央行购买私人部门资产的政策会影响私人部门决策。另外，当资产价值不仅仅来自于该资产的未来现金流收入，那么也将存在资产组合再配置效应。如 Krishnamurthy 和 Vissing－Jorgensen（2011）说明由于回购协议经常要求用美国国债作为抵押，因此相对其他类型资产，美国国债的价值超出其未来现金流收益的折现值。

Miles（2011）将央行购买长期国债的资产组合再配置效应作用于国内需求的渠道概括为两个。第一个渠道是通过压低国债收益率，使得期限溢价以及其他长期风险资产收益率下降，这使得私人部门财富上升，同时还使得信贷约束得以缓解，从而对国内需求产生促进作用。第二个渠道是通过增加银行的流动性资产提高银行信贷的可获得性，从而促进国内需求。

（三）量宽货币政策效果的经验证据

从危机后金融市场以及宏观经济走势上看，量宽货币政策的确显示出积极效果。不过评估非传统货币政策的效果还需要进行更严格的反事实分析，其难点在于隔离同时发生的其他因素，譬如财政刺激的影响。由于量宽货币政策对于金融市场的影响几乎没有时滞，因此有关的实证研究更丰富一些。反之，由于量宽货币政策对总体经济的影响往往存在长度不确定的时滞，这一领域的实证研究更为困难，相对而言也较少。

总体上，实证研究支持量宽货币政策对于金融变量的显著影响。包括 D'Amico 和 King（2010）在内的一系列实证研究发现，美联储第一轮大规模资产购买成功的压低了中长期利率。Neely（2012）则发现，美国公布大规模资产购买计划对于国际长期利率和美元现价也具有重大影响。一些研究者对于这一影响的持续性也进行了分析。如 Wright（2011）测算的结果显示，尽管量宽货币政策对国债收益率之外的金融变量也具有重大影响，但这些效果常常是非常短暂的。不过，由于金融市场往往会存在初期的过度反应或者这些金融变量逐渐受其他因素（如宏观经济前景的改善）的抵消性影响，这一测算并不意味着量宽货币政策的影响就是短暂的。与之不同，Joyce 和 Tong（2012）发现当控制宏观和财政性因素后，资产购买对于收益率的压低效应是较为持久的。

对于量宽货币政策更广泛的宏观经济效应，Baumeister 和 Benati（2010）采用了时变参数的结构 VAR 模型以考察 2007—2009 年间长期债券利差下降的宏观经济效果。对美国、欧元区、日本和英国，他们发现降低长期收益率对产出增长和通货膨胀都有显著影响。其反事实模拟则表明，美国和英国的量宽货币政策在避免通缩和产出下滑的重大风险上起到了重大作用。

从有关研究看，量宽货币政策的确能够降低长期利率，而长期利率降低对经济复苏也的确有正面作用。然而国际金融危机后近五年，发达经济体的复苏仍然脆弱，这或者说明经济衰退的力量非常强大，或者说明量宽货币政策作用很小。如果是该政策作用很小，那很可能是因为货币政策本身影响有限，且面临收益递减的约束，还需要其他促进经济增长的措施来补充。与此有关的问题是，即便量宽货币政策很有效，其成本可能是什么？一个值得关注的问题是大规模的银行超额储备降低了银行间市场同业拆借的规模，并使得这一市场运行不良（Joyce、Miles、Scott 和 Vayanos，2012）。当经济出现复苏后，央行将如何减少这一高额储备水平并避免高通胀？另外，央行大规模购买政府债券事实上为政府债务规模不断上升提供了便利条件，这也同时意味着财政风险、金融风险与通货膨胀风险，从这一渠道也会对全球经济产生溢出效应。

三　量宽货币政策的溢出效应分析

理论上，对于融入全球经济和金融体系的开放经济体，其宏观经济与金融波动会导致经济和金融结构、经济和金融总量及有关资产和商品价格发生变化，由此对与之存在紧密经济联系和金融联系的经济体产生直接影响。受之影响的经济体所发生的调整变化，继续往外影响其他相关的经济体，如此影响最终会间接传导到诸多国家乃至全球。从这一点看，任何开放国家的经济波动都会产生或大或小的溢出效应。

从历史上看，主要发达经济体尤其是美国货币政策都对全球经济产生重大影响。20 世纪 90 年代中期，当美国经济从 90 年代早期的衰退中恢复时，格林斯潘领导的美联储开始提高利率以控制通胀，此次美国利率提高成为国际资本从东南亚流回美国、最终导致亚洲金融危机的原因之一。美国互联网泡沫 2000 年崩溃以后，美联储从 2001 年 1 月到 2003 年 6 月间连续 13 次下调联邦基金利率，该利率从 6.5% 降低到 1% 的历史最低水平。美元的低利率导致低风险套利交易在全球范围内风行，热钱大量流入新兴经济体和石油输出国，造成全球流动性过剩的局面。

本次国际金融危机后，美联储推行前所未有的超级量宽的货币政策，欧元区和英日等国相继跟进，导致国际流动性泛滥，对全球市场利率、汇率、资产价格、资本流动、大宗商品价格等金融变量产生直接或间接的重大影响。不过另一方面，其他经济体所面临的来自发达经济体量宽货币政策的冲击存在显著异质性，这取决于特定国家宏观经济周期状态、市场成熟度以及有关监管政策。以下先总体回顾有关货币政策溢出效应的理论分析，然后具体分析量宽货币政策的溢出效应。

（一）货币政策溢出效应的理论分析

货币政策的溢出效应具体指一国经济的数量、价格或者内生的政策反应受到他国货币政策的影响。这三者之间存在有机联系，但也相对具有独立性。数量效应包括总资本流动的变化，譬如证券投资与跨境银行借贷等。价格效应包括汇率、物价及资产价格的变化。虽然数量效应常常与价格效应同时发生，但资产价格也可能在数量没有发生变化的时候变化。最后，一些国家的央行很可能会跟随中心国家货币政策来调整自身的政策，以限制数量和价格的变动幅度。由于经济和金融全球化发展、国际货币体系与各国经贸金融体制的演进，根据冲击的性质（名义或实际）、汇率体制（固定/钉住或浮动）、资本项目开放度（封闭/开放）等基本维度上的区别，溢出效应呈现出不同的特点。

传统分析强调的是一国货币政策变化经由国际收支经常项对相对价格、产出、收入发生影响，以及由于利差导致的国际收支资本项下流动，实现除风险溢价、税收及交易成本等差异外的利率平价。货币数量论一般将传导机制概括为储备—流动（reserve - flow）传导机制，然后是价格—套利（price - arbitrage）机制。凯恩斯学派则概括为吸收（absorption）渠道和投资组合—平衡（portfolio - balance）渠道的利率调整（Branson，1975；Lothian，1992）。

1. 有关货币政策溢出效应的传统理论

对早期金本位制下的通胀和通缩的国际间传导，古典经济学家大卫·休谟早在18世纪中期提出的"物价—现金流动机制"（price spe-cie - flow mechanism）就已论及。休谟是货币数量论早期的代表人物。根据他的思想，金本位制下，一国货币扩张会造成外国的贸易盈余，这一盈余使得金币流向外国，导致外国的货币供给增速上升，从而产生更快的名义收入增长和更高的通货膨胀率。除经过经常项目传导外，货币冲击后国际利差导致的资本项目流动也促进了溢出效应。20世纪30年代大萧条的经典案例刺激了相当多的研究者对金本位制度在景气与萧条国际传导中扮演的角色进行深入研究。其基本结论是，金本位不能隔绝（insulation）外国的价格波动，是大萧条的扩散深化的直接原因。

与金本位制下一国无法隔绝于外国宏观波动的道理类似，同属于固定汇率安排的布雷顿森林体系下，储备货币国家的货币冲击通过经常账户对其他国家的货币供应、国内支出、价格水平和实际收入产生影响。不过在布雷顿森林体系下，由于资本流动受到管制，货币冲击后由国际利差引发的传导机制被阻隔（Bordo and Schwartz，1988）。

　　传统上汇率安排一直被认为在货币冲击的国际传导中发挥关键作用。这是因为根据理论，浮动汇率制下货币冲击很大程度上可被隔绝。在资本管制的情况下，本国货币供应增加导致经常账户赤字后，名义汇率会随之贬值，从而又通过经常账户抵消对外国货币供应及支出的影响。这一性质及货币政策独立性的预期是导致国际货币体系转向浮动的理论基础。

　　不过近年经验显示，浮动汇率并没有产生以往理论预期的隔绝效果（Rey，2013）。理论上对浮动汇率制下宏观经济相依性提出的解释包括资本流动加快、汇率预期以及政策上的相互依存等。如根据蒙代尔－弗莱明－多恩布什模型，在浮动汇率和资本自由流动的情况下，本国货币供应增加不仅导致经常账户赤字，进而引起汇率贬值；还会导致本国利率下降，从而使得资本外流，而这又使得本币贬值，对外国经济产生紧缩效果。

　　另外，对于浮动汇率制下货币冲击的国际传导，在传统的经常账户和资本账户渠道外，以前学者还提出过另一些国际传导渠道。如Miles（1978）、Brittain（1981）提出了直接货币替代会导致货币需求函数的相依性，Mckinnon（1982）则提出了间接的货币替代，即本国与外国资产的替代，导致货币需求函数的相关。

　　2. 新开放经济宏观经济学

　　虽然蒙代尔－弗莱明－多恩布什模型在开放经济的政策分析中一直是主流工具，不过，该模型也存在一些局限。第一，它没有在跨期优化行为基础上建立起货币需求函数、储蓄投资行为及贸易平衡方程。第二，模型中预期是静态的。第三，没有考虑国家规模对货币及财政政策有效性的影响。第四，仅考虑资本流量意义上的均衡，而没有考虑存量均衡。第五，模型没有考虑资产和货币跨国配置后的财富效应。

　　自 20 世纪 80 年代以来，众多研究者分别从不同角度弥补上述缺陷，修正有关开放经济下国际传导的理论模型。一个方向是在充分就业和灵活价格的两国一般均衡模型中融入理性预期和不确定性。另一个方向是在跨期优化模型中引入垄断竞争和名义刚性等刻画市场不完美性的条件。

　　Obstfeld 和 Rogoff 在 1995 年的论文，由于其同时兼具了传统蒙代尔－弗莱－多恩布什明模型在政策应用中的现实性与跨期优化模型的微观基础，激发了大量对开放经济动态一般均衡模型的研究，并形成所谓"新开放经济宏观经济学"（New Open Economy Macroeconomics）（Lane，2001）。Obstfeld 和 Rogoff 所创始的新开放宏观经济学模型，在政策应用中具有一些鲜明的优势。首先，这类模型可区分冲击的短期和长期效应。其次，模型建立在代表性消费者—生产者的最优化行为上，政策冲击的福利效应因而能得以度量。

根据 Obstfeld 和 Rogoff 最初的模型，本国未被预期的持久性货币供应上升最初将使得本国产出与消费水平提升。本国名义汇率贬值使得贸易条件恶化，加之世界实际利率下降，这都对外国消费产生了刺激效应。然而，外国产出所受传导效应的方向却并不固定。这是因为总体消费和相对价格变动对产出的影响相反。不过，本国的经常账户将产生盈余。

这一情况下，货币在长期也不是中性的。由于短期经常项目盈余意味着本国净对外资产持久性的好转，而净对外资产提高带来的净资本收益流入意味着，稳态时存在一个持久性的贸易赤字，使得本国消费高于本国产出。同时，净对外资产的财富效应也会使得本国劳动供给和产出下降，所以引起本国贸易条件持久性的改善。这种非中性体现于开放宏观经济中，经济波动不仅仅受流量的影响，同时也受存量的影响。而从福利比较来看，尽管货币冲击对本国和外国的影响并非对称，但这一模型预测两国福利上升程度却是一样的。

（二）量宽货币政策实施与退出时的溢出效应

如上文分析显示，量宽货币政策与传统货币政策不同，是在短期利率接近于零时通过扩张央行资产负债表改变金融体系资产结构，直接或间接改变市场多种利率的风险溢价和流动性供应来影响实体经济活动。其中金融市场在传递这一资产再配置效应中处于中心地位。在本次美国次贷危机导致全球性的金融和经济危机之后，越来越多的学者也都更为重视金融市场在宏观经济冲击国际传导以及冲击放大中的关键作用。如 Krugman（2008）就提出，传统的多国宏观模型缺少一个关键的"国际金融乘数"（international finance multiplier）。所谓"国际金融乘数"，即一国的金融冲击通过金融或资产负债表联系同时影响本国及其他国家的投资活动。

Devereux 和 Yetman（2010）建立了一个两国模型说明通过资产负

债表渠道的国际传导，即金融市场的去杠杆化如何导致其他经济体的宏观经济遭受冲击。模型将金融市场杠杆率约束引入对宏观冲击国际传导的分析。与此类似，Kollman、Enders 和 Muller（2011），Dedola 和 Lombardo（2012）也通过将国际金融市场结构特点如国际投资者、全球性银行、资本充足率等引入国际宏观模型，来说明同一问题。

量宽货币政策的溢出效应与美元等主要国际货币的全球地位也有密切联系。由于美国在国际贸易中是主要的计价货币，不仅美国进出口以美元计价，不涉及美国的贸易也大量以美元计价（Goldberg and Tille，2005；Cook and Devereux，2006），这使得边缘国家即便与美国仅存在有限的贸易，它所受美国货币政策的影响会因美元作为计价货币这一因素而放大。Goldberg 和 Tille（2012）对新开放经济宏观经济学基本模型进行拓展，建立一个中心—边缘国家模型说明了这一机制。引起这一机制的根本原因在于，汇率传递对于美国及其他国家是不对称的。

量宽货币政策实施中，虽然通过刺激发达经济体更快的复苏对其贸易伙伴的出口以及跨境借贷产生了积极作用，但也对新兴经济体产生了包括资本流动加剧、汇率升值、资产价格上升及信贷扩张等溢出效应。这些效应由于新兴经济体金融体系和汇率制度的不完善甚至有加剧的倾向。量宽货币政策退出的冲击幅度则在一定程度上可以看作其实施时溢出效应的逆转。

尽管关于溢出效应的实证经验还存在一定分歧，但总体上新兴经济体在量宽政策公布后经历了明显的资本流入（IMF，2013；Fratacher，Lo Duca and Straub，2012）。以巴西为例，Barroso 等人（2013）估计了美联储量宽政策的事前与事后对巴西经济的影响，分解其传导机制并检验了其统计显著性。他们对美国第一轮量宽（2008 年 12 月—2009 年 6 月）、第二轮量宽（2010 年 8 月—2011 年 8 月）以及扭转操作（2011 年 9 月—2012 年 6 月）的研究发现，这几轮操作对巴西经济的影响总体上与预期方向一致，并在统计上显著。巴西通胀、消费与实体经济活动随之上升，汇率名义升值 7.3%，实际升值 9.3%，总资本流入上升 13.9%，其中证券投资类的资本流入增长 17.6%，社会信贷相对 GDP 规模上升 0.9 个百分点而股市市值相对 GDP 上升 4.4 个百分点。另外他们还发现从渠道上看，溢出效应最重要的传导渠道是资本流入。

在美国量宽政策的退出过程中，新兴经济体的关注点在于，资本流出将导致金融市场与金融机构遭遇冲击。尤其是危机后市场各类利率之间的关系产生系统性变化，发达经济体也缺乏在大量超额储备的情况下操作货币政策的经验，这可能使得利率波动性风险加剧，并可能导致长期利率的超调。这不仅意味着金融风险和资产价格风险，资本流动和汇率的大幅变动，还可能对经济复苏产生损害。

在这种情况下，流动性较差的企业或银行乃至国家将面临重重困难，而那些以杠杆化方式持有风险资产以及长期债券同时又没有采取足够保值措施的实体则将陷入偿付危机。虽然总体上看新兴经济体爆发危机仍属于小概率事件，但一旦爆发则将对区域经济、同类型经济体产生传染效应，其最终导致的负面影响可能大大超出事前估计。因此，发达经济体实施量宽货币政策的效果虽然已成为可以分析的经验资料，但其退出量宽的溢出效应仍存在很大的不确定性。

第一，量宽货币政策的实施和退出将对市场利率、资产价格产生直接影响。

第二，核心发达经济体利率变化将导致国际资本的重新配置以及汇率调整。根据历史经验，美联储升息后往往带来美元的走强。1994年美联储将基准利率迅速从3%开始升息，并在1995年中期维持在6%左右的高位后，美元指数迅速上升。2004年中期美联储开始加息，到2005年12月13日共加息八次，美元对欧元、日元的利差分别达到200个、415个基点，推动美元走强。随着美国经济增长向好，美国启动量宽货币政策退出后美元利率上升，加之欧洲和日本的货币紧缩滞后于美国，这都将对美元形成支撑。一旦美元出现升值，国际资本往往会从新兴市场回流美国，美元套利交易平仓，造成新兴市场经济体出现新一轮国际资本外流风险。新兴市场金融市场流动性以及资产价格都会受到冲击，货币贬值压力和宏观经济调控压力加剧。

第三，美元汇率走强及全球利率上行对大宗商品价格会产生明显的抑制作用，这对大宗商品进口国和出口国意味着不同的福利效应。从历史数据看，美元汇率与原油等大宗商品价格呈现较为明显的负相关关系。但对不同类型大宗商品价格的影响还要具体考虑供给和需求面因素，尤其是中国等大型新兴经济体的影响。譬如，在第一轮和第二轮量宽期间，大宗商品价格大幅上涨，主要由于量化宽松带来了经济复苏和通胀的预期。到第二轮量宽结束时，受制于全球经济需求疲软、欧债危机等因素影响，大宗商品价格开始走软。而从2012年9月开始的新一轮量宽以来，尽管美国经济开始复苏，但欧洲、日本和新兴经济体的增长不及预期，大宗商品价格走弱。因此，量宽货币政策对大宗商品价格的影响还需结合考虑主要经济体增长形势。

四　对量宽货币政策溢出效应的 GVAR 模型分析

对量宽货币政策溢出效应的实际评估中，溢出效应的动态特征是值得额外重视的特点，即经济体之间一种冲击来回反馈的现象。这种来回反馈不仅是地理上的，还是跨部门的，交织了实体经济与金融部门的相互影响。譬如，来自实体经济渠道的冲击传导会波及金融市场，又引起金融市场的跨境传导，金融市场的波动又会带来实体经济的进一步反应。在当前主要经济体所达到的全球化水平下，任何一个时点的横截面上所观察到的经济和金融数据其实都已交织了多重反馈过程。不同反馈在时间频率存在差异。一般认为实体经济的反馈慢于金融市场。

只关注流量平衡而不考虑存量平衡的蒙代尔－弗莱明模型在理解量宽货币政策对于不同经济体的作用上存在局限。WIOT 分析主要基于全球投入产出表来刻画国与国之间的经济联系，缺少对于金融联系的刻画，因此，在分析量宽政策溢出效应上也存在局限。

另外，对于这样一个复杂同时相互影响的过程，静态的局部均衡性质的方法不适合用来进行系统的和动态的评估。传统的国别性的计量模型缺乏全球视角，对于溢出效应及大国之间的相互反馈，往往在模型外以非正式的方式讨论，这样得出的结论在可靠性上存在明显的缺陷。

过去二十多年间，在预测、政策分析及理论评估等学术研究活动中，向量自回归（VAR）模型已取代大型的国别性宏观计量模型成为主流工具。不过 VAR 模型主要的缺陷是它能处理的变量数量较少。为规避这一问题，在大多数宏观计量模型中，研究者往往采用封闭经济的前提假设，同时只考虑数目一般不超过五六个的国内经济变量。

由于时代的变化，现在几乎所有的宏观经济学都已成为开放经济的宏观经济学，政府、国际金融组织及跨国公司在政策分析或风险管理中，都必须考虑到不同经济体之间的相互依存性或者溢出效应。因此近年来，宏观计量建模领域发展出了一套新的思路，称之为 GVAR，即全球向量自回归。这一方法最初由 Pesaran、Chuermann 和 Weiner 于 2004 年提出。它以国别性的 VAR 模型为基础，将其扩展使之能应用于分析世界各经济体之间相互影响。

GVAR 模型的第一个优点是，它保留了 VAR 模型［及在此基础上建立的向量误差修正（VECM）模型］的所有技术上的长处，包括长期关系的识别、结构冲击的识别、结构和一般冲击反应分析、方差分解分析，等等。第二个优点是，各经济体的模型以贸易矩阵为基础在一个一致的框架下进行连接，因此各变量之间短期和长期相互联系能够清晰的体现出来。符合经济学理论的长期关系和符合数据生成过程的短期关系都可以在 GVAR 模型的框架下得到统计学检验。第三个优点是，该模型可以较灵活的扩展，维护成本相对较低。

（一）GVAR 模型构建

考虑一个存在 N 个经济体的系统。在封闭条件下，对于任意一个经济体，其宏观变量标准的向量自回归模型最核心的设定是将它与其多阶滞后项联系起来。然而在开放条件下，任意一个经济体的宏观变量同时还受外国变量的影响。因此，反映经济体之间相互联系的 GVAR 模型，是一组通过外生变量联结起来的方程。对于每个 $i = 1, \cdots, N$ 的经济体，其宏观变量的向量自回归模型，在自身滞后项之外还加入国外变量的滞后项，形式如下：

$$y_{it} = \mu_i + \lambda_i t + \sum_{s=1}^{p} A_{is} y_{i,t-s} + \sum_{s=0}^{p} B_{is} y_{i,t-s}^* + \sum_{s=0}^{p} C_{is} d_{t-s} + \varepsilon_{it} \quad (1)$$

其中 y_{it} 代表第 i 国由 k 个内生变量构成的向量，y_{it}^* 代表由 k 个相对第 i 国而言的外生变量构成的向量。y_{it}^* 相对 y_{it} 而言属于弱外生变量。d_t 代表由 k_d 个全球性变量组成的向量。不同于 y_{it}^*，d_t 对所有经济体都是相同的。

GVAR 模型中，国外变量的设定是赋予它结构特点最重要的因素。y_{it}^* 可以定义为按照双边系数加权的外国变量之和，形式如下：

$$y_{it}^* = \sum_{j=1}^{N} \omega_{ij} y_{jt}, \; \sum_{j=1}^{N} \omega_{ij} = 1, \; \forall i, j, \omega_{ij} \geq 0, \omega_{ii} = 0 \quad (2)$$

这些系数反映了第 i 个经济体所受到的第 j 个经济体的影响大小。

加权所得到的相对第 i 个经济体的国外变量，捕捉了第 i 个经济体总体外部环境的信息。

令 $h_{it} = \sum_{s=0}^{p} C_{is} d_{t-s} + \lambda_i t + \mu_i$，代表全球性变量和确定性趋势对第 i 个经济宏观变量的影响。公式（1）可以重新写成如下形式

$$\Phi_{i0} z_{it} = \sum_{s=1}^{p} \Phi_{is} z_{i,t-s} + h_{it} + \varepsilon_{it} \tag{3}$$

其中 $z_{it} = (y_{it}', y_{it}^*)'$，$\Phi_{i0} = (I_k, -B_{i0})$，$\Phi_{is} = (A_{is}, -B_{is})$。$z_{it}$ 与系统所有内生变量组成的向量 $y_t = (y_{1t}', y_{2t}', \cdots y_{Nt}')'$，又可以表达为下式：

$$z_{it} = W_i y_t, \quad W_i = \begin{pmatrix} 0 & \cdots & I_k & \cdots & 0 \\ \omega_{i1} I_k & \cdots & \omega_{ii} I_k & \cdots & \omega_{iN} I_k \end{pmatrix} \tag{4}$$

将上式带回方程（3），即可得

$$W_i = \begin{pmatrix} 0 & \cdots & I_k & \cdots & 0 \\ \omega_{i1} I_k & \cdots & \omega_{ii} I_k & \cdots & \omega_{iN} I_k \end{pmatrix} \tag{5}$$

$$\Phi_{i0} W_i y_t = \sum_{s=1}^{p} \Phi_{is} W_i y_{t-s} + h_{it} + \varepsilon_{it}$$

$\Phi_{i0} W_i$ 为一个 $k \times Nk$ 的矩阵。将单个国家的上述 VARX 方程叠起来，并令 $G_0 = (W_1' \Phi_{10}', \cdots, W_N' \Phi_{N0}')'$，就可得

$$G_0 y_t = \sum_{s=1}^{p} G_s y_{t-s} + h_t + \varepsilon_t \tag{6}$$

（6）式两边同时乘以 G_0^{-1}，就可以转化为一组关于全球向量的自回归模型，即所谓的 GVAR 模型。

$$y_t = \sum_{s=1}^{p} F_s y_{t-s} + \tilde{h}_t + u_t \tag{7}$$

其中 $F_s = G_0^{-1} G_s$，$\tilde{h} = G_0^{-1} h_t$，$u_t = G_0^{-1} \varepsilon_t$。上述推导显示，GVAR 的模型参数可基于单个国家 VARX 模型的估计结果来推导。而式（7）也等价于关于 y_t 的一个简约形式的向量自回归模型，不过这一模型参数矩阵受多重约束。而从式（7）出发，就可以利用标准的 VAR 技术工具进行分析研究。

（二）GVAR Toolbox 2.0 的基本结构和估计过程

全球向量自回归模型的本质是通过各国之间经济往来所形成的流

量矩阵来统合各个国家的向量自回归模型。因此，这一模型的基础仍是国别性的向量自回归模型。不过，与封闭经济的模型有所区别，各个国家的向量自回归模型中都加入了外国变量。

GVAR 模型的设定中包含了各国之间相互联系的三种具体途径。其一，国内变量依赖于国外变量的当期值和滞后值。其二，各国变量受全球性的弱外生变量（如石油价格）的共同影响，因此，存在相互联系。其三，一国可能会受到另一国所受到的当期冲击的影响，这种冲击反映在误差的协方差矩阵中。

本研究将运用 GVAR Toolbox 2.0 作为计量分析工具来评估主要经济体的溢出效应（Smith and Galesi，2014）。这一工具箱有一大优点，即不同变量可以使用不同的权重进行加权，除贸易权重之外还可选择金融权重等。模型涵盖全球包括美日英中在内的 25 个国家以及欧元区经济。其中欧元区包括德国、法国、意大利、西班牙、荷兰、比利时、奥地利和芬兰 8 个国家。因此，总的国家数目为 33 个，其产出占全球的比重超过 90%。

标准的 GVAR Toolbox 2.0 考察了每个国家的六个内生变量，即实际 GDP、CPI 通胀、实际证券价格、短期和长期利率，以及实际汇率。这些变量来源于国际货币基金组织的国际金融统计数据库。另外，模型中还加入原油价格作为全球变量。原油价格使用美国 WTI 原油价格，来自美国能源信息局。由于相对于其他国家，原油价格受美国经济的影响更大，因此将原油价格设定为美国模型中的内生变量，相对于其他国家则设定为弱外生变量。

GVAR 模型估计的基本过程包括四个步骤。

1. 确定数据的平稳性及基本滞后阶数。对各国模型中的国内变量和国外变量进行单位根检验以确定各序列的平稳性，为模型选择做准备。单位根检验中，滞后阶数的选择根据 AIC 规则进行选择。然后再进行模型整体滞后阶数的选择，同样根据 AIC 规则确定最佳的国内和外国变量滞后阶数。

2. 确定各国 VECMX 模型的设定。在国别模型中各变量存在一阶的不确定性趋势的情况下，对各国模型中各变量之间是否存在长期协整关系以及存在几个长期协整关系进行 Johansen 检验。检验方法包括了常规的迹统计量和最大特征根检验。在这一步还可以根据宏观经济理论和各国经济政策的特点，对各变量之间的长期均衡关系施加先验约束，并对这些约束进行过度识别检验。另外，对于各国模型设定中，被处理为相对外生的外国变量和全球变量，还可进行弱外生性检验，以确认有关设定的合理性。

3. 估计并检验各国 VECMX 模型。在有关检验通过后，就可估计各国的 VECMX 模型，得到各国的长期均衡关系、调整系数及短期动态的估计结果。为确认模型结构在样本期内没有发生显著突变，在这一步还应实施结构稳定性检验。

4. 连接各国 VECMX 模型以获得 GVAR 模型。在各国 VECMX 模型所估计的各项系数基础上，结合各国之间的贸易流量或金融流量矩阵，就可以推导出 GVAR 模型的各项系数。根据 GVAR 模型的系数矩阵，可以计算得到该模型的特征根。如果特征根中包含 1 或者非常接近 1 的数值，那就说明全球模型存在不稳定性，某些冲击可能会导致整个经济系统走上发散的路径。

（三）美国量宽货币政策的溢出效应测算

1. 量宽货币政策冲击的识别

应用 GVAR 的方法研究量宽货币政策的效应，需要将量宽货币政策的冲击识别出来。美联储的量宽货币政策实施过程分为三个阶段。第一轮量宽于 2008 年 11 月 25 日开始，到 2010 年 3 月 31 日结束。这一时期美联储购买 MBS、机构债及美国国债的规模分别为 1.25 万亿、1750 亿和 3000 亿美元，合计为 1.725 万亿美元。第一轮量宽结束时，美联储资产负债表扩张到 2.1 万亿美元（见图 3 - 12）。第二轮量宽从 2010 年 11 月 3 日开始，到 2011 年 6 月 30 日结束。这一时期美联储一方面将第一轮量宽购买债券所获收益进行再投资，另一方面还购买了 6000 亿美元的长期国债。第二轮量宽结束时美联储资产负债表扩张到 2.9 万亿美元。第三轮量宽从 2012 年 9 月 13 日开始到 2014 年 10 月 29 日结束。第三轮量宽与前两轮不同，美联储并没有事先规定一个总的购买计划，而是随经济形势有所调整。第三轮量宽下最初每月资产购买规模为 400 亿美元，到 2012 年 12 月扩大到 850 亿美元。从

2013 年 12 月 18 日开始到 2014 年 9 月，美联储每月缩减 100 亿美元的资产购买规模，并最终于 2014 年 10 月停止主动的资产购买。第三轮量宽结束时美联储资产负债表规模达到了 4.5 万亿美元[①]。

因此，研究美国量宽货币政策的溢出效应可以从美联储资产负债表扩张入手，这是量宽政策的核心内容。三轮量宽时期，美联储购买资产稳定了金融市场情绪，以 VIX 指数反映的市场波动性都呈下降态势或者保持在了极低水平（见图 3 - 12）。而美联储从市场上购买大量资产使得金融机构获得大量现金，银行体系内流动性充足，反映为 TED 利差下降并保持在低位（见图 3 - 13）。极低的利率水平及充足的流动性促进了风险偏好和寻求更高收益的资产配置行为，因此，美国股市在三轮量宽期间也维持了上升态势（见图 3 - 13）。与之形成反差，在三次量宽期间以及第三轮量宽结束之后，VIX 指数和 TED 利差均出现上升及较大幅度的波动，美国股指则出现回落和明显波动。

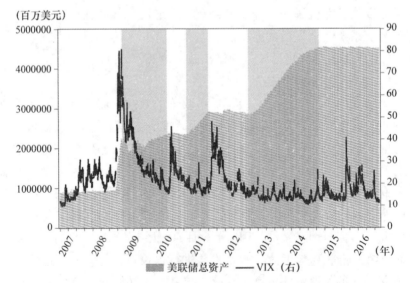

图 3 - 12　美联储三轮量宽与 VIX 指数

数据来源与说明：数据来自 Wind，阴影区域分别为三轮量宽时期。

---

① 有关美国三轮量宽的事实及美联储资产负债表规模数据来自美联储网站的公告及周度资产负债表报告。

（百万美元）

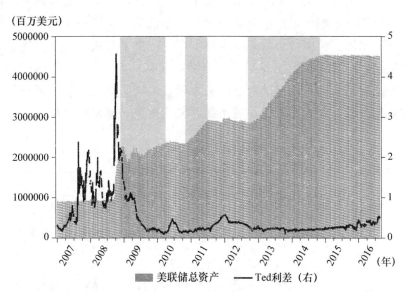

图 3 - 13 美国三轮量宽与 TED 利差

数据来源与说明：同图 3 - 12。

（百万美元）

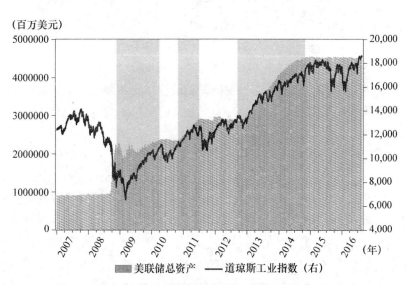

图 3 - 14 美国三轮量宽与道琼斯工业指数

数据来源与说明：同图 3 - 12。

由于美国在全球金融市场中处于中心位置，美国量宽政策对国内金融市场的影响通过市场信心和跨境资本流动等渠道对全球市场产生影响。另外，美国货币政策对全球汇率也产生了直接影响。美国三轮量宽期间，美元指数主要呈下行态势。在第一轮和第三轮量宽后期，随着量宽结束的预期愈演愈烈，美元指数出现反弹。尤其是第三轮量宽末期开始，美元出现迅速的走强，美元指数一度突破100。

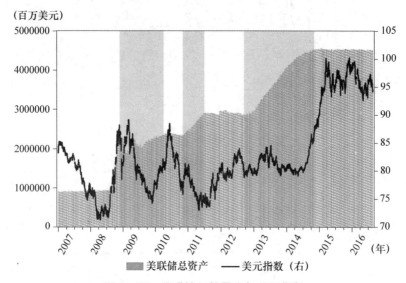

（百万美元）

图3-15　美联储三轮量宽与美元指数

数据来源与说明：同图3-12。

货币政策冲击通常使用短期利率作为代理变量。由于量宽政策的机制不同于传统货币政策，使用之时经济往往面临利率零下限的约束，因此，目前研究量宽政策影响的文献通常使用其他类型的变量作为货币政策冲击的代理变量。譬如，Chen等（2015）使用美国十年国债和三个月国债之间的期限利差以及美国AAA公司债和联邦基金利率之间的利差来刻画联储量宽政策对全球的影响。不过，他们的研究集中的在美国国内，并没有研究量宽政策的溢出效应。为了刻画溢出效应及其渠道，使用上述利差指标并不是最合适的，因为这些指标并不能直接作用在国外变量上。更合适的指标应当反映量宽政策对国际资本流动的影响。如 Rey（2013）和 Passari and Rey（2015）的研究认为全球金融周期是新兴市场资本流动的关键决定因素，这一全球金融周期被描述成资本总流动、信贷条件和资产价格在全球的同步运动。他们认为全球金融周期主要由中心国家的货币政策驱动，其传导则主要通过跨境资本流动。因此，本文将直接通过美联储资产负债表规模作为量宽货币政策的代理变量。

2. 数据和模型

本文将使用 GVAR Toolbox 2.0 来评估美国量宽货币政策的溢出效应。模型使用从 2005 年 1 月到 2013 年 12 月的月度数据，GVAR Toolbox 2.0 自带的数据库覆盖了这一时间区间。其数据来源主要是 IMF 的 IFS 数据库和泛美开发银行的 IDB LMW 数据库。其中季度频率的数据以 Chow – Lin 发展的插值方法以工业产出数据为参照转换为月度频率。包括中、美、英、日、欧元区在内的经济体数目为 13 个，相比 GVAR Toolbox 2.0 所带数据库要更集中一些。在除美国以外，其他国家汇率均使用对美元的直接标价法的名义汇率。美国的 VARX 模型中使用美元的名义有效汇率。所有数据均使用 Eviews 软件中的 Census – X12 方法进行了季节调整。各国 VARX 模型中均包括的内生变量由以下方式建构：

实际 GDP：$y_{it} = \ln \dfrac{GDP_{it}}{CPI_{it}}$

通货膨胀：$\pi_{it} = \ln(CPI_{it}) - \ln(CPI_{i,t-1})$

真实股指：$eq_{it} = \ln(\dfrac{EQ_{it}}{CPI_{it}})$

短期利率：$r_{it}^{s} = 0.25 \times \ln(1 + R_{it}^{s}/100)$

长期利率：$r_{it}^{l} = 0.25 \times \ln(1 + R_{it}^{l}/100)$

汇率：$ex_{it} = \ln(\dfrac{EX_{it}}{CPI_{it}})$

GVAR 模型构建非常核心的一步是建立每个国家的外部变量。本文使用的模型中，对每个国家的国内变量而言，其对应的国外变量是其他国家对应变量的加权值。因此，加权方法的选择关乎如何把握一

国与其他国家的经济关系。基于贸易联系的权重使用最为广泛。双边
的贸易权重基于任意两国之间的进出口总和计算。IMF 的 DOTS 数据
库提供了很好的数据来源。另外，每个时点的外部变量计算都采用固
定的权重。除考虑国与国之间的贸易联系之外，还可应用 IMF 反映跨
国直接投资的 CDIS 数据库或反映跨国证券投资的 CPIS 数据库来刻画
国与国之间的金融联系，以此建立基于金融联系的权重矩阵。目前
CDIS 数据库中，中国还仅报告了外国对中国的直接投资，中国对外国
的直接投资数据还没有包括在内。对于 CPIS 数据库，中国虽然已宣布
加入，但数据尚未公布。因此，本文基于贸易流量和外国直接投资流量
之和来建立权重矩阵，并据此计算每个国家的外部变量。表 3-1 和表
3-2 报告了这一权重矩阵。

表 3-1   基于贸易和外国直接投资的跨国联系权重矩阵（Ⅰ）

	中国	欧洲	印度尼西亚	日本	马来西亚	挪威	菲律宾
中国	0	0.07	0.15	0.25	0.16	0.03	0.14
欧洲	0.26	0	0.14	0.17	0.13	0.47	0.17
印度尼西亚	0.03	0.01	0	0.03	0.07	0	0.03
日本	0.22	0.04	0.19	0	0.14	0.01	0.22
马来西亚	0.04	0.02	0.1	0.03	0	0	0.04
挪威	0	0.02	0	0	0	0	0
菲律宾	0.02	0	0.01	0.01	0.01	0	0
新加坡	0.07	0.02	0.21	0.04	0.24	0.04	0.13
瑞典	0.01	0.05	0	0.01	0	0.17	0
瑞士	0.03	0.14	0.01	0.01	0.01	0.02	0.02
泰国	0.03	0.01	0.05	0.06	0.07	0.01	0.06
英国	0.04	0.28	0.03	0.05	0.03	0.15	0.02
美国	0.25	0.34	0.1	0.33	0.12	0.12	0.17

数据来源与说明：IMF DOTS 及 CDIS 数据库。数据含义为横向对应经济体对纵向对应
经济体的影响权重。

表3-2　　基于贸易和外国直接投资的跨国联系权重矩阵（Ⅱ）

	新加坡	瑞典	瑞士	泰国	英国	美国
中国	0.19	0.03	0.03	0.16	0.02	0.11
欧洲	0.13	0.56	0.59	0.12	0.58	0.41
印度尼西亚	0.11	0	0	0.05	0	0.01
日本	0.09	0.01	0.02	0.28	0.03	0.12
马来西亚	0.1	0	0	0.07	0	0.01
挪威	0.02	0.1	0	0	0.01	0
菲律宾	0.02	0	0	0.02	0	0
新加坡	0	0	0.02	0.01	0	0.04
瑞典	0	0	0.01	0.01	0.02	0.02
瑞士	0.02	0.03	0	0.03	0.04	0.07
泰国	0.05	0	0	0	0	0.01
英国	0.05	0.12	0.08	0.03	0	0.2
美国	0.22	0.14	0.24	0.12	0.29	0

数据来源与说明：IMF DOTS 及 CDIS 数据库。数据含义为横向对应经济体对纵向对应经济体的影响权重。

另外，为体现美国的中心地位，美国的 VARX 模型设定中外部变量仅有两个：外部实际 GDP 和外国相对美国汇率。按照这一设定，美国影响外国经济，但并不受外国经济的多方面影响。相对于别的国家模型有弱外生性的油价，在美国的 VARX 模型中则被处理为内生变量。已有文献中分析传统货币政策的向量自回归模型包括产出、物价和联邦基金利率等变量（Christiano et al.，1999），美国的 VARX 模型形式与其相似，但为了纳入利率零下限和量宽政策的影响，参考 Gambacorta 等（2014），传统模型中的联邦基金利率用联储总资产规模代替。另外，VIX 指数也加入模型之中，用来识别金融市场不确定性。

建立好国别 VARX 模型后，即可通过上文所述方法转换为 GVAR 模型。然后基于 GVAR 模型得到冲击响应函数。解释冲击响应函数的难点在于有关冲击之间并非是正交的。为了估计正交化的冲击响应函数，根据 Gambacorta 等（2014）的方法，可以通过施加一系列零约束和符号约束来识别对美联储资产负债表的外生性冲击。这一区分之所以重要，是因为还有一些资产负债表的变动可能相对模型中别的变量是内生的。识别对美联储资产负债表的外生冲击需要做一些假定。首先，这一货币冲击对增长和通胀的影响是滞后的。其次，该冲击不会引起 VIX 指数的上升。这反映量宽货币政策具有消除金融不稳定的作用。但如果一个冲击引发 VIX 指数上升的同时还引起资产负债表的扩张，那么就被定义为金融市场风险冲击，譬如，雷曼事件后美联储为应对金融市场风险的极速上升，购买了大量抵押支持证券。这一冲击就不属于外生性的货币冲击。

3. 对量宽货币政策的冲击响应

应用 GVAR 工具箱可以测算对量宽货币政策的冲击响应函数。一个标准差的美联储资产负债表扩张对于美国实际 GDP、CPI 以及 VIX 指数的影响分别如图 3 - 16 至图 3 - 18 所示。这一个标准差的冲击相当于联储资产负债表扩张约 3 个百分点。图中实线"—"代表冲击响应函数的模拟均值，虚线"---"分别代表 16% 分位和 84% 分位的模拟值。

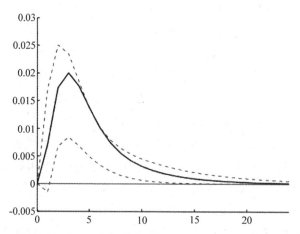

图 3 - 16　美国实际 GDP 冲击响应函数：一个标准差的资产负债表扩张

资料来源：笔者计算。

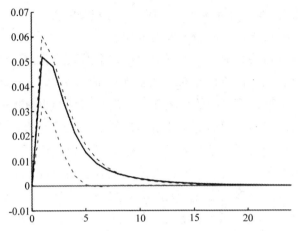

图 3 - 17　美国 CPI 的冲击响应函数：一个标准差的资产负债表扩张
资料来源：笔者计算。

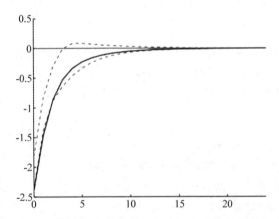

图 3 - 18　VIX 的冲击响应函数：一个标准差的资产负债表扩张
资料来源：笔者计算。

　　可以看到，美国实际 GDP、CPI 对于量宽政策的响应显著为正，其响应峰值分别达到约 0.02 个和 0.05 个百分点。VIX 对量宽政策的响应则显著为负，而且这一响应是实时的，并在三个月之中都很显著。美国实体经济和金融市场对于量宽政策的显著响应是其外部溢出效应的基础。从新兴经济体对美国量宽货币政策冲击的响应函数看，美国量宽货币政策的确具有比较明显的溢出效应。图 3-19 至图 3-21 分别报告了部分经济体实际 GDP、股指和实际汇率对一个标准差美联储资产负债表扩张的最大冲击响应值。

　　脉冲响应结果显示，由于更为紧密的金融联系，发达经济体实际 GDP 对于美国量宽的响应相对多数新兴经济体略强，这主要得益于量宽政策对于金融市场风险的稳定作用。新兴市场经也有比较明显的响应，但新兴市场经济面临量宽冲击带来的实际汇率升值，这会对更加依靠出口市场的新兴市场经济带来一定支出转换效应，从而抵消了部分美国量宽的正面作用。另外，美国量宽对于全球资本市场的效应非常显著，这些经济体股指的最大响应系数平均达到 1.2 个百分点。这一显著的资本市场效应来源于美国量宽对金融市场不确定性的抑制，以及量宽冲击引发的资本流入。由于资本账户开放度在这些经济体中最低，中国股指的最大响应系数也是最低的。资本账户开放度较高的新兴经济体，如泰国、马来西亚和印尼，其股市响应的程度甚至超过发达经济体。量宽冲击普遍引起这些经济体的汇率升值，欧元区、马来西亚、印尼、韩国等经济体的实际汇率响应幅度超过 0.4 个百分点。不同的的实际汇率响应幅度不仅与资本流入规模有关，还与不同国家的货币政策反应、宏观审慎政策以及汇率政策有关。

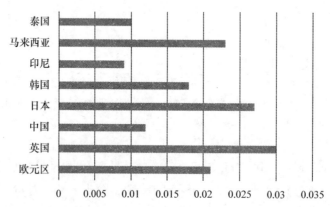

图 3-19　部分经济体实际 GDP 的最大冲击响应：一个标准差的美国量宽
资料来源：笔者计算。

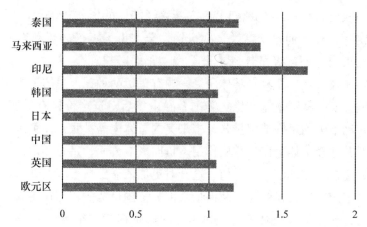

图 3 - 20 部分经济体股指的最大冲击响应：一个标准差的美国量宽
资料来源：笔者计算。

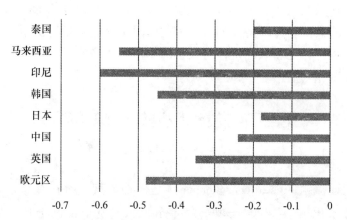

图 3 - 21 部分经济体实际汇率的最大冲击响应：一个标准差的美国量宽
资料来源：笔者计算。

4. 小结

通过对美国量宽货币政策的 GVAR 分析，可以发现美国量宽货币政策对于金融市场的影响以及通过金融渠道的溢出更为突出。金融市场方面，美国量宽货币政策能够显著降低 VIX 指数及其所代表的金融市场不确定性。VIX 指数降低意味着金融机构对风险的估值发生变化，因此会有更多的风险承担行为，即愿意承担相对更多的风险以获取更高收益。仅仅通过预期渠道，新兴经济体的资本市场就将受到正面影响。另外，通过全球性金融机构，美国市场宽松的流动性还经资本流动渠道对新兴经济体资本市场产生正面影响。

实体经济上，新兴经济体所受影响有正负两种，但总体上为正。正向影响方面，美国量宽在稳定美国金融市场后对资产价格有提振作用，在此带动下美国家庭消费扩张，带来美国总体内需扩张，而美国内需的外溢对其他经济体会产生积极作用。负向影响方面，量宽冲击也普遍带来新兴经济体实际汇率的升值，这会对更加依靠出口市场的新兴市场经济带来一定支出转换效应，从而抵消部分美国量宽的正面作用。

另外，不同经济体所受美国量宽的影响程度有很大的差异。这一差异主要取决于不同经济体与美国在贸易联系和金融联系紧密度、不同经济体的资本账户开放程度、以及货币政策反应方式。中国与美国虽然有比较紧密的贸易联系，但相对资本账户开放度较低，同时汇率弹性相比其他新兴经济体偏小，因此中国所受美国量宽货币政策的金融冲击相比其他新兴经济体是最小的，但实体经济所受冲击在新兴经济体中则相对居中。

第三节 发达经济体财政整顿：
基于 WIOT 的分析

财政整顿（fiscal consolidation）是一种政策，旨在降低财政赤字和债务累积[①]。自 2008—2009 年金融危机和随后的欧债危机爆发以来，财政整顿成为许多发达经济体的重要政策，以应对这些系统性危机（Sandra，2015）。欧元区等发达经济体的经验显示，财政整顿主要是减少支出（ECB，2010）。财政整顿会在许多方面影响宏观经济，包括经济增长、就业、通胀和收入分配（Woo et al.，2013）。这些效应的大小和正负可能随时间的推进和空间的延展而改变（Fletcher and Sandri，2015；Sandra，2015）。

---

① 参见 OECD 统计词汇 http：//stats. oecd. org/glossary/detail. asp？ ID = 984。但是，对于财政整顿的目标是否应包括降低债务水平，现有文献仍存在分歧。

本节聚焦如下议题：不同经济体的财政整顿需要彼此协调吗？如果需要协调，那么协调的理念、原则和机制是什么？主要内容如下：综述，实证，结论与待进一步研究的问题。其中综述部分将回答国际财政协调的机制。

一　文献综述

财政整顿是否需要国际协调取决于对如下议题的判断：其一，任一经济体 A 的财政整顿是否会影响经济体 B 的经济运行？其二，A 外溢到 B 的财政整顿效应是否为 B 所需？

经济体之间是否存在财政整顿溢出效应，现有文献的回答是肯定的。经济体 A 的财政整顿对 B 的溢出效应在统计上是显著的，在经济上是明显的[①]。在开放状态下，经济体 A 整顿财政，即调整财政收入与支出的总量与结构，并通过乘数效应影响自身的增长和收入分配，转而影响自身同其他经济体的国际收支总量与结构，最终影响其他经济体的宏观经济。其一，A 国的财政整顿将减少国内经济活动和需求，包括对国外商品的需求。国内需求的下降，会降低国内通胀压力，进而降低本国的实际有效汇率，从而恶化贸易伙伴国商品的国际竞争力。其二，财政整顿不仅影响总需求，而且可能影响总供给。就对总需求的影响而言，财政消费与投资超过增税和同住户的财政转移。特别是，政府生产性投资整顿除影响总需求外，还影响私人资本的边际产品，进而影响经济的供给侧（ECB，2014）。在中长期内，财政整顿如主要表现为削减非生产性财政支出、确保最有利于长期增长的财政支出，会积极地影响供给侧，这不仅有利于提高财政的可持续性，而且加快 GDP 增长。为此，应确保财政支出更多地用于基础设施、研究与开发、卫生与教育等领域（这些活动应有效地利用公共资源），以增加有形资本或人力资本创造。

[①]　参见 Auerbach, A. and Gorodnichenko, Y. "Output Spillovers from Fiscal Policy", *American Economic Review: Papers and Proceedings*, Vol. 103, No. 3, 2003. 但是现有实证文献的结果显示，该溢出效应平均而言不大，但在不同样本之间可能会有较大差异。参见 IMF (2013), "Dancing Together? Spillovers", "Common Shocks and the Role of Financial and Trade Linkages", in *World Economic Outlook*, October, Chapter 3。

　　财政整顿对国外的冲击是否都为国外乐于接受？不见得！其一，取决于该国经济是否稳健运行。假设财政整顿的国际溢出效应为负，此时受冲击经济体如果正遭受经济下行的痛楚，那它显然不愿意该溢出效应成为"雪上霜"，但该经济体如果经济过热，那么该外来效应则如"清凉剂"一样受到欢迎。其二，取决于溢出效应的大小。A 整顿财政（规模、结构、节奏既定）对 B 的溢出效应大小，主要取决于 A 和 B 所处经济周期的具体阶段、A 的经济规模以及 A、B 间的经济联系强度。

　　——经济运行越疲弱，财政整顿的外溢效应就越大。A 的经济如下滑，其财政整顿对 B 的溢出效应则较强；当 A 和 B 的经济均下行时，A 对 B 的财政溢出会更高，甚至超过在 A 内部的效应；A 经济如处于扩张时期，对 B 的财政溢出会较温和（Auerbach and Gorodnichenko，2013；IMF，2013）。财政乘数的时变性更一般地凸显了这一现象①。这是因为，在经济疲弱时期，市场资源未得到充分利用，会导致政府支出乘数大于经济周期其他阶段，而且效应可能更为持久（Bradford and Lawrence，2012）。

　　——经济规模越大，财政整顿外溢效应就越大。A 和 B 同为财政冲击来源国，如 A 的经济规模超过 B，则 A 的财政整顿外溢效应就会超过 B。比如，美国财税/GDP 每上升 1 个百分点，之后三年会降低其他经济体 GDP1.5 个百分点（样本期为 1977 年第 2 季度—2012 年第 4 季度），而欧元区同等财政冲击三年后会降低其他经济体 GDP 0.5 个百分点（样本期为 1978—2009 年）（IMF，2013）。该现象在欧元区内部成员国之间也存在（ECB，2014）。

　　——国际经济联系越密切，财政外溢效应就越大。其中，国际贸易是国际经济联系的主要渠道。因此，与冲击来源国贸易越多的经济体所受外溢冲击就越大。比如，从 2005 年第 3 季度至 2012 年第 4 季度，美国财税/GDP 每上升 1 个百分点，之后会分别降低亚洲、欧洲

---

　　① 更详细的综述，参见刘仕国和徐奇渊："全球宏观经济学综述：基于政策与增长关系的视角"，《世界经济年鉴》2014 卷（张宇燕主编），中国社会科学出版社 2015 年版，第 29—43 页。

和拉美－加勒比的 GDP 约 0.4%、1.2% 和 1.8%；欧元区财税/GDP每上升 1 个百分点，之后会分别降低亚洲、欧洲和拉美－加勒比的GDP 约 0.1%、0.35% 和 0.3%（IMF，2013）。

——"零利率下限约束"（Zero Lower Bound，ZLB）和系统性银行危机会放大财政外溢效应。A 国整顿财政，会减少从 B 国进口商品的需求，从而降低 B 国经济增速。此时 B 国如果面临 ZLB，因无法进一步降低利率来抵消出口需求的下降，就会扩大 A 国财政整顿对 B 国经济的负效应（IMF，2010），除非 B 国央行实施宽松的货币政策，包括"非传统货币政策"（Unconventional Monetary Policy，UMP）。系统性银行危机降低了自身的信贷供给能力，提高了对私人部门发放信贷的门槛，降低了后者获得的实际信贷。这使得消费和投资主要取决于当期（而非未来）的收入/利润，而当期收入受到财政政策变动的影响（Corsetti，Meier and Müller，2012；Eggertsson and Krugman，2012）。

财政乘数的估计多依据单方程或者动态随机一般均衡模型（DSGE）。单方程对财政—产出关系的解释比结构模型更为直接。在估计单方程实证模型时，Olivier 和 Leigh（2013）设定"GDP 增速预测误差"为因变量，"财政整顿预测误差"为自变量，并添加系列控制变量，包括初始债务率、初始财政余额、初始结构财政余额、初始主权 CDS、初始银行 CDS、银行危机、初始增速预测值、初始潜在增速预测值、贸易伙伴财政整顿、危机前经常账户余额、危机前净外债、危机前家庭债务。其中，"财政收支"自变量的系数或固定，或可变。同单方程模型相比，应用结构模型估计财政乘数，如欧央行的"新多国模型"（New Multi－Country Model，NMCM）① 与"新区域模型"（New Area－Wide Model，NAWM）②，或 Coenen 等（2012）基于七大宏观经济模型估算 ZLB 对财政乘数的影响，可以更清晰地展示财政收支对产出的作用机制，更强地指导政策制定。样本或仅为单个国

---

① 参见 Dieppe, A., González Pandiella, Hall, S. & Willman, A. "The ECB's New Multi-Country Model for the euro area：NMCM－with boundedly rational learning expectations", *ECB Working Paper Series*, No. 1316, 2011.

② 参见 ECB. *Monthly Bulletin*, 2012, Box 6.

家（美国受到文献的关注最多），或者是一组国家（从两国到二十七国[①]不等），数据时序较长的为 1890—2010 年美国季度序列[②]，较短的仅限于 2008—2009 年金融危机前后。估计方法包括 OLS、2SLS、VAR 和时间固定效应面板回归等，估计策略包括全时段估计和分时段估计（以考察经济周期不同阶段的反应，或者同一周期阶段但不同时期的反应）。

现有文献存在如下问题，有待改进。其一，关于模型设定。理论与实证模型应考虑对国内和国外财政冲击的应对，这种应对很可能是强力的、积极的或非线性的，应控制财政措施的临时性或永久性、财政账户的初始状态和货币政策的响应。其二，关于变量测度。政府支出数据应经税收调整（因为政府扩大支出往往伴随着征税上升），且严谨对应税收—政府支出类别，以匹配纯赤字融资时的乘数；"政府支出"口径除包括"政府购买"外，还应包括"政府转移支付"，因为后者也存在乘数效应。其三，估计方法应虑及"财政政策—产出"关联中的双向因果可能。

因此，应谨慎解读上述结论。其一，对所有时空中的任何样本而言，并不存在某个单一且一致的财政乘数。其二，财政调整的最优步伐取决于经济运行状态、公共融资条件和市场压力程度。其三，应提高逆周期财政政策的效应。其四，寻求最优的财政政策与货币政策配合，包括非传统货币政策（UMP）和非传统财政政策（Unconventional Fiscal Policy，UFP）的配合。其五，加强国际财政政策的协调。在经济下行时，积极的财政政策的确会有效刺激需求。为避免溢出效应（或正或负，或大或小），协调国际财政政策的价值超过以往的想象。[③]

---

① 参见 Miguel, A., Agustín, B., Barry, E., O'Rourke, K. H. & Rua, G., "From Great Depression to Great Credit Crisis: Similarities, Differences and Lessons", *Economic Policy*, Vol. 25, No. 62, 2010. 以及 Olivier B. & Leigh D., "Growth Forecast Errors and Fiscal Multipliers", *IMF Working Paper* No. 13/01, 2013。

② 参见 Owyang, M., Ramey, V. & Zubairy, S., "Are Government Spending Multipliers Greater during Periods of Slack? Evidence from Twentieth – Century Historical Data", *American Economic Review: Papers & Proceedings*, Vol. 103, No. 3, 2013。

③ 更详细的论述，参见刘仕国和徐奇渊《世界经济统计学综述》，张宇燕主编《世界经济年鉴》2014 卷，中国社会科学出版社 2015 年版，第 765—786 页。

二　基于 WIOT 的实证

一国财政支出行为如何影响其他国家的经济运行？本文拟基于世界投入产出表（WIOT）来观察财政整顿的国际溢出效应。非竞争型全球投入产出表由 OECD 研制，描述 57 个经济体生产者和消费者之间的互动。这些经济体贡献了全球产出的 97%，对世界经济的重要性不言而喻。不过，从地理范围来看，这些经济体仅仅是全球 200 多个经济体中的一部分，相应的"全球投入产出表"应该称为"国际投入产出表"。为更完整地展现全球价值链，该表正设法纳入更多的经济体。

目前，从全球角度研究各国价值分配的文献，均使用世界投入产出表[①]。该表把进口品尤其是进口中间品的使用单列出来，明确地显示各产业部门在生产中对进口中间品的使用情况。该表的第二象限，反映经济体之间的最终使用情况，最终使用者包括家庭、为住户服务的非营利组织、政府和企业，最终使用的方式包括最终消费、固定资本形成、存货与贵重物品的变动。其中，政府的最终使用包括政府最终消费和政府投资形成的生产资产（即固定资本）。政府最终使用的货物或服务，部分可能从其他经济体进口。

财政整顿的工具，包括财政支出整顿工具，如政府消费、政府投资和一般转移，以及财政收入整顿工具，如劳工税和消费税。因此，财政整顿方案可能是支出端和收入端整顿工具的某种组合。

——支出方案（expenditure package）：仅整顿财政支出，如政府消费、投资、转移。

——收入方案（revenue package）：仅整顿财政收入，如劳工税和消费税。

——支出与收入方案（expenditure and revenue package）：同时整顿财政支出和财政收入，两类财政工具在整顿方案各占一定比例（ECB，2014）。

---

① 参见杨翠红等《全球价值链与中国贸易增加值核算研究报告》，中国商务部，2013年 7 月。

（一）基于国际投入产出法的实证设定

		中间使用				最终使用			
		行业 j		...	...		经济体 q	...	...
	...	...	经济体 q	...		...			
中间投入	...	...							
	i	p	z_{ipiq}						
		...							
	...								
初始投入									

在一个特定的经济系统中，经济总产出分别用于满足"中间需求"和"最终需求"，简称为"中间使用"和"最终使用"。

$$Z + F \equiv X \tag{1}$$

式中，Z、F、X 分别表示中间使用、最终使用和总产出。

中间使用可表示为总产出的直接消耗

$$Z = AX$$

其中，A 为直接消耗矩阵。代入式（1），经数学转换得到

$$X = (I - A)^{-1}F \tag{2}$$

式（1）至式（2）考察的是一个"经济系统"，该经济系统可以是一个单独的经济体，或者是多个经济体组成的集团。以下特别考虑多经济体系统。

假设该经济系统包括 2 个经济体 U 和 S，二者通过国际贸易将对方的产品作为自己的最终使用，包括政府最终使用（G）和私人最终使用（H）。则该系统的总产出和最终使用可表示为

$$X \equiv \begin{bmatrix} X_U \\ X_S \end{bmatrix} F \equiv \begin{bmatrix} G_U & H_U \\ G_S & H_S \end{bmatrix} \tag{3}$$

下面考虑该系统在特定时段 [0,1] 的动态变化。在该时段内，

经济体 U 将进行财政整顿，其政府最终支出将由 F_{U0}^G 将调整为 F_{U1}^G，变动值为 ΔF_U^G。设 $B \equiv (I - A)^{-1}$。则式（2）变形为

$$\Delta X = (I - A)^{-1}\Delta F \text{ 或 } \begin{bmatrix} \Delta X_U \\ \Delta X_S \end{bmatrix} = B\begin{bmatrix} \Delta G_U \\ \Delta G_S \end{bmatrix} + B\begin{bmatrix} \Delta H_U \\ \Delta H_S \end{bmatrix} \qquad (4)$$

式（4）显示，经济体 U 整顿财政（ΔG_U），对自身和经济体 S 的总产出都将产生影响（ΔX_U 和 ΔX_S）。不过，即使已知 ΔG_U，如以数学方法求解 ΔG_U 对 ΔX_S 的影响，仍需结合 WIOD 数据及其他数据，以测度私人最终使用 ΔH_U 同总产出 ΔX_U 之间的数量关系，以及私人最终使用（ΔG_S、ΔH_S）同总产出（ΔX_S）之间的数量关系。

本文基于 WIOD 数据，以统计推断方法估计财政整顿的国际溢出效应。基于式（4），实证模型设定如下

$$X_{pt} = f(G_{1t}, G_{2t}, \cdots, G_{pt}, \cdots, G_{Mt}; H_{1t}, H_{2t}, \cdots, H_{pt}, \cdots, H_{Mt}) \qquad (5)$$

其中，X 为总产出，G 为政府最终支出，H 为非政府（含住户、企业和为住户服务的非营利机构）的最终支出，1，2，$\cdots$，p，$\cdots$，M 为经济体。

该模型假定，各经济体政府最终使用和非政府最终使用的产品均来自所有经济体，因此各经济体整顿自身财政支出都可能影响其他经济体的总产出。

（二）关于变量和数据

现基于世界投入产出表来实证式（5）。该表现有 1995—2011 年共 6 个年份的数据。本文以其中如下六年为样本：1995 年，2000 年，2005 年，2009 年，2010 年，2011 年。该表将世界经济分成 41 部分，其中 40 个国别经济，另一个则为世界其他部分；每个经济体分成 35 个产品部门。[①]

——这 40 个经济体包括 28 个欧洲经济体（奥地利、比利时、保加利亚、塞浦路斯、捷克、德国、丹麦、西班牙、芬兰、法国、英国、希腊、匈牙利、爱尔兰、意大利、立陶宛、卢森堡、拉脱维亚、马耳他、荷兰、波兰、葡萄牙、罗马尼亚、俄罗斯、斯洛伐克、斯洛

---

① 有关资料参见 http：//www. wiod. org/new_ site/home. htm.

文尼亚、瑞典、爱沙尼亚）、7 个亚洲经济体（中国、印尼、印度、日本、韩国、中国台湾、土耳其）、4 个美洲经济体（美国、巴西、加拿大、墨西哥）和 1 个大洋洲经济体（澳大利亚）。

表 3 - 3　　　　2011 年一国最终产出及其被政府使用情况占比

	巴西	中国	德国	法国	英国	印度	意大利	日本	俄罗斯	美国
GDP，亿美元	22358	77250	33288	27317	22788	19774	21898	58983	13972	153342
被如下政府使用/GDP，%										
巴西	23.888	0.015	0.020	0.007	0.006	0.003	0.014	0.003	0.000	0.005
中国	0.007	16.653	0.118	0.041	0.040	0.013	0.041	0.058	0.008	0.027
德国	0.019	0.044	21.075	0.161	0.151	0.024	0.114	0.022	0.006	0.027
法国	0.008	0.020	0.168	26.034	0.071	0.007	0.100	0.008	0.001	0.016
英国	0.002	0.010	0.030	0.019	25.301	0.005	0.012	0.004	0.000	0.007
印度	0.001	0.053	0.015	0.003	0.011	13.149	0.010	0.004	0.001	0.011
意大利	0.003	0.009	0.080	0.061	0.038	0.004	21.975	0.003	0.001	0.006
日本	0.002	0.056	0.020	0.006	0.007	0.004	0.004	22.476	0.007	0.006
俄罗斯	0.000	0.010	0.028	0.006	0.018	0.001	0.014	0.007	25.165	0.002
美国	0.012	0.127	0.098	0.027	0.042	0.014	0.030	0.053	0.001	17.175

资料来源：根据 WIOT2011 数据计算。

——这 35 个行业如下：农、猎、林、渔业；矿业和采石业；食品、饮料和烟草业；纺织及纺织制品业；皮革与皮鞋业；木材与木材及软木制品业；纸浆、纸制品业以及印刷与出版业；焦炭、炼油与核燃料；化学与化学制品业；橡胶与塑料制品业；其他非金属矿物；基础金属和制备（fabricated）金属；其他机械制造业；电气和光学设备；交通运输设备；其他制造业，回收业（recycling）；电力、天然气和水的供应业；建筑业；机动车和摩托车的销售与维修业以及燃料零售业；批发贸易与经纪贸易（机动车和摩托车除外）；零售贸易（机动车和摩托车除外），家庭物品修理；住宿与餐饮业；内陆运输；水运；空运；其他支持性和辅助性交通活动，旅游机构的活动；邮政与电信业；金融中介；房地产活动；机械设备租赁及其他商务活动；公共管理与国防；强制性（compulsory）社会保障；教育；卫生与社会工作；其他社区、社会和个人服务；雇用他人的私人家庭（private households with employed persons）。严格按式（5）设定的实证模型进行估计，所得 G 和 H 的参数值具有同 $(I-A)^{-1}$ 一样的计量经济学含义：作为需求端，政府支出的整顿，包括总量和结构的调整，都会影响使用品供应方（总量与结构），该效应的大小和正负都会反映于 G 和 H 的参数估计结果。但是，在主流的经济分析中，总产出指标的应用远不如国内生产总值（GDP）广泛。因此，这里拟用 GDP 作为 X 的替代变量。

政府最终支出包括政府最终消费和政府的固定资本形成，二者均列于 WIOT 第二象限，其中，政府消费单列，而政府的固定资本形成未单列，同非政府部门的固定资本形成合在一起。基于全球固定资本形成的实际情况，本文假设政府在固定资本总形成中占 10%，按此可算出各经济体政府的固定资本形成，后者同政府最终消费合在一起，即政府最终支出。当然，10% 的假设比例很可能忽略了许多经济体的特色。

以下是部分经济体最终产出被其他经济体政府使用的情况（详情参见本节附表 3－1）。

一国最终产出对外国政府买家依赖程度最高的是爱尔兰、匈牙利、捷克、比利时、卢森堡等，该指标较高的大国包括德国和法国，美国、日本和中国则较低。

（三）结果：整顿政府支出的国际溢出效应

如果将全球经济分为 41 个经济体（其中 40 个为国别经济体，另 1 个为"世界其他国家"），那么基于该面板数据，假定各经济体不存在固定效应（即随机效应）且变量之间呈线性关系，利用广义最小二乘法（OGLS）。

GLS 法适合实证研究本论题。其一，实证模型（5）反映的是需求视角下的 GDP 核算恒等式，其中，因变量为 GDP，自变量为政府最终支出和非政府部门的最终支出，均为 I（1）变量。因此适用最小二乘法（LS）。其二，本议题的观察单位为国别，样本的基本单位为各国的产业，各国产业结构之间的差异势必为导致各国基于式（5）的 OLS 估计结果存在异方差（heteroscedasticity）。为此，需采用 GLS，已克服异方差对估计结果的负面影响。

基于样本数据的 GLS 估计结果（详情参见本文附表 3 - 2）显示如下结论。

仅 6 个国家的财政整顿具有全球性影响。从 41 个经济体 1995—2011 年的经历来看，国内财政最终使用能够以 5% 的显著性水平影响全球所有经济体的国家仅限于如下六个国家：德国、法国、英国、日本、美国、荷兰。相应弹性系数依次为 1.46、1.21、1.13、1.11、1.04 和 0.96。需要注意的是，对全球经济增长边际影响最大的财政整顿来自欧洲的领先国家（德、法、英），日本和美国的边际影响力尚居其后。

如下国家财政整顿的国际溢出效应主要是区域性的：意大利、西班牙和中国，该效应的显著性介于 10% 和 18% 之间。三者的弹性系数介于 0.94 和 0.97 之间。意大利和西班牙的效应主要限于欧洲，中国的效应主要限于亚洲（对日本、韩国和印度的溢出效应显著大于其他经济体）。

将上述边际效应分析如同财政整顿国家的经济规模结合起来分析，可以测度财政整顿国际溢出效应的实际大小。美国和日本财政整顿的边际效应尽管略低于德、法、英，但经济规模却分别是这三者的 5—7 倍和 2—3 倍，其对世界经济的综合效应大大超过这三国。

表 3 - 4　　　　　各国财政支出整顿对最终产出的影响
（1995—2011）：GLS 面板估计结果

自变量	系数	标准差	z 检验	P >	z	
德国	1.46	0.73	2.00	0.05
法国	1.21	0.62	1.94	0.05
英国	1.13	0.29	3.88	0.00
日本	1.11	0.10	11.43	0.00
美国	1.04	0.09	11.65	0.00

自变量 G	系数	标准差	z检验	P > |z|
荷兰	0.96	0.47	2.04	0.04
意大利	0.97	0.59	1.64	0.10
西班牙	0.94	0.60	1.58	0.11
中国	0.97	0.72	1.36	0.18
加拿大	1.32	1.25	1.05	0.29
韩国	0.73	0.68	1.07	0.28
俄罗斯	- 0.97	0.88	- 1.11	0.27
斯洛伐克	- 39.45	21.48	- 1.84	0.07
中国台湾	6.76	4.00	1.69	0.09

（四）财政整顿的国际溢出效应：国别视角

国家之间财政整顿的相互影响，可基于特定国家来观察。本部分基于 WIOT 的行业数据，应用带随机效应的广义最小二乘法（GLS）来考察财政整顿的国际溢出效应。在 WIOT 中，国民经济分为 35 个行业。政府部门最终使用的货物和服务可能来自国内外多个行业。国民经济最终使用面板数据涵盖 41 个经济体、35 个行业和 6 年时序（1995 年、2000 年、2005 年、2009—2011 年）。基于实证模型（5）和该面板数据，得到如下实证结果。

1. 发达经济体财政整顿对中国经济的溢出效应

表 3 – 5 显示，在中国 2011 年的最终产出中，0.127% 为美国政府使用，0.056% 为日本政府使用，0.044% 为德国政府使用，0.02%、0.01% 和 0.009% 分别为法、英、意政府使用，上述诸国合计为 0.266%。

大部分主要发达经济体的财政整顿都会显著影响中国经济。表 3 – 5 显示，美国、日本、德国、意大利、韩国、荷兰、葡萄牙等国政府调整最终使用，都会同向显著改变中国 GDP，与此类似的还有奥地利、捷克、芬兰、匈牙利和卢森堡；丹麦政府最终使用的调整也会改变中国 GDP，但效应是逆向的。此外，上述经济体财政整顿对中国

GDP 的边际效应并不相同，其中美国（0.9）和德国（0.84）几乎是最小的，日本超过美国、德国、韩国和荷兰，低于意大利，葡萄牙最大（相当于美国效应的 34 倍）。

表 3 - 5　　部分发达经济体政府最终使用对中国 GDP 的效应：
GLS 随机效应估计结果

自变量	系数	标准差	z 检验	P >	z	
美国	0.90	0.05	19.45	0.00
日本	1.51	0.11	14.20	0.00
德国	0.84	0.13	6.29	0.00
意大利	3.77	0.84	4.51	0.00
韩国	1.14	0.12	9.64	0.00
荷兰	1.59	0.25	6.41	0.00
葡萄牙	30.26	4.26	7.10	0.00
_ cons	0.31	2.19	0.14	0.89

注：更多经济体政府最终使用对中国 GDP 的效应，以及各经济体非政府部门的最终使用对中国 GDP 的效应，参见附表 3 - 3。

2. 发达经济体财政整顿对美国经济的影响

表 3 - 6 显示，在美国 2011 年的最终产出中，分别有 0.027%、0.016%、0.007% 为德、法、英政府使用，分别有 0.006% 为日本和意大利政府使用，合计 0.062%。

美国经济显著受到其他发达国家财政整顿的影响。表 3 - 6 显示，日、德、法、英、加、韩、澳、西、葡及美国政府减少政府最终使用，都会拖累美国 GDP 的增长。其中，澳大利亚财政整顿对美国 GDP 的边际效应最大，约相当于日、德、法、英、加、西等国的 4 倍。该表还显示，除芬兰和葡萄牙外，其他发达经济体的财政整顿都会降低美国 GDP 的增长。除芬兰、荷兰和韩国外，其他多数发达经济体财政整顿对美国 GDP 的边际效应均超过 1。

表3-6　　　部分发达经济体政府最终使用对美国GDP的影响：

GLS随机效应估计结果

自变量	系数	标准差	z检验	P>│z│
美国	1.00	0.00	1500000.00	0.00
日本	1.15	0.05	25.46	0.00
德国	1.07	0.01	71.92	0.00
法国	1.03	0.01	95.01	0.00
英国	1.01	0.02	56.49	0.00
加拿大	1.00	0.01	101.72	0.00
澳大利亚	4.07	0.23	17.42	0.00
荷兰	0.82	0.06	13.34	0.00
韩国	0.98	0.03	29.24	0.00
西班牙	1.00	0.02	47.20	0.00
葡萄牙	-2.78	0.88	-3.16	0.00
_cons	0.19	0.31	0.61	0.55

注：更多经济体政府最终使用对美国GDP的效应，以及各经济体非政府部门的最终使用对美国GDP的效应，参见附表4。

3. 发达经济体财政整顿对日本经济的影响

表3-7显示，在日本2011年的最终产出中，0.053%和0.022分别为美国和德国政府使用，0.008%、0.004%、0.003%分别为法、英、意政府使用，合计0.09%。

多数发达经济体的财政整顿都会拖累日本GDP的增长。表3-7显示，美、德、法、英、意、加、荷、澳、韩的政府减少最终使用，都会拖累日本GDP的增长。其中，除澳大利亚、加拿大和希腊外，其他经济体财政整顿对美国GDP的边际效应，绝对值均约为1；除希腊外，其他发达经济体减少财政最终使用，都会降低日本GDP的增长。

表 3 - 7　　　　部分发达经济体财政整顿对日本 GDP 的影响：
GLS 随机效应估计结果

自变量	系数	标准差	z 检验	P > | z |
美国	0.987	0.006	162.61	0.00
日本	1.000	0.000	2800000.00	0.00
德国	1.011	0.009	109.24	0.00
法国	0.972	0.016	59.27	0.00
英国	1.077	0.033	32.46	0.00
意大利	1.068	0.051	20.92	0.00
加拿大	0.750	0.065	11.46	0.00
澳大利亚	0.510	0.205	2.49	0.01
荷兰	0.928	0.032	29.45	0.00
韩国	0.998	0.001	678.83	0.00
西班牙	1.117	0.031	36.49	0.00
希腊	- 0.549	0.229	- 2.40	0.02
_ cons	- 0.069	0.038	- 1.82	0.07

注：更多经济体政府最终使用对日本 GDP 的效应，以及各经济体非政府部门的最终使用对日本 GDP 的效应，参见附表 3 - 5。

4. 发达经济体财政整顿对德国经济的影响

表 3 - 8 显示，在德国 2011 年的最终产出中，0.098% 为美国政府使用，0.02% 为日本政府使用，分别有 0.168% 、0.03% 和 0.08% 为法、英、意使用，合计 0.396% 。

所有经济体的财政整顿都会拖累德国 GDP。表 3 - 8 显示，美、日、法、英等发达经济体的系数均大于 0，多接近 1；其他发达经济体的系数多超过 1。

表3-8　　　　　部分发达经济体财政整顿对德国GDP的影响：
GLS随机效应估计结果

自变量	系数	标准差	z检验	P >	z|
美国	0.996	0.012	79.93	0.00
日本	0.808	0.048	16.86	0.00
德国	1.000	0.000	560000.00	0.00
法国	0.997	0.007	134.21	0.00
英国	0.987	0.010	97.60	0.00
意大利	1.060	0.026	41.17	0.00
加拿大	1.314	0.116	11.34	0.00
荷兰	1.067	0.012	88.12	0.00
韩国	0.993	0.004	227.39	0.00
澳大利亚	0.963	0.017	56.10	0.00
西班牙	1.047	0.030	34.34	0.00
葡萄牙	1.048	0.070	15.03	0.00
希腊	1.033	0.029	35.92	0.00
_cons	0.036	0.123	0.30	0.77

注：更多经济体政府最终使用对德国GDP的效应，以及各经济体非政府部门的最终使用对德国GDP的效应，参见附表3-6。

5. 国际财政整顿的协调

全球投入产出表显示，任一经济体A调整政府最终支出，可能会通过国际货物与服务贸易影响其他经济体B的生产。A政府减少最终支出，可能直接减少从B进口的货物与服务，在其他经济条件不变的情况下，B的产出就会下降（如表3-9所示，大多数经济体的财政整顿都会减少中、美、日、德经济产出）。当然，B的产出也可能增加（比如丹麦和中国台湾减少政府最终使用，会增加中国的产出；芬兰和拉脱维亚财政整顿，会增加美国的产出；葡萄牙、希腊、马耳他和拉脱维亚财政整顿，会增加日本的产出），或者不受影响。B如受到A的实质影响，就很可能要同A协调。

B同A的协调，首先取决于B是否乐见A的冲击。B的经济周期如果同 A 一致，二者易于协调。以 A 财政整顿导致 B 产出下降为例：B 产出下降或为 B 所乐见（比如 B 此前经济过热），或为 B 反感（比如 B 此前景气上行或衰退或萧条）。B 如果反感 A 的冲击，则可以增加财政支出以缓解自身经济下行压力。

　　B 同 A 的协调程度，取决于 A 财政整顿对 B 冲击的大小。表 3 - 5 显示，不同经济体受 A 财政整顿冲击的程度很可能会有差异。美国整顿财政，对美国、日本和德国产出的边际效应几乎完全相同，但对中国产出的边际效应则略低一些。日本整顿财政，对中国的效应超过对美、日的效应约 50%，接近对德效应的 2 倍。德国整顿财政，对中国的效应相当于对美、日、德效应的 8 成。中国整顿财政，对自身的效应几乎等同于对美、日、德的效应。印度整顿财政，对中国的效应低于对美、日、德效应的 10%—20%。巴西整顿财政对中国的效应，是对美效应的约 14 倍，是对日、德效应的月 6 倍。俄罗斯整顿财政对中国的效应，超过对美、日、德效应的 20%—40%。

表 3 - 9　　　　中、美、日、德 GDP 受各国财政整顿的影响：
GLS 随机效应估计结果

因变量 自变量	中国	美国	日本	德国
美国	0.90	1.00	0.99	1.00
日本	1.51	1.15	1.00	0.81
德国	0.84	1.07	1.01	1.00
法国	—	1.03	0.97	1.00
英国	—	1.01	1.08	0.99
意大利	3.77	—	1.07	1.06
加拿大	—	1.00	0.75	1.31
澳大利亚	—	4.08	0.51	0.96
韩国	1.14	0.98	1.00	0.99
荷兰	1.59	0.82	0.93	1.07
西班牙	—	1.00	1.12	1.05
葡萄牙	30.26	—	- 2.78	1.05
瑞典	—	1.12	1.29	1.07
丹麦	- 10.86	1.34	1.46	0.90

自变量 ＼ 因变量	中国	美国	日本	德国
芬兰	8.63	-0.34	0.93	0.89
比利时	—	1.00	0.76	0.90
卢森堡	10.93	—	0.69	1.07
希腊	—	—	-0.55	1.03
塞浦路斯	—	3.83	17.58	—
马耳他	—	—	-9.73	5.37
中国	1.00	1.03	1.00	0.99
印度	0.85	0.98	0.92	1.02
巴西	6.40	0.47	1.15	1.02
俄罗斯	1.38	1.19	0.97	1.01
印尼	5.91	1.38	1.05	0.95
墨西哥	—	1.09	1.15	0.74
土耳其	—	1.03	0.54	0.99
中国台湾	-3.05	0.76	1.00	1.11
爱尔兰	—	1.25	0.72	—
奥地利	1.23	1.15	1.13	1.08
匈牙利	5.40	0.99	0.97	1.09
波兰	—	—	0.83	1.08
捷克	3.74	3.35	0.50	0.97
斯洛伐克	12.73	1.46	1.11	1.06
斯洛文尼亚	—	6.17	3.96	—
罗马尼亚	—	1.94	6.62	1.22
保加利亚	—	-9.84	5.50	0.71
拉脱维亚	—	-22.87	-46.34	1.14
爱沙尼亚	—	39.27	—	2.14
立陶宛	—	—	7.44	0.82
世界其他地区	1.24	1.00	1.00	1.00

注：为节省篇幅，本表未列示各系数的检验值，也未列示各经济体非政府部门最终使用调整对中、美、日、德 GDP 的效应。更详细的数据参见附表 3-9。

B 和 A 在协调中的主与次。出台财政整顿政策的 A 通常处于国际协调的主要一方，B 则处于次要一方。通常，A 在出台自身的财政整顿政策时，首先聚焦于该政策在自身领土内的效应，其次才关注自身领土之外的溢出效应。在 A 的政策目标中，政策的境内效应占绝大部分比重。即使因存在较大外溢效应而面临巨大国际压力，A 同 B 的协调仍主要表现为 A 调整政策出台的节奏和加强信息沟通，通常不会调整财政整顿政策的力度。作为国际协调的次要方，B 不得不把 A 财政整顿政策的外溢效应作为不容选择的外部条件来对待，在自身的政策空间内应对这种外来冲击。当然，A 和 B 之间旨在国际政策协调格局中的主次位置，还受各自经济规模、政策性质等多种因素的影响。

B 如果只能接受外来冲击，则应如何调整自身政策来应对 A 财政整顿溢出的冲击效应？其一，B 如果乐见这种外部冲击带来的效应，则无需应对，顺其自然即可。其二，B 如果厌恶这种外部冲击，则需对冲该效应。对策可以是财政政策、货币政策和产业政策等的适当组合，具体操作时取决于这些政策的实施空间、综合效应和净效应。

在开放环境下，B 的经济政策同样可能对 A 具有溢出效应。这些溢出效应可能导致经济体 A 产出的波动。A 和 B 各自经济政策的外溢效应可能相互对冲或叠加，包括在时间轴上这些外溢效应对冲与叠加的动态组合，对各自经济短期、中期和长期运行的净效应可能为正或负，可能很大、很小甚至为零。

三 结论

基于 1995 年、2000 年、2005 年、2009—2011 年 WIOT 41 个经济体的实证分析显示，仅 6 个国家的财政支出整顿对世界经济具有广泛影响：德国、法国、英国、日本、美国、荷兰。另外，意大利和西班牙财政整顿的国际溢出效应主要限于欧洲地区，中国财政整顿的外溢效应也主要限于亚洲，尤其限于日本、韩国和印度。不过，上述六个国家中，由于美国的经济规模超过其他国家，其财政整顿的外溢效应规模较多地超过其他国家。

基于 WIOT41 个经济体 35 个行业的实证分析显示，一个经济体的财政整顿会对多数经济体形成外溢效应，大型经济体也会受到小型经济体尤其是与之经贸关系密切的小型经济体财政整顿的冲击。大型经济体财政整顿效应会外溢到其他多数大型经济体，导致其他大型经济体产出的波动。只有少数经济体减少财政支出最终会增加其他经济体的产出。

一国财政整顿对不同经济体的外溢效应可能会有差异，但在多数大型经济体之间差异通常不会太大，反倒是一些小型经济体财政整顿的边际外溢效应会较大。

在因财政整顿的外溢效应而进行的国际协调中，受冲击经济体往往不得不被动接受该外溢效应。一个经济体进行财政整顿，主要是基于自身政策需求而非国外政策需求，几乎没有回旋余地（对自身经济、政治和社会而言，财政整顿通常是一剂"苦药"，除非迫不得已是不会采用）。受冲击经济体接受这种财政整顿的外溢效应，不管其对己是正效应还是负效应，往往也是无可选择之下的举动，尤其是在该效应为负时。

面对发达经济体财政整顿的国际溢出效应，受冲击经济体可能乐于接受或反感该冲击，具体取决于其所处经济周期的具体阶段。受冲击经济体的经济如果正处于不景气状态，那么该冲击无疑如"雪上霜"般不受欢迎；如果处于个过热状态，那么该冲击会如"清凉剂"般受欢迎。

基于财政整顿外溢效应而进行的国际协调，主要表现如下。其一，财政整顿尽量循序渐进，以缓和对受波及经济体的外溢效应，避免外溢效应生效过快、幅度过大。其二，应具有动态眼光。受冲击经济体对财政整顿外溢效应的对策，同样可能对实施财政整顿的经济体具有溢出效应，导致后者产出的波动。循环往复的政策外溢效应可能表现为对冲与叠加的动态组合，对各自短期、中期和长期经济运行的净效应可能为正或负，可能很大、很小甚至为零。其三，应包括事前协调、事中协调和事后协调。相关经济体可充分进行的协调，包括信息沟通，可在财政整顿之前（决策）、执行过程中与之后（在其他方面积极配合受冲击经济体，让后者"失之东隅，收之桑榆"）。其四，协调可组合多种政策工具。受冲击经济体的应对，可以综合应用财政、金融（含货币）与产业等多种政策工具。

在本节中，财政整顿工具仅包括政府支出，即政府最终消费和资本形成，而且未分别分析，未来可拓展到财政收入或财政转移等维度的整顿。此外，本文的数据基础WIOT表目前仅发表1995年、2000年、2005年、2009—2010年数据，难以分析财政整顿的动态外溢效应。

附表3－1

2011年最终产出的使用去向，占最终产出的比重

被如下国家政府最终使用，占比%

	巴西	加拿大	中国	德国	法国	英国	印度	意大利	日本	韩国	墨西哥	俄罗斯	美国	世界其他地区	全球
GDP，百万美元	2235810	1584845	7725003	3328766	2731674	2278752	1977407	2189846	5898258	1102254	1160495	1397201	15334153	10657574	69272577
巴西：政府	23.888	0.004	0.015	0.020	0.007	0.006	0.003	0.014	0.003	0.023	0.012	0.000	0.005	0.007	0.778
非政府部门	72.539	0.114	0.230	0.259	0.104	0.130	0.069	0.195	0.041	0.399	0.194	0.006	0.082	0.225	2.479
加拿大：政府	0.001	24.597	0.014	0.013	0.009	0.016	0.003	0.005	0.006	0.021	0.061	0.001	0.030	0.003	0.577
非政府部门	0.113	66.093	0.387	0.264	0.166	0.311	0.203	0.181	0.105	0.359	0.969	0.009	0.616	0.181	1.822
中国：政府	0.007	0.014	16.653	0.118	0.041	0.040	0.013	0.041	0.058	0.246	0.013	0.008	0.027	0.038	1.896
非政府部门	0.162	0.242	71.079	1.257	0.469	0.425	0.344	0.453	0.691	2.087	0.173	0.061	0.216	0.504	8.342
德国：政府	0.019	0.031	0.044	21.075	0.161	0.151	0.024	0.114	0.022	0.066	0.022	0.006	0.027	0.070	1.079
非政府部门	0.217	0.207	0.696	59.998	1.257	1.000	0.412	1.232	0.171	0.742	0.363	0.133	0.177	0.551	3.527
法国：政府	0.008	0.023	0.020	0.168	26.034	0.071	0.007	0.100	0.008	0.011	0.007	0.001	0.016	0.040	1.065
非政府部门	0.049	0.094	0.345	1.394	63.485	0.613	0.205	1.056	0.073	0.237	0.072	0.128	0.087	0.304	2.880
英国：政府	0.002	0.007	0.010	0.030	0.019	25.301	0.005	0.012	0.004	0.007	0.001	0.000	0.007	0.008	0.843
非政府部门	0.082	0.183	0.355	1.285	0.749	64.705	0.467	0.576	0.100	0.352	0.076	0.083	0.170	0.301	2.549

续表

	巴西	加拿大	中国	德国	法国	英国	印度	意大利	日本	韩国	墨西哥	俄罗斯	美国	世界其他地区	全球
印度：政府	0.001	0.002	0.053	0.015	0.003	0.011	13.149	0.010	0.004	0.015	0.001	0.001	0.011	0.054	0.396
非政府部门	0.005	0.032	0.343	0.115	0.029	0.082	78.742	0.077	0.026	0.132	0.008	0.008	0.073	0.340	2.382
意大利：政府	0.003	0.004	0.009	0.080	0.061	0.038	0.004	21.975	0.003	0.012	0.002	0.001	0.006	0.017	0.714
非政府部门	0.061	0.046	0.215	1.070	0.672	0.344	0.135	65.960	0.035	0.235	0.051	0.061	0.045	0.229	2.351
日本：政府	0.002	0.009	0.056	0.020	0.006	0.007	0.001	0.004	22.476	0.042	0.006	0.001	0.006	0.010	1.927
非政府部门	0.092	0.173	1.196	0.359	0.242	0.182	0.197	0.317	72.415	1.433	0.118	0.124	0.185	0.568	6.549
韩国：政府	0.001	0.002	0.023	0.026	0.005	0.015	0.001	0.005	0.020	17.469	0.002	0.004	0.006	0.005	0.289
非政府部门	0.017	0.046	0.387	0.214	0.102	0.066	0.041	0.130	0.192	65.560	0.027	0.075	0.094	0.160	1.191
墨西哥：政府	0.004	0.009	0.010	0.009	0.002	0.002	0.002	0.005	0.004	0.020	12.857	0.000	0.013	0.002	0.222
非政府部门	0.077	0.197	0.184	0.167	0.058	0.045	0.051	0.099	0.076	0.340	75.901	0.003	0.355	0.095	1.431
俄罗斯：政府	0.000	0.002	0.010	0.028	0.006	0.018	0.001	0.014	0.007	0.047	0.001	25.165	0.002	0.004	0.515
非政府部门	0.083	0.067	0.525	0.722	0.240	0.219	0.167	0.623	0.158	0.884	0.045	71.797	0.039	0.507	1.764
美国：政府	0.012	0.274	0.127	0.098	0.027	0.042	0.014	0.030	0.053	0.134	0.434	0.001	17.175	0.024	3.853
非政府部门	0.348	6.413	2.689	1.717	0.810	1.168	2.443	0.958	0.850	2.288	7.148	0.211	79.150	1.500	18.839
世界其他地区：政府	0.068	0.045	0.135	0.218	0.132	0.132	0.059	0.123	0.056	0.254	0.050	0.041	0.044	18.201	2.885
非政府部门	1.673	0.552	2.436	3.231	2.475	1.866	1.798	2.645	1.555	4.053	1.059	1.533	0.825	74.249	12.967

资料来源：根据 WIOT 2011 年数据计算。

附表 3-2　　　　　　　**政府最终使用对产出的影响**

——基于 41 个经济体的 GLS 随机效应实证估计结果

自变量	系数	标准差	Z 统计量	P >	z	
政府的最终使用				
奥地利	-0.86	2.44	-0.35	0.72
澳大利亚	2.22	4.17	0.53	0.60
比利时	1.90	2.30	0.82	0.41
保加利亚	-31.90	42.23	-0.76	0.45
巴西	0.33	0.97	0.33	0.74
加拿大	1.32	1.25	1.05	0.29
中国	0.97	0.72	1.36	0.18
塞浦路斯	-1.82	25.38	-0.07	0.94
捷克	-0.91	8.68	-0.10	0.92
德国	1.46	0.73	2.00	0.05
丹麦	1.11	1.69	0.65	0.51
西班牙	0.94	0.60	1.58	0.11
爱沙尼亚	15.72	20.22	0.78	0.44
芬兰	1.46	5.06	0.29	0.77
法国	1.21	0.62	1.94	0.05
英国	1.13	0.29	3.88	0.00
希腊	0.84	1.76	0.48	0.63
匈牙利	2.19	7.20	0.30	0.76
印尼	0.05	2.09	0.03	0.98
印度	0.95	2.62	0.36	0.72
爱尔兰	1.26	2.26	0.56	0.58
意大利	0.97	0.59	1.64	0.10
日本	1.11	0.10	11.43	0.00
韩国	0.73	0.68	1.07	0.28
立陶宛	2.99	16.29	0.18	0.85
卢森堡	-10.33	18.89	-0.55	0.59

续表

自变量	系数	标准差	Z统计量	P>|z|
拉脱维亚	5.19	41.94	0.12	0.90
墨西哥	0.91	1.65	0.55	0.58
马耳他	32.57	58.79	0.55	0.58
荷兰	0.96	0.47	2.04	0.04
波兰	0.53	3.91	0.13	0.89
葡萄牙	1.36	4.05	0.34	0.74
罗马尼亚	0.97	7.27	0.13	0.89
俄罗斯	-0.97	0.88	-1.11	0.27
斯洛伐克	-39.45	21.48	-1.84	0.07
斯洛文尼亚	-17.04	23.02	-0.74	0.46
瑞典	3.42	3.53	0.97	0.33
土耳其	-0.51	1.09	-0.47	0.64
中国台湾	6.76	4.00	1.69	0.09
美国	1.04	0.09	11.65	0.00
世界其他地区	4.97	0.02	222.42	0.00

非政府部门的最终使用

自变量	系数	标准差	Z统计量	P>|z|
奥地利	1.57	0.72	2.19	0.03
澳大利亚	0.58	1.54	0.38	0.71
比利时	0.55	1.20	0.46	0.65
保加利亚	10.64	11.82	0.90	0.37
巴西	1.25	0.32	3.86	0.00
加拿大	0.90	0.47	1.92	0.06
中国	1.03	0.17	6.13	0.00
塞浦路斯	2.48	7.35	0.34	0.74
捷克	1.66	3.68	0.45	0.65
德国	0.85	0.25	3.45	0.00
丹麦	1.12	1.09	1.03	0.31
西班牙	1.04	0.19	5.55	0.00

续表

自变量	系数	标准差	Z统计量	P>│z│
爱沙尼亚	-4.69	9.37	-0.50	0.62
芬兰	0.92	2.23	0.41	0.68
法国	0.94	0.26	3.69	0.00
英国	0.97	0.11	8.75	0.00
希腊	1.10	0.51	2.14	0.03
匈牙利	0.64	3.02	0.21	0.83
印尼	1.17	0.31	3.81	0.00
印度	1.03	0.44	2.37	0.02
爱尔兰	1.09	0.98	1.12	0.26
意大利	1.03	0.20	5.23	0.00
日本	0.99	0.03	36.47	0.00
韩国	1.11	0.17	6.40	0.00
立陶宛	0.82	6.56	0.13	0.90
卢森堡	7.63	9.52	0.80	0.42
拉脱维亚	0.44	13.57	0.03	0.97
墨西哥	1.04	0.28	3.72	0.00
马耳他	-9.15	23.36	-0.39	0.70
荷兰	1.10	0.29	3.78	0.00
波兰	1.17	1.20	0.97	0.33
葡萄牙	0.97	1.35	0.71	0.48
罗马尼亚	1.09	2.09	0.52	0.60
俄罗斯	1.75	0.32	5.49	0.00
斯洛伐克	15.65	7.66	2.04	0.04
斯洛文尼亚	8.35	8.80	0.95	0.34
瑞典	-0.30	2.02	-0.15	0.88
土耳其	1.32	0.21	6.21	0.00
中国台湾	-0.26	0.92	-0.29	0.77
美国	1.00	0.02	49.05	0.00

续表

自变量	系数	标准差	Z统计量	P>｜z｜
_ CONS	-9567.27	5673.05	-1.69	0.092

分组变量：id	观察值数量：246
分组数：41	组内观察值数量：均为6
组内拟合优度：0.9994	综合拟合优度：0.9999
组间拟合优度：1.0000	沃尔德卡方（81）：2.09e+06
μ_i 和 X 的相关系数：0（假定）	Prob > chi^2 = 0.0000
σ_μ = 0	σ_e = 17591.229

附表 3 - 3　　各经济体政府最终使用对中国 GDP 的影响

——基于 41 个经济体 35 个行业的 GLS 随机效应估计结果

自变量	系数	标准差	Z统计量	P>｜z｜
政府部门的最终使用				
美国	0.90	0.05	19.45	0.000
日本	1.51	0.11	14.20	0.000
德国	0.84	0.13	6.29	0.000
意大利	3.77	0.84	4.51	0.000
韩国	1.14	0.12	9.64	0.000
荷兰	1.59	0.25	6.41	0.000
葡萄牙	30.26	4.26	7.10	0.000
丹麦	-10.86	2.63	-4.12	0.000
芬兰	8.63	1.69	5.10	0.000
卢森堡	10.93	2.63	4.16	0.000
中国	1.00	0.00	11000.00	0.000
印度	0.85	0.20	4.36	0.000
巴西	6.40	0.60	10.73	0.000
俄罗斯	1.38	0.46	3.00	0.003
印尼	5.91	1.09	5.42	0.000

续表

自变量	系数	标准差	Z 统计量	P > | z |
中国台湾	-3.05	0.99	-3.07	0.002
奥地利	1.23	0.13	9.19	0.000
匈牙利	5.40	1.10	4.89	0.000
捷克	3.74	0.64	5.85	0.000
斯洛伐克	12.73	3.03	4.20	0.000
世界其他地区	1.24	0.05	25.59	0.000
非政府部门的最终使用				
美国	1.01	0.00	387.54	0.000
日本	0.98	0.00	296.89	0.000
德国	1.03	0.02	55.85	0.000
法国	1.10	0.03	35.24	0.000
英国	1.03	0.02	49.46	0.000
意大利	0.93	0.03	31.37	0.000
加拿大	1.03	0.01	70.50	0.000
澳大利亚	0.55	0.14	4.08	0.000
韩国	1.07	0.00	276.71	0.000
荷兰	0.94	0.02	42.75	0.000
西班牙	1.03	0.04	27.15	0.000
瑞典	1.45	0.12	12.14	0.000
丹麦	1.11	0.13	8.81	0.000
比利时	0.87	0.09	9.57	0.000
卢森堡	1.85	0.51	3.65	0.000
希腊	0.65	0.11	6.16	0.000
中国	1.00	0.00	40000.00	0.000
印度	1.01	0.03	29.71	0.000
俄罗斯	1.02	0.00	224.71	0.000
印尼	1.17	0.02	56.23	0.000
墨西哥	1.24	0.04	27.86	0.000

续表

自变量	系数	标准差	Z 统计量	P > ∣z∣
土耳其	1.07	0.02	68.18	0.000
中国台湾	1.01	0.06	17.33	0.000
爱尔兰	1.07	0.02	65.44	0.000
奥地利	0.99	0.01	102.93	0.000
匈牙利	0.86	0.33	2.59	0.009
波兰	1.58	0.10	15.19	0.000
斯洛伐克	− 1.23	0.51	− 2.40	0.016
斯洛文尼亚	4.89	0.95	5.16	0.000
罗马尼亚	1.62	0.33	4.97	0.000
爱沙尼亚	0.90	0.32	2.82	0.005
世界其他地区	1.00	0.00	382.76	0.000
_ cons	0.31	2.19	0.14	0.886
分组变量：IID		观察值数量：210		
分组数：35		组内观察值数量：均为6		
组内拟合优度：1.0000		综合拟合优度：1.0000		
组间拟合优度：1.0000		沃尔德卡方（53）：2.86e + 10		
μ_i 和 X 的相关系数：0（假定）		Prob > chi^2 = 0.0000		
σ_μ：0		σ_e：20.093046		

附表 3 – 4　　发达经济体政府最终使用对美国 GDP 的影响

——基于 41 个经济体 35 个行业 GLS 随机效应估计结果

自变量	系数	标准差	Z 统计量	P > ∣z∣
政府部门的最终使用				
美国	1.00	0.00	1500000.00	0.00
日本	1.15	0.05	25.46	0.00
德国	1.07	0.02	71.92	0.00
法国	1.03	0.01	95.01	0.00

续表

自变量	系数	标准差	Z统计量	P>|z|
英国	1.01	0.02	56.49	0.00
加拿大	1.00	0.01	101.72	0.00
澳大利亚	4.08	0.23	17.42	0.00
韩国	0.98	0.03	29.24	0.00
荷兰	0.82	0.06	13.34	0.00
西班牙	1.00	0.02	47.20	0.00
葡萄牙	-2.78	0.88	-3.16	0.00
瑞典	1.12	0.05	21.33	0.00
丹麦	1.34	0.42	3.21	0.00
芬兰	-0.34	0.18	-1.95	0.05
比利时	1.00	0.05	20.92	0.00
塞浦路斯	3.83	1.04	3.69	0.00
中国	1.03	0.01	96.84	0.00
印度	0.98	0.02	56.54	0.00
巴西	0.47	0.07	6.28	0.00
俄罗斯	1.19	0.17	6.93	0.00
印尼	1.38	0.23	6.02	0.00
墨西哥	1.09	0.03	39.63	0.00
土耳其	1.03	0.10	10.80	0.00
中国台湾	0.76	0.05	14.89	0.00
爱尔兰	1.25	0.06	19.95	0.00
奥地利	1.15	0.06	20.16	0.00
匈牙利	0.99	0.19	5.23	0.00
捷克	3.35	0.20	16.65	0.00
斯洛伐克	1.46	0.45	3.24	0.00
斯洛文尼亚	6.17	1.78	3.47	0.00
罗马尼亚	1.94	0.98	1.97	0.05
保加利亚	-9.84	2.84	-3.46	0.00

续表

自变量	系数	标准差	Z统计量	P>|z|
拉脱维亚	−22.87	10.50	−2.18	0.03
爱沙尼亚	39.27	4.49	8.76	0.00
世界其他地区	1.00	0.00	266.84	0.00
非政府部门的最终使用				
美国	1.00	0.00	1800000.00	0.00
日本	1.00	0.00	1012.97	0.00
德国	0.99	0.00	296.07	0.00
法国	0.99	0.00	231.04	0.00
英国	1.00	0.00	711.39	0.00
意大利	1.03	0.01	144.90	0.00
加拿大	1.00	0.00	1262.56	0.00
澳大利亚	0.87	0.05	17.97	0.00
韩国	1.02	0.00	236.17	0.00
荷兰	1.01	0.01	188.86	0.00
西班牙	0.98	0.01	170.61	0.00
葡萄牙	1.19	0.06	21.54	0.00
瑞典	1.02	0.02	59.24	0.00
丹麦	0.98	0.01	91.76	0.00
芬兰	1.00	0.04	24.05	0.00
比利时	1.04	0.01	99.87	0.00
卢森堡	1.24	0.04	32.92	0.00
希腊	1.01	0.01	89.50	0.00
塞浦路斯	0.74	0.10	7.70	0.00
中国	1.00	0.00	699.91	0.00
印度	1.00	0.00	357.25	0.00
巴西	1.00	0.00	305.19	0.00
俄罗斯	1.00	0.01	123.90	0.00
印尼	1.01	0.01	75.47	0.00

续表

自变量	系数	标准差	Z 统计量	P > │z│
墨西哥	1.00	0.00	1765.23	0.00
土耳其	1.00	0.01	200.31	0.00
中国台湾	1.01	0.00	258.02	0.00
爱尔兰	0.99	0.00	341.57	0.00
奥地利	0.99	0.01	155.14	0.00
匈牙利	0.98	0.05	21.65	0.00
波兰	1.13	0.03	45.41	0.00
捷克	0.70	0.04	19.03	0.00
斯洛伐克	0.61	0.22	2.81	0.01
斯洛文尼亚	1.04	0.05	20.89	0.00
罗马尼亚	0.90	0.03	28.34	0.00
保加利亚	1.50	0.12	12.41	0.00
拉脱维亚	1.66	0.66	2.53	0.01
立陶宛	1.97	0.17	11.32	0.00
世界其他地区	1.00	0.00	5619.16	0.00
_ cons	0.19	0.31	0.61	0.55

分组变量：IID	观察值数量：210
分组数：35	组内观察值数量：均为6
组内拟合优度：1.0000	综合拟合优度：1.0000
组间拟合优度：1.0000	沃尔德卡方（74）：9.96e + 12
μ_i 和 X 的相关系数：0（假定）	Prob > chi^2 = 0.0000
σ_μ：0	σ_e：1.6253211

附表 3 – 5　　　**其他国家财政整顿对日本 GDP 的影响**

——基于 41 个经济体 35 个行业的 GLS 随机效应估计结果

自变量	系数	标准差	Z 统计量	P > │z│
政府部门的最终使用				

自变量	系数	标准差	Z统计量	P>｜z｜
美国	0.99	0.01	162.61	0.00
日本	1.00	0.00	2800000.00	0.00
德国	1.01	0.01	109.24	0.00
法国	0.97	0.02	59.27	0.00
英国	1.08	0.03	32.46	0.00
意大利	1.07	0.05	20.92	0.00
加拿大	0.75	0.07	11.46	0.00
澳大利亚	0.51	0.21	2.49	0.01
韩国	1.00	0.00	678.83	0.00
荷兰	0.93	0.03	29.45	0.00
西班牙	1.12	0.03	36.49	0.00
瑞典	1.29	0.05	23.84	0.00
丹麦	1.46	0.16	8.85	0.00
芬兰	0.93	0.07	13.99	0.00
比利时	0.76	0.03	25.10	0.00
卢森堡	0.69	0.14	5.08	0.00
希腊	−0.55	0.23	−2.40	0.02
塞浦路斯	17.58	1.99	8.82	0.00
马耳他	−9.73	3.01	−3.23	0.00
中国	1.00	0.00	203.36	0.00
印度	0.92	0.02	51.51	0.00
巴西	1.15	0.09	12.95	0.00
俄罗斯	0.97	0.01	107.87	0.00
印尼	1.05	0.04	26.79	0.00
墨西哥	1.15	0.11	10.44	0.00
土耳其	0.54	0.23	2.36	0.02
中国台湾	1.00	0.01	147.18	0.00
爱尔兰	0.72	0.09	8.13	0.00

续表

自变量	系数	标准差	Z统计量	P>｜z｜
奥地利	1.13	0.03	33.55	0.00
匈牙利	0.97	0.11	9.06	0.00
波兰	0.83	0.17	5.04	0.00
捷克	0.50	0.21	2.40	0.02
斯洛伐克	1.11	0.21	5.23	0.00
斯洛文尼亚	3.96	1.51	2.63	0.01
罗马尼亚	6.62	1.92	3.46	0.00
保加利亚	5.50	1.16	4.72	0.00
拉脱维亚	−46.34	13.10	−3.54	0.00
立陶宛	7.44	0.82	9.13	0.00
世界其他地区	1.00	0.00	1298.39	0.00
非政府部门的最终使用				
美国	1.00	0.00	4143.89	0.00
日本	1.00	0.00	7200000.00	0.00
德国	1.00	0.00	579.68	0.00
法国	1.00	0.00	436.77	0.00
英国	1.00	0.00	760.12	0.00
意大利	1.01	0.01	176.14	0.00
加拿大	1.00	0.00	432.41	0.00
澳大利亚	0.98	0.02	60.32	0.00
韩国	1.00	0.00	2199.99	0.00
荷兰	1.01	0.00	578.80	0.00
西班牙	1.00	0.00	481.48	0.00
葡萄牙	1.14	0.03	32.75	0.00
瑞典	0.99	0.01	67.25	0.00
丹麦	1.03	0.01	176.66	0.00
芬兰	1.04	0.01	74.68	0.00
比利时	1.00	0.00	298.95	0.00

续表

自变量	系数	标准差	Z 统计量	P >	z	
卢森堡	0.96	0.02	58.18	0.00
希腊	1.14	0.02	56.20	0.00
马耳他	1.53	0.15	10.25	0.00
中国	1.00	0.00	2905.04	0.00
印度	1.01	0.00	293.28	0.00
巴西	1.00	0.00	694.31	0.00
俄罗斯	1.00	0.00	650.64	0.00
印尼	1.00	0.00	440.06	0.00
墨西哥	1.00	0.00	350.35	0.00
土耳其	1.03	0.02	46.72	0.00
中国台湾	1.00	0.00	6275.80	0.00
爱尔兰	1.00	0.00	640.96	0.00
奥地利	1.00	0.00	1317.80	0.00
匈牙利	0.93	0.03	28.75	0.00
波兰	1.02	0.02	67.47	0.00
捷克	1.07	0.03	40.48	0.00
斯洛伐克	0.91	0.07	12.54	0.00
斯洛文尼亚	0.95	0.03	34.01	0.00
罗马尼亚	0.97	0.07	14.66	0.00
爱沙尼亚	1.03	0.05	21.83	0.00
立陶宛	0.55	0.18	3.12	0.00
世界其他地区	1.00	0.00	180000.00	0.00
_cons	−0.07	0.04	−1.82	0.07

分组变量：IID	观察值数量：210
分组数：35	组内观察值数量：均为 6
组内拟合优度：1.0000	综合拟合优度：1.0000
组间拟合优度：1.0000	沃尔德卡方（77）：9.46e+13
μ_i 和 X 的相关系数：0（假定）	Prob > chi^2 = 0.0000
σ_μ：0	σ_e：0.19521894

附表 3-6　　**其他经济体财政整顿对德国 GDP 的影响**

——基于 41 个经济体 35 个行业的 GLS 随机效应估计结果

自变量	系数	标准差	Z 统计量	P > │z│
政府部门的最终使用				
美国	1.00	0.01	79.93	0.00
日本	0.81	0.05	16.86	0.00
德国	1.00	0.00	560000.00	0.00
法国	1.00	0.01	134.21	0.00
英国	0.99	0.01	97.60	0.00
意大利	1.06	0.03	41.17	0.00
加拿大	1.31	0.12	11.34	0.00
澳大利亚	0.96	0.02	56.10	0.00
韩国	0.99	0.00	227.39	0.00
荷兰	1.07	0.01	88.12	0.00
西班牙	1.05	0.03	34.34	0.00
葡萄牙	1.05	0.07	15.03	0.00
瑞典	1.07	0.03	36.75	0.00
丹麦	0.90	0.05	18.90	0.00
芬兰	0.89	0.07	12.17	0.00
比利时	0.90	0.01	63.00	0.00
卢森堡	1.07	0.19	5.73	0.00
希腊	1.03	0.03	35.92	0.00
马耳他	5.37	0.94	5.70	0.00
中国	0.99	0.01	180.73	0.00
印度	1.02	0.02	43.01	0.00
巴西	1.02	0.05	22.67	0.00
俄罗斯	1.01	0.04	25.70	0.00
印尼	0.95	0.05	20.69	0.00
墨西哥	0.74	0.11	6.65	0.00

续表

自变量	系数	标准差	Z 统计量	P>|z|
土耳其	0.99	0.01	88.30	0.00
中国台湾	1.11	0.06	17.71	0.00
奥地利	1.08	0.08	14.11	0.00
匈牙利	1.09	0.06	17.21	0.00
波兰	1.08	0.06	18.20	0.00
捷克	0.97	0.07	13.87	0.00
斯洛伐克	1.06	0.07	15.48	0.00
罗马尼亚	1.22	0.13	9.30	0.00
保加利亚	0.71	0.16	4.45	0.00
拉脱维亚	1.14	0.06	20.15	0.00
爱沙尼亚	2.14	0.36	5.95	0.00
立陶宛	0.82	0.42	1.98	0.05
世界其他地区	1.00	0.00	496.06	0.00

非政府部门的最终使用

美国	1.00	0.00	1797.76	0.00
日本	1.01	0.00	420.63	0.00
德国	1.00	0.00	690000.00	0.00
法国	1.00	0.00	917.46	0.00
英国	1.00	0.00	1233.01	0.00
意大利	1.00	0.00	972.82	0.00
加拿大	0.98	0.00	270.91	0.00
澳大利亚	1.00	0.00	1714.07	0.00
韩国	1.00	0.00	342.38	0.00
荷兰	0.99	0.00	581.13	0.00
西班牙	1.00	0.00	435.91	0.00
葡萄牙	0.99	0.01	163.25	0.00
瑞典	0.99	0.00	251.39	0.00
丹麦	1.03	0.00	221.35	0.00

续表

自变量	系数	标准差	Z 统计量	P > | z |
芬兰	1.00	0.01	131.26	0.00
比利时	1.01	0.00	985.31	0.00
卢森堡	1.01	0.00	201.44	0.00
希腊	1.00	0.01	177.37	0.00
塞浦路斯	0.92	0.03	30.05	0.00
马耳他	1.00	0.04	22.30	0.00
中国	1.00	0.00	843.44	0.00
印度	1.00	0.00	228.60	0.00
巴西	1.00	0.00	489.92	0.00
俄罗斯	1.00	0.00	1653.52	0.00
印尼	1.00	0.00	417.62	0.00
墨西哥	0.99	0.01	159.22	0.00
土耳其	1.00	0.00	381.24	0.00
中国台湾	0.99	0.00	292.36	0.00
爱尔兰	1.02	0.01	182.78	0.00
奥地利	1.01	0.00	324.58	0.00
匈牙利	0.99	0.01	149.12	0.00
波兰	1.00	0.00	325.64	0.00
捷克	1.00	0.00	207.34	0.00
斯洛伐克	1.02	0.01	121.52	0.00
斯洛文尼亚	1.03	0.01	84.64	0.00
罗马尼亚	0.99	0.01	107.43	0.00
保加利亚	1.00	0.01	78.45	0.00
拉脱维亚	1.00	0.03	29.94	0.00
爱沙尼亚	0.84	0.05	15.22	0.00
立陶宛	1.08	0.03	36.15	0.00
世界其他地区	1.00	0.00	6395.21	0.00
_ cons	0.04	0.12	0.30	0.77

续表

自变量	系数	标准差	Z 统计量	P > │z│
分组变量：IID		观察值数量：210		
分组数：35		组内观察值数量：均为 6		
组内拟合优度：1.0000		综合拟合优度：1.0000		
组间拟合优度：1.0000		沃尔德卡方（79）：1.81e+12		
μ_i 和 X 的相关系数：0（假定）		Prob > chi^2 = 0.0000		
σ_μ：0		σ_e：0.41234613		

附表 3-7　　中、美、日、德 GDP 受各国财政整顿的影响
——基于 41 个经济体 35 个行业的 GLS 随机效应估计结果

自变量	中国	美国	日本	德国
政府部门的最终使用				
美国	0.90	1.00	0.99	1.00
日本	1.51	1.15	1.00	0.81
德国	0.84	1.07	1.01	1.00
法国	—	1.03	0.97	1.00
英国		1.01	1.08	0.99
意大利	3.77	—	1.07	1.06
加拿大	—	1.00	0.75	1.31
澳大利亚		4.08	0.51	0.96
韩国	1.14	0.98	1.00	0.99
荷兰	1.59	0.82	0.93	1.07
西班牙		1.00	1.12	1.05
葡萄牙	30.26	—	-2.78	1.05
瑞典	—	1.12	1.29	1.07
丹麦	-10.86	1.34	1.46	0.90
芬兰	8.63	-0.34	0.93	0.89
比利时	—	1.00	0.76	0.90

自变量	中国	美国	日本	德国
卢森堡	10.93	—	0.69	1.07
希腊	—	—	-0.55	1.03
塞浦路斯	—	3.83	17.58	—
马耳他	—	—	-9.73	5.37
中国	1.00	1.03	1.00	0.99
印度	0.85	0.98	0.92	1.02
巴西	6.40	0.47	1.15	1.02
俄罗斯	1.38	1.19	0.97	1.01
印尼	5.91	1.38	1.05	0.95
墨西哥	—	1.09	1.15	0.74
土耳其	—	1.03	0.54	0.99
中国台湾	-3.05	0.76	1.00	1.11
爱尔兰	—	1.25	0.72	—
奥地利	1.23	1.15	1.13	1.08
匈牙利	5.40	0.99	0.97	1.09
波兰	—	—	0.83	1.08
捷克	3.74	3.35	0.50	0.97
斯洛伐克	12.73	1.46	1.11	1.06
斯洛文尼亚	—	6.17	3.96	—
罗马尼亚	—	1.94	6.62	1.22
保加利亚	—	-9.84	5.50	0.71
拉脱维亚	—	-22.87	-46.34	1.14
爱沙尼亚	—	39.27	—	2.14
立陶宛	—	—	7.44	0.82
世界其他地区	1.24	1.00	1.00	1.00
非政府部门的最终使用				
美国	1.01	1.00	1.00	1.00
日本	0.98	1.00	1.00	1.01

续表

自变量	中国	美国	日本	德国
德国	1.03	0.99	1.00	1.00
法国	1.10	0.99	1.00	1.00
英国	1.03	1.00	1.00	1.00
意大利	0.93	1.03	1.01	1.00
加拿大	1.03	1.00	1.00	0.98
澳大利亚	0.55	0.87	0.98	1.00
韩国	1.07	1.02	1.00	1.00
荷兰	0.94	1.01	1.01	0.99
西班牙	1.03	0.98	1.00	1.00
葡萄牙	—	1.19	1.14	0.99
瑞典	1.45	1.02	0.99	0.99
丹麦	1.11	0.98	1.03	1.03
芬兰	—	1.00	1.04	1.00
比利时	0.87	1.04	1.00	1.01
卢森堡	1.85	1.24	0.96	1.01
希腊	0.65	1.01	1.14	1.00
塞浦路斯	—	0.74		0.92
马耳他	—	—	1.53	1.00
中国	1.00	1.00	1.00	1.00
印度	1.01	1.00	1.01	1.00
巴西	—	1.00	1.00	1.00
俄罗斯	1.02	1.00	1.00	1.00
印尼	1.17	1.01	1.00	1.00
墨西哥	1.24	1.00	1.00	0.99
土耳其	1.07	1.00	1.03	1.00
中国台湾	1.01	1.01	1.00	0.99
爱尔兰	1.07	0.99	1.00	1.02
奥地利	0.99	0.99	1.00	1.01

自变量	中国	美国	日本	德国
匈牙利	0.86	0.98	0.93	0.99
波兰	1.58	1.13	1.02	1.00
捷克	—	0.70	1.07	1.00
斯洛伐克	−1.23	0.61	0.91	1.02
斯洛文尼亚	4.89	1.04	0.95	1.03
罗马尼亚	1.62	0.90	0.97	0.99
保加利亚	—	1.50	—	1.00
拉脱维亚	—	1.66	—	1.00
爱沙尼亚	0.90	—	1.03	0.84
立陶宛	—	1.97	0.55	1.08
世界其他地区	1.00	1.00	1.00	1.00
_ cons	0.31	0.19	−0.07	0.04

资料来源：根据附表3-3至附表3-6整理。

第四节　对跨国公司征税的国际协调

国际财政政策协调以前多关注财政支出政策协调（如本章第三节），较少关注财政收入政策的协调。而国际财政收入政策的协调，目前主要集中于对跨国公司的征税协调。

一　对跨国公司征税进行国际协调的必要性

跨国税收越来越重要。经济全球化使得跨国公司数量大幅增加，跨国经济活动快速增长。跨国公司经济活动在相关经济体税基中的占比越来越高，对当事经济体财政收入的贡献越来越大。近年来自美欧金融危机和主权债务危机发生以来，当事经济体财政收支压力巨大，财政创收动力大幅上升。

当事经济体的税制和税率不一，为跨国公司避税留下了空间，导致自身税基受到侵蚀，扰乱了国内国际经济秩序。

——各经济体基于自身实情的税制差异较大，针对跨国经济活动的税率不一。企业所得税的征收由国内法确定。各国国内税法之间的相互作用，可能导致源于企业跨境经济活动的所得税被重复征收或漏征。缺乏跨境协调的国内税法，以及国际标准落后于国际商业环境的变化，税收治理机构缺乏相关信息，正是跨国企业逃税避税的制度漏洞。特别地，除少数情况外，跨国公司大部分的避税筹划都是合法的①。这显示，基于实体经济环境来制定税收规则，已无法适应当前跨境经营活动中无形资产和风险管理的新形势。政府必须修订这些缺陷的规则，或制定新的规则。

——跨国公司避税的主要形式有二。第一，规避税负，即利用不同经济体税制的漏洞，对收入来源国和居住国的纳税义务采取避高就低的策略。第二，转移利润，即将利润转向税率较低的第三地，如中国香港和英国开曼群岛等"避税天堂"。转移利润的手段包括转让定价。跨国避税得到数字经济的强力支持：数字技术在经济财务等经济活动中的应用越来越广泛，使得许多经济与金融交易与财会账目不易追踪，加大了财务审计、税务稽查和征税难度。

——跨国公司避税的影响如下。第一，侵蚀收入来源经济体的税基，降低后者的税收，侵蚀后者的经济福利。据不完全统计，税基侵蚀和利润转移（Base Erosion and Profit Shifting，BEPS）导致全球企业所得税（CIT）每年流失 1000 亿—2400 亿美元，相当于全球企业所得税额的 4%—10%②。第二，扰乱国际国内经济秩序。比如，导致税负与实际经济活动/价值创造错配，扭曲市场竞争，降低资源效率，妨碍国际国内收入公平分配，尤其是少数避税天堂同大多数经济活动地和价值创造地经济体之间的税收分配。

当事经济体对跨国公司征税的协调，具有相对较高的实践操作性。跨国公司的跨国经济活动，构成了特定的跨境价值链，具体表现为区域价值链或全球价值链，将相关经济体更紧密地联结在一起，成

---

① 有关研究主要集中在 OECD："About BEPS and the inclusive framework"，http://www. oecd. org/tax/beps/beps - about. htm。

② OECD. BEPS Explanatory Statement，2015，p. 1。

为这些经济体共同的税基，为国际征税政策协调的前哨。

对跨国公司征税的国际协调主要有两方面：交换税收情报，制定国际统一行动计划解决税基侵蚀和利润转移（BEPS）。

二 国际税收情报交换协调

情报交换是当前国际税收征管协助的主要形式。自动交换税收情报，同"专项交换"和"自发交换"合称为交换税收情报的三种主要方式，是指各国税务当局根据约定，由收入来源国以批量形式向居住国自动提供纳税人的涉税情报。这些专项收入主要类别如下：利息、股息、特许权使用费收入、工资薪金、各类津贴、奖金，退休金收入；佣金和劳务报酬收入；财产收益和经营收入。

国际税收情报交换活动 19 世纪中叶源于欧洲，20 世纪 70 年代开始真正发展和运用，2008 年以后飞速发展，2014 年开启全球自动交换税收情报时代。

（一）历史沿革

国际税收情报交换的法律规定大约可以追溯到 19 世纪中叶。比利时同法国（1843）、荷兰和卢森堡（1845）签订了各种税收条约，其中条款之一就是交换注册税情报。《经济合作与发展组织关于避免双重征税的协定范本》（以下简称"OECD 范本"，第 26 条）就规定了情报交换事宜。加强各国间的税收情报交换，尽管为国际联盟、经济合作与发展组织（OECD）、联合国（UN）和欧盟（EU）等国际组织的主张，但其真正发展和运用却迟至 20 世纪 70 年代。

《多边税收征管互助公约》（The Multilateral Convention on Mutual Administrative Assistance in Tax Matters）[1] 已成为全球税收情报交换的新标准。该公约旨在开展国际税收征管协作，最早由欧洲委员会（EC）和经济合作与发展组织（OECD）于 1988 年制定，1995 年 4 月 1 日生效。《关于加强用于税收目的的银行信息交换的报告》（OECD，2000）认可并维护属于民事和刑事税收案件范围之外的金

---

[1] 具体资料可以从下面的网址中获得：http：//www. oecd. org/tax/exchange – of – tax – information/convention – on – mutual – administrative – assistance – in – tax – matters. htm。

融保密，但同时也赞成税务当局为实施税法而有权获取银行信息。《税收情报交换协议范本》（OECD，2002），其情报交换条款比 OECD 范本第 26 条更全面和具体，可交换情报的范围更宽。2004 年和 2006 年，OECD 先后修订了税收情报交换标准，核心是扩大情报交流的范围、减少情报交流的限制并丰富情报交换方式①。不过，整体来看，多边税收交换协调仍发展缓慢。

2008 年之后，交换税收情报的议题进入二十国集团（G20）议程。2010 年，该条约由 OECD 基于税收情报交换的国际标准进行修订。2011 年，该条约得到 G20 国家一致同意于 6 月 1 日开始生效，并要"考虑实现要在各国之间更加自动地交换税收情报"。2013 年，"税收情报自动交换"（AEOI）由 G20 定于 2015 年底前开始执行。2014 年，基于互惠原则的税收情报自动交换全球标准得到 G20 核准，国际税收从此迈进全面推进自动交换情报标准（以下简称"统一报告标准"，CRS）的时代。2015 年底之前，AEOI 在 G20 国家之间开展。2017 年或 2018 年底前，AEOI 拟在 G20 成员与其他经济体之间实施。在短短五年内，银行账户信息就由各银行严格保密转变为几乎所有世界主要金融中心彼此共享。这在以前是难以想象的。

2016 年 9 月，G20 杭州峰会公报就国际税收情报交换等协调发表如下观点。其一，欢迎在有效和广泛落实国际公认的税收透明度标准方面取得的进展，呼吁所有尚未承诺采纳税收情报自动交换标准的相关国家，包括所有金融中心和辖区，尽快作出承诺，最迟在 2018 年前实施自动情报交换标准，签署并批准《多边税收行政互助公约》。其二，核可经 OECD 与 G20 成员共同提出的关于识别在税收透明度方面不合作辖区的客观标准建议。要求在 2017 年 6 月前向我们报告各辖区在税收透明度上取得的进展，以及税收透明度与情报交换全球论坛将如何管理国别审议进程，应对各国提出的补充审议要求，以便 OECD 在 2017 年 7 月 G20 领导人峰会前准备一份尚未在落实国际税收透明度标准上取得满意进展的辖区名单。对列入名单的辖区将考虑

---

① 参见 OECD《为税收目的实施情报交换条款手册》，2006。

制定防御性措施。①

　　长期以来，双边税收情报交换制度是国际税收情报协调的主要依托。近年来较有影响力的双边税收情报交换实践主要基于美国的《海外账户征纳法案》（Foreign Account Tax Compliance Act，FATCA）。FATCA 由美国国会 2011 年 6 月通过，2014 年 7 月 1 日生效。该法案要求，所有金融机构必须向美国国内收入局提供美国客户的全球信息，如不遵守，将对外国机构源于美国的所得和收入扣缴 30% 的惩罚性预提税。FATCA 不仅包括信息报告制度，还包括考虑到信息保密性及隐私保护的义务。为减少 FATCA 的推行阻力，美国随后公布了两种政府间合作模式：通过政府开展信息交换（包括互惠型和非互惠型两个子模式）；金融机构直接向美国报送信息。该范本逐渐得到学者、国际政府间组织以及非政府组织的认可。

　　部分区域内多边税收情报交换制度是双边协定的一个突破，在地区内部诸成员经济体之间具有较强的包容性。典型如欧盟，里程碑式的税收情报交换制度包括《欧盟理事会关于相互协作的 77 /799 /EEC 号指令》（第 3 条）、《欧盟理事会关于在增值税领域开展行政合作的 1789 /2003 号条例》（第 17 条）、《对存款所得采用支付利息形式的税收指令》（Council Directive 2003/48/EC on Taxation of Savings Income in the Form of Interest Payments，以下简称《利息税指令》，2003）、欧盟《行政合作指令》（the Directive 2011 /16 /EU on Administrative Co-operation，第 8 条，2015）。其中，《利息税指令》2005 年 1 月 1 日生效，仅适用于利息收入，适用于欧盟各成员和部分非欧盟成员（含欧盟成员的海外属地）②。《行政合作指令》被称为"欧盟版 FATCA"，是迄今为止全球最完善的税收情报自动交换体系，自动报税信息已涵盖纳税人的工作收入、董事费、寿险、养老金、房地产所有权收入、拟纳入红利、资本收益和其他形式的金融收入和账户余额。

---

　　① 参见 G20《二十国集团领导人杭州峰会公报》，《人民日报》，2016 年 9 月 6 日第 4 版。

　　② 后者如瑞士、安道尔、列支敦士登、摩洛哥、圣马利诺及"避税天堂"泽西岛、根西岛、曼岛、开曼岛、维尔京群岛以及加勒比海附属地。

（二）国际税收情报交换制度的特点

参与国际税收情报交换的广泛性不断提高。其一，截至 2017 年 1 月 10 日，《多边税收征管互助公约》已由 108 个经济体签署或承诺签署（OECD，2017）。其二，截至 2017 年 1 月 9 日，与美国正式或视同正式签署实施 FATCA 协议的辖区已达到 113 个，其中 101 个经济体愿意同美国展开政府间合作①。

国际税收情报交换条款的可操作性不断增强。其一，情报交换主体的范围更明确。CRS 规定，承担情报自动交换义务的金融机构包括保管机构、存储机构、投资实体以及特殊的保险公司，除非它们的逃税风险明显很低。其二，交换的内容更明确。CRS 要求报告的金融信息包括利息、股息、账户余额、特定保险产品收益、金融资产销售额及其他由该账户所持资产的收入或支出。可报告账户包括个人账户和实体（包括信托与基金）账户。严格区分注意义务，比如个人账户 VS 实体账户、已有账户 VS 新开账户、高价值账户 VS 低价值账户。其三，范式（如条款、概念以及方法）均已标准化（马乐，2015）。

限于执行条件和执行力，国际税收情报交换协定的执行效果有待继续提高。CRS 的执行时间节点取决于当事经济体的意愿：G20 领导人（国家领导人、央行行长或财政部长）均未明确具体时间表；任何主管当局都能以伙伴方存在重大不履行情况为由终止本方的情报交换。部分经济体缺乏基本的执行条件，尤其是 IT 系统，如信息的呈递标准和信息安全保障标准（含用户登录程序，必要的行政程序）。

（三）国际税收情报交换协调中的中国

《多边税收征管互助公约》（以下简称《公约》）是中国首签也是目前唯一的多边税收协定。2013 年 8 月 27 日，作为第 56 个签约方，中国正式签署该公约，2016 年 2 月 1 日对中国生效，2017 年 1 月 1 日起开始执行。按该《公约》，中国的相关权责具有如下特点。其一，《公约》暂不适用于中国香港特别行政区和澳门特别行政区。这是因为，《公约》仅对主权国家开放，香港特别行政区和澳门特别行

---

① 参见 US Department of the Treasury，https：//www. treasury. gov/resource - center/tax - policy/treaties/Pages/ FATCA. aspx。

政区不能独立签署《公约》。根据两特区基本法以及中国相关国内法规定，经征询两特区政府意见，中国在《公约》批准书中就此专门声明。其二，中国开展国际税收征管协助的范围包括 16 个税种（仅关税、船舶吨税除外），而在加入《公约》之前则以所得税为主（国家税务总局，2016）。其三，中国税务机关开展的国际税收征管协助方式，目前仅限于情报交换协助，而不进行税款追缴和文书送达协助。

中国签署的双边税收情报交换协定较少，但国际税收协调协定下的税收情报交换条款则较多。自 2009 年起，中国开始签署双边税收情报交换协定，迄今为止仅 10 份，签约伙伴包括"避税天堂"百慕大、巴哈马、开曼、英属维尔京。中国签署的避免双重征税协定一般都包括税收情报交换内容，这样的协定截至 2016 年 11 月已有 105 份，签约对象包括美（签约时间为 1984）、日（1983）、德（1985、2014）、法（2013）、英（2011）、意（1986）、金砖国家以及中国香港（2006）、中国澳门（2003）、中国台湾（2015）。①

"一带一路"沿线国家的税收情报交换。迄今为止，"一带一路"沿线经济体有 65 个（含中国）。其一，承诺实施国际税收情报自动交换全球统一标准（CRS）的"一带一路"沿线国家有 20 个，其中 2017 年执行该标准的经济体有 10 个（克罗地亚、捷克、爱沙尼亚、匈牙利、印度、拉脱维亚、立陶宛、罗马尼亚、斯洛伐克、斯洛文尼亚），2018 年实施该标准的经济体有 10 个（阿尔巴尼亚、印度尼西亚、以色列、马来西亚、卡塔尔、俄罗斯、沙特、新加坡、土耳其和阿联酋）。其二，24 个"一带一路"沿线经济体签署了《多边税收征管互助公约》。它们是乌克兰、土耳其、斯洛文尼亚、斯洛伐克、新加坡、沙特阿拉伯、俄罗斯、罗马尼亚、波兰、菲律宾、摩尔多瓦、立陶宛、拉脱维亚、哈萨克、以色列、印度尼西亚、印度、匈牙利、格鲁吉亚、捷克、克罗地亚、保加利亚、阿塞拜疆和阿尔巴尼亚。其三，53 个"一带一路"沿线经济体已同中国签署《避免重复征税和防止偷漏税协定》，其中第 26 条规定有税收交换情报制度。尚未同中

---

① 有关资料参见 http://www. chinatax. gov. cn/n810341/n810770/index. html。

国签署该双边协定的 11 个经济体为是伊拉克、黎巴嫩、也门、约旦、巴勒斯坦、柬埔寨、不丹、缅甸、东帝汶、阿富汗和马尔代夫。[①]

三　侵蚀税基和转移利润应对的国际协调

侵蚀税基和转移利润（BEPS）是一种避税战略，旨在利用国际税则中的差异和不匹配，将利润故意转移至低税负甚至零税负的地点（但在这些地方几乎没有什么经济活动），以使全球税负最小化。这降低了税收体系的公平性和一致性。发展中经济体对企业所得税尤其是跨国企业所得税的依赖超过发达经济体，因此应更加重视 BEPS 的国际协调应对。自 BEPS 项目启动以来，80 多个发展中经济体以及非 OECD 或非 G20 经济体讨论了 BEPS 的挑战，其中许多经济体最终加入了这个包容性的框架。[②]

（一）历史沿革

2012 年，制定 BEPS 行动计划的倡议得到 G20 同意，并交由 OECD 进行研究。2013 年，解决 BEPS 的行动计划（Action Plan on BEPS，APBEPS）由 OECD 正式发布，并得到 G20 领导人背书。BEPS 全部内容，包括如下 5 类 15 项行动内容，于 2015 年 10 月发布，并被随当年 11 月的 G20 峰会采纳（国家税务总局，2015）。

表 3 - 10　　侵蚀税基与转移利润应对行动一揽子计划主要内容

	类别	行动计划
1	应对数字经济的挑战	第 1 项行动计划《应对数字经济的税收挑战》
2	协调各国企业所得税制	第 2 项行动计划《消除混合错配安排的影响》； 第 3 项行动计划《制定有效受控外国公司规则》； 第 4 项行动计划《对利用利息扣除和其他款项支付实现的税基侵蚀予以限制》； 第 5 项行动计划《考虑透明度和实质性因素，有效打击有害税收实践》

---

① 参见国家税务总局《中国签订的多边与双边税收条约》，2016，http：//www.china-tax.gov.cn/n810341/n810770/index.html，访问日期：2017 年 1 月 10 日。

② 有关资料参见 http：//www.oecd.org/tax/beps/。

续表

	类别	行动计划
3	重塑现行税收协定和转让定价国际规则	第6项行动计划《防止税收协定优惠的不当授予》； 第7项行动计划《防止人为规避构成常设机构》； 第8—10项行动计划《无形资产转让定价指引》
4	提高税收透明度和确定性	第11项行动计划《衡量和监控BEPS》； 第12项行动计划《强制披露规则》； 第13项行动计划《转让定价文档和国别报告》； 第14项行动计划《使争议解决机制更有效》
5	开发多边工具促进行动计划的实施	第15项行动计划《制定用于修订双边税收协定的多边协议》

资料来源：笔者整理。

　　国际社会对BEPS国际协作存有更高的期望。在杭州峰会之前，税收正义网络（Tax Justice Network）认为BEPS失败了（Cobham and Alex，2016）。2016年G20杭州峰会表示，继续支持有关BEPS的国际合作，包括建立BEPS包容性框架，及时、持续、广泛落实BEPS一揽子项目，呼吁更多的国家和税收辖区承诺BEPS项目并平等参与该框架（G20，2016）。在这次峰会之后，作为"国际企业税改革独立委员会"（the Independent Commission for the Reform of International Corporate Taxation）的合作伙伴之一，反贫困慈善机构"Action Aid"认为，G20国家未能采取"大胆的行动终结发生在发展中国家的避税"。[1]

　　（二）既有成就与未来展望

　　BEPS项目15项最终成果的发布，"标志着一个世纪以来国际税收规则体系正在发生根本性变革"（OECD，2015）。该项目已在如下方面取得了积极成就，对未来的预期也逐渐明确。

　　1. 成就

　　其一，提升了一致性。目前，BEPS项目已经制定了（税收协定）

---

　　[1]　参见 "About the Independent Commission for the Reform of International Corporate Taxation"，23 September 2016，http：//www. icrict. org/about - us/以及 OECD（31 May 2016）. "OECD releases discussion draft on the multilateral instrument to implement the tax - treaty related BEPS measures"，http：//www. oecd. org/ctp/treaties/discussion - draft - beps - multilateral - instrument. htm。

范本规则，并确定了最佳实践，确保在国内政策设计中考虑跨境交易。可消除利用国内税法差异规避所得税的筹谋；构建有效的受控外国企业税制；制定利息扣除的通用方法；确立有关强制性披露制度的最佳实践；确保企业的地位同政府平等，消除或修订存在有害因素的优惠税制规定，以及交换有关具体裁定方面的信息。

其二，强化了实质性要求。更新了转让定价规则，确保其结果与实际经济活动相符；制定了无形资产（如商标和专利）的定价估值方法。设计了产品交易和低附加值服务的简易化机制。为避免滥用协定，各国已同意实施一项最低标准，以确保协定优惠仅给予合适的对象。修订"常设机构"的定义（设定非居民征税的门槛标准），以更好反映商业实情，阻止大量筹划避税的行为。

其三，保障了税收透明度，提高确定性。已设计相关指标，测度 BEPS 规模及其经济影响，作为 BEPS 各项措施实施有效性的监控和评估工具。已形成了建立强制性披露制度的建议。大幅修订了转让定价同期资料的要求，就国别报告模板达成了共识。同意大范围交换裁定信息。强化了争端解决机制（包括仲裁）。就"协定滥用、国别报告、争端解决和有害税收实践"设立了最低标准，各方并承诺一致实施相关措施，预防个别国家的不作为。

2. 未来展望

BEPS 问题的规模及影响仍待精确评估。由于 BEPS 问题的复杂程度和数据的局限性，目前的研究成果距离理想目标仍有差距，只能相对粗糙的描述 BEPS 问题（张再金，2015）。因此，BEPS 第 11 项行动计划是一项极具挑战性的工作。

各方应尽快推行 BEPS 系列措施，使全球税收环境更加稳定和可持续：国际税收规则的一致性更高，经济实质更受关注，税收环境更为透明。

构建组织化且具有包容性的架构，容纳所有有兴趣的国家和税收管辖区平等参与相关工作，支持各项措施的落实并监测其影响。事实上，截至 2016 年 6 月 30 日，该框架已经建立起来，有 36 个国家和管辖区成为其首批成员，承诺推行 BEPS 行动包，而 BEPS 项目总成员达 82 个，另有 21 个行将加入（OECD，2016）。

强化各国对 BEPS 措施的法律支持，尤其是《多边工具》的制定与签署。《多边工具》要明确相关的工具包，包括利润归属规则、利润分割方法的应用指南以及集团内比例在利息扣除规则中的应用。

3. 国际 BEPS 治理机制与中国

中国面临的 BEPS 问题比较突出，亟待加强国际合作维护自身税权。中国来自低税国家和地区的外商直接投资比重较高。企业纳税申报数据显示，在规模、行业等主要因素同等情况下，外商投资企业的利润率低于内资企业。这显示，中国对在华跨国公司的税收权益极可能未得到很好的维护。

不过，G20 是推进跨国征税合作的主要机制。OECD 是解决 BEPS 行动计划的设计者。迄今为止，关于 BEPS 的制度，绝大部分都是 OECD 主导推出的。

中国在主要国际组织的制度框架下展开国际反避税合作。中国同 OECD 的税收协作，早在 1995 年即已建立，彼此关系已从当时的"对话合作"发展到目前的"强化伙伴"。在反避税领域，中国税务官员获得了 OECD 大量的培训机会，中国的反避税立法较多地借鉴了 OECD 的研究成果。此外，中国是如下国际组织的主要成员：联合国税收问题国际合作专家委员会，亚洲税务管理与研究组织，国际货币基金组织成员国，世界银行。

中国参与了如下国际反避税合作。在中国实践中借鉴 OECD 的反避税理念；拓展国际税收协定网络；建立国际税收情报交换机制；展开双边反避税调查；积极参加 OECD、联合国和其他国际组织的各项合作和联合行动，包括参与国际规则的制定。

在华跨国公司以及在海外的中资跨国企业，在加强风险管理的基础上，应尝试同全球税务机关开展积极的对话和协作，加强透明度以提高税收确定性。

未来，在开展国际税收征管协助时，中国将结合《公约》以及其他税收条约的规定，选择最有利于自身的处理方式，最大限度地维护中国税收权益①。

---

① 在两国都是《公约》缔约方且已签署双边税收条约的情况下，《公约》允许两国可以选择最有效、最适当的条约执行。为了保证案件处理的一致性，《公约》规定两国不得就一个案件适用一种以上的条约。

四、国际税收制度协调展望与中国的对策

国际税制改革的政治支持可能难以持续。其一，国际税制改革的操作机制，是寻求相关国家的最大共识。由于这些经济体的利益、经济特征与税制之间存在巨大异质性，税制改革势必进展缓慢。其二，本轮 BEPS 税制改革的直接动因为 2008 年金融危机，一旦该危机得到缓解，国际税收协调的政治支持很可能衰减。

国际税制改革仍由美欧等发达国家和地区主导，新兴经济体的主张未能得到充分体现。APBEPS 由 OECD 提出，而中国等新兴经济体并非其成员，并非充分参与其出台过程。而该制度能否代表中国等新兴经济体的权益，尚待观察。传统的国际税制基于重商主义和资本输出主义，重在保护居住国（多为传达的发达经济体）的权益，轻视来源国（多为被殖民的经济体）的权益。近年来，传统来源国逐渐崛起，改革传统国际税制以维护自身权益的呼声正在高涨。

面对国际法和国内法的双重规定，在《公约》对中国生效后，中国的税收情报交换制度应如何调整，以更好地维护国家税收主权，并平衡多方面的权益。中国的税法应明确保护纳税人的如下权利：被通知的权利（notification rights）、磋商的权利（consultation rights）、介入的权利（intervention rights）（赵智娟，2016）。

中国应更广泛更深入地参与国际征税合作机制，并积极储备国际税收治理所需要的人力资本和政策供给。中国应更加深入地参与如下国际组织的全球税收治理活动，力争成为国际反避税的主要力量，发挥积极的作用：联合国国际税收合作专家委员会（UN Committee of Experts on International Cooperation in Tax Matters）、亚洲税收管理与研究组织（the Study Group on Asian Administration and Research，SGA-TAR）、美洲税收管理组织（the Inter – American Center of Tax Administrations，CIAT），G20。

第四章　中国参与国际经济协调的战略选择

　　不论是从理论还是从历史的角度，国际经济政策的协调不仅是必要的，而且会随着各国经济的相互依存和溢出效应的强化而变得更加重要。但是，正是由于处于整个国际经济、贸易和金融体系顶端的主导国家相比其他国家具有不对称的影响力和权力，往往在制定政策的时候主要考虑国内因素而较多，甚至从不考虑其政策的国际影响。面对其他国家针对其政策溢出效应的抱怨和加强国际经济政策协调的呼声，除非必须的情况，既使主导国家参与到了国际经济政策协调的平台上，却常常会有意无意地漠视他国利益，忽视潜在风险（溢出及回溢，spillover and spillback），从而对政策协调反应冷淡，错失最需要政策协调的时间窗口与合作的最佳时机。在理论上，他们坚持看不见的手，各国的自利行为最终会导致利他的结果，在经验上，他们断言主导国家的内向型政策决策虽然会有负的外部性，但是总体主导国家的经济复苏最终会带动其他国家的经济复苏，所以主导国家的内向型政策决策总体上还是利大于弊的。

　　在这种情况下，其他国家立足现实，尽量控制住本国政策的负溢出，对外国政策的负溢出给予足够的重视，在此基础上求解本国的最优政策，就是现阶段国际宏观经济政策的核心。

　　这就是其他国家所面临的国际经济政策协调的现实。

第一节　中国参与国际经济协调的现状与挑战

　　应该看到，除了国际经济体系中的主导国家之外，包括不少大国在内的大部分国家来说，他们在制定国内的宏观经济政策时不仅要考虑国际经济形势的影响，也要考虑主导国家经济政策的走向。欧洲是这样，日本也是如此，中国自然不能置身世外。

这就是说，各国在宏观经济政策协调问题上要面临几个选择：首先，要不要协调？基本的态度取向是什么？其次，在什么范围内进行协调？这包括与那些国家协调和在哪些方面（包括政策工具和政策领域等）进行协调。最后，最优的协调策略是什么？

对于上面的三个问题中，应该说第一个问题是比较容易给出答案的，因为对于非主导国家来说，协调或不协调不是一个选择问题，而是一个不容忽视的现实问题。虽然事实上可能都是跟随主导国家被动的进行跟进式的协调，但是为了解决后面两个如何协调的问题，就应该从我们前述的理论分析框架出发进行更具体的分析。

从协调或合作的基本定义上看，政策合作或协调意味着各国政策为了一个共同的目标而彼此配合。所以，协调涉及两类问题：协调的目标和协调的方式。

一　国际经济政策协调中的目标协调

应该说，从 2008 年金融危机以来，尽管在事实上世界主要国家宏观经济政策所追求的最终目标都是通过自身的经济增长来提高本国居民的福利，但是从这些政策的直接目标来看，的确各不相同。例如，就货币政策来说，美国尽管在口头上依然关注通货膨胀，但是对就业的关注强度则越来越高，欧洲则在相当一段时间内坚持反通货膨胀的传统思维，而随着向量化宽松的转变，也逐渐显露出对经济增长的关注。中国则坚持多目标制原则，包括了经济增长、通货膨胀、就业、国际收支平衡以及保证金融稳定、促进经济转型等，其中，经济增长无疑在政策决策中是非常重要的考量。显然，尽管最终目标都是稳定的经济增长，但是由于这个目标本身必须通过一些中间目标才能够实现，而各国货币政策直接目标的差异本身可能就成为国际宏观经济政策协调的首要内容。

从理论上说，国际经济政策协调的理想目标应该是世界经济的稳定增长，从而使各国度能够从中受益。但是在这个过程中就难免出现某些国家可能需要做出暂时的牺牲而放慢增长速度。而在没有一个国际权威，只能通过协商实现协调的情况，让某一个国家为了世界经济的稳定增长做出暂时的牺牲显然是难以实现的，更何况这种暂时的牺牲是得不到相应补偿的。事实上，不论是从分析框架上还是从计量技术上要确定这种损失程度都是难以达成能够被各方认可的统一结果。

具体来说，如果以全球产出或消费者福利最大化为目标，那么就可能出现某些国家增长受到抑制的情况，而这在缺乏有效的国际强制条件下可能是无法实现的。况且，只要承认福利函数的相对性和国别差异，确定一个全球福利函数本身也是一个几乎不可能完成的任务。因此，当世界主导国家确定了其经济政策以后，其他国家就要根据主导国家政策溢出的评估，在尽量控制其负外部性影响的同时，以各国实现潜在增长率为目标，即以在充分就业条件下实现经济增长的最优函数为基准进行政策决策。从国际经济政策协调的角度说，所有国家都要将自身政策决策可能产生的负外部性控制在至少别国可以接受的水平上。但是，在现实世界中，由于主导国家与其他国家处于不对称的权力地位，所以当主导国家以其国内经济形势作为依据进行宏观经济政策决策后，其他国家在面临可能的负外部性冲击时所进行的决策在道义上所承受的国际宏观经济政策协调的压力就会小很多，就可以相对自由的依据负外部性冲击程度和自身经济稳定增长的雪要确定政策变量。况且，与主导国家声称其内向型政策虽然可能给其他国家负外部性，但是主导国家经济的好转最终将成为世界经济领导性复苏的关键力量一样，其他国家也可以按照同样的逻辑为自身政策进行辩解。这就好像斯密所谓的"看不见的手"一样，所有国家都致力于复苏和增长，最终世界经济就会增长。毫无疑问，所有国家都可以从世界经济的增长中获益，但是问题在于政策本身可能具有正的外部性，也可能具有负的外部性。如果能够刺激国内经济复苏的政策具有正的外部性自然是皆大欢喜的结果，否则就需要政策协调。大国之间，由于实力相近，可能彼此制衡，协调会相对困难。小国由于影响有限，不会受到过多的关注。因此，所谓政策协调，可能在中等国家就会成为一种现实压力，特别是当这些国家的政策不同于所有大国政策的情况下就会尤其明显。

　　当然，从大的政策方向上看，无非紧缩和宽松两类，只要大国之间存在政策分歧，一个中等国家出现差异化政策而受到政策协调的国际压力的情况可能性不大。而当大国采取相同的复苏政策时，一个中等国家采取不同的政策而造成的影响就会被淡化，而且更可能的是在这种情况下，中等国家采取跟随的政策本身就是更明智的。国际协调更是无从谈起了。

　　所以，尽管从理论上，国际经济政策协调尽管可能有诸多的好处，但是在现实中，特别是在大国之间，可能还是协调多于合作。相对于合作而言，协调的配合程度显然要低很多，而且更多是表现出一种意愿、态度或过程而已。因此，在现实中，国际经济政策协调的目标只能退而求其次，追求一种类似帕累托最优的状态，也就是说以消除各国宏观经济政策的负外部性为目标。如果把国际经济政策的协调看成是一种合作博弈，那么就应该以纳什公理为前提。这包括个人理性假定、帕累托改进的强有效性、对称性、等价盈利描述的不变性以及无关选择的独立性等内容。所有这些假定实际上都保证了一点，那就是国际经济政策协调的自愿性，也就是没有一个国际机构的强制，通过协商也能够实现国际经济政策的协调。而协商特征恰恰正是现实国际经济政策协调的主要特征，且这种特征首先就反应在各国对政策协调目标的确定问题上。

二　政策协调的行为方程：模型设定与时间不一致性

　　必须指出的是，作为全球经济治理总课题下的一个子课题，我们对当前国际经济政策协调的判断是以各国如何根据主导国际的政策变化及其外溢进行调整和适应为主要内容展开的。当然，这样的判断并不排除在一些关键的节点上，比如金融危机可能引发全球性衰退的情况下，各国可能会暂时淡化宏观经济政策中的国内目标和色彩，进行政策协调。所以，这常常也是短暂的和一次性的集体行动，并且主要集中在技术层面。而在全球层面上，系统性的国际宏观经济政策协调很少有持续很长时间的。对此，我们在第一章第一节的第一部分中已经做了一些分析。但是不可否认的是，尽管真正意义上持续的国际经济政策协调非常少见，不过以国际经济政策协调为目的的平台在促进信息交换和共享，培育国际政策协调理念方面还是发挥了不可替代的作用，为危机中的应急性政策协调奠定了基础。

最终关注经济增长而政策的直接目标却存在差异的原因应该就在于各国的经济结构以及由此造成的政策直接目标与最终目标之间的传导机制差异，而这最终反映为各国政策决策者模型的差异。

国际宏观经济政策协调的过程从原理上说是将各国的宏观经济模型联立，然后依据各国产出或消费者福利最大化的最优函数，求解各国不同的政策变量。显然，如果各国的政策目标、政策变量和政策模型都是相同的，那么就很容易通过 N 国方程联立求解 N 国的政策变量。但是，如果各国的政策目标、政策变量和政策模型都是不相同的，那么联立求解过程中的被解释变量可能就会增加，从而大大增加求解协调政策的难度。另外，每一个国家的状态本身可能就需要一组方程来描述。如同 DSGE 所表明的那样，利率可能取决于物价，而物价又决定了出口和进口，出口和进口与物价一起又反过来影响到产出，而出口通过国外产出又将各国经济联系起来，如果考虑到资本流动，利率也会资本流动相互影响。如果仅仅考虑两个国家的协调问题，每个国家包括家户、厂商、银行、政府和国外等 5 个部门，那么至少就需要 10 个方程联立。

一般来说，除了增加求解的技术难度，多方程联立所面临的另一个致命问题就是解的敏感性问题。在一个逻辑关系被极大复杂化的因果链条中，对每一个变量系数估算的微小误差集合在一起最终都会对最终结果产生很大的影响。而且更具有挑战性的是，对变量系数的估算本身可能就有问题。使用模型进行政策决策的思维是将社会科学作为工程科学，不仅假定决策者信息充分，而且能够在给定社会偏好的条件下，准确估算相关参数，并依据既定的行为方程进行最优化政策决策。但是，正如卢卡斯（1976）所指出的那样，标准化的模拟假定模型阐述是基于历史，政策调整也被预期。但事实很可能是政策的任何改变都会修正模型的结构，政策的变动本身不仅会改变行为的强度，而且会改变行为方式本身。

因此，在技术上，我们在本课题的研究中使用了 GVAR 的方法，以便将系数的取值作为内生因素，而不是做出先验的外生约束。从技术角度进行分析的另一个政策含义是，在全面开放条件下进行全面的国际经济政策合作需要极其高超和准确的政策分析能力，反之，则需要进行一些简化工作，比如适度的资本监管，又比如抓住主要矛盾，通过聚类分析，减少政策协调的对手，将一般均衡问题变成局部均衡问题。在本课题的研究中，我们在 2008 年金融危机的背景下，以美国货币政策的变化及其溢出效应分析为对象，模拟研究了我国应该采取的政策应对策略。

从理论上说，要模拟外部的溢出影响和政策协调，还应该考虑到政策的可信性（毕竟进行宏观经济政策的国际协调会使政府暂时放弃之前的政策承诺）和道德风险，甚至包括联盟政策，等等，但是这些也同样作为例外而在本课题的研究中被省略了。

三　政策协调的成本与收益

囚徒困境和纳什均衡表明，在信息不完全的情况下，所有个体的最优行为并不能达到原本可能的最优结果，因此合作与协调是能够给所有人带来收益的。尽管国际经济政策的协调在理论上是必要的，并且国际经济治理也已经成为一种理念，但是在现实中却不是常态。其中的原因自然很多，我们在前面实际上也已经陆续提到一些，比如搭便车的问题，比如合作中的协调问题等。在这里，我们主要再从成本—收益这个最基本的角度展开分析。

毫无疑问，中国作为发展中国家的代表与美国等发达国家在对国际经济政策协调的收益问题上必然存在的差异，只是这种差异可能恰恰不会影响协调而是增加了协调的可能性。

在第一章的文献回顾中我们指出，如果从单纯的绝对收益角度看，国际经济政策协调的收益可能是比较小的①。按照 Oudiz 和 Sachs（1984）最经典的估计，对主要国家来说，可能仅为 GNP 的 0.5%。在他们的模型框架中只涉及到大国，而大国之间的贸易是以最终品为

---

① 由于收益与成本是相对的概念，所以收益下降就意味着成本的相对提高。因此，虽然我们再这里重点讨论了收益问题，但是也可以认为看成是一种成本—收益分析。

主，所以近年来流行的 GVC 分析并不会给他们的结论带来明显的变化①。此后的研究也始终存在对国际经济政策协调收益是否过小的质疑。当然，肯定协调收益足以推动国际政策协调的声音也始终存在。

如果撇开对绝对收益计算中技术问题的争论，也许对国际经济政策协调收益的评估应该包括更多的内容，包括对多期收益的考量以及对未来收益的贴现评估以及对收益概念的界定等问题。

首先，在经济学文献中，对政策协调收益的考量主要是单期的，即使是在博弈论的框架下展开的分析也是集中在对当期收益的影响上。诚然，在国际关系中，利益关系错综多变，使得可能的以牙还牙可能会随着局势的变化而变化，但是这不可能成为分析的基准假设，而且从多局博弈的角度看，这可能影响到别国在与之进行博弈分析时的基准假设，从而具有信号意义。

其次，只要考虑到多期收益和未来收益，就必然涉及到一个折现率评估的问题，这也是单独考虑绝对收益或相对收益时不会涉及到的问题。毫无疑问，对于一个发达国家来说，由于其增长相对缓慢，相对于处在高速增长中的新兴经济体来说，对未来一般的评估不会高于后者，可能更关注当下的收益而对未来收益的折现值比较低。相反，新兴经济体则会更关注未来的收益。

最后，不同国家对于收益的考量可能在定义上也有差异。因为收益的下降可能意味着是一种成本，而这种成本的付出可能是未来换取其他的非经济收益。例如在国际政策协调中的付出可以提高一个国家的国际声誉和国际地位等。至少在当政策协调收益比较小的时候，协调依然是可能出现的。

四 当前中国参与国际经济协调的挑战

各国经济政策的溢出提供了国际经济政策协调最传统的驱动力，而作为一种全球治理，国际经济政策协调本身就是一个公共产品，它至少应该包括政策协调的内容和政策协调规则与工具这两方面的内容。对此，一个最简单的办法是建立一个统一的规则体系，例如在世

---

① GVC 的影响应该主要表现在最终品生产国和中间品生产国之间联系的强化。

界贸易组织下签订的各类双边、诸边和多边贸易协定，并且设定一个仲裁机制以保证协议的执行。又比如欧盟或欧元区也是同一硬性规则体系下进行政策协调的一个典型。但是在现实中，这常常是一种特例而非常态。对于各国经济政策的制定来说，国际协调常常是通过协商和公布标准等方式，个案化的，通过软性的方式实现的。例如，巴塞尔协议就是一种通过公布统一的标准实现的。虽然它在各国并不必然具有法律强制性，但是却可以借助市场化的方式得到执行。所以它就是一种相对成功的，能够在有效的软性约束下的国际协调。值得注意的是，由于在国际经济政策协调中总要面临经济相互依存而政治彼此独立的难题，所以不仅协商和软性规则下的协调是常态，而且在这个过程中哪怕存在隐含的强制，也常常会引起争议。国际货币基金组织的贷款条件性就是这样的一个典型。因此，如何就宏观经济政策的目标和工具进行协调就是中国参与国际经济政策合作所面临的挑战。

以货币政策为例，按照常规理解，中央银行的职责是维持物价稳定。但是在事实上，中国与美国就存在比较大的差异。虽然中国的货币政策目标似乎有些离经叛道，但是美联储的货币政策目标更加让人感觉飘忽不定。

在2008年金融危机以后的一段时间内，美联储的确也常常有诸如"由于长期通货膨胀水平预期较低，同时兼顾最大就业和经济增长目标或进一步完善金融市场功能"的表述，以引出政策决策。但是，在第二轮量化宽松以后，美联储在议息会公告中则每每提及"为了支持经济的更强劲复苏并保证将通货膨胀控制在适当水平"。这种变化明显有违常理：既然经济已经复苏，为什么货币政策还要进行刺激以实现更强劲的复苏呢？难道货币政策不再是反衰退而变成了经济增长的助推器？难道宽松的货币政策一定要等到出现经济过热再戛然而止吗？这可能暗示着美联储货币政策目标的重大转变。而从2013年9月开始，美联储议息会公告的表述又改成了承认"经济活动和劳动力市场条件的改善，但同时表示还需要观察和等待，以确认这种改善是否是可持续的"，对于货币政策的变化表现出审慎的态度。在2014年10月29日联邦公开市场委员会的会议公告中，美联储明确提出已经确认在经济活动的各方面存在足够的力量，正在价格稳定的前提下支持着走向最大就业的进程，并因此终止了美联储的资产购买计划。此后，公开市场委员会会议公告就一直维持着"为了支持持续走向最大就业和价格稳定的进程"的表述至今。

其实，从 2010 年 11 月开始，在联邦公开市场委员会的会议公告中就一直明确美联储追求培育最大就业和价格稳定的目标，并且在 2012 年后美联储的货币政策报告中，增加了一个《关于长期目标和货币政策战略的声明》，开宗明义的将促进最大就业列为首要目标，其次是价格稳定，最后是适度的长期利率水平。这份声明的另一个关键点在于强调，由于货币政策对经济活动和价格水平的影响具有时滞，因此货币政策决策依据的是公开市场委员会的中长期展望。美联储副主席费希尔在 2015 年 6 月牛津大学的讲话中也指出最大就业和 2% 的通货膨胀是当前美国货币政策的目标，而且美联储不会等到达到目标以后再调整政策。按照这样的思路，对于通货膨胀来说，货币政策要稳定的不是通货膨胀本身，而是通货膨胀预期。只有将通货膨胀预期稳定住了，才能稳定住宏观经济。对于失业率也一样，关键是要确定一个长期的正常失业率水平。而这些指标的具体范围是由联邦储备委员会成员和联邦储备委员会主席给出的经济预测。也就是说，判断美国货币政策走势，仅仅看当前的通货膨胀率和失业率可能是不够的，甚至是错误的，应该关注的是通货膨胀预期和失业率的长期目标或中心趋势，也许更直白的说就是要看美联储认为的合意值。事实上，这些不断变动的预测值给了美联储在货币政策决策时很大的相机抉择的空间。

更让人对美联储的货币政策捉摸不定的是，耶伦在 2015 年 7 月 10 日在克利夫兰的讲话中则指出，只依靠货币政策不足以保证长期的增长和生活水平的持续改善。改善生活水平的最重要因素是提高生产率。但是 2007 年以来，美国每小时的产出增长率每年仅为 1.25%，而在大危机以后的十年间，年均生产率的增长达到了 2.75%。所以在耶伦眼中，生产率增长的乏力也解释了当前劳动力市场的持续乏力（persisting labor market slack）。由于生产率的提高受到劳动力知识和技能、资本装备的质量和数量以及相关的基础设施，因此，就需要增强教育和培训、鼓励创业和创新，推动资本投资的政策措施。由此，我们不仅可以看出耶伦在失业率大幅度下降后依然迟迟没有加息的原因可能是就业后面的生产率迟缓增长，而且还可以体会出她对货币政策长期作用的理解。这无疑又偏离了我们对货币政策作用的常规理解，使得美联储的货币政策变得更加扑朔迷离。

在中国的货币政策目标方面，中国人民银行高度重视价格稳定，这是各国央行都有的目标。经济增长和就业重叠性较大，也是某些其他央行的目标。但中国央行功能中比较特殊的是改革开放、发展金融市场和国际收支平衡，也比较注意协调其它政府部门。后两个目标主要是因为中国作为一个依然处于经济改革和转型中经济体，不改革开放就不会有健康的金融机构体系，因此，金融改革和实现金融系统健康化和稳定的重要性甚至要高于通胀等传统目标，推动金融市场发展，是其更好履行货币政策职责的内在要求。否则，中央银行难以实现价格稳定，货币政策的有效性也无从谈起。另外，中国在转轨过程中借鉴了东亚外向型国家的发展道路，对中国经济的改革开放都至关重要，但也提高了中国对国际贸易和外资的依赖度，导致国际收支在很大程度上影响到了央行的货币政策、货币供应量和价格稳定目标。因此，中国央行必须要关注国际收支平衡问题，相应也需要承担管理汇率、外汇、外汇储备、黄金储备、国际收支统计等职能。

毫无疑问，中央银行多目标的货币政策会带来很多问题。

首先，当央行同时追求多个目标时，央行面对的就是一个多目标的优化问题。在数学上，央行可以理解为在一个一般均衡模型（GE）中或动态随机一般均衡模型（DSGE）中，通过选择合理的政策变量来最优化这个目标函数。这里的关键在于如何确定目标函数中各个目标对应的权重系数。事实上，这几个货币政策目标均存在容忍区间，在区间之内目标权重会呈现某种调整变化。比如在危机期间，就可以调高金融稳定和金融机构健康化的权重；在通胀较高的时候，价格稳定的权重就应该提高；而在经常项目余额占 GDP 比重较大的时候，国际收支目标的权重又需要相应的得到提高。这是一个动态调整的过程，虽然这会使得中央银行的目标函数看起来不太稳定。

其次，多目标之间可能存在重叠和冲突，但是这个问题对于一个国家的中央银行来说，可以通过设定目标的容忍区间、调整目标在优化模型中的权重以及动态调整来缓解。

　　最后，多目标优化也会使得央行的宏观经济模型复杂化。当货币政策模型需要考虑更多的变量以及这些变量间具有复杂的动态关系时，就需要使用向量自回归、结构向量自回归技术来建立行为函数，只用一般均衡模型或动态随机一般均衡模型来求解。这样的模型常常难以从逻辑上辨别传导机制，就会带来货币政策沟通的困难。由于货币政策决策实际运用的模型是多变量、动态的，各变量及其滞后的变量间有复杂的交互关系，但多数人的思维方式和教科书描述的传统通常是单变量的、语言型逻辑。因此央行在沟通中一直面临着两难：如果沟通过于简单，虽能保证公众理解，却无法反映事物本身的复杂性；如果沟通过于技术、复杂，则只有少数经济学家和市场人士能理解。

　　当然，我们在此要强调的是，由于中国经济的结构特征和货币政策决策中关注国际收支大体平衡的特点，使得我们的货币政策与传统货币政策模型多数只注重国内变量的传统不同，更适于全球互动越来越显著，越来越关注政策溢出和反向溢出的大趋势。2008 年金融危机以后，金融稳定已经变成了一个全球性问题和国际宏观经济政策协调的主要目标。中国多目标、多变量的货币政策决策方法虽然在一方面有助于国内与国际的联系、互动，但是将各国不同类别的模型加以联结，对不同的目标，甚至对一个国家的多个货币政策目标进行赋权并在全球链接模型中进行优化，依然是一个极具挑战性的任务。

　　当然，宏观经济政策协调最终目标的确定和实现更为重要，也就是说，协调的结果比协调的过程更重要，因此，各国所采取的工具倒应该不是政策协调的核心，应该是属于各国自己的自由决定空间。只要目标协调一致了，如何达到这个目标本身倒可以由各国自己决定。在这个意义上，各国模型之间的差异倒不是非常重要，只要控制住本国政策的负溢出，对外国政策的负溢出给予足够的重视，在此基础上求解本国的最优政策，就是现阶段国际宏观经济政策的核心。

第二节　中国参与国际经济协调的 SWOT 分析

　　中国作为新兴的发展中国家，在国际市场中的地位日益重要，但参与国际宏观政策协调承担的成本和分享到的收益仍具有很大的不确定性。一方面，在给定中国作为发展中国家在国际经济政策协调问题上的目标差异以及由于经济结构变化更快造成的模型动态不一致性问题相比发达国家更严重，且在考虑贴现率和政府声誉的情况下，成本可能更高，收益可能相对更小。另一方面，由于中国作为发展中大国，特别是国际话语权和影响力虽然有所提高但依然无法占据主导地位，未来发展需要与世界经济更广泛和深入的融合，目前尚难以特立独行。综合正反两方面的影响，如何决策所面临的挑战也更大。需要综合优势、劣势、机会和威胁进行综合评判。

一　中国参与国际经济协调的国际环境

在经济全球化和新一轮网络产业革命的影响下，世界上国与国之间的贸易往来、经济关系更加紧密的联接在一起，相互依存程度越来越深。无论是金砖五国这样的中低收入国家，还是欧美高度发达国家和地区，政府在制定经济政策时，必须考虑到全球市场的反应，以及自身政策对其他国家或者区域组织的外溢效应。尤其是像中美这样在全球经济中排名前两位的大国，无论自身的经济波动还是政府宏观政策的风吹草动，都会触动全球经济的神经，引起其他国家的政策反应。比如，美联储加息可能会对世界各国的资产价格受到不同程度的冲击，美元升值也会使得一些新兴市场国家的债务出现违约。由于中、美、欧、日的经济体量都过于庞大，其他中小型国家往往选择跟随调整的政策导向，或者采取合作共赢、抱团取暖的策略，比如"金砖五国"就是新兴市场国家之间共同应对国际形势变化而走到一起的。但是对于这四个最大的经济体，彼此之间在制定产业、贸易、汇率、货币或者财政政策时，不得不考虑相互之间的外部性效应。这种政策的外部性加强了各国之间的战略互动，提升了中国的国际政治地位。

对于处于不同发展阶段的经济体来讲，经济增长速度和波动程度存在较大的差异性。一般而言，欧、美、日等发达国家和地区已经进入低速、持续、稳定增长阶段，经济增长比较平稳，波动幅度不是很大；而中国这样的发展中国家正处于向均衡收敛或者快速追赶阶段，经济增长速度较高，波动幅度较大。实际上，从各国近年来经济波动的比较来看，中国经济的波动幅度比欧美等发达国家和地区要大一些，而比能源、原材料出口国以及发展中国经济的波动幅度要小一些（见表 4 - 1）。2000 年尤其是 2004 年之后，中国和能源、原材料出口国，经济波动的协动性程度逐渐增强，并且对他们具有领先作用。和大多数国家相比，中国经济在下滑时期的幅度较小，并且复苏较快。由于经济体量过大，经济增速低、波动小的欧美等发达国家和地区对国际市场的影响力反而要大于经济增速高、波动大的发展中国家。因此，在国际宏观经济政策协调中，欧美发达国家和地区的影响力和话语权都要更重要一些。2008 年金融危机之后，由于欧、美、日经济实力的衰落，而以中国为首的新兴市场国家的崛起，G20 和金砖国家机制日益替代了 G7 集团在国际经济协调中的位置。

表 4 - 1　　　　　二十国集团各年 GDP 增长率的统计特征

	均值	标准差	变异系数	自相关系数	样本个数
CHN	9.738888889	2.710854138	0.278353534	0.546310128	36
AUS	6.480857143	4.013424481	0.619273715	0.169570818	70
KOR	6.541470588	4.001835073	0.611763826	0.313274283	102
USA	5.642272727	3.910969227	0.693154942	0.333184703	132
ZAF	5.2140745	3.724144219	0.714248371	0.339762726	150
ARG	5.055994745	3.659331064	0.723760852	0.291078432	157
FRA	4.473257787	3.576756186	0.799586421	0.390293721	183
EU	4.13846553	3.54736936	0.857170208	0.248446389	198
GBR	3.821068665	3.391203429	0.887501306	0.4782068	221
CAN	3.565573037	3.247717692	0.910854345	0.249166267	242
ITA	3.2683091	3.284554396	1.004970551	0.430871718	261
IDN	3.325304942	3.278490529	0.985921769	0.556199384	258
GER	3.184675482	3.181913571	0.99913275	0.170655911	274
JPN	2.962911743	3.157591765	1.065705643	0.377312749	288
IND	3.210730007	3.201851979	0.997234888	0.344225939	296
MEX	3.12924756	3.158338049	1.009296321	- 0.113543353	306
BRA	3.097035947	3.089902003	0.997696525	0.065308799	314
KSA	3.163129285	3.122345697	0.987106569	0.360254923	319
TUR	3.173061461	3.254445881	1.025648548	- 0.162451945	322
RUS	3.377462287	4.257865567	1.260670055	0.023191352	322

资料来源：Wind，中国社会科学院世界经济预测与政策模拟研究室。

随着新兴市场国家在国际经济中的地位上升，欧美发达国家和地区也不得不重视与这些国家的宏观政策协调问题。任何政府在制定政策时如果不考虑与相关国家的宏观经济协调，可能会由于信息方面的不对称或者不完全，从而导致对宏观经济环境的判断失误，进而制定出不符合实际的货币或者财政政策，政策效果最终会偏离政府目标的初衷。在一国政府政策的调控过程中，国内外的居民或者政府都不是任其随意摆布的非理性人，他们有自己的效用和偏好，并根据未来的预期对政府政策作出反应和规划，在这种情况下，该国政策往往会出现动态不一致性问题。正是基于宏观政策的动态关联性，各国政府部门在重大的经济政策制定过程中往往都会提前进行信息沟通，并做好相应研判和预警，减少经济摩擦。

在全球经济一体化的过程中，大家逐渐形成的共识就是参加国际宏观经济政策协调，进行国际协作，收益大于成本。从博弈的角度来看，当政策的国际外部性比较明显的情况下，各国政府的独立决策难以获得最优的结果。当各国政府都认识到国际宏观经济政策协调的重要性之后，就是参与国际宏观经济政策协调的收益分享和成本分担问题。在大家都积极参与国际宏观经济政策协调的过程中，各国往往很难取得双赢的结果，所以各国政府也都参与国际经济规则的制定，试图在协调和规则制定上更加有利于本国的利益。虽然大多数情况下，国际宏观政策协调对双方都有利，但是即使国际政策协调只是零和博弈，仍然需要提前进行国际政策协调，因为合作总比不合作的损失要小，而最终收益往往会是国家竞争优势的客观反映。总体来讲，无论是零和博弈还是双赢的结果，国际宏观经济政策协调中收益分享的程度都会取决于国家间的竞争实力，只有具有强大国际地位和竞争优势的国家才会政策信息共享和经济政策协调中始终居于主导地位。

二 国际经济协调的 SWOT 分析方法

基于以上分析，我们发现积极参加国际宏观经济政策协调是保护国家经济利益的客观要求，而国家的经济和产业竞争优势则是最终决定参与国际经济政策协调分享收益大小的基础。正如波特（1990）在比较优势和企业竞争优势理论基础上，提出了国家竞争优势理论。在其提出的钻石模型中，生产要素、需求因素、相关和支持产业因素以及企业战略、组织与竞争状态因素等构成了国家的核心竞争力。根据波特的理论，反映国家竞争优势的因素包括生产要素（自然资源、资本、人力资源等）、市场需求、产业结构、基础设施、国家制度、政府治理能力等。波特认为，国家竞争优势并不简单地取决于生产要素的比较优势方面，而是在很大程度上依赖于一国的产业创新和升级的能力。由于当代的国际竞争更多地依赖于知识的创造和吸收，竞争优势的形成和发展已经日益超出单个企业或行业的范围，成为一个经济体内部各种因素综合作用的结果，价值观、文化、经济结构和历史都成为竞争优势产生的来源。在波特国家竞争优势的理论的基础上，许多学者采用 SWOT 的方法来分析各国的竞争力和国际政策协调能力。

所谓 SWOT 分析即态势分析法，就是基于一国内外部竞争环境和竞争条件，综合考虑其具备的优势（Streagths）、劣势（Weaknesses），面对外部的机会（Opportunities）与威胁（Threats）等因素，通过分析调查列举出来，并按照矩阵形式排列，然后运用系统分析的思想，将各种因素相互匹配起来加以分析，从中得出一些结论，为最终决策参考。优劣势分析主要着眼于自身相对于竞争对手的比较，而机会和威胁主要着眼于外部环境的变化及可能的影响。

该分析方法是 20 世纪 80 年代初由美国旧金山大学的韦里克教授提出，最初主要用于公司和产业竞争环境的战略分析，其最终决策的基本思路是发挥优势因素，克服弱点因素，利用机会因素，化解威胁因素；考虑过去，立足当前，着眼未来。如果运用系统分析的综合分析方法，将排列与考虑的各种环境因素相互匹配起来加以组合，还可以进一步得出一系列未来发展的可选择对策。

国家间宏观政策协调的结果及收益分享取决于协调参与国之间的竞争实力，本文运用 SWOT 法对中国相对于欧、美、日等国家和地区的经济实力的优势、劣势、机会和威胁的比较分析，不仅可以了解中国在投资、贸易、产业等微观政策协调的收益，还可以更加透彻的理解汇率、货币和财政等宏观政策协调的收益。

（一）中国参与国际经济政策协调的优势

中国国民经济门类齐全，具有健全完善的的国民经济体系。改革开放之后，经过 30 多年的持续快速发展，中国的许多产业逐步确立了在国际市场中的竞争优势，极大的改善了国内外的投资环境。

从生产要素来看，中国拥有低劳动成本和丰富的自然资源方面的比较优势。在日益深化的国际分工中，中国可以提供规模庞大且受教育程度不等的廉价劳动力。中国在 2001 年加入世贸组织之后，在劳动成本方面与东亚四小龙相比具有了更多的竞争优势。中国政府也根据形势的变化大力推进劳动密集型的出口导向型外贸战略，提升了国际贸易竞争力，特别是在沿海地区取得了巨大的成功。到 2008 年金融危机时，我们已经完全取代了"四小龙"，而成为全球劳动密集型产品的制造中心，确立了"中国制造"工厂的地位。

国际市场逐渐形成了俄罗斯、加拿大、巴西、中东等能源国提供原材料——中国生产制造——欧美国家和地区消费的发展模式。这在一定程度上造成了全球经济失衡，导致发展中国家的激烈竞争，同时也招致了欧美贸易逆差国家的压力。贸易战、汇率战和货币战争此起彼伏，使得中国各相关政府部门在国际政策协调中的话语权越来越大。

从市场需求来看，中国具有广阔的消费市场优势。中国人口众多，具有巨大的市场购买潜力，从而使得企业更容易获得规模收益和范围效益。无论是实体企业，还是互联网和现代物流的快速发展，都和市场规模的扩张息息相关。随着全球化的深入发展，跨国公司对中国市场的追逐更趋激烈。由于国际分工的日益细化，电子产品、汽车、机械制造等行业均形成了较长的国际产业链条，将中国与欧、美、日等发达国家与地区和部分新兴市场国家的经济发展联接在一起。在这种情况下，巨大的市场份额赋予了中国政府在国际经济政策协调中一个极其重要的谈判筹码。这是中国各政府部门现在和将来在参与国际政策协调过程中一个必不可少的条件。

表4-2　二十国集团经济波动简单相关性

	CHN	AUS	KOR	USA	ZAF	ARG	FRA	EU	GBR	CAN	ITA	IDN	GER	JPN	IND	MEX	BRA	KSA	TUR	RUS
CHN		0.3	0.2	0.3	0.6	0.8	-0.1	0.2	0.3	0.2	0.1	0.9	0.0	-0.1	0.7	0.1	0.5	-0.2	0.1	0.2
AUS	0.3		0.0	0.6	0.3	0.3	0.2	0.5	0.4	0.8	0.3	0.4	0.0	0.0	0.1	0.4	0.3	-0.1	0.0	-0.1
KOR	0.2	0.0		0.4		0.8	0.3	0.4	0.4	0.2	0.5	0.1	0.4	0.5	0.2	0.0	-0.1	-0.3	0.0	0.1
USA	0.3	0.6	0.4		0.4	0.4	0.5	0.8	0.7	0.8	0.6	-0.8	0.4	0.3	0.3	0.6	0.1	-0.1	0.3	0.0
ZAF	0.6	0.3		0.4		0.8	0.5	0.6	0.5	0.4	0.6	0.9	0.6	0.6	0.5	0.4	0.6	0.4	0.5	0.4
ARG	0.8	0.3	0.8	0.4	0.8		0.7	0.6	0.4	0.6	0.7	0.7	0.6	0.6	0.9	0.6	0.8	0.6	0.8	0.5
FRA	-0.1	0.2	0.3	0.5	0.5	0.7		0.6	0.6	0.5	0.7	0.1	0.7	0.5	0.3	0.5	0.1	0.0	0.1	0.3
EU	0.2	0.5	0.4	0.8	0.6	0.6	0.9		0.8	0.8	1.0	-0.5	0.9	0.6	0.4	0.7	0.3	0.1	0.4	0.2
GBR	0.3	0.4	0.4	0.7	0.5	0.4	0.6	0.8		0.6	0.5	-0.8	0.3	0.3	0.2	0.5	0.1	-0.3	0.2	0.1
CAN	0.2	0.8	0.2	0.8	0.4	0.6	0.5	0.8	0.6		0.5	0.7	0.3	0.2	0.2	0.6	0.3	0.0	0.2	0.3
ITA	0.1	0.3	0.5	0.6	0.6	0.7	0.8	1.0	0.5	0.5		-0.4	0.7	0.6	0.3	0.4	0.3	-0.1	0.2	0.2
IDN	0.9	0.4	0.1	-0.8	0.9	0.7	0.1	-0.5	-0.8	0.7	-0.4		0.2	0.1	-0.1	0.7	0.9	0.7	0.4	0.7
GER	0.0	0.0	0.4	0.4	0.6	0.6	0.7	0.9	0.3	0.3	0.7	0.2			0.5	0.6	0.1	0.3	0.2	0.4
JPN	-0.1	0.0	0.5	0.3	0.6	0.6	0.5	0.6	0.3	0.2	0.6	0.1			0.6	0.3	0.0	-0.1	0.5	0.1
IND	0.7	0.1	0.2	0.3	0.5	0.9	0.3	0.4	0.2	0.2	0.3	-0.1	0.5	0.6		0.6	0.5	0.5	0.6	0.2
MEX	0.1	0.4	0.0	0.6	0.4	0.6	0.5	0.7	0.5	0.6	0.4	0.7	0.6	0.3	0.6		0.2	0.3	0.4	0.2
BRA	0.5	0.3	-0.1	0.1	0.6	0.8	0.1	0.3	0.1	0.3	0.3	0.9	0.1	0.0	0.5	0.2		0.0	0.2	0.4
KSA	-0.2	-0.1	-0.3	-0.1	0.4	0.6	0.0	0.1	-0.3	0.0	-0.1	0.7	0.3	-0.1	0.5	0.3	0.0		0.4	0.6
TUR	0.1	0.0	0.0	0.3	0.5	0.8	0.1	0.4	0.2	0.2	0.2	0.4	0.2	0.5	0.6	0.4	0.2	0.4		0.4
RUS	0.2	-0.1	0.1	0.0	0.4	0.5	0.3	0.2	0.1	0.3	0.2	0.7	0.4	0.1	0.2	0.2	0.4	0.6	0.4	

资料来源：Wind，中国社科院世界经济预测与政策模拟研究室。

中国与其他国家的简单相关系数比较高的有欧盟、美国、澳大利亚、加拿大，最高仅为 0.5，而美国与其他国家的相关系数最高达到了 0.8，一般在 0.5 左右。若把中国与其他国家的 GDP 增长率作为波动的依据而作相关性研究，则发现中国 GDP 增长率与世界 GDP 增长率的相关性程度并不高。这在一定程度上可以说明，由于中国具有广阔的国内市场，在遭受外部冲击的时候，具有较大的缓冲余地。

中国当前的城镇化率虽然已经达到了 54%，但是相对于欧美等发达国家 70% 以上的城镇化水平仍有很大的发展空间。城镇化需要大量的基础设施建设配套，这是是去产能的有效方式，将成为新的经济增长点。新型城镇化是以新型工业化为动力，区域、人口、经济、社会、资源和环境全面协调发展的城镇化。新型城镇化是现代城镇与产业互融联动，推动现代工业、现代农业和现代服务业同步发展。新型城镇化更加重视区域协调，科学确立城镇体系的空间布局和等级结构，促进大中城市和小城镇的协调发展。

由于地理条件、发展基础、历史文化等因素，中国区域经济结构中，东中西部发展差距较大，随着"一带一路"、京津冀协同发展、长江经济带等区域发展战略的制定和实施，区域结构亦在逐步得到优化，将为中国经济带来更多"发展红利"。

（二）中国参与国际经济政策协调的劣势

收入结构失衡，投资比重过高。"十二五"以来，中国经济发展进入新常态，宏观政策调控总是在稳增长与调结构之间摇摆。我们过去对外贸依存度判断过高，中国经济增长的波动其实主要是内需的波动。在当前外需疲软，消费短期内还未强大到足以支撑经济增长的程度，投资尤其是基础设施投资成为了支撑经济增长的主要力量。而中国经济结构不合理的主要问题在于投资过高，消费不足。在经济调结构的过程中，经济增长将会面临极大的困难和挑战，投资下滑、消费差强人意、外需萎靡导致经济增长开始放缓。

近年来，中国出现了非常明显的资产泡沫化和产业空心化趋势。如果不及时解决地方政府的债务，风险将会不断向上传导，最终绑架中央宏观调控的政策。房价的过快上涨造成全国性的资产投机，实体经济的环境恶化。等到地方政府债务过度积累，或者房地产泡沫破裂的时候，爆发的金融危机将会是全国性的。从国际经验角度看，美国、日本等发达经济体的产业空心化和服务业过度发展殷鉴不远。

产业结构升级缓慢，产能过剩严重。在产业结构升级过程中，各种生产要素从效率较低的产业转移到效率较高的产业，从而提高资源配置效率，提高经济增长的质量和效益。中国虽然是制造业大国，但是产业结构层次较低，过度集中于技术含量较低的劳动密集型产业，部分制造业发展已经饱和。产业升级缓慢的直接后果就是低端产业的产能过剩严重，大量产品库存积压。各级政府借口以"保增长、维持社会稳定"的名义，继续补贴亏损企业，追加投资，进一步造成了产能过剩的恶性循环。

随着经济全球化和社会分工的不断深化，世界各国之间的经济联系越来越紧密，中国的产业是世界产业链配置中的一部分，并随着贸易结构的变迁而不断向制造业的高端移动，因此，中国产业结构的变迁越来越受到对外贸易结构的影响。根据韩国贸易协会国际贸易研究院公布的数据显示，中国在全球市场占有率排第一的商品数量自 2007年一直处于稳步上升状态，而德国、美国则不断下降（见图 4－1）。但是，多年来中国出口贸易结构始终过于单一，竞争力整体偏弱。我们出口商品目前基本上还是以劳动密集型产品为主，国际市场占有率比较高仍是服装、鞋帽和皮包等低端产品。从图 4－2 和图 4－3 的核密度分布可以看出，中国产品的比较优势指数、市场占有率主要集中较低的分布域上，甚至有更多的产业处于比较劣势。这进一步从侧面说明，从贸易结构上来看，中国仍处于国际分工产业链的低端。

（三）中国参与国际经济政策协调的机会

从国家战略角度来看，中国提出了"一路一带"倡议，遍布全球65 个国家，其总人口、经济规模和贸易总量分别占全球的 63%、29% 和 28%。这些沿线国家能源矿产资源富集，基础设施需求强劲，且各经济体比较优势明显，经济接头互补性、互利性强，显示出巨大的合作潜力和广阔的发展前景。"一路一带"的议题涉及基础设施、经贸合作、产业投资、能源资源、金融合作、人文交流、生态环境和海上合作等八大领域。"十二五"以来，沿线国家和地区基础设施互联互通、国际产能合作及国际经济合作走廊建设有序推进，成效逐步显现。中国发挥高铁等交通运输方面的优势，推动基础设施建设，打造亚欧一体化的经济板块，形成更加紧密的市场网络。这为国内外企业消化过剩产能提供了可观的预期回报，并凝聚了各国经济的向心力，在世界经济中形成"虹吸效应"。随着亚投行和金砖国家银行的建立，中国与亚欧诸国的经济联系将会进一步加强，国际政策协调的能力也会进一步提升。

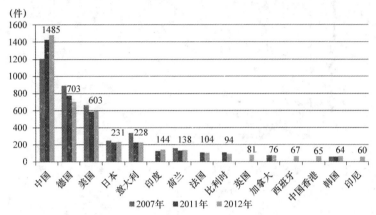

图4-1 各国出口商品的国际市场占有率排第一的商品数量

资料来源：韩国贸易协会国际贸易研究院。

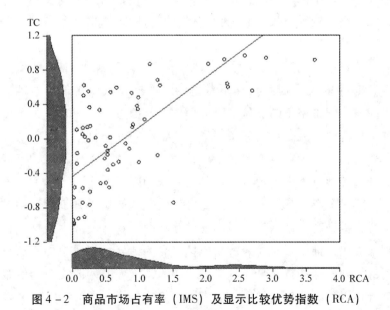

图4-2 商品市场占有率（IMS）及显示比较优势指数（RCA）

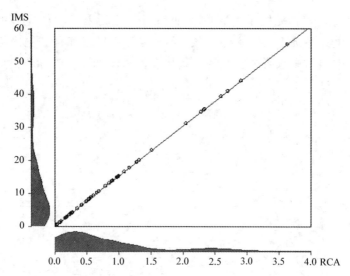

图 4 - 3　商品显示比较优势指数（RCA）及竞争力指数（TC）

资料来源：CEIC，中国社科院世界经济与政治所。

2008 年金融危机之后，欧、美、日等发达国家和地区经济复苏差强人意，而中国经济增长虽然下台阶，但在全球经济增长中仍然最快，未来仍有较大增长空间的预期仍能获得国际资本的青睐。

世界资源价格眼下正处于历史低位，尤其全球以原油为代表的大宗商品价格进入了低价区域。俄罗斯、巴西等新兴市场国家经过 2014 年以来的大宗商品价格下跌之后，始终在低位徘徊。石油、金属等战略物资价格不断破位，降低了中国能源进口的成本，为我们的全球配置资源，战略物资储备提供了非常有利的条件，可以降低资源的有效依赖，也为财政准备经济增长的实力创造了条件，有利于避免经济结构转型过程中出现成本推动型通胀的困境。

在第三次产业革命下，我们仍可利用好全球技术升级过程中的后发优势，推进产业结构的升级。移动互联网、物联网和大数据等技术的到来，快速推动了实体经济与虚拟世界的结合，使得中国制造业无法置身事外。这些技术日新月异，为产品销售方式的改变、增值服务的提升，以及商业模式的创新提供了空前的可能。拥有雄厚工业基础的德国提出了"工业 4.0"战略，试图摸索未来工业生产的新途径。

美国政府喊出了"再工业化""能源互联网"等口号，发动了以"工业互联网"为代表的一系列"先进制造业"计划。日本、韩国也不甘落后，工业机器人不仅得以普及，而且智能化程度正在加速提高。我们通过学习和引进这些国家的技术和战略，可以加速跟进全球制造业升级的步伐。与西方发达国家相比，中国在科技体制改革、创新能力提升等方面还有很长的路要走，面临的创新挑战和技术瓶颈依然存在，离依靠"技术红利"创造经济增长核心动力源还有较远的距离。

（四）对中国参与国际政策协调的威胁

伴随着美国在军事和政治上重返亚太战略，在经济方面为了遏制中国的经济发展空间，提高美国企业在国际经济竞争中的能力，不断以反倾销、反补贴为借口提高部分来自中国商品的进口关税，甚至不惜进行"贸易战"进行威胁。除了传统的国际贸易领域竞争，特朗普政府还在劳工、环境、知识产权等领域展开竞争，并通过单方面的减税计划吸引国际资本重新流入美国，完全不顾及国际政策的协调合作。中美两国及各自主导的两大集团要想在未来的国际经济竞争中不至于两败俱伤，应该从各个领域加强国际协调。

此外，特朗普政府宣布退出 TPP 协定之后，日本成为 TPP 协议的主导推行国，这将会使得日本和部分东南亚经济体在供应链上进一步融合，不仅会对我国的进出口市场产生一定的贸易转移效应，还会引起更多的跨国企业将其主营业务从中国转向东南亚等区域。近年来，劳动密集型产业自身的国际竞争力开始下降，也导致跨国公司纷纷重新调整全球战略布局，关闭或缩减在华业务，向印度、越南和东南亚国家转移。在投资领域，无论是从东道国维护本国利益，还是从母国保护企业海外投资的视角，TPP 主导下的投资规则都会对中国企业海外投资产生不可低估的威胁。虽然中国正在推出"一带一路"倡议，但是其标准和执行效力远不及 TPP。

在美日发起的经济竞争与战略遏制下，与中国经济发展相关的汇率战、贸易战此起彼伏。国际资本的不断撤离，一方面逼迫中国进行产业升级，另一方面要求中国相关政府部门加强与欧美的国际协调，降低国际对中国企业的"反倾销"调查，并从汇率和货币政策调控方面加强合作水平，提高我国产业的竞争力。

在错综复杂的国际经济中，需求端的欧美经济走势直接影响全球经济复苏的进程。英国脱欧无疑是为尚未彻底解决的欧债危机雪上加霜，无论是对英国、欧洲以及全球经济均会产生长远的负面影响。中国与英国、欧盟的贸易、金融和投资政策将不得不重新调整。尤其是以英国为中心开展的辐射欧洲的合作计划将被迫调整战略。欧美在中国的出口总额占有较大的比例，其经济的复苏乏力严重影响中国的出口贸易。

欧、美、日等国家和地区央行近八年量化宽松政策带来只是流动性泛滥，金融危机的深层影响并未消除。全球经济仍然在低谷中徘徊，各个指标难以出现改善的势头，短期内是否复苏仍具有很大的不确定性，而中国正在进行的中长期结构体制改革仍然举步维艰。资产泡沫和政府债务风险始终威胁着动荡不定的全球金融市场。经济低迷不仅导致许多国家货币竞相贬值和大幅波动，而且导致跨境短期资本频繁、大规模无序流动，这些都加大了国际宏观经济政策协调的难度。

美联储持续加息的预期导致资本从新兴市场回流美国，这将会提高中国及新兴市场国家的利差压力，这将刺破新兴市场逐渐积聚的资产价格泡沫，加剧新兴市场和发展中国家经济金融的脆弱性，影响国际金融稳定。中国的房地产"资产泡沫化"现象也是比较严重，地方政府债务风险制约了各地政府进行基础设施投资的能力。美联储加息的威胁就像举在政府调控头顶的"达摩克利斯剑"，加大了人民币贬值的压力。外部金融形势恶化进一步压缩了中国进行财政刺激的空间，由其导致的资本外逃对房地产泡沫的破灭也会推波助澜。

（五）小结

通过对中国经济内外部环境的 SWOT 分析，我们发现我们的优势和劣势都很明显，机遇与风险并存。一方面，我们产业门类齐全、市场广阔，城镇化、区域化、工业化还有很大的发展空间；另一方面中国收入差距过大，产能过剩严重，产业结构升级缓慢，调结构步履蹒跚，资产泡沫后和产业空心化趋势明显。我们既可利用国际大宗商品市场价格低位的契机降低生产成本，还可以通过"一带一路"倡议打造亚欧一体化市场，化解过剩产能。我们不得不做好应对全球资产泡沫化、美联储加息、英国脱欧和欧债危机的风险，还要准备好应对美日的 TPP 战略对中国经济的遏制的挑战，做好长期进行贸易战、汇率战的准备。

中国经济金融虽然面临基本面有恶化因子的威胁，但同时中国经济更存在自我修复和自我疗伤的功效。如果我们能通过政策调控智慧地化解国际经济协调机制的矛盾，从国际经济运行走向不确定性中找到正确的方向，就可以在中国经济"新常态"的追求中找到出路。如果中国政府能转变调控思维习惯，尽快下定决心去化过剩产能，大力化解房地产过剩库存，有序刺破房地产泡沫，就会使中国经济调整到正确的轨道。这些政策调控及国际协调都有可能长远地影响中国经济的走向，以便能更有余力防范可能出现的金融风险。

第三节 中国参与国际经济协调的应对战略暨结论

当前，国际学术界的理论和经验研究都没有就国际经济政策协调问题达成一致的看法，学术层面和政策层面的问题和挑战依然很多。迄今为止的国际经济治理也是理论和意向支持远远多于各国的集体行动。这就给了我们更多的自由度。

基于全球价值链的增加值贸易数据的完善为讨论再平衡政策研究提供了新的视角和思路，以主要顺差国家（中国、日本、德国）及主要逆差国家（美国）的分析表明，中国面临的再平衡压力在现有的传统视角下被高估了，而日本、德国、美国的再平衡压力则被低估了，在讨论再平衡问题时，需要充分考虑全球价值链可能带来的潜在影响。我们的研究还表明，中国经济政策的外溢效应正在全球化，但目前主要影响仍限于亚洲。基于自身巨大的经济与国际贸易规模，中国经济政策总的外溢效应正接近美、德、法、英、日等大型发达经济体。

总的来说，国际经济政策协调的核心理念在于动态、合作、共赢，而非总是"以邻为壑"。其一，注重多回合经济政策的协调。在多个经济体多个回合的政策行动中，各政策的外溢效应可能彼此即时或错时对冲与叠加，最终对各经济体短期、中期和长期经济运行的净效应可能为正或负，可能很大、很小甚至为零。其二，对外溢效应巨大的经济政策，出台节奏和力度应尽量循序渐进，避免外溢效应过大过快发生。其三，在重要经济政策出台之前（决策）、执行过程中与之后，当事经济体之间应充分沟通，以便受冲击经济体能够较从容应对。其四，当事经济体之间应在不同政策回合中相互补偿，使 A 回合中"失之东隅"者有机会在 B 回合中"收之桑榆"。其五，面对外来政策冲击，受冲击经济体可综合应用财政、金融（含货币）与产业等多种政策工具。其六，国际政策协调与政策规则制定中的话语权和主导能力最终取决于国家整体的产业竞争力，只有在国际产业链中具有核心竞争优势，才能在国际政策协调中争取到最大的利益。

从货币政策溢出和协调的角度看，由于更为紧密的金融联系，发达经济体实际 GDP 对于美国量宽的响应相对多数新兴经济体略强，这主要得益于量宽政策对于金融市场风险的稳定作用。新兴市场经也有比较明显的响应，但新兴市场经济面临量宽冲击带来的实际汇率升值，这会对更加依靠出口市场的新兴市场经济带来一定支出转换效应，从而抵消了部分美国量宽的正面作用。另外，美国量宽对于全球资本市场的效应非常显著。由于资本账户开放度在这些经济体中最低，中国股指的最大响应系数也是最低的。资本账户开放度较高的新兴经济体，如泰国、马来西亚和印尼，其股市响应的程度甚至超过发达经济体。量宽冲击普遍引起这些经济体的汇率升值。不同的的实际汇率响应幅度不仅与资本流入规模有关，还与不同国家的货币政策反应、宏观审慎政策以及汇率政策有关。因此，从这个意义上看，如果中国参与国际经济政策协调，或者说中国如果需要对国际经济政策的负外部性做出反应的话，就必须使全方位的，至少包括资本管制、货币政策、宏观审慎政策以及汇率政策等。

从财政政策溢出和协调的角度看，基于 1995 年、2000 年、2005 年、2009—2011 年 WIOT 41 个经济体的实证分析，得到如下结论。其一，坚持动态协调理念。受冲击经济体对财政整顿外溢效应的对策，同样可能对实施财政整顿的经济体具有溢出效应，导致后者产出的波动。多回合财政政策的外溢效应可能表现为相互即时或错时的对冲或叠加，对各自短期、中期和长期经济运行的净效应可能为正或负，可能很大、很小甚至为零。所以任一当事经济体应着眼于多回合的政策协调和利益平衡，而不必太拘泥于单回合的政策损益。其二，财政整顿应循序渐进。任一经济体在整顿财政时，应控制节奏和力度，避免外溢效应过快过大地冲击其他经济体。其三，在财政整顿之前（决策）、执行过程中与之后，相关经济体之间应充分沟通，即使交换信息，包括决策信息。

中国财政整顿的外部效应主要溢出到亚洲，尤其是日本、韩国和印度。但是，美、日、德、法、英、荷六国的财政支出整顿则具有世界性影响。多数经济体的财政整顿多会拖累其他受冲击经济体的产出，只有少数经济体的财政整顿会促进其他经济体的产出。一国财政整顿对不同经济体的外溢效应可能会有差异，但在多数大型经济体之间差异通常不会太大。

总之，国际经济政策协调需要以较强的国际政治信任为基础。在国际政治信任基础不甚牢固之时，参与国际协调的经济体不能因为迁就国际经济政策的协调就失去对国内经济政策的主导权，既要融入国际社会，又不能迷失自我，也不能特立独行。在国内经济政策决策中，应该坚持以我为主，协调为辅的大政方针。根据大国经济政策的外溢效应，立足国内稳定增长，独立进行政策决策，抑制国外负溢出为主，适当兼顾中国的负溢出。同时积极参与国际经济治理，巧妙化解国际压力，尽力创造有利于中国的国际舆论环境和政策环境。

参考文献

第一篇

安德鲁·海伍德著：《全球政治学》，白云真、罗文靓译，中国人民大学出版社 2014 年版。

巴里·艾肯格林著：《资本全球化：国际货币体系史》，彭兴韵译，上海人民出版社 2009 年第 1 版。

陈伟光、申丽娟：《全球治理和全球经济治理的边界：一个比较分析框架》，《战略决策研究》2014 年第 1 期。

崔志楠、邢悦：《从 G7 时代到 G20 时代》，《世界经济与政治》2011年第 1 期。

丁工：《中等强国与中国周边外交》，《世界经济与政治》2014 年第7 期。

丁工：《MIKTA 会是中国 G20 外交的新伙伴吗》，《世界知识》2015年第 24 期。

丁工：《G20 平台上的第三方力量》，《瞭望新闻周刊》2015 年第49 期。

丁工：《中等强国合作体渐成治理新力量》，《中国社会科学报》2015年 8 月 13 日第 02 版。

弗雷德里克·皮尔逊、西蒙·巴亚斯里安著：《国际政治经济学：全球体系中的冲突与合作》，杨毅等译，北京大学出版社 2006 年第1 版。

何帆、冯维江、徐进：《全球治理机制面临的挑战及中国的对策》，《世界经济与政治》2013 年第 4 期。

何亚非：《新世纪中美关系发展对世界格局的影响》，《美国侨报》

2014 年 1 月 30 日。

何亚非：《中等强国力量增强与全球治理》，《第一财经日报》2015 年
  5 月 12 日。

何亚非：《南海与中国的战略安全》，《亚太安全与海洋研究》2015 年
  第 3 期。

黄梅波、陈燕鸿：《当前金融危机下的国际宏观经济政策协调》，《世
  界经济与政治论坛》2009 年第 2 期。

黄薇：《全球经济治理之全球经济再平衡》，《南开学报》2012 第
  1 期。

黄薇：《G20 主导下的全球经济治理与中国的期待》，《国际经济合
  作》2015 年第 6 期。

卡尔·波拉尼著：《大转型：我们时代的政治与经济起源》，冯钢、
  刘阳译，浙江人民出版社 2006 年版。

李长久：《协调与合作仍是主流——评西方七国首脑会议》，《世界经
  济》1994 年第 9 期。

李东燕编著：《列国志——联合国》，社会科学文献出版社 2005 年版。

李东燕：《峰会外交、全球治理、中国角色》，《中国社会科学报》
  2014 年 12 月 10 日第 02 版。

李东燕主编：《全球治理：行为体、机制与议题》，当代中国出版社
  2015 年版。

李述仁：《关于国际货币制度改革的展望》，《世界经济》1986 年第
  8 期。

李向阳：《跨太平洋伙伴关系协定——中国崛起过程中的重大挑战》，
  《国际经济评论》2012 年第 2 期。

李向阳：《人类命运共同体理念指引全球治理改革方向》，《人民日
  报》2017 年 3 月 9 日。

林利民：《G20 崛起是国际体系转型的起点》，《现代国际关系》2009
  年第 11 期。

廖茂林、魏际刚：《全球资源治理中的中国角色与愿景》，《人民论
  坛》2016 年第 27 期。

刘巍中、施军：《从结构现实主义看国际金融体系》，《世界经济与政

治》1998 年第 10 期。

刘玮、邱晨曦：《霸权利益与国际公共产品供给形式的转换：美联储货币互换协定兴起的政治逻辑》，《国际政治研究》2015 年第 3 期。

刘友法：《全球治理面临八大挑战》，《人民日报》（海外版）2013 年 1 月 19 日。

隆国强：《扎实推进一带一路合作》，《国家行政学院学报》2016 年第 1 期。

罗伯特·阿克塞尔罗德：《合作的进化（修订版)》，上海人民出版社 2007 年版。

罗伯特·基欧汉著：《霸权之后：世界政治经济中的合作与纷争》，苏长和等译，上海人民出版社 2006 年版。

罗伯特·吉尔平著：《全球政治经济学：解读国际经济秩序》，杨宇光、杨炯译，上海世纪出版集团 2006 年版。

罗伯特·吉尔平著：《国际关系政治经济学》，杨宇光等译，上海世纪出版集团 2006 年版。

罗杰英：《全球能源治理机制建设仍呈"碎片化"》，《世界知识》2013 年第 16 期。

吕帅：《试从国家治理视角理解我国国家职能的转变》，《法制博览》2016 年第 4 期。

马骏、徐剑刚等著：《人民币走出国门之路》，中国经济出版社 2012 年版。

奈瑞·伍茨：《全球经济治理：强化多边制度》，《外交评论》2008 年第 10 期。

庞中英：《1945 年以来的全球经济治理及其教训》，《国际观察》2011 年第 2 期。

庞中英、王瑞平：《全球治理——中国的战略应对》，《国际问题研究》2013 年第 4 期。

裴长洪：《全球经济治理、公共品与中国扩大开放》，《经济研究》2014 年第 3 期。

秦亚青：《全球治理失灵与秩序理念的重建》，《世界经济与政治》2013 年第 4 期。

曲博：《金融危机背景下的中国与全球经济治理》，《外交评论》2010年第 6 期。

阮宗泽：《中国需要构建怎样的周边》，《国际问题研究》2014 年第 2 期。

阮宗泽：《人类命运共同体：中国的"世界梦"》，《国际问题研究》2016 年第 1 期。

世界银行：《2010 年世界发展报告：发展与气候变化》，胡光宇译，清华大学出版社 2010 年版。

宋效峰：《中等强国视角下的韩国东南亚外交》，《东南亚南亚研究》2013 年第 2 期。

孙杰：《从东亚金融危机看国际货币基金组织和国际货币合作》，《世界经济与政治》1998 年第 4 期。

孙伊然：《全球经济治理的观念变迁：重建内嵌的自由主义?》，《外交评论》2011 年第 3 期。

孙伊然：《从国际体系到世界体系的全球经济治理特征》，《国际关系研究》2013 年第 1 期。

孙伊然：《隐含的利益交换：国际发展兴衰的逻辑》，《外交评论》2015 年第 3 期。

唐永胜、李冬伟：《国际体系变迁与中国国家安全战略筹划》，《世界经济与政治》2014 年第 12 期。

王国兴、成靖：《G20 机制化与全球经济治理改革》，《国际展望》2010 年第 3 期。

王义桅：《"一带一路"重塑经济全球化话语权》，《红旗文稿》2016 年第 21 期。

王勇：《国际贸易政治经济学》，中国市场出版社 2008 年版。

韦宗友：《非正式集团、大国协调与全球治理》，《外交评论》2010 年第 6 期。

吴澄秋：《经济治理理念结构的变迁：兼论新兴经济体的影响》，《国际观察》2003 年第 1 期。

习近平：《让命运共同体意识在周边国家落地生根》，新华网，2013 年 10 月 25 日，http：//news. xinhuanet. com/2013 – 10/25/c_ 117878944. htm。

习近平:《携手构建合作共赢新伙伴,同心打造人类命运共同体——在第七十届联合国大会一般性辩论时的讲话》,《人民日报》2015年9月28日第001版。

徐秀军:《新兴经济体与全球经济治理结构转型》,《世界经济与政治》2012年第10期。

杨洁勉等:《体系改组与规范重建——中国参与解决全球性问题对策研究》,上海人民出版社2012年版。

杨青:《经济全球化的国际政治分析》,《新远见》2007年第10期。

英瓦尔·卡尔松、什里达特·兰法尔主编:《天涯成比邻——全球治理委员会的报告》,赵仲强、李正凌译,中国对外翻译出版公司1995年版。

于洪君:《中美构建新型大国关系的意义与前景》,《国际问题研究》2013年第5期。

余壮东:《国际货币改革展望》,《金融研究》1981年第10期。

袁鹏:《关于构建中美新型大国关系的战略思考》,《现代国际关系》2012年第5期。

约翰·德勒巴克、约翰·奈:《新制度经济学前沿》,张宇燕译,经济科学出版社2003版。

约翰·特伊韦尔等主编:《新帕尔格雷夫经济学大辞典》第一卷,经济科学出版社1992年版。

约瑟夫·奈、约翰·唐纳胡主编:《全球化世界的治理》,王勇、门洪华等译,世界知识出版社2003年版。

詹姆斯.罗西瑙著:《没有政府的治理》,张胜军、刘少林等译,江西人民出版社2006年版。

张洪贵:《全球化与南北关系》,《世界经济与政治》2000年第9期。

张丽华:《非零和博弈——国家主权和国际组织关系的再思考》,《社会科学战线》2004年第2期。

张丽华:《在国家和国际组织互动中重塑国家利益》,《社会科学战线》2009年第6期。

张宇燕:《利益集团和制度非中性》,《改革》1994年第2期。

张宇燕:《全球化与中国发展》,社会科学文献出版社2007年版。

张宇燕、李增刚：《国际经济政治学》，上海人民出版社 2008 年版。

张宇燕、任琳：《全球治理：一个理论分析框架》，《国际政治科学》2015 年第 3 期。

赵晋平：《发达国家与发展中国家发展不平衡》，《人民日报》2015 年 7 月 12 日第 05 版。

赵可金：《通向人类命运共同体的一带一路》，《当代世界》2016 年第 6 期。

钟飞腾：《政经合一与中国周边外交的拓展》，《南亚研究》2010 年第 3 期。

Angus Maddison, The World Economy in the 20th Century, Paris: Development Centre of the Organization for Economic Co-operation and Development, 1989.

Anthony McGrew and David Held, Governing Globalization: Power, Authority and Global Governance, Polity Press, 2002.

Axel Dreher and Nathan Jensen, "Independent Actor or Agent? An Empirical Analysis of the Impact of US Interests on International Monetary Fund Conditions," *Journal of Law and Economics*, Vol. 50, No. 1, 2007, pp. 105 – 124.

Barry Eichengreen, "Discussion of Multilateral andBilateral Trade Policies in the World Trading System: an Historical Perspective", in James De Melo and Arvind Panagariya, eds. , *New Dimensions in Regional Integration*, New York, Cambridge University Press, 1996.

Benjamin Cohen, *Organizing the World's Money: The Political Economy of International Monetary Relations*, New York: W. , W. Norton & Campany, 1977.

Charles Kindleberger, *The World Economy and National Finance in Historical Perspective*, An Arbor: University of Michigan Press, 1995.

Coase R. , "The Institutional Structural of Production," *American Economic Review*, Vol. 82, No. 4, 1992, pp. 713 – 719.

Coase R. , "The New Institutional Economics," *American Economics Review*, Vol. 88, No. 2, 1998, pp. 72 – 74.

Coase R. , "The Problem of Social Cost," *Journal of Law and Economics*, No. 3, 1960, pp. 1 – 44.

Cochrane, F. , Duffy, R. and Selby, J. , *Global Governance, Conflict and Resistance*, New York: Palgrave Mac Millan, 2003.

Emmanuel Saez and Gabriel Zucman, "Wealth Inequality in the United States since 1913: Evidence from Capitalized Income Tax Data", *Quarterly Journal of Economics*, Vol. 131, No. 2, 2016, pp. 519 – 578.

Eric Helleiner, *States and the Reemergence of Global Finance: From Bretton Woods to the 1990s*, Ithaca and London: Cornell University Press, 1994.

Eric Helleiner, "EconomicLiberalism and Its Critics: the Past As Prologue?" *Review of International Political Economy*, Vol. 10, No. 4, 2003, pp. 686 – 688.

Eric Helleiner, *Forgotten Foundations of Bretton Woods: International Development and the Making of the Postwar Order*, Ithaca: Cornell University Press, 2014.

Fasenfest D, "Government, Governing, and Governance", *Critical Sociology*, Vol. 36, No. 6, 2010, pp. 771 – 774.

Finkelstein L S. "What is Global Governance?" *Global governance*, Vol. 1, No. 3, 1995, pp. 367 – 372.

Francis Fukuyama, "What is Governance?" *Governance: An International Journal of Policy, Administration, and Institutions*, Vol. 26, No. 3, 2013, pp. 347 – 368.

Geoffrey Garrett, "The Causes of Globalization", *Comparative Political Studies*, Vol. 33, No. 6, 2000, pp. 945 – 991.

Global Governance Group, Strengthenging the Role of the UN in Global Economic Governance, The Statement By Ambassador Representitive of 3G, June 2, 2010.

Held D. , *Democracy and the Global Order: From the Modern State to Cosmopolitan Governance*, Polity Press and Stanford University Press, 1995.

Helen Milne, "International Political Economy: Beyond Hegemonic Stability", *Foreign Policy*, Vol. 2, No. 110, 1998, pp. 112 – 123.

Hirst, P. and Grahame T. , *Globalization in Question*. Blackwell Publishers, 1999.

Hubert Zimmermann, *Money and Security: Troops, Monetary Policy, and West Germany's Relations with the United States and Britain 1950 – 1971*, Cambridge University Press, 2002.

James Rosenau, "Governance in the Twenty – first Century", *Global Governance: A Review of Multilateralism and International Organizations*, Vol. 1, 1995, pp. 13 – 43.

Jeseph Grieco and John Ikenberry, *State Power and World Markets: The International Political Economy*, W. W. Norton and Company, 2003.

Joe Stevens, *The Economics of Collective Choices*, Westview Press, 1993.

John Keynes, *The Economic Consequences of the Peace*, Courier Corporation, 2013.

John Kirton, et al. , "The G20: Representativeness, Effectiveness, and Leadership in Global Governance", Aldershot Ashgate, 2000, pp. 143 – 172.

John Ravenhill, *Global Political Economy*, Second Edition, Oxford University Press, 2007, p. 11.

Karns Karen, *The Politics and Processes of Global Governance*. Colorado: Lynne Rienner Publishers, 2009.

Krisch Nico and Benedict Kingsbury, "Introduction: Global Governance and Global Administrative Law in the International Legal Order", *European Journal of International Law*, Vol. 17, No. 1, 2006, pp. 1 – 13.

Mark Andreas Kayser, "How Domestic is Domesitc Politics? Globalization and Election", *Annual Review of Political Science*, Vol. 10, 2007, pp. 341 – 362.

Mathiason J. , *Invisible Governance: International Secretariats in Global Politics*. Kumarian Press, 2007.

Michael Bordo, Owen Humpage and Anna Schwartz. Bretton Woods, Swap Lines, and the Federal Reserve's Return to Intervention, Federal Reserve Bank of Cleveland Working Paper, Vol. 12, No. 32, 2012.

North D. C. , *The Rise of the Western World*, Cambridge University Press, 1990.

North D. C. , *Understanding the Process of Economic Change*, Princeton University Press, 2005.

North D. C. , "Economic Performance through Time", *American Economic Review*, Vol. 84, No. 3, 1994, pp. 359 – 368.

Oran Young, *Rights Rules and Resources in World Affairs' Experience*. Cambridge: MIT Press, 2004.

Oran Young, *Global Governance: Drawing Insights from the Environmental Experience*, Cambridge: The MIT Press, 1997.

Oran Young, *International Governance: Protecting the Environment in a Stateless Society*, Ithaca: Cornell University Press, 1994.

Phillip Lipscy, "Explaining Institutional Change: Policy Areas, Outside Options, and the Bretton Woods Institutions", *American Journal of Political Science*, Vol. 59, No. 2, 2015, pp. 341 – 356.

Qin Yaqing, "International Society as Process: Institutions, Identities and China's Peaceful Rise", *The Chinese Journal of International Politics*, Vol. 3, No. 2, 2010, pp. 129 – 153.

Ravenhill John, *Global Political Economy* (second edition), Oxford University Press, 2008.

Richard Gardner, The Bretton Woods, GATT System After Sixty Five Years: A Balance Sheet of Success and Failure, *Columbia Journal of Transnational Law*, Vol. 47, No. 1, 2009, p. 58.

Robert Keohane and Joseph Nye, *Power and Interdependence*, Boston: Little, Brown, 1977.

Robert Keohane, "The Demand for International Regimes", *International Organization*, Vol. 36, No. 2, 1982, pp. 141 – 171.

Robert Keohane, *Introduction: Realsim, Institutional Theory and Global Governance. Power and Governance in a Partially Globalized World*, London: Routledge, 2002.

Roy Culpeper, "Global Economic Governance: in Search of aNew Policy Framework", Background paper prepared for Global Economic Governance Conference, Washington, 7th – 8th Oct. , 2010.

Ruggie, J. G. , "International Regimes, Transactions, and Change: Embedded Liberalism in the Postwar Economic Order", *International Organization*, Vol. 36, No. 2, 1982.

Ruggie, J. G. , "Multilateralism: The Anatomy of an Institution ", *International Organization*, Vol. 46, No. 3, 1992, pp. 561 – 598.

Sadako Ogata, "Shifting Power Relations in Multilateral Development Banks", *Journal of International Studies*, Vol. 22, 1989, pp. 1 – 21.

Stephen Cornell, Catherine Curtis, and Miriam Jorgensen, The Concept of Governance and Its Implications for First Nations. *NNI/HPAIED Joint Occasional Papers on Native Affairs*, No. 2004 – 02, 2004.

Stephen Krasner, "Structural Causes and Regime Consequences: Regimes as Intervening Variables", *International Organization*, International Regimes (Spring, 1982), Vol. 36, No. 2, pp. 185 – 205.

Stephen Krasner, *Structural Conflict: The Third World against Global Liberalism*, Berkeley and Los Angeles: University of California Press, 1985.

Stevens B. , Schieb P. , Andrieu M. , A Cross – sectoral Perspective on the Development of Global Infrastructures to 2030, Infrastructure to 2030: Telecom, Land Transport, Water and Electricity, OECD, 2006.

Stokke, S. , "Regimes as Governance System , In. *Global Governance: Drawing Insight from the Environmental Experience*, Cambridge: MIT Press, 1995.

Strom Thacker, "The High Politics of IMF Lending", *World Politics*, Vol. 52, No. 1, 1999, pp. 38 – 75.

Thakur R. and Langenhove L. , "Enhancing Global Governance through Regional Integration", *Global Governance: A Review of Multilateralism and International Organizations*, Vol. 12, No. 3, 2006, pp. 233 – 240.

Thmas Oatley and Jason Yackee, "American Interests and IMF Lending", *International Politics*, Vol. 41, 2004, pp. 415 – 429.

United Nations, Global Economic Governance and Development, 10 October 2011, A/66/506.

Wang H. and French E. , "China in Global Economic Governance", *Asian*

Economic Policy Review，Vol. 9，No. 2，2014，pp. 254 – 271.

Williamson，O. E.，"The New Institutional Economics：Taking Stock，Looking Ahead"，*Journal of Economic Literature*，Vol. 38，No. 3，2000，pp. 595 – 613.

World Bank，*Governance and Development*. Washington，D. C.：The World Bank. 1992.

World Bank，*Sub – Saharan Africa，From Crisis to Sustainable Growth，A Long Term Perspective Study*. Washington，D. C.：The World Bank，1989.

第二篇

巴里·艾肯格林著：《资本全球化：国际货币体系史》，彭兴韵译，上海人民出版社 2009 年版。

高海红、张明、刘东民、徐奇渊：《国际金融体系：改革与重建》，中国社会科学出版社 2013 年版。

高海红：《布雷顿森林遗产与国际货币体系重建》，《世界经济与政治》2015 年第 3 期。

高海红：《全球流动性风险和对策》，《国际经济评论》2012 年第 2 期。

高海红：《透视国际货币基金组织份额改革》，《清华金融研究》2016 年第 3 期。

关丽洁、纪玉山：《中国模式与深化我国经济体制改革的路径选择》，《马克思主义研究》2015 年第 6 期。

管涛、陈之平：《现行国际货币体系难以承受之重：美国货币政策的量化宽松》，《中国货币市场》2011 年第 2 期。

管涛、赵玉超、高铮：《未竟的改革：后布雷顿森林时代的国际货币体系》，《国际金融研究》2014 年第 10 期。

何秉孟：《新自由主义——通向灾难之路：兼论新自由主义与自由主义的渊源和区别》，《马克思主义研究》2014 年第 11 期。

何帆、冯维江、徐进：《全球治理机制面临的挑战及中国的对策》，《世界经济与政治》2013 年第 4 期。

胡必亮、周晔馨、范沙：《全球经济格局新变化与中国应对新策略》，

《经济学动态》2015 年第 3 期。

胡晓炼：《人民币已被一些欧美国家列入储备货币》，中新网，2012
年 6 月 29 日，http：//finance. chinanews. com/fortune/2012/06 - 29/
3996892. shtml。

黄梅波、陈燕鸿：《国际货币基金组织改革研究》，经济科学出版社
2014 年版。

黄梅波、熊爱宗：《论人民币国际化的空间和机遇》，《上海财经大学
学报》2009 年第 2 期。

李稻葵、尹兴中：《国际货币体系新架构：后金融危机时代的研究》，
《金融研究》2010 年第 2 期。

李因才：《结构变迁与治理制度的演化：从 G7 到 G20》，《当代世界
社会主义问题》2011 年第 4 期。

林毅夫：《新结构经济学的理论框架研究》，《现代产业经济》2013 年
Z1 期。

林毅夫：《新结构经济学——重构发展经济学的框架》，《经济学（季
刊）》2010 年第 1 期。

罗伯特·吉尔平著：《全球政治经济学：解读国际经济秩序》，杨宇
光、杨炯译，上海人民出版社 2006 年版。

罗伯特·特里芬著：《黄金与美元危机——自由兑换的未来》，陈尚
霖、雷达译，商务印书馆 1997 年版。

王浩：《中国参与全球金融治理的文献研究》，《金融纵横》2013 年第
7 期。

熊爱宗、黄梅波：《国际储备货币体系改革的困境与出路》，《中国市
场》2011 年第 46 期。

熊爱宗、戴金平：《欧债危机与国际货币体系多元化》，《广东社会科
学》2012 年第 6 期。

熊爱宗：《公共债务管理：金融危机的挑战与未来改革方向》，《国际
金融研究》2015 年第 8 期。

徐秀军等：《金砖国家研究：理论与议题》，中国社会科学出版社
2016 年版。

易纲：《健全中央银行的利率调整和传导机制》，人民政协网，2016 年

3 月 6 日，http：//www. rmzxb. com. cn/c/2016 – 03 – 06/724042. sht-
ml。

余东华：《"华盛顿共识"、"北京共识"与经济转型》，《山东社会科
学》2007 年第 11 期。

余永定：《国际货币体系与改革》，中国社会科学院世界经济与政治
研究所青年论坛演讲稿，2010 年 4 月 29 日。

翟栋：《全球金融治理体系发展动向及我国的应对策略》，《国外社会
科学》2014 年第 4 期。

张礼卿、谭小芬：《全球金融治理报告（2015—2016）》，人民出版社
2016 年版。

张明：《国际货币体系改革：背景、原因、措施及中国的参与》，《国
际经济评论》2010 年第 1 期。

张明：《中国的资本账户开放：行为逻辑与情景分析》，《世界经济与
政治》2016 年第 4 期。

张宇燕、任琳：《全球治理：一个理论分析框架》，《国际政治科学》
2015 年第 3 期。

中国人民银行调查统计司课题组：《我国加快资本账户开放条件基本
成熟》，《中国金融》2012 年第 5 期。

周小川：《关于国际货币体系改革的思考》，http：//www. pbc. gov.
cn/publish/hanglingdao/2950/2010/20100914193900497315048/2010
0914193900497315048_. html。

周小川：《利率市场化已经基本完成》，中国经济网，2016 年 3 月 20
日，http：//www. ce. cn/cysc/newmain/yc/jsxw/201603/20/t2016032
0_ 9639644. shtml。

Alberola，E. Aitor，E and José，M.，"International Reserves and Gross
Capital Flows Dynamics"，*BIS Working Paper*，No. 512，2015.

Bakker，A，and Chapple，B.，"Advanced Country Experiences with Cap-
ital Account Liberalization"，*IMF Occasional Paper*，No. 214，2002.

Bernanke，S.，"The Global Saving Glut and the U. S. Current Account Deficit"，
Speech 77，Board of Governors of the Federal Reserve System，2005.

BIS，"85th Annual Report"，2014/15，Jun，28，2015.

BIS, "Global Liquidity – Concept, Measurement and Policy Implications", *CGFS Papers*, No. 45, November, 2011.

BIS, "Quarterly Review", September 2015.

Borio, C. and Disyatat, P., "Capital Flows and the Current Account: Taking Financing (more) seriously", *BIS Working Papers*, No. 525, October, 2015.

Borio, C. and Disyatat, P., "Global Imbalances and the Financial Crisis: Link or no Link?", *BIS Working Papers*, No. 346, June 2011.

Boughton, J. and Bradford, Colin, "Global Governance: New Players, New Rules", *IMF Finance and Development*, Vol. 44, No. 4, 2007.

Broner, F., Tatiana, D., Aitor, E. and Sergio, S., "Gross Capital Flows: Dynamics and Crises", *Journal of Monetary Economics*, Vol. 60, No. 1, January, 2013.

Bruno, V. and Shin, S., "Cross – Border Banking and Global Liquidity", *BIS Working Paper*, No. 458, 2014.

Buira, A., "An Analysis of IMF Conditionality", *G – 24 Discussion Paper Series*, No. 22, August 2003.

Bush, O., Farrant, K., Wright, M., "Reform of the International Monetary and Financial System", 2011.

Butzen, P. Deroose, M. and Ide, S., "Global Imbalances and Gross Capital Flows", *Economic Review*, Seplember 2014.

Calvo, A., "Balance – of – payments Crises in Emerging Markets: Large Capital Inflows and Sovereign Governments", In *Currency Crises*, University of Chicago Press, 2000, pp. 71 – 97.

Cerutti, E., Stijn, C. and Damien, P., "Push Factors and Capital Flows to Emerging Markets: Why Knowing Your Lender Matters More than Fundamentals", *IMF Working Paper*, No. 15 – 127, 2015.

Eichengreen, B. and Frankel, J., "The SDR, Reserve Currencies, and the Future of the International Monetary System", in The Future of the SDR in Light of Changes in the International Financial System Machael Mussa, James M. Boughton, and Peter Isard eds. Washington, D. C. :

International Monetary Fund, 1996.

Eichengreen, B. and Gupta, P. , "Tapering Talk: The Impact of Expectations of Reduced Federal Reserve Security Purchases on Emerging Market", *Emerging Markets Review*, Vol. 25, December 2015.

Eichengreen, B. , "It's May be Our Currency, But It's Your Problem", Text of the Butlin Lecture Delivered to the Joint Meeting of the Economic History Society of Australia – New Zealand and the All – UC Group in Economic History, Berkeley, February 18, 2011.

Forbes, Jand, Francis, W. , "Capital Flow Waves: Surges, Stops, Flight, and Retrenchment", *Journal of International Economics*, Vol. 88, No. 2, November 2012.

Forbes, K. , Fratzscher, M. and Straub, R. , "Capital – flow Management Measures: What are They Good for?" *Journal of International Economics*, Vol. 96 (S1), 2015.

Fratzscher, M. and Mehl, A. , "China's Dominance Hypothesis and the Emergence of A Tri – Polar Global Currency System", *ECB Working Paper Series*, No. 1392, 2011.

Frieden, J. , "The Governance of International Finance", *Prepared for the Annual Review of Political Science*, 2016.

Goldstein, M. , Kaminsky, G. and Reinhart, M. , "Assessing Financial Vulnerability: Developing an Early Warning System for Emerging Markets", Washington, D. C. : Institute for International Economies, 2000.

Gourinchas, P. , "Global Imbalances and Global Liquidity", unpublished manuscript, Berkeley, 2013.

HKMA , "The Premier Offshore Renminbi Business Centre", March 2012.

IMF, "Analytics of Systematic Crisis and the Role of Global Financial Safety Nets", Prepared by the Strategy, Policy, and Review Department. In consulting with other departments, March 31, 2011.

IMF, "Executive Board Approves Major Overhaul of Quotas and Governance", https: //www. imf. org/external/np/sec/pr/2010/pr10418. htm, November 5, 2010.

IMF, "Recent Experiences in Managing Capital Flows—Cross – Cutting Themes and Possible Policy Framework", February 14, 2011.

IMF, "Reform of Quota and Voice in the International Monetary Fund—Report of the Executive Board to the Board of Governors", March 28, 2008.

IMF, "The Fund's Role Regarding Cross – Border Capital Flows", November 15, 2010.

IMF, "The Liberalization and Management of Capital Flows: An Institutional View", November 14, 2012.

IMF, "World Economic Outlook Database", April 2016.

Jeanne, O., Arvind, S. and John, W., "Who Needs to Open the Capital Account?", Washington, D. C.: Peterson Institute for International Economics, 2012.

Johnson, H., "Gross or Net International. Financial Flows: Understanding the Financial Crisis", *Council on Foreign Relations Working Paper*, 2009.

Kenen, P., "An SDR Based Reserve System", *Journal of Globalization and Development*, Vol. 1, No. 2, 2010.

Koepke, R., "What Drives Capital Flows to Emerging Markets? A Survey of the Empirical Literature", *Munich Personal RePEc Archive*, 2015.

Korinek, A. and Sandri, D., "Capital Controls or Macroprudential Regulation?", *IMF Working Paper*, No. 15/218, 2015.

Korinek, A., "Regulating Capital Flows to Emerging Markets: an Externality View", Mimeo. University of Maryland, 2010.

Krugman, P., "China's Dollar Trap. New York Times", 2009/04/03. http://nytimes.com/2009/04/03/opinion/03krugman.html.

Lane, R. and Milesi – Ferretti, M., "The External Wealth of Nations Mark II: Revised and Extended Estimates of Foreign Assets and Liabilities, 1970 – 2004", *Journal of International Economics*, Vol. 73, No. 2, 2007, Revised in 2011.

Lipsky, J., "Building a Post – Crisis Global Economy – An Address to the Japan Society", New York, December 10, 2009, http://www.imf.org/external/np/speeches/2009/121009.htm.

McKinnon, R., "The International Dollar Standard and the Sustainability of the U. S. Current Account Deficit", *Brookings Papers on Economic Activity*, No. 1, 2001.

Mendoza, G., Quadrini, V. and Rios – Rull, V., "Financial Integration, Financial Development and Global Imbalances", *Journal of Political Economy*, Vol. 117, No. 3, 2009, pp. 371 –416.

Milesi – Ferretti, M. and Tille, C., "The Great Retrenchment: International Capital Flows during the Global Financial Crisis", *Economic Policy*, Vol. 26, No. 66, 2011, pp. 289 – 346.

Moloney, N., "International Financial Governance, the EU, and Brexit: the 'Agencification' of EU Financial Governance and the Implications", *European Business Organization Law Review*, Vol. 17, No. 4, 2016, pp. 451 –480.

Nier, W., Tahsin, S. and Tomas, M., "Gross Private Capital Flows to Emerging Markets: Can the Global Financial Cycle Be Tamed"? *IMF Working Paper*. No. 14/196, 2014.

Obstfeld, M. and Rogoff, K., *Foundations of International Macroeconomics*, Cambridge: MIT Press, 1996.

Obstfeld, M. and Rogoff, K., "The Intertemporal Approach to the Current Account", in G Grossman and K Rogoff (eds), *Handbook of International Economics*, North – Holland: Amsterdam, 1995, pp. 1731 –99.

Obstfeld, M., "Does the Current Account still Matter"? *NBER Working Paper*, No. 17877, 2012.

Obstfeld, M., "The International Monetary System: Living with Asymmetry", *NBER Working Paper Series*, No. 17641, 2011, pp. 8 – 13.

Olivier, J. and Anton, K., "Excessive Volatility in Capital Flows: a Pigouvian Taxation Approach", *NBER Working Papers*, No. 15927, 2010.

Ostry, D. Ghosh, R. and Korinek, A. "Multilateral Aspects of Managing the Capital Account", *IMF Staff Discussion Notes* 12/10, 2012

Ostry, D., Ghosh, R., Chamon, M. and Qureshi S., "Tools for Managing Financial – stability Risks from Capital Inflows", *Journal of Inter-*

national Economics，Vol. 88，No. 2，2010，pp. 407 – 421.

Ostry，D.，Ghosh，R.，Habermeier，L.，Chamon，S and Kokenyne，A.，"Capital Inflows：What Tools to Use？"，*IMF Staff Position Notes* 11/06，2011.

Rey，H.，"Dilemma not Trilemma：The Global Financial Cycle and Monetary Policy Independence"，*NBER Working Paper*，No. 21162，2015.

Ruggie，J.，"International Regimes Transactions，and Change：Embedded Liberalism in the Postwar Economic Order"，*International Organization*，Vol. 36，No. 2，1982，pp. 379 – 415.

Shin，S.，"Global Banking Glut and Loan Risk Premium"，*IMF Economic Review*，2012，Vol. 60，No. 4，pp 155 – 92.

Simon，J.，"The Yin and Yang of Capital Flow Management：Balancing Capital Inflows with Capital Outflows"，in *World Economic Outlook：Transitions and Tensions*，IMF，2013.

Stein，C.，"Securitization，Shadow Banking，and Financial Fragility"，*Daedalus*，Vol. 139，No. 4，2010，pp. 41 – 51.

Tseng，W. and Corker，R.，"Financial Liberalization，Money Demand，and Monetary Policy in Asian Countries"，*IMF Occasional Paper*，No. 84，1991.

Volz，U.，"The Need and Scope for Strengthening Co – operation between Regional Financing Arrangements and the IMF"，*DIE Discussion Paper* 15/2012，2012.

WEF，"Euro，Dollar，Yuan Uncertainties：Scenarios on the Future of the International Monetary System"，World Economic Forum，June 2012.

第三篇

蔡从燕：《国际投资仲裁的商事仲裁与去商事仲裁化》，《现代法学》2011 年第 1 期。

曹荣光：《国际贸易政策取向及后危机时代的治理》，《战线》2010 年第 5 期。

陈安：《中国加入 WTO 十年的法理断想：简论 WTO 的法治、立法、执法、守法与变法》，《现代法学》2010 年第 6 期。

程大为：《全球贸易治理中多边主义、诸边主义和大区域主义的比较与选择》，《经济纵横》2014 年第 4 期。

杜厚文：《世贸组织规则与中国战略全书》，新华出版社 1999 年版。

冯军：《从多哈回合议程谈中国多边投资框架谈判立场》，《国际经济法学刊》2004 年第 10 期。

高凌云、苏庆义：《中国参与构建合理有效全球经济治理机制的战略举措》，《国际贸易》2015 年第 6 期。

葛顺奇、詹晓宁：《WTO 未来多边投资框架与东道国经济发展问题》，《世界经济与政治》2002 年第 9 期。

韩德培：《关贸总协定及其基本原则与规则》，《法学评论》1993 年第 3 期。

黄静波：《国际贸易政策的两难问题与 GATT/WTO 体制——GATT/WTO 的政治经济学》，《国际贸易问题》2005 年第 1 期。

江时学：《中国与欧盟在二十国集团内的合作》，《世界经济与政治论坛》2014 年第 4 期。

金芳：《全球共同治理，而不是贸易保护》，《理论参考》2009 年第 3 期。

李光辉：《中国—东盟自由贸易区〈投资协议〉》，《中国对外贸易》2010 年第 1 期。

李仁真、庞永三：《区域经济一体化对 GATT/WTO 体制的冲击和影响》，《法学论坛》2006 年第 2 期。

李文锋：《当前经济贸易中的失衡及其治理途径》，《对外经贸实务》2007 年第 8 期。

理查德·巴德温、杨盼盼：《WTO2.0：思考全球贸易治理》，《国际经济评论》2013 年第 2 期。

廖凡：《经济全球化与国际经济法的新趋势——兼论中国的回应与对策》，《清华法学》2009 年第 6 期。

刘敬东：《采取法律行动保护我在利比亚等国财产》，《经济参考报》，2011 年 3 月 23 日。

刘笋：《论 WTO 协定对国际投资法的影响》，《法商研究》2000 年第

1 期。

刘笋:《浅析 BIT 作用的有限性及对 BIT 促成习惯国际法规则论的反
　　对论》,《法制与社会发展》2001 年第 5 期。

卢进勇、余劲松、齐春生主编:《国际投资条约与协定新论》,人民
　　出版社 2007 年 10 月版。

陆燕:《G20:改善全球贸易治理》,《国际贸易》2016 年第 8 期。

单文华:《世界贸易组织协定中的国际投资规范评析》,《法学研究》
　　1996 年第 2 期。

沈铭辉:《构建包容性国际经济治理体系》,《东北亚论坛》2016 年第
　　2 期。

沈伟:《后金融危机时代的国际经济治理体系与二十国集团——以国
　　际经济法—国际关系交叉为视角》,《中外法学》2016 年第 4 期。

苏庆义:《全球贸易治理:制度供给和需求的矛盾》,《东北师大学报
　　(哲学社会科学版)》2016 年第 4 期。

孙振宇:《G20 与全球贸易投资治理》,《中国经济报告》2015 年第
　　9 期。

王贵国:《从 Saipem 案看国际投资法的问题与走势》,《中国政法大学
　　学报》2011 年第 2 期。

魏艳茹:《中国—东盟框架下国际投资法律环境的比较研究——以
　　〈中国—东盟投资协议〉的签订与生效为背景》,《广西大学学报
　　(哲学社会科学版)》2011 年第 1 期。

薛澜、俞晗之:《迈向公共管理范式的全球治理——基于"问题—主
　　体—机制"框架的分析》,《中国社会科学》2015 年第 11 期。

姚天冲:《国际投资法教程》,对外经济贸易大学出版社 2010 年版。

叶兴平:《〈北美自由贸易协定〉争端解决机制的创新及意义》,《当
　　代法学》2002 年第 7 期。

约翰·科顿:《G20 治理下的未来:成果、展望与预测》,Samuel T.
　　Overholt 译,《国外社会科学》2013 年第 6 期。

约翰·J. 柯顿:《二十国集团与全球治理》,郭树勇、徐谙律等译,
　　上海人民出版社 2015 年版。

余劲松:《国际投资条约仲裁中投资者与东道国权益保护平衡问题研

究》，《中国法学》2011 年第 2 期。

余敏友：《论关贸总协定的历史地位与作用》，《武大国际法评论》2003 年第 1 期。

增益：《世界贸易组织法律教程》，中信出版社 2003 年版。

曾华群：《论 WTO 体制与国际投资法的关系》，《厦门大学学报》（哲学社会科学版）2007 年第 6 期。

曾华群：《论双边投资条约实践的"失衡"与革新》，《江西社会科学》2010 年第 6 期。

曾令良：《区域贸易协定的最新趋势及其对多哈发展议程的负面影响》，《法学研究》2004 年第 5 期。

张茉楠：《G20 与国际贸易治理新框架》，《求知》2016 年第 10 期。

钟兴国、林忠和单文华：《世界贸易组织》，北京大学出版社 1997 年版。

钟楹：《全球贸易治理模式之分析——以区域贸易协定为视角》，《国际经贸探索》2015 年第 8 期。

周密：《贸易投资：补齐 G20 全球经济治理的第三支柱》，《国际贸易》2016 年第 9 期。

Schilling, D. M., "Making Codes of Conduct Credible: The Role of Independent Monitoring", in O. Williams (ed.), *Global Codes of Conduct: an Idea Whose Time has Come*, University of Notre Dame Press, 2000.

Edward, Kwakwa, "Institutional Perspectives of International Economic Law", in Asif H. Qureshi (ed.) *Perspectives in International Economic Law*, Boston: Kluwer Law International, 2002.

Edward, Kehoe, Paul, Maslo, Trends in International Investment Agreements, 2009/2010: Recent Steps in the Evolution of Bilateral Investment Treaties and the UNCITRAL Arbitration Rules, in Karl P. Sauvant (ed.) Yearbook on International Investment Law & Policy 2010—2011, Oxford University Press, 2012.

Eric, Burt, "Developing Countries and the Framework for Negotiations on Foreign Direct Investment in the World Trade Organization", *Am. U. J.*

Int' l L. & Pol' y, 1997, pp. 1059 – 1060.

Federico Lavopa, Lucas Barreiros, and Victoria Bruno, "How to Kill a Bit and not Die Trying: Legal and Political Challenges of Denouncing or Renegotiating Bilateral Investment Treaties", *Journal of International Economic Law*, Vol. 16, No. 4, 2013.

Foster George, "Striking a Balance between Investor Protections and National Sovereignty: the Relevance of Local Remedies in Investment Treaty Arbitration", *Columbia Journal of Transnational Law*, Vol. 49, No. 2, 2010.

Kurtz Jürgen, "Austrilia's Rejection of Investor – State Arbitration: Causation, Omission and Implication", *ICSID Review: Foreign Investment Law Journal*, Vol. 27, No. 1, Seplemler, 2012.

Nicola Jagers, "The Legal Status of the Multinational Corporation under International Law", in Michael. K. Addo (ed.), Human Rights Standards and the Responsibility of Transnational Corporations, Boston: Kluwer Law International, 1999.

Sol Picciotto, "Linkages in International Investment Regulation: The Antinomies of the Draft Multilateral Agreement on Investment", *U. Pa. J. Int1 Econ. L.*, 1998.

Frenkel, S. J., Scott, D., "Compliance, Collaboration and Codes of Labor Practice: the Adidas Connection", *California Management Review*, Vol. 45, No. 1, 2002.

Rosoff, R. J., "Beyond Codes of Conduct: Addressing Labor Rights Problems in China", *The China Business Review*, Vol. 2, March, 2004.

Srividya Jandhyala, Witold Henisz, Edward Mansfield, "Three Waves of BITs: the Global Diffusion of Foreign Investment Policy", *Journal of Conflict Resolution*, Vol. 55, No. 6, 2011, pp. 1047 – 1073.

UNCTAD, World Investment Report 2012: towards a New Generation of Investment Policies, Sales No. E. 12. II. D. 3 (United Nations, 2012).

UNCTAD, World Investment Report 2015: Reforming International Investment Governance, New York and Geneva: United Nations, 2015.

Yong Shik Lee, *Reclaiming Development in the World Trading System*,

Cambridge University Press，2006.

第四篇

蔡跃洲、John Whalley：《国际贸易对碳减排协议的促进作用——理论框架及减排意愿的数值一般均衡情景模拟》，《财经研究》2010年第11期。

陈晓燕：《低碳技术国际转移机制研究》，《经济研究导刊》2015年第2期。

崔学勤、王克、邹骥：《美欧中印"国家自主贡献"目标的力度和公平性评估》，《中国环境科学》2016年第12期。

丛晓男、王铮、郭晓飞：《全球贸易隐含碳的核算及其地缘结构分析》，《财经研究》2013年第1期。

陈蓉：《低碳贸易措施：形式、影响与应对》，《山东工商学院学报》2013年第8期。

陈文颖、吴宗鑫、何建坤：《全球未来碳排放权"两个趋同"的分配方法》，《清华大学学报》（自然科学版）2005年第6期。

樊纲等：《最终消费与碳减排责任的经济学分析》，《经济研究》2010年第1期。

国务院发展研究中心课题组：《二氧化碳国别排放账户：应对气候变化和实现绿色增长的治理框架》，《经济研究》2011年第12期。

何建坤：《有关全球气候变化问题上的公平性分析》，《中国人口·资源与环境》2004年第6期。

黄梅波、朱丹丹、吴仪君：《"后2015发展议程"与中国的应对》，《国际政治研究》2015年第2期。

金之庆等：《我国东部样带适应全球气候变化的若干粮食生产对策的模拟研究》，《中国农业科学》1997年第4期。

韩凤芹、苏明、傅志华：《中国能源税问题的初步研究》，《经济研究参考》，2008年第10期。

雷立钧、荆哲峰：《国际碳交易市场发展对中国的启示》，《中国人口·资源与环境》2011年第4期。

李海棠：《新形势下国际气候治理体系的构建——以〈巴黎协定〉为

视角》,《中国政法大学学报》2016 年第 5 期。

刘冰、薛澜:《"管理极端气候事件和灾害风险特别报告"对我国的启示》,《中国行政管理》2012 年第 3 期。

李昕蕾:《跨国城市网络在全球气候治理中的行动逻辑:基于国际公共产品供给"自主治理"的视角》,《国际观察》2015 年第 5 期。

陆远如:《环境经济学的演变与发展》,《经济学动态》2004 年第 12 期。

陆燕、付丽:《WTO 在应对全球气候变化中的作用》,《国际经济合作》2010 年第 10 期。

李盛:《国际气候治理的制度分析》,《辽宁大学学报》(哲学社会科学版)2011 年第 5 期。

倪宇霞:《美国绿色金融制度研究》,湖南师范大硕士论文,2011 年。

潘家华:《满足基本需求的碳预算及其国际公平与可持续含》,《世界经济与政治》2008 年第 1 期。

潘家华、郑艳:《基于人际公平的碳排放概念及其理论含义》,《世界经济与政治》2009 年第 10 期。

潘家华、陈迎:《碳预算方案:一个公平、可持续的国际气候制度构架》,《中国社会科学》2009 年第 5 期。

全球碳项目(Global Carbon Project,GCP):《2016 全球碳预算报告》,2016 年,http://news.xinhuanet.com/politics/2016 - 11/15/c_ 129364544.htm。

世界经济论坛:《2016 年全球风险报告》,2016 年。

http://world.people.com.cn/n1/2016/0304/c57506 - 28172961.html。

尚宏博、王华:《建立推动机制应对全球环境治理面临的挑战》,《环境与可持续发展》2013 年第 2 期。

汤伟:《全球可持续治理能走多远?》,《文汇报》2012 年 6 月 26 日。

田慧芳、杜国辉:《全球气候变化下国际贸易政策的新动向》,《绿叶》2011 年 11 月 15 日。

田慧芳:《中美能源与气候合作博弈:深化与突破》,《国际经济评论》2013 年第 11 期。

田慧芳:《国际气候治理机制的演变趋势与中国责任》,《经济纵横》

2015 年第 12 期。

田慧芳等：《G20 将进入"中国时间"4"I"如何议程设置?》，《第一财经日报》2015 年 11 月 19 日。

田慧芳：《多边贸易体系下的气候贸易政策影响研究》，《学术论文联合比对库》，2015 年。

田慧芳：《巴黎气候大会的五大看点》，《世界知识》2016 年第 2 期。

田慧芳：《〈巴黎协定〉生效：前路还有几道坎儿?》，《世界知识》2016 年第 11 期。

田慧芳：《绿色金融发展中的政府行为——基于欧美国家的经验分析》，《国际经济合作》2016 年第 11 期。

王馥棠：《气候变化与我国的粮食生产》，《中国农村经济》1996 年第 11 期。

王文军、庄贵阳：《碳排放权分配与国际气候谈判中的气候公平诉求》，《外交评论》2012 年第 1 期。

吴鹏：《我国受影响排在全球第 34 位》，《中国气象报》2016 年 11 月 18 日。

王克、王灿、陈吉宁：《技术变化模拟及其在气候政策模型中的应用》，《中国人口·资源与环境》2008 年第 5 期。

王军：《低碳经济：发展中国家的现实选择》，《学术月刊》2010 年第 12 期。

王玉明、王沛雯：《跨国城市气候网络参与全球气候治理的路径》，《哈尔滨工业大学学报》（社会科学版）2016 年第 3 期。

王学东：《气候变化问题的国际博弈与各国政策研究》，时事出版社 2014 年版。

晓峰：《当前气候变化及其发展趋势》，《世界气象月报》1989 年 2 月。

杨通进：《通向哥本哈根的伦理共识》，《中国教育报》2009 年 12 月 14 日。

赵宗慈：《气候模式模拟气候变化的研究进展》，《气象科技》1986 年第 4 期。

中国社会科学院：《气候变化绿皮书：应对气候变化报告（2013）》，

社会科学文献出版社 2013 年版。

郑菲、孙诚、李建平：《从气候变化的新视角理解灾害风险、暴露度、脆弱性和恢复力》，《气候变化研究进展》2012 年第 8 期。

钟茂初、史亚东、宋树仁：《国际气候合作中的公平性问题研究评述》，《江西社会科学》2010 年第 3 期。

张文城、彭水军：《不对称减排、国际贸易与能源密集型产业转移——碳泄漏的研究动态及展望》，《国际贸易问题》2014 年第 7 期。

席艳乐、孙小军、王书飞：《气候变化与国际贸易关系研究评述》，《经济学动态》2011 年第 10 期。

吴昌华等：《气候融资的定义和现状》，《中国应对气候变化融资策略》2013 年第 3 期。

魏涛远、格罗姆斯洛德：《征收碳税对中国经济与温室气体排放的影响》，《世界经济与政治》2002 年第 8 期。

叶辉华：《气候变化背景下对技术转让的知识产权制度调适》，《河北法学》2015 年第 1 期。

约翰·柯顿、朱杰进：《G20 与全球发展治理》，《国际观察》2013 年第 5 期。

周智敏、黄玉杰：《不完全契约的成因、风险及其应对》，《企业改革与管理》2011 年第 1 期。

邹骥等：《气候变化国际制度：中国热点议题研究》，中国环境科学出版社 2015 年版。

邹骥等：《技术开发与转让国际合作机制创新研究》，《中国—联合国气候变化伙伴关系框架项目子课题——2012 年后气候变化制度中的热点问题研究工作报告》，2008 年。

邹骥等：《论全球气候治理——构建人类发展路径创新的国际体制》，中国计划出版社 2015 年版。

William Cline, Economics of Global Warming (Energy and the Environment), Peterson Institute Press: All Books, 1992.

Carraro, C., Galeotti, M., Gallo, M., "Environmental Taxation and Unemployment: Some Evidence on the Double Dividends Hypothesis in

Europe", *Journal of Public Economics*, Vol. 62, 1996, pp. 141 – 181.

Barrett, "Climate Change Policy and International Trade", *Prediction Science*, Vol. 4, 1994.

Barker, T., K. ohler, "Equity andEcotax Reform in the EU: Achieving a 10 Per cent Reduction in CO$_2$ Emissions Using Excise Duties", *Fiscal Studies*, Vol. 19, No. 4, 1998, pp. 375 – 402.

Christopherr L. Weber, Glen P. Petey, "Climate Change Policy and Internationol Trade", Vol. 37, No. 2, 2009.

Dasgupta P. S., "Discounting Climate Change", *Journal of Risk and Uncertainty*, Vol. 37, 2008, pp. 141 – 169.

Giddens A., "The Politics of Climate Change", *Routledge*, Vol. 43, No. 3, 2009, pp. 331 – 348.

James Poterba, "Global Warming Policy: APublic Finance Perspective", *The Journal of Economic Perspectives*, Vol. 7, No. 4, 1993, pp. 47 – 63.

Mendelsohn R. O., "A Critique of the Stern Report", *Regulation*, Vol. 29, No. 4, 2006.

Nordhaus, W. and J. Boyer, *Warming the World: Economic Models of Global Warming*, MIT Press: Cambridge MA, 2000.

Pearce, D., "The Role of Carbon Taxes in Adjusting to Global Warming", *Economic Journal*, Vol. 101, 1991, pp. 938 – 948

Schor, J., "Climate, Inequality and the Need for Reframing Climate Policy", *Review of Radical Political Economics*, Vol. 47, No. 4, 2015.

Shapley, L. and M. Shubik, "On the Core of an Economic System with Externalities", *The American Economic Review*, Vol. 59, No. 4, 1969, pp. 678 – 684.

Stern, N. H., *Stern Review on the Economics of Climate Change*, London, UK: Her Majesty's Treasury, 2006.

Tian, Huifang & John Whalley. Cross Country Fairness Considerations and Country Implications of Alternative Approaches to a Global Emission Reduction Regime, NBER Working Paper 18443, 2012.

Tian, Huifang et al., "China and India's Participation in Global Climate Negotiations", *International Environmental Agreements: Politics and Int Environ Agreements*, Vol. 11, No. 3, 2011.

Tian Huifang and John Whalley, "Trade Sanctions, Financial Transfers and BRIC Participation in Global Climate Change Negotiations", *Journal of Policy Modeling*, Vol. 32, No. 1, 2010, pp. 1 – 16.

Tian Huifang and John Whalley, "Developing Countries and the UNFCCC Process: Some Simulation from an Armintong Extended Climate Model", *Climate Change Economics*, Vol. 6, 2015.

UNFCCC, Identifying, Analysing and Assessing Existing and Potential New Financing Resources and Relevant Vehicles to Support the Development, Deployment Diffusion and Transfer of Environmentally Sound Technologies, 2008, FCCC/S B/2008/INF. 7.

Uzawa, H., *Economic Theory and Global Warming*, Cambridge University Press, 2004.

Weitzman, M. L., "A Review of the Stern Review on the Economics of Climate Change", *Journal of Economic Literature*, Vol. 45, No. 3, 2007, pp. 703 – 724.

William, Nordhaus, *The Economics of Climate Change*. The MIT Press, 1994.

William, Nordhaus, "Climate Clubs: Overcoming Free – riding in International Climate Policy", *American Economic Review*, Vol. 105, No. 4, 2015, pp. 1339 – 1370.

第五篇

大卫·李嘉图:《李嘉图著作和通信集(第一卷):政治经济学及赋税原理》,郭大力、王亚南译,商务印书馆 1962 年版。

刘仕国:《世界经济统计学综述》,《世界经济年鉴》,中国社会科学出版社 2015 年版。

刘仕国、徐奇渊:《全球宏观经济学综述:基于政策与增长关系的视角》,《世界经济年鉴》,中国社会科学出版社 2014 年版。

罗伯特·特里芬:《黄金与美元危机》,商务印书馆 1997 年版。

马乐:《OECD 税收情报自动交换新标准的发展与局限》,《暨南学报》（哲学社会科学版）2015 年第 5 期。

邱辉、钱敏：《OECD〈解决税基侵蚀和利润转移〉报告解析》，《国际税收》2015 年第 4 期。

小约瑟夫·奈和戴维·韦尔奇著：《理解全球冲突与合作》，张小明译，上海世纪出版集团 2012 年版。

亚当·斯密：《国富论》，郭大力、王亚南译，上海三联书店 2011 年版。

杨翠红等：《全球价值链与中国贸易增加值核算研究报告》，中国商务部，2013 年 7 月。

张再金：《BEPS 行动计划 11、第二阶段成果 5：税基侵蚀和利润转移的量化证据》，《国际税收》2015 年第 10 期。

赵智娟：《多边税收征管互助公约》的生效对中国情报交换制度的影响，《山西财政税务专科学校学报》2016 年第 6 期。

Alesina, Alberto and Romain Wacziarg, "Is Europe Going too Far?", *Carne-gie-Rochester Conference Series on Public Policy*, Vol. 51, 1999, pp. 1 –42.

Alesina, Alberto, Ignazio Angeloni and Federico Etro, "International Unions", *American Economic Review*, Vol. 95, No. 3, 2005, pp. 602 –615.

Alessandria, G., J. Kaboski and V. Midrigan, "US Trade and Inventory Dynamics", *American Economic Review Papers and Proceedings*, Vol. 101, No. 3, 2011, pp. 303 –307.

Alessandria, G., J. Kaboski and V. Midrigan, "The Great Trade Collapse of 2008 – 2009: an Inventory Adjustment?" *IMF Economic Review*, Vol. 58, No. 2, 2010, pp. 254 –294.

Altomonte, C., F. Di Mauro, G. Ottaviano, A. Rungi and V. Vicard, "Global Value Chains during the Great Trade Collapse: a Bullwhip Effect?", *ECB Working Paper Series*, No. 1412, 2012.

Ando, Mitsuyo and Akie Iriyama, "International Production Networks and Export/Import Reponsiveness to Exchange Rate: the Case of Japanese Manufacturing Firms", *RIETI Discussion Paper Series*, 09 – E – 049, 2009.

Ando, Mitsuyo and Fukinari Kimura, "The Formation of International Production and Distribution Networks in East Asia", *NBER Working Papers*, No. 10167, National Bureau of Economic Research, 2003.

Auerbach, A. and Gorodnichenko, Y., "Output Spillovers from Fiscal Policy", *American Economic Review Papers and Proceedings*, Vol. 103, No. 3, 2013.

Aziz, Jahangir and Li, Xiangming, "China's Changing Trade Elasticities", *China & World Economy*, Vol. 16, No. 3, 2008, pp. 1 – 21.

Baer, Werner, Tiago Cavalcanti, Peri Silva, "Economic Integration without Policy Coordination: the Case of Mercosur", *Emerging Market Review*, No. 3, 2002, pp. 269 – 291.

Baldwin, R. E., "21 st Century Regionalism: Filling the Gap between 21st Century Trade and 20th Century Trade Rules", WTO Economic Research and Statistics Division, *Staff Working Paper*, ERSD – 2011 – 08, 2011.

Barrell, Ray, Karen Dury, Ian Hurst, "InternationalMonetary Policy Coordination: an Evaluation Using a Large Econometric Model", *Economic Modelling*, Vol. 20, 2003, pp. 507 – 552.

Barroso, Joao Barata, R. B., Luiz A. Pereira da Silva, and Adriana Soares, "Sales Quantitative Easing and Related Capital Flows into Brazil: Measuring its Effects and Transmission Channels through a Rigorous Counter Factual Evaluation", *Working Papers Series* 313, Central Bank of Brazil, Research Department, 2013.

Baum, Christopher, "Coordination of Large Macroeconomies' Policies and the Stability of Small Economies", *Journal of Economic Dynamics and Control*, Vol. 10, 1986, pp. 21 – 25.

Baumeister, C. and Benati, L., "Unconventional Monetary Policy and the Great Recession – Estimating the Impact of a Compression in the Yield Spread at the Zero Lower Bound", *Working Paper Series*, No. 1258, European Central Bank, 2010.

Baxter, M. and M. Kouparitsas, "Determinants of Business Cycle Comovement: a Robust Analysis", *Journal of Monetary Economics*, Vol. 52,

2005, pp. 113 – 157.

Bems, R. S. Johnson and K. M. Yi, "Demand Spillovers and the Collapse of Trade in the Global Recession", *IMF Economic Review*, Vol. 58, No. 2, 2010, pp. 295 – 326.

Bems, R. S. Johnson and K. M. Yi, "Vertical Linkages and the Collapse of Global Trade", *American Economic Review Papers and Proceedings*, Vol. 101, No. 3, 2011, pp. 308 – 312.

Bems, Rudolfs and Robert Johnson, "Value – added Exchange Rates", *NBER Working Paper*, No. 18498, 2012.

Bernanke, B., "The Crisis and the Policy Response", Stamp Lecture, London School of Economics, London, England, January 2009.

Beth, Simmons, "Pax Mercatoria and the Theory of the State", in Edward D. Mansfield and Brian M. Pollins ed., *Economic Interdependence and International Conflict: New Perspective on an Enduring Debate*, Ann Arbor: the University of Michigan Press, 2003, pp. 31 – 43.

Bhattaraiy, Keshab and Sushanta K. Mallickz, *A DSGE – BVAR Model for Macroeconomic Policy Coordination*, 2014, pp. 5 – 6.

Bhattaraiy, Keshab and Sushanta K. Mallickz, Macroeconomic Policy Coordination in the Global Economy, VAR and BVAR – DSGE Analyses, 2015, pp. 2 – 4.

BIS, 82nd BIS Annual Report 2011/2012, June 24, 2012, http://www.bis.org/publ/arpdf/ar2012e.htm.

BIS, 83rd BIS Annual Report 2012/2013, June 23, 2013, http://www.bis.org/publ/arpdf/ar2013e.htm.

Bordo, Michaeland A. J. Schwartz, "Transmission of Real and Monetary Disturbances under Fixed and Floating Rates", *Cato Journal*, Vol. 8, No. 2, 1988, pp. 451 – 472.

Borio, C. and P. Disyatat, "Unconventional Monetary Policies: an Appraisal", *The Manchester School*, University of Manchester, Vol. 78, 2010, pp. 53 – 89.

Boughton, J., "Policy Assignment Strategies with Somewhat Flexible Exchange

Rates", in *Blueprints for Exchange Rate Management*, edited by M. Miller, R. Portes, and B. Eichengreen, New York: Academic Press, 1989.

Bradford, J. and Lawrence, S. , "Fiscal Policy in a Depressed Economy", *Brookings Papers on Economic Activity*, Spring, 2012, pp. 233 – 274.

Brittain, B. , "International Currency Substitution and the Apparent Instability of Velocity in Some Western European Economies and in the United States". *Journal of Money*, *Credit and Banking*, Vol. 58, 1981, pp. 135 – 155.

Burstein, A. , C. Kurz and L. Tesar, "Trade, Production Sharing, and the International Transmission of Business Cycles", *Journal of Monetary Economics*, Vol. 55, 2008, pp. 775 – 795.

Camarero, Mariam, Cecilio Tamarit, "A rationale for Macroeconomic Policy Coordination: Evidence based on the Spanish Peseta", *European Journal of Political Economy*, Vol. 11, 1995, pp. 65 – 82.

Canzoneri, Matthew, Robert Cumby, Behzad Diba, "The Need for International Policy Coordination: What's Old, What's New, What's Yet to Come?", *Journal of International Economics*, Vol. 66, 2005, pp. 363 – 384.

Cecioni, M. , G. Ferrero and A. Secchi, "Unconventional Monetary Policy in Theory and in Practice", *Occasional Papers*, No. 102, Bank of Italy, September 2011.

Cheung, C. and S. Guichard, "Understanding the World Trade Collapse", *OECD Economics Department Working Papers*, No. 729, OECD Publishing, 2009.

Chinn, M. , "Supply Capacity, Vertical Specialization and Trade Costs: the Implications for Aggregate US Trade Flow Equations", CAGE online Working Paper, 2010.

Christodoulakis Nicos, Anthony Garratt and David Currie, "Target Zones and Alternative Proposals for G3 Policy Coordination: an Empirical Evaluation Using GEM", *Journal of Macroeconomics*, Vol. 18, No. 1, 1996, pp. 49 – 68.

Cobham，Alex，The US Treasury just Declared Tax War on Europe，http：//www. taxjustice. net/2016/08/24/us － treasury － tax － war － europe/，2016.

Cohen，Daniel and Charles Wyplosz，"Price and Trade Effect of Exchange Rate Fluctuations and the Design of Policy Coordination"，*Journal of International Money and Finance*，Vol. 14，No. 3，1995，pp. 331 －347.

Cook，D. and M. B. Devereux，"External Currency Pricing and the East Asian Crisis"，*Journal of International Economics*，Vol. 69，No. 1，2006，pp. 37 －63.

Cooper，R. N. ，"Macroeconomic Policy Adjustment in Interdependent Economies"，*Quarterly Journal of Economics*，Vol. 83，No. 1，1969，pp. 1 －24.

Cooper，Richard，"National Economic Policy in an Interdependent World Economy"，*The Yale Law Journal*，Vol. 76，No. 7，1967，pp. 1273 －1298.

Cooper，Richard，"International Economic Cooperation：Is It Desirable? Is It Likely?" *Bulletin of the American Academy of Arts and Sciences*，Vol. 39，No. 2，1985，pp. 11 －35.

Corsetti，G. ，Meier，A. & Müller，G. ，"What Determines Government Spending Multipliers?"，*IMF Working Paper*，No. 12/150，2012.

Corsetti，Giancarlo，Pesenti Paolo，"Welfare and Macroeconomic Interdependence"，*Quarterly Journal of Economics*，Vol. 116，2001a，pp. 421 －446.

Corsetti，Giancarlo，Pesenti Paolo，"International Dimensions of Optimal Monetary Policy"，*Federal Reserve Bank of New York Staff Report*，No. 124，2001b.

Corsetti，Giancarlo，Paolo Pesenti，Nouriel Roubini，Cedric Tille，"Competitive Devaluations：toward a Welfare － based Approach"，*Journal of International Economics*，Vol. 51，2000，pp. 217 －241.

Curdia，V. and Woodford，M. ，"The Central － bank Balance Sheet as an Instrument of Policy"，*Journal of Monetary Economics*，Vol. 58，2011，pp. 54 －79.

Currie，D. and P. Levine，"Time Inconsistency and Optimal Policies in Deterministic and Stochastic Worlds"，*Journal of Economic Dynamics and Control*, Vol. 10, No. 1, 1986, pp. 191 – 199.

Amico, S. and King, T. B., "Flow and Stock Effects of Large – scale Treasury Purchases", *Finance and Economics Discussion Series*, No. 2010 – 52, 2010.

Daudin, Guillaume, Christine Rifflart, and Danielle Schweisguth, "Who Produces for Whom in the World Economy?" *Canadian Journal of Economics*, Vol. 44, No. 4, 2011, pp. 1409 – 1538.

Dedola L. and G. Lombardo, "Financial Frictions, Financial Integration and the International Propagation of Shocks", *Economic Policy*, Vol. 27, No. 70, 2012, pp. 319 – 359.

Dedola, Luca. , Peter Karadi, Giovanni Lombardo, "Global Implications of National Unconventional Policies", *Journal of Monetary Economics*, Vol. 60, 2013, pp. 66 – 85.

Devereux, M. B. and J. Yetman, "Leverage Constraints and the International Transmission of Shocks", *Journal of Money, Credit and Banking*, Vol. 42, 2010, pp. 71 – 105.

Di, Giovanni and A. Levchenko, "Putting the Parts Together: Trade, Vertical Linkages, and Business Cycle Comovement", *American Economic Journal: Macroeconomics*, Vol. 2, No. 2, 2010, pp. 95 – 124.

Dieppe, A. , González Pandiella, A. Hall & Willman A. , "The ECB's New Multi – Country Model for the Euro Area: NMCM – with Boundedly Rational Learning Expectations", *ECB Working Paper Series*, No. 1316, 2011.

Driffil, J. , "Macroeconomic Policy Games with Incomplete Information: a Survey", *European Economic Review*, Vol. 32, No. 2 – 3, 1988, pp. 513 – 541.

Eaton, J. , S. Kortum, B. Neiman and J. Romalis, "Trade and the Global Recession", *NBER Working Paper*, No. 16666, 2011.

ECB, "Fiscal Consolidations: Past Experience, Costs And Benefit", *Monthly Bulletin*, June 2010, pp. 83 – 85.

ECB, *Monthly Bulletin*, December 2012, Box 6.

ECB, "Fiscal Multipliers and the Timing of Consolidation", *Monthly Bul-*

letin, Box 1, p. 81, April 2014.

ECB, "Fiscal Spillover Effects in the Euro Area," *Monthly Bulletin*, Box 1, p. 80, April 2014.

Eggertsson, G. & Krugman, P. , "Debt, Deleveraging and the Liquidity Trap: A Fischer – Minsky – Koo Approach", *The Quarterly Journal of Economics*, Vol. 127, No. 3, 2012.

Eggertsson, G. and Woodford, M. , "The Zero Bound on Interest Rates and Optimal Monetary Policy", *Brookings Papers on Economic Activity*, Vol. 1, 2003, pp. 139 – 211.

Eichengreen, Barry. "Does the Federal Reserve Care about the Rest of the World?", *The Journal of Economic Perspectives*, Vol. 27, No. 4, 2013, pp. 87 – 103.

Eichengreen, Barry and Jeffrey Sachs, "Exchange Rates and Economic Recovery in the 1930s", *The Journal of Economic History*, Vol. 45, No. 4, 1985, pp. 925 – 946.

Eichengreen, Barry and Jeffrey Sachs, "Competitive Devaluation and the Great Depression: a Theoretical Reassessment", *Economics Letters*, Vol. 22, 1986, pp. 67 – 71.

Engel, C. and J. Wang, "International Trade in Durable Goods: Understanding Volatility, Cyclicality and Elasticities", *Journal of International Economics*, Vol. 83, 2011, pp. 37 – 52.

Fatàs, A. and I. Mihov, "Policy Volatility, Institutions and Growth", Mimeo, INSEAD, 2006.

Feenstra, R. C. , Integration of Trade and Disintegration of Production in the Global Economy, *The Journal of Economic Perspectives*, Vol. 85, 1998, pp. 31 – 50.

Ferr'e, Montserrat, "Fiscal Policy Coordination in the EMU", *Journal of Policy Modeling*, Vol. 30, 2008, pp. 221 – 235.

Fletcher, K. and Sandri, D. , "How Delaying Fiscal Consolidation Affects the Present Value of GDP", *IMF Working Paper*, WP/15/52, 2015.

Frankel, Jeffrey, "The Euro Crisis: Where to from Here?", *Journal of*

Policy Modeling, Vol. 37, 2015, pp. 428 – 444.

Frankel, Jeffrey, Sergio L. Schmukler, Luis Serve, "Global Transmission of Interest Rates: Monetary Independence and Currency Regime", *Journal of International Money and Finance*, Vol. 23, 2004, pp. 701 – 733.

Fratzscher, Marcel and Lo Duca Marco and Straub Roland, "A Global Monetary Tsunami? On the Spillovers of US Quantitative Easing", http://ssrn.com/abstract = 2164261 orhttp://dx.doi.org/10.2139/ssrn.2164261, 2012.

Freund, C., "The Trade Response to Global Downturns: Historical Evidence", *World Bank Policy Research Working Paper*, No. 5015, 2009.

Freund, C., C. Hong and S. J. Wei, "China's Trade Response to Exchange Rate", Mimeo, 2012.

G20:《二十国集团领导人杭州峰会公报》,《人民日报》2016 年 9 月 6 日第 4 版。

G20:《二十国集团领导人杭州峰会公报》,《人民日报》2016 年 9 月 6 日第 4 版。

G20, "FWG Report on the G20 Enhanced Structural Reform Agenda", 2015.

G20, "Multi – year Action Plan on Development", 2012.

G20:《二十国集团匹兹堡峰会领导人声明》, http://www.g20.org/hywj/lnG20gb/201511/t20151106_ 1229.html, 2009 年 9 月 25 日。

G20:《二十国集团领导人布里斯班峰会公报》, http://www.g20.org/hywj/lnG20gb/201511/t20151106_ 1247.html, 2015 年。

G20, "FWG Report on the G20 Enhanced Structural Reform Agenda", http://www.g20.org/English/Documents/Current/201608/t20160815 _ 3142.html, 2015.

Galor Oded, "Global Dynamic Inefficiency in the Absence of International Policy Coordination: a North – South Case", *Journal of International Economics*, Vol. 21, 1986, pp. 137 – 149.

Gangnes, B., A. Ma and A. Van Assche, "China's Exports in a World of Increasing Oil Prices", *Multinational Business Review*, Vol. 19, No. 2, 2011, pp. 133 – 151.

Gangnes, Byron, Alyson Ma and Ari Van Assche, "Global Value Chains and the Transmission of Business Cycle Shocks", *ADB Economics Working Paper Series*, No. 329, June 2012.

Gerald, Schneider, Günther Schulze, "Trade and Armed Conflict: the Domestic Foundations of Commercial Liberalism", http: //www. uni – konstanz. de/... /CSchneider/downloads/papers/Trade%20and%20armed%20conflict%20March%2003%202005. pdf, 2003.

Ghosh, Atish, "International Policy Coordination in an Uncertain World", *Economics Letters*, Vol. 21, 1986, pp. 271 – 276.

Ghosh, Atish, "Does Model International Uncertainty Really Preclude Policy Coordination?", *Journal of International Economics*, Vol. 31, 1991, pp. 325 – 340.

Global Summitry Project at the Munk School of Global Affairs, University of Toronto, Heinrich Böll, Stiftung North America, China's 2016 G20 Summit in Hangzhou, Note on Areas of Leadership might China Consider for its Year in the G20 Presidency, November 10, http: //us. boell. org/2015/11/10/chinas – 2016 – g20 – summithangzhou, 2015.

Goldberg, L. and C. Tille, "Macroeconomic Interdependence and the International Role of the Dollar", *Journal of Monetary Economics*, Vol. 56, No. 7, 2009, pp. 990 – 1003.

Goto, Junichi and Koichi Hamada, "Economic Integration and the Welfare of Those Who are Left Behind: an Incentive – Theoretic Approach", *Journal of the Japanese and International Economics*, Vol. 12, 1998, pp. 25 – 48.

Hallett, Hughes, "Target Zones and International Policy Coordination: the Contrast between the Necessary and Sufficient Conditions for Success", *European Economic Review*, Vol. 36, 1992, pp. 893 – 914.

Hallett, Hughes, "On the imperfect Substitutability of Policy Regimes: Exchange Rate Targeting vs Policy Coordination", *Economics Letters*, Vol. 44, 1994, pp. 159 – 164.

Hamada, Koichi, "Macroeconomic Policy Interaction under Flexible Exchange Rates: a Two - Country Model", *Economica*, Vol. 52, 1979, pp. 9 - 23.

Hamada, Koichi, "A Strategic Analysis of Monetary Interdependence", *Journal of Political Economy*, Vol. 84, No. 4, 1976, pp. 677 - 700.

Hamada, Koichi and Makoto Sakurai, "International Transmission of Stagflation under Fixed and Flexible Exchange Rates", *Journal of Political Economy*, Vol. 86, No. 5, 1978, pp. 877 - 895.

Hattaraiy, Keshab and Sushanta Mallickz, "Macroeconomic Policy Coordination in the Global Economy, VAR and BVAR - DSGE Analyses", *Journal of Political Economy*, Vol 123, 2015, p. 4.

Herzog, Bodo, "Coordination of Fiscal and Monetary Policy in CIS - Countries: a Theory of Optimum Fiscal Area?", *Research in International Business and Finance*, Vol. 20, 2006, pp. 256 - 274.

Hsiao, Frankand Mei - Chu W. Hsiao, "International Policy Coordination with a Dominant Player: the Case of the United States, Japan, Taiwan and Korea", *Journal of Asian Economics*, Vol. 6, No. 1, 1995, pp. 29 - 52.

Hummels, D., J. Ishiib, and K. Yi, "The Nature and Growth of Vertical Specialization in World Trade", *Journal of International Economics*, Vol. 54, 2001, pp. 75 - 96.

Hummels, D., I. Ishii and K. M. Yi, "The Nature and Growth of Vertical Specialization in World Trade", *Journal of International Economics*, Vol. 54, No. 1, 2001, pp. 75 - 96.

Imbs, J., "The First Global Recession in Decades", *IMF Economic Review*, Vol. 58, 2010, pp. 327 - 354, IMF. "Dancing Together? Spillovers, Common Shocks and the Role of Financial and Trade Linkages", World Economic Outlook, Chapter 3, 2013a.

IMF, "Unconventional Monetary Policies: Recent Experiences and Prospects", *Board Paper*, April 19, 2013b.

Johnson, Robert and Guillermo Noguera, "Accounting for Intermediates: Production Sharing and Trade in Value - added," *Journal of International Economics*, Vol. 86, 2012, pp. 224 - 236,

Johnson, Robert, "Five Facts about Value – Added Exports and Implications for Macroeconomics and Trade Research," *Journal of Economic Perspectives*, Vol. 28, No. 2, 2014, pp. 119 – 142.

Joyce, M., D. Miles, A. Scott and D. Vayanos, "Quantitative Easing and Unconventional Monetary Policy – an Introduction", *The Economic Journal*, Vol. 122, 2012, pp. 271 – 288.

Kollmann, R. et al., "Global Banking and International Business Cycles," *European Economic Review*, Vol. 55, 2011, pp. 407 – 426.

Koopman, R., W. Powers, Z. Wang and S. Wei, "Give Credit Where Credit is Due: Tracing Value – added in Global Production Chains", *NBER Working Paper*, No. 16426, 2011.

Koopman, Robert, Zhi Wang and Shang – jin Wei, "Estimating Domestic Content in Exports when Processing Trade is Pervasive", *Journal of Development Economics*, Vol. 23, 2012, pp. 24 – 78.

Koopman, Robert Wang Zhi and Shang – Jin Wei, "Tracing Value – added and Double Counting in Gross Exports", *NBER Working Paper*, No. 18579, 2012.

Koopman, Robert, Zhi Wang, Shang – Jin Wei, "The Value – added Structure of Gross Exports and Global Production Network", Paper for Presentation at the Final WIOD Conference Causes and Consequences of Globalization, April 24 – 26, 2012.

Kose, M. A., C. Otrok and E. S. Prasad, "Global Business Cycles: Convergence or Decoupling?", *International Economic Review*, Vol. 53, 2012, pp. 511 – 538.

Kose, M. A., E. S. Prasad and M. Terrones, "How does Globalization Affect the Synchronization of Business Cycles?" *American Economic Review Papers and Proceedings*, Vol. 93, 2003, pp. 57 – 62.

Krishnamurthy, A. and Vissing – Jorgensen, "The Effects of Quantitative Easing on Interest Rates: Channels and Implications for Policy", *Brookings Papers on Economic Activity*, Vol. 2, 2011, pp. 215 – 287.

Krugman, P., "International Finance Multiplier", *Working Paper*, Princeton University, 2008.

Krugman, P. , Cooper, R. N. , Srinivasan, T. N. , "Growing World Trade: Causes and Consequences", *Brookings Papers on Economic Activity*, 1995, pp. 327 – 377.

Krugman, Paul, "Exchange Rate and International Adjustment", *Japan and the World Economy*, Vol. 1, 1988, pp. 63 – 87.

Kydland, F. and E. Prescott, "Rules rather than discretion: the Inconsistency of Optimal Plans", *Journal of Political Economy*, Vol. 8, No. 3, 1977, pp. 473 – 491.

Lane, P. R. , "The New Open Economy Macroeconomics: a Survey", *Journal of International Economics*, Vol. 54, No. 2, 2001, pp. 235 – 266.

Lejour, A. , Rojas – Romagosa H. and Veenendaal P. , "The Origins of Value in Global Production Chains", 2011, Final Report for DG Trade, European Commission, May 2012.

Lewis, Karen, "On Occasional Monetary Policy Coordinations that Fix the Exchange Rate", *Journal of International Economics*, Vol. 26, 1989, pp. 139 – 155.

Liu, Zheng, Evi Pappa, "Gains from International Monetary Policy Coordination: Does it Pay to be Different?" *Journal of Economic Dynamics & Control*, Vol. 32, 2008, pp. 2085 – 2117.

Lubik, Thomas and Schorfheide Frank, "A Bayesian Look at the New Open Economy Macroeconomics", *NBER Macroeconomics Annual* 2005, Vol. 20, 2006, pp. 313 – 382.

Lucas, Robert, "Econometric Policy Evaluation: a Critique", In Brunner K. , Meltzer, A. , The Phillips Curve and Labor Markets, *Carnegie – Rochester Conference Series on Public Policy*, Vol. 1, No. 1, 1976, pp. 19 – 46.

Ma, A. and Van Assche, "Global Production Networks in the Post—Crisis Era", in M. Haddad and B. Shepherd edited: *Managing Openness: Trade and Outward—Oriented Growth after the Crisis*, Washington, DC: World Bank, 2011, pp. 275 – 286.

Marquez, Jaime, "International Policy Coordination and Growth Prospects of Developing Countries: an Optimal Control Application", *Journal of Development Economics*, Vol. 25, 1987, pp. 89 – 104.

McKinnon, R. I., "Currency Substitution and Instability in the World Dollar Standard", *American Economic Review*, Vol. 72, 1982, pp. 320 – 333.

Miguel, A., Agustín, B., Barry, E., O'Rourke, K. H. & Rua, G., "From Great Depression to Great Credit Crisis: Similarities, Differences and Lessons", *Economic Policy*, Vol. 25, 2010, pp. 62 – 87.

Miles, D., "Monetary Policy and Financial Dislocation", *Royal Economic Society lecture*, October 2011, http://www. bankofengland. co. uk/ publications/speeches/2011/speech521. pdf.

Miles, M. A., "CurrencySubstitution, Flexible Exchange Rates, and Monetary Independence", *American Economic Review*, Vol. 68, 1978, pp. 428 – 436.

Mundell, Robert, "International Policy Coordination and Transmission", *Journal of Policy Modeling*, Vol. 35, 2013, pp. 459 – 462.

Neely, C., "The Large – scale Asset Purchases had Large International Effects", *Federal Reserve Bank of St. Louis Working Paper*, No. 2010 – 018, 2012.

Ng, E., "Production Fragmentation and Business Cycle Comovements", *Journal of International Economics*, Vol. 82, No. 1, 2010, pp. 1 – 14.

Obstfeld, Maurice, Rogoff Kenneth, "Exchange Rate Dynamics Redux", *Journal of Political Economy*, Vol. 103, No. 3, 1995, pp. 624 – 660.

Obstfeld, Maurice, Rogoff Kenneth, "Global Implications of Self – oriented National Monetary Rules", *Quarterly Journal of Economics*, Vol. 117, 2002, pp. 503 – 535.

Obstfeld, Maurice, Rogo Kenneth, "NewDirections for Stochastic Open Economy Models", *Journal of International Economics*, Vol. 50, 2000, pp. 117 – 153.

OECD, BEPS Explanatory Statement, 2015a.

OECD, Policy Brief, 2015b BEPS. Deliverable http://www. oecd. org/ ctp/policy – brief – beps.

OECD, First Meeting of the New Inclusive Framework to Tackle Base Erosion and Profit Shifting Marks a New Era in International Tax Co – operation, 2016a, http: //www. oecd. org/tax/beps/.

OECD, OECD Releases Discussion Draft on the Multilateral Instrument to Implement the Tax Treaty Related BEPS Measures, May 31, 2016b, http: //www. oecd. org/ctp/treaties/discussion – draft – beps – multilateral – instrument. htm.

OECD, About BEPS and the inclusive framework, 2017a, http: //www. oecd. org/tax/beps/beps – about. htm.

OECD, Jurisdictions Participating in the Convention on Mutual Administrative Assistance in Tax Matters, Jan 3, 2017b, http: //www. oecd. org/tax/exchange – of – tax – information/Status_ of_ convention. pdf.

OECD, WTO, "Measuring Trade in Value Added: an OECD – WTO joint initiative", 2015.

Olivier, Blanchard, Jonathan Ostry, and Atish Ghosh, "International Policy Coordination: the Loch Ness Monster", Posted on December 15, 2013.

Olivier, B. & Leigh, D. , "Growth Forecast Errors and Fiscal Multipliers" , IMF Working Paper No. 13/01. 2013.

Ostry Jonathan and Atish Ghosh, "Obstacles to International Policy Coordination and How to Overcome Them", IMF Stuff Discussion Note, SDN/ 13/11, 2013.

Owyang, M. , Ramey, V. & Zubairy, S. , "Are Government Spending Multipliers Greater during Periods of Slack? Evidence from Twentieth – Century Historical Data", American Economic Review Papers and Proceedings, Vol. 103, No. 3, 2013, pp. 109 – 210.

Patel, Nikhil, Zhi Wang and Shang – Jin Wei, "Global Value Chains and Effective Exchange Rates at the Country – Sector Level", NBER Working Papers, No. 20236, 2014.

Petit, M. S. , "Fiscal and Monetary Policy Co – Ordination: a Differential Game Approach", Journal of Applied Econometrics, Vol. 4, No. 2, 1989, pp. 161 – 179.

Rey, H., "Dilemma not Trilemma: the Global Cycle and Monetary Policy Independence", *NBER Working Paper*, 2015.

Sandra, D., "Dealing with Systemic Sovereign Debt Crises: Fiscal Consolidation, Bail – ins or Official Transfers?", *IMF Working Paper*, No. 15/223, 2015.

Shishido, Shuntaro, Hironori Fujiwara, Akio Kohno, Yuji Kurokawa, Satoshi Matsuura, and Hajime Wago, "A Model for the Coordination of Recovery Policies in the OECD Region", *Journal of Policy Modeling*, Vol. 2, No. 1, 1980, pp. 35 – 55.

Smith, L. V. and A. Galesi, *GVAR Toolbox* 1.1, www. cfap. jbs. cam. ac. uk/research/gvartoolbox, 2011.

Stefan, Schirm, "DomesticIdeas, Institutions or Interests? Explaining Governmental Preferences towards Global Economic Governance", *International Political Science Review*, Vol. 37, No. 1, 2016, pp. 23 – 51.

Tabellini, Guido, "Domestic Politics and the International Coordination of fiscal Policies", *Journal of International Economics*, Vol. 28, 1990, pp. 245 – 265.

Timmer, M. P., Erumban, A. A., Los, B., et al, "Slicing up Global Value Chains", *The Journal of Economic Perspectives*, Vol. 28, No. 2, 2014, pp. 99 – 118.

Timmer, M. P., A. Erumban, B. Los, R. Stehrer and G. de Vries, "New Measures of European Competitiveness: a Global Value Chain Perspective", *WIOD Working Paper*, No. 9, 2012a.

Timmer, M. P., "The World Input – Output Database (WIOD): Contents, Sources and Methods", *WIOD Working Paper*, No. 10, 2012b.

Timmer, Marcel, Abdul Erumban, Bart Los, Robert Stehrer, and Gaaitzen de Vries, "Slicing Up Global Value Chains", *WIOD Working Paper*, No. 12, 2012c, World Input Output Database.

Tirelli, Patrizio, "Simple Rules for Policy Coordination: an Evaluation of Alternative Proposals", *Journal of Policy Modeling*, Vol. 14, No. 1, 1990, pp. 31 – 62.

Tobin, James, "Agenda for International Coordination of Macroeconomic Policies", In P. B. Kenen, ed. , *International Monetary Cooperation: Essays in Honor of Henry C . Wallich*, Essays in *International Finance*, Vol. 169, 1987, pp. 61 – 69.

UNCTAD, *Global Value Chains and Development Investment and Value Added Trade in the Global Economy: a Preliminary Analysis*, 2013, http://unctad. org/en/PublicationsLibrary/diae2013d1_ en. pdf.

US Department of The Treasury, *Foreign Account Tax Compliance Act (FATCA)*, 2017, https://www. treasury. gov/resource – center/tax – policy/treaties/Pages/ FATCA. aspx.

White, William, R. Ultra, "Easy Monetary Policy and the Law of Unintended Consequences", *Working Paper*, No. 126, Federal Reserve Bank of Dallas, Globalization and Monetary Policy Institute, August 2012, http://www. dallasfed. org/assets/documents/institute/wpapers/2012/0126. pdf.

William, Branson, Jacob Frenkel and Morris Goldstein, *International Policy Coordination and Exchange Rate Fluctuations*, University of Chicago Press, 1990.

Williamson, John, "Exchange Rate Flexibility, Target Zones, and Policy Coordination", *World Development*, Vol. 15, No. 12, 1987, pp. 1437 – 1443.

Woo, J. , Bova, E. , Kinda, T. and Zhang, S. , "Distributional Consequences of Fiscal Consolidation and the Role of Fiscal Policy: What Do the Data Say?" *IMF Working Paper*, WP/13/195, 2013.

Woodford, M. , *Interest and Prices: Foundations of a Theory of Monetary Policy*, Princeton NJ: Princeton University Press, 2003.

Wright, J. , "What does Monetary Policy Do at the Zero Lower Bound?" *The Economic Journal*, Vol. 122, 2012, pp. 447 – 466.

Yi, K. M. , "Can Vertical Specialization Explain the Growth of World Trade?", *Journal of Political Economy*, Vol. 111, No. 1, 2003, pp. 52 – 102.

国家税务总局:《OECD/G20 税基侵蚀和利润转移项目》, 2015 年最终报告中文版, http://www. chinatax. gov. cn/n810219/n810724/c1836574/content. html; 英文版: http://www. oecd. org/tax/beps –

2015 – final – reports. htm。

国家税务总局：《中国签订的多边与双边税收条约》，http：//www. chinatax. gov. cn/n810341/n810770/index. html，2016 年。

国家税务总局：《关于〈多边税收征管互助公约〉生效执行的公告》，国家税务总局公告 2016 年第 4 号，2016 年 1 月 18 日，http：//www. chinatax. gov. cn/n810341/n810755/c2004626/content. html。

国家税务总局：《关于〈多边税收征管互助公约〉生效执行公告的解读》，2016 年 2 月 3 日，http：//www. chinatax. gov. cn/n810341/n810760/c2004643/content. html。